Wochinger

Bayerns Gebührengesetze.

Bayerns
Gebührengesetze

umfassend

das Gebührengesetz, die Hinterlegungs-Gebührenordnung, die Gebührenvorschriften der Gerichtsvollzieher, die Gebührenordnungen der Rechtsanwälte

nebst einem Anhang

mit den Texten der Gebührenordnungen für die Notare und pfälzischen Hypothekenämter sowie einer Zusammenstellung älterer noch geltender Gebührenvorschriften, Tabellen und ausführlichem Sachregister.

Handausgabe mit Erläuterungen

für den **Gerichtsdienst** bearbeitet

von

Karl Wochinger

rechnungsführender K. Amtsgerichtssekretär.

München 1904.

J. Schweitzer Verlag (Arthur Sellier).

Vorwort.

Die Einführung des bürgerlichen Gesetzbuchs, die eine einschneidende Umgestaltung des materiellen bürgerlichen Rechts zur Folge hatte, bedingte auch hinsichtlich des landesgesetzlich geregelten Gebührenwesens eine umfassende Revision der bisherigen Gesetze und Verordnungen. Mit der Schaffung eines einheitlichen bürgerlichen Rechts wurde nämlich eine Anzahl bisher durch Landesgesetzgebung geordneter Verfahren einerseits reichsgesetzlich bestimmt, andererseits wurden diese einer derartigen Abänderung oder Ergänzung unterzogen, daß die Bestimmungen der früher geltenden Gesetze und Verordnungen im Gebiete des Gebührenwesens nicht mehr anwendbar waren.

So war insbesondere eine Abänderung des bisherigen „Gesetzes über das Gebührenwesen“ vom 18. August 1879 dringend geboten. Dieses bedurfte in einzelnen Abteilungen wie hinsichtlich der bürgerlichen Rechtsstreitigkeiten und insbesondere der freiwilligen Gerichtsbarkeit sogar einer vollständigen Umarbeitung, während wieder andere Gebührenbestimmungen dem neuen bürgerlichen Rechte angepaßt werden mußten und namentlich für die Uebergangszeit und bis zu dem Zeitpunkte der Anlage des Grundbuchs überleitende Bestimmungen zu treffen waren. Diesen in der nichtstreitigen Gerichtsbarkeit eingetretenen Veränderungen Rechnung tragend und in besonderer Rücksichtnahme auf das neugestaltete materielle Recht habe ich es für erforderlich erachtet, den diesbezüglichen Artikeln ausführlichere, den Rahmen von einfachen Randbemerkungen überschreitende Erläuterungsnoten beizugeben.

Die Neuordnung des gerichtlichen Hinterlegungswesens brachte naturgemäß auch eine Revision und Anpassung der bisherigen Depositalgebührenordnung in der „Hinterlegungsgebühren-Ordnung“ mit sich.

Weiter bedurfte die „Gebührenordnung der Gerichtsvollzieher“ vom 6. September 1879, soweit deren Vorschriften nicht schon durch die Reichs-Gebührenordnung und durch die einschlägigen Bestimmungen des Gebührengesetzes geregelt worden waren, aus den gleichen Gründen einiger Abänderungen. Von der bisherigen Gebührenordnung bleiben jedoch bis zur Anlage des Grundbuchs und der Einführung des Reichsgesetzes über die Zwangsversteigerung und Zwangsverwaltung die Vorschriften der §§ 5 bis 8 und 10 für die in der Zwangsvollstreckung in das unbewegliche Vermögen zu erledigenden Geschäfte in Kraft.

Einem großen Bedürfnisse entsprechend wurde ferner auch eine vollständige Neuregelung der „Gebühren der Rechtsanwälte in den Angelegenheiten der Rechtspflege, der Verwaltung und der Verwaltungsrechtspflege“ vorgenommen, da die bisherigen in Betracht kommenden Verordnungen v. 15. Dezbr. 1852, 23. Dezbr. 1875 und 25. Septbr. 1879 teils vielfach veraltet und den nunmehrigen Verhältnissen der Rechtsanwälte nicht mehr entsprechend, teils mit Rücksicht auf das neue bürgerliche Recht abzuändern und zu ergänzen waren. Die tiefgehende umfassende Begründung dieser neuen Gebührenordnungen vom 26. März 1902 wurde fast vollständig wiedergegeben und bot wenig Anlaß zu weiteren Erläuterungen. Anschließend an diese Gebührenordnungen kamen sodann noch die Gebührenbestimmungen für die Tätigkeit der Rechtsanwälte in den „Verfahren vor den Schiedsgerichten und den Reichs- und Landesversicherungsämtern“ zum Abdruck.

In einem Anhang fanden endlich zur abschließenden Ergänzung der diesem Buche gestellten Aufgabe die Notariatsgebührenordnung, die Gebühren der Notare in Grundbuchsachen, dann die Gebühren der pfälzischen Hypothekenämter durch Wiedergabe des Textes sowie eine Zusammenstellung der bis zur Anlage des Grundbuchs noch geltenden Bestimmungen des bisherigen Gebührengesetzes kurze Aufnahme.

Das vorliegende Buch wurde unter besonderer Rücksicht auf seine Verwendung im gerichtlichen Dienste ausgearbeitet; von Erläuterungen zu den Gebührenvorschriften für die Verhandlungen der Notare und für die Angelegenheiten der inneren Polizei- und Finanzverwaltung wurde deshalb abgesehen. Es schließt sich dem von mir früher herausgegebenen die Reichs-Gebührengesetze behandelnden Buche „Die Prozeßgebührengesetze für das Deutsche Reich“ an und bildet mit diesem zusammen ein die gesamte für den Gerichtsdienst in Betracht kommende Gebührengesetzgebung umfassendes, abgeschlossenes Ganzes.

Möge auch diese Handausgabe gleich den Prozeßgebührengesetzen wohlwollende Würdigung und Aufnahme finden.

Nürnberg, im November 1903.

Karl Wochinger.

Inhalts-Verzeichnis.

Abkürzungen-Verzeichnis.

A.Bl. d. M. d. J.	=	Amtsblatt des Staatsministeriums des Innern.
Ausf.Ges.	=	Ausführungsgesetz.
B.G.B.	=	Bürgerliches Gesetzbuch.
Bd.	=	Band.
Beschl.	=	Beschluß
Bl. f. bayr. F.W.	=	Blätter für bayerisches Finanzwesen.
Bl. f. R.A.	=	Blätter für Rechtsanwendung.
Burkhard	=	Burkhard, Kommentar zum bayerischen Gebührengesetz.
Einf.Ges.	=	Einführungsgesetz.
Entschdg.	=	Entscheidung.
Fin (F.)M.Bl.	=	Finanzministerialblatt.
Fin.M.Entschl.	=	Finanzministerialentschließung.
Geb.O. d. R.A.	=	Gebührenordnung der Rechtsanwälte v. 26. März 1902.
Geb.V. d. G.V.	=	Gebührenvorschriften der Gerichtsvollzieher v. 16. Dezbr. 1899.
Gesch.O. d. Notare	=	Geschäftsordnung d. Notare v. 24. Dez. 1899.
G.B.O.	=	Grundbuchordnung.
G.F.G.	=	Gesetz über die Angelegenheiten der freiwilligen Gerichtsbarkeit.
G.V.Bl.	=	Gesetz- und Verordnungsblatt.
G.V.O.	=	Gerichtsvollzieherordnung v. 16. Dez. 1899.
Geb.G.	=	bayerisches Gebührengesetz v. 11. Nov. 1899.
Geret V.O.Slg.	=	Geret, Verordnungensammlung.
Gesch.Anwsg.	=	Geschäftsanweisung.
H.G.B.	=	Handelsgesetzbuch.
J.W.	=	Juristische Wochenschrift.
Just.(J.)M.Bl.	=	Justizministerialblatt.
Just.Gesetzgeb.Aussch.	=	Justiz-Gesetzgebungsausschuß.
K.d.A. (Abg.)	=	Kammer der Abgeordneten.
K.d.R.	=	Kammer der Reichsräte.
K V O.	=	Königliche Verordnung.
K.O.	=	Konkursordnung.
Meikel	=	Meikel, 2. Aufl., bayer. Ausführungsgesetze.

Merzbacher	=	Merzbacher, bayerische Gebühren der Rechtsanwälte.
Minist.Bek.	=	Ministerialbekanntmachung.
Ob.L.G.	=	Oberlandesgericht.
OberstL.G.	=	Oberstes Landesgericht.
Pfaff, 5. Aufl.	=	v. Pfaff und v. Reisenegger, Kommentar zum bayerischen Gebührengesetz, 5. Aufl.
R.	=	„Das Recht". Hrsg. v. Dr. H. Th. Sörgel.
R.C.P.O.	=	Reichs-Civilprozeßordnung v. 20. Mai 1898.
R.G.Bl.	=	Reichsgesetzblatt.
R.G.K.G.	=	Reichs-Gerichtskostengesetz v. 20. Mai 1898.
R.G.O.	=	Reichs-Gebührenordnung v. 20. Mai 1898.
R.G.O. f. R.A.	=	„ für Rechtsanwälte.
R.G.O. f. G.V.	=	„ für Gerichtsvollzieher.
R.G.V.G.	=	Reichs-Gerichtsverfassungsgesetz v. 20. Mai 1898.
R.Ger.E.	=	Reichsgerichtsentscheidung.
R.K.O.	=	Reichs-Konkursordnung v. 20. Mai 1898.
R.Str.Pr.O.	=	Reichs-Strafprozeßordnung.
Reg.(Rgg.)Bl.	=	Regierungsblatt.
Slg. d. Entschdg. ä. F.	=	Sammlung der Entscheidungen älterer Fassung.
Slg. d. Entschdg. n. F.	=	desgleichen neue Folge.
UebergangsGes.	=	Gesetz, die Uebergangsvorschriften zum Bürgerlichen Gesetzbuche betreffend.
V.d.K.Abg.	=	Verhandlungen der Kammer der Abgeordneten.
Vollz.Instr.	=	Instruktion zum Vollzuge des Gerichtskostengesetzes und des Gesetzes über das Gebührenwesen vom 25. Dezember 1899.
W.O.	=	Wechselordnung.
Wochinger, Prozeßgeb. Ges.	=	Wochinger, die Prozeßgebührengesetze.
Zw.Ges.	=	Zwangsversteigerungsgesetz.

Ergänzungen und Berichtigungen.

a) Während der Drucklegung erschienen die Ausführungsvorschriften zum Gesetze über das Nachlaßwesen vom 20. März 1903 (Just.M. Bl. S. 111) und wird hier nur, soweit diese Vorschriften in den einzelnen Artikeln nicht Erwähnung und Verwendung finden konnten, nachträglich folgendes ergänzt.

Zu Artikel 96:

Die zur Berichtigung des Grundsteuerkatasters zu fertigende Abschrift des Erbscheins ist keiner Gebühr auch der Schreibgebühr nicht unterworfen (§ 72 der Ausf.Vorschr. z. NachlaßGes.).

Zu Artikel 98:

Im Falle des § 60 Abs. VI der Ausf.Vorschr. z. Nachlaß-Ges. kommt sowohl die Gebühr für das Zeugnis über die Fortsetzung der Gütergemeinschaft als auch jene für den Erbschein je gesondert zum Ansatz.

Zu Artikel 101:

Über gebührenfreie Aufnahme des Nachlaßverzeichnisses siehe auch Art. 106.

Besondere Beachtung verdienen sodann die nachfolgenden Anordnungen, welche zum Vollzuge der Gebührenvorschriften des Gesetzes vom 9. August 1902 das Nachlaßwesen betreffend erlassen wurden:

1. Nach Art. 94 Abs. 4 des Gebührengesetzes wird, wenn das gerichtliche Verfahren mit der Verweisung der Auseinandersetzung an einen Notar endigt, eine Gebühr für das gerichtliche Vermittelungsverfahren nicht erhoben, außer wenn die Auseinandersetzung nicht innerhalb eines Jahres seit der Verweisung an den Notar vor diesem erfolgt. Das Gericht kann die Frist auf Antrag oder von Amtswegen verlängern. Erfolgt die Auseinandersetzung nach Ablauf des Jahres oder, wenn das Gericht die Frist verlängert hat, nach Ablauf dieser Frist, so wird die für das gerichtliche Vermittelungsverfahren geschuldete Gebühr auf die für das notarielle Vermittelungsverfahren geschuldete Gebühr aus Art. 165 angerechnet. Hieraus folgt, daß das gerichtliche Vermittelungsverfahren zunächst gebührenfrei ist und daß deshalb der Wert des Nachlasses, soweit er nicht aus einem anderen Anlasse z. B. wegen Erteilung eines Erbscheins, zu ermitteln ist, zunächst nicht festgestellt wird. Erfolgt die Auseinandersetzung vor dem Notare nicht innerhalb der Frist, so hat die für das gerichtliche Vermittelungsverfahren im Abs. 4 bestimmte Gebühr von Amtswegen zum Ansatze zu gelangen. Dagegen

bleibt es, wenn nach Ablauf der Frist nachträglich ein notarielles Auseinandersetzungsverfahren stattfindet, den Beteiligten überlassen, auf die für dieses geschuldete Gebühr die für das gerichtliche Vermittelungsverfahren bezahlte Gebühr zur Anrechnung zu bringen. Auf diese Anrechnungsbefugnis haben die Notare die Beteiligten ausdrücklich aufmerksam zu machen.

2. Aus dem klaren Wortlaute des Abs. 4, wonach die für das gerichtliche Vermittelungsverfahren bezahlte Gebühr unter den dort bestimmten Voraussetzungen auf die Gebühr des Art. 165 angerechnet wird, ergibt sich, daß unter „Auseinandersetzung" im Sinne dieser Gesetzesvorschrift nur die in den Formen des Vermittelungsverfahrens (§§ 86 ff. des Gesetzes über die Angelegenheiten der freiwilligen Gerichtsbarkeit) sich vollziehende Auseinandersetzung, nicht aber die Beurkundung eines Erbteilungsvertrags durch den Notar, für welche die Gebühr des Art. 146 Abs. 1 Nr. 1 b oder des Art. 145 des Gebührengesetzes zu erheben ist, verstanden werden kann. Ist sohin die Anrechnung der Gebühr für das gerichtliche Vermittelungsverfahren zweifellos nur zulässig, wenn nach Ablauf der gesetzlichen oder der vom Gerichte bestimmten erweiterten Frist die Auseinandersetzung vor dem Notar in den Formen des Vermittelungsverfahrens erfolgte, so fehlt es an einem inneren Grunde dafür, die Umgangnahme von einer Gebühr für das gerichtliche Verfahren in dem Falle, daß die Auseinandersetzung vor dem Notar innerhalb der Frist erfolgt, in einem weiteren Umfange zu gestatten. Es hat daher auch dann, wenn zwar die Auseinandersetzung vor dem Notar innerhalb der Frist, jedoch nicht in den Formen des Vermittelungsverfahrens, sondern durch Beurkundung eines Erbteilungsvertrags erfolgt, die Gerichtsgebühr von $^{1}/_{10}$ der Sätze des § 8 des Reichs-Gerichtskostengesetzes zur Erhebung zu gelangen.

3. Behufs Sicherstellung der für den Fall nicht rechtzeitiger Auseinandersetzung geschuldeten Gerichtsgebühr hat der Gerichtsschreiber am 1. Januar und 1. Juli jeden Jahres — erstmals am 1 Januar 1904 — auf Grund des Nachlaßverzeichnisses die Nachlaßsachen zusammenzustellen, in denen seit der Überweisung an den Notar mehr als ein Jahr oder, sofern die Frist verlängert worden ist, die festgesetzte Frist verstrichen ist, ohne daß die Nachlaßakten vom Notare zurückgelangt sind. Diese Zusammenstellung ist dem Notare zur etwaigen Erinnerung und sofern Anlaß besteht, die Frist von Amtswegen zu verlängern, zur Antragstellung mitzuteilen. Nachdem der Richter die in letzterer Hinsicht etwa veranlaßten Verfügungen getroffen hat, ist die Gebühr durch den Gerichtsschreiber in den zutreffenden Fällen zu Soll zu stellen.

Überdies hat der Gerichtsschreiber, wenn die Nachlaßakten vom Notare zurückgelangen, zu prüfen, ob etwa die Gebühr des Art. 94 Abs. 4 zu Soll zu stellen ist und veranlaßtenfalls sie zu Soll zu stellen.

4. Nach Art. 94 Abs. 3 Satz 2 wird ein Drittel und, wenn das Gericht bereits den Verteilungsplan aufgestellt hatte, die

Hälfte der für die Auseinandersetzung geschuldeten Gebühr erhoben, wenn das Verfahren für beruhend erklärt wird, weil im Termine kein Beteiligter erschienen und das Verfahren seitdem mehr als sechs Monate lang nicht betrieben worden ist. Der entsprechende Vollzug dieser Vorschrift ist gelegentlich der Vornahme der örtlichen Gebührenrevision zu überwachen und gegebenenfalls die nachträgliche Sollstellung der Gebühr in Anregung zu bringen.

5. Die Vorschriften der Bekanntmachung der K. Staatsministerien der Justiz und der Finanzen vom 6. Dezember 1900, die Erhebung der Gebühren für die von den Notaren vorgenommenen Eröffnungen von Verfügungen von Todeswegen betreffend (J.M.Bl. S. 1256, F.M.Bl. S. 468), bleiben unberührt.

b) Zu Art. 91. Hinsichtlich der Bewertung der Wiederverehelichungszeugnisse hat das Oberst.L.G. mit Beschluß vom 27. Mai 1903 entschieden, daß für dieselben die Zeugnisgebühr des Art. 54 nicht zum Ansatz zu kommen hat, sondern nur die Gebühr des Art. 91 Abs. 2. (Siehe Zeitschrift für das bayr. Gerichtssekretariat Nr. 19/03.)

Berichtigung.

Auf Seite 108 Anmerkung 5, Zeile 5 muß es statt Artikel 51 des Ausf.G. z. G.V.O heißen z. B.G.B.

A. Das Bayerische Gesetz über das Gebührenwesen

vom 18. August 1879, in der Neufassung vom 11. November 1899.*)

I. Abteilung.

Einleitende Bestimmungen.

Art. 1.

Die in gegenwärtigem Gesetze bestimmten Gebühren treten an die Stelle der bisherigen Taxen, Einregistrierungs- und Stempelgebühren. Dieselben sind öffentliche Abgaben[1]) und fließen, soweit nicht gesetzlich etwas Anderes bestimmt ist[2]), in die Staatskasse[3])[4]).

1. Unter „öffentliche" Abgaben, als einer Kollektivbezeichnung sind diejenigen zu verstehen, welche im Gegensatz zu den aus einem Privatrechtsverhältnisse entstandenen Forderungen des Staates nach den Normen des öffentlichen Rechts, sei es periodisch als direkte Steuern, sei es als indirekte Steuern oder als Gebühren, für die Inanspruchnahme der staatlichen Thätigkeit gefordert und auferlegt werden. Durch diese gesetzliche Charakterisierung der Gebühren — hier sowohl im engeren als auch im weiteren die Auslagen umfassenden Sinne gebraucht — ist jeder Zweifel über die Zulässigkeit ihrer Subsumierung unter § 61 Z. 2 der R.K.O. ausgeschlossen. Es ist aber auch hiedurch ausgesprochen, daß auf dieselben die Vorschriften des 3. Abschnittes des VI. Buches der Reichsstrafprozeßordnung Anwendung zu finden haben und genießen sie demnach einerseits das Vorrecht, andererseits den Schutz der Staatsabgaben. Diese für Bayern geltende Rechtsanschauung ist auch maßgebend für die auf Grund des Reichsgerichtskostengesetzes innerhalb Bayerns zur Erhebung gelangenden Gerichtskosten.

---

*) Siehe G.V.Bl. 1899 S. 904 ff.

Vergleiche hiezu die Entschdg. d. Oberst. L.G. v. 8. Novbr. 1881, 11. Mai 1882 u. 30. Novbr. 1889 (Slg. d. Entschdg. ä. F. Bd. IX S. 332 u. S. 606, dann Bd. XII S. 476), ferner Burkhard, Kommentar z. bayr. Geb.Ges. I. Aufl. S. 79.

Anders entschieden hat das Reichsgericht, welches den Begriff „öffentliche Abgaben" enger faßt und insbesondere den Gebühren für Geschäfte der freiwilligen Gerichtsbarkeit, z. B. den Notariatsgebühren, das Vorrecht nach § 61 Z 2 der R.K.O. nicht zugesteht. (R.Ger. v. 11. Mai 1888, Bd. 21 S. 46.) Vergleiche auch Pfaff, 5. Aufl. S. 10.

2. Solche Ausnahmebestimmungen sind getroffen für die Gebühren bei Zuwiderhandlungen gegen den Lokalmalzaufschlag und sonstige örtliche Gefälle der Gemeinden (Art. 32), für Badetaxen (Art. 224), für Gemeindeakte (Art. 226), ferner bezüglich des Bezuges und der Verwendung von Anstellungs- und Beförderungsabgaben (Art. 238) und endlich für die Gebühren der Verleihung von Adelsdiplomen (Art. 240).

3. Was die Verjährung der Gebühren und Auslagen betrifft, so sind hiefür die Bestimmungen der Art. 124, 125 d. Ausf. Ges. z. B.G.B. maßgebend, wonach die Verjährung mit dem Ablaufe von drei Jahren eintritt. Die Frist beginnt mit dem Schlusse des Kalenderjahres, in welchem Zeitpunkt die Gebühren und Auslagen zur Erhebung fällig waren. Nach Ablauf dieser Frist ist der Anspruch des Staates erloschen, d. h. der Schuldner ist nicht gehalten, die eingetretene Verjährung zu seinem Schutze geltend zu machen, es muß vielmehr dieselbe von Amtswegen berücksichtigt werden. Siehe auch § 78 Abs. 2 d. Vollz.Instr. v. 25. Dezbr. 1899 (Just M.Bl. 1900 S. 386). Die Verjährung wird unterbrochen durch Zahlungsaufforderung und durch Stundung. Vergleiche hieher auch Henle u. Schneider, die bayr. Ausf.Gesetze z. Bürgerlichen Gesetzbuche, Erläuterungen zu Art. 124, 125, S. 193 ff., dann Beschl. d. Oberst.L.G. v. 9. Aug. 1893 Slg. der Entschdg. ä. F. Bd. XIV. S. 691.

4. Eine Ausnahme besteht nur für die Nachforderung von Gerichtskosten im Sinne des § 5 des R.G.K.G. (Siehe Wochinger, „Prozeßgeb.Gesetze" S. 4.) Dieselbe ist hiernach nur zulässig, wenn der berichtigte Ansatz vor Ablauf des nächsten Kalenderjahres nach rechtskräftiger oder endgültiger Erledigung des Verfahrens dem Zahlungspflichtigen eröffnet ist. Diese Vorschrift greift Platz:

a) in dem Verfahren der Zwangsversteigerung und der Zwangsverwaltung von Gegenständen des unbeweglichen Vermögens im Wege der Zwangsvollstreckung (Art. 7),
b) in den bürgerlichen Rechtsstreitigkeiten, in welchen das Verfahren landesgesetzlich geregelt ist (Art. 23),
c) in Forstrügesachen (Art. 27),

ferner hinsichtlich der Auslagen in den im Art. 26 aufgezählten gebührenfreien Verfahren und Verhandlungen, da in diesen Angelegenheiten das Reichsgerichtskostengesetz in seinen allgemeinen Bestimmungen Anwendung zu finden hat.

Die Vorschrift des § 5 des R.G.K.G. ist nicht anwendbar, wenn an den oder die wirklichen Zahlungspflichtigen überhaupt keine Zahlungsaufforderung ergangen ist. In diesem Falle sind die Bestimmungen des Art. 124 d. Ausf.G. z. B.G.B. maßgebend sowie die des § 65 Schlußabsatz der vorgenannten Vollzugsinstr. Nicht aber in den Angelegenheiten der freiwilligen Gerichtsbarkeit, weil in der hiefür maßgebenden Vorschrift des Art. 39 die Bestimmung des § 5 des R.G.K.G. nicht mit aufgeführt ist. Vergleiche hieher auch § 78 Abs. 1 der obenalleg. Vollzugsinstruktion.

Art. 2.

Der Mindestbetrag einer Gebühr ist 20 Pfennig [1]), vorbehaltlich der Bestimmung im Art. 266 Abs. 3 [2]),

Pfennigbeträge, welche ohne Bruch nicht durch zehn teilbar sind, werden auf den nächst höheren durch zehn teilbaren Betrag abgerundet [3]).

1. Diese Bestimmung trifft nicht zu für Auslagen (§ 79 des R.G.K.G.) z. B. Schreibgebühren. Siehe Wochinger, Prozeßgeb. Ges. S. 6.

2. Nach Art. 266 Abs. 3 ist der Mindestbetrag der Gebühr für einen Feuerversicherungsvertrag 10 Pfennig.

3. Die Abrundung hat bei jeder einzelnen Gebühr einzutreten. Sie kommt nicht zur Anwendung in Forststrafsachen (Art. 30 Abs. 1), da hier der § 59 Abs. 3, Schlußsatz des R.G.K.G. Maß zu geben hat. Weiter ist zu erwähnen, daß die Gerichtsgebühr nach § 40 des R.G.K.G. für das durch den Gerichtsschreiber an die Post gerichtete Ersuchen um Bewirkung einer Zustellung in den amtsgerichtlichen Sachen nur 25 Pfennig beträgt und nicht abgerundet wird. Vergl. Wochinger, Prozeßgeb.Ges. S. 6 und 61. Siehe auch Art. 30.

Art. 3.

Gebühren werden nicht erhoben [1]):

1. für Amtshandlungen, welche unabhängig von dem Verschulden einer Partei im öffentlichen Interesse von Amtswegen gepflogen werden [2]);

2. wenn die Gebühr aus der Reichs- oder Staats-Kasse bezahlt werden müßte [3]);

Gleiches gilt von der Civilliste des Königs [4]).

3. wenn die Tax- und Stempel- oder Gebührenfreiheit durch Gesetze [5]), Verordnungen [6]) oder Staatsverträge [7]) ausgesprochen ist;

4. in Gegenständen der Dienstaufsicht und Disziplin [8]);

5. in dem Verfahren wegen Verhängung von Ordnungs- und Ungehorsamsstrafen im Sinne des Art. 3 Ziffer 1 des Gesetzes zur Ausführung der Reichs-Strafprozeßordnung[9]). In der Beschwerdeinstanz findet diese Bestimmung keine Anwendung[10]).

1. Dieser Artikel handelt nur von den „allgemeinen" Befreiungen von der Gebührenzahlung. Die „besonderen" Befreiungen sind bei den einzelnen Abschnitten eingereiht.

Die Gebührenfreiheit entbindet aber nicht von der Zahlung der baren Auslagen (§ 79 R.G.K.G.) und zwar ist es ohne Belang, ob diese Auslagen zu Gunsten der Staatskasse erhoben werden oder nicht.

2. Hiemit sind die sogenannten Offizialsachen gemeint, von deren Aufzählung im Gesetze selbst bei der unübersehbaren Menge derselben natürlich Umgang genommen werden mußte. Ob eine Angelegenheit eine „Offizialsache" oder eine „Parteisache" ist, wird hauptsächlich von dem Gesichtspunkte zu beurteilen sein, ob sich eine Behörde oder ein Beamter mit ihr ohne Antrag seitens einer privaten Partei und ohne Beziehung zu einem bestimmten Objekte nur im Interesse des Staates oder Dienstes zu befassen hat.

Nach § 11 der K.V.O. v. 20. Septbr. 1879, G.V.Bl. S. 1198, steht die Entscheidung darüber, ob ein Gegenstand als Amts- oder Parteisache zu behandeln ist, vorbehaltlich des Erinnerungs- und Beschwerderechts der einschlägigen Finanzbehörden in allen Fällen der in der Hauptsache kompetenten Behörde zu. Vergleiche hierher Burkhard, S. 82, Pfaff, 5. Aufl. S. 12.

3. Diese Bestimmung entspricht dem Standpunkte, welchen die Reichsgesetzgebung im § 98 des R.G.K.G. gegenüber den Bundesstaaten eingenommen hat. (Siehe Wochinger, Prozeßgeb.Ges. S. 133.)

Doch erstreckt sich, wie oben bereits erwähnt, die Befreiung nicht zugleich auch auf die Auslagen (Art. 5 des Geb.G. u. § 79 des R.G.K.G.). Wenn auf Antrag des Aerars in Ansehung einer Forderung das Vollstreckungsverfahren eingeleitet wird und gerichtlicher Pfändungsbeschluß erlassen oder eine andere gerichtliche Handlung der Zwangsvollstreckung vorgenommen wird, so findet die Bestimmung in Art. 3 Ziff. 2 im Hinblicke auf § 788 Abs. 1 der R.C.P.O. nicht Anwendung, sondern es sind die Gebühren und Auslagen in den Gebührenregistern zu Soll zu stellen. Die Beitreibung der Gerichtskosten hat dann zugleich mit dem zur Zwangsvollstreckung stehenden Anspruch zu erfolgen. (Finanzministerialentschließung vom 14. Mai 1884, Burkhard, S. 85.)

4. Um etwaigen Zweifeln hinsichtlich der Befreiung der Civilliste zu begegnen, war es nötig, diese Bestimmung in das Gesetz aufzunehmen. Die Gebührenfreiheit des Staatsoberhauptes ist ohnehin selbstverständlich.

5. Sowohl durch Reichs- wie Landesgesetze.

Für die Gebührenbewertung bei den Gerichten sind besonders erwähnenswert die Bestimmungen über:

a) Armenpflege. Alle auf dieselbe bezüglichen Angelegenheiten sind gebührenfrei. (Siehe Ges. betreff. die öffentliche Armen- und Krankenpflege v. 29. April 1869 in der Fassung v. 30. Juli 1899 Art. 9, G.V.Bl. S. 491.) Vergl. auch Wochinger, Prozeßgeb.Ges. S. 134, § 98 des R.G.K.G. Anmerkg. 4 Ziff. 1.

b) Alters-, Invaliditäts- und Unfallversicherungs-Angelegenheiten. Die Ersuchen um Rechtshülfe in denselben sind von den Gerichten gebührenfrei zu erledigen. § 101 R.G. v. 6. Juli 1884 (R.G.Bl. S. 107), § 121 R.G. v. 5. Mai 1886 (R.G.Bl. S. 172), § 49 Abs. 2 R.G. v. 11. Juli 1887 (R.G.Bl. S. 306), § 115 R.G. v. 13. Juli 1887 (R.G.Bl. S. 371), § 141 R.G. v. 22. Juli 1889 (R.G.Bl. S. 138).

c) Auseinandersetzung. Die Beurkundung des Vertrages und die Vermittelung derselben ist unter Umständen gebührenfrei. Siehe Näheres unter lit. g. Eheverträge Abs. 2.

d) Kgl. Bank. Dieselbe genießt in ihren streitigen und nichtstreitigen Rechtsangelegenheiten Tax-, Stempel- und Portofreiheit (§ 27 der Allerh. V.O v. 13. Dezbr. 1878. G.V.Bl. S. 501).

e) Brandversicherung siehe Versicherungswesen unten.

f) Disziplinarverfahren für richterliche Beamte. Für das Disziplinarverfahren sowie für das in der fünften und sechsten Abteilung des DisziplinarGes. behandelte Verfahren werden nur bare Auslagen in Ansatz gebracht. (Ges. v. 26. März 1881 Art. 77 Abs. 1, G.V.Bl. S. 207.) Für das Dienststrafverfahren der Notare und das Verfahren nach den Art. 87, 89 des Notariatsgesetzes v. 9. Juni 1899 (Beilage z. G.V.Bl. 1899 Nr. 28) werden gleichfalls nur bare Auslagen in Ansatz gebracht.

g) Eheverträge. Für einen Ehevertrag, durch den an die Stelle des nach dem Gesetze, betr. Uebergangsvorschriften zum Bürgerlichen Gesetzbuch, eintretenden Güterstands eine andere nach den Vorschriften des Bürgerlichen Gesetzbuches zulässige Regelung des Güterstands gesetzt oder der nach diesem Gesetz eintretende Güterstand in einzelnen Beziehungen geändert wird, sowie für die Eintragung des Ehevertrages in das Güterrechtsregister werden Gebühren nicht erhoben, wenn der Vertrag vor dem Ablaufe eines Jahres nach der Aenderung des Güterstandes geschlossen wird.

Das Gleiche gilt für die Beurkundung eines Auseinandersetzungsvertrags, wenn sie vor dem im Abs. 1 bezeichneten Zeitpunkt erfolgt, sowie für die Vermittlung einer Auseinandersetzung, die Aufnahme von Vermögensverzeichnissen und die Feststellung des Zustandes des zu dem eingebrachten Gute eines Ehegatten gehörenden oder dem eingebrachten Gute gleichstehenden Sachen, wenn sie vor dem in Abs. 1 bezeichneten Zeitpunkte beantragt wird. (Siehe Gesetz vom 9. Juni 1899, Uebergangsvorschr. z. Bürgerl. Gesetzbuch betreffend, Art. 31.) Die Gebührenfreiheit umfaßt nur die Befreiung von den zur Staatskasse fließenden Gebühren nicht aber von den baren Auslagen. (Näheres siehe Henle u. Schneider, die bayer. Ausführungsgesetze zum Bürgerl. Gesetzbuch S. 439 ff.)

h) Erbgüter, landwirtschaftliche. Die gerichtlichen Verhandlungen und Beurkundungen sowie die Eintragung im Hypothekenbuche haben tax- und stempelfrei zu erfolgen. Gesetz v. 22. Febr. 1855 Art. 34 (GesetzBl. S. 72).

i) Flurbereinigung. Die auf Grund des Flurbereinigungsoperates erfolgenden Ein- und Umschreibungen in den öffentlichen Büchern sowie die Bestätigungen auf Hypotheken-, Grundschuld- und Rentenschuldbriefen sind von Staatsgebühren befreit, Art. 43 des Gesetzes, die Flurbereinigung betreffend v. 29. Mai 1886 in der Fassung v. 30. Juli 1899 (G.V.Bl. S. 522).

k) Genossenschaften. Für die Verhandlung und Entscheidung erster Instanz über die im § 158 des Gesetzes betr. die Erwerbs- und Wirtschaftsgenossenschaften vom 1. Mai 1889, neutextiert vom 28. Mai 1898, bezeichneten Anträge sowie für die Eintragungen und Vormerkungen werden Gebühren nicht erhoben. Die Erhebung von Auslagen nach §§ 79, 80 und 80b des R.G.K.G. findet statt, § 159 des alleg. Gesetzes (R.G.Bl. 1898 S. 845).

l) Gewerbegerichte. Ersuchen um Rechtshilfe. (Siehe § 60 d. Ges. vom 29. Juli 1890. R.G.Bl. S. 155.)

m) Grundbuch. Das Verfahren zur Vorbereitung der Anlegung des Grundbuchs einschließlich der im Art. 10 Abs. 1 bezeichneten Beurkundung ist gebührenfrei. Gesetz betreff. die Vorbereitung der Anlegung des Grundbuchs in den Landesteilen rechts d. Rh. vom 18. Juni 1898, Art. 12 (G.V.Bl. S. 369), dann Gesetz über das Liegenschaftsrecht in der Pfalz vom 1. Juli 1898, Art. 32 (G.V.Bl. S. 376).

n) Grunddienstbarkeiten. Die Eintragung und die Entgegennahme der Erklärungen, die zum Zwecke der Eintragung vor dem Grundbuchamt abgegeben werden, sind gebührenfrei. Gesetz vom 9. Juni 1899, betreff. die Uebergangsvorschriften zum Bürgerl. Gesetzbuch, Art. 10 Abs. 4 (Beil. z. G.V.Bl. S. 83). Diese Bestimmung bezieht sich aber nur auf die Eintragung solcher Grunddienstbarkeiten, die durch Verordnung dem Eintragungszwang unterworfen werden. Siehe Näheres Henle und Schneider, die bayr. Ausführungsgesetze zum Bürgerlichen Gesetzbuch S. 405 ff.

o) Grundentlastung. Für Schuldbekenntnisse mit Hypothekbestellung und Einträge in das Hypothekenbuch werden Gebühren zur Staatskasse nicht erhoben. Ges. betr. die

Fortsetzung der Grundentlastung vom 2. Februar 1898, Art. 22 u. 23 (G.V.Bl. S. 26).

p) Güterrechtsregister. Gebührenfreie Eintragung des Ehevertrages in dasselbe, siehe oben lit. g Eheverträge.

q) Heeresergänzung. Alle auf die Heeresergänzung bezüglichen amtlichen Verrichtungen und Verhandlungen, mit Ausnahme der durch strafbare Handlungen bedingten unterliegen weder einer Stempelgebühr noch einer Taxe. Reichs-Militärgesetz vom 2. Mai 1874 § 35 (R.G.Bl. S. 55). Vergleiche hierher auch die Entschließung des Bayr. Staatsministeriums des Innern und des Kriegsministeriums vom 26. April 1883 (F.M.Bl. S. 179).

r) Hülfskassen, eingeschriebene. Die zu erteilenden Zeugnisse sind gebührenfrei, § 17 des Ges. v. 7. Juli 1876, dann Art. 18 des Ges. v. 1. Juni 1884 (R.G.Bl. S. 60).

s) Invaliditäts-Versicherungsangelegenheiten siehe lit. b.

t) Kompetenzkonflikt. Das durch den Antrag auf Vorentscheidung sowie das durch die Erhebung des Kompetenzkonfliktes veranlaßte Verfahren ist kostenfrei. Ges. betr. die Entscheidung der Kompetenzkonflikte zwischen den Gerichten und den Verwaltungsbehörden oder dem Verwaltungsgerichtshofe vom 18. August 1879, Art. 29 Ziff. 5 Abs. 4 (G.V.Bl. S. 1000).

u) Landeskultur-Rentenanstalt. Die Verhandlungen und Bescheide in Landeskultur-Rentensachen sind gebührenfrei. Für Eintragung und Löschung der Hypotheken und Realrenten werden Gebühren zur Staatskasse nicht erhoben. Gesetz betr. die Landeskultur-Rentenanstalt v. 21. April 1884, Art. 23 (G.V.Bl. S. 122).

v) Militärdienst. Die zur Befreiung von demselben erholten hypothekamtlichen Bestätigungen sind gebührenfrei, siehe oben lit. q Heeresergänzung.

w) Pferdeversicherung siehe Versicherungswesen lit. ee.

x) Rechtsanwälte. Hinsichtlich der Gebührenfreiheit der Verhandlungen und Erlasse der Anwaltskammern und deren Vorstände, dann des ehrengerichtlichen Verfahrens siehe §§ 60 und 94, Abs. 1 der Rechtsanwaltsordg. vom 1. Juli 1878 (R.G.Bl. S. 189, 194).

y) Sparurkunden. Die Kraftloserklärung einer abhanden gekommenen oder vernichteten Sparurkunde einer öffentlichen Sparkasse und das vorangehende Verfahren sind gebührenfrei. Die baren Auslagen hat der Antragsteller zu tragen. Siehe bayr. Ausführungsgesetz zum Bürgerlichen Gesetzbuch v. 9. Juni 1899, Art. 111, 120 (Beil. z. G.V.Bl. S. 29, 30).

z) Standesregister. Die Führung der Standesregister und die darauf bezüglichen Verhandlungen erfolgen kosten- und stempelfrei. (Reichsges. über die Beurkundung des

Personenstandes und der Eheschließung v. 6. Febr. 1875, § 16 Abs. 1 (R.G.Bl. S. 26).

aa) **Unfallversicherungsangelegenheiten** siehe lit. b.

bb) **Vermögensverzeichnisse.** Gebührenfreie Aufnahme derselben siehe lit. g oben, Eheverträge Abs. 2.

cc) **Versicherungswesen.** Alle in dasselbe einschlagenden Gegenstände und Geschäfte, gerichtliche sowohl als außergerichtliche, sind von der Entrichtung von Staatsgebühren befreit in Angelegenheiten der

1) Brandversicherung, Ges. v. 3. April 1875, Art. 92 Abs. 1 (G.V.Bl. S. 269);
2) Hagelversicherung, Ges. v. 13. Februar 1884, Art. 22 Abs. 1 (G.V.Bl. S. 67);
3) Pferdeversicherung, Ges. v. 15. April 1900, Art. 19 Abs. 1 (G.V.Bl. S. 383);
4) Viehversicherung, Ges. v. 15. Mai 1896, Art. 19 Abs. 1 (G.V.Bl. S. 213).

6. **Hinterlegungswesen.** Für die Aufnahme von Hinterlegungserklärungen, von Gesuchen um Annahme zur vorläufigen Verwahrung sowie von Anträgen auf Herausgabe durch den Gerichtsschreiber, ferner für die Beschlüsse des Amtsgerichts, durch welche die Annahme zur vorläufigen Verwahrung, die Herausgabe aus der vorläufigen Verwahrung oder die Hinterlegung angeordnet wird, sowie, wenn der K. Bank die Besorgung des Hinterlegungswesens übertragen ist, für die Herausgabe-Weisung des Amtsgerichts werden Gebühren nicht erhoben. (§ 7 der Allerh.V.O. v. 25. Dezbr. 1899, G.V.Bl. S. 1237.)

7. Von Staatsverträgen ist die revidierte **Rheinschiffahrtsakte** vom 17. Oktbr. 1868 zu erwähnen. (Siehe Regierungs-Bl. 1869 S. 1130 ff.)

8. Hieher zählen nicht nur die eigentlichen Disziplinarsachen, sondern auch alle sonstigen Gegenstände der Dienstaufsicht z. B. die Vereidigung von Beamten und Bediensteten, Urlaubs-, Verehelichungs- und Pensionsgesuche, Erlaubnis zur Uebernahme von Vormundschaften sowie die Zeugnisse über die Vorbereitungspraxis für Staatsdienstadspiranten. (Siehe § 3 b. Vollzugsinstr. z. R.G.K.Ges. u. z. Gebührenwesen v. 25. Dezbr. 1899 Just.M.Bl. 1900 S. 348.)

9. Das Verfahren wegen Verhängung von Ordnungs- und Ungehorsamsstrafen über nicht richterliche Beamte oder Bedienstete ist gebührenfrei. Siehe Art. 3 Ziff. 1 und den VI. Abschnitt des Ausführungs-Ges. z. R.St.P.O. (G.V.Bl. 1879 S. 781 ff.)

Erwähnenswert ist hier auch die Verfällung von Parteien, Zeugen oder Sachverständigen in Ordnungsstrafen nach §§ 178, 179, 180 des R.G.V.G., dann §§ 50, 69 und 77 der R.St.P.O. Vergleiche Wochinger, Prozeßgeb.Ges. S. 82, § 59 des R.G.K.G., dann S. 69 § 47 Ziff. 5 u. 8 des R.G.K.G. Ausnahmen bestehen hinsichtlich der Festsetzung von Ordnungsstrafen in Angelegenheiten der freiwilligen Gerichtsbarkeit. Siehe die Gebührenbestimmungen in Art. 142 u. 143.

10. Für die Beschwerdeinstanz sind die Gebühren nach § 45 des R.G.K.G. zu erheben. Siehe Wochinger, Prozeßgeb.Ges. S. 64.

Art. 4.

Personen [1][2], deren Zahlungsunfähigkeit [3] amtsbekannt [4] oder durch obrigkeitliche Zeugnisse [5] bescheinigt ist, haben in Gegenständen der Verwaltung und Verwaltungsrechtspflege auf einstweilige Befreiung [6] von Gebühren Anspruch [7].

In den Angelegenheiten, in welchen der Notar seine Amtsgeschäfte [8] vorläufig unentgeltlich vorzunehmen hat, werden auch Staatsgebühren vorläufig nicht erhoben. Die über die Verpflichtung des Notars, sein Amt vorläufig unentgeltlich auszuüben, ergehende Entscheidung wirkt auch in Ansehung der Staatsgebühren. Das Recht, auf die Entscheidung des Landgerichts anzutragen, sowie die Beschwerde gegen die Entscheidung des Landgerichts steht auch der Regierungsfinanzkammer zu.

Die Motive bemerken hiezu: Die bisherigen Bestimmungen des Art. 4, welche die Bewilligung des Armenrechts an strengere Voraussetzungen knüpften als die Reichs-Civilprozeßordnung, konnten nur insoweit aufrecht erhalten werden, als es sich um die Bewilligung des Armenrechts in Gegenständen der Verwaltung und der Verwaltungsrechtspflege handelt.

Für die Bewilligung des Armenrechts in den Angelegenheiten der freiwilligen Gerichtsbarkeit haben künftig die Vorschriften des § 14 des Gesetzes über die Angelegenheiten der freiwilligen Gerichtsbarkeit Maß zu geben, welche nicht nur für diejenigen Angelegenheiten, die durch Reichsgesetz den Gerichten übertragen sind (§ 1 des Gesetzes über die Angel. der freiwilligen Gerichtsbarkeit), gelten, sondern nach Art. 115 des Entwurfs eines Ausführungsgesetzes zum Bürgerlichen Gesetzbuch (nun Art. 129) auch für die Angelegenheiten der freiwilligen Gerichtsbarkeit, für welche die landesgesetzlichen Vorschriften maßgebend sind, und nach Art. 8 des Ausführungsgesetzes zu der Grundbuchordnung und zu dem Gesetze über die Zwangsversteigerung und die Zwangsverwaltung auch für die Grundbuchsachen. Es bedarf deshalb insoweit einer besonderen Bestimmung im Gebührengesetze nicht mehr.

Von den Angelegenheiten der freiwilligen Gerichtsbarkeit, welche unter den bisherigen Art. 4 fallen, bleiben nur mehr die zur Zuständigkeit der Notare gehörenden übrig. Wie in der Begründung zu Art. 54 des Entwurfes eines Notariatsgesetzes (nun Art. 53) dargelegt ist, finden die Vorschriften des § 14 des Gesetzes über die Angelegenheiten der freiwilligen Gerichtsbarkeit auf Grund des § 194 dieses Gesetzes auf die Vermittelung der Auseinandersetzung auch dann Anwendung, wenn die Auseinandersetzung dem Notare übertragen ist. Nur für die übrigen von dem Notare wahrzunehmenden Geschäfte der freiwilligen Gerichtsbarkeit hat die Bestimmung des Art. 4 oben Platz zu greifen. Ueber die einstweilige Befreiung von Staatsgebühren für Notariatsakte entscheidet vorbehaltlich des Erinnerungsrechts der Regierungsfinanzkammer der Notar. Das Verfahren, in welchem die Befreiung von den dem Notare zukommenden Gebühren festgestellt wird, dient auch zur Feststellung der Gebührenfreiheit gegenüber dem Staate, so daß die Entscheidung, die über die Befreiung von den dem Notare zukommenden Gebühren ergeht, für die Befreiung von den Staatsgebühren gleichfalls wirksam ist.

Siehe ferner auch § 4 der Vollzugsinstr. v. 25. Dezbr. 1899, Just.M.Bl. 1900 S. 348. Im Falle des Art. 4 Abs. 2 hat der Notar der Urkunde beizusetzen „vorläufig gebührenfrei".

Ob eine Sache als Armensache zu behandeln ist, steht vorbehaltlich des Erinnerungs- und Beschwerderechts der einschlägigen Finanzbehörde der in der Hauptsache kompetenten Behörde zu (§ 11 der K.V.O. v. 20. Septbr 1879, G V.Bl. S. 1198). Vergleiche hieher auch Artikel 60 des Notariatsgesetzes (G.V.Bl. 1899 S. 178) die Beschwerde betreffend.

1. Es kommen nur physische Personen in Betracht.

Hinsichtlich der Bewilligung des Armenrechtes an einen Nachlaßpfleger siehe Beschl. des Oberst. L.G. v. 2. April u. 4. Juni 1902, Slg. d. Entschdg. n. F. Bd. III S. 297 u. 479.

Das Armenrecht kann auch E i n g e b o r e n e n der deutschen Schutzgebiete bewilligt werden (Minist Bek. v. 29. März 1902, J.M.Bl. S. 532).

Kommt die Erteilung des Armenrechtes an einen A u s l ä n d e r in Frage, so ist, soweit es sich um Angehörige der Staaten Belgien, Dänemark, Frankreich, Italien, Luxemburg, Niederlande, Oesterreich-Ungarn, Portugal, Rumänien, Rußland, Schweden-Norwegen, Schweiz und Spanien handelt, Artikel 14—16 des Abkommens zur Regelung von Fragen des internationalen Privatrechts vom 14. Novbr. 1896, niedergelegt am 27. April 1899 (R.G.Bl. S. 285) maßgebend. Dieselben lauten:

Art. 14.

Die Angehörigen eines jeden der Vertragsstaaten werden in allen anderen Vertragsstaaten unter denselben gesetzlichen Bedingungen und Voraussetzungen zum Armenrechte zugelassen, wie die Angehörigen des Staates, in dessen Gebiete die Bewilligung des Armenrechts nachgesucht wird.

Art. 15.

Das Armutszeugnis oder die Erklärung des Unvermögens zur Bestreitung der Prozeßkosten muß in allen Fällen von den Behörden des gewöhnlichen Aufenthaltsorts des Ausländers, oder in Ermangelung eines solchen, von den Behörden seines derzeitigen Aufenthaltsorts ausgestellt oder entgegengenommen sein.

Hält der Antragsteller sich nicht in dem Lande auf, wo das Armenrecht nachgesucht wird, so ist das Zeugnis oder die Erklärung des Unvermögens kostenfrei von einem diplomatischen oder konsularischen Vertreter des Landes zu beglaubigen, in dessen Gebiete die Urkunde vorgelegt werden soll.

Art. 16.

Die zur Erteilung des Armutszeugnisses oder zur Entgegennahme der Erklärung über das Unvermögen zuständige Behörde kann bei den Behörden der anderen Vertragsstaaten über die Vermögensverhältnisse des Antragstellers Erkundigungen einziehen.

Der Behörde, die über den Antrag auf Bewilligung des Armenrechts zu entscheiden hat, bleibt in den Grenzen ihrer Amtsbefugnisse das Recht gewahrt, die ihr vorgelegten Zeugnisse, Erklärungen und Auskünfte auf ihre Richtigkeit hin zu prüfen.

2. Die den bayer. Armenpflegen gewährte Gebührenfreiheit bringt nicht das Recht auf Bewilligung des Armenrechts mit sich. Beschl. des Oberst. L.G. v. 23. Jan. 1902, Slg. d. Entschdg. n. F. Bd. III S. 43.

3. Hierunter ist die Unfähigkeit zu verstehen, ohne Beeinträchtigung des für sich und seine Familie notwendigen Unterhalts Gebühren und Auslagen bestreiten zu können. Die Bewilligung tritt nur auf Antrag ein.

4. Die Amtsnotorietät soll sich nur auf dienstliche Wahrnehmungen stützen.

5. Als obrigkeitliche Zeugnisse kommen in Betracht die vom Armenpflegschaftsrate des Wohnortes des Gesuchstellers auf Grund der Ministerialbekanntmachung vom 5. Juli 1879 (G.V.Bl. S. 693) ausgestellten Zeugnisse sowie das Zeugnis des Vormundschaftsgerichts (Formular XVI, § 24 der Bekanntmchg. v. 19. Jan. 1900 das Vormundschaftswesen betreff., Just.M.Bl. S. 195).

6. Es tritt keine Gebührenfreiheit sondern nur eine einstweilige, jeder Zeit entziehbare Befreiung von der Berichtigung der rückständigen und künftig erwachsenden Gebühren und Auslagen ein. Eine Rückgabe bereits bezahlter Kosten oder erlegter Vorschüsse findet nicht statt. Siehe Wochinger, Prozeßgeb.Ges. S. 108 ff.

7. Sind wegen Ueberschuldung des Nachlasses oder wegen Geringfügigkeit des Mündelvermögens keine Gebühren anzusetzen, so liegt deswegen noch keine von Zahlung der Auslagen befreiende Armensache vor, vielmehr gelangen in solchen Fällen die Auslagen zur Erhebung.

8. Eine Befreiung von den verhältnismäßigen Gebühren der Art. 249—278 bei Verträgen tritt nicht ein. In dem Gesetzgebungsausschusse wollten die verhältnismäßigen Gebühren von Verträgen ausdrücklich ausgenommen werden; der beantragte Zusatz wurde aber schließlich abgelehnt, weil bei solchen Verträgen, welche einer Gebühr unterliegen, nicht angenommen werden könne, daß beide

Kontrahenten arm seien. (Vergleiche Pfaff, 5. Aufl. S. 22, V. d. K. d. Abg. 1879, Beil. Bd. VII Abtlg. II S. 34 u. 53, Burkhard, S. 96.)

Art. 5.

Die Gebühren, welche von den Beteiligten außer den für die Staatskasse zu verrechnenden Gebühren wegen der Bemühung einzelner Personen bei der Erledigung der Geschäfte zu entrichten sind, insbesondere Vorlade- und Zustellgebühren [1]), Gebühren der Zeugen und Sachverständigen [2]), Tagegelder und Reisekosten der Kommissäre [3]), Gebühren der Pfarrer [4]), Amtsärzte [5]), Konsuln [6]), Rechtsanwälte [7]), Notare [8]), Hypothekenbewahrer [9]) und Gerichtsschreiber [10]), Gebühren der Gerichtsvollzieher [11]) und sonstiger Vollstreckungsorgane [12]) werden, soweit dieselben nicht bereits reichsgesetzlich geregelt sind, durch Königliche Verordnung bestimmt.

1. Seit 1. Januar 1900 haben die Gerichtsdiener für Vorladungen und Zustellungen von den Parteien keine Gebühren mehr zu beanspruchen. Bezüglich der Einhebegebühr bei Empfang von Kostenbeträgen jedoch ist eine Aenderung nicht eingetreten. Siehe hierüber Minist.Bek. v. 1. Juli 1884, Just.M.Bl. S. 121, u. Minist.-Entschließg. v. 8. Februar 1900 Nr. 5908.

Ueber die Vorlade- und Zustellgebühren anderer Bediensteten siehe § 45 der Vollzugsvorschr. v. 24. August 1852 zum Taxgesetze v. 28. Mai 1852 (Geret V.O.Slg. Bd. XXVII Beilage D), dann die K.V.O. v. 10. Dezbr. 1875 (G.VBl. S. 773). Pfaff, 5. Aufl. S. 23.

2. Reichsgesetz vom 30. Juni 1878 bzw. 20. Mai 1898 (R.G.Bl. S. 689 ff.). (Näheres siehe Wochinger, Prozeßgebührengesetze S. 162 ff.) Hinsichtlich der Gebühren der Zeugen und Sachverständigen in den vor die Gerichte gehörigen nicht nach den Reichs-Prozeßgesetzen zu behandelnden Rechtssachen, dann in Gegenständen der Verwaltung und Verwaltungsrechtspflege siehe die K.V.O. v. 22. Septbr. 1879 (G.V.Bl. S. 1283).

3. Vergleiche hiezu die K.V.O. v. 11. Februar 1875 u. v. 13. Juli 1892 (G.V.Bl. 1875 S. 105 u. bzw. 1892 S. 485).

4. Hinsichtlich der Gebührenansprüche der Pfarrer ist eine Königliche Verordnung bisher nicht erlassen worden. Maßgebend sind daher noch die Vorschriften der Ordinariate und Konsistorien.

5. Siehe die K.V.O. v. 17. Novbr. 1902 (G.V.Bl. S. 715), dann die Anlage zu der K.V.O. v. 17. Oktober 1901 (G.V.Bl. S. 633).

Weiter über die Gebühren der Apotheker § 11 der K.V.O. v. 20. Dezbr. 1875, der Bader die K.V.O. v. 31. März 1899 (G.V.Bl. S. 120), der Hebammen hinsichtlich ihrer Dienstleistungen in den Gefängnissen, die K.V.O. v. 4. Juni 1899 (G.V.Bl. S. 415).

6. Einschlägig sind hier die Reichsgesetze v. 1. Juli 1872 (R.G.Bl. S. 245) u. 10. Juli 1879 (R.G.Bl. S. 197).

7. Die Gebühren der Rechtsanwälte sind geregelt:

a) Reichsgesetzlich durch Gesetz v. 7. Juli 1879 bzw. 20. Mai 1898 (RGBl. S. 692). (Vergleiche Wochinger, Prozeßgebührengesetze S. 188 ff.), dann vom 22. Dezbr. 1901 (RGBl. S. 497). (Näheres siehe Abtlg. D dieses Buches),

b) Landesgesetzlich durch die K.V.O. v. 26. März 1902, (G.V.Bl. S. 133 ff. J.M.Bl. S. 427 ff.) u. v. 4. April 1902, (J.M.Bl. S. 499 ff.) [G.V.Bl. S. 155] (Näheres siehe Abtlg. D. dieses Buches).

8. Maßgebend ist die K.V.O. v. 28. Dezbr. 1899 (G.V.Bl. S. 1183, J.M.Bl. S. 761) u. v. 28. Juli 1900 (G.V.Bl. S. 741, J.M.Bl. S. 1043) (siehe Anhang Nr. 1 u. 2 dieses Buches).

9. Bisher waren anzuwenden die K.V.O. v. 19. Juli 1876 (G.V.Bl. S. 503), v. 16. Mai 1880 (G.V.Bl. S. 327) u. v. 23. Dezbr. 1888 (G.V.Bl S. 709).

10. Das Gesetz hat hier die den Gerichtsschreibern früher zugewendeten Schreibgebühren im Auge.

11. Hinsichtlich der Gebühren der Gerichtsvollzieher ist zu beachten:

a) das Reichsgesetz v. 24. Juni 1878 bzw. 20. Mai 1898 (RGBl. S. 683). Siehe Wochinger, Prozeßgebührengesetze S. 175 ff.,

b) die K.V.O. v. 16. Dezbr. 1899 (J.M.Bl. S. 533). Siehe Abtlg. C. dieses Buches.

12. Die Gebühren der Vollstreckungsorgane der Rentämter und Hauptzollämter sind geregelt durch die Minist.Bekanntmchg. v. 24. Dezbr. 1875 (F.M.Bl. S. 389, 390) u. § 99 der Minist.Bekanntmchg. v. 27. Dezbr. 1899 (F.M.Bl. S. 393).

Art. 6.

Für die Berechnung der Fristen gelten die Vorschriften des Bürgerlichen Gesetzbuchs. Fällt das Ende einer Frist auf einen Sonntag oder allgemeinen Feiertag, so endigt die Frist mit dem Ablaufe des nächstfolgenden Werktags[1]).

Die Vorschrift des Art. 6 ist dem § 200 der Reichs-Civilprozeßordnung vom 30. Januar 1877 nachgebildet. Durch § 222 der Reichs-Civilprozeßordnung in der Fassung vom 17. Mai 1898 ist letztere Bestimmung mit den Vorschriften des Bürgerlichen Gesetzbuchs über die Berechnung der Fristen in Einklang gebracht worden (vergl. auch § 17 des Gesetzes über die Angelegenheiten der freiwilligen Gerichtsbarkeit). (Motive 1899.)

1. Die einschlägigen Bestimmungen des Bürgerlichen Gesetzbuchs sind in den §§ 187 bis 189, 192, 193 desselben enthalten.

Unter allgemeine Feiertage sind nur die staatlich anerkannten zu verstehen.

II. Abteilung.

Bürgerliche Rechtsstreitigkeiten.

I. Abschnitt.

Zwangsversteigerung und Zwangsverwaltung.*)

Art. 7.

In dem Verfahren der Zwangsversteigerung und der Zwangsverwaltung von Gegenständen des unbeweglichen Vermögens im Wege der Zwangsvollstreckung finden die Vorschriften des Reichs-Gerichtskostengesetzes[1]) und die besonderen Vorschriften der Art. 8 bis 20 Anwendung.

An Stelle des bisher landesgesetzlich geregelten Verfahrens ist nunmehr das Reichsgesetz über die Zwangsversteigerung und die Zwangsverwaltung vom 24. März 1897 in der Fassung vom 20. Mai 1898 getreten. Hiedurch war eine den Verfahrensvorschriften dieses Reichsgesetzes entsprechende Abänderung und Ergänzung der bisherigen Vorschriften des Gebührengesetzes (Art. 8 bis 24) geboten.

1. Es sind dies insbesondere die allgemeinen Bestimmungen über Erinnerungen gegen den Ansatz von Gebühren und Auslagen, Nachforderung von Gerichtskosten, Gebührenniederschlagung, dann die generellen Vorschriften über Auslagen, Kostenvorschuß und Kostenzahlung, die Bestimmungen über Befreiung von Zahlung von Gebühren, über Rechtshilfe bei der Kosteneinziehung, ferner die Vorschriften über Aufgebotsverfahren, für die Gebührenbewertung in der Beschwerdeinstanz, bei Zurücknahme von Anträgen, über Gebührenfreiheit einzelner Verhandlungen und Entscheidungen sowie schließlich über die Erhebung der sogenannten Mutwillensgebühr. Diese Vorschriften sollen auch fernerhin eine notwendige Ergänzung der landesgesetzlichen Gebührenbestimmungen über die Zwangsversteigerung und Zwangsverwaltung bilden. (Siehe Wochinger, Prozeßgebührengesetze, R.G.K.G. S. 1 ff., dann Motive 1899.)

Art. 8 (8, 9).

Für die Entscheidung, einschließlich des vorangegangenen Verfahrens, über den Antrag auf Anordnung der Zwangsversteigerung oder der Zwangsverwaltung[1]) werden zwei Zehnteile der Sätze des § 8 des Reichs-Gerichtskostengesetzes[2])[3]) erhoben.

---

*) Diese Gebührenbestimmungen treten jedoch erst mit dem Zeitpunkte in Kraft, in welchem das Grundbuch als angelegt anzusehen ist. Bis dahin haben noch die seitherigen Bestimmungen Anwendung zu finden. (Siehe Anhang Nr. 4.) Vergleiche hieher Art. 297 d. Geb.Ges. §§ 1. 15 d. Einführg.Ges. z. Ges. über die Zwangsversteigerung und die Zwangsverwaltung, dann auch Art. 41, 113 d. Ges. betr. die Uebergangsvorschriften z. Bürgerl. Gesetzbuch, weiter § 1 Z. 1 der Vollzugs-Instruktion v. 25. Dezbr. 1899 J.M.Bl. 1900 S. 344.

Diese Gebühr wird auf die nach den Art. 9, 11 für das angeordnete Verfahren zu erhebende Gebühr angerechnet [4])[5])[6]).

Diese Gebühr war früher reichsgesetzlich geregelt (§ 35 Z. 2 des R.G.K.G.), da die Entscheidung über den Antrag nach § 755 der R.C.P.O. älterer Fassung zu ergehen hatte. Durch die Verweisung dieser Vorschrift aber in das besondere Gesetz über die Zwangsversteigerung und die Zwangsverwaltung ist die Bestimmung des § 35 Z. 2 des R.G.K.G. in Wegfall gekommen, weil das R.G.K.G. sich in bürgerlichen Rechtsstreitigkeiten nur auf die Reichs-Civilprozeßordnung beschränkt

Daß die Vorschrift des Art. 8 nicht nur auf die Zwangsvollstreckung in Grundstücke, sondern auch auf die Zwangsvollstreckung in Berechtigungen Anwendung findet, erscheint mit Rücksicht auf den Zusammenhang dieser Bestimmung mit der Vorschrift des Art. 7 als selbstverständlich. Die Gebühr des Art. 8 ist für die Entscheidung über den Antrag auf Anordnung der Zwangsversteigerung oder der Zwangsverwaltung zu erheben. Da aber auch der Antrag auf Zulassung des Beitritts als ein Antrag auf Anordnung der Zwangsversteigerung oder der Zwangsverwaltung und die Zulassung des Beitritts als eine Anordnung der Zwangsversteigerung oder der Zwangsverwaltung im Sinne des Gesetzes zu erachten ist, kann ein Zweifel darüber nicht bestehen, daß die Gebühr des Art. 8 für die Entscheidung über jeden einzelnen derartigen Antrag zur Erhebung zu gelangen hat. (Siehe Motive.)

1. Die Gebühr des Art. 8 ist im Falle der Wiederversteigerung von neuem zu erheben, da nach § 133 des Ges. über die Zwangsversteigerung und die Zwangsverwaltung sich dieselbe als neue Zwangsvollstreckung darstellt. Wird hingegen eine Zwangsversteigerung als Zwangsverwaltung fortgesetzt (§ 77 Abs. 2 des alleg. Ges.), so kommt die Gebühr des Art. 8 nicht mehr zum Ansatz.

2. Als Wertsgegenstandssumme kommt in der Regel der Betrag der zu vollstreckenden Hauptforderung in Betracht. Kosten, auch wenn sie auf die Ausklagung der Hauptsache entstanden sind, bleiben als Nebenforderung ohne Berücksichtigung, während hingegen einzuziehende Zinsen der Hauptsache zuzurechnen sind. Vergleiche § 13 Abs. 2 des R.G.K.G. (Wochinger, Prozeßgeb.Ges. S. 28).

Ist der Wert des Zwangsversteigerungsgegenstandes jedoch geringer als der Betrag der zu vollstreckenden Forderung, so ist für die Gebührenberechnung der niedrigere Betrag des Zwangsversteigerungsobjektes maßgebend. Siehe auch Art. 9 Abs. 4.

3. Hinsichtlich der Sätze des § 8 des R.G.K.G. siehe Wochinger, Prozeßgeb.Ges. S. 8 und Tabelle a im Anhang.

4. Die Anrechnung bewirkt, daß, wenn im Falle das Verfahren vor Erteilung des Zuschlages aufgehoben wird (Art. 9 Ziff. 1), nur noch ein Zehnteil der Sätze des § 8 des R.G.K.G. als Ergänzung zur Erhebung zu gelangen hat.

Sie kann sogar zur Folge haben, daß im vorgedachten

Falle für die Aufhebung des Zwangsversteigerungsverfahrens eine Ergänzungsgebühr überhaupt nicht mehr zum Ansatze gelangen kann, wenn nämlich die Summe mehrerer Gebühren nach Art. 8 den Betrag der Gebühr des Art. 9 Abs. 1 Z. 1, für Erledigung des Verfahrens vor Erteilung des Zuschlages, übersteigt. Z. B. Zu Gunsten der Forderung des A zu 121 ℳ ist die Zwangsversteigerung in das Anwesen des Schuldners X angeordnet worden. Auf Antrag des B, welcher an X gleichfalls eine Forderung von 118 ℳ und des C, welcher eine solche von 60 ℳ 50 ₰ an eben denselben hat, wird diesen weiteren Gläubigern der Beitritt zu dem Verfahren gestattet. Nach Zustellung des Versteigerungsterminsbeschlusses nehmen die drei Gläubiger wegen Bezahlung ihre Versteigerungsanträge zurück, und wird das Verfahren vor Erteilung des Zuschlages in einem Beschlusse aufgehoben. Erhoben wurden, da das schuldnerische Anwesen einen Wert von 5000 ℳ hat, nach Art. 8 von A 1 ℳ 50 ₰, von B 1 ℳ und von C 1 ℳ, sohin zusammen 3 ℳ 50 ₰. Da nun die drei Gläubiger wegen inzwischen eingetretener Befriedigung ihre Zwangsversteigerungsanträge zurücknahmen, und daraufhin das Verfahren durch einen Beschluß aufgehoben wurde, kommt für die Berechnung der Gebühr nach Art. 9 Abs. 1 Z. 1 der Gesamtbetrag der Forderungen der drei Gläubiger mit 299 ℳ 50 ₰ in Betracht. Die hieraus geschuldete Gebühr berechnet sich demnach auf 3 ℳ 30 ₰. Weil aber die anzurechnenden Gebühren des Art. 8 3 ℳ 50 ₰, somit mehr als jene betragen, so kann ein weiterer ergänzender Gebührenbetrag (Art. 9 Abs. 1 Z. 1) nicht mehr zur Erhebung gelangen.

5. Wegen der Gebührenerhebung bei Zurücknahme des Antrages vor der Verbescheidung desselben mit ein Zehnteil der Sätze des § 8 des R.G.K.G. (d. i. $^1/_{10}$ von $^2/_{10}$), siehe § 46 des R.G.K.G. (Wochinger, Prozeßgebührengesetze S. 66). Die Gebühr des § 46 wird im Falle einer teilweisen Zurücknahme nur insoweit erhoben, als die im Art. 8 bestimmte Gebühr sich erhöht haben würde, wenn die Entscheidung auf den zurückgenommenen Teil erstreckt wäre.

6. Schuldner der Gebühr des Art. 8 ist der Antragsteller. Siehe auch Art. 16 u. 19. Die Gebühr des Art. 8 wird fällig mit dem Erlasse der Entscheidung.

Art. 9 (10).

In dem Verfahren der Zwangsversteigerung werden erhoben[1]):

1. für das Verfahren bis zur Einleitung des Verteilungsverfahrens[2]) fünf Zehnteile und, wenn das Verfahren vor der Erteilung des Zuschlags erledigt wird, drei Zehnteile der Sätze des § 8 des Reichs-Gerichtskostengesetzes;
2. für das Verteilungsverfahren[3]) fünf Zehnteile jener Sätze. Findet nach § 144 des Gesetzes über die

Zwangsversteigerung und die Zwangsverwaltung ein Verteilungsverfahren nicht statt oder wird nach § 143 des Gesetzes über die Zwangsversteigerung und die Zwangsverwaltung das Verteilungsverfahren nach der Bestimmung des Verteilungstermins, aber vor dem Beginne des Verteilungstermins eingestellt, so werden drei Zehnteile der Sätze des § 8 des Reichs-Gerichtskostengesetzes erhoben [4]).

Die im Abs. 1 bestimmten Gebühren werden im Falle der Erteilung des Zuschlags nach dem Meistgebote [5]) [6]), in allen übrigen Fällen nach dem Werte des Gegenstandes der Zwangsversteigerung berechnet.

Mehrere Meistgebote oder Werte von Gegenständen der Zwangsversteigerung sind zusammenzurechnen.

Ist der Betrag der Forderungen, die aus dem Meistgebote zu befriedigen sind [7]), geringer als dieses oder ist der Betrag der Forderungen, wegen deren die Zwangsversteigerung angeordnet ist, geringer als der Wert des Gegenstandes der Zwangsversteigerung, so wird die Gebühr aus der Summe der Forderungen berechnet [8]) bis [13]).

Die nunmehrige Fassung des Art. 10 gibt zu nachstehenden Bemerkungen Anlaß:

Zu Ziffer 1: Wird das Verfahren bis zur Einleitung der Verteilung hinsichtlich einzelner Gegenstände der Zwangsversteigerung vor der Erteilung des Zuschlags durch Aufhebung oder Einstellung erledigt, so kommt im Hinblicke auf Art. 7 nur die Gebühr des § 46 des R.G.K.G. zur Erhebung.

Zu Ziffer 2: Wird dem Gerichte, ehe die Bestimmung des Verteilungstermins erfolgt ist, der Nachweis erbracht, daß eine außergerichtliche Einigung der Beteiligten nach § 143 des Zw.Ges. erfolgt ist, so bedarf es keiner Einstellung des Verfahrens; von Erhebung der Gebühr der Ziff. 2 ist daher in diesem Falle keine Rede Erfolgt dagegen die Vorlage des Uebereinkommens und damit die Einstellung des Verfahrens erst nach der Terminsbestimmung, so rechtfertigt sich die in Ziff. 2 vorgeschlagene Erhebung eines Teilbetrages der für das Verteilungsverfahren bestimmten Gebühr. Für das Uebereinkommen selbst wird dagegen eine Gebühr nicht erhoben. Ist das Verteilungsverfahren nur in Ansehung einzelner Meistgebote durchgeführt, in Ansehung anderer aber nach §§ 143, 144 des erwähnten Gesetzes erledigt worden, so ist die Gebühr der Ziffer 2 aus den ersteren Meistgeboten mit fünf, aus den letzteren mit drei Zehnteilen zu berechnen. Selbstverständlich darf jedoch der Gesamtbetrag dieser Gebühren die aus dem Gesamterlöse zu berechnende Gebühr von fünf Zehnteilen nicht übersteigen.

Zu Abs. 2 bis 4: Gemäß § 107 des Zw.Ges. gehört zur Masse auch der Erlös aus den Gegenständen, welche im Falle des § 65 besonders versteigert oder anderweit verwertet sind Dieser Erlös wird daher bei der Berechnung der Gebühren für das Verteilungsverfahren mit zu berücksichtigen sein. (Siehe Motive.)

1. Nach den Vorschriften des Art. 9 ist ein ordnungsgemäß vollständig durchgeführtes Zwangsversteigerungsverfahren mit der vollen Gebühr der Sätze des § 8 des R.G.K.G. zu bewerten und sind für die Gebührenerhebung zwei Hauptabschnitte des Verfahrens maßgebend. Der erste betrifft das Verfahren bis zur Einleitung des Verteilungsverfahrens, der zweite das Verteilungsverfahren an sich. Für jeden dieser Verfahrensabschnitte werden fünf Zehnteile der vollen Gebühr berechnet. Durch diese Bauschgebühren sind alle übrigen nicht aufgeführten Beschlüsse und Verfügungen des Vollstreckungsgerichts mitbeglichen. (Siehe auch Art. 20.) Findet einer jener Abschnitte eine vorzeitige Erledigung, so tritt für denselben eine Gebührenermäßigung auf drei Zehnteile ein. Die Entscheidung über den Antrag auf Anordnung der Zwangsversteigerung nach Art. 8 stellt sich mit Rücksicht auf die Gebührenanrechnung als eine Art Vorentscheidung dar.

Wird das Verfahren infolge Zurücknahme des Antrags auf Zwangsversteigerung aufgehoben, bevor die Akten an den Versteigerungsbeamten abgegeben sind, so kommt, abgesehen von der Gebühr des Art. 8, für das Verfahren selbst nur die Zurücknahmegebühr nach § 46 des R.G.K.G. zur Erhebung. Vergleiche oben Motive Ziffer 1, dann Anmerkung 6 zu Art. 8.

Hinsichtlich der Sätze des § 8 des R.G.K.G. siehe Tabelle a im Anhang.

2. Die Einleitung des Verteilungsverfahrens beginnt mit der Bestimmung des Verteilungstermines (§ 105 des Zw.Ges.). Wird das Verfahren vor diesem Akt infolge außergerichtlicher Regelung der Verteilung zwischen den Beteiligten aufgehoben (§§ 143, 144 des Zw.Ges.), so werden nur fünf Zehnteile erhoben.

Kommt es überhaupt nicht zum Zuschlage, so sind nur drei Zehnteile in beiden Fällen natürlich unter Anrechnung der Gebühr des Art. 8 zu berechnen.

3. Für das Verteilungsverfahren sind weitere fünf Zehnteile zu erheben. Wird jedoch nach Bestimmung des Verteilungstermines aber vor Beginn desselben infolge außergerichtlicher Verteilung das Verfahren (§§ 143, 144 des Zw.-Ges.) aufgehoben, so werden nur drei Zehnteile für das Verteilungsverfahren berechnet. Der Verteilungstermin beginnt mit der Feststellung der Verteilungssumme.

4. Mit Rücksicht auf die Bestimmung in Art. 8 Abs. 2 kommen im Falle des Art. 9 Abs. 1 Z. 1 für das Verfahren ergänzend drei oder bezw. ein Zehnteil, im Falle des Art. 9 Abs. 1 Z. 2 im Zusammenhalte mit der Gebühr des Art. 9 Abs. 1 Z. 1 acht oder bezw. sechs Zehnteile zur Erhebung.

5. Das Meistgebot umfaßt außer dem bar zu zahlenden Teile des Kaufpreises (Bargebote) (Zw.Ges. § 49 Abs. 1) auch die in Anrechnung auf den Kaufpreis zu übernehmenden bei der Feststellung des geringsten Gebotes berücksichtigten Rechte (Zw.Ges. § 52 Abs. 1). Der Wert von nicht in Geld bestehenden Leistungen ist richterlich festzusetzen. Vergleiche hiezu auch § 91 Abs. 2 des Zw.Ges.

Nicht zum Meistgebote gehören die Rechte, welche trotz Nichtberücksichtigung bei Feststellung des geringsten Gebots bestehen bleiben.

6. Beim Verteilungsverfahren ist zum Betrage des Meistgebotes außer den etwaigen Zinsen aus dem Bargebote (§ 49 Abs. 2 des Zw.Ges.) auch noch der Erlös aus einer angeordneten besonderen Versteigerung einer Forderung oder einer beweglichen Sache (§ 65 des Zw.Ges.) hinzuzuzählen (§ 107 des Zw.Ges.). Wenn die Motive von „Masse" reden, so ist hierunter nicht der zur Verteilung gelangende Betrag des Bargebots, sondern der des Gesamterlöses (§§ 49, 65 u. 107 des Zw.Ges.) zu verstehen.

7. Zu den aus dem Meistgebote zu befriedigenden Forderungen gehören nicht nur die Forderungen, zu deren Gunsten die Beschlagnahme angeordnet wurde, sondern auch alle diejenigen Forderungen, welche aus dem Meistgebote Deckung finden.

Ist der Gesamtbetrag dieser zum Zuge gekommenen Forderungen kleiner als das Meistgebot, so daß ein an den Schuldner hinauszuzahlender Ueberschuß verbleibt, so werden die Gebühren nur aus dem Gesamtbetrag der befriedigten Forderungen berechnet. Z. B. die Beschlagnahme wurde für die Forderung des A zu 2000 ℳ und des B zu 500 ℳ angeordnet, und es betrug das Meistgebot 5000 ℳ. Aus dieser Summe sollen aber nicht nur die 2500 ℳ betragenden Forderungen des A und B, sondern auch noch 250 ℳ Kosten des Zwangsversteigerungsverfahrens, dann rückständige Steuern sowie 4000 ℳ Hypotheken Deckung finden. In diesem Falle sind die Gebühren des Art. 9 nicht aus den Forderungen des A und B zusammen mit 2500 ℳ, auch nicht aus dem Gesamtbetrag der zu deckenden Forderungen von 2500 ℳ + 250 ℳ + 4000 ℳ = 6750 ℳ, sondern aus dem geringeren Meistgebote zu 5000 ℳ zu berechnen. Würde aber der Versteigerungserlös 7000 ℳ betragen, so wären die Gebühren des Art. 9 aus 6750 ℳ als dem geringeren Betrage der befriedigten Forderungen zu erheben.

8. Käme es aber in vorbesagtem Falle nicht zum Zuschlage und hätte das beschlagnahmte schuldnerische Anwesen einen Wert von 7000 ℳ, so ist die Gebühr für das vor Erteilung des Zuschlags erledigte Verfahren (Art. 9 Abs. 1 Z. 1 Satz 2) aus dem geringeren Gesamtbetrage der Forderungen des A und B zu 2500 ℳ zu berechnen.

9. Kommen beim Vorhandensein mehrerer Meistgebote für das eine die Gebühr des Art. 9 Abs. 1 Z. 1 Satz 1 und für das andere die Gebühren des Art. 9 Abs. 1 Z. 2 zur Berechnung, so

darf nicht mehr erhoben werden, als wenn die höhere Gebühr des Art. 9 Abs. 1 Z. 2 aus dem Gesamtbetrage der Meistgebote zum Ansatze zu kommen hätte. Siehe oben Motive Ziffer 2 am Ende.

10. Werden mehrere Versteigerungsverfahren verbunden (§ 18 des Zw.Ges.), so werden auf die nach der Verbindung aus der Gesamtgegenstandssumme noch zu berechnenden Gebühren nur die bereits erhobenen Gebühren des Art. 8 angerechnet.

11. Hinsichtlich der Erlage eines Gebühren- und Auslagenvorschusses siehe Art. 16, dann bezüglich der Erhebung von Abschlagszahlungen nach dem Fortgange des Verfahrens siehe Art. 17, endlich über Kostendeckung und Kostenhaftung siehe Art. 19.

12. Im Hinblick auf § 94 des R.G.K.G. werden im Falle der Einstellung des Zwangsversteigerungsverfahrens die Gebühren mit dem Ablaufe eines Jahres seit dem Anordnungsbeschlusse (Art. 8) fällig.

13. Gebührenfrei ist die gerichtliche Verwaltung des Grundstücks nach § 94 des Zw.Ges. und die Anordnung der Bewachung und Verwahrung eines Schiffes (§ 165 des Zw.Ges.).

Art. 10 (11).

Das Versteigerungsprotokoll ist im Falle des Zuschlags von dem Versteigerungsbeamten mit den nämlichen Gebühren zu bewerten, wie ein Kaufvertrag.

Auf diese Gebühren finden die Bestimmungen in den §§ 4 bis 7 des Reichs-Gerichtskostengesetzes keine Anwendung. An ihre Stelle treten die auf die Gebühren für Notariatsurkunden bezüglichen Vorschriften des gegenwärtigen Gesetzes, welche auch für die Wertsermittelung (Art. 41), die Zuständigkeit und das Verfahren in Beschwerdesachen Maß zu geben haben.

Wird der Zuschlag rechtskräftig aufgehoben, so ist die vom Ersteher entrichtete Gebühr zurückzuerstatten.

Art. 11 (12).

In dem Verfahren der Zwangsverwaltung [1]) werden erhoben [2]):

1. der volle Betrag, wenn aber das Verfahren [3]) vor dem zur Aufstellung des Teilungsplans bestimmten Termin erledigt wird, fünf Zehnteile der Sätze des § 8 des Reichs-Gerichtskostengesetzes;
2. wenn das Verfahren länger als ein Jahr dauert, für jedes weitere Verwaltungsjahr fünf Zehnteile jener Sätze.

Die Berechnung dieser Gebühren erfolgt:

zu 1) aus dem Werte der Forderung, für welche die Beschlagnahme erwirkt worden ist[4]),

zu 2) aus dem Betrage, der in jedem Verwaltungsjahre zur Verteilung an die Gläubiger gelangt[5])[6])[7]).

1. Die Zwangsverwaltung besteht in der Beschlagnahme der Nutzungen und Einkünfte (z. B. Miet- und Pachtzinse) und ihrer Verwertung zur Befriedigung der Gläubiger. Vergleiche Henle, Zwangsversteigerungsgesetz II. Aufl. S. XVIII u. 165, dann §§ 146 ff. des Zw.-Ges.

Nicht unter die Gebührenbestimmung des Art. 11 fällt die gerichtliche Verwaltung des Grundstückes für Rechnung des Erstehers (§ 94 des Zw.-Ges.), ebensowenig die Anordnung der Bewachung und Verwahrung des beschlagnahmten Schiffes (§ 165 des Zw.Ges.).

2. An den Gebühren nach Art. 11 kommt die Gebühr des Art. 8 für den Anordnungsbeschluß in Anrechnung. Vergleiche Art. 8 Abs. 2.

3. Das Verfahren beginnt mit dem Erlasse des Beschlagnahmebeschlusses. Das Verteilungsverfahren wird mit dem Termine zur Aufstellung des Teilungsplanes eingeleitet (§§ 156 des Zw.Ges.).

Ueber die Sätze des § 8 des R G.K.G. siehe Tabelle a im Anhang.

4. Wird der Antrag auf Anordnung der Zwangsverwaltung zurückgenommen, bevor die Verwaltung begonnen hat (§ 150 des Zw.Ges.), so kommt die Gebühr nach § 46 des R.G.K.G. zum Ansatz. Vergleiche hieher auch Motive Ziffer 1 zu Art. 9.

5. Die Gebühr wird fällig mit der Beendigung des Verfahrens oder, wenn es länger dauert als ein Jahr, mit dem Ablaufe des jeweiligen Verwaltungsjahres.

Als der erste Tag jeden Verwaltungsjahres gilt der Tag, an dem die Zwangsverwaltung angeordnet worden ist (Motive). Jedes angefangene Jahr hat als voll zu gelten.

6. Bei Berechnung des Wertes der Forderung werden einzuziehende Zinsen hinzugerechnet. Vergleiche § 13 Abs. 2 des R G.K.G. (Wochinger, Prozeßgeb.Ges. S. 28).

7. Die Gebühr ist aus dem Reinbetrage, d. i. nach Abzug aller Kosten, dann der Ausgaben auf die Verwaltung, zu berechnen.

Art. 12 (14).

Für die Entscheidung über den Antrag auf Bestimmung eines neuen Versteigerungstermins (§ 85 des Gesetzes über die Zwangsversteigerung und die Zwangsverwaltung) werden zwei Zehnteile der Sätze des § 8 des Reichs-Gerichtskostengesetzes besonders erhoben.

Die Berechnung der Gebühr erfolgt, sofern dem Antrage stattgegeben wird, aus dem bei der früheren Versteigerung erzielten Meistgebote, im Falle der Abweisung aber nach dem Werte der dem Antragsteller zustehenden Forderung und eventuell nach Maßgabe der Bestimmung im § 10 des Reichs-Gerichtskostengesetzes.

Die Vorschrift des Art. 12 sieht den Fall vor, daß von einem Beteiligten, dessen Recht durch den Zuschlag beeinträchtigt werden würde, vor dem Schlusse der Verhandlung über den Zuschlag (§ 74 des Zw.Ges.) die Bestimmung eines neuen Versteigerungstermins beantragt wird (§ 85 l. c.). Die Entscheidung über diesen Antrag mit einer besonderen Gebühr zu belegen, erscheint umsomehr gerechtfertigt, als der Natur der Sache nach die für den regelmäßigen Gang des Verfahrens bestimmte Bauschgebühr hierauf nicht berechnet ist. (Motive.)

Art. 13 (16).

Für den Termin zur weiteren Ausführung des Teilungsplans (§§ 139, 141, 157 Abs. 2 des Gesetzes über die Zwangsversteigerung uud die Zwangsverwaltung) werden nach dem Werte der einem Berechtigten zugeteilten Beträge, über welche im Termine verhandelt werden soll, drei Zehnteile der Sätze des § 8 des Reichs-Gerichtskostengesetzes erhoben.

Nach dem Zwangsversteigerungs-Gesetze soll sowohl im Falle der nachträglichen Ermittelung des unbekannt Berechtigten (§ 139 l. c.) wie nach Erlaß des Ausschlußurteiles (§§ 141, 157 Abs. 2 l. c.) ein Termin zur weiteren Ausführung des Teilungsplanes bestimmt werden. Für letztere Terminsbestimmungen sind die gleichen Gebühren zu erheben, wie sie bisher im Art. 16 des Gebührengesetzes für jeden besonderen Verteilungstermin festgesetzt waren. (Motive.)

Art. 14 (17).

Im Falle der Erledigung des Verfahrens durch einen von dem Versteigerungsbeamten beurkundeten Vergleich (Arrangement) kommen die Bestimmungen des gegenwärtigen Gesetzes über die Gebühren für Urkunden und Ausfertigungen der Notare zur Anwendung.

Gleiches gilt von den im Verfahren vor dem Versteigerungsbeamten beurkundeten Vereinbarungen und Erklärungen, soweit deren Inhalt über den Gegenstand oder Zweck des Verfahrens hinausgeht.

Art. 15 (19).

Die Kosten einer Veröffentlichung, welche der Versteigerungsbeamte nach § 40 des Gesetzes über die Zwangsversteigerung und die Zwangsverwaltung veranlaßt hat, sowie die Gebühren des Ausrufers, dessen sich der Versteigerungsbeamte im Versteigerungstermine bedient hat, gehören zu den Auslagen im Sinne des § 79 des Reichs-Gerichtskostengesetzes.

Art. 16 (20).

Derjenige Gläubiger, auf dessen Antrag die Anordnung der Zwangsversteigernng oder der Zwangsverwaltung erfolgt ist[1][2], hat außer dem Gebührenvorschuß[3] (Reichs-Gerichtskostengesetz § 81) auch für die mit dem Verfahren bis zur Einleitung der Verteilung verbundenen Auslagen auf Erfordern einen zu deren Deckung hinreichenden Vorschuß zu erlegen[4][5].

Mehrere Antragsteller haften für die Berichtigung dieses Vorschusses als Gesamtschuldner[6][7][8][9].

1. Für den Antrag auf Anordnung der Zwangsversteigerung oder der Zwangsverwaltung bedarf es der Einforderung eines Gebührenvorschusses nicht, weil in diesem Falle (Art. 8) nur eine Gebühr für die „Entscheidung, einschließlich des vorangegangenen Verfahrens" vorgesehen ist. (Vergleiche § 29 Abs. 3 der Vollzugsinstr. v. 28. Dezbr. 1899, Just.M.Bl. 1900 S. 360.)

2. Für das mit dem Erlasse des Einleitungsbeschlusses (§ 15 des Zw.Ges.) beginnende Zwangsversteigerungs- oder Zwangsverwaltungsverfahren hat der Antragsteller indes einen Gebührenvorschuß zu entrichten.

Nach Satz 2 des § 81 des R.G K.G. (Wochinger, Prozeßgeb.Ges. S. 110) beträgt der Vorschuß soviel wie die höchste Gebühr, welche für einen Akt der Instanz zum Ansatz zu kommen hat. „Das Zwangsversteigerungsverfahren zerfällt hinsichtlich der Gebührenerhebung in zwei Abschnitte, nämlich in das Verfahren bis zur Einleitung des Verteilungsverfahrens und in das Verteilungsverfahren an sich. Da für ersteren Abschnitt die höchste Gebühr fünf Zehnteile beträgt, so ist auch der vom Antragsteller zu zahlende Gebührenvorschuß nur in dieser Höhe einzufordern. Anders liegt die Sache im Zwangsverwaltungsverfahren. Dasselbe wird, was die Gebührenerhebung anlangt, als eine Instanz angesehen und berechnet sich, da für dasselbe der volle Betrag der Sätze des § 8 des R.G.K.G. als Gebühr zu erheben ist, der Gebührenvorschuß im gleich hohen Betrage.

3. Für die Erhebung des Gebührenvorschusses sind die Voraussetzungen mit dem Erlasse des Einleitungsbeschlusses eingetreten

(siehe auch § 29 Abs. 1 der allg. Vollzugsinstruktion). Die Einforderung des Gebührenvorschusses ist zwingender Natur und bedarf es daher hiezu keiner richterlichen Anordnung.

4. Der Gläubiger hat aber auch für die mit dem Verfahren bis zur Einleitung der Verteilung verbundenen Auslagen, welche mitunter sehr beträchtlich sein können (§§ 25, 170 des Zw.Ges.) auf Erfordern einen Auslagenvorschuß (§ 84 des R.G.K.G., siehe Wochinger, Prozeßgeb.Ges. S. 114) zu erlegen. Das Gericht kann von der Erlage des Auslagenvorschusses die Anordnung der mit Auslagen verbundenen Maßregeln abhängig machen und gegebenen Falles bei Nichterlage des Vorschusses bereits getroffene Maßregeln wieder aufheben.

Wenn auch für die Einforderung des Auslagenvorschusses und die Bestimmung seiner Höhe zunächst die Anordnung des Gerichtes maßgebend ist (siehe § 28 der allg. Vollzugsinstr.), so hat doch der Gerichtsschreiber behufs Erwirkung dieser Anordnung gegebenen Falles rechtzeitig das Erforderliche anzuregen. (Vergleiche Ziff. 4 der Bekanntmachung v. 31. Juli 1880, Just.M.Bl. S. 287.)

5. Für das Verteilungsverfahren selbst kommt die Erlage eines Gebühren- oder Auslagenvorschusses nicht näher in Frage, da die hierfür anfallenden Gebühren und Auslagen vorweg aus der Verteilungsmasse zu decken sind.

6. Nicht nur derjenige, welcher die Anordnung der Zwangsvollstreckung veranlaßt hat, ist vorschußpflichtig, sondern auch alle weiteren Antragsteller, welche nach bereits erfolgter Anordnung der Zwangsvollstreckung einen Antrag auf Anordnung der Zwangsversteigerung oder der Zwangsverwaltung gestellt haben, und können für die Berichtigung des Vorschusses als Gesamtschuldner in Anspruch genommen werden. (Siehe Motive.)

Schulden mehrere eine Leistung in der Weise, daß jeder die ganze Leistung zu bewirken verpflichtet, der Gläubiger — hier die Staatskasse — aber die Leistung nur einmal zu fordern berechtigt ist (Gesamtschuldner), so kann der Gläubiger die Leistung nach Belieben von jedem der Schuldner ganz oder zu einem Teil fordern. Bis zur Bewirkung der ganzen Leistung — hier der Kostenzahlung — bleiben sämtliche Schuldner verpflichtet. (§ 421 B.G.B.)

Der gebührenverrechnende Beamte hat daher die Wahl, von welchem der Antragsteller er den ganzen Vorschuß einfordern will, und wird hiebei sich nur vom Interesse des Staatsärars leiten lassen.

7. Die Höhe des einzufordernden Vorschusses richtet sich nach dem Werte des Beschlagnahmegegenstandes.

8. Bezüglich der Zulassung des Antragstellers zum Armenrechte und der Wirkungen desselben haben die Bestimmungen der Reichs-Civilprozeßordnung (§ 114 ff.) Anwendung zu finden. Vergleiche auch die Ausführungen über Armenrecht bei Wochinger, Prozeßgeb.Ges. S. 106 ff.

9. Siehe auch hinsichtlich der unbedingten Kosten-Haftung des Antragstellers Art. 19.

Art. 17 (21).

Im Verteilungsverfahren können auf die aus der Masse vorweg zu deckenden Gebühren und Auslagen nach dem Fortgange des Verfahrens Abschlagszahlungen erhoben werden [1] [2] [3].

1. Nach § 109 Abs. 1 des Zw.Ges. sind aus dem Versteigerungserlöse die Kosten des Verfahrens vorweg zu entnehmen mit Ausnahme der durch die Anordnung des Verfahrens oder den Beitritt eines Gläubigers sowie der durch den Zuschlag oder durch nachträgliche Verteilungsverhandlungen entstehenden Kosten.

2. Vergleiche auch Z. 3 der Bekanntmachg. v. 31. Juli 1880, Just.M.Bl. S. 287, und § 30 Z. 3 der Vollzugsinstr. v. 25. Dez. 1899.

3. Können die Kosten wegen Unzulänglichkeit der Masse aus derselben nicht vollständig gedeckt werden, so haftet für dieselben der Antragsteller. Siehe Art. 19.

Art. 18 (22).

In den Fällen des Art. 12 hat der Antragsteller einen Gebührenvorschuß nicht zu entrichten.

Die Erhebung der entstandenen Gebühren kann jedoch sofort nach der Entscheidung von der hierin bezeichneten Partei ohne Anrechnung eines derselben anderweitig obliegenden Vorschusses erfolgen [1] [2].

1. Wird nach Erteilung der Ermächtigung zur Beantragung des Aufgebotsverfahrens der Berechtigte ermittelt, so kann das Gericht zur weiteren Ausführung des Teilungsplans einen Termin bestimmen; das Gleiche hat nach Erlassung des Ausschlußurteils zu geschehen. In diesem Falle sind, soferne die Kosten nicht nach der Bestimmung des Verteilungstermins eingehoben werden wollen, die auf die weitere Ausführung des Teilungsplans erwachsenen Kosten (§ 135 des Zw.Ges.) von der Teilungsmasse vorweg abzuziehen und besteht deshalb für die Entrichtung eines Auslagenvorschusses keine Veranlassung.

2. Abs. 2 trifft hinsichtlich der Fälligkeit der Gebühren nach Art. 12, welche nicht zu den Kosten des allgemeinen Verfahrens gehören (§ 109 Abs. 1 des Zw.Ges.), die nötige Bestimmung.

Art. 19 (23).

Soweit die aus der Masse zu deckenden Gebühren und Auslagen aus dem Barbestande derselben nicht entrichtet werden können, haftet für dieselben derjenige Gläubiger, auf dessen Antrag die Anordnung der Zwangsversteigerung oder der Zwangsverwaltung erfolgt ist [1]. Das Gleiche gilt, wenn das Verfahren ohne Verteilung erledigt wird [2].

Die Haftung mehrerer Antragsteller bemißt sich nach dem Verhältnisse ihrer Forderungen.

1. Nicht aus dem Versteigerungserlöse sind zu decken die Kosten der Anordnung des Verfahrens oder des Beitrittes eines Gläubigers, dann die des Zuschlags und die durch nachträgliche Verteilungsverhandlungen entstehenden Kosten (§ 109 des Zw.Ges.). Die Kosten für die Anordnung des Verfahrens oder für den Beitritt eines Gläubigers gehören zu den Kosten der die Befriedigung aus dem Grundstück bezweckenden Rechtsverfolgung und haftet hiefür das Grundstück (§ 1118 des B.G.B.). Der Antragsteller hat sich wegen dieser Kosten an die Grundstücksmasse zu halten und gehen diese Kosten an der Stelle, wo das betreffende Recht anzusetzen ist, voraus (§§ 10 Abs. 2, 12 Z. 1 des Zw.Ges.). Die Kosten des Zuschlags hat der Ersteher zu tragen.

2. Wird das Verfahren nach dem Zuschlage ohne Verteilung erledigt (§§ 143—145 des Zw.Ges.), so haftet außerdem auch der Ersteher für die Kosten und Auslagen. Siehe auch Art. 281.

Art. 20.

Für die von dem Vollstreckungsgericht auf Grund des § 130 des Gesetzes über die Zwangsversteigerung und die Zwangsverwaltung veranlaßte Thätigkeit des Grundbuchamts werden Gebühren nicht erhoben. Auf die Eintragung des Erstehers als Eigentümer findet diese Vorschrift keine Anwendung [1] [2]).

1. Demnach ist die Löschung des Versteigerungsvermerks, sowie der durch den Zuschlag erloschenen Rechte und die Eintragung der Sicherungshypotheken für die Forderung gegen den Ersteher gebühren- aber nicht auslagenfrei.

2. Die Gebührenfreiheit erstreckt sich aber nicht auf die Thätigkeit des Grundbuchamtes nach § 19 des Zw.Ges. Siehe Art. 116.

Art. 21.

In dem Verfahren der Zwangsversteigerung eines im Schiffsregister eingetragenen Schiffes, dann eines ausländischen Schiffes, das, wenn es ein deutsches Schiff wäre, in das Schiffsregister eingetragen werden müßte, finden die Vorschriften der Artikel 7 bis 10, 12 bis 20 entsprechende Anwendung [1]).

Die Motive besagen hiezu: Nach § 864 der R.C.P.O. unterliegen der Zwangsvollstreckung in das unbewegliche Vermögen auch die im Schiffsregister eingetragenen Schiffe.

Das Reichsgesetz über die Zwangsversteigerung und die Zwangsverwaltung bestimmt im § 162, daß auf die Zwangsvollstreckung in registrierte Schiffe, welche übrigens nach dieser Gesetzesvorschrift nur im Wege der Zwangsversteigerung erfolgen kann, die Vorschriften des I. Abschnittes dieses Gesetzes entsprechende Anwendung zu finden haben. Gemäß § 171 des allegierten Gesetzes sind auch ausländische Schiffe, die nach deutschem Rechte in das Schiffsregister einzutragen wären, in ähnlicher Weise wie die registrierten deutschen Schiffe der Zwangsversteigerung gemäß §§ 162 ff. unterworfen. Diesen Vorschriften wird im Art. 21 dadurch Rechnung getragen, daß für das Verfahren der Zwangsversteigerung von Schiffen die gebührengesetzlichen Vorschriften in dem Verfahren der Zwangsversteigerung eines Grundstückes für anwendbar erklärt werden.

1. Die Gebührenvorschriften über die Zwangsversteigerung, soweit sie Schiffe betreffen, traten gleichzeitig mit dem Bürgerlichen Gesetzbuch vom 1. Januar 1900 an in Kraft. Vergleiche Art. 297 und § 1 Ziffer 1 der Vollzugsinstr. vom 25. Dezbr. 1899 (Just.M.Bl. 1900 S. 344).

Art. 22 (24).

Die Vorschriften der Art. 7 bis 20 finden entsprechende Anwendung in dem Verfahren:

1. der vom Konkursverwalter beantragten Zwangsversteigerung oder Zwangsverwaltung (§§ 172 bis 174 des Gesetzes über die Zwangsversteigerung und die Zwangsverwaltung);
2. der Zwangsversteigerung des Grundstücks auf Antrag des Erben (§§ 175 bis 179 des Gesetzes über die Zwangsversteigerung und die Zwangsverwaltung);
3. der Zwangsversteigerung zum Zwecke der Aufhebung einer Gemeinschaft (§§ 180 bis 184 des Gesetzes über die Zwangsversteigerung und die Zwangsverwaltung);
4. der nach den Art. 161, 163, 164 des Berggesetzes vom 20. März 1869 stattfindenden gerichtlichen Versteigerung eines Bergwerkes oder einer Anlage, auf welche die Vorschrift des Art. 221 des erwähnten Gesetzes Anwendung findet;
5. der im Art. 232 Abs. 2 des Berggesetzes in der Fassung des Art. 157 des Ausführungsgesetzes zum Bürgerlichen Gesetzbuche vorgeschriebenen Zwangsversteigerung eines unbeweglichen Kuxes.

Der dritte Abschnitt des Gesetzes über die Zwangsversteigerung und Zwangsverwaltung betrifft die Zwangsversteigerung und die Zwangsverwaltung auf Betreiben des Konkursverwalters (§§ 172 bis 174), die Zwangsversteigerung auf Betreiben des Benefizialerben (§§ 175 bis 179) und die Zwangsversteigerung zum Zwecke der Aufhebung einer Gemeinschaft (§§ 180 bis 184), also Fälle, in welchen reichsgesetzlich die Versteigerung oder die Verwaltung eines Vermögensgegenstandes im Wege des rechtlichen Zwanges zugelassen wird, ohne daß eine Zwangsvollstreckung in Frage steht. In diesen Fällen kommen grundsätzlich die Vorschriften der beiden ersten Abschnitte des Gesetzes über die Zwangsversteigerung und die Zwangsverwaltung zur Anwendung und zwar auch dann, wenn es sich nicht um ein Grundstück, sondern um ein Erbbaurecht oder um eine sonstige Berechtigung, die ein Blatt im Grundbuche erhalten kann, oder um ein im Schiffsregister eingetragenes Schiff handelt.

Entsprechend diesen reichsgesetzlichen Vorschriften sind daher in dem Art. 22 die Gebührenbestimmungen über die Zwangsversteigerung und die Zwangsverwaltung eines Grundstückes, eines diesem gleichstehenden Rechts oder eines registrierten Schiffes im Wege der Zwangsvollstreckung auf die obenerwähnten Fälle für anwendbar erklärt worden. Daß in dem Falle, wenn bei der Zwangsversteigerung zum Zwecke der Aufhebung einer Gemeinschaft der Zuschlag einem Miteigentümer erteilt wird, bei Berechnung der für das Versteigerungsprotokoll zu erhebenden Gebühr derjenige Teil des Meistgebots außer Betracht bleibt, welcher auf den dem Ersteher bereits zustehenden Anteil an dem versteigerten Gegenstande fällt, folgt aus der Bestimmung des Art. 10, wonach das Versteigerungsprotokoll im Falle des Zuschlags mit den nämlichen Gebühren zu bewerten ist, wie ein Kaufvertrag.

Nach Art. 44 des Ausführungsgesetzes zur Grundbuchordnung und zu dem Gesetz über die Zwangsversteigerung und die Zwangsverwaltung finden die Vorschriften über die Zwangsversteigerung eines Grundstückes u. s. w. auch auf die nach den Art. 161, 163, 164 des Berggesetzes vom 20. März 1869 — nunmehr Art. 194, 196 des Berggesetzes in der Fassung vom 20. Juli 1900 (G.V.Bl. S. 820) — stattfindende gerichtliche Versteigerung eines Bergwerkes oder einer Anlage, auf welche die Vorschrift des Art. 221 des Berggesetzes — nunmehr Art. 258 des neutextierten Berggesetzes — Anwendung findet, endlich auf die im Art. 232 Abs. 2 des Berggesetzes (Art. 157 Z. XXI des Ausf.Ges. z. B.G.B.) — nunmehr Art. 267 Abs. 2 des neu textierten Berggesetzes — vorgeschriebenen Zwangsversteigerung eines unbeweglichen Kuxes unter den dort erwähnten Modifikationen Anwendung. Aus den gleichen Gründen, wie in den oben aufgeführten reichsgesetzlich geregelten Fällen sind auch hier die Vorschriften des Art. 22 für maßgebend erklärt worden. (Siehe Motive.) Vergleiche auch Meikel, 2. Aufl. S. 347.

II. Abschnitt.

Sonstige Gegenstände.

Art. 23.

In bürgerlichen Rechtsstreitigkeiten findet, auch soweit das Verfahren landesgesetzlich[1]) geregelt ist, hinsichtlich der Gebühren und Auslagen der Gerichte das

Reichs-Gerichtskostengesetz Anwendung, sofern nicht in dem gegenwärtigen Gesetz oder in Staatsverträgen[2]) ein Anderes bestimmt ist.

Nach den Motiven soll die Bestimmung des Art. 23 klarstellen, daß in allen Fällen, in denen nach den Landesgesetzen für das Verfahren in bürgerlichen Rechtsstreitigkeiten die Vorschriften der Reichs-Civilprozeßordnung Maß zu geben haben, das Reichs-Gerichtskostengesetz von selbst Anwendung findet, daß aber die Anwendbarkeit des letzteren Gesetzes auch auf jene Fälle sich erstreckt, in denen das Verfahren landesgesetzlich in einer gegenüber den Vorschriften der Reichs-Civilprozeßordnung vereinfachten oder von diesen Vorschriften abweichenden Weise geregelt ist.

Siehe auch Anmerkg. 1 zu Art. 7 auf Seite 14.

1. Landesgesetzlich geregelt ist das Verfahren: Bei Streitigkeiten über Entschädigung bei Zwangsenteignung (siehe Ausführungsgesetz z. R.C.P.O. u. K.O. v. 23. Febr. 1879, G.V.Bl. S. 76, ferner Ausf.Ges. v. 9. Juni 1899, G.V.Bl. S. 82), dann bei Anträgen auf Erteilung des Unschädlichkeitszeugnisses (Ges. v. 15. Juni 1898, G.V.Bl. S. 301 ff.); die Bestimmung im Art. 23 bezieht sich auch auf das Verfahren bei Real- und gemischten Klagen nach Titel X § 1 des Königlichen Familienstatuts vom 5. August 1819 nicht aber auch auf das Verfahren in den übrigen persönlichen gerichtlichen Angelegenheiten der Prinzen und Prinzessinnen des K. Hauses nach Titel X § 2 a. a. O. In letzterem Verfahren kommen Gebühren nicht in Anwendung. Siehe auch Motive zu Art. 1 der Geb.O. der R.A. in den Angelegenheiten der Rechtspflege, lit. D. dieses Buches.

2. Hinsichtlich der in dem gebührenfreien Verfahren an den Rheinschiffahrtsgerichten erwachsenden Auslagen mit Ausnahme der Schreibgebühren, deren Erhebung hier überhaupt ausgeschlossen ist, hat die Bestimmung des Art. 23 gleichfalls Anwendung zu finden. (Siehe Art. 39 der revidierten Rheinschiffahrtsakte v. 17. Oktober 1868, Rgg.Bl. 1869 S. 1177, dann Motive 1879 S. 82—83.)

Art. 24 (25).

In dem Verfahren bei Streitigkeiten über Entschädigung bei Zwangsenteignung kommt die Beweisgebühr des § 18 des Reichs-Gerichtskostengesetzes auch für die Anordnung einer neuen Schätzung (Art. 21 des Gesetzes zur Ausführung der Reichs-Civilprozeßordnung und Konkursordnung in der Textierung vom 26. Juni 1899) zur Erhebung[1]).

Für die Entscheidung, einschließlich des vorangegangenen Verfahrens, über Anträge auf Anordnung einer Sicherheitsleistung (Art. 22 des Gesetzes zur Ausführung der Reichs-Civilprozeßordnung und Konkursordnung in der Textierung vom 26. Juni 1899) werden zwei Zehnteile der Sätze des § 8 des Reichs-Gerichtskostengesetzes erhoben [2]).

In dem Verteilungsverfahren (Art. 24 des Gesetzes zur Ausführung der Reichs-Civilprozeßordnung und Konkursordnung in der Textierung vom 26. Juni 1899) finden die Bestimmungen der Art. 9, 13, 14, 17, 19, 20 mit der Maßgabe Anwendung, daß der Berechnung der im Art. 9 Ziff. 2 bestimmten Gebühr der Betrag der zu verteilenden Entschädigungssumme zu Grunde gelegt wird.

Gleiches gilt für die Gebühren und Auslagen in dem Verteilungsverfahren nach Art. 53, 54 des Einführungsgesetzes zum Bürgerlichen Gesetzbuche, nach Art. 134, 135, 151 des Berggesetzes vom 20. März 1869, nach Art. 13 Abs. 3 des Gesetzes vom 23. Februar 1868, die Ablösbarkeit der auf Grund und Boden haftenden oder mit einer Gewerbsrealität verbundenen Ehehaftsverhältnisse betreffend, oder nach Art. 27 des Gesetzes zur Ausführung der Reichs-Civilprozeßordnung und Konkursordnung in der Textierung vom 26. Juni 1899 [3]) [4]) [5]).

Jedes Verfahren über die im Abs. 2 bezeichneten Anträge gilt für die Gebührenerhebung als besonderer Rechtsstreit [6]).

1. Durch diese Bestimmung soll, unbeschadet der eventuellen Anwendung der Vorschrift in § 28 des R.G.K.G. (siehe Wochinger, Prozeßgeb.Ges. S. 46) lediglich die Zulässigkeit der Erhebung der Beweisgebühr in dem bezeichneten Falle (Art. 21 des Ausf.-Ges. z. R.C.P.O. u. K.O. v. 26. VI. 1899) außer Zweifel gestellt werden. (Siehe Motive 1879 S. 84.) Siehe auch Meikel, 2. Aufl. S. 476 ff.

2. Siehe Wochinger, Prozeßgeb.Ges. (Tabelle I. S. 137.)

3. Hiezu bemerken die Motive (1899): die Erweiterung des Abs. 4 dieses Artikels beruht darauf, daß die Eröffnung eines Verteilungsverfahrens nach den für die Verteilung des Erlöses im Falle der Zwangsversteigerung geltenden Vorschriften künftig noch in anderen Fällen der Enteignung sowie nach gewissen bergrechtlichen Vorschriften beantragt werden kann.

Wegen der reichsgesetzlichen Fälle der Enteignung siehe Art. 53, 54 des Einf.Gesetzes zum Bürgerlichen Gesetzbuch.

4. Vergleiche hieher Art. 167, 168, 184 des Berggesetzes vom 20. März 1869 in der Fassung vom 20. Juli 1900, G.V.Bl. S. 745 ff.

5. Siehe auch Art. 21 Abs. 3 des Gesetzes betreffend das Unschädlichkeitszeugnis (G.V.Bl. 1898 S. 307), wonach für das Verteilungsverfahren nach Art. 12 des Gesetzes in Ansehung der Gebühren und Auslagen dieselben Vorschriften wie für das Verteilungsverfahren im Falle der Zwangsenteignung gelten.

6. Vergleiche hieher § 39 des R.G.K.G. Die Gebühr kommt jedesmal zur Erhebung, so oft ein Antrag auf Anordnung einer Sicherheitsleistung, wenn auch in einem und demselben Verfahren, gestellt wird. (Wochinger, Prozeßgeb.Ges. S. 60.)

Art. 25.

Im Falle einer gütlichen Einigung der Beteiligten über die Abtretung vor der Distriktsverwaltungsbehörde (Art. 26 des Gesetzes zur Ausführung der Reichs-Civilprozeßordnung und Konkursordnung in der Textierung vom 26. Juni 1899) kommt aus dem Werte des Gegenstandes ohne Abzug der Schulden die Gebühr des Art. 146 für die Staatskasse zur Erhebung[1]).

Auf die Entscheidung von Streitfragen über die Pflicht zur Entrichtung der im Abs. 1 bestimmten Gebühr oder über deren Größe findet die Vorschrift des Art. 247 entsprechende Anwendung[2]).

Gemäß der Ergänzung, welche Art. 55 des Ausf.Ges. z. R.C.P.O. u. K.O. (nun Art. 26, siehe G.V.Bl. 1899 S. 409) durch Art. 166 des Ausf.Ges. z. Bürgerlichen Gesetzbuche gefunden hat, kann im Falle einer gütlichen Einigung der Beteiligten über die Abtretung die Auflassung vor der Distriktsverwaltungsbehörde erklärt werden. Nach obiger Bestimmung des Art. 25 wird für die vor der Distriktsverwaltungsbehörde erfolgte gütliche Einigung der Beteiligten und zwar ohne Rücksicht darauf, ob vor dieser Behörde zugleich auch die Auflassung erklärt wird oder nicht, die gleiche Gebühr erhoben, welche für den vor dem Notar errichteten obligatorischen Veräußerungsvertrag nach Art. 146 zum Ansatze zu gelangen hat. Erfolgt in dem obenerwähnten Falle die Auflassungserklärung erst vor dem Grundbuchamte oder vor dem Notar, so ist hiefür, wie schon aus dem Wortlaute der Art. 118 u. Art. 146 zu entnehmen ist, eine verhältnismäßige Gebühr nicht mehr zu entrichten. Die weiter getroffene Bestimmung, daß die Gebühr des Art. 146 „für die Staatskasse" zur Erhebung gelangt, stellt klar, daß auch dann, wenn die gütliche Einigung oder die Auflassungserklärung vor einem unmittelbaren Stadtmagistrate erfolgt, nicht dieser, sondern der Staat zum Bezuge der Gebühr berechtigt ist und daß daher Art. 226 in einem solchen Falle nicht zur Anwendung gelangen kann. (Siehe Motive 1899.)

1. Die Bestimmung des Art. 25 tritt für jeden Grundbuchbezirk mit dem Zeitpunkt in Kraft, in welchem das Grundbuch als angelegt anzusehen ist (Art. 298 des Geb.G.). Bis dahin finden die bisherigen Bestimmungen der Abt. VII, Abschn. II, Titel I

des bisherigen Gebührengesetzes (siehe Anhang) auch fernerhin Anwendung. (§ 1 Ziff. 2 der Vollzugsinstruktion zum Gerichtskosten- und Gebührengesetze v. 25. Dezbr. 1899, Just.M.Bl. 1900 S. 344.)

2. Es entscheiden über derartige Streitfragen in erster Instanz die Regierungsfinanzkammern in öffentlicher Sitzung durch dreigliedrige Senate. Gegen die Entscheidungen dieser Senate ist das Rechtsmittel der Beschwerde an den Verwaltungsgerichtshof zulässig. Ueber das Verfahren siehe Art. 247 Abs. 4.

III. Abteilung.

Strafsachen.

I. Abschnitt.

Allgemeine Bestimmungen.

Art. 26 (34).

Gebühren werden nicht erhoben:

1. in dem Verfahren vor dem Staatsgerichtshofe;
2. in dem standrechtlichen Verfahren:
3. für die Verhandlungen der bürgerlichen Gerichte, welche auf Ersuchen der zur Ausübung der Militärstrafgerichtsbarkeit berufenen Stellen gepflogen werden [1]).

In den vorbezeichneten Fällen werden für die von Amtswegen zu erteilenden Ausfertigungen und Abschriften auch keine Schreibgebühren erhoben [2]).

Im Uebrigen finden hinsichtlich der Auslagen der Gerichte die Vorschriften des Reichs-Gerichtskostengesetzes entsprechende Anwendung.

Gleiches gilt für das Verfahren vor den Rheinschiffahrtsgerichten [3]).

1. Die Kosten des militärgerichtlichen Verfahrens und der durch die Militärbehörden bewirkten Strafvollstreckung fallen der Militärjustizverwaltung zur Last. Die Kosten der durch die bürgerlichen Behörden bewirkten Strafvollstreckung hat der Verurteilte zu tragen. (Vergleiche § 469 Abs. 1 u. 3 der Militärstrafgerichtsordg. v. 1. Dezbr. 1898, R.G.Bl. S. 1287.) Hinsichtlich der Behandlung der Auslagen in Rechtshilfesachen zwischen Zivil- und Militärgerichten siehe norddeutsches Bundesgesetz vom 21. Juni 1869, in Bayern eingeführt durch Reichsgesetz vom 22. April 1871 (R.G.Bl. S. 87), dann Ministerialbekanntmachung vom 10. Oktober 1878 (G.V.Bl. S. 441). Ueber Gebühren der Zeugen und Sachverständigen in militärischen Strafsachen siehe §§ 1 u. 2 der K.V.O. v. 26. Novbr.

1879 (G.V.Bl. S. 1529) dann §§ 205 u. 208 der allg. Militärstrafgerichtsordnung. Ueber Erstattung von Strafvollstreckungskosten auf Ersuchen bayr. Militärbehörden siehe Minist.Bekanntmachung vom 9. Juni 1882 (Just.M.Bl. S. 134) und vom 23. April 1883 (Just.M.Bl. S. 195).

2. Diese Bestimmung stellt sich als eine Erweiterung des § 80a Ziff. 1 des R.G.K.G. (Wochinger, Prozeßgeb.Ges. S. 103) dar.

3. Vergleiche hieher die Anmerkung 2 zu Art. 23 auf S. 29.

II. Abschnitt.

Forstrügesachen.

Art. 27 (35).

In dem Verfahren in Forstrügesachen findet das Reichs-Gerichtskostengesetz unter folgenden Vorschriften Anwendung [1] [2].

1. Es sind dies die §§ 4—7, 59—69, 75—78, dann 79—80b, ferner 91, 92, 96, 97 Abs. 2 und 99 des R.G.K.G. (Siehe auch Wochinger, Prozeßgeb.Ges. Tabelle V für Strafsachen auf S. 160.) Bemerkenswert ist, daß entgegen der bisherigen Vorschrift nunmehr auch in Forstrügesachen bei Zustellungen von Amtswegen bare Auslagen nicht erhoben werden.

2. Die Kosten des Strafvollzuges fallen der k. Staatskasse und nicht dem wegen Forstfrevels Verurteilten zur Last. (Siehe § 68 des revid. Forstgesetzes v. 4. Juli 1896, G.V.Bl. S. 341, und Urteil des OberL.G. München vom 28. Juli 1885, Slg. d. Entsch. Bd. III S. 492.)

Art. 28 (36).

Wenn jemand wegen mehrerer Forstpolizeiübertretungen oder Forstfrevel bestraft wird [1], so bestimmt sich die Gebühr durch den Betrag der Gesamtstrafe, wenn auch die Aburteilung in verschiedenen Sitzungen erfolgt ist [1].

1. Zufolge Art. 58 des revid. Forstgesetzes treffen jemanden, der mehrere noch nicht abgeurteilte Forstpolizeiübertretungen oder Forstfrevel begangen hat, die Strafen, welche auf die einzelnen Uebertretungen oder Frevel gesetzt sind, sie mögen nun einzeln in verschiedenen Sitzungen oder zugleich in derselben Sitzung zur Aburteilung kommen. In diesen Fällen ist nicht für jede einzeln erkannte Strafe die treffende Gebühr zu erheben, sondern sie kommt nur aus dem Gesamtbetrage der einzelnen Strafen zum Ansatz. Voraussetzung ist jedoch, daß es sich um gleichartige Entscheidungen,

wie z. B. um mehrere Urteile oder um mehrere Strafbefehle, denn auch hinsichtlich der letzteren kommt obige Vorschrift zur Anwendung, handelt, sowie daß die Sollstellung der Kosten innerhalb des vorgeschriebenen Zeitraumes in dem nämlichen Einzugsregister erfolgt. (Siehe hiezu § 55 des revid. Vollzugsvorschriften z. Forstgesetze v. 10. Oktober 1879, Just.M.Bl. S. 1654.) Kommt hingegen mit einem Urteile ein für eine andere Strafthat erlassener Strafbefehl gegen die nämliche Person in Betracht, so ist für jede dieser Entscheidungen die treffende Gebühr, nämlich für das Urteil nach § 62 des R.G.K.G. und für den Strafbefehl nach §§ 63 Abs. 1, 62 a. a. O. zu erheben, da verschiedenartig hohe Gebühren zu berechnen sind. Wird z. B. jemand durch drei Strafbefehle zu 5, 10 und 15 ℳ oder durch zwei Urteile zu 20 und 40 ℳ verurteilt, so berechnet sich im ersteren Falle die Gebühr aus 30 ℳ Gesamtstrafe mit 2 ℳ, im letzteren aus 60 ℳ mit 20 ℳ Ist jedoch eine Person einmal wegen Forstfrevels bestraft und sind die Kosten bereits zu Soll gestellt, so erfolgt, wenn sie in dem nämlichen Jahre wiederum wegen eines Forstfrevels verurteilt wird, keine Anrechnung der für die erste Strafthat berechneten Gebühr auf jene für die zweite. Es ist in diesem Falle eine Zusammenrechnung der einzelnen Strafen zum Zwecke der Gebührenberechnung ausgeschlossen.

Vergleiche hieher auch die Vorschriften über die Zusammenheftung mehrerer gegen ein und dieselbe Person erlassener Strafbefehle zum Zwecke der gleichzeitigen Zustellung (Ziff. 1 der Minist.-Bek. v. 28. Dezbr. 1880, Just.M.Bl. 81 S. 2).

Art. 29 (37).

Werden mehrere Personen samtverbindlich in eine Geldstrafe verurteilt[1]), so haften dieselben in gleicher Weise auch für die Entrichtung der Gebühr[2]).

1. Dieser Fall ist gegeben, wenn mehrere zur nämlichen Familie gehörige Personen wegen eines gemeinschaftlich begangenen Forstfrevels verurteilt werden. (Art. 56 Abs. 3 d. revid. Forstgesetzes.)

2. Es wird hier entgegen der Bestimmung des § 61 des R.G.K.G. (siehe Wochinger, Prozeßgeb.Ges. S. 84) ausnahmsweise die Gebühr nur einmal angesetzt.

Sonst ist jedoch zu beachten, daß, wenn zwei Angeklagte als Gesamtschuldner zu einer Geldstrafe verurteilt werden, von einem jeden die treffende Gebühr zu erheben ist.

So hat auch das k. Oberlandesgericht München entschieden, daß die Gebühr, wenn der Thäter eines Forstfrevels und der Teilnehmer durch dasselbe Urteil zu Strafe verurteilt werden, von jedem der Verurteilten zu erheben ist. (Urteil v. 6. Novbr. 1888, Slg. d. Entschdg. Bd. V S. 199.)

Jedem Verurteilten fallen die Gerichtsgebühren und die Kosten seiner Untersuchungshaft und sonstige Auslagen allein zur Last. Mitangeklagte haften für die sonstigen Auslagen, sofern nicht eine Entbindung von der Tragung eines Teils derselben vorliegt, als Gesamtschuldner. Werden dieselben nicht als Gesamtschuldner in Bezug auf dieselbe That verurteilt, so tritt für dieselben hinsichtlich der Auslagen Haftung nach Kopfteilen ein.

Einem Mitangeklagten dürfen die besonderen Kosten, die in verbundenen Strafsachen durch die Verhandlung von solchen Strafthaten entstanden sind, bei denen nicht er selbst, sondern lediglich andere Angeklagte beteiligt sind, nicht zur Last gelegt werden.

Art. 30 (38).

Der im § 62 Ziff. 1 des Reichs-Gerichtskostengesetzes bestimmte Gebührensatz findet auch Anwendung, wenn die Geldstrafe weniger als 1 Mark beträgt; jedoch darf die Gebühr, vorbehaltlich der Einhaltung des Mindestbetrages des Art. 2 Abs. 1, den Betrag der Geldstrafe nicht übersteigen [1]).

Ist auf Grund des revidierten Forststrafgesetzes für die Pfalz auf Niederreißen eines Gebäudes erkannt [2]), so ist für die Berechnung der Gebühren der im § 62 Ziff. 2 des Reichs-Gerichtskostengesetzes bestimmte Satz maßgebend [3]).

1. Der Abs. 3 des § 59 des R.G.K.G. (Wochinger, Prozeßgeb.Ges. S. 81), wonach die Gebühr den Betrag der Geldstrafe nicht übersteigen darf, erfährt durch obige Bestimmung eine Einschränkung. Ist z. B. auf eine Geldstrafe von 3 ₰ erkannt (Art. 88 Abs. 5 des revid. Forstgesetzes), so beträgt die Gebühr im Hinblick auf Art. 30 20 ₰ und nicht 3 ₰. Beträgt jedoch in einem Urteile die Strafe z. B. 1 ℳ 71 ₰, so ist die Gebühr auch nur in diesem Betrage anzusetzen und nicht etwa gemäß Art. 2 Abs. 2 auf 1 ℳ 80 ₰ abzurunden. (Siehe Finanzministerialbekanntmachung v. 31. Juli 1880, Just.M.Bl. S. 285.)

2. Siehe Art. 37 des revid. Forststrafgesetzes für die Pfalz vom 2. Oktober 1879 (G.V.Bl. S. 1433).

3. Dieser Satz beträgt 10 ℳ.

Art. 31 (39).

In dem ordentlichen Verfahren vor dem Amtsgerichte [1]) können die Sätze des § 62 des Reichs-Gerichtskostengesetzes von dem Gerichte bis auf fünf Zehnteile ermäßigt werden [2]).

1. Die Gebühr in dem Verfahren bei amtsgerichtlichen Strafbefehlen beträgt im Hinblick auf Art. 27 gemäß § 63 Abs. 1 des R.G.K.G. (Wochinger, Prozeßgeb.Ges. S. 86) nur zwei Zehnteile der Sätze des § 62.

2. Diese Bestimmung ermächtigt das Gericht, gleichwie im § 64 Abs. 1 des R.G.K.G., die Gebühren mit Rücksicht darauf, daß z. B. eine Beweisaufnahme nicht stattgefunden hat, auf 9/10, 8/10 u. s. w. bis auf 5/10 herab zu ermäßigen.

Vergleiche hieher bezüglich der Gebührenermäßigung in der Berufungsinstanz § 65 Abs. 2 des R.G.K.G. (Wochinger, Prozeßgeb.Ges. S. 87).

III. Abschnitt.

Strafverfahren im Verwaltungswege.

Art. 32 (40).

In dem Verfahren bei Strafbescheiden der Verwaltungsbehörden wegen Zuwiderhandlungen gegen die Vorschriften über die Erhebung öffentlicher Abgaben und Gefälle, sowie in dem Verfahren bei Strafbeschlüssen der Steuerausschüsse werden zwei Zehnteile der Sätze des § 62 des Reichs-Gerichtskostengesetzes erhoben, wenn die Strafe im Verwaltungswege rechtskräftig festgesetzt ist[1]).

Bei Zuwiderhandlungen gegen den Lokalmalzaufschlag und sonstige örtliche Gefälle der Gemeinden fließt die obige Gebühr in die Kasse der Gemeinde, deren Verwaltung den Strafbescheid erlassen hat.

1. Hinsichtlich der Sätze des § 62 des R.G.K.G. siehe Wochinger, Prozeßgeb.Ges. S. 85. Voraussetzung zur Erhebung der Gebühr nach Art. 32 ist, daß der Strafbescheid die Rechtskraft beschritten hat.

Art. 33 (41).

Die im Art. 32 Abs. 1 bestimmten Gebühren sind auch in dem Verfahren bei Beschwerden an die höhere Verwaltungsbehörde zu erheben, wenn die Beschwerde als unbegründet abgewiesen wird.

Für die Entscheidung, durch welche eine Beschwerde als unzulässig verworfen wird, kommt ein Zehnteil der Sätze des § 62 des Reichs-Gerichtskostengesetzes zur Erhebung.

Art. 34 (42).

Wird eine Beschwerde vor der Entscheidung über dieselbe zurückgenommen, so werden drei Zehnteile der Gebühr erhoben, welche nach Art. 33 Abs. 2 für eine zurückweisende Entscheidung zu entrichten sein würde[1]).

1. Das sind 3/100 der Sätze des § 62 des R.G.K.G.

Art. 35 (43).

Betrifft eine Strafsache mehrere Beschuldigte, so ist die Gebühr von jedem derselben besonders nach Maßgabe der gegen ihn ausgesprochenen Strafe zu erheben[1]).

Diese Bestimmung findet in dem Verfahren bei Beschwerden an die höhere Verwaltungsbehörde entsprechende Anwendung.

1. Diese Bestimmung befindet sich im Einklange mit der Vorschrift des § 61 des R.G.K.G. (Siehe Wochinger, Prozeßgeb.Ges. S. 84.)

Art. 36 (44).

Die Gebühren und Auslagen werden fällig, sobald die Strafe rechtskräftig festgesetzt ist[1]).

1. Siehe hieher Art. 90 des Ausf. z. R.Str.P.O. (G.V.Bl. 1879, S. 826), ferner § 96 des R.G.K.G. (Wochinger, Prozeßgeb.Ges. S. 131).

Art. 37 (45).

In Ansehung der Gebühren für Ausfertigungen und Abschriften sind die Vorschriften der Art. 222, 228, 230 maßgebend.

Art. 38 (46).

Zuständigkeit und Verfahren bei Streitfragen über die Pflicht zur Entrichtung von Gebühren und Auslagen oder über deren Größe bemißt sich nach den Vorschriften im Art. 234. Die Bestimmung im Art. 235 findet gleichmäßige Anwendung.

IV. Abteilung.

Angelegenheiten der freiwilligen Gerichtsbarkeit.

I. Abschnitt.

Allgemeine Bestimmungen.

Art. 39 (47).

Die Vorschriften der §§ 6, 9, 9a, 10, 10a, des § 11 Abs. 2, der §§ 12, 13, des § 38 Nr. 3, der §§ 45 bis 47, 79, 80, 80a, 80b, 81, 84, des § 85 Abs. 5, der §§ 86 bis 93, des § 94 Nr. 2, 3, des § 97 und des § 98 Abs. 4 des Reichs-Gerichtskostengesetzes finden in den Angelegenheiten der freiwilligen Gerichtsbarkeit, welche von den Gerichten wahrgenommen werden, die Vorschriften der §§ 45, 46, des § 47 Abs. 1 Nr. 1, 2, 4, Abs. 2, 3, des § 80b und des § 94 Nr. 2, 3 des Reichs-Gerichtskostengesetzes finden auch in den Angelegenheiten der freiwilligen Gerichtsbarkeit, welche von den Notaren, die Vorschriften der §§ 45, 46 in den Angelegenheiten, welche von den Gerichtsvollziehern wahrgenommen werden, entsprechende Anwendung.

Die neue Fassung des Art. 39 (47) unterscheidet sich in Ansehung der Angelegenheiten der freiwilligen Gerichtsbarkeit, welche von den Gerichten wahrgenommen werden, von der bisherigen Fassung nach mehrfacher Richtung. Zunächst sind mit Rücksicht auf die Aenderungen, welche das R.G.K.G. durch das Gesetz vom 17. Mai 1898 erfahren hat, auch die §§ 9a und 10a für anwendbar erklärt und ist die Verweisung auf den § 38 Nr. 3 (bisher Nr. 2) richtig gestellt. Ferner ist mit Rücksicht auf die Bestimmung im Art. 40 die Verweisung auf die §§ 14, 16 u. 17 gestrichen worden. Endlich ist auch der § 80b für anwendbar erklärt, nach welchem bei Zustellungen von Amtswegen Barauslagen nicht erhoben werden. Da die Zustellungen in den Angelegenheiten der freiwilligen Gerichtsbarkeit und zwar nicht nur in denjenigen, welche durch Reichsgesetz den Gerichten übertragen sind, sondern auch in denjenigen, für welche die Landesgesetze maßgebend sind sowie in Grundbuchsachen (§ 16 des G.F.G., Art. 129 des A.G. z. B.G.B., Art. 8 des A.G. z. G.B.O. u. z. Zw.G.) im Anschluß an die für die streitige Gerichtsbarkeit geltenden Vorschriften geregelt sind, so ist es ein Gebot der Folgerichtigkeit, auch die Vorschrift des § 80b auf die Zustellungen in den Angelegenheiten der freiwilligen Gerichtsbarkeit auszudehnen. Die Vorschrift des § 80b gilt, wie sich aus der allgemeinen Verweisung auf sie ergibt, nicht nur für diejenigen Zustellungen, mit denen der Lauf einer Frist beginnt, welche also nach § 16 Abs. 2 Satz 1 des Gesetzes über die Angelegenheiten der freiwilligen Gerichtsbarkeit nach den Vorschriften der Civilprozeßordnung erfolgen, sondern auch für diejenigen, mit denen der Lauf einer Frist nicht beginnt, bezüglich deren also die Landesjustizverwaltung zu bestimmen hat, in welcher Form sie erfolgen sollen. (Vergleiche hieher Ziff. IV u. V der Bekanntm. v. 16. Dezbr. 1899, die Ausführung von Zustellungen von Amtswegen betreffend, Just.M.Bl. S. 492.)

Bezüglich der von den Notaren oder Gerichtsvollziehern wahrgenommenen Angelegenheiten der freiwilligen Gerichtsbarkeit entspricht die Anwendbarkeit der §§ 45, 46 schon dem geltenden Rechte. Die für anwendbar erklärten Vorschriften der §§ 47, 80b und des § 94 Nr. 2, 3 haben nur für die Verrichtungen der Notare Bedeutung und sind mit Rücksicht auf deren Zuständigkeit zur Vermittlung von Auseinandersetzungen aufgenommen worden. (Motive 1899.)

1. Kostenschuldner ist in den Angelegenheiten der freiwilligen Gerichtsbarkeit in der Regel der Antragsteller. Als solcher gilt derjenige, welcher durch seinen Antrag eine in seinem Interesse vorzunehmende Thätigkeit des Gerichts veranlaßt. Ist jemand in einem von ihm nicht hervorgerufenen Verfahren zur Abgabe einer Erklärung verpflichtet, so erscheint dieser nicht als Antragsteller.

Mehrere Antragsteller haften als Gesamtschuldner.

Wird der eigentliche Antragsteller vertreten, so haftet der Vertreter, Bevollmächtigte, Prokurist, Vormund u. s. w. persönlich und ist als Kostenschuldner anzusehen. Eine Ausnahme machen nur Rechtsanwälte, welche für die Kosten der von ihnen vertretenen Partei nicht haftbar sind.

Zweifelhaft ist es, ob die persönliche Haftung des Vormundes, Pflegers, Beistands oder des Testamentsvollstreckers eine allgemeine oder nur beschränkte ist.

Beachtenswert ist, daß für die Thätigkeit des Gerichts nach Art. 91 in dem einen Falle die Eltern, in einem anderen die von ihnen vertretenen Kinder zahlungspflichtig sind, ferner, daß in Nachlaßsachen die Gebühren für die Eröffnung einer Verfügung von Todeswegen, für die Sicherung des Nachlasses, für eine Nachlaßpflegschaft und für die Inventarerrichtung aus dem Nachlaß entnommen werden können und daß hiefür die Erben nach den Vorschriften über Nachlaßverbindlichkeiten haften. Wie desgleichen auch für die Gebühren des Auseinandersetzungsverfahrens die Anteilsberechtigten als Gesamtschuldner haften (Art. 115).

Die Zahlungspflicht des Antragstellers ist jedoch dann nicht gegeben, soferne das Gericht, auf seinen Antrag hin, eine Thätigkeit entwickelt, welche dasselbe von Amtswegen vorzunehmen hat. Endlich ist noch zu erwähnen, die gerichtliche Verurteilung eines Beteiligten zur Tragung von Kosten des Verfahrens bei Verhängung einer Ordnungsstrafe. In diesem Falle ist der Verurteilte allein Kostenschuldner.

2. Für die Verjährung der Gebühren in Angelegenheiten der freiwilligen Gerichtsbarkeit, desgleichen für die Nachforderung von Gerichtskosten wegen irrigen Ansatzes haben die Bestimmungen des Art. 124 des Ausf.Ges. z. B.G.B. Anwendung zu finden. Siehe Anmerkg. 3 u. 4 bei Art. 1.

3. Im Beschwerdeverfahren kommen Gebühren nur nach der Vorschrift des § 45 des R.G.K.G. zum Ansatz und hat die Festsetzung der Wertgegenstandssumme nach §§ 9—10 des R.G.K.G. zu erfolgen.

Art. 40 (145 Abs. 1).

Die Beteiligten sind verpflichtet, den Wert des Gegenstandes, wenn der Gegenstand nicht in einer bestimmten Geldsumme besteht oder aus früheren Anträgen erhellt, und auf Erfordern auch den Wert eines

Teiles des Gegenstandes dem Gericht oder dem Notar anzugeben [1]).

Die Angabe kann jeder Zeit berichtigt werden [2]).

Der bisherige Art. 48 regelte das Verfahren bei Beschwerden gegen die Entscheidung über die Festsetzung des Wertes oder über Erinnerungen gegen den Ansatz von Gebühren und Auslagen durch Verweisung auf die Vorschriften der Art. 56 bis 67 des Ausf.Ges. z. R.C.P.O. Letztere Vorschriften sind durch die §§ 19 bis 30 des Gesetzes über die Angelegenheiten der freiw. Gerichtsbarkeit ersetzt. Die einfache Verweisung auf diese Vorschriften ist indessen ausgeschlossen, da nach ihnen über die Beschwerde das Landgericht und über die weitere Beschwerde das Oberlandesgericht entscheidet, während für die Entscheidung in Gebührensachen zu berücksichtigen ist, daß Gebühren auch bei den Oberlandesgerichten als Gerichten erster Instanz anfallen und daß im Interesse der Rechtseinheit an der auch im geltenden Rechte begründeten Zuständigkeit des Obersten Landesgerichts zur Entscheidung über die weitere Beschwerde festgehalten werden muß. Dazu kommt, daß die Vorschriften des bisherigen Art. 145 eine Erweiterung bedurft hätten, indem nunmehr Akte, welche der verhältnismäßigen Gebühr unterworfen sind, auch bei Gericht vorkommen, z. B. die Auflassung, wenn der Veräußerungsvertrag vor einem nichtbayerischen Notar oder Gericht abgeschlossen worden ist. Es waren deshalb selbständige und neue Vorschriften, wie sie die Art. 40 u. ff. enthalten, zu erlassen. Die Fassung des Art. 40 gibt inhaltlich den § 14 des R.G.K.G. wieder und ersetzt für die notariellen Urkunden den Abs. 1 Satz 2 des Art. 145. (Motive 1899.)

1. Vergleiche hieher auch § 19 der Vollzugsvorschriften vom 25. Dezbr. 1899 (Just.M.Bl S. 356) hinsichtlich der Gebührenberechnung von notariellen Urkunden, welche keine bestimmte Geldsumme enthalten, deren Gegenstand aber gleichwohl eine Veranschlagung in Geld zuläßt.

2. Vergleiche hieher Beschl. des Oberst. L.G. v. 21. Juli 1902, Slg. d. Entschdg. neue Folge Bd III S. 659.

Art. 41.

In den Fällen, in welchen die verhältnismäßige Gebühr für ein Rechtsgeschäft zu erheben ist, gelten, wenn der Zahlungspflichtige die Wertsangabe verweigert oder wenn die von dem Zahlungspflichtigen gemachte Angabe oder im Falle einer freiwilligen Versteigerung der Zuschlagspreis als dem wahren Werte nicht entsprechend erachtet wird, die nachstehenden Vorschriften [1]).

1. Die Vorschriften des Art. 41 u. ff. haben bei Erhebung einer verhältnismäßigen Gebühr nicht nur für das ganze Gebiet der freiwilligen Gerichtsbarkeit, sondern auch im Zwangsversteigerungsverfahren gemäß Art. 10 (siehe S. 20) Geltung.

Art. 42 (145 Abs. 2 bis 7).

Das Rentamt hat den Beteiligten einen Wertsanschlag, welcher bei landwirtschaftlichen Grundstücken (Aeckern, Wiesen, Weinbergen, Hopfengärten, Weiden rc. rc.), sofern nicht besondere Verhältnisse eine Erhöhung oder Verminderung rechtfertigen, bis zum zwanzigfachen Betrage der Grundsteuer-Verhältniszahl zu berechnen ist, mit dem Bemerken bekannt zu geben, daß, wenn Erinnerungen hiegegen binnen zwei Wochen nicht erhoben werden, dieser Wertsanschlag der Gebührenberechnung zu Grunde gelegt würde.

Werden Erinnerungen rechtzeitig erhoben und findet über den vom Rentamte gemachten Wertsanschlag eine Vereinbarung nicht statt, so erfolgt die Wertsermittelung bei dem Amtsgerichte durch zwei beeidigte Schätzmänner, von denen der eine vom Rentamte, der andere von den Beteiligten und, wenn diese binnen zwei Wochen nach gerichtlicher Aufforderung einen geeigneten Schätzmann nicht benennen, vom Gerichte bezeichnet wird. Der Durchschnitt der beiden Schätzungen bildet die der Gebührenberechnung zu Grunde zu legende Wertssumme.

Die Kosten der Schätzung sind von den Beteiligten zu tragen, wenn die Wertsangabe verweigert wurde oder wenn das Ergebnis der Schätzung den von den Beteiligten angegebenen Wert um 20 Prozent übersteigt [1] [2]).

Das Amtsgericht hat über Ablehnungsgründe, welche gegen die Schätzmänner geltend gemacht werden, sowie über das Ergebnis der Schätzung und die Verbindlichkeit zur Kostentragung zu entscheiden. Eine Anfechtung der Entscheidung findet nicht statt [3]).

Ist der Wert von den Beteiligten in der Absicht, die Gebühr zu hinterziehen, zu gering angegeben worden, so trifft jeden eine Geldstrafe bis zum doppelten Betrage der hinterzogenen Gebühr. Wird jedoch die Wertsangabe noch vor Vornahme der Schätzung von den Pflichtigen selbst berichtigt, so tritt nur Ordnungsstrafe bis zu 30 Mark ein [4]) [5]).

Das Verfahren ist gebührenfrei.

Der obige Artikel weicht im Hinblick auf die Bestimmungen des bisherigen Artikel 145 nach drei Richtungen und zwar zu

Gunsten der Beteiligten ab. Zunächst ist zu erwähnen, daß früher die Schätzung des vom Rentamte vernommenen und von diesem vorgeschlagenen Schätzers allein maßgebend war, wenn nicht die Beteiligten innerhalb 14 Tagen nach gerichtlicher Aufforderung keinen oder keinen geeigneten Schätzer bezeichnen. Nunmehr hat das Amtsgericht gleichfalls einen Schätzer zu ernennen, so daß stets zwei Schätzungen vorliegen. Nach Art. 145 Abs. 4 fielen früher die Kosten der Schätzung den Beteiligten zur Last, wenn das Ergebnis der Schätzung den von den Beteiligten angegebenen Wert um 10 Prozent übersteigt, dies tritt nunmehr erst dann ein, wenn das Ergebnis den angegebenen Wert um 20 Prozent übersteigt. Endlich waren die Beteiligten früher mit einer Geldstrafe im doppelten Betrage der hinterzogenen Gebühr belegt, wenn der Wert von ihnen wissentlich zu gering angegeben worden ist. Nunmehr tritt die Strafe nur dann ein, wenn der Wert in der Absicht die Gebühr zu hinterziehen, zu gering angegeben worden ist, andererseits ist eine Milderung darin gegeben, daß die Strafe nicht stets in dem doppelten Betrage der hinterzogenen Gebühr ausgesprochen werden muß, sondern daß dieser Betrag nur das Höchstmaß der Strafe ist. (Siehe Motive 1899.)

Die Bestimmungen des Art. 42 haben in ihrer Beziehung auf Kauf- und ähnliche Verträge lediglich den Zweck, eine Hinterziehung von Gebühren zu verhindern, welche dadurch begangen wird, daß statt des von den Parteien einem Objekte bei seiner Veräußerung wirklich beigelegten Wertes in der Vertragsurkunde ein anderer, niedrigerer figuriert. Ob im einzelnen Falle eine Hinterziehung als gegeben anzunehmen ist, hängt von den Umständen jedes Falls ab. Eine solche kann möglicher Weise aus der bedeutenden Differenz zwischen dem angegebenen Wert und dem durch Vergleichung des Vertragsobjektes mit anderen Objekten ermittelten wahrscheinlichem Werte gefolgert werden. Sie muß aber keinesweg überall da angenommen werden, wo nach der Meinung dritter Personen der angegebene Wert als zu niedrig zu erachten ist, da die Preisbildung von zu vielen Momenten abhängt, welche sich der allgemeinen Beurteilung entziehen.

Das Letztere, daß die Festsetzung eines verhältnismäßig niedrigen Preises für sich allein noch keine Vermutung des Vorliegens einer Gebührenhinterziehung begründe, gilt ganz besonders bei Gutsübergaben und Subhastationen. Es entspricht einer weit verbreiteten Uebung, daß bei dem Uebergang eines Anwesens von der älteren auf die jüngere Generation der Wert desselben auf einen geringeren Betrag angeschlagen wird, als bei einem Verkaufe an fremde Personen erzielt werden könnte. Diese von durchaus richtigen wirtschaftlichen Erwägungen ausgehende Uebung darf nun nicht im fiskalischen Interesse dahin korrigiert werden, daß an Stelle des zwischen den Parteien wirklich vereinbarten, in der Urkunde richtig angegebenen Wertes ohne weiteres ein höherer gesetzt wird. Es sind vielmehr bei Uebergabsverträgen die von den Parteien deklarierten Werte in solange unbeanstandet zu lassen, als sich nicht aus anderen Umständen die Vermutung rechtfertigt, daß jene Werte, sei es hinsichtlich ihrer Höhe, sei es hinsichtlich ihrer Verteilung auf die einzelnen Bestandteile des Kaufobjektes, mit dem wahren Vertragswillen der Parteien nicht übereinstimmen.

In gleicher Weise ist bei Subhastationen, insbesondere wenn das Strichobjekt von einem Hypothekgläubiger ersteigert wird, von jeder nachträglichen Wertsermittlung insolange abzusehen, als nicht auch hier die Annahme sich rechtfertigt, daß das Meistgebot in der That nicht das Resultat einer freien Konkurrenz, sondern in seiner Höhe künstlich beeinflußt ist. (Siehe das Protokoll über die 45. Sitzung des Justizgesetzgebungsausschusses der Abgeordnetenkammer v. 16. Mai 1899 S. 783/4.)

1. Das Wertsermittelungsverfahren, das bloß für die Gebührenerhebung von Einfluß ist, findet bei allen Verträgen statt, welche der verhältnismäßigen Gebühr unterliegen und ist, da den Finanzbehörden das Recht zusteht, jede Urkunde hinsichtlich des Wertes der Gegenstandssumme anzugreifen, es gleichgiltig, ob der Wert in der Urkunde angegeben oder verweigert wurde. Auch bei Zwangsversteigerungen von Liegenschaften kann das Wertsermittelungsverfahren in Frage kommen. Nur die öffentlichen Mobiliarversteigerungen, welche auch gesonderter Gebührenbewertung nach Art. 262 unterliegen, sind ausgenommen. (Siehe die Beschlüsse des Oberst.L.G. vom 1. Februar 1884, Slg. d. Entschdg. ä. F. Bd. X S. 322 u. v. 5. Februar 1890, Bd. XII S. 564, dann die näheren Ausführungen bei Burkhardt, S. 308 ff. u. bei Pfaff, 5. Auflage S. 54.

2. Wenn auf Grund des gepflogenen Wertermittelungsverfahrens vom Rentamte eine Gebührennachholung erfolgt ist, so ist eine weitere Gebührennachholung ausgeschlossen, auch wenn sich später ergibt, daß der vom Rentamte berechnete Wertsanschlag zu niedrig gegriffen war (Beschl. d. Oberst.L.G. v. 12. Febr. 1894, Slg. d. Entschdg. ä. F. Bd. XV S. 59).

3. Das Verfahren bei dem Amtsgerichte erfolgt auf Antrag des Rentamtes. Zuständig ist das Amtsgericht, in welchem das Immobile gelegen ist oder, sofern Immobilien nicht in Betracht kommen, zu dessen Bezirk das Notariat gehört, bei welchem die Urkunde verlautbart wurde. Das Verfahren selbst wird nach Analogie der Schätzungen in Hypothekensachen durchgeführt, wonach es vor Allem auf denjenigen Wert anzukommen haben wird, welchen das Grundstück längere Zeit erhalten kann, ohne besondere Minderung erfahren zu müssen (§ 9 der Instr. v. Jahre 1823, Reg.Bl. S. 804; Finanzministerialentschließung v. 18. Juni 1853, Geret XXVIII Abt. I S. 29). Die Entscheidungen des Amtsgerichts unterliegen keinem Rechtsmittel.

4. Die Straffolgen treten ein, wenn eine nachweisbare wissentlich unrichtige Wertsangabe gemacht wurde, so z. B. wenn bei Kaufverträgen Barzahlungen verschwiegen werden, mit der Absicht die Gebühr zu hinterziehen.

5. Die Strafen fließen in die Staatskasse. Das Verfahren selbst ist gebührenfrei; die Kosten der Schätzung aber sind im Falle des Abs. 3 den Beteiligten zu überbürden. Die Verfällung in eine Ordnungsstrafe bis zu 30 ℳ setzt eine Absicht der Beteiligten, die Gebühr zu hinterziehen, voraus. Ein höheres Ergebnis der Schätzung gegenüber der im guten Glauben abgegebenen Wertsangabe der Beteiligten genügt allein noch nicht, um eine Ordnungsstrafe zu verhängen.

Art. 43.

In den übrigen[1]) Fällen erfolgt die Festsetzung des Wertes gebührenfrei durch Beschluß des Gerichts[2]), bei welchem die Gebühr in Ansatz kommt, wenn die Festsetzung von dem Zahlungspflichtigen oder der Staatskasse[3]) beantragt oder nach der Natur des Gegenstandes erforderlich wird; kommt die Gebühr nicht bei einem Gericht in Ansatz, so erfolgt die Festsetzung durch das Amtsgericht[4]).

Das Gericht kann eine Beweisaufnahme, insbesondere die Einnahme eines Augenscheins oder die Begutachtung durch Sachverständige, auf Antrag oder von Amtswegen anordnen[5]). In dem Beschlusse, durch welchen der Wert festgestellt wird, ist über die Kosten der Beweisaufnahme zu entscheiden. Die Kosten können ganz oder teilweise der Partei zur Last gelegt werden, welche durch Unterlassung der ihr obliegenden Wertsangabe oder durch unrichtige Wertsangabe oder unbegründete Beschwerde die Beweisaufnahme veranlaßt hat[6])[7]).

1. Hierunter sind die Fälle zu verstehen, in welchen keine mit der verhältnismäßigen Gebühr belegten Rechtsgeschäfte vorliegen sondern hauptsächlich Akte des Gerichts oder Notariats, deren Gegenstand nicht in einem bestimmten Geldbetrage besteht. Soweit in den Fällen der Erbfolge oder der Aufhebung einer fortgesetzten Gütergemeinschaft der Ertragswert eines Landguts festzusetzen ist, gilt als solcher, vorbehaltlich der Berücksichtigung besonderer Umstände, der fünfundzwanzigfache Betrag des jährlichen Reinertrags (Art. 103 des Ausf.G. z. B.G.B.).

2. Die Abfassung eines förmlichen Beschlusses ist geboten. Vergleiche hieher § 329 Abs 2 der R.C.P.O.

3. Zuständig ist auch der gebührenverrechnende Gerichtsschreiber.

4. Kommt die Gebühr für einen Notariatsakt in Betracht, so ist das Amtsgericht zuständig, in dessen Bezirk das betreffende Notariat seinen Sitz hat.

5. Liegt ein Antrag auf Vornahme von Beweismitteln, die mit Auslagen verknüpft sind, vor, so hat der Antragsteller einen Auslagenvorschuß (§ 84 des R.G.K.Ges.) zu erlegen.

6. Voraussetzung ist ein schuldhaftes Verhalten der Partei.

7. Vergleiche auch §§ 16, 17 des R.G.K.G. (Wochinger, Prozeßgeb.Ges. S. 33 ff.), dann §§ 25 u. 79 der Vollzugsinstr. v. 25. Dezbr. 1899, Just.M.Bl. 1900 S. 359 u. 387.

Art. 44.

Ueber Erinnerungen des Zahlungspflichtigen oder der Staatskasse gegen den Ansatz von Gebühren und Auslagen entscheidet bei Gebühren, welche bei einem Gericht in Ansatz gebracht werden, dieses[1]), bei Gebühren, welche bei einem Gerichtsvollzieher in Ansatz gebracht werden, das Amtsgericht.

Die Entscheidung erfolgt gebührenfrei[2]).

1. Die Entscheidung hat dasjenige Gericht zu treffen, welches zur Zeit mit der Angelegenheit befaßt ist.

2. Der Ansatz von Portoauslagen ist nicht ausgeschlossen, wohl aber die Erhebung von Schreibgebühren. Vergleiche hieher §§ 4 u. 80a Nr. 1 des R.G.K.G. (Wochinger, Prozeßgeb.Ges. S. 4 u. 103).

Hinsichtlich der Erinnerungen gegen den Gebührenansatz bei Notariaten siehe Art. 47.

Art. 45 (49).

Die nach den Art. 43, 44 ergangenen Entscheidungen über Wertsfestsetzungen oder über Erinnerungen gegen den Kostenansatz können von dem Gerichte, welches die Entscheidung getroffen hat, oder von dem Gerichte der höheren Instanz[1]) jeder Zeit, auch nach der Beendigung des Verfahrens[2]), von Amtswegen geändert werden.

1. Die in höherer Instanz — also von einem übergeordneten Gerichte — getroffene Wertsfestsetzung ist auch für die unteren Instanzen bindend. Das Gericht höherer Instanz kann, auch wenn es nicht mit der Sache selbst befaßt ist, sondern nur z. B. über die Gebühren eines Rechtsanwalts zu entscheiden hat, von Amtswegen die in der unteren Instanz erfolgte Festsetzung des Gegenstandswertes ändern. Das Beschwerdegericht ist im Gebührenwesen an die Anträge der Parteien nicht gebunden, hat vielmehr die betreffende Gebühr nach der maßgebenden Sach- und Rechtslage festzustellen. (Beschl. des Oberst. L.G. v. 6. Dezbr. 1884, Slg. d. Entschdg. ä. F. Bd. X S. 597 u. v. 21. Juli 1902, n. F. Bd. III S. 659.)

Jede durch Gerichtsbeschluß erfolgte Festsetzung, selbst wenn sie auch auf persönliche Beschwerde eines Anwaltes allein stattgefunden hat, ist zugleich für die Gerichtskosten und für alle in Betracht kommenden Beziehungen von maßgebender Bedeutung. (Vergleiche hierüber Anm. 11 zu § 16 des R.G.K.G., Wochinger Prozeßgeb.Gesetze S. 34.)

2. Die Wertsfestsetzung kann bis zum Ablaufe der dreijährigen Verjährungsfrist geändert werden. (Siehe Art. 124 des Ausf.Ges. z. Bürgerl. Gesetzbuch, §§ 202 ff., 208 ff. des Bürgerl. Gesetzbuchs, § 78 Abs. 2 der Vollz.-Instr. v. 25. Dezbr. 1899, Just.M.Bl. 1900 S. 387.)

Art. 46.

Gegen die in den Art. 43, 44, 45 bezeichneten Entscheidungen ist die Beschwerde[1]) zulässig. Ueber die Beschwerde entscheidet das im Instanzenzuge zunächst höhere Gericht. Der § 199 Abs. 2 des Gesetzes über die Angelegenheiten der freiwilligen Gerichtsbarkeit findet entsprechende Anwendung[2]).

1. Zulässig ist die sogenannte unbefristete Beschwerde. Die Einlegung kann zum Protokoll des Gerichtsschreibers oder schriftlich ohne Mitwirkung eines Anwalts erfolgen.

Die Entscheidung der nach Art. 46 eingelegten Beschwerde gegen amtsgerichtliche Beschlüsse steht auch in Handelssachen nur der Civilkammer des Landgerichtes zu. Beschl. des Oberst. L.G. v. 23. Oktbr. 1900, Slg. d. Entschdg. neue Folge Bd. I S. 502.

Die Gebührenberechnung erfolgt nach § 45 des R.G.K.G. (Wochinger, Prozeßgeb.Ges. S. 64 ff.) und beträgt der Gebührensatz $^3/_{10}$ der Sätze des § 8 des R.G.K.G. siehe Tabelle a im Anhang. Das Gericht kann jedoch unter Umständen gemäß § 6 des R.G.K.G. für abweisende Bescheide Gebührenfreiheit gewähren. Beschl. d. Oberst. L.G. vom 29. Oktober 1901, Bl. f. bayr. Finanzwesen 1902 Nr. 1 und 2 S. 29.

2. Das für die Entscheidung über das Rechtsmittel der weiteren Beschwerde zuständige Gericht ist das Oberste Landesgericht in München. Siehe auch Art. 49.

Art. 47 (153).

Gegen den Ansatz oder die Nachforderung von Gebühren, welche bei einem Notariat[1]) anfallen, steht dem Zahlungspflichtigen das Rechtsmittel der Beschwerde an das Landgericht zu, in dessen Bezirk das Notariat seinen Sitz hat.

Die Beschwerde ist erst zulässig, wenn der Zahlungspflichtige sich an die zuständige Regierungsfinanzkammer um Abhilfe gewendet und entweder eine abschlägige oder innerhalb sechs Wochen keine Entschließung erhalten hat. Die Regierungsfinanzkammer hat über solche Gesuche den Beteiligten die Empfangsbescheinigung unverzüglich und unentgeltlich auszufertigen[2]).

Die Vorschriften des zweiten Absatzes finden keine Anwendung, wenn die Nachforderung von der Regierungsfinanzkammer veranlaßt ist[3])[4]).

1. Der Artikel 47 steht im Einklange mit den Bestimmungen des früheren Art. 153. Eine Aenderung ist nur im Abs. 3 gegeben. als in diesem Falle ein Gesuch an die zuständige Regierungsfinanzkammer nicht vorherzugehen hat. Die Vorschrift in Abs. 2 ist zwingender Natur und hat deren Nichtbeachtung die Nichtigkeit des Beschlusses des Landgerichtes zur Folge. Wird gegen den Beschluß eines Landgerichts in einer Gebührensache weitere Beschwerde eingelegt, so ist das Landgericht weder zu einer abändernden Entscheidung noch zu einem Inhäsivbeschlusse zuständig. (Siehe Beschluß des Oberst. L.G. vom 22. Novbr. 1892, Slg. d. Entschdg. ä. F. Bd. XIV S. 337.) Vergl. hieher auch § 79 Abs. 4 der Vollz.Instr. v. 25. Dezbr. 1899, Just.M.Bl. 1900 S. 388. Ferner die Ausführungen bei Burkhard, S. 326/7 zu Art. 151 (153) und bei Pfaff 5. Auflage S. 60.

Der Streit über die Rechtmäßigkeit des Ansatzes oder der Nachforderung von Gebühren, soweit für dessen Entscheidung die Gerichte zuständig sind, ist ein besonderes durch die Artikel 46—52 geordnetes kontradiktorisches Beschwerdeverfahren, in dem sich der Fiskus und die von ihm als gebührenpflichtig in Anspruch genommene Person als Parteien gegenüber stehen. Beschl. des Oberst. L.G. v. 22. April 1901, Slg. d. Entschdg. neue Folge Bd. II S. 238 u. v. 7. Juli 1902 Bd. III S. 619.

2. Dem Zahlungspflichtigen steht eine Beschwerde an die Gerichte nur gegen den Ansatz oder die Nachforderung von Gebühren zu; gegen eine Entschließung der Regierungsfinanzkammer, die dem Rentamte die für die Gebührenansetzung in Betracht kommenden Gesichtspunkte entwickelt und das Rentamt zu weiteren Feststellungen und Ermittelungen anweist, ist eine Beschwerde an die Gerichte nicht zulässig. Beschl. d. Oberst. L.G. v. 17. Juni 1901, Slg. d. Entschdg. neue Folge Bd. II S. 417.

3. Dem Beschwerdegerichte steht gegenüber bereits vollzogenen unberechtigten Nachforderungen lediglich die Herstellung des früheren Zustandes, nicht aber die Bewilligung von Schadensausgleichungen durch Zusprechung von Zinsen zu. (Siehe Beschl. des Oberst. L.G. v. 18. Jan. 1892, Slg. d. Entschdg. ä. F. Bd. XIV S. 12.)

Das Landgericht ist nicht befugt, seinen Beschluß über die Festsetzung der Gebühren und Auslagen des Notars im Falle der Einlegung der Beschwerde abzuändern. (Siehe Beschl. des Oberst. L.G. v. 3. Juli 1900, Slg. d. Entschdg. neue Folge Bd. I S. 360.)

4. Die Nachforderung muß durch Revisionsentscheid veranlaßt sein. Den Gegenstand einer Gebührennachholung bestimmt ausschließlich der Inhalt der Regierungsentschließung, die die Nachholung anordnet, nicht die bei der örtlichen Gebührenrevision erhobene Erinnerung, durch welche die Anordnung der Nachholung veranlaßt wird. Die Beschwerde der gebührenpflichtigen Partei hat sich nur gegen die Regierungsentschließung zu richten, nicht

gegen die Revisionserinnerung, deren Zweck nur darin besteht, eine Entscheidung der Regierungsfinanzkammer über eine von der Revision beanstandete Gebührenbewertung hervorzurufen. (Siehe Beschluß des Oberst. L.G. v. 26. Februar 1900, Slg. d. Entschdg. neue Folge Bd. I S. 111.)

Art. 48.

Die Beschwerde[1]) kann bei dem Gerichte, dessen Verfügung angefochten wird, oder bei dem Beschwerdegerichte durch Einreichung einer Beschwerdeschrift[2]) oder durch Erklärung zum Protokolle des Gerichtsschreibers[3]) eingelegt werden.

Die Beschwerde kann auf neue Thatsachen und Beweise gestützt werden[4]).

Hat der Zahlungspflichtige Beschwerde eingelegt, so ist die Beschwerde der Regierungsfinanzkammer zur Aeußerung mitzuteilen[5]).

Die Beschwerde hat keine aufschiebende Wirkung[6]).

Die Entscheidung ist mit Gründen zu versehen[7])[8])[9]).

1. Die Beschwerde ist an keine Frist gebunden.

2. Die Abfassung und Vorlegung der Beschwerdeschrift durch einen Rechtsanwalt ist nicht geboten.

3. Zuständig ist sowohl der Gerichtsschreiber desjenigen Gerichts, bei welchem die Gebührenbewertung vorgenommen oder von dem aus die etwaige Nachforderung erhoben wurde als auch der Gerichtsschreiber des Beschwerdegerichts. Die von demselben aufgenommene Erklärung muß einen Antrag enthalten. (Siehe § 79 Abs. 2 der Vollzugs-Instr. vom 25. Dez. 1899, Just.M.Bl. 1900 S. 387.)

4. Auch der Gegner des Beschwerdeführers kann zum Zwecke der Aufrechterhaltung der angefochtenen Entscheidung neue Thatsachen und Beweise vorbringen.

5. Die Einvernahme der betreffenden Regierungsfinanzkammer hat vor der Entscheidung über eine wider eine Gebührenbewertung gerichtete Beschwerde bei Vermeidung der Aufhebung des ergangenen Beschlusses als „verfrüht" zu erfolgen. (Siehe Beschluß des Oberst. L.G. v. 12. April 1881, Slg. d. Entschdg. ä. F. Bd. IX S. 119, ferner Beschluß v. 18. April 1900, Slg. d. Entschdg. neue Folge Bd. I S. 223.)

6. Diese Bestimmung bezweckt, frivole Beschwerden abzuschneiden und das Aerar vor Verlustgefahr zu schützen (Verhandlg. d. K. d. A. 1879 Abt. II S. 72).

7. Die Entscheidung wird in Beschlußform erlassen und darf der Gründe nicht ermangeln. Sie kann ohne vorgängige mündliche Verhandlung erfolgen. (Siehe Art. 50 Abs. 1.)

8. Im Beschwerdeverfahren in Gebührensachen sind für den Ausspruch im Kostenpunkte die Bestimmungen der Reichs-Civil-

prozeßordnung maßgebend. Beschl. des Oberst. L.G. v. 17. Febr. 1902, Slg. d. Entschdg. neue Folge Bd. III S. 147.

9. Das Landgericht, das über eine Beschwerde gegen eine Gebührennachholung entscheidet, ist nicht berechtigt, die an das Rentamt ergangene Entschließung der Regierungsfinanzkammer aufzuheben oder allgemein außer Wirksamkeit zu setzen.

Das über die Beschwerde gegen eine Gebührennachholung entscheidende Gericht kann zur Vorbereitung seiner Entscheidung Erhebungen anordnen. Beschl. des Oberst. L.G. v. 30. Juni 1902, Slg. d. Entschdg. neue Folge Bd. III S. 589.

Art. 49.

Gegen die Entscheidung des Beschwerdegerichts ist das Rechtsmittel der weiteren Beschwerde zulässig [1], wenn die Entscheidung auf einer Verletzung des Gesetzes beruht [2]. Die Vorschriften der §§ 550, 551, 559, 561, 563, 574 der Reichs-Civilprozeßordnung finden entsprechende Anwendung.

Ueber die weitere Beschwerde entscheidet das Oberste Landesgericht [3])

Die weitere Beschwerde kann bei dem Gerichte erster Instanz oder bei dem Beschwerdegerichte oder bei dem Obersten Landesgerichte nach Maßgabe der Vorschrift des Art. 48 Abs. 1 eingelegt werden. Erfolgt die Einlegung durch Einreichung einer Beschwerdeschrift, so muß diese von einem Rechtsanwalt unterzeichnet sein. Der Zuziehung eines Rechtsanwalts bedarf es nicht, wenn die weitere Beschwerde von einer Behörde eingelegt wird [4].

Auf die weitere Beschwerde finden die Vorschriften des § 22 des Gesetzes über die Angelegenheiten der freiwilligen Gerichtsbarkeit [5] und der Absätze 3, 4, 5 des Art. 48 dieses Gesetzes entsprechende Anwendung [6].

Ueber die weitere Beschwerde ist der Staatsanwalt mit gutachtlicher Aeußerung zu hören.

1. Die weitere Beschwerde ist eine sofortige, d. h. sie ist binnen einer Frist von zwei Wochen einzulegen. Die Frist beginnt mit dem Zeitpunkte, in welchem die Verfügung dem Beschwerdeführer bekannt gemacht worden ist. (Siehe § 22 Abs. 1 des Ges. über die Angel. der freiw. Gerichtsbarkeit.) Die zweiwöchige Frist endigt in diesem Falle mit dem Ablaufe desjenigen Tages der letzten Woche, welcher durch seine Benennung dem Tage entspricht, in den die Bekanntmachung fällt.

2. Das Gesetz ist verletzt, wenn eine Rechtsnorm nicht oder nicht richtig angewendet worden ist (§ 550 der R.C.P.O.).

3. Das Oberste Landesgericht entscheidet auch dann, wenn das Amtsgericht in erster Instanz und das Landgericht als Beschwerdegericht entschieden hat.

4. Die Beschwerde muß entweder durch einen bei dem Gerichte, bei welchem sie eingereicht wird, zugelassenen Rechtsanwalt oder durch Erklärung zum Protokoll des Gerichtsschreibers erster Instanz oder des Beschwerdegerichts oder endlich des Obersten Landesgerichts eingelegt werden. Wird die weitere Beschwerde durch eine Behörde, wie z. B. die Regierungsfinanzkammer, eingelegt, so ist die Zuziehung eines Rechtsanwalts nicht geboten. (Siehe auch Beschluß des Oberst.L.G. v. 18. Oktober 1884, Slg. d. Entschdg. ä. F. Bd. X S. 535, dann v. 4. Jan. 1896, Bd. XVI S. 5.)

Die Vorschriften des Art. 49 finden auch Anwendung bei Erinnerungen und Beschwerden des Zahlungspflichtigen oder der Staatskasse gegen den Ansatz der im Reichsgesetze vom 11. Januar 1876 über das Urheberrecht an Mustern und Modellen bezeichneten Gebühren für die Eintragung in das Musterschutzregister. Beschl. des Oberst.L.G. v. 21. Jan. 1901, Slg. d. Entschdg. neue Folge Bd. II S. 38.

5. Siehe oben Anmerkg. Ziff. 1. Hinsichtlich der Wiedereinsetzung in den vorigen Stand siehe § 22 Abs. 2 des allg. Gesetzes.

6. Siehe Anmerkg. Ziff. 5, 6 u. 7 zu Art. 48.

Art. 50.

Die Entscheidungen erfolgen bei den Landgerichten durch eine Civilkammer, bei den Oberlandesgerichten und dem Obersten Landesgerichte durch einen Civilsenat. Die Entscheidung kann ohne vorgängige mündliche Verhandlung erfolgen.

Gegen Entscheidungen des Obersten Landesgerichts findet kein Rechtsmittel statt [1]).

Die Vorschriften der Reichs-Civilprozeßordnung über die Ausschließung und Ablehnung der Gerichtspersonen finden entsprechende Anwendung [2]).

1. Nicht nur kein Rechtsmittel findet hiegegen statt, sondern auch eine Remonstration ist hiegegen unstatthaft. (Siehe Beschluß des Oberst.L.G. v. 13. Jan. 1885, Slg. d. Entschdg. ä. F. Bd. XI S. 9.)

2. Vergleiche hieher §§ 41 bis 49 der R.C.P.O.

Art. 51 (52).

Ist eine Entscheidung oder sonstige Amtshandlung, für welche eine Gebühr nicht zu erheben wäre, nach freier richterlicher Ueberzeugung mutwillig veranlaßt worden, so hat das Gericht von Amtswegen die besondere Erhebung von drei Zehnteilen der Gebühr des § 8 des Reichs-Gerichtskostengesetzes zu beschließen.

Gegen den Beschluß findet Beschwerde nach Maßgabe der Art. 46 bis 50 statt.

Das Rechtsmittel der weiteren Beschwerde ist unzulässig.

Die Gebühr kann sofort nach dem Beschlusse von der in diesem bezeichneten Partei ohne Anrechnung eines derselben etwa obliegenden Vorschusses eingehoben werden [1]).

1. Die Bestimmungen des Art. 51 betreffen die sogenannte Mutwillensgebühr, wie sie auch der § 47 Abs. 2, § 94 Ziff. 3 des R.G.K.G. vorschreibt. (Vergleiche hieher Wochinger, Prozeßgeb. Ges. S. 70, 129 und Tabelle a im Anhang.)

Art. 52 (53).

In dem Verfahren auf weitere Beschwerde erhöht sich die im § 45 des Reichs-Gerichtskostengesetzes bestimmte Gebühr um die Hälfte [1]).

1. Nachdem die Gebühr des § 45 des R.G.K.G. $^{5}/_{10}$ beträgt, erhöht sich die Gebühr auf $^{5}/_{20}$.

Art. 53 (54).

Die Auslagen der Gerichte werden bei der Entstehung fällig [1]).

1. Die Bestimmung des Art. 53 bildet eine Ausnahme von der Vorschrift des § 93 des R.G.K.G., wonach die Gebühren und Auslagen fällig werden, sobald das Verfahren oder die Instanz durch unbedingte Entscheidung über die Kosten, durch Vergleich oder Zurücknahme oder anderweite Erledigung beendigt ist. (Siehe Wochinger, Prozeßgeb.Ges. S. 127.)

Bezüglich der Fälligkeit der Gebühren ist die Bestimmung des § 93 des R.G.K.G. maßgebend mit Ausnahme der in Vormundschaften zur Erhebung gelangenden Gebühren. (Siehe Art. 83 und 84, dann 87.)

II. Abschnitt.

Verhandlungen der Gerichte.

1. Zeugnisse, Beglaubigungen und Ausfertigungen.

Art. 54 (51).

Für gerichtliche Zeugnisse (Atteste, Bescheinigungen), für gerichtliche Beglaubigungen von Privatabschriften oder der Unterschriften in öffentlichen oder Privaturkunden (Legalisationen) sowie für einfache gerichtliche Ausfertigungen, beglaubigte Abschriften oder Auszüge, welche nicht von Amtswegen zu erteilen sind, kommen, soweit nicht besondere Vorschriften bestehen, folgende Gebühren zur Erhebung [1] [2] [3] [4]).

Die Gebühr beträgt bei den Amts- und Landgerichten:

1. 2 Mark für gerichtliche Zeugnisse,
2. 1 Mark für die übrigen im Abs. 1 bezeichneten Amtshandlungen.

Diese Gebührensätze erhöhen sich bei den Oberlandesgerichten um die Hälfte, bei dem Obersten Landesgerichte auf den doppelten Betrag.

Für die von Amtswegen zu erteilenden einfachen Ausfertigungen und beglaubigten Abschriften oder Auszüge werden nur Schreibgebühren erhoben [5]).

1. Die Motive 1879 besagen, daß unter den von Amtswegen zu erteilenden Ausfertigungen 2c. 2c. im Sinne des gegenwärtigen Artikels alle diejenigen zu verstehen sind, deren Erteilung in der Geschäftsordnung begründet und nicht etwa bloß durch besonderes Verlangen einer Partei veranlaßt ist. Nur in diesem letzteren Falle soll die Ausfertigung einer besonderen Gebühr unterworfen sein; außerdem ist in der Bauschgebühr für das Verfahren zugleich die Gebühr für die hiemit verbundenen Ausfertigungen 2c. inbegriffen. Nur Zeugnisse und Beglaubigungen sollen, soweit keine speziellen Befreiungsgründe vorliegen, stets der treffenden Gebühr für sich unterworfen sein. Eine Ausnahme hat das Gesetz im Art. 110 bezüglich der erstmaligen Ausfertigung einiger Zeugnisse getroffen. Bei Unterschriftsbeglaubigungen gilt nach der dem Gesetze zu Grunde liegenden Tendenz nicht die Zahl der Unterschriften, sondern die Zahl der Beglaubigungsakte. (Siehe auch Burkhard, S. 181.)

2. Nach den Motiven 1899 sind nicht nur wie bisher die Hypothekenbuchsauszüge und sonstige auf Grund des Hypothekenbuchs zu erteilende Bescheinigungen ausgenommen, sondern nunmehr auch die Abschriften, Auszüge und Bescheinigungen, welche sich bei den in den Art. 55 bis 77 behandelten Registern ergeben.

3. Hinsichtlich der gerichtlichen Beglaubigung ist besonders die von den Amtsgerichten vorzunehmende Beglaubigung von Auszügen aus den Kirchenbüchern über Taufen, Trauungen oder Todesfälle, welche unter dem Kirchensiegel erteilt werden, zu erwähnen (siehe Art. 3 des Staatsvertrages zwischen Deutschland und Oesterreich-Ungarn vom 25. Februar 1880 und 13. Juni 1881, R.G.Bl. 1881 S. 6 u. 253; § 188 der Gesch.O. d. Notare, Just.M.Bl. 1899 S. 657); dann gehört auch hieher die Beglaubigung amtlicher Unterschriften zum Zwecke der Legalisation im diplomatischen Wege, in welchem Falle nur der Landgerichtspräsident zuständig ist. (Vergl. Art. 31 des Ausf.Ges. z. R.G.V.G., G.V.Bl. 1879 S. 282.)

Ueber die Höhe der Legalisationsgebühren bei den Oesterreich-Ungarischen Konsulaten siehe Minist.Bek. v. 20. IX. 02, Just.M.Bl. S. 956.

4. Im Falle der Beschwerde wegen Verweigerung der Ausstellung eines Zeugnisses kommt für das Beschwerdeverfahren nicht die Erhebung der Gebühr nach Art. 54 in Frage, sondern es ist das Interesse maßgebend, das Gesuchsteller an der Erlangung des Zeugnisses hat. (Siehe Beschluß des Oberst. L.G. v. 23. April 1885, Slg. d. Entschdg. ä. F. Bd. XI S. 121.)

5. Dies trifft auch zu für die in Nachlaßsachen von Amtswegen zuzustellenden Ladungen und Benachrichtigungen.

In Vormundschafts-, Pflegschafts- oder Beistandssachen ist der Ansatz von Schreibgebühren für die von Amtswegen zu erteilenden Ausfertigungen und Abschriften nach Art. 93 unzulässig. Besondere Bestimmungen sind nach Art. 123 getroffen für Abschriften aus dem Grundbuche oder von Urkunden oder von den noch nicht erledigten Eintragungsanträgen, welche vom Grundbuchamte zu erteilen sind, ferner nach Art. 58, 66, 70 u. 74 in Registerangelegenheiten.

2. Registerführung.

Art. 55 (56).

Für die Eintragungen in das Handelsregister 1), einschließlich der dieselben begleitenden gerichtlichen Handlungen, werden, soweit nicht reichsgesetzlich 2) ein Anderes bestimmt ist, folgende Gebühren erhoben:

1. bei Eintragungen in Betreff eines Einzelkaufmanns 3) 4):
   a) 5 Mark für die erste Eintragung der Firma,
   b) 2 Mark für jede spätere auf die Rechtsverhältnisse der Firma bezügliche Eintragung oder Löschung;
2. bei Eintragungen in Betreff der offenen Handelsgesellschaften und der Kommanditgesellschaften 5):
   a) 10 Mark für die erste Eintragung der Firma,
   b) 5 Mark für jede spätere auf die Rechtsverhältnisse der Firma bezügliche Eintragung oder Löschung;
3. bei Eintragungen in Betreff der Gesellschaften mit beschränkter Haftung 6):
   a) 20 Mark für die erste Eintragung der Firma,
   b) 10 Mark für die spätere Eintragung einer Aenderung in dem Gesellschaftsvertrage,
   c) 5 Mark für jede sonstige auf die Rechtsverhältnisse der Firma bezügliche Eintragung oder Löschung;

4. bei Eintragungen in Betreff der Kommanditgesellschaften auf Aktien und der Aktiengesellschaften[7]):
   a) 30 Mark für die erste Eintragung der Firma,
   b) 20 Mark für die spätere Eintragung einer Aenderung in dem Gesellschaftsvertrage,
   c) 10 Mark für jede sonstige auf die Rechtsverhältnisse der Firma bezügliche Eintragung oder Löschung.

1. Die Eintragung in das Handelsregister erfolgt auf Antrag oder in den gesetzlich bestimmten Fällen von Amtswegen (§§ 17, 71 bis 87 der Vorschr. über die Führg. des Handelsregisters v. 24. Dezbr. 1899, Just.M.Bl. S. 815 ff.).

Einzelne von Amtswegen vorgenommene Eintragungen sind gebührenfrei. Z. B. die Eintragung der Konkurseröffnung u. s. w. siehe Art. 61 Z. 2 mit 4.

Die Gebühr für die Eintragung umfaßt die gesamte Thätigkeit des Gerichts, insbesondere auch die für die Bekanntmachung, wofür nur die entstandenen Auslagen anzusetzen sind. Für Berichtigungen werden keine Gebühren erhoben.

Kostenpflichtig ist der Antragsteller, welcher die gerichtliche Thätigkeit in Anspruch nimmt. Mehrere Anmeldende haften nach Kopfteilen. Die Kosten der Löschung einer Firma hat der bisherige Inhaber derselben oder dessen Rechtsnachfolger zu tragen. (§ 31 Abs. 2, 14 des H.G.B., § 141 des G.F.G.)

Wird der Antrag von einem Vertreter — Rechtsanwälte ausgenommen — gestellt, so haftet der Vertreter persönlich für die Kosten, soferne er nicht kraft Gesetzes zur Besorgung gewisser Angelegenheiten bestellt ist, wie z. B. als Vormund, Pfleger, Beistand oder gesetzlicher Vertreter.

Ueber die Haftung des Ehemanns vergleiche §§ 1375, 1439, 1443 Abs. 2, 1459, 1519 Abs. 2, 1525 Abs. 2, 1549, 1550 Abs. 2 des B.G.B.

Bezüglich der Führung der Gebührenregister, der Vorschuß- und Auslagenregister für Handelssachen siehe §§ 35, 41 der Vollzugsinstr. v. 25. Dezbr. 1899 (Just.M.Bl. 1900 S. 362, 366).

2. Reichsgesetzlich geregelt ist die Gebührenbewertung:

a) Für Eintragungen in das Genossenschaftsregister § 159 des R.Ges. v. 1. Mai 1889 betreff. die Erwerbs- u. Wirtschaftsgenossenschaften (R.G.Bl. 1898 S. 810).

b) Für Eintragungen in das Musterregister, § 12 des R.Ges. v. 11. Jan. 1876, betreff. das Urheberrecht an Mustern und Modellen (R.G.Bl. S. 11). (Siehe auch Minist.Bekanntmchg. v. 23. März 1900, Just.M.Bl. S. 613.)

c) Für Eintragungen in das Börsenregister, § 57 des Börsengesetzes v. 22. Juni 1896 (R.G.Bl. S. 157).

Anmeldungen zum Zeichenregister auf Grund des Markenschutzgesetzes v. 30. Novbr. 1874 (R.G.Bl. 144) werden seit 1. Okt. 1894 nicht mehr vorgenommen. An seine Stelle trat das Reichsgesetz zum Schutze von Warenbezeichnungen v. 12. Mai 1894, siehe §§ 2 Abs. 3 u. 24, 26 a. a. O. (R.G.Bl. S. 22 ff.).

Siehe auch Pfaff 5. Aufl. S. 67.

3. Juristische Personen (§§ 33 bis 36 des H.G.B.) gelten als Einzelkaufleute.

4. Hieher gehören z. B. die Eintragungen bezüglich der Fortführung des Geschäftes durch die Erben ohne Begründung einer Handelsgesellschaft (§ 27 des H.G.B.), des Ausschlusses der Haftung des Uebernehmers für die Geschäftsschulden (§ 25 Abs. 2 a. a. O.), der Prokura (§ 53 a. a. O.), der Aenderung einer juristischen Person (§ 34 a. a. O.).

5. Geht eine Firma von einem Einzelkaufmann auf eine Gesellschaft über, so kommt zunächst die Gebühr Ziffer 1b, dann für die Eintragung in das Gesellschaftsregister die der Ziffer 2a zur Erhebung. Dies gilt auch bei dem Eintritt eines Gesellschafters unter Beibehaltung der Firma.

Die Eintragung der Fortsetzung der Gesellschaft nach § 144 Abs. 2 des H.G.B. ist der Gebühr der Ziffer 2b unterworfen.

6. Diese Bestimmungen betreffen die Geschäfte nach §§ 7, 54, dann 39, 65 u. 67 des R.Ges. v. 20. April 1892 u. 20. Mai 1898 betreffend die Gesellschaften mit beschränkter Haftung (R.G.Bl. S. 846).

Hinsichtlich der Eintragungen und Vormerkungen in das Genossenschaftsregister ist zu beachten, daß nach § 159 des R.Ges. betreffend die Erwerbs- und Wirtschaftsgenossenschaften vom 1. Mai 1889 u. 20. Mai 1898 (R.G.Bl. S. 845) nur die Auslagen nach §§ 79, 80 u. 80b des R.G.K.G. zur Erhebung gelangen.

7. Im Falle der Umwandlung einer Kommanditgesellschaft auf Aktien in eine Aktiengesellschaft (§ 333 des H.G.B) ist die Gebühr nach Ziffer 4 lit. b anzusetzen. Die Eintragung einer stattgefundenen Erhöhung (§ 284 Abs. 1 a. a. O.) oder der Herabsetzung (§ 291 a. a. O.) des Kapitals unterliegt der Gebühr nach Ziffer 4 lit. c.

Art. 56 (57).

Muß eine Eintragung sowohl in das Handelsregister der Hauptniederlassung als auch in das Handelsregister einer Zweigniederlassung geschehen, so ist für die Eintragung in ein jedes Register der vorgeschriebene Gebührensatz besonders zu erheben [1] [2]).

1. Unter „Zweigniederlassung" versteht man eine nach außen erkennbare Geschäftsstelle, einen zweiten geschäftlichen Wohnsitz, von dem aus selbständig Geschäfte abgeschlossen werden.

Vergleiche auch R.Ger.E. Bd. XXX S. 379, R 5 S. 223.

2. Die Bestimmung des Art. 56 umfaßt den Fall, daß infolge des Bestehens von Zweigniederlassungen ein und dieselbe Eintragung in den Handelsregistern mehrerer Registergerichte erfolgt. Hat eine Firma im Bezirke desselben Gerichts, außer seiner

Hauptniederlassung auch eine Zweigniederlassung, so wird für Eintragungen, welche sich auf beide beziehen, die Gebühr nur einmal erhoben.

Art. 57 (58).

Wenn auf Grund einer und derselben Anmeldung nach den Vorschriften des Handelsgesetzbuchs mehrere Eintragungen, welche auf dieselbe Firma oder dieselbe Prokura oder dieselbe Gesellschaft sich beziehen, in das Handelsregister desselben Gerichts erfolgen, so kommt nur eine Gebühr und bei Verschiedenheit der Sätze der höchste Betrag zur Erhebung [1]).

Findet jedoch neben der Löschung des Gesamteintrags über eine Firma eine neue Eintragung derselben Firma in einer anderen Hauptabteilung des nämlichen Handelsregisters oder in dem Handelsregister eines anderen Bezirkes statt, so sind sowohl für die Löschung, als auch für die neue Eintragung die im Art. 55 bestimmten Gebühren je besonders zu erheben [2]).

1. Der Art. 57 statuiert eine Ausnahme hinsichtlich der Vorschriften des Art. 56, wonach für verschiedene Eintragungen je die Gebühr besonders zu berechnen ist. Es ist demnach nur eine Gebühr zu erheben, wenn mehrere Veränderungen bei der Firma eines Einzelkaufmanns oder bei einer Gesellschaft gleichzeitig eingetragen werden.

2. Durch die Bestimmung des Abs. 2 kommt das im Art. 56 ausgesprochene Prinzip wieder zur Geltung. Z. B. im Falle des Uebergangs einer Firma von einer Handelsgesellschaft auf einen Einzelkaufmann oder umgekehrt.

Art. 58 (59).

Werden von den zur Begründung einer Anmeldung vorgelegten Urkunden wegen Zurückforderung derselben beglaubigte Abschriften zurückbehalten, so kommen hiefür lediglich die gesetzlichen Schreibgebühren [1]) zur Erhebung.

Für eine aus dem Handelsregister erteilte Bescheinigung sowie für beglaubigte Abschriften oder Auszüge ist außer den Schreibgebühren eine Gebühr von 1 Mark zu erheben. Für einfache Abschriften kommen nur die Schreibgebühren in Ansatz [2]).

Für Bescheinigungen, daß bezüglich des Gegenstandes einer Eintragung weitere Eintragungen nicht vorhanden sind oder daß eine bestimmte Eintragung nicht erfolgt ist, wird eine Gebühr von 50 Pfennig erhoben[3]).

1. Das sind die nach § 80 des R.G.K.G. anzusetzenden Schreibgebühren. Eine besondere Gebühr für die Beglaubigung kommt nicht zur Erhebung.

2. Der Absatz 2 ist als eine Ergänzung der Bestimmung des Art. 54 Abs. 1 Z. 2 anzusehen. Werden mehrere Bescheinigungen aus verschiedenen Registern oder Abteilungen des Handelsregisters in einer Bestätigung zusammen erteilt, so wird für eine jede derselben die Gebühr besonders erhoben, es sei denn, daß es sich um dieselbe Firma, Gesellschaft oder Prokura handelt.

3. Der Absatz 3 ist in das Gesetz neu eingefügt, um der Vorschrift des § 9 Abs. 3 des Handelsgesetzbuchs Rechnung zu tragen. Für die im § 9 Abs. 3 bezeichneten negativen Bescheinigungen erscheint eine Herabsetzung der im Abs. 2 bestimmten Gebühr angezeigt. (Vergleiche Motive 1899.)

Art. 59 (60).

Für die Zurückweisung einer unvollständigen, unzulässigen oder unbegründeten Anmeldung ist die Hälfte der Gebühr zu erheben, welche für die Eintragung in Ansatz zu bringen wäre.

Wird eine Anmeldung zurückgenommen, bevor ein gebührenpflichtiger Akt stattgefunden hat, so kommen zwei Zehnteile jener Gebühr zur Erhebung[1]).

1. Es sind dies die Gebühren des Art. 55. Handelt es sich z. B. um die Zurückweisung der Anmeldung auf Eintragung der Firma eines Einzelkaufmannes, so berechnet sich die Gebühr nach Art. 59 u. bezw. 55 Ziffer 1a auf 2 ℳ 50 ₰. Wurde aber die Anmeldung vor der Entscheidung über den Antrag zurückgenommen, so sind $^{2}/_{10}$ von 5 ℳ = 1 ℳ anzusetzen. Wohl zu beachten ist, daß hier $^{2}/_{10}$ und nicht die Gebühr nach § 46 des R.G.K.G. mit $^{1}/_{10}$ zur Erhebung gelangt. Unter „gebührenpflichtiger" Akt sind die das Verfahren abschließenden Beschlüsse, welche die Eintragung verfügen oder abweisen, zu verstehen. Zwischenverfügungen sind als solche Akte nicht aufzufassen.

Art. 60 (63).

Von Gesellschaftsverträgen (Statuten), welche die Gründung von Aktiengesellschaften oder von Kommanditgesellschaften auf Aktien zum Gegenstande haben, sowie von Verträgen oder Beschlüssen, welche die Erhöhung des Grund- oder Aktienkapitals solcher Gesellschaften betreffen, werden, soferne sie nicht von einem bayerischen Notar beurkundet sind, bei ihrer Eintragung in das

Handelsregister des Gerichts, in dessen Bezirk die Gesellschaft ihren Sitz hat, neben der Gebühr des Art. 55 Ziff. 4 die im Art. 150 bestimmten Gebühren besonders erhoben.

Gleiches gilt in dem Falle, wenn eine außerhalb Bayerns gegründete Aktiengesellschaft oder Kommanditgesellschaft auf Aktien ihren Sitz nach Bayern verlegt oder daselbst eine Zweigniederlassung errichtet, bei welcher der Hauptgeschäftsbetrieb stattfindet [1]).

Bei Eintragung einer Kommanditgesellschaft in das Handelsregister ist neben der Gebühr des Art. 55 Ziff. 2 eine Gebühr zu drei vom Tausend aus dem Gesamtbetrage der Vermögenseinlagen der Kommanditisten zu entrichten, falls von diesen Vermögenseinlagen nicht schon bei einer notariellen Beurkundung die verhältnismäßige Gebühr erhoben wurde [2]).

Bei Eintragung einer Gesellschaft mit beschränkter Haftung in das Handelsregister ist neben der Gebühr des Art. 55 Ziff. 3 eine Gebühr zu drei vom Tausend aus dem Betrage des Stammkapitals zu entrichten, falls von demselben nicht schon bei der notariellen Beurkundung des Gesellschaftsvertrags die verhältnismäßige Gebühr erhoben wurde [3]).

1. Die Bestimmungen des Abs. 1 und 2 bezwecken, einer Schädigung des Aerars durch Umgangnahme von einer notariellen Beurkundung oder durch Verlegung des Sitzes nach Bayern oder der Errichtung einer Zweigniederlassung seitens einer außerhalb Bayerns gegründeten Aktiengesellschaft oder Kommanditgesellschaft auf Aktien unter Umgehung der verhältnismäßigen Gebühr des Art. 150 vorzubeugen.

2. Die verhältnismäßige Gebühr des Abs. 3 kommt auch bei Eintragung einer Zweigniederlassung einer Kommanditgesellschaft in das Handelsregister zur Erhebung. Dieselbe ist nur dann nicht anzusetzen, wenn bereits nach den Bestimmungen über die Bewertung der von den Notaren errichteten Urkunde die Gebühr des Art. 150 erhoben worden ist.

Das Gesetz unterscheidet in keiner Weise, ob die Eintragung in das Handelsregister die Hauptniederlassung oder nur eine Zweigniederlassung zum Gegenstande hat, weiter auch nicht dahin, ob der Betrieb bei der letzteren im Verhältnisse zum Betrieb der Hauptniederlassung größer oder geringer ist. (Siehe Beschluß des Oberst. L.G. v. 23. März 1898, Slg. d. Entschdg. ä. F. Bd. XVII S. 68.)

Die verhältnismäßige Gebühr des Abs. 3 ist nur einmal zu erheben und kommt bei der Eintragung einer Zweigniederlassung oder bei der Verlegung des Sitzes an einen anderen Ort, soferne schon eine Eintragung in das Handelsregister in Bayern, bei welcher die verhältnismäßige Gebühr des Abs. 3 zur Erhebung gelangt war, vorhergegangen ist, nicht neuerdings zum Ansatz. (Siehe Beschluß des Oberst. L.G. v. 9. April 1900, Slg. d. Entschdg. Neue Folge Bd. I S. 198.)

3. Hier kommen diejenigen Gesellschaften mit beschränkter Haftung in Betracht, welche entweder den Gesellschaftsvertrag außerhalb Bayerns abgeschlossen haben oder von ihrem außerhalb Bayerns gelegenen Sitz aus eine Niederlassung in Bayern errichten. Nur in diesen Fällen in welchen für den Gesellschaftsvertrag in Bayern noch keine notarielle Gebühr nach Art. 145 mit drei bzw. zwei und einhalb vom Tausend der Gegenstandssumme zur Erhebung gelangt ist, ist die verhältnismäßige Gebühr des Abs. 4 zu entrichten. Dieselbe ist stets aus dem ganzen Betrage des Stammkapitals zu berechnen, wenn auch dasselbe nur teilweise einbezahlt wird.

(Vergleiche Stenograph. Bericht über die Sitzung der K. d. Abgeord. v. 25. April 1892 S. 444; § 2 des Gesetzes betreffend die Gesellschaften mit beschränkter Haftung vom 20. April 1892 bezw. 20. Mai 1898, R.G.Bl. S. 846, dann Pfaff, 5. Aufl. S. 72.)

Wird die Gesellschaft mit beschränkter Haftung in das Handelsregister der Zweigniederlassung eingetragen, so ist gleichwohl die Gebühr des Art. 60 Abs. 4 zu erheben. Hiebei begründet es keinen Unterschied, ob bei dieser Zweigniederlassung der Hauptgeschäftsbetrieb stattfindet oder nicht. (Siehe Beschluß d. Oberst. L.G. vom 10. Novbr. 1896, Slg. d. Entschdg. ä. F. Bd. XVI S. 239.)

Art. 61 (64).

Gebühren werden nicht erhoben:

1. für die Gestattung der Einsicht des Handelsregisters und der zum Handelsregister eingereichten Schriftstücke [1]);
2. für die Eintragung der Konkurseröffnung, der Aufhebung des Eröffnungsbeschlusses sowie der Einstellung und Aufhebung des Konkurses [2]);
3. für eine nach den §§ 142 bis 144 des Gesetzes über die Angelegenheiten der freiwilligen Gerichtsbarkeit von Amtswegen erfolgende Löschung; wird der Widerspruch eines Beteiligten zurückgewiesen, so hat der Beteiligte für die Zurückweisung die für die Löschung bestimmte Gebühr zu entrichten;
4. für das Löschungsverfahren nach § 141 des Ge-

setzes über die Angelegenheiten der freiwilligen Gerichtsbarkeit, falls die Löschung in Folge erhobenen Widerspruchs unterbleibt[3]).

1. Die Bestimmung in Ziff. 1 steht mit der Vorschrift des § 9 Abs. 1 des Handelsgesetzbuches vom 10. Mai 1897 (R.G.Bl. S. 219) im Einklang.

2. Wie die Konkurseröffnung, ist nach § 32 des Handelsgesetzbuches auch die Aufhebung des Eröffnungsbeschlusses sowie die Einstellung und Aufhebung des Konkurses von Amtswegen in das Handelsregister einzutragen; die Gebührenfreiheit dieser Eintragungen ist um so mehr anzuerkennen als nach § 115 der R.K.O. in Verbindung mit den §§ 113, 114, 116, 163, 190, 198, 205 a. a. O. auch die entsprechenden Eintragungen in das Grundbuch gebührenfrei sind. Die Erhebung von Auslagen ist nicht ausgeschlossen.

3. Soweit die Löschung nach § 141 von Amtswegen nur deshalb erfolgt, weil der zur Anmeldung Verpflichtete dieser Verpflichtung nicht genügt, liegt kein Grund vor, die Löschung gebührenfrei vorzunehmen, hier ist die Gebührenfreiheit des Löschungsverfahrens nur für den Fall vorgesehen, daß Widerspruch erhoben wird und, weil dieser sich als begründet erweist, die Löschung unterbleibt. Dagegen ist in den übrigen Fällen für die im öffentlichen Interesse erfolgende Löschung eine Gebühr nicht zu erheben, es sei denn, daß seitens eines Beteiligten ein unbegründeter Widerspruch erhoben wird. Erfolgt die von Amtswegen eintretende Thätigkeit des Gerichts im öffentlichen Interesse, so sind auch keine Auslagen zu erheben, da eine zahlungspflichtige Person nicht vorhanden ist. (Vergleiche hieher die Motive 1899.)

Art. 62.

Wird der Widerspruch eines Beteiligten gegen eine nach § 147 des Gesetzes über die Angelegenheiten der freiwilligen Gerichtsbarkeit erfolgende Löschung einer Eintragung in das Genossenschaftsregister zurückgewiesen, so hat der Beteiligte eine Gebühr von 2 Mark zu entrichten[1]).

1. Eintragungen und Vormerkungen in das Genossenschaftsregister oder in die Liste der Genossen sind gebührenfrei, weshalb die Bestimmungen der Art. 55 bis 61 über die Eintragungen in das Handelsregister für das Genossenschaftsregister nicht anwendbar sind. Nur die Vorschrift der Ziff. 3 des Art. 61 eignet sich zur entsprechenden Anwendung. Für die Register über die registrierten Gesellschaften gilt der § 147 des G.F.G. nicht. Für dieses Register verbleibt es bei der in den Art. 69, 72 des Gesetzes v. 29. April 1869 (GesetzBl. S. 1188) bestimmten Gebührenfreiheit. (S. Motive 1899.)

Art. 63.

Für die Eintragung in das Schiffsregister [1]), einschließlich der dieselbe begleitenden gerichtlichen Handlungen, werden erhoben:

1. für die erstmalige Eintragung 10 Mark [2]);
2. für die Eintragung von Veränderungen 3 Mark [3]).

1. Die Art. 63 bis 68 ergeben die Erhebung der Gebühren für die Führung des Schiffsregisters in einheitlicher Weise für das ganze Königreich.

Von einer Gebührenabstufung nach dem Werte des Schiffes wurde abgesehen.

Das Schiffsregister dient auch dazu, Verpfändungen des Schiffes offenkundig zu machen und zwar kann die Verpfändung eines eingetragenen Schiffes nur durch Eintragung in das Register erfolgen (§§ 1259 bis 1272 des B.G.B., §§ 100 bis 134 des G.F.G.). (Siehe Motive 1899.)

Eine Ermäßigung der Gebühren des Art. 63 tritt ein in den Fällen der Art. 64 und 65.

2. Die Gebühr in Ziff. 1 wird für die Eintragung des Schiffes nicht für die Eintragung des Eigentümers desselben erhoben. Für eine Neueintragung im Falle der Verlegung des Heimatsorts in einen anderen Registerbezirk siehe die Bestimmung des Art. 64.

3. Die Gebühr nach Ziff. 2 kommt zum Ansatz für Veränderungen des Namens des Schiffes, seines Heimatsortes, sofern derselbe im gleichen Registerbezirke liegt, der Gattung, der Tragfähigkeit, der Eigentumsverhältnisse u. s. w.

Art. 64.

Im Falle der Verlegung des Heimatsorts aus dem Registerbezirke (§ 126 Abs. 4 des Binnenschiffahrtsgesetzes) wird für die Eintragung durch die neue Registerbehörde eine Gebühr von 3 Mark erhoben [1]).

1. Die Gebührenbestimmung enthält eine Ermäßigung der Eintragsgebühr nach Art. 63 Ziff. 1. Siehe auch Anmerkg. 2 zu Art. 63. Weitere Ermäßigung siehe Art. 65.

Art. 65.

Bei Schiffen, deren Tragfähigkeit 100,000 Kilogramm nicht übersteigt, kommen die in den Art. 63, 64 bestimmten Gebühren nur zur Hälfte zur Erhebung [1]).

1. Durch die Bestimmung des Art. 65 wird dem Werte des Schiffes insoweit Rechnung getragen, als bei kleineren Schiffen

nach dem Muster des elsaß-lothringschen Gesetzes vom 11. Novbr. 1896 nur die Hälfte der regelmäßigen Gebühr zur Erhebung kommt (Motive 1899).

Es ermäßigen sich demnach die Gebühren des Art. 63 auf 5 und bzw. 1,50 ℳ und des Art. 64 auf 1,50 ℳ.

Art. 66.

Für die Erteilung des Schiffbriefs werden die für die Erteilung eines Hypothekenbriefs bestimmten Gebühren und für den Vermerk von Veränderungen auf dem Schiffsbriefe die für den Vermerk von Veränderungen auf dem Hypothekenbriefe bestimmten Gebühren erhoben [1]).

Die Vorschriften des Art. 58 finden entsprechende Anwendung [2]).

1. Das Schiffsregister hat ähnliche Bedeutung wie das Grundbuch für die Liegenschaften. Aus diesem Grunde kommen auch für Erteilung des Schiffsbriefes die Gebühren des Art. 122 zur Erhebung.

2. Für beglaubigte Abschriften der bei der Anmeldung vorgelegten Urkunden werden lediglich Schreibgebühren erhoben. Für Bescheinigungen, beglaubigte Abschriften oder Auszüge aus dem Schiffsregister wird 1 ℳ neben den Schreibgebühren erhoben. Siehe Näheres Art. 58 auf S. 56.

Art. 67.

Auf die Bestellung und Eintragung eines Pfandrechts [1]) an einem im Schiffsregister eingetragenen Schiffe oder eines dieses Pfandrecht belastenden Rechts, auf die Eintragung von Widersprüchen, Vermerken und Löschungen finden die Bestimmungen des gegenwärtigen Gesetzes über die Gebühren in Grundbuchsachen gleichmäßig Anwendung [2]).

1. Siehe Anmerkg. 1 zu Art. 63.

2. Es sind dies die Bestimmungen der Art. 116, 117, 120, 124 bis 127. Siehe auch Art. 68.

Art. 68.

Gebühren werden nicht erhoben:

1. für die Löschung eines Schiffes im Schiffsregister [1]);
2. für die auf Ersuchen des Vormundschaftsgerichts im Falle des § 54 Abs. 2 des Gesetzes über die

Angelegenheiten der freiwilligen Gerichtsbarkeit erfolgte Eintragung eines Pfandrechts an einem im Schiffsregister eingetragenen Schiffe;

3. für die Gestattung der Einsicht in das Schiffsregister.

1. Die Gebührenbefreiung in Ziff. 1 wurde mit Rücksicht auf die gleiche Bestimmung der preußischen und elsaß-lothringschen Gesetzgebung gewährt, die in Ziff. 2 enthaltene entspricht dem bisherigen Art. 91 Abs. 2, jene der Ziff. 3 entspricht dem Art. 61 Ziff. 1. (Motive 1899.)

Art. 69.

Für die Eintragung in das Vereinsregister, einschließlich der dieselbe begleitenden gerichtlichen Handlungen, werden erhoben:

1. für die erste Eintragung des Vereins 5 bis 20 Mark;
2. für alle sonstigen Eintragungen oder Löschungen 3 Mark.

Verfolgt der Verein nach seinen Satzungen wohlthätige oder gemeinnützige Zwecke, so können vorstehende Gebühren von dem Gerichte bis auf die Hälfte ermäßigt werden [1][2][3].

1. Die Thätigkeit des Gerichts bei der Führung des durch das Bürgerliche Gesetzbuch geschaffenen Vereinsregisters ist der bei Führung des Handelsregisters entsprechend; es sind deshalb auch im § 159 des Ges. über die Angel. der freiw. Gerichtsbarkeit auf das Vereinsregister eine Reihe der für das Handelsregister geltenden Vorschriften für anwendbar erklärt. Mit Rücksicht hierauf wurden die Gebühren in Anschluß an die Vorschriften der Art. 55 bis 61 geregelt. Das Gesetz unterscheidet deshalb auch hier zwischen der ersten Eintragung des Vereins und allen sonstigen Eintragungen und Löschungen. Die ersteren Eintragungen werden mit einer stärkeren Gebühr belegt, da es sehr leistungsfähige Vereine mit großem Vermögen gibt. Die im Abs. 2 vorgesehene Ermäßigung *bis* auf die Hälfte der Gebühren rechtfertigt sich durch die Rücksicht auf die besonderen Zwecke dieser Vereine und auf die meist beschränkten Mittel derselben. Die Eintragung von Zweigniederlassungen ist bei Vereinen nicht vorgesehen, weshalb der Art. 56 hier keine Anwendung finden kann. Dagegen erschienen die Vorschriften der Art. 57 bis 59 zur Uebertragung auf das Vereinsregister geeignet. Die Vorschriften des Art. 59 mit der im Art. 71 enthaltenen Aenderung, welche darauf beruht, daß der Art. 69 für die Gebührenbemessung einen gewissen Spielraum läßt. (Motive 1899.) Siehe auch Anmerkg. zu Art. 280.

2. Die Anordnungen wegen Berufung einer Mitgliederversammlung (§ 37 des Bürgerl. Gesetzbuches und § 160 des Ges. über die Angel. der freiw. Gerichtsbarkeit, sowie die Bestellung von

Vorstandsmitgliedern oder Liquidatoren (§§ 29, 48 des B.G.B.) gehören nicht zu den Geschäften der Registerführung.

3. Die Eintragung gerichtlich bestellter Mitglieder oder Liquidatoren (§§ 67 Abs. 2, 76 Abs. 3 a. a. O.) ist gebührenfrei. Desgleichen die Einreichung des Verzeichnisses von Vereinsmitgliedern, sowie das Verlangen des Amtsgerichts wegen dieser Einreichung (B.G.B. § 72). Auch für die Bekanntmachungen sowie für Berichtigungen sind nicht besondere Gebühren anzusetzen. Der Gebührensatz für Löschungen findet nur Anwendung, wenn keine Liquidation stattfindet oder wenn der Verein entsprechend den für Handelsgesellschaften geltenden Bestimmungen nach Beendigung der Liquidation gelöscht wird, außerdem, wenn der Verein aus dem Bezirke des Registergerichts verlegt wird. Die Eintragung der Auflösung auf Anmelden des Vorstandes (§ 74 Abs. 2 des B.G.B.) ist nach Z. 2 zu bewerten.

Art. 70.

Die Vorschriften der Art. 57, 58 finden auf das Vereinsregister entsprechende Anwendung.

1. Es gelten demnach z. B. für Bescheinigungen und Abschriften die Bestimmungen des Art. 58.

Art. 71.

Für die Zurückweisung von Anmeldungen wird eine Gebühr von 5 Mark erhoben. Wird eine Anmeldung zurückgenommen, ehe ein gebührenpflichtiger Akt[1]) stattgefunden hat, so wird eine Gebühr von 1 Mark erhoben.

Für die Entziehung der Rechtsfähigkeit im Falle des § 73 des Bürgerlichen Gesetzbuches wird eine Gebühr von 2 bis 10 Mark erhoben[2])[3]).

1. Das heißt, bevor die Definitiventscheidung über die Anmeldung ergangen ist. Zwischenverfügungen, welche gebührenfrei sind, kommen nicht in Betracht.

2. Von den gerichtlichen Anordnungen, welche das Bürgerliche Gesetzbuch in Bezug auf eingetragene Vereine vorsieht, ist nur die im § 73 geregelte Entziehung der Rechtsfähigkeit von dem Registergerichte zu treffen. (Motive 1899.) Hierunter fällt nicht die Entziehung der Rechtsfähigkeit auf Anzeige der zuständigen Behörde gemäß § 74 Abs. 3, da hier die Eintragung von Amtswegen im öffentlichen Interesse gebührenfrei erfolgt. Siehe Art. 72 Z. 2. Vergleiche hieher ferner auch den Art. 280.

3. Die Gebühr des Art. 71 bezieht sich nur auf die Zurückweisung von Anmeldungen eines Vereins. Hinsichtlich der Gebührenerhebung für die übrigen Entscheidungen in Vereinssachen siehe Art. 141.

Art. 72.

Gebühren werden nicht erhoben[1]):

1. für die Gestattung der Einsicht des Vereinsregisters

und der von dem Vereine bei dem Amtsgerichte eingereichten Schriftstücke;

2. für die von Amtswegen erfolgenden Eintragungen [2]) in den Fällen des § 67 Abs. 2, des § 74 Abs. 3, des § 75 und des § 76 Abs. 3 des Bürgerlichen Gesetzbuches;

3. für eine nach den §§ 142, 143, 159 des Gesetzes über die Angelegenheiten der freiwilligen Gerichtsbarkeit von Amtswegen erfolgende Löschung; wird der Widerspruch eines Beteiligten zurückgewiesen, so hat er für die Zurückweisung die für die Löschung bestimmte Gebühr zu entrichten [3]).

1. Die Bestimmungen des Art. 72 sind denen des Art. 61 nachgebildet.

2. Für die von Amtswegen erfolgte Eintragung gerichtlich bestellter Vorstandsmitglieder, des Entzugs der Rechtsfähigkeit auf Anzeige der zuständigen Behörde, der Eröffnung des Konkurses oder der Aufhebung des Eröffnungsbeschlusses sowie der gerichtlich bestellten Liquidatoren werden nicht nur keine Gebühren sondern auch keine Auslagen erhoben, da in diesen Fällen ein Kostenschuldner nicht vorhanden ist.

3. Die Bestimmungen in §§ 142, 143 u. 159 des G.F.G. betreffen die von Amtswegen vorzunehmenden Löschungen der wegen Mangels einer wesentlichen Voraussetzung unzulässigen Einträge, gegen welche die vom Gerichte benachrichtigten Beteiligten Widerspruch erheben können (§§ 141 Abs. 3, 4 a. a. O.).

Art. 73.

Für die Eintragung in das Güterrechtsregister, einschließlich der dieselbe begleitenden gerichtlichen Handlungen, wird eine Gebühr von 1 Mark erhoben [1]).

Auch beim Güterrechtsregister greift ebenso wie beim Vereinsregister die Analogie des Handelsregisters Platz (Vgl. § 161 des G.F.G.). Da von der Einrichtung des Güterrechtsregisters viel Gebrauch gemacht wird (vgl. § 1435 des B.G.B.), so sind die Gebühren für das Güterrechtsregister möglichst nieder gehalten. (Motive 1899.)

1. Erfolgt die Eintragung in mehreren Registern, im Register des Wohnsitzes des Mannes und im Register der Handelsniederlassung (Einf.Ges. z. H.G.B. Art. 4) so ist jede Eintragung gebührenpflichtig.

Im Falle der Verlegung des Wohnsitzes in einen anderen Registerbezirk (§ 1559 des B.G.B.) kommt für die Wiederholung der Eintragung die Gebühr des Art. 73 wiederum zum Ansatz.

Für die Eintragung eines Ehevertrages werden Gebühren nicht erhoben, wenn der Vertrag vor dem Ablauf eines Jahres nach der Aenderung des Güterstandes geschlossen wird. (Art. 31 der Uebergangsvorschr. z. B.G.B.) Siehe auch Anm. 5 lit. g. zu Art. 3.

Art. 74.

Die Vorschriften des Art. 58 finden auf das Güterrechtsregister entsprechende Anwendung [1]).

1. Für die beglaubigte Abschrift der früheren Eintragung zur Wiederholung einer Eintragung (§ 1561 Abs. 3 Nr. 2 des B.G.B.) sowie für Zeugnisse (§ 34 des G.B.O., R.G.Bl. 1897 S. 444), wird 1 *M* erhoben. Für unbeglaubigte Abschriften (§ 1563 a. a. O.) werden nur Schreibgebühren angesetzt.

Art. 75.

Für die Zurückweisung von Anmeldungen wird eine Gebühr von 50 Pfennig erhoben.

Diese Gebührenbestimmung ist dem Art. 59 Abs. 1 nachgebildet. Wenn die Anmeldung zurückgenommen wird, bevor ein gebührenpflichtiger Akt stattgefunden hat, kommt eine Gebühr nicht zur Erhebung.

Art. 76.

Gebühren werden nicht erhoben:

1. für die Einsicht des Güterrechtsregisters [1]);
2. für eine nach den §§ 142, 143, 161 des Gesetzes über die Angelegenheiten der freiwilligen Gerichtsbarkeit von Amtswegen erfolgende Löschung; wird der Widerspruch eines Beteiligten zurückgewiesen, so wird eine Gebühr von 1 Mark erhoben [2]).

1. Siehe die Bestimmung im Art. 61 Z. 1.
2. Vergleiche hieher Anm. 3 zu Art. 72.

Art. 77.

Der Gebührentarif zu dem Reichsgesetze vom 6. Februar 1875 über die Beurkundung des Personenstandes und die Eheschließung nebst den Vorschriften des § 16 dieses Gesetzes finden auf die vor dem 1. Januar 1876 errichteten pfälzischen Standesregister Anwendung [1]).

1. Nachdem die vor dem 1. Januar 1876 errichteten pfälz. Standesregister in fast allen Beziehungen den durch das Gesetz vom 6. Februar 1875 geschaffenen Standesregistern gleichgestellt sind (Art. 147 der Uebergangsvorschr. z. B.G.B., G.V.Bl. 1899 S. 123), war nun auch bezüglich der für ihre Führung zu erhebenden Ge-

bühren obiger Gebührentarif auf dieselben auszudehnen. (Motive 1899.)

Hinsichtlich des Gebührentarifs siehe R.G.Bl. 1875 S. 40. Derselbe bezieht sich nicht auf die Einsicht der bei den Gerichten aufbewahrten Nebenregister und auf Erteilung von Auszügen aus denselben.

Die Eintragungen im Nebenregister und die gerichtlichen Anordnungen über Berichtigung der Standesregister sind gebührenfrei.

3. Familienfideikommisse.

Art. 78 (65).

Für die Entscheidung, einschließlich des vorangegangenen Verfahrens, über Anträge auf gerichtliche Bestätigung eines Fideikommisses oder auf Genehmigung der Auflösung eines solchen werden fünf Zehnteile der Sätze des § 8 des Reichs-Gerichtskostengesetzes erhoben[1]).

1. Die Bauschgebühr des Art. 78 umfaßt auch zugleich die Gebühren für öffentliche Vorladungen nach § 26 der VII. Verfassungsbeilage (vgl. auch Art. 32 des Gesetzes zur Ausführg. der R.C.P.O. vom 23. Februar 1879 bzw. 26. Juni 1899 (G.V.Bl. S. 401) Burkhard, S. 195, Pfaff, 5. Aufl. S. 79). Hinsichtlich der Sätze des § 8 des R.G.K.G. siehe Tabelle a im Anhang. Außerdem kommt noch die Urkundengebühr des Art. 149 Abs. 3 mit 50 ℳ und die procentable Gebühr des Art. 80 zur Erhebung.

Art. 79 (66).

Die Bestimmung des Art. 78 findet auch in dem Falle Anwendung, wenn das Verfahren die Einverleibung von Vermögen in ein bereits bestehendes Fideikommiß auf Grund einer die Mehrung desselben bezielenden neuen Disposition zum Gegenstand hat.

Art. 80 (67).

In den Fällen der Art. 78, 79 kommt außer den dort bestimmten Sätzen, sofern die Errichtung oder Vermehrung des Fideikommisses gerichtlich bestätigt wird, noch eine besondere Gebühr zu zwei vom Hundert des gestifteten Vermögens ohne Abzug etwaiger Schulden zur Erhebung[1].)

Ist die Bestätigung eines Fideikommisses nur bedingt erfolgt (§§ 10, 28, 29 der VII. Beilage zur Verfassungsurkunde), so wird die obige Gebühr erst nach Erfüllung der Bedingung aus dem in diesem Zeitpunkte vorhandenen Vermögen berechnet und erhoben[2]).

Insoweit jedoch Fideikommisse aus Bestandteilen bisheriger adeliger Familiengüter mit gebundener Erbfolge (Lehen, Majorate, Stammgüter u. dergl.) errichtet werden, kommt die im Abs. 1 bestimmte Gebühr nicht zur Erhebung[3]).

1. Die Gebühr des Art. 80 erscheint mit Rücksicht auf die geringe Gebühr des Art. 78 und die Gebühr des Art. 149 Abs. 3 nicht unbillig (V.d.K.d.Abgeordn. 1879, Beil. Bd. VII Abt. II S. 41). Beachtenswert ist, daß etwaige Schulden nicht abgezogen werden und daß die Erhebung der procentablen Gebühr des Art. 80 eine unbedingte gerichtliche Bestätigung der Errichtung oder Vermehrung des Fideikommisses voraussetzt. Für eine unbedingte, auch ohne Vorbehalt der Rechte der Nacherben auf den Pflichtteil gerichtlich bestätigte Familienfideikommißurkunde ist die Gebühr nach Abs. 1 zu erheben. (Beschl. d. Oberst.L.G. v. 19. Dezbr. 1888, Slg. d. Entschdg. ä. F. Bd. XII S. 214.) Im Falle Kapitalsvermehrung durch bestimmte Zuschüsse der jeweiligen Fideikommißinhaber angeordnet ist, kommt die Gebühr des Abs. 1 für diese Zuschüsse erst nach Einzahlung derselben zur Erhebung. (Beschl. d. Oberst.L.G. v. 26. Mai 1891, Slg. d. Entschdg. ä. F. Bd. XIII S. 419.)

2. Für die bedingt erfolgte Bestätigung wird die Gebühr des Art. 80 noch nicht erhoben, sondern erst nach Erfüllung der aufschiebenden Bedingung, da erst mit diesem Zeitpunkte die gerichtliche Bestätigung in Wirksamkeit tritt.

3. Die Ausnahme des Abs. 3 findet darin ihren Grund, daß die Familienfideikommisse in den oben bezeichneten Fällen aus Gütern zusammengesetzt werden, welche bereits in einem gebundenen, den Familienfideikommissen ähnlichen Verbande standen und großenteils erst durch die Gesetzgebung des Jahres 1848 unter Aufrechterhaltung der früheren Erbfolge allodifiziert wurden. Jedenfalls war bei diesen Gütern auch bisher schon das Verfügungsrecht des Eigentümers ein beschränktes. Das Familienfideikommiß wird hier nur formell erst neu errichtet. Bei den Familienfideikommissen aus solchen Gütern kommt lediglich die Gebühr des Art. 78 zur Erhebung. (Siehe Burkhard, S. 197, dann V.d.K.d.Abgeordn 1879, Beil. Bd. VII Abtlg. II S. 146, ferner Pfaff, 5. Aufl., S. 80.)

Art. 81 (68).

Für jede sonstige Entscheidung, welche eine Genehmigung oder Bestätigung enthält oder überhaupt eine vorgängige Prüfung seitens des Fideikommißgerichts erfordert, einschließlich des vorangegangenen Verfahrens, werden drei Zehnteile der Sätze des § 8 des Reichs-

Gerichtskostengesetzes bis zum Meistbetrage von 50 Mark erhoben.

Die Einschreibungen in die Fideikommißmatrikel erfolgen gebührenfrei[1][2][3][4][5].

1. Für die in den §§ 22, 29, 40 u. 97 des Edikts vom 26. Mai 1818 (III. Verfassungsbeilage) vorgesehenen Handlungen des Fideikommißgerichts sind die zu erhebenden Gebühren in den Artikeln 78 bis 80 geregelt. Nun kann aber das Gericht in die Lage kommen, auch andere Entscheidungen wie solche z. B. in den §§ 51, 61 u. 71 des Edikts aufgeführt sind, zu treffen, für diese Handlungen ist die Gebühr nach Art. 81 zu erheben. (Vergl. Burkhard, S. 198.)

2. Die Wertsgegenstandssumme für eine sonstige Entscheidung wird auf Grund der §§ 3 bis 9 der R.C.P.O. ermittelt. Das freie Ermessen des Gerichts nach § 3 a. a. O. bezieht sich aber nicht auch auf die Gebühren und räumt den Gerichten nicht die Befugnis ein, je nach der erforderlichen Mühe und Zeit eine höhere oder geringere Gebühr als entsprechend anzusetzen. (Beschluß des Oberst.L.G. v. 6. März 1895, Bl. f. F.W. S. 212, Pfaff, 5. Aufl. S. 81.)

3. Die Gebühr des Art. 81 ist lediglich für die Entscheidungen der Fideikommißgerichte erster Instanz zu erheben. Die Gebühren in der Beschwerdeinstanz sind nach § 45 des R.G.K.G. (Wochinger, Prozeßgeb.Ges., S. 64) zu berechnen, wobei ein Maximalbetrag wie im Art. 81 nicht festgesetzt ist. (Beschluß des Oberst.L.G. v. 15. Oktober 1891, Slg. der Entscheidg. ä. F. Bd. XIII S. 530.)

4. Im Falle der Vereinigung eines aus Zehentrenten und später aus den Zinsen des Ablösungskapitals allmählich gebildeten, bisher gesondert verwalteten Fonds mit dem allgemeinen Fideikommißfonds liegt keine Einverleibung in das Familienfideikommiß vor, so daß nur die Gebühr des Art. 81 zur Erhebung zu gelangen hat. (Beschluß des Oberst.L.G. vom 21. Februar 1893, Slg. der Entscheidg. ä. F. Bd. XIV S. 454.)

5. Die Einsichtnahme der Fideikommißmatrikel und der sonstigen hierauf bezüglichen Urkunden ist gebührenfrei. Siehe hieher Art. 134 des Ausf.G. z. B.G.B. § 11 Abs. 1 Satz 2 der G.B.O. u. Art. 11 des Ausf.Ges. z. G.B.O.

Art. 82 (69).

Wenn das zu einem Fideikommisse bestimmte Vermögen gemäß § 10 Abs. 2 der VII. Beilage zur Verfassungsurkunde unter gerichtlicher Aufsicht verwaltet werden muß, so kommen hiefür bei dem zuständigen Gerichte die in den Art. 83, 84 bestimmten Gebühren zur Erhebung. Hinsichtlich der Fälligkeit der Gebühren findet die Bestimmung im Art. 87 entsprechende Anwendung.

Nach Art. 83 werden zwei Zehnteile der Sätze des § 8 des R.G.K.G. bei Beendigung der Verwaltung aus dem Stande des reinen Vermögens erhoben. Außerdem kommen für jedes Jahr von den Einkünften weitere zwei Zehnteile der Säze des § 8 des R.G.K.G. und zwar bei der Rechnungslegung oder, falls eine solche nicht gestellt wird, am Schlusse der Verwaltung zum Ansatz. (Art. 87.) Siehe hieher auch § 30 Abs. 2 Z. 4 der Vollzugsinstr. v. 25. Dezbr. 1899, Just.M.Bl. 1900 S. 361.

4. Vormundschaften.

Allgemeines.

Durch die Bestimmungen in den Art. 83 bis 93 werden die Gebühren in Vormundschaftssachen geregelt und wurden die Vorschriften der bisherigen Art. 74 bis 82 des Gebührengesetzes in Uebereinstimmung mit den bezüglichen Vorschriften des bürgerlichen Rechtes gebracht. Hiebei wurde grundsätzlich davon ausgegangen, daß an den bisherigen Gebührensätzen Aenderungen überhaupt nicht, Ergänzungen aber nur insoweit eintreten sollten, als dies durch die infolge der Einführung des Bürgerlichen Gesetzbuchs geänderte Thätigkeit des Vormundschaftsgerichts geboten erschien.

Im Einzelnen ist zu bemerken, daß die Ueberschrift des Titels sich der des zweiten Abschnittes des Gesetzes über die Angelegenheiten der freiwilligen Gerichtsbarkeit anzuschließen hatte und daß die Vorschriften über die Gebühren in Vormundschaftssachen jetzt in der Weise zu ordnen waren, daß in Anlehnung an die Vorschriften des Bürgerlichen Gesetzbuchs über die Vormundschaft zunächst die Gebühren zu bestimmen waren, welche bei Vormundschaften im Sinne des Bürgerlichen Gesetzbuchs zur Erhebung kommen. Sodann folgen die Gebührenbestimmungen, welche für Pflegschaften und Beistandschaften sowie für die sonstige Thätigkeit des Vormundschaftsgerichts für eine unter elterlicher Gewalt oder Vormundschaft stehende Person zur Anwendung zu kommen haben. Im Art. 91 folgen die Vorschriften über die Gebühren, welche für die Fürsorgethätigkeit des Vormundschaftsgerichts zur Erhebung gelangen, wenn die Fürsorge nicht eine unter elterlicher Gewalt oder Vormundschaft stehende Person betrifft oder wenn sie zwar eine solche Person betrifft, die Gebühr aber nicht von dieser, sondern von dem Vater oder der Mutter erhoben wird. Den Schluß bilden wie im bisherigen Gesetze gewisse Gebührenbefreiungen. (Motive 1899.)

In den Angelegenheiten der freiwilligen Gerichtsbarkeit, für welche die bisherigen Gesetze maßgebend bleiben, werden auch nach dem Inkrafttreten des Bürgerlichen Gesetzbuches Gebühren nach Maßgabe des bisherigen Gebührengesetzes erhoben (Art. 302) z. B. in den Grundbuch- bzw. Hypothekensachen. Für diejenigen Angelegenheiten der freiwilligen Gerichtsbarkeit dagegen, welche sofort von dem neuen Rechte erfaßt werden, gelten die Vorschriften des nunmehrigen Gebührengesetzes auch dann, wenn sie bei dem Inkrafttreten des Bürgerlichen Gesetzbuches bereits anhängig waren,

z. B. Vormundschafts- und Pflegschaftssachen (§ 1 Z. 5 der Vollzugsinstruktion v. 25. Dezbr. 1899, Just.M.Bl. 1900 S. 345).

Erläuternd bestimmt hiezu ferner die gemeinsch. Bekanntmachung der K. Staatsministerien der Justiz und der Finanzen vom 13. Februar 1900, Just.M.Bl. S. 539 folgendes:

1. Mit dem 1. Januar 1900 tritt in zahlreichen Fällen an die Stelle einer bestehenden Vormundschaft die elterliche Gewalt des überlebenden Elternteils. In diesen Fällen sind die Gebühren nach Art. 75, 77 des bisherigen Gesetzes anzusetzen und die bis zur Beendigung der Vormundschaft gestundeten Rentegebühren zu erheben. Verzögert sich in diesen Fällen die Hinausgabe hinterlegter Gelder u. s. w., so wird für die vom 1. Januar 1900 an dauernde Hinterlegung oder vormundschaftliche Verwaltung weder eine Hinterlegungs- noch eine Rentegebühr angesetzt. In der Pfalz darf nicht die Gebühr des Art. 83 des jetzigen, sondern nur die im Art. 108 des bisherigen Gebührengesetzes bestimmte Gebühr zur Erhebung kommen.

2. Wird bei der Ueberleitung einer Vormundschaft in die elterliche Gewalt der Mutter eine Pflegschaft oder Beistandschaft nach Art. 90 bestellt, so haben die bisherige Vormundschaft und die neue Pflegschaft oder Beistandschaft als eine Vormundschaft zu gelten. Es darf deshalb nicht für die bisherige Vormundschaft die Gebühr des Art. 75 des bisherigen und für die neue Pflegschaft oder Beistandschaft die Gebühr des Art. 90 der neuen Fassung erhoben werden, sondern bei der Beendigung der neuen Pflegschaft oder Beistandschaft wird lediglich die Gebühr des Art. 90 erhoben.

3. Die Bemerkungen der Ziffer 1 gelten entsprechend, wenn der Vater die Verwaltung des Kindsvermögens erhält und eine nach dem bisherigen Rechte z. B. über das peculium adventitium irregulare eingeleitete Pflegschaft wegfällt.

4. Wird in der Pfalz eine Vormundschaft, Pflegschaft oder Beistandschaft nach dem 1. Januar 1900 beendigt, so wird, wenn die Sache vor diesem Zeitpunkt anhängig geworden ist, auf die nach den Art. 83, 84, 90 der neuen Fassung geschuldete Gebühr dasjenige, was vor dem 1. Januar 1900 in der Vormundschaft bezahlt worden ist, in der Weise angerechnet, daß berechnet wird, was der Mündel u. s. w. zu bezahlen hat, wenn die Art. 83, 84, 90 von Beginn der Vormundschaft, Pflegschaft oder Beistandschaft an gelten, und davon abgezogen wird, was bis zum 1. Januar 1900 auf Grund der bisherigen Fassung des Gebührengesetzes geschuldet worden ist. Wenn z. B. eine Vormundschaft am 1. Jan. 1895 anhängig und am 1. Januar 1905 beendigt wird und das Vermögen des Mündels 2000 ℳ beträgt, so hat, sofern bis zum 1. Januar 1900 für Familienratsbeschlüsse u. s. w. 10 ℳ zu bezahlen waren, der Mündel bei Beendigung der Vormundschaft noch 8,80 ℳ + 5 ℳ — 10 ℳ = 3,80 ℳ zu bezahlen. Oder wenn eine am 1. Januar 1896 anhängig gewordene Vormundschaft am 1. Januar 1900 in die elterliche Gewalt der Mutter übergeht, der Mutter aber ein Beistand bestellt wird, ohne daß diesem die Vermögensverwaltung übertragen ist, so wird, sofern die Beistandschaft am 1. Januar 1903 endigt, das Vermögen des Kindes 5000 ℳ beträgt und bis zum 1. Januar 1900 an Gebühren 30 ℳ bezahlt worden sind, bei Beendigung der Beistandschaft eine Gebühr nicht mehr erhoben. Denn nach Art. 83, 84, 90 sind, wenn diese Artikel vom 1. Januar 1896 an angewendet worden wären, zu bezahlen 13,60 ℳ (Art. 83, 90) + 6 ℳ (nach Art. 84 auf 4 Jahre, von da an kommt Art. 84 nach Art. 90 nicht in Betracht) = 19,60 ℳ; es sind aber schon 30 ℳ bezahlt. Selbstverständlich wird nicht etwa von diesen 30 ℳ ein Betrag zurückvergütet.

Art. 83 (75).

Bei Vormundschaften[1]) werden von dem Vermögen[2]) des Mündels, wenn dieses über 1000 Mark beträgt, zwei Zehnteile der Sätze des § 8 des Reichs-Gerichtskostengesetzes[3]) erhoben.

Für die Berechnung der Gebühr ist der Stand des reinen[4])[5]) Vermögens bei Beendigung[6]) der Vormundschaft maßgebend[7])[8]).

1. Eine Vormundschaft wird nach § 1773 des B.G.B. angeordnet über:

a) einen Minderjährigen:
   1. wenn er nicht unter elterlicher Gewalt steht, indem die Eltern tot oder für tot erklärt sind (§ 1679), oder wenn während der Ehe der Vater oder nach Auflösung der Ehe sowohl der Vater als auch die Mutter die elterliche Gewalt verwirken (§ 1680), oder wenn die Mutter, sofern ihr die elterliche Gewalt zusteht, sich wieder verheiratet (§§ 1684, 1686, 1697), oder wenn dem Inhaber der elterlichen Gewalt im Falle des § 1666 Abs. 2 des B.G.B. auch die Nutznießung entzogen worden ist, endlich wenn er ein uneheliches Kind ist (§ 1707);
   2. wenn er zwar unter elterlicher Gewalt steht, die Eltern aber weder in den die Person, noch in den das Vermögen treffenden Angelegenheiten zur Vertretung des Minderjährigen berechtigt sind. Dies ist der Fall, wenn die Gewalt des Vaters ruht und die Mutter tot, oder die Ehe aufgelöst, die Gewalt aber der Mutter nicht übertragen ist (§§ 1666, 1685), oder wenn die Gewalt der Mutter ruht (§ 1686), oder endlich wenn im Falle des § 1666 Abs. 2 des B.G.B. die Nutznießung nicht entzogen ist;
   3. wenn sein Familienstand nicht zu ermitteln ist;

b) einen Volljährigen:
   wenn er wegen Geisteskrankheit, Geistesschwäche, Verschwendung oder Trunksucht entmündigt ist (§§ 6, 1896).

2. Hierunter ist alles bewegliche wie unbewegliche, rentierende als nicht rentierende Vermögen, soweit es unter Obsorge und Ueberwachung des Vormundschaftsgerichts steht, zu verstehen (Burkhard, S. 205). Befindet sich jedoch ein Teil des Vermögens im Auslande und wird dort vormundschaftlich verwaltet, so kommt dieser Teil nicht in Betracht.

3. Siehe Tabelle a im Anhang.

4. Bei der Berechnung des Vermögens kommen die Schulden, als z. B. Hypotheken, Grundschulden, Reallasten in Abzug. Dingliche Lasten mindern den Wert, während ein Nießbrauch am Mündelvermögen ohne Berücksichtigung zu bleiben hat.

Der Wert von Wohnungsrechten, Alimenten, Pensionen, Geldrenten ist nach § 9 des R.G.K.G. festzustellen.

5. Besteht z. B. das Vermögen eines Mündels in einem Anwesen von 12000 *M*, auf welchem 9000 *M* Schulden lasten, so wird die Gebühr nach Art. 83 nur aus dem Reinvermögen von 3000 *M* erhoben.

6. Der Stand des Mündelvermögens bei der Beendigung der Vormundschaft ist für die Gebührenbewertung maßgebend, so zwar, daß, wenn ein ursprüngliches Mündelvermögen von 2000 *M* sich im Laufe der Vormundschaft auf z B. 900 *M* gemindert hat, keine Gebühr, hingegen, wenn durch Zinsenadmassierung ein ursprüngliches Vermögen von 900 *M* sich auf 1200 *M* erhöht, die Gebühr des Art. 83 zu erheben ist.

7. Die in Vormundschaften zur Erhebung kommenden Bauschgebühren haben lediglich auf das Verfahren in erster Instanz Bezug, nicht aber auch auf ein Beschwerdeverfahren, für welches die Gebühren nach § 45 des R.G.K.G. zur Erhebung kommen (Beschluß des Oberst. L.G. v. 24. Novbr. 1883, Slg. der Entschdg. ä. F. Bd. X S. 240). Selbstverständlich kommen in der Beschwerdeinstanz die Gebühren des § 45 des R.G.K.G. auch dann zum Ansatz, wenn das Mündelvermögen weniger als 1000 *M* beträgt.

8. Ueber Fälligkeit der Gebühr des Art. 83 siehe Art 87, über Gebührenerhebung beim Vorhandensein mehrerer Mündel siehe Art. 86. Hinsichtlich der Nichterhebung von Hinterlegungsgebühren bei Vermögen unter 1000 *M* siehe Hinterlegg.Geb Ordg.

Art. 84 (76).

Außerdem[1]) kommen für jedes Jahr[2]) von den Einkünften[3]) zwei Zehnteile der Sätze des § 8 des Reichs-Gerichtskostengesetzes[4]) zur Erhebung.

Dabei werden statt besonderer Berechnung die jährlichen Einkünfte zu drei vom Hundert des Vermögens[5]) unter Abzug der Schulden angenommen. Uebersteigen dieselben nicht den Betrag von 30 Mark, so bleibt die Gebühr außer Ansatz[6])[7]).

1. Außer der Gebühr des Art. 83 kommt unter der Voraussetzung, daß dem Vormundschaftsgericht über die Verwaltung des Vermögens Rechnung gelegt oder Uebersicht über den Bestand desselben zur Vorlage gebracht werden muß, noch die sogenannte „Rentegebühr“ zur Erhebung. Ob thatsächlich eine Rechnung gestellt wird, oder nicht, oder ob dieselbe für mehrere Jahre zugleich vorgelegt wird, ist auf die Gebührenbewertung ohne Einfluß. Das Bürgerliche Gesetzbuch bestimmt in seinen §§ 1854, 1855, 1903, 1904 und 1917, wer von der Rechnungslegung befreit ist.

Ohne Belang ist, ob die Nutznießung des Mündelvermögens einem Dritten zusteht (Finanzministerialentschl. vom 20. April 1885, Pfaff 5. Aufl. S. 84). Die Hinausgabe von Zinsscheinen aus den bei Gericht hinterlegten Wertpapieren allein begründet noch nicht die Erhebung der Gebühr nach Art. 84, diese Geschäfte sind vielmehr durch die Hinterlegungsgebühren als abgegolten anzusehen.

2. Hierunter ist das „Kalenderjahr“ gemeint. Ein unvollendetes Kalenderjahr wird nicht für voll angesehen, wohl aber ein angefangener Monat. Maßgebend ist die Dauer der Vormundschaft, Beistandschaft oder Pflegschaft, so zwar, daß die Gebühren, je nachdem die Vormundschaft am Anfange oder Ende eines Kalenderjahres angeordnet oder beendigt wird, dementsprechend im höheren oder minderen Betrage zum Ansatze kommen.

Wird z. B. am 5. Februar 1900 über einen 20jährigen Mündel Vormundschaft angeordnet, die am 7. August 1900 endigt, weil der Mündel volljährig geworden ist, so werden, wenn das Mündelvermögen 40 000 ℳ beträgt, die Einkünfte auf 700 ℳ (nämlich für 7 Monate $^{7}/_{12}$ von 1200 ℳ) berechnet und hievon die Gebühr des Art. 84 mit $^{2}/_{10}$ = 5 ℳ 20 ₰ erhoben (Justizministerialentschließung vom 7. Mai 1900 Nr. 17 585). Würde eine Vormundschaft mit gleichem Vermögen am 5. Februar 1900 angeordnet und am 7. August 1902 endigen, so würde die Berechnung folgende sein. Vom 5. Februar mit 31. Dezbr. 1900 sind elf Monate, das Kalenderjahr 1901 ist voll zu berechnen, und vom 1. Januar 1902 bis 7. August 1902 berechnen sich acht Monate. Somit sind die Gebühren für das Kalenderjahr 1900 aus $^{11}/_{12}$ = 1100 ℳ mit 6 ℳ 40 ₰, für 1901 aus $^{12}/_{12}$ = 1200 ℳ mit 6 ℳ 40 ₰, für 1902 aus $^{8}/_{12}$ = 800 ℳ mit 5 ℳ 20 ₰ = zusammen mit 18 ℳ anzusetzen.

3. Aus dem Mündelvermögen an sich werden die Einkünfte nur dann berechnet, wenn aus dem ganzen Betrage desselben Renten anfallen. Aus nicht rentierlichen Bestandteilen desselben, insbesondere aus Mobilien, dann auch aus Pensionen u. s. w. werden keine Einkünfte berechnet (vergleiche Finanzministerialentschließung v. 13. Mai 1889, Pfaff 5. Aufl. S. 84).

Die Einkünfte sind für jedes Jahr gesondert zu berechnen und können daher, je nachdem einige Bestandteile des Mündelvermögens in dem einen Jahre Renten abwerfen oder nicht, verschieden im Betrage sein.

4. Siehe Tabelle a im Anhang.

5. Die Einkünfte werden stets zu drei vom Hundert berechnet, und ist nur der rechnungsmäßig festgestellte Einkünftebetrag maßgebend, mag auch die wirkliche Rente höhere oder niedrigere Procente ausweisen. Doch werden auch hier die Schulden vom rentierlichen Vermögen zuerst in Abzug gebracht.

Besitzt z. B. ein Mündel ein Haus im Werte von 10000 ℳ und eine öde Waldfläche im Werte von 500 ℳ und ruhen auf ersterem 3000 ℳ Handscheinschulden, auf letzterer 200 ℳ Hypothekschulden, so berechnen sich bei dem Umstande, daß die ausgerodete Waldfläche eine Rente nicht abwirft, die Einkünfte auf 10000 ℳ $- 3000 = 7000 \times 3\% = 210$ ℳ. Das nicht rentierliche Vermögensobjekt sowie dessen Belastung hat ohne Berücksichtigung zu bleiben.

Wirft aber das Vermögen, z. B. das oben erwähnte Haus wegen eingetretenen Brandschadens in einem Jahre keine Rente ab, so kann auch keine Gebühr des Art. 84 zur Erhebung gelangen.

Nicht in Abzug dürfen hingegen die Beträge gebracht werden, welche zur Bestreitung des Unterhalts oder der Erziehung u. s. w. aus den Einkünften verwendet werden.

6. Die Bestimmung des gebührenfreien Rentebetrages von 30 ℳ hängt mit der Vorschrift des Art. 83 zusammen, indem bei einem gebührenfreien Vermögen von 1000 ℳ sich die jährlichen Einkünfte auf 30 ℳ berechnen und die Vormundschaften mit einem Vermögen bis zu 1000 ℳ von jeder Gebühr befreit sein sollen.

Dies trifft auch zu, wenn z. B. bei einem Vermögen von 1200 ℳ der rentierliche Teil desselben nur 900 ℳ beträgt, so daß sich die jährlichen Einkünfte auf nur 27 ℳ berechnen, hier kommt keine Rentegebühr zum Ansatz. Hingegen kommt aber bei dem aus einem rentierlichen Vermögen von 4000 ℳ, infolge der im Monat Februar eingetretenen Beendigung der Vormundschaft zu berechnenden zweimonatlichen Einkünftebetrag von 20 ℳ die Gebühr des Art. 84 mit 20 ₰ zum Ansatz, da die jährlichen Einkünfte sich auf 120 ℳ berechnen würden.

7. Bei dem Vorhandensein mehrerer Mündel kommt die Gebühr des Art. 84 für jeden derselben zur Erhebung, siehe Art. 86 dann auch Anmerkg. 6 zu Art. 91.

Hinsichtlich der Fälligkeit und Verjährung der Gebühren des Art. 84 siehe Art. 87 und Anmerkungen. Ueber Stundung siehe Art. 85 und Anmerkung.

Art. 85 (78).

Soweit bei Minderjährigen[1]) die im Art. 84 bestimmten Gebühren nach dem Ermessen des Vormundschaftsgerichts[2]) nicht aus den nach Bestreitung des Unterhalts und der Erziehung etwa verbleibenden Rentenüberschüssen gedeckt werden können, bleiben die Gebühren bis zur Erreichung der Volljährigkeit oder früheren Beendigung der Vormundschaft gestundet[3]).

1. Die nach Art. 85 zulässige Stundung der Gebühren des Art. 84 kann nach dem Wortlaute des Gesetzes nur bei Minderjährigen nicht auch bei volljährigen Mündeln Platz greifen.

2. Die Gewährung der Stundung beschließt auf Antrag das Vormundschaftsgericht. Dasselbe kann dem Antrage stattgeben oder nicht. Es kann auch seinen Stundungsbeschluß jederzeit widerrufen und die Erhebung der gestundeten Gebühren anordnen (siehe Burkhard, S. 208). Durch den Stundungsbeschluß wird zwar die Fälligkeit der gestundeten Gebühren nicht beeinflußt, wohl aber die Verjährung der fälligen Gebühren gehemmt (§ 202 des B.G.B.). Im Falle der Stundung ist der Vormund nicht verpflichtet, vorzeitiger Zahlungsanforderung zu entsprechen.

3. Hinsichtlich der Stundung der Hinterlegungsgebühren siehe Hinterlegg.Geb.Ordg.

Art. 86 (79).

Erstreckt sich eine Vormundschaft auf mehrere Mündel[1]), so sind die in den Art. 83, 84 bestimmten Gebühren für jeden besonders zu berechnen[2]).

1. Die Bestimmung des Art. 86 entspricht dem Prinzipe, daß mehrere Rechtsgeschäfte gesondert bewertet werden müssen. Wenn mehrere Mündel vorhanden sind, tritt auch das Gericht mehrmals in Thätigkeit insbesondere bei der Beendigung der Vormundschaft (siehe Burkhard, S. 208).

2. Voraussetzung ist, daß das jeden Mündel treffende Reinvermögen über 1000 ℳ beträgt. Würden z. B. zwei Mündel ein Anwesen im Werte von 6000 ℳ, auf dem 4000 ℳ Hypothekschulden lasten, zum gemeinschaftlichen Eigentume als Vormundschaftsvermögen besitzen, so würde weder eine Gebühr nach Art. 83 noch nach Art. 84 zu erheben sein, da der jedem Mündel als Vermögen zustehende Hälfteanteil nur ein Reinvermögen von 1000 ℳ darstellt.

Art. 87 (77 Abs. 2).

Die im Art. 83 bestimmte Gebühr wird bei Beendigung der Vormundschaft[1])[2]), die im Art. 84 bestimmte Gebühr wird bei der Rechnungslegung und im Falle der §§ 1854, 1855, 1903, 1904 des Bürgerlichen Gesetzbuches an dem von dem Vormundschaftsgerichte zur Vorlage der Uebersicht über den Bestand des Mündelvermögens angeordneten Termine[3]) fällig[4])[5]).

1. Die Bestimmungen des Art. 87 beruhen auf den Vorschriften des Bürgerlichen Gesetzbuchs. Nach diesen (§§ 1840ff.) hat der Vormund dem Vormundschaftsgericht über seine Vermögensverwaltung regelmäßig Rechnung zu legen. Hat der Vater oder die Mutter den Vormund ernannt, so können diese den Vormund

von der Verpflichtung entbinden, während der Dauer seines Amtes Rechnung zu legen (§§ 1854, 1855 des B.G.B.). Die gleichen Befreiungen stehen dem Vater oder der Mutter des großjährigen Mündels zu, wenn sie zum Vormunde über denselben bestellt werden (§§ 1903, 1904 des B.G.B.). In diesen Fällen haben jedoch der vom Vater oder von der Mutter ernannte Vormund, wie der Vater oder die Mutter, wenn sie zum Vormunde bestellt werden, nach Ablauf von je zwei Jahren, falls nicht vom Vormundschaftsgericht ein längerer Termin angeordnet wird, eine Uebersicht über den Bestand des ihrer Verwaltung unterliegenden Vermögens dem Vormundschaftsgericht einzureichen. (Motive 1899)

2. Die Vormundschaft endigt in der Regel mit dem Wegfall der im § 1773 des B.G.B. für die Anwendung desselben bestimmten Voraussetzungen. Besondere Endtermine sind im § 1883 bei Legitimation des Mündels infolge nachfolgender Ehe und im § 1884 bei Verschollenheit des Mündels vorgesehen. Tritt die Beendigung der Vormundschaft wegen Volljährigkeit ein, so ist der Zeitpunkt der gerichtlichen Entlassungsverhandlung und nicht der der eingetretenen Volljährigkeit für die Fälligkeit der Gebühr des Art. 83 maßgebend.

3. Die Erhebung der Gebühr nach Art. 84 richtet sich nach dem Zeitpunkt der vom Vormundschaftsrichter bestimmten Rechnungslegung. Die jährliche Rechnungslegung bildet die Regel, sie kann jedoch auch auf einen längeren Zeitabschnitt, jedoch nicht mehr als auf einen dreijährigen Zeitabschnitt, bestimmt werden. Mit der Rechnungslegung werden sodann die Rentegebühren des Art. 84 für ein, zwei oder drei Jahre fällig.

In den Fällen, in welchem dem Vormundschaftsgerichte nur eine Uebersicht über den Bestand des Mündelvermögens vorzulegen ist, wird die Gebühr des Art. 84 in der Regel von zwei zu zwei Jahren höchstens aber in fünfjährigen Zwischenräumen zu erheben sein.

4. Ist bei dem Vormundschaftsgericht Vermögen hinterlegt, so darf dasselbe nicht eher hinausgegeben werden, bis die sämtlichen Kosten von der zahlungspflichtigen Partei zur Einzahlung gelangt sind. (Minist.Bek. v. 25. Jan. 1897, Just.M.Bl. S. 13.)

5. Die Verjährung der jeweils fällig gewordenen Gebühren des Art. 84 beginnt am Schlusse des Kalenderjahres, in welchem der Fälligkeitstermin gelegen ist. Hinsichtlich der Stundung der Gebühren des Art. 84 und deren Folgen siehe Art. 85 und Anmerkg. 2.

Siehe auch die allgemeinen Bestimmungen über Verjährung der Gebühren auf S. 2.

Art. 88.

Die Vorschriften der Art. 83 bis 87 finden auf die vorläufige Vormundschaft[1]) Anwendung. Endigt die vorläufige Vormundschaft, weil auf Grund der erfolgten

Entmündigung ein Vormund bestellt wird, so gelten die vorläufige und die endgiltige Vormundschaft als eine Vormundschaft[2])[3]).

1. Nach § 1906 des B.G.B. kann ein Volljähriger, dessen Entmündigung beantragt ist, unter vorläufige Vormundschaft gestellt werden. Für diese greifen die Vorschriften der Art. 83 bis 87 Platz.

2. Es kommt demnach für beide Vormundschaften die Gebühr des Art. 83 nur einmal und zwar bei der Beendigung der endgiltigen Vormundschaft zur Erhebung. Auch die Gebühr des Art. 84 ist in dem Jahre, in welchem die vorläufige Vormundschaft endigt und die endgiltige beginnt, nur einmal zu erheben, weil bei beiden Vormundschaften die Verwaltung als eine fortlaufende anzusehen ist.

3. Die Gebühr des Art. 83 und unter Umständen des Art. 84 ist aber dann mehrfach und gesondert zu erheben, wenn ein Minderjähriger zuerst einer Altersvormundschaft und dann nach erreichter Volljährigkeit einer Vormundschaft wegen Geistesschwäche unterstellt wird.

Art. 89 (74).

Bei den zur Besorgung einer einzelnen Angelegenheit bestellten Pflegschaften oder Beistandschaften ist nach dem Werte des Gegenstandes, sofern dieser über 1000 Mark beträgt, ein Zehnteil der Sätze des § 8 des Reichs-Gerichtskostengesetzes bis zum Betrage von 20 Mark zu erheben (I 1 bis 9).

Im Falle einer sonstigen Fürsorge für ein unter elterlicher Gewalt stehendes Kind, insbesondere im Falle der Genehmigung zu einem Rechtsgeschäft oder im Falle einer Verfügung nach den §§ 112, 1631, 1635 bis 1637, 1645, 1665, 1677, 2282, 2290, 2347, 2351 des Bürgerlichen Gesetzbuchs wird eine Gebühr von 1 bis 20 Mark erhoben (II 10 bis 15).

Die in den Abs. 1, 2 bestimmten Gebühren werden nur erhoben, soweit nicht rücksichtlich der Person, in deren Interesse ein Pfleger oder Beistand bestellt oder eine sonstige Fürsorgethätigkeit ausgeübt wird, eine Vormundschaft, eine Pflegschaft oder Beistandschaft eingeleitet oder einzuleiten ist, auf welche die folgenden Bestimmungen Anwendung finden (III 16 bis 18).

Der Art. 89 entspricht dem bisherigen Art. 74. Im Art. 74 waren Vorschriften für die sogenannten Spezialkuratelen getroffen. Den Spezialkuratelen des bisherigen Rechtes entsprechen die zur

Wahrnehmung einzelner Geschäfte eingeleiteten Pflegschaften. Das Bürgerliche Gesetzbuch kennt außer den Pflegschaften die Bestellung eines Beistands der Mutter für einzelne Angelegenheiten sowie im weitern Umfange eine Fürsorge des Vormundschaftsgerichts für unter elterlicher Gewalt stehende Kinder, welche ohne Bestellung eines Pflegers oder Beistandes ausgeübt wird. Alle diese Geschäfte haben mit der Bestellung eines Pflegers für eine einzelne Angelegenheit gemeinsam, daß es sich nicht um eine fortlaufende Thätigkeit des Vormundschaftsgerichts, sondern um eine Fürsorge im einzelnen Falle handelt. (Motive 1899.)

I. Zu Absatz 1.

1. Nur die zur Besorgung einer e i n z e l n e n Angelegenheit bestellten Pflegschaften oder Beistandschaften (§ 1688 Abs. 1 des B.G.B.) unterliegen der Gebührenvorschrift des Art. 89 Abs. 1, alle anderen auf längere Dauer zur fortgesetzten Wahrnehmung der Geschäfte eingeleiteten Pflegschaften (§§ 1909 Abs. 1 Satz 2, 1910 Abs. 1, 1911 bis 1914 des B.G.B.) oder Beistandschaften sind nach Art. 90 zu bewerten.

2. Voraussetzung ist ferner, daß die Pflegschaft vom Vormundschaftsgericht bestellt wird. Die vom Prozeßgerichte (§§ 57, 58, 494, 668, 679 bis 686 der R.C.P.O.) oder vom Vollstreckungsgerichte (§§ 779, 787 der R.C.P.O.) zu erfolgende Bestellung eines Vertreters einer Partei gehört nicht hieher (§ 47 N. 9 des R.G.K.G.).

3. Ob eine Pflegschaft oder Beistandschaft in beschränkterem Umfange des Art. 89 oder eine solche im Sinne des Art. 90 zu bestellen ist, liegt im Ermessen des Gerichts. Ein Recht zur Beschwerdeführung wegen sachlicher Behandlung der Pflegschaften steht der Finanzverwaltung nicht zu. (Siehe Beschluß des Oberst. L.G. v. 27. April 1886, Slg. d. Entschdg. ä. F. Bd. XI. S. 412.)

4. Für die Gebührenberechnung ist der Wert des Gegenstandes, wofür die Pflegschaft oder Beistandschaft bestellt wird, maßgebend und zwar unter Umständen nur insoweit, als das Interesse des Pfleglings wahrzunehmen ist. (Näheres siehe Just. Minist.Entschließung v. 24. Jan. 1903 Nr. 2733.)

5. Sofern der Gegenstand der Bestellung in einem vermögensrechtlichen Anspruch besteht, wird die Gebührenberechnung keine Schwierigkeiten bereiten und ist nur zu beachten, daß etwaige auf dem Vermögensobjekt haftende Schulden in Abzug zu bringen sind. (Vergleiche hieher auch Beschl. des Oberst.L.G. v. 20. Mai 1889, Slg. der Entschdg. ä. F. Bd. XII S. 324.)

Liegt ein nicht vermögensrechtlicher Anspruch vor, so hat nach Maßgabe des Art. 39 und der §§ 9 ff. des R.G.K.G. gerichtliche Festsetzung einzutreten.

6. Die Gebühr wird nur e i n m a l erhoben, ohne Rücksicht auf die Beteiligung mehrerer Pfleglinge oder auf die Zahl der Pfleger oder Beistände. Art. 86 ist demnach hier nicht anwendbar. (Vergleiche hieher auch den Beschl. des Oberst.L.G. v. 3. Oktober 1888, Slg. der Entschdg. ä. F. Bd. XII S. 160.)

7. Wird eine Pflegschaft zugleich über mehrere einzelne Angelegenheiten eingeleitet, so tritt eine Zusammenrechnung der Gegenstandswerte, sofern jeder derselben 1000 ℳ übersteigt, ein.

8. Beispiele.

a. Ein Vater, dessen Grundbesitz mit dem Muttergute seiner 2 Kinder von zusammen 2600 ℳ hypothekarisch belastet ist, beabsichtigt, aus seinem Anwesen Grundstücke im Werte von 1200 ℳ zu verkaufen und für den Teilbetrag von 2000 ℳ der Muttergüter seiner Kinder Hypothek auf bisher noch nicht verpfändete von ihm später allein eigentümlich erworbene Grundstücke zu bestellen. Nun ist sowohl wegen der Pfandfreigabe der zu verkaufenden Grundstücke als auch wegen der Verpfändung der anderen Grundstücke für das Muttergut seiner Kinder Pflegschaft einzuleiten.

Für die Gebührenbewertung kommt einerseits der Wert der verkauften Grundstücke zu 1200 ℳ, wie auch weiter andererseits die Pfandunterstellung der anderen Grundstücke zu Gunsten der 2000 ℳ Muttergüterteilbetrag in Frage. In diesem Falle hat eine Zusammenrechnung der Werte der einzelnen Angelegenheiten einzutreten. Dieser Gesamtwert zu 3200 ℳ kann aber hier für die Gebührenberechnung um deswillen nicht maßgebend sein, weil das beteiligte Gesamtvermögen der beiden Kinder nur 2600 ℳ beträgt, und die Gebühr nur insoweit zu berechnen ist, als das durch die Pflegschaft wahrgenommene Interesse der Pfleglinge reicht. Es kommt deshalb die Gebühr aus 2600 ℳ mit 5 ℳ zum Ansatz.

Würde das Vermögen der Kinder zusammen 4000 ℳ betragen, so hätte die Gebührenberechnung nur aus 3200 ℳ zu erfolgen.

Im Falle das Vermögen der Kinder nur je 1000 ℳ = 2000 ℳ betragen würde, wäre dennoch eine Gebühr und zwar aus 2000 ℳ zu berechnen.

b. Würde aber der Vater nur einige Parzellen im Werte von 100 ℳ verkaufen, so kommt eine Gebühr nicht zum Ansatz, da der Wert des Gegenstandes unter 1000 ℳ beträgt und das Pflegschaftsvermögen, wenn es sich auch auf 2600 ℳ beläuft, auch nur in Höhe dieses Betrages beteiligt ist.

c. Ist eine Pflegschaft aus Anlaß des Rangrücktrittes einer für einen Minderjährigen eingetragenen Hypothek für diesen angeordnet worden, so ist die Gebühr in entsprechender Anwendung des § 6 der R.C.P.O. (R.Ger.Entscheidg. Bd. IV S. 366) nach dem Betrage der kleineren Hypothekforderung und, wenn der Wert des Grundstücks, der nach Abzug der der rücktretenden Hypothek vorgehenden Belastungen verbleibt, noch unter diesem Werte ist, nach dem Werte des Grundstücks zu berechnen. (Siehe Just.Minist.-Entschl. v. 24. Jan. 1903 Nr. 2733.)

9. Die Gebührenerhebung umfaßt demnach die Gegenstandswerte über 1000 bis 32000 ℳ. Hinsichtlich der Sätze des § 8 des R.G.K.G. siehe Anhang Tabelle I. Im Falle der Zurückweisung eines Antrags auf Bestellung einer Pflegschaft siehe Anm. 17. Wegen Gebührenschuldner vergleiche Anm. 18.

Zu Absatz II.

10. Eine sonstige Fürsorge des Vormundschaftsgerichts für ein unter elterlicher Gewalt stehendes Kind ist vorgesehen in den Bestimmungen des Bürgerlichen Gesetzbuchs:

§§ 112, 1645, Ermächtigung zum selbständigen Betriebe eines Erwerbsgeschäftes;

§ 1630, Entziehung der Vertretungsmacht;

§ 1631, Unterstützung des Vaters in seinem Erziehungsrecht durch Anwendung geeigneter Zuchtmittel;

§§ 1635 bis 37, Anordnungen des Vormundschaftsgerichts im Falle der Ehescheidung;

§ 1642, Erteilung der Erlaubnis, das Vermögen des Kindes nicht mündelsicher anzulegen;

§§ 1643, 1644, 2282, Erteilung der Genehmigung zu gewissen Rechtsgeschäften des Kindes;

§ 1665, Anordnung der wegen Verhinderung des Vaters, die elterliche Gewalt auszuüben, erforderlichen Maßregeln;

§ 1677, Feststellung des Ruhens der elterlichen Gewalt oder der Beendigung derselben;

§ 2290, Genehmigung zur Aufhebung eines Erbvertrages;

§ 2347, Genehmigung zur Erbverzichtserklärung;

§ 2351, Genehmigung zu einem Vertrage, durch den ein Erbverzicht aufgehoben wird.

11. Für die im Gesetzestexte nicht aufgeführten Thätigkeiten des Vormundschaftsgerichts nach

§ 1640 Abs. 1, Entgegennahme und Prüfung des beim Tode der Mutter vom Vater einzureichenden Verzeichnisses des seiner Verwaltung unterstehenden Kindesvermögens. Siehe auch Beschl. des Oberst.L.G. v. 6. Novbr. 1901, Slg. der Entschdg. neue Folge Bd. II. S. 692. Die gleiche Rechtsanschauung herrscht auch in Preußen, siehe Mügel, Preußische Kostengesetze, Anmerkg. 7b zu § 94. Andere Ansicht vertritt Pietsch, Preußisches Kostengesetz, Anmerkg. 5b zu § 94. Obiger Rechtsanschauung des Obersten Landesgerichts hat sich jedoch das K. Ministerium der Finanzen bisher nicht angeschlossen, indem es in diesen Fällen die Thätigkeit des Gerichts als keine nur passive, sondern vielmehr als eine wirklich fürsorgende erachtet. Aus diesem Grunde sind die Gerichtsschreiber angewiesen worden, den Ansatz von Gebühren nach Art. 89 Abs. 2 zu erwirken. Hinsichtlich § 1640 Abs. 2 ist Art. 91 zu beachten,

§ 1662, Entgegennahme des Verzichtes des Vaters auf die Nutznießung,

§ 1679 Abs. 2, Entgegennahme der Erklärung des für tot erklärten, aber noch lebenden Vaters, daß er die elterliche Gewalt wieder ausüben wolle,

wird eine Gebühr nicht erhoben.

12. Zu Abs. 2 gibt die gemeinschaftliche Bekanntmachung der

K. Staatsministerien der Justiz und der Finanzen vom 13. Februar 1900 (Just.M.Bl. S. 542) in Ziff. 5 folgende Erläuterung:

„Der Art. 89 Abs. 2 der neuen Fassung des Gebührengesetzes enthält für den Ansatz der Gebühr einen gewissen Spielraum. Nach dem Art. 280 der neuen Fassung hat das Vormundschaftsgericht bei der Bestimmung der Gebühr den Umfang und die Schwierigkeit der Sache und die Leistungsfähigkeit des Pflichtigen zu berücksichtigen. Die Vormundschaftsgerichte werden hiemit darauf aufmerksam gemacht, daß auch in Betracht zu ziehen ist, welche Gebühr für das Kind, wenn es unter Vormundschaft, Pflegschaft oder Beistandschaft stünde, nach den Art. 83, 90 zu entrichten wäre und ob das Kind schon für eine Thätigkeit des Vormundschaftsgerichts eine Gebühr entrichtet hat. Der Betrag der Einzelgebühren soll regelmäßig den Betrag nicht übersteigen, welcher zu entrichten wäre, wenn für das Kind eine Vormundschaft, Pflegschaft oder Beistandschaft bestände. Denn sonst kommt die Rechtsanwendung möglicherweise zu dem Ergebnisse, daß ein Kind, welches z. B. unter Beistandschaft, also unter fortlaufender Aufsicht des Vormundschaftsgerichts steht, und bei welchem mithin durch die Gebühr des Art. 83, 90 sämtliche Thätigkeiten des Vormundschaftsgerichts gedeckt werden, geringere Gebühren zu bezahlen hat, als ein Kind, welches nicht unter Beistandschaft steht und deshalb für jede einzelne Thätigkeit des Vormundschaftsgerichts keine Gebühr zu entrichten hat. Wenn z. B. der Vater zu einem Rechtsgeschäfte für das Kind nach § 1643 des B.G.B. die Genehmigung des Vormundschaftsgerichts erhält und nunmehr die Genehmigung des Vormundschaftsgerichts zur Anlegung von Geld des Kindes in nicht mündelsicheren Papieren erbittet (§ 1642 Abs. 2 des B.G.B.), so könnte an sich für diese Genehmigung eine Gebühr von 1 bis 20 ℳ (Art. 89 Abs. 2) erhoben werden. Beträgt nun das Vermögen des Kindes 1500 ℳ, so würde es offenbar dem Sinne des Gebührengesetzes nicht entsprechen, wenn der Vormundschaftsrichter die Gebühr für die Genehmigung auf 10 ℳ festsetzte. Denn wäre das Kind bevormundet, so würde für die Vormundschaft nach Art. 83 nur eine Gebühr von 7 ℳ 60 ₰ geschuldet. Der Vormundschaftsrichter wird also bei Festsetzung der Gebühren in Betracht ziehen, daß diese, wenn möglich, den Betrag von 7 ℳ 60 ₰ nicht übersteigen, und er wird, wenn bei früheren Gebührenfestsetzungen schon dieser Betrag erreicht oder überschritten ist, den Mindestbetrag von 1 ℳ ansetzen."

13. Der Artikel 280 schreibt vor, daß die Behörde den Gebührenansatz innerhalb des gewährten Spielraums unter Berücksichtigung des Umfangs und der Schwierigkeit der Sache, der Bedeutung derselben für das bürgerliche Leben und der Leistungsfähigkeit des Pflichtigen zu bestimmen hat.

14. Beträgt das in Betracht kommende reine Vermögen des Kindes unter 1000 ℳ, so ist dies, wie wohl es aus Billigkeitsgründen im Hinblick auf den sonst gebührenfreien Vormundschaftsvermögensbetrag zu 1000 ℳ zu wünschen wäre, auf die Gebührenvorschrift des Art. 89 Abs. 2 ohne Einfluß. In diesen Fällen wird aber voraussichtlich die zu erhebende Gebühr auf nicht mehr als 1 ℳ festgesetzt werden.

15. Das Vorhandensein mehrerer Personen ist für die Gebührenfestsetzung belanglos. Siehe ferner auch Anm. 17 u. 18.

Zu Absatz III.

16. Die Gebühren des Art. 89 kommen dann nicht zur Erhebung, wenn bezüglich der Person, in deren Interesse ein Pfleger oder Beistand bestellt oder eine sonstige Fürsorgethätigkeit ausgeübt wird, eine Vormundschaft, Pflegschaft oder Beistandschaft eingeleitet oder einzuleiten ist (§ 1909 Abs. 3 des B.G.B.), welche nach Art. 90 zu bewerten ist, da dieselbe auch die sonst der Gebührenbewertung nach Art. 89 unterworfene Angelegenheit, Bestellung des Pflegers u. s. w., umfaßt.

17. Die Gebühren des Art. 89 werden fällig mit der Beendigung der Pflegschaft oder Beistandschaft oder der Fürsorgethätigkeit des Vormundschaftsgerichts. Wird die Bestellung einer Pflegschaft, Beistandschaft oder die Ausübung einer Fürsorgethätigkeit abgelehnt, oder der Antrag vor der Entscheidung zurückgenommen, so wird keine Gebühr, wohl aber etwaige Auslagen erhoben.

18. Schuldner der Gebühren ist derjenige, in dessen Interesse die Pflegschaft oder Beistandschaft bestellt wird oder eine Fürsorgethätigkeit eintritt bzw. der Antragsteller.

Art. 90 (82).

Bei anderen als den im Art. 89 bezeichneten Pflegschaften oder Beistandschaften [1] [2]) sind von dem Werte des Vermögens, auf welches sich die Pflegschaft oder Beistandschaft bezieht, sofern dieses über 1000 Mark beträgt, die in den Art. 83, 84 bestimmten Gebühren zu erheben, die Gebühr des Art. 84 bei einer Beistandschaft jedoch nur soweit, als dem Beistande die Vermögensverwaltung übertragen ist.

Die Vorschriften der Art. 85 bis 87 finden entsprechende Anwendung.

1. Die Motive erläutern hiezu: Der Art. 90 gibt den Inhalt der Art. 75 bis 79 in der Einschränkung auf diejenigen Pflegschaften wieder, bei welchen es sich um eine f o r t l a u f e n d e Thätigkeit des Vormundschaftsgerichts handelt, und erstreckt die Vorschriften zugleich auf die Beistandschaften, welche nicht zur Wahrnehmung einer einzelnen Angelegenheit bestellt sind. Die Beistandschaften sind den Pflegschaften nur in einer Beziehung nicht gleich gestellt. Der Beistand hat nach den §§ 1688 bis 1691, 1694 des B.G.B. im wesentlichen die Stellung eines Gegenvormundes, nur wenn das Vormundschaftsgericht auf Antrag der Mutter dem Beistande die Vermögensverwaltung ganz oder teilweise übertragen hat, hat der Beistand, soweit dies geschehen ist, nach § 1693 a. a. O. die Stellung eines Pflegers. Zur Rechnungslegung ist der Beistand also nur im Falle des § 1693 a. a. O. verbunden. Diesem Rechtszustande entspricht es, wenn die nach der Höhe der jährlichen Einkünfte sich richtende Gebühr des Art. 84 bei Beistandschaften nur erhoben wird, soweit der Fall des § 1693 a. a. O. gegeben ist. Wie die Fassung klar erkennen läßt, sind der Gebühr des Art. 84 die Einkünfte nur desjenigen Vermögens zu grunde zu legen, auf welches sich die Beistandschaft bezieht.

2. Unter diesen anderen Pflegschaften sind zu verstehen, die Pflegschaften infolge Zuwendung eines Vermögens, dessen Verwaltung dem Gewalthaber oder dem Vormunde nicht zustehen soll (§ 1909 des B.G.B.), die Pflegschaften für gebrechliche Personen (§ 1910 a. a. O.), für Abwesende (§ 1911 a. a. O.), für die Leibesfrucht (§ 1912 a. a. O.), für unbekannte Beteiligte (§ 1913 a. a. O.) und aus Anlaß einer öffentlichen Sammlung (§ 1914 a. a. O.). Hinsichtlich der Nachlaßpflegschaften siehe Art. 102. Vergleiche hieher auch die Anmerkg. zu Art. 83, ferner die Erläuterungen zu den Art. 84 bis 87.

Art. 91.

Für die Ersetzung der elterlichen Einwilligung zur Eingehung der Ehe oder der Einwilligung der Mutter zur Ehelichkeitserklärung, für Entscheidungen betreffend den Unterhalt eines Kindes nach § 1612 des Bürgerlichen Gesetzbuchs, für die Uebertragung der elterlichen Gewalt an die Mutter (§ 1685 Abs. 2 des Bürgerlichen Gesetzbuchs), für die Ersetzung der Zustimmung anteilsberechtigter Abkömmlinge zu Rechtsgeschäften des überlebenden Ehegatten im Falle der fortgesetzten Gütergemeinschaft, für Entscheidungen, welche die persönlichen Rechtsbeziehungen der Ehegatten zu einander oder das eheliche Güterrecht betreffen[1]), und für sonstige Verfügungen des Vormundschaftsgerichts[2]), die sich nicht auf Mündel, Pflegebefohlene oder unter elterlicher Gewalt stehende Kinder beziehen, wird eine Gebühr von 1 bis 20 Mark erhoben[3]).

Die gleiche Gebühr wird für die Thätigkeit des Vormundschaftsgerichts im Falle der Verheiratung des Vaters oder der Mutter[4]) sowie für die nach § 1639 Abs. 1, § 1640 Abs. 2, nach den §§ 1653, 1666 bis 1668, 1670 oder nach § 1760 Abs. 2 des Bürgerlichen Gesetzbuchs zu treffenden Anordnungen von dem Vater oder von der Mutter erhoben[5]), sofern nicht die Gebühr nach Art. 83 oder nach Art. 89 erhoben wird[6])[7])[8]).

Der Gesetzestext enthält im Abs. 2 Schlußsatz ein offensichtliches Redaktionsversehen, indem es statt Art. 89 heißen muß Art. 90. Der Gesetzgeber kann nur die Pflegschaften des Art. 90, welche hinsichtlich der Gebührenpflicht den ordentlichen Vormundschaften gleich stehen, im Auge gehabt haben.

1. Der infolge der Erweiterung der Aufgabe des Vormundschaftsgerichts neu eingefügte Art. 91 behandelt diejenige Thätigkeit des Vormundschaftsgerichts, welche sich nicht auf Mündel, Pflegebefohlene oder unter elterliche Gewalt stehende Kinder bezieht, insbesondere die Entscheidungen über Rechtsverhältnisse der Ehegatten (vergl. §§ 1357, 1358, 1379, 1402, 1447, 1451, 1519, 1549 des B.G.B.), ferner solche Verrichtungen, welche nur bei volljährigen Kindern oder in gleicher Weise bei volljährigen, wie minderjährigen Kindern vorkommen (vergl. z. B. §§ 1308, 1612, 1727 des B.G.B.), endlich solche die Rechtsbeziehungen zwischen Eltern und Kindern betreffenden Geschäfte, in denen die Eltern als zahlungspflichtig erscheinen (vergl. die §§ 1314, 1493, 1669, 1740, 1761; die §§ 1447, 1487; den § 1685 Abs. 2; den § 1639 Abs. 1, den § 1640 Abs. 2, den § 1653; die §§ 1666, 1667, 1668, 1670, 1760 Abs. 2 des B.G.B.). Von einer nach der Größe des Vermögens sich richtenden Gebühr wurde abgesehen, weil die Größe des Vermögens des Kindes häufig nicht bekannt sein wird. (Motive 1899.)

2. Zu den sonstigen Verfügungen des Vormundschaftsgerichts, die sich nicht auf Mündel, Pflegebefohlene oder unter elterliche Gewalt stehende Kinder beziehen, gehören die Anordnungen über Anlegung des zum eingebrachten Gute gehörenden Geldes, welches der Mann nach den Vorschriften der §§ 1807 u. 1808 des B.G.B. anzulegen hat (§ 1377 Abs. 2 a. a. O.), das Gleiche gilt bezüglich des Vorerben (§ 2119 a. a. O.), ferner die vom Vormundschaftsgericht getroffenen vorläufigen Maßregeln hinsichtlich Ausländern, über welche eine Vormundschaft oder Pflegschaft noch nicht angeordnet ist (Art. 23 Abs. 2 des E.G. z. B.G.B.).

3. Bezüglich der Grundsätze bei Festsetzung der Gebühr siehe Anm. 12 u. 13 zu Art. 89.

4. Für das Wiederverehelichungszeugnis selbst ist die Gebühr des Art. 54 Z. 1 neben der Gebühr des Art. 91, welche nur für die Thätigkeit des Vormundschaftsgerichts bestimmt ist, zu erheben.

5. Hat das Vormundschaftsgericht angeordnet, daß der Vater ein Verzeichnis des Vermögens einzureichen und über seine Verwaltung Rechnung zu legen hat, so kommt die Gebühr des Art. 84 bei der Rechnungslegung zum Ansatz. Dieselbe ist gleichfalls neben der Gebühr des Art. 91 vom Vater zu erheben (§ 1667 Abs. 2 u. 3 a. a. O.). Auch für die Hinterlegungsgebühren ist in diesem Falle der Vater oder die Mutter (§ 1686 a. a. O.) zahlungspflichtig.

6. Hinsichtlich der Person des Zahlungspflichtigen lassen sich die unter den Vorschriften des Art. 91 fallenden Angelegenheiten in zwei Gruppen zerlegen:

I. Zahlungspflichtig als Antragsteller ist das Kind im Falle:
   a) der Ersetzung der elterlichen Einwilligung zur Eingehung der Ehe (§ 1308 a. a. O.) — die Gebühr des Art. 91 umfaßt hier auch das Festsetzungsverfahren hinsichtlich der Auslagen der zugezogenen Verwandten (§§ 1308 Abs. 2, 1847 a. a. O.) —;
   b) der Ersetzung der Einwilligung der Mutter zur Ehelichkeitserklärung (§ 1727 a. a. O.) und
   c) der Entscheidung betreffend Gewährung des Unterhaltes (§ 1612 Abs. 2 a. a. O.).

II. Zahlungspflichtig ist entweder der Vater oder die Mutter oder ein sonstiger Antragsteller:
   a) bei der Uebertragung der elterlichen Gewalt auf die Mutter (§ 1685 Abs. 2 a. a. O.);
   c) bei der Ersetzung der Zustimmung anteilsberechtigter Abkömmlinge zu Rechtsgeschäften des überlebenden Ehegatten im Falle der fortgesetzten Gütergemeinschaft (§ 1487 a. a. O.);
   d) für die Entscheidungen, welche die persönlichen Rechtsbeziehungen der Ehegatten zu einander oder das eheliche Güterrecht betreffen, als

      Aufhebung der Beschränkung der Schlüsselgewalt (§ 1357 a. a. O.), Ermächtigung des Ehemannes zur Kündigung oder zur Zustimmung der von der Frau einem Dritten gegenüber übernommenen Verpflichtung persönlicher Dienstleistung (§ 1358 a. a. O.),

      Ersetzung der Zustimmung der Frau zu Rechtsgeschäften des Mannes oder umgekehrt, welche das eheliche Güterrecht betreffen (§§ 1379, 1402, 1447, 1451, 1519 u. 1549 a. a. O.).

   Hier ist zu beachten, daß, im Falle der Ehegatte unter Vormundschaft steht, die Gebühr des Art. 91 nicht zum Ansatze kommt. Steht er unter elterlicher Gewalt, so ist die Gebühr nach Art. 89 zu erheben.

   e) Für die Thätigkeit des Vormundschaftsgerichts, soferne dieselbe unter elterlicher Gewalt stehende Kinder betrifft,

      im Falle der Wiederverheiratung des Vaters oder der Mutter (§ 1314, 1493, 1669, 1740 u. 1761 a. a. O.);

      für die Anordnung der erforderlichen Maßregeln zur Durchführung der über die Vermögensverwaltung von Zuwendungen getroffenen Bestimmungen (§ 1639 Abs. 1 a. a. O.); für die Anordnung der Aufnahme des Vermögensverzeichnisses durch den Notar oder Gerichtsschreiber (§ 1640 Abs 2 a. a. O.). — Siehe auch Art. 89 Anmerkg. 10;

      für die Genehmigung zum Verbrauch von Geld des Kindes durch den Vater oder die Mutter (§ 1653 a. a. O.)

      für die Anordnung von Maßregeln zur Abwendung der Gefährdung des geistigen oder leiblichen Wohls des Kindes (§ 1666 a. a. O.), oder der Gefährdung des Vermögens desselben (§§ 1667, 1668, 1670, 1760 Abs. 2 a. a. O.);

Für die Aenderung der Anordnungen des Vormundschaftsgerichts insbesondere bezüglich der Erhöhung, Minderung oder Aufhebung der geleisteten Sicherheit wird eine Gebühr nicht erhoben (§ 1671 a. a. O.).

Kommen für die unter elterlicher Gewalt stehenden Kinder die Gebühren nach Art. 83 oder nach Art. 90 zur Erhebung, so umfassen dieselben auch die unter lit. e aufgeführte Thätigkeit des Vormundschaftsgerichts.

7. Ist für die Personen, hinsichtlich deren eine unter Abs. 2 fallende Thätigkeit des Vormundschaftsgerichts vorgenommen wird, eine nach Art. 83 oder Art. 90 zu bewertende Vormundschaft, Pflegschaft oder Beistandschaft eingeleitet, so kommt eine weitere Gebühr auf Grund des Abs. 2 nicht mehr zum Ansatz, da die Gebühren nach Art. 83 und 90 alle Thätigkeiten des Vormundschaftsgerichts für die Mündel oder Pflegebefohlenen umfassen. Dagegen übt eine nur zur Besorgung einzelner Angelegenheiten bestellte Pflegschaft oder Beistandschaft, welche der Gebührenbewertung nach Art. 89 Abs. 1 unterliegt, auf die Gebührenerhebung nach Art. 91 keinen Einfluß aus.

8. Die Gebühr des Art. 91 kommt auch zum Ansatz, wenn das Mündelvermögen weniger als 1000 ℳ beträgt.

Art. 92 (80).

Gebühren werden nicht erhoben:

1. für die Bestallung des Vormundes, Gegenvormundes, Beistandes oder Pflegers;
2. für die Aufnahme der im § 1718 und im § 1720 Abs. 2 des Bürgerlichen Gesetzbuchs vorgesehenen öffentlichen Urkunde über die Anerkennung der Vaterschaft, wenn die Urkunde vom Gericht oder vom Standesbeamten aufgenommen wird;
3. für die gerichtliche Beurkundung von Vereinbarungen zwischen dem Vater eines unehelichen Kindes und diesem über den Unterhalt für die Zukunft oder über eine an Stelle des Unterhalts zu gewährende Abfindung sowie für die Beurkundung einer Vereinbarung zwischen dem Vater eines unehelichen Kindes und der Mutter über die der Mutter aus der Beiwohnung und der Entbindung entstandenen Ansprüche, sofern diese Vereinbarung mit der Vereinbarung über den Unterhalt des Kindes in derselben Urkunde verbunden wird;

4. für die Aufnahme eines Vermögensverzeichnisses durch den Gerichtsschreiber.

In Ziffer 1 ist außer Zweifel gestellt, daß für die Bestallung, welche gemäß §§ 1694, 1791, 1792, 1881, 1915 des B.G.B. der Vormund und der Gegenvormund, der Beistand und der Pfleger vom Vormundschaftsgericht erhalten, die Gebühren des Art. 54, welche außerdem für die Ausstellung derartiger Zeugnisse zu entrichten wären, nicht zur Erhebung gelangen sollen.

In den Ziffern 2 u. 3 ist die Vorschrift des bisherigen Art. 80 wiederholt. Wegen der Fassung der Ziffer 2 ist auf § 167 Abs. 2 des Ges. über die Angel. d. freiw. Gerichtsbarkeit und wegen der Fassung der Ziffer 3 ist auf die neue Fassung des Art. 15 Abs. 2 des Ausf.Ges. z. R.G.V.G. (Art. 167 Ziffer 1 des Ausf.Ges. z. B.G.B.) zu verweisen.

Die Ziffer 4 gewährt aus Billigkeitsgründen den Vermögensverzeichnissen, welche in Vormundschafts- oder Pflegschaftssachen gemäß Art. 167 Ziffer XVI Abs. 1 des Ausf.Ges. z. B.G.B. von den Gerichtsschreibern aufgenommen werden, die gleiche Begünstigung, die bisher schon den Inventaren in Nachlaßsachen gemäß Art. 125 Abs. 3 des früheren Gebührengesetzes (nun Art. 162) eingeräumt war. (Motive 1899.)

Art. 93 (81).

Ebenso kommen für die von Amtswegen zu erteilenden Ausfertigungen und Abschriften in Vormundschafts-, Pflegschafts- oder Beistandssachen Schreibgebühren nicht in Ansatz.

Die Ausnahmebestimmung des Art. 93 umfaßt nur die von Amtswegen zu fertigenden Ausfertigungen, Abschriften, Ladungen und sonstige Schreiben. Für Abschriften, welche im Parteiauftrage gefertigt werden, sind dagegen Schreibgebühren und unter Umständen auch die Beglaubigungsgebühren des Art. 54 Z. 2 zu erheben. (Vergl. Anmerkung 1 zu Art. 54.)

5. Nachlaß- und Teilungssachen.

Art. 94.

I. Für die bis 1. Oktober 1902 eingetretenen Erbfälle.

Für die Vermittlung der Auseinandersetzung [1]) in Ansehung eines Nachlasses, einschließlich des vorangehenden Verfahrens [2]), werden sechs Zehnteile, im Falle der Beteiligung eines minderjährigen Erben [3]) drei Zehnteile der Sätze des § 8 des Reichs-Gerichtskostengesetzes erhoben [4]). Die Gebühr kann von dem Gericht um zwei

Zehnteile erhöht werden, wenn die Thätigkeit des Gerichts eine besonders weitläufige oder schwierige war[5]).

Die Berechnung der Gebühr erfolgt aus dem Werte des Nachlasses nach Abzug der Schulden[6]).

II. **Außerdem** für die ab 1. Oktober 1902 eingetretenen Erbfälle. (Nachlaßgesetz v. 9. Aug. 1902, G.V.Bl. S. 467.)

Wird der Antrag auf Vermittelung zurückgenommen oder endigt das Verfahren, weil ein Beteiligter im Termin der Vermittelung widerspricht, so wird ein Drittel, wenn aber das Gericht bereits den Verteilungsplan aufgestellt hatte, die Hälfte der im Abs. 1. bestimmten Gebühr erhoben. Das Gleiche gilt, wenn das Verfahren für beruhend erklärt wird, weil im Termine kein Beteiligter erschienen und das Verfahren seitdem mehr als sechs Monate lang nicht mehr betrieben worden ist[7]).

Endigt das gerichtliche Verfahren mit der Verweisung der Auseinandersetzung an einen Notar, so wird eine Gebühr für das gerichtliche Vermittelungsverfahren nicht erhoben, wenn die Auseinandersetzung innerhalb eines Jahres seit der Verweisung vor dem Notar erfolgt. Anderenfalls wird für das gerichtliche Vermittelungsverfahren $^1/_{10}$ der Sätze des § 8 des Reichs-Gerichtskostengesetzes aus dem Werte des reinen Nachlasses erhoben; diese Gebühr wird jedoch, wenn später die Auseinandersetzung vor dem Notar erfolgt, auf die Gebühr aus Art. 165 angerechnet. Das Gericht kann die im Satz 1 bezeichnete Frist auf Antrag oder von Amtswegen verlängern[8]) [bis 12]).

Nach dem Bürgerlichen Gesetzbuche hat entgegen der bisher geltenden amtlichen Nachlaßbehandlung das Nachlaßgericht von Amtswegen nur bei Sicherung des Nachlasses (§§ 1960 ff. des B.G.B) und der Eröffnung einer Verfügung von Todeswegen (§§ 2259 ff., 2300 des B.G.B.) thätig zu werden. Doch wurde der Landesgesetzgebung die Möglichkeit gegeben, vorzuschreiben, daß das Nachlaßgericht auch im weiteren Umfange von Amtswegen in Thätigkeit zu treten hat. Durch das Gesetz, das Nachlaßwesen betreffend, vom 9. August 1902 hat nun die Staatsregierung von dem der Landesgesetzgebung in § 192 des G.F.G. eingeräumten Vorbehalt Gebrauch gemacht und ist aus Zweckmäßigkeitsgründen in demselben über die Grenzen, welche das Bürgerliche Gesetzbuch der von Amtswegen einzutretenden Thätigkeit des Nachlaßgerichts zieht, hinausgegangen. Es hat nunmehr das Nachlaßgericht in den ab 1. Oktober 1902 eintretenden Erbfällen den Erben von Amtswegen zu ermitteln und beim Vorhandensein mehrerer Erben, soferne die Auseinandersetzung in Ansehung des Nachlasses zwischen ihnen innerhalb der Frist von zwei Monaten seit dem Eintritt des Erbfalls oder der Eröffnung der Verfügung von Todeswegen nicht bewirkt ist, die Auseinandersetzung von Amtswegen zu vermitteln, soferne nicht ein zur Bewirkung der Auseinandersetzung berechtigter Testamentsvollstrecker vorhanden ist oder vor Einleitung der amtlichen Vermittelung der Antrag auf Vermittelung gestellt wird oder sämtliche Erben erklären, daß sie sich nicht auseinandersetzen wollen. Gehört ein Grundstück zum Nachlasse, so soll das Nachlaßgericht nach Feststellung der Teilungsmasse die Vermittelung der Auseinandersetzung einem Notare überweisen. Die Ueberweisung hat aber unter allen Umständen auch dann zu erfolgen, wenn sämtliche Beteiligte die Vermittelung durch einen Notar beantragen.

Was nun die Gebührenerhebung für die vorerwähnte Thätigkeit des Nachlaßgerichts anlangt, so wurde die von Amtswegen vorzunehmende Ermittelung der Erben aus Billigkeitsgründen gebührenfrei belassen, während für die Vermittelung der Auseinandersetzung (§§ 86 bis 89 des G.F.G.) in Ansehung eines Nachlasses unter Anlehnung an den bisherigen Art. 83 Abs. 1 des alten Gebührengesetzes die zu erhebenden Gebühren im Art. 94 bestimmt sind. So wurden für dieselbe, wie im früheren Art. 83 Abs 1, als Gebühr grundsätzlich sechs Zehnteile, im Falle der Beteiligung eines minderjährigen Erben aber drei Zehnteile der Sätze des § 8 des R.G.K.G. festgesetzt.

1. Die Erhebung der Gebühr des Art. 94 Abs. 1 setzt voraus:

a) einen Antrag oder die amtliche Einleitung der Vermittelung (siehe auch Art. 3, 4 des Nachlaßgesetzes dann Ziff. 3 a u. b der Vollzugsvorschriften zu demselben),
b) den Auseinandersetzungsplan (§ 93 Abs. 1 des G.F.G., § 86 der Bekanntmchg. v. 31. Dezbr. 1899, Just.M.Bl. 1900 S. 26, 27 ferner § 25 der oben erwähnten Vollzugsvorschriften),
c) den Bestätigungsbeschluß des Nachlaßgerichts hinsichtlich der Auseinandersetzung (§ 93 Abs. 1 des G.F.G., § 87 der vorerwähnten Bekanntmachung dann § 26 der vorallegierten Vollzugsvorschriften).

2. Die Bauschgebühr des Art. 94 Abs. 1 umfaßt auch das vorangehende Verfahren, so die ohnehin gebührenfreie Erbenermittlung, die Vereinbarung über vorbereitende Maßregeln, z. B. über die Abschätzung und die Art der Teilung einzelner Nachlaßgegenstände, u. s. w. (§ 91 des G.F.G., § 82 der vorerwähnten Bekanntmachung v. 31. Dezbr. 1899).

Auf die Gebühr des Art. 94 Abs. 1 wird bei Sicherung des Nachlasses die für diese Thätigkeit des Nachlaßgerichts nach Art. 101 zu erhebende Gebühr angerechnet. Während jedoch gesondert neben ihr die Gebühr des Art. 111 für Eröffnung einer Verfügung von Todeswegen zur Erhebung gelangt.

3. Eine Ermäßigung der sechszehntel Gebühr tritt ein und zwar auf die Hälfte, wenn ein minderjähriger Erbe am Verfahren beteiligt ist. Diese Vergünstigung greift jedoch nicht Platz, wenn ein minderjähriger Vermächtnisnehmer oder ein volljähriger aber als entmündigt unter Vormundschaft stehender Erbe in Betracht kommt.

Ohne Einfluß auf den Ansatz der ermäßigten Gebühr dürfte sein, wenn der minderjährige Erbe diese Eigenschaft während des Verfahrens infolge eingetretener Großjährigkeit verliert.

4. Bezüglich der Sätze siehe § 8 des R.G.K.G. (Wochinger, Prozeßgeb.Ges. S 8) und Anhang Tabelle a.

5. Die Gebühr muß in gewissen Fällen, z. B. wenn das Gericht den Auseinandersetzungsplan selbst fertigt und dieser erhebliche Schwierigkeiten bereitet, erhöht werden können. Die Auseinandersetzung ist nicht selten eine schwierige und zeitraubende Arbeit. Es kann auch, da die Beteiligten in ungeteilter Erbengemeinschaft (§§ 2032, 2038, 2040 des B.G.B.) bleiben können und zur Teilung der Gemeinschaft (§ 2042 ff. des B.G.B.) nur schreiten, wenn besondere Umstände eine Liquidation des Nachlasses als wünschenswert erscheinen lassen, die Vermittelung der Auseinandersetzung nach Umlauf von Jahren nach dem Tode des Erblassers beantragt werden. Die Auseinandersetzung hat darum häufig nicht nur die rein erbrechtlichen Verhältnisse der Beteiligten, wie bei der Berichtigung der Nachlaßverbindlichkeiten (§§ 2046, 2058 ff. des B.G.B.), Ausschlagung der Nachlaßverbindlichkeiten auf die Beteiligten (§ 2046 Abs. 2 a. a. O.), Ausgleichung der Vorempfänge unter den Miterben (§§ 2038 Abs. 2, 2042 Abs. 2, 743 ff. a. a. O), zu umfassen. Mit Rücksicht hierauf erscheine es angezeigt, soferne die Thätigkeit des Gerichts eine besonders weitläufige oder schwierige war, dem Gerichte die Möglichkeit zu geben, die Gebühr um zwei Zehntel zu erhöhen. (Siehe Motive 1899, Art. 4 Abs. 2 des Nachlaßgesetzes.)

6. An der Vorschrift des bisherigen Rechts, daß die Gebühr aus dem Werte des Nachlasses nach Abzug der Schulden zu berechnen sei, wurde auch jetzt festgehalten. Als Schulden kommen im Betracht: Hypothek- und Kurrentschulden, Miet- und Pachtzinse, Krankheits- und Beerdigungskosten, wozu auch die Ausgaben für ortsüblichen Leichentrunk, für Grabstein und für die Trauergottesdienste gehören, dann auch rückständige Steuern und Abgaben, nicht aber Vermächtnisse. Siehe auch Anmerkung 4 zu Art. 83. Ausgleichungsbeträge (Konferendposten § 2050 des B.G.B.) bilden Bestandteile des Nachlasses, soferne dieser den Miterben zukommt, und sind diesem zuzurechnen.

7. Für die ab 1. Oktober 1902 eingetretenen Erbfälle ist durch den infolge des Nachlaßgesetzes neu angefügten Abs. 3 die Gebührenerhebung weiter für den Fall geregelt, als das Vermittelungsverfahren vor vollständiger Durchführung endigt oder für beruhend erklärt wird.

Die Gebühren ermäßigen sich in diesem Falle auf ein und

bezw. drei Zehntel und bei Beteiligung eines minderjährigen Erben auf ein und bezw. drei Zwanzigstel der Sätze des § 8 des R.G.K.G.

Die Gebühren des Abs. 3 werden fällig mit der Einstellung des Verfahrens oder bei ruhendem Verfahren nach Ablauf der sechs Monate. Wird das eingestellte Verfahren wieder aufgenommen, so ist die nach Abs. 3 erhobene Gebühr auf die Gebühr des Abs. 1 anzurechnen.

8. Auch Abs. 4, welcher gleichfalls neu ist, hat nur für die ab 1. Oktober 1902 eingetretenen Erbfälle Geltung. Er stellt fest, daß das Verfahren vor dem Nachlaßgericht und dem Notare hinsichtlich der Gebührenerhebung als ein Verfahren zu gelten und daß die Gebühren hiefür der Notar zu erheben hat.

Er bestimmt ferner, daß nach Ablauf eines Jahres, d. i. nach Umfluß von zwölf Monaten, seit der Verweisung der Auseinandersetzung an den Notar, das Nachlaßgericht für seine Vermittelungsthätigkeit ein Zehntel bezw. ein Zwanzigstel der Sätze des § 8 des R.G.K.G. zu erheben hat, wenn bis dahin die Auseinandersetzung vor dem Notare nicht erfolgt bezw. in Angriff genommen ist.

Erklären die sämtlichen Erben vor der Einleitung der amtlichen Vermittelung, daß sie sich nicht auseinandersetzen wollen, so kommt für diese Erklärung eine Gebühr nicht zum Ansatz. Siehe § 16 Ziff. 3 der Vollzugsvorschriften zum Nachlaßgesetz.

9. Die Erhebung der Gebühr durch das Nachlaßgericht kann jedoch abgewendet werden, wenn die Verlängerung der einjährigen Frist auf Antrag herbeigeführt wird.

10. Für die Gebühren haften die Anteilsberechtigten als Gesamtschuldner. Siehe Art. 115 u. 281.

Hinsichtlich der Vorschußpflicht von Nichtbayern vergleiche Art. 283 Abs. 1.

11. Für die Vermittelung der Auseinandersetzung in Ansehung eines Nachlasses, der vor dem Inkrafttreten des Bürgerlichen Gesetzbuches angefallen ist, wird in den Landesteilen rechts des Rheins die Gebühr des Art. 83 des Geb.Ges. in der Fassung vom 26. Mai 1892 erhoben und nicht die Gebühr des Art. 94. (Siehe Art. 307 Abs. 1.)

12. Es ist unzulässig, mehrere Verlassenschaften, die aus Gründen der Geschäftsvereinfachung verbunden, d. h. in gemeinsamer Verhandlung und Beschlußfassung erledigt werden, bei der Gebührenbewertung als eine einzige Verlassenschaft zu behandeln; vielmehr ist jede einzelne Nachlaßsache auch in solchen Fällen für sich zu bewerten. (Beschl. d. Oberst. L.G. v. 28. Februar 1900, Bl. f. bayer. F.W. Bd. 8 S. 209, Pfaff, Geb.Ges. 5. Aufl. S. 93.) Siehe jedoch auch Art. 96 Abs. 2 Schlußsatz.

Art. 95.

Auf die Vermittelung der Auseinandersetzung in Ansehung des Gesamtguts einer ehelichen Gütergemein-

schaft oder einer fortgesetzten Gütergemeinschaft finden die Vorschriften über die Gebühren für die Vermittelung der Auseinandersetzung in Ansehung eines Nachlasses gleichmäßig Anwendung. Wird die Auseinandersetzung mit der Teilung des Nachlasses eines Ehegatten verbunden, so wird der Wert des Gesamtguts nur zu dem Bruchteil in Ansatz gebracht, welcher den Anteil des überlebenden Ehegatten bildet[1])[2])[3]).

Die Motive (1899) erläutern hiezu:

Gemäß Art. 99 des G.F.G. finden nach der Beendigung einer ehelichen Gütergemeinschaft oder einer fortgesetzten Gütergemeinschaft die auf die Auseinandersetzung in Ansehung des Nachlasses in den §§ 86 bis 98 dieses Gesetzes gegebenen Vorschriften Anwendung, dementsprechend bestimmt Art. 95 im Satz 1, daß für dieses Verfahren vor dem Nachlaßgerichte die gleichen Gebühren erhoben werden sollen, welche für die Vermittelung der Auseinandersetzung eines Nachlasses unter Miterben nach Art. 94 zu entrichten sind. Durch die Vorschrift im Satz 2 wird aus Billigkeitsgründen dafür Sorge getragen, daß, wenn die Auseinandersetzung der Gütergemeinschaft mit der Teilung des Nachlasses eines Ehegatten, welcher in Gütergemeinschaft gelebt hat, verbunden wird, neben dem Werte des Nachlasses der Wert der Gütergemeinschaft nur zu dem Bruchteile in Ansatz gebracht wird, welcher den Anteil des überlebenden Ehegatten bildet. Regelmäßig wird dies der halbe Wert sein (§ 1476 Abs. 1, § 1498, § 1546 Abs. 2, § 1549 des B.G.B.). Die Fassung des Art. 95 berücksichtigt aber auch, daß in einigen Rechtsgebieten (Mainzer und Hohenloher Landrecht) die Anteile der Ehegatten am Gesamtgute verschieden bestimmt sind und diese Verschiedenheit für die bestehenden Ehen aufrecht bleibt, sowie daß es den Ehegatten auch künftig unbenommen ist, die Anteile vertragsmäßig verschieden zu bemessen. Die Vorschrift des Satzes 2 hat zur Folge, daß für das gesamte Verfahren die Gebühren nur aus dem einmaligen Werte der gütergemeinschaftlichen Masse und dem Werte des etwaigen Sondervermögens (eingebrachtes Gut, Vorbehaltsgut) des verstorbenen Ehegatten berechnet werden.

Siehe auch Ziff. 3c der Vollzugsvorschriften zum Nachlaßgesetz.

1. Nach Art. 305 findet der Art. 95 auf die im Art. 24 Abs. 2 des Gesetzes, Uebergangsvorschriften zum Bürgerlichen Gesetzbuche betreffend, bezeichnete Vermittelung des Ausgleiches des Ehegewinnes Anwendung.

2. Die Gebühr ist aus dem Werte des Gesamtgutes abzüglich aller Gesamtgutsverbindlichkeiten zu berechnen.

Ist jedoch mit der Auseinandersetzung der Gütergemeinschaft zugleich die Teilung des Nachlasses eines Ehegatten verbunden, so ist der Berechnung der Wert des Nachlasses und dazu der Anteil des überlebenden Ehegatten an dem Gesamtgute zu unterstellen, so daß für das gesamte Verfahren die Gebühren nur aus dem einmaligen Werte der gütergemeinschaftlichen Masse, wozu noch der Wert allenfallsigen Sondervermögens hinzuzurechnen ist, zu erheben sind.

3. Für die Gebühren haften die Anteilsberechtigten als Gesamtschuldner siehe Art. 115.

Art. 96.

I. Für die bis 1. Oktober 1902 eingetretenen Erbfälle.

Für die Erteilung eines Erbscheins[1]), einschließlich des vorangehenden Verfahrens[2]), werden bis zum Meistbetrage von 100 Mark[3]) zwei Zehnteile und, soweit der Ehegatte oder ein Abkömmling[4]) des Erblassers Erbe[5]) ist, ein Zehnteil der Sätze des § 8 des Reichs-Gerichtskostengesetzes erhoben.

Die Berechnung der Gebühr erfolgt aus dem Werte des Nachlasses nach Abzug der Schulden[6]). Die Gebühr für den einem Vorerben erteilten Erbschein wird aus dem Betrage berechnet, aus welchem ein Vorerbe nach den Vorschriften des Erbschaftssteuergesetzes die Erbschaftssteuer zu entrichten hat[7]).

Ist der Erbe nur zu einem Teile der Erbschaft berufen und der Erbschein nur über die Größe dieses Erbteiles zu erteilen oder ist die Erteilung des Erbscheins nur für bestimmte Gegenstände verlangt, so erfolgt die Gebührenerhebung nur aus dem Werte dieses Teiles oder dieser Gegenstände[8]). Sind mehrere Erben vorhanden, so werden die Gebühren nach dem Anteile der Erben, für welche der Erbschein erteilt wird, berechnet[9]). Wird über mehrere Erbfälle ein Erbschein erteilt, so werden die Beträge der Nachlässe zusammengerechnet[10]) [12 bis 16]).

II. Für die ab 1. Oktober 1902 eingetretenen Erbfälle. (Nachlaßgesetz v. 9. August 1902.)

Für die Erteilung eines Erbscheins[1]) einschließlich des vorangehenden Verfahrens[2]) werden $^2/_{10}$ und, wenn der Ehegatte oder ein Abkömmling des Erblassers Erbe ist[5b]), $^1/_{10}$ der Sätze des § 8 des Reichs-Gerichtskostengesetzes erhoben.

Die Berechnung der Gebühr erfolgt aus dem Werte des Nachlasses nach Abzug der Schulden[6]). Die Gebühr für den einem Vorerben erteilten Erbschein wird aus dem Betrage berechnet, aus welchem ein Vorerbe nach den Vorschriften des Erbschaftssteuergesetzes die Erbschaftssteuer zu entrichten hat[7]).

Ist der Erbe nur zu einem Teile der Erbschaft berufen und der Erbschein nur über die Größe dieses Erbteils zu erteilen oder ist die Erteilung des Erbscheins nur für bestimmte Gegenstände beantragt, so erfolgt die Erhebung der Gebühr nur aus dem Werte dieses Teiles oder dieser Gegenstände[8]). Wird über mehrere Erbfälle ein Erbschein erteilt, so werden die Beträge der Nachlässe zusammengerechnet[10]).

Die auf den Ehegatten oder einen Abkömmling des Erblassers treffende Gebühr für den Erbschein wird, wenn nach seiner Erteilung die Auseinandersetzung in Ansehung des Nachlasses erfolgt, auf die nach Art. 146 Ziff. 1b oder Art. 147 geschuldete Gebühr zur Hälfte angerechnet[11 bis 16]).

Die Art. 96 bis 98 regeln die für den Erbschein zu erhebenden Gebühren.

Zweck und Bedeutung des Erbscheins (§ 2353 ff. des B.G.B.) sowie die von dem Gerichte bei der Erteilung des Erbscheins zu entwickelnde Thätigkeit ließen es gerechtfertigt erscheinen, für die Erteilung des Erbscheins besondere Gebührenvorschriften zu treffen. Der Art. 96 schreibt die Erhebung einer mäßigen aus dem Betrage des Nachlasses nach Abzug der Schulden zu berechnenden Bauschgebühr vor, welche das ganze Verfahren, also auch die Abnahme eidesstattlicher Versicherungen (§§ 2356, 2357 a. a. O.), die Veranstaltungen von Ermittlungen, die Erlassung der öffentlichen Aufforderung (§ 2358 a. a. O.) umfaßt. Für die Prüfung der Erblegitimation und die Ausstellung eines Zeugnisses über den Erwerb der Erbschaft oder eines Vermächtnisses betrug die bisherige Gebühr nach Art. 33 Abs. 2 Ziff. 2 der bisherigen Fassung ein Zehnteil der Sätze des § 8 des R.G.K.G. bis zum Meistbetrage von 100 ℳ und konnte die Gebühr bei weitläufiger oder besonders schwieriger Thätigkeit des Gerichts bis auf den dreifachen Betrag erhöht werden. Es erschien aber angezeigt, mit Rücksicht auf die gegenüber dem vor Einführung des Bürgerlichen Gesetzbuches geltenden Rechte wesentlich erhöhte Thätigkeit des Gerichts und auf den öffentlichen Glauben des Erbscheins (§§ 2366, 2367 des B.G.B.) die Erhebung von einem Zehntel der Sätze des § 8 des R.G.K.G. nur dann vorzuschreiben, wenn die nächsten Angehörigen, d. h. die von der Entrichtung der Erbschaftssteuer befreiten Personen, also der überlebende Eheteil und die Abkömmlinge als Erben in Betracht kommen. Eine Anrechnung der Gebühr für die Erteilung des Erbscheins auf die für die Vermittelung der Auseinandersetzung geschuldete Gebühr war nicht angezeigt, weil das Verfahren für die Erteilung des Erbscheins regelmäßig sofort nach dem Tode des Erblassers, die Vermittelung der Auseinandersetzung dagegen auch viel später oft erst nach Jahren stattfinden kann. Abgesehen hievon sind die Thätigkeit des Gerichts bei Vermittelung der Auseinandersetzung und die bei der Erteilung des Erbscheines völlig unabhängig von einander und wäre die Anrechnung insbesondere dann ungerechtfertigt, wenn von mehreren Erben nur einzelne sich einen Erbschein erteilen lassen.

Die Vorschriften des Art. 96 Abs. 3 beruhen auf den Bestimmungen der §§ 2353, 2357, 2369 des B.G.B. und regeln die die Frage, aus welchem Wertsgegenstand im einzelnen Falle die Gebührenerhebung zu erfolgen hat.

Wegen der Vorschrift, welche bezüglich des einem Vorerben erteilten Erbscheins getroffen ist, wird auf die neue Fassung verwiesen, welche der Art. 22 des Erbschaftssteuergesetzes nunmehr im Art. 23 erhalten hat. (Siehe Motive z. Geb.Ges. 1899 u. z. Nachlaßgesetz 1902.)

1. Der Art 96 regelt die Gebührenerhebung hinsichtlich der verschiedenen Arten von Erbscheinen als:

des auf den Erbteil eines Miterben beschränkten Erbscheins § 2353,
des auf Grund gesetzlicher Erbfolge sowie § 2354,
des auf Grund einer Verfügung von Todeswegen erteilten Erbscheins § 2355,
des gemeinschaftlichen Erbscheines § 2357,
des einem Vorerben (wie Nacherben) § 2363,
des über Gegenstände, die sich im Inlande befinden, erteilten Spezialerbscheines § 2369.

Die Gebühr des Art. 96 kommt nur zur Erhebung, wenn ein Erbschein erteilt wird. Wird der Antrag auf Erteilung abgewiesen, so kommen nur Schreibgebühren und sonstige Auslagen zum Ansatz, da hiefür sowohl in Abtlg. IV Abschnitt I als auch in Abschnitt II Ziff. 5 eine Gebühr nicht vorgesehen ist. Für die Zurücknahme des Antrages kommt die Bestimmung des § 46 des R.G.K.G. in Betracht.

Andere Bestätigungen oder Zeugnisse, durch die eine Erbfolge nachgewiesen wird, gehören nicht hieher. Solche unterliegen der Gebühr des Art. 54 Ziff. 1.

Ueber die Vorschriften hinsichtlich der Erteilung eines Erbscheins siehe §§. 38ff. der Bekanntmachg. v. 31. Dezbr. 1899, das Nachlaßwesen betreffend (Just.M.Bl. 1900 S. 17).

2. Die Bauschgebühr des Art. 96 umfaßt auch das vorangehende Verfahren, z. B. die Abnahme der Versicherung an Eidesstatt, die Vernehmung von Zeugen oder Sachverständigen, die Erlassung einer öffentlichen Aufforderung, die Entgegennahme- oder Ausschlagungserklärung einer Erbschaft u. a. Siehe auch Art. 104

Für die erste Ausfertigung des Erbscheins wird neben der Gebühr des Art. 96 die Zeugnisgebühr des Art. 54 nicht besonders erhoben, siehe Art. 110 Abs. 2. Es kommen für dieselbe nur noch Schreibgebühren zur Erhebung.

3. Beträgt demnach der reine Nachlaß, im Falle der Ehegatte oder ein Abkömmling Erbe ist, mehr als 192000 ℳ, oder, wenn dies nicht der Fall ist, mehr als 92000 ℳ, so wird doch keine höhere Gebühr als 100 ℳ berechnet. Dieser Höchstbetrag wird auch erhoben, wenn der Erbe sich weigert, den reinen Rücklaß ziffermäßig anzugeben. Ferner kann dieser Betrag auch mehrmals zum Ansatz kommen, wenn die Anteile der einzelnen Erben je mehr als die oben erwähnten Nachlaßsummen betragen und ein gemeinschaftlicher Erbschein für mehrere Erben erteilt wird. Z. B. sechs Kinder erben von ihrem Vater je 100000 ℳ und es wird ihnen ein gemeinschaftlicher Erbschein ausgestellt. In diesem Falle kommt sechsmal die Höchstgebühr mit je 100 ℳ zur Einhebung.

4. Abkömmlinge sind die gesetzlichen Erben der ersten Ordnung (Sohn, Tochter, Enkelkinder). Ein an Kindesstatt angenommenes Kind erlangt die rechtliche Stellung eines ehelichen Kindes nur dem Annehmenden gegenüber (§ 1757 B.G.B), es ist daher kein Abkömmling der Verwandten des Annehmenden (§ 1762 a. a. O.). Desgleichen gilt ein für ehelich erklärtes Kind nur als Abkömmling seines Vaters (§§ 1723, 1737 a. a. O.). Das uneheliche Kind gilt mit den Erben seiner Mutter (§ 1705 a. a. O.) als verwandt. Hinsichtlich der Gebührenbewertung ist jedoch weiter zu beachten, daß das Verhältnis zwischen einem unehelichen Kinde und dessen Abkömmlingen einerseits und dem Vater und dessen Verwandten andererseits, sofern die Vaterschaft erweislich anerkannt ist, als gebührenmindernd gilt.

Vereinkindschaftete Kinder stehen in Ansehung der Gebührenpflicht den ehelichen Kindern gleich. Auf ein die Gebühr minderndes Verhältnis, welches zufolge eines richterlichen Erkenntnisses oder eines Vertrags schon vor dem Anfalle der Gebühr zu bestehen aufgehört hat, darf nicht zurückgegangen werden. Z. B. wenn einem Kinde die Ehelichkeit abgesprochen wurde. Die Aufhebung der ehelichen Gemeinschaft nach § 1575 des B.G.B. steht der Scheidung gleich. (Siehe auch Art. 279.)

5. a. G i l t i g f ü r d i e b i s 1. O k t o b e r 1902 e i n g e t r e t e n e n E r b f ä l l e.

Die Ermäßigung auf $^1/_{10}$ tritt nur zu Gunsten eines Ehegatten oder eines Abkömmlings des Erblassers ein. Sind an dem Verfahren noch andere Personen als Erben beteiligt, so kommt für deren Anteile an den Nachlaß die $^2/_{10}$ Gebühr zur Erhebung. Z. B. die leibliche Tochter und eine Schwester des Erblassers erben aus dem Nachlasse zu 20000 ℳ je die Hälfte mit 10000 ℳ. Es hat nun die Tochter als Abkömmling $^1/_{10}$ aus 10000 ℳ mit 9 ℳ und die Schwester $^2/_{10}$ mit 18 ℳ zu bezahlen. (Vergleiche auch Verhandl. der Kammer der Abgeordneten, 306. Sitzung v. 10. Ma 1902, S. 73.)

b. Giltig für die ab 1. Oktober 1902 eingetretenen Erbfälle.

Nach den neuen im Nachlaßgesetze enthaltenen Gebührenvorschriften tritt nunmehr die Gebührenermäßigung schon dann ein, wenn nur ein Ehegatte oder Abkömmling überhaupt als Erbe am Verfahren beteiligt ist. So würde in obiger Nachlaßsache nur die Gebühr mit $^1/_{10}$ zu berechnen und, nachdem ferner bei einem gemeinschaftlichen Erbschein nicht mehr wie früher die Gebühr nach dem jeweiligen Anteile der Erben gesondert zu erheben ist, sondern nur aus dem Gesamtbetrage des Reinrücklasses, mit 14 ℳ anzusetzen sein.

6. Hinsichtlich der Schulden, welche abgezogen werden dürfen, vergleiche die Anmerkg. 4 zu Art. 83 u. Anmerkg. 6 zu Art. 94.

7. Nach Art. 23 des Erbschaftssteuergesetzes (G.V.Bl. 1898 S. 896) wird bei der Nacherbfolge der Vorerbe als Nießbraucher und der Nacherbe als Erwerber der Substanz des an ihn herauszugebenden Vermögens behandelt. Ist jedoch die Einsetzung des Nacherben auf dasjenige beschränkt, was bei dem Eintritte des Falles der Nacherbfolge übrig sein wird, so haben sowohl der Vorerbe von dem vollen Betrage des ihm angefallenen, als der Nacherbe von dem vollen Betrage des an ihn herausgegebenen Vermögens je nach ihrem Verwandtschaftsverhältnisse zum Erblasser die Erbschaftssteuer zu entrichten. Erscheint der Vorerbe als Nießbraucher, so ist die Erbscheinsgebühr aus dem Betrage zu entrichten, welcher sich nach den Vorschriften der Art. 13 bis 21 des Erbschaftssteuergesetzes unter Berücksichtigung der um den Wert der Nutzung einzutretenden Kürzung berechnet. Siehe auch Art. 22 des Erbsch.St.G.

8. Für die Gebührenberechnung ist nicht die Erklärung des Erben, zu welchem Zwecke er den Erbschein benötigt, maßgebend, sondern der Inhalt des Erbscheins, je nachdem er sich über den ganzen Nachlaß erstreckt oder nur auf einen besonderen Teil desselben beschränkt.

Bei einem auf den Anteil eines Miterben beschränkt erteilten Erbschein (§ 2353 B.G.B.) ist nur der Wert dieses Anteils der Gebührenberechnung zu unterstellen. Z. B. es hat jemand auf Grund letztwilliger Verfügung seines Onkels nur das Immobiliarvermögen desselben in einem Werte von 30000 ℳ geerbt, während das Gesamtrücklaßvermögen 100000 ℳ beträgt. Er beantragt, ihm hinsichtlich seines Erbteils einen Erbschein auszustellen. Nachdem auf dem Immobiliarvermögen 10000 ℳ Hypothekschulden lasten, hat der Erbe für den auf den Erbanfall des Immobiliarvermögens beschränkt erteilten Erbschein nur eine Gebühr und zwar 30000 — 10000 = 20000 ℳ mit 28 ℳ zu entrichten.

Würde aber der Erbschein nur über ein Bankdepot von 5000 ℳ erteilt, so ist die Gebühr nur aus diesem Betrage zu berechnen.

Das Gleiche ist der Fall, wenn der Erbschein nur bezüglich des in Deutschland gelegenen Nachlaßteiles erteilt wird, während der Erblasser auch noch anderes im Auslande befindliches Vermögen hinterlassen hat. Auch hier ist die Gebühr nur aus dem im Inlande befindlichen reinen Vermögensteil zu berechnen. Siehe auch § 42 der Bek. v. 31. Dezbr. 1899 (Just.M.Bl. 1900 S. 18).

Beantragt gemäß § 792 der R.C.P.O. ein Gläubiger zum Zwecke der Zwangsvollstreckung gegen den Erben des Schuldners an Stelle jenes die Erteilung eines Erbscheins, so ist die Gebühr aus dem Betrage der Forderung des Gläubigers zu berechnen. In diesem Falle ist das Interesse des Gläubigers an der Erteilung des Erbscheins maßgebend und kommen allenfallsige Nachlaßschulden nicht in Betracht.

9. a. Wird der Erbschein für mehrere Erben gemeinschaftlich erteilt (§§ 2357 B.G.B.) so verbietet bei den vor dem 1. Oktober 1902 eingetretenen Erbfällen die im Abs. 1 des Art. 96 erwähnte Verschiedenheit des Gebührensatzes, je nachdem der Ehegatte und Abkömmlinge des Erblassers oder andere Erben in Frage kommen, die Erhebung nur einer Gebühr aus dem ganzen Betrage des reinen Nachlasses. Für diesen Fall ist daher im Abs 3 die besondere Bestimmung getroffen, daß die Gebühren nach dem Anteile der Erben, für welche der Erbschein erteilt wird, gesondert zu berechnen sind. Vergleiche hieher Anmerkg. 5a oben, dann Beschl. des Oberst.L.G. vom 7. Juli 1902, Slg. d. Entschdg. n. F. Bd. III S. 619.

Selbstverständlich darf hiebei nach dem im Art. 96 Abs. 1 aufgestellten Grundsatze die auf den einzelnen Erben entfallende Gebühr den Meistbetrag von 100 ℳ nicht übersteigen. (Siehe Minist.Bek. v. 5. Juni 1901, Just.M.Bl. S. 455.)

Von mehreren Erben kann auch nur einer derselben die Ausstellung eines gemeinschaftlichen Erbscheines verlangen. In diesem Falle ist jedoch gleichfalls die Gebühr so oftmals zu erheben, als erbberechtigte Personen — also nicht Erbstämme — in demselben aufgeführt sind.

Z. B. A. hat durch letztwillige Verfügung seinem leiblichen Sohn sein Haus samt Geschäft im reinen Werte von 20000 ℳ und seinen vier Stiefkindern sein übriges Vermögen bestehend in Hypothekkapitalien und Wertpapieren im Gesamtbetrage von 10000 ℳ vermacht. Der Sohn beantragt für sich und seine vier Halbgeschwister auf Grund des allseits anerkannten Testaments die Erteilung eines gemeinschaftlichen Erbscheins. Die Gebühren würden sich in diesem Falle berechnen, wie folgt:

20000 ℳ Anteil des leiblichen Sohnes, $^1/_{10}$ daraus	= 14 ℳ	— ₰
10000 ℳ 4 × 2500 ℳ Anteil eines jeden Stiefkindes somit 4 × $^2/_{10}$ Gebühr aus je 2500 ℳ	= 40 ℳ	— ₰
Schreibgebühren		20 ₰
	S. 54 ℳ	20 ₰

Für diesen Kostenbetrag ist der Sohn als Antragsteller zahlungspflichtig.

b. Bei den seit 1. Oktober 1902 eingetretenen Erbfällen kommt diese Vorschrift des Art. 96 Abs. 3 Satz 2 nicht zur Anwendung, da dieselbe durch die Bestimmungen des Nachlaßgesetzes in Wegfall gekommen ist.

10. Wird über mehrere Erbfälle ein Erbschein erteilt, so ist zu unterscheiden, ob für jeden Erbfall der gleichartige Gebührensatz zur Anwendung zu kommen hat. Im ersteren Falle sind die Nachlässe zusammenzurechnen, im letzteren Falle verbietet dies die im Abs. 1 erwähnte Verschiedenheit des Gebührensatzes. Jedoch darf bei Verschiedenheit der Gebührensätze nicht mehr erhoben werden, als der höchste Satz nämlich die $^2/_{10}$ Gebühr aus der Summe der Nachlässe betragen würde.

Beispiele dürften dies erläutern:

I. Die Eltern A. und B. verstarben kurz nacheinander und ihre Abkömmlinge beantragen für sich die Erteilung eines gemeinschaftlichen Erbscheins. Der Reinrücklaß des zuerst verstorbenen Vaters beziffert sich auf 5000 ℳ, der der zuletzt verlebten Mutter auf 6250 ℳ. In diesem Falle kommt für jeden Erbfall, da Abkömmlinge beteiligt sind, je der gleichartige Gebührensatz mit $^1/_{10}$ in Betracht und ist demnach bei Zusammenrechnung der Nachlässe aus 11 250 ℳ nur eine Gebühr mit 10 ℳ zu erheben.

II. Stirbt jedoch der Vater mit Hinterlassung von zwei Kindern, bald darauf auch eines dieser Kinder und beantragt das andere Kind über beide Erbfälle die Erteilung eines Erbscheines, so kommen verschieden hohe Gebührensätze und zwar $^1/_{10}$ für den ersten und $^2/_{10}$ für den zweiten Erbfall in Betracht. In diesem Falle kann man die Nachlässe nicht zusammenrechnen. Beträgt der Nachlaß des Vaters 6250 ℳ, jener des später verstorbenen Kindes 5000 ℳ, so berechnet sich für den ersten Erbfall die $^1/_{10}$ Gebühr mit 7 ℳ 40 ₰, und für den zweiten Erbfall aus 5000 ℳ die $^2/_{10}$ Gebühr mit 13 ℳ 60 ₰ sohin zusammen mit 21 ℳ. Da aber die höchste d. i. die $^2/_{10}$ Gebühr aus dem Betrage der Gesamtsumme der beiden Nachlässe aus 11 250 ℳ nur 20 ℳ betragen würde, kann nach dem Grundsatze des § 12 Abs. 2 des R.G.K.G. die Gebühr nicht mit 21 ℳ, sondern nur mit 20 ℳ zur Erhebung gelangen.

11. Der Abs. 4 wurde erst durch das Nachlaßgesetz angereiht. Er bezweckt eine weitere Gebührenerleichterung für den hinterbliebenen Ehegatten oder für die Abkömmlinge in den Fällen, in welchen zum Rücklaß Immobilien gehören und erst nach der Erteilung des Erbscheins die Auseinandersetzung in Ansehung des Nachlasses erfolgt. Hier ist sodann an der Besitzveränderungsgebühr nach Art. 146 Ziff. 1b oder Art. 147 die auf den Ehegatten oder einen Abkömmling treffende Gebühr für den Erbschein und zwar nur zur Hälfte anzurechnen. Sind z. B. ein Abkömmling und ein Geschwister des Erblassers als gemeinschaftliche Erben zu gleichen Anteilen an den Rücklaß eingesetzt, so würde, wenn das Reinrücklaßvermögen 50 000 ℳ einschließlich 20 000 ℳ Wert eines Hauses beträgt, die anzurechnende Gebühr aus 10 000 ℳ Hälfteanteil des Abkömmling an dem Werte des Hauses mit 9 ℳ zu berechnen und im Hälftebetrag von 4 ℳ 50 ₰ anzurechnen sein, wie wohl der den Abkömmling treffende Gebührenanteil für den Erbschein 14 ℳ 50 ₰ und die Hälfte hievon 7 ℳ 30 ₰ beträgt. Eine Anrechnung dieses ganzen Betrages von 7 ℳ 30 ₰ dürfte die Gesetzesbestimmung nicht im Auge haben, da es sonst vorkommen könnte, daß der anzurechnende Betrag höher wäre als die Mutationsgebühr, auf welche er anzurechnen ist. Z. B. wenn der Reinrücklaßanteil des überlebenden Ehegatten 100000 ℳ beträgt und zu demselben nur der halbe Wert eines Grundstücks von 1000 ℳ gehört. Die Mutationsgebühr würde 10 ℳ, der anzurechnende Betrag 27 ℳ betragen.

12. Gemäß Art. 304 finden die Vorschriften des Art. 96, 97 auch auf das nach Art. 67 der Ges.Uebergangsvorschr. z. B.G.B. betreffend, zu erteilende Zeugnis über den Uebergang des Gesamtgutes auf den überlebenden Ehegatten (§ 1507 B.G.B.) Anwendung. Siehe auch Art. 98.

13. Die Gebühr wird mit dem Erlaß des Erbscheins zur Zahlung fällig. Zahlungspflichtig ist der Antragsteller. Bei Erteilung eines gemeinschaftlichen Erbscheines derjenige von den Miterben, welcher die Erteilung beantragte. Siehe auch Erläuterung zu Art. 115. Sind mehrere Antragsteller vorhanden, so haften diese dem Staate gegenüber als Gesamtschuldner. Vergleiche hieher Art. 189. Ueber die Zahlungspflicht bzw. Haftung von Vertretern siehe Anm. zu Art. 39. Eine Bestimmung, daß die Aushändigung des Erbscheins von der vorgängigen Bezahlung der Kosten — namentlich wenn mehrere Erben vorhanden sind — abhängig gemacht werden kann, besteht — Nichtbayern ausgenommen (Art. 283) — nicht, dürfte sich aber, um das Aerar vor Schaden zu bewahren empfehlen. Siehe hingegen die Vorschriften für Akte der Justizverwaltung Art. 230.

14. Wird auf Veranlassung des Grundbuchanlegungs-Beamten ein Erbschein hinsichtlich eines Grundstückes nur zu dem Zwecke beantragt und erteilt, um wegen Eintragung dieses Grundstückes in das Grundbuch im Verfahren zur Vorbereitung der Anlegung desselben Verwendung zu finden, so werden für denselben im Hinblick auf Art. 12 des Ges. betreff. die Vorbereitung der Anlegung des Grundbuchs in den Landesteilen rechts des Rheins, dann Art. 32 des Gesetzes vom 1. Juli 1898 über das Liegenschaftsrecht in der Pfalz weder eine Gebühr nach Art. 96 noch Schreibgebühren erhoben.

15. Wird ein auf die Berechtigung zum Bezuge einer Invaliden- oder Altersrente beschränkter Erbschein erteilt, so wird für denselben gleichfalls keine Gebühr erhoben. Siehe Minist.Bek. v. 14. Aug. 1900 (Just.M.Bl. S. 1132). Das Gleiche gilt auch für die Urkunden, insbesondere die pfarramtlichen und standesamtlichen Zeugnisse, welche die Grundlage für die Erteilung dieses Erbscheines bilden. Bezüglich der Bescheinigung behufs Erhebung von Sterbemonats- und Sterbenachmonatsraten siehe Minist.Bek. v. 11. Sept. 1900, Just.M.Bl S. 1154.

16. Die Einsicht eines Erbscheins ist gebührenfrei. Siehe auch 78 des G.F.G.

Art. 97.

Für die Einziehung oder Kraftloserklärung eines Erbscheins [1]) wird, sofern nicht ein neuer Erbschein erteilt wird, eine Gebühr von 1 bis 10 Mark erhoben. Wird später ein neuer Erbschein erteilt[2]), so wird diese Gebühr auf die Gebühr für die Erteilung des Erbscheins angerechnet. Für die Veranstaltung von Ermittelungen über die Richtigkeit eines Erbscheins wird eine Gebühr nicht erhoben[3]) [4]) [5]) [6]).

Für das Verfahren bei Einziehung oder Kraftloserklärung eines Erbscheines bestimmt der Art. 97 eine mäßige Gebühr. Aus Billigkeitsgründen soll die Gebühr nicht zur Erhebung kommen, wenn gleichzeitig ein neuer Erbschein erteilt wird, und sie soll, wenn später ein neuer Erbschein erteilt wird, auf die für diesen geschuldete Gebühr angerechnet werden. Für die Veranstaltung von Ermittelungen über die Richtigkeit eines Erbscheines (§ 2361 Abs. 3 des B.G.B.) werden Gebühren nicht erhoben. (Motive 1899.)

1. Das Nachlaßgericht hat einen Erbschein, wenn es sich ergibt, daß dieser unrichtig erteilt ist, einzuziehen oder, falls derselbe nicht sofort erlangt werden kann, für kraftlos zu erklären (§ 2361 des B.G.B.). Wird nun nicht sofort nach diesem Verfahren ein neuer Erbschein erteilt, so ist eine Gebühr im Spielraum von 1 bis 10 ℳ unter Berücksichtigung der im Art. 280 gegebenen Anhaltspunkte vom Gericht festzusetzen.

Gelangt der Erbschein vor Erlassung der die Einziehung desselben anordnenden Verfügung zu Gerichtshanden (§ 2362 des B.G.B.), so kommt die Gebühr des Art. 97 nicht zum Ansatz, da dieselbe nur für die Einziehung oder Kraftloserklärung zu erheben ist.

Wird im Anschluß an die Einziehung oder Kraftloserklärung sofort ein neuer Erbschein für den richtigen Erben erteilt, so wird eine Gebühr nach Art. 97 nicht erhoben.

2. Da die Gebühr des Art. 97 mit der Beendigung des Verfahrens fällig ist, so entspricht es der Billigkeit, daß diese Gebühr zur Anrechnung kommt, wenn dann später ein neuer Erbschein erteilt wird.

3. Gebührenfrei ist die Thätigkeit des Nachlaßgerichts bei der Veranstaltung von Ermittlungen über die Richtigkeit des Erbscheins und es umfaßt die Bauschgebühr des Art. 97 auch die Thätigkeit bei der Benachrichtigung des im Erbschein als Erben Bezeichneten von der Anordnung der Einziehung sowie für die Aufforderung der sofortigen Herausgabe.

Nicht durch die Gebühr des Art. 97 gilt hingegen die Thätigkeit des Nachlaßgerichts für ausgeglichen hinsichtlich der Anwendung von Zwangsmaßregeln. Da für diese Zwangsmaßregeln (Art. 130 Abs. 1 des Ausf.Ges. z. B.G.B.) die Vorschriften der §§ 883 Abs. 2, 3, 900 Abs. 1, 901, 902, 904 bis 910, 912, 913 der R.C.P.O. entsprechende Anwendung zu finden haben und der Art. 97 hierüber nicht wie der Art. 113 im Abs. 2 für die analogen Fälle eine besondere Bestimmung enthält, so kommen hier auch die Gebühren des § 35 Nr. 2 des R.G.K.G. und für die Abnahme des Offenbarungseides der § 43 a. a. O. entsprechend zur Erhebung. Für die Gebührenerhebung macht es keinen Unterschied, vor welchem Gerichte die

Eidesleistung erfolgt, ob vor dem Prozeßgerichte oder vor dem Nachlaßgerichte. Siehe auch Anm. zu Art. 133, dann Anm. 3 zu Art. 140. Schuldner dieser Gebühren ist der zur Herausgabe des Erbscheins Verpflichtete nur dann, wenn ein schuldhaftes Verhalten von ihm die Anwendung der Zwangsmaßregeln veranlaßt hat.

4. Zahlungspflichtig für die Gebühr des Art. 97 ist der Antragsteller somit der wirkliche Erbe. Siehe auch Motive zu Art. 115.

5. Erachtet das Nachlaßgericht die Kraftloserklärung des Erbscheines nachträglich für ungerechtfertigt, so kann es die Gebühren des Art. 97 gemäß § 6 des R.G.K.G. niederschlagen. Für den neu auszustellenden Erbschein kommt in diesem Falle nur die Gebühr des Art. 54 — siehe Art. 110 — in Frage.

6. Die Einziehung von Zeugnissen, welche mit dem Eintritte der Nacherbfolge, der Beendigung der fortgesetzten Gütergemeinschaft, des Amts des Testamentsvollstreckers von selbst kraftlos werden, erfolgt gebührenfrei.

Art. 98.

I. Giltig für die bis 1. Oktober 1902 eingetretenen Erbfälle.

Die Art. 96, 97 finden auf die im Art. 16 des Ausführungsgesetzes zu der Grundbuchordnung und zu dem Gesetz über die Zwangsversteigerung und die Zwangsverwaltung bezeichneten Zeugnisse [1]) sowie auf das Zeugnis über die Fortsetzung der Gütergemeinschaft [2]) oder über die Ernennung eines Testamentsvollstreckers entsprechende Anwendung. Für das Zeugnis über die Ernennung eines Testamentsvollstreckers wird jedoch, wenn ein Erbschein erteilt worden ist, eine Gebühr nicht erhoben; wird der Erbschein nach der Erteilung des Zeugnisses erteilt, so ist er gebührenfrei [3]) [4]) [5]) [6]).

II. Außerdem für die ab 1. Oktober 1902 eingetretenen Erbfälle. (Nachlaßgesetz v. 9. Aug. 1902.)

Bei der Berechnung der Gebühr für das Zeugnis über die Fortsetzung der Gütergemeinschaft tritt an die Stelle des Nachlasses der halbe Wert des Gesamtguts der fortgesetzten Gütergemeinschaft nach Abzug der Schulden; sofern dem überlebenden Ehegatten von der gütergemeinschaftlichen Masse ein anderer Bruchteil als die Hälfte zufällt, wird das Gesamtgut zu diesem Bruchteil in Ansatz gebracht [2]).

Die Motive (1899) bemerken hiezu:

Im Art. 98 werden die Vorschriften der Art. 96, 97 auf die im Art. 16 des Ausführungsgesetzes zu der Grundbuchordnung und zu dem Gesetz über die Zwangsversteigerung und die Zwangsverwaltung bezeichneten Zeugnisse sowie auf das Zeugnis über die Fortsetzung der Gütergemeinschaft (§ 1507 des B.G.B.) und auf das Zeugnis über die Ernennung eines Testamentsvollstreckers (§ 2368 des B.G.B.) erstreckt. Die Erstreckung rechtfertigt sich durch die Erwägung, daß diese Zeugnisse rechtlich und wirtschaftlich mit den Erbscheinen auf einer Stufe stehen. Aus Billigkeitsgründen wird für das Zeugnis über die Ernennung des Testamentsvollstreckers eine Gebühr nicht erhoben, sofern über das Erbrecht des Erben, für dessen Erbteil die Testamentsvollstreckung besteht, eine Gebühr zur Erhebung kommt; wird der Erbschein erst nach der Erteilung des Zeugnisses erteilt, so ist er gebührenfrei.

1. Der Art. 16 des A.G. z. G.B.O. und zu dem Ges. über die Zwangsverstg. und die Zwangsverwaltg. lautet:

> Zum Nachweise der Nachfolge ist bei dem Familiengut einer standesherrlichen Familie, falls die Nachfolge von Todeswegen eintritt, ein Zeugnis des Nachlaßgerichts oder der zuständigen standesherrlichen Kanzlei, bei einem Familienfideikommiß ein Zeugnis des Fideikommißgerichts, bei einem Lehen ein Zeugnis des Lehenhofs, bei einem allodifiziertem Lehen, falls die Nachfolge von Todeswegen eintritt, ein Zeugnis des Nachlaßgerichts erforderlich.
>
> Auf die gerichtlichen Zeugnisse finden die für einen Erbschein geltenden Vorschriften entsprechende Anwendung.

2. Nach § 1507 des B.G.B. hat das Nachlaßgericht dem überlebenden Ehegatten auf Antrag ein Zeugnis über die Fortsetzung der Gütergemeinschaft zu erteilen.

Die Gebühr ist aus dem halben Werte des Gesamtgutes der fortgesetzten Gütergemeinschaft abzüglich der auf demselben lastenden Gesamtgutsverbindlichkeiten, das sind die Verbindlichkeiten des überlebenden Ehegatten, nicht auch die der anteilsberechtigten Abkömmlinge, und solche Verbindlichkeiten des Verstorbenen, die Gesamtgutsverbindlichkeiten der ehelichen Gütergemeinschaft waren (§ 1488 des B.G.B.), zu erheben. Gehört das Gesamtgut den Ehegatten nicht nach Hälften wie z. B. nach den Rechten von Hohenlohe und Mainz, so bestimmt sich die Gebühr nach dem Anteile, welcher dem verstorbenen Ehegatten gehörte. Um alle Zweifel zu heben, wurde durch das Nachlaßgesetz dem bisherigen Art. 98 der Schlußsatz als authentische Interpretation neu hinzugefügt. (Siehe auch Verhandl der Kammer der Abgeordneten, 306. Sitzg. v. 10. Mai 1902.)

Die Minist.Bekanntmachungen vom 13. Mai 1901, Just.M.Bl. S. 388, dann 5. Juni 1901, Just.M.Bl. S. 456, bemerken erläuternd:

Die Gebühr für das Zeugnis über die Fortsetzung der Gütergemeinschaft beträgt ein Zehnteil der Sätze des § 8 des R.G.K.G. (und zwar bis zum 1. Oktober 1902 im Mindestbetrage von 100 ℳ) aus dem halben Werte des reinen Gesamtguts der fortgesetzten

Gütergemeinschaft. Unrichtig wäre es, die Gebühr nach den Anteilen des überlebenden Ehegatten und der gemeinschaftlichen Abkömmlinge gesondert zu berechnen. Dies folgt schon daraus, daß der Erbschein eine Bescheinigung über das Erbrecht ist, sich bei einem Miterben also nur auf einen Teil des Nachlasses bezieht, während das Zeugnis über die Fortsetzung der Gütergemeinschaft den Eintritt der fortgesetzten Gütergemeinschaft bezeugt, sich demnach auf das Gesamtgut als solches bezieht; abgesehen hievon haben die Abkömmlinge gar keinen festen Anteil am Gesamtgute (vergl. § 1490 des B.G.B.). Im Falle nach Erteilung des Zeugnisses über die Fortsetzung der Gütergemeinschaft eine Aenderung in der Person der anteilsberechtigten Abkömmlinge eintritt, gelangen für die Richtigstellung des Zeugnisses Gebühren nicht zur Erhebung.

Was der überlebende Ehegatte aus dem Nachlasse des verstorbenen Ehegatten oder nach dem Eintritte der fortgesetzten Gütergemeinschaft erworben hat (§ 1485 Abs. 1 des B.G.B), ist hinzuzurechnen. Nicht zum Gesamtgut gehört das Vermögen, das ein Abkömmling zur Zeit des Eintritts der fortgesetzten Gütergemeinschaft bereits hat oder das er später erwirbt (§ 1485 Abs. 3 des B.G.B.)

Ist ein nicht gemeinschaftlicher Abkömmling (Stiefkinder oder Stiefenkel des überlebenden Ehegatten) vorhanden (§ 1483 Abs. 2 des B.G.B.), so ist der demselben zufallende Teil als nicht zum Gesamtgut gehörig, von demselben abzurechnen. Z. B. das Gesamtgut beträgt 10000 ℳ, ein Vorbehaltsgut ist nicht vorhanden. Als Erben kommen der überlebende Ehegatte, zwei gemeinschaftliche und ein nicht gemeinschaftlicher Abkömmling in Frage; die Hälfte des Gesamtguts ist also an sich gleich dem Nachlaß und beträgt 5000 ℳ; hievon hat der nicht gemeinschaftliche Abkömmling 1250 ℳ zu erhalten. Aus diesem Betrage hätte er gegebenenfalls die Gebühren für den Erbschein zu entrichten. Die Gebühren für das Zeugnis über Fortsetzung der Gütergemeinschaft sind in diesem Falle aus 5000 ℳ — 1250 ℳ = 3750 ℳ zu berechnen. (Vergl. Verhandlg. d. Kammer d. Abgeordneten, 306. Sitzg. v. 10. Mai 1902.)

3. Vergleiche hieher auch die Vorschrift des Art. 304 über das nach Art. 67 der Uebergangsvorschr. z. B.G.B. zu erteilende Zeugnis über den Uebergang des Gesamtguts auf den überlebenden Ehegatten.

4. Für den Fall, daß ein Erbschein nicht erteilt wurde, ist die Gebühr für das Zeugnis über die Ernennung als Testamentsvollstrecker (§ 2368 des B.G.B.) aus dem reinen Nachlaßvermögen zu erheben. Ist das Amt des Testamentsvollstreckers nach dem Zeugnis nur auf einen Teil des Nachlasses beschränkt, so kommt die Gebühr nur aus diesem Teil zur Erhebung.

Ist der Testamentsvollstrecker zur Ausübung der Rechte und der Erfüllung der Pflichten des Nacherben bis zum Eintritt einer angeordneten Nacherbfolge ernannt (§ 2222 des B.G.B.), so ist die Gebühr aus dem Werte des Gegenstands der Nacherbfolge zu erheben. Im Falle des § 2223 a. a. O. aus den dem Vermächtnisnehmer auferlegten Beschwerungen (§§ 2186 ff. des B.G.B).

Sind mehrere Testamentsvollstrecker vorhanden, so wird für das erste Zeugnis die Gebühr des Art. 98, für die anderen Zeugnisse aber nur die Gebühr des Art. 54 Z. 2 erhoben.

5. Dies trifft zu, wenn die Gebühren für das Zeugnis des Testamentsvollstreckers und für den Erbschein aus der gleich hohen Wertsgegenstandssumme zu erheben sind. Erstreckt sich aber der nachträglich erteilte Erbschein über den gesamten Nachlaß, während das Zeugnis des Testamentsvollstreckers sich nur auf einen besonders angeführten Nachlaßteil beschränkt, so ist für den Erbschein der Mehrbetrag der für den Erbschein sich berechnenden Gebühr über die Gebühr für das Zeugnis des Testamentsvollstreckers zu erheben.

6. Die Einsicht der Verfügung, welche die Ernennung oder Entlassung eines Testamentsvollstreckers betrifft, sowie die Einsicht der Zeugnisse nach §§ 1507 u. 2368 des G.F.G. ist gebührenfrei. Für Abschriften kommen Schreibgebühren, für Beglaubigungen außerdem noch die Gebühr des Art. 54 Z. 2 zur Erhebung.

Art. 99.

I. Giltig für die bis 1. Oktober 1902 eingetretenen Erbfälle.

Für die nach den Gesetzen über das Reichsschuldbuch[1]) oder über das Staatsschuldbuch eines Bundesstaats beizubringende Bescheinigung, daß der Rechtsnachfolger über die eingetragene Forderung zu verfügen berechtigt ist, sowie für die in den §§ 37, 38 der Grundbuchordnung[2]) bezeichneten Bescheinigungen wird ein Zehnteil der Sätze des § 8 des Reichs-Gerichtskostengesetzes bis zum Höchstbetrage von 10 Mark erhoben[3]). Sind in den Fällen der §§ 37, 38 der Grundbuchordnung die den Bescheinigungen zu Grunde liegenden Urkunden von dem Gerichte selbst aufgenommen, so werden für die Bescheinigungen Gebühren nicht erhoben.[4])

II. Giltig für die ab 1. Oktober 1902 eingetretenen Erbfälle (Nachlaßgesetz v. 9. Aug. 1902).

Für die nach den Gesetzen über das Reichsschuldbuch[1]) oder das Staatsschuldbuch eines Bundesstaats beizubringende Bescheinigung, daß der Rechtsnachfolger über die eingetragene Forderung zu verfügen berechtigt ist, sowie für das im Art. 51 des Ausführungsgesetzes zum Bürgerlichen Gesetzbuche bezeichnete Zeugnis wird eine Gebühr von $^1/_{10}$ der Sätze des § 8 des Reichs-Gerichtskostengesetzes bis zum Meistbetrage von 10 Mark erhoben[3]). Die Gebühr wird nach dem Betrage der Forderung berechnet.

Die Gebühr wird, wenn ein Verfahren zum Zwecke der Vermittelung der Auseinandersetzung stattfindet, auf die für dieses zu entrichtende Gebühr angerechnet[5]).

Die in den §§ 37, 38 der Grundbuchordnung[2]) bezeichneten Bescheinigungen sind gebührenfrei[6]).

Die im Art. 99 bezeichneten Bescheinigungen sind dem Erbschein verwandt, jedoch ist für dieselben entsprechend ihrer geringeren Bedeutung auch nur eine geringe Gebühr zu erheben. (Motive 1899.)

Durch das Nachlaßgesetz erhielt der Art. 99 eine neue Fassung. Dasselbe bestimmt bezüglich der in den §§ 37, 38 der G.B.O. bezeichneten Bescheinigungen eine Erleichterung, indem diese Zeugnisse nunmehr stets gebührenfrei zu behandeln sind.

Sowohl für das Reichsschuldbuch als auch das Staatsschuldbuch eines Bundesstaates, dann für die Eintragungen als neuer Gläubiger in das Grundbuch genügt für den Nachweis der Erbfolge an Stelle eines Erbscheines eine Bescheinigung oder ein Zeugnis des Nachlaßgerichtes.

1. § 11 des Gesetzes betreffend das Reichsschuldbuch vom 31. Mai 1891 (R.G.Bl. S. 323), dann § 188 des Ges. über die Angeleg. der freiw. Gerichtsbarkeit (R.G.Bl. 1898 S. 807) bestimmen:

> Rechtsnachfolger von Todeswegen haben sich, sofern ihre Berechtigung auf der gesetzlichen Erbfolge beruht, durch eine Bescheinigung als Erben, sofern dieselbe auf letztwilliger Verfügung beruht, durch eine Bescheinigung darüber auszuweisen, daß sie, über die eingetragene Forderung zu verfügen, befugt sind.
>
> Zur Ausstellung dieser Bescheinigungen ist das Nachlaßgericht und, falls der Erblasser zur Zeit des Erbfalls im Inlande weder Wohnsitz noch Aufenthalt hatte, auch derjenige Konsul des Reiches zuständig, in dessen Amtsbezirke der Erblasser zur Zeit des Erbfalls seinen Wohnsitz oder seinen gewöhnlichen Aufenthalt hatte, sofern dem Konsul von dem Reichskanzler die Ermächtigung zur Ausstellung solcher Bescheinigungen erteilt ist.

Siehe auch Art. 51 Abs. 3 des Ausf.Ges. z. B.G.B.

2. § 37 der G.B.O. (R.G.Bl. 1898 S. 760) lautet:

> Soll bei einer zu einem Nachlasse gehörenden Hypothek, Grundschuld oder Rentenschuld einer von mehreren Erben als neuer Gläubiger eingetragen werden, so genügt zum

Nachweise der Erbfolge und der Eintragsbewilligung der Erben ein Zeugnis des Nachlaßgerichts.

Das Zeugnis darf nur ausgestellt werden, wenn die Voraussetzungen für die Erteilung eines Erbscheines vorliegen und die Erklärungen der Erben von dem Nachlaßgerichte zu Protokoll gegeben oder durch öffentliche oder öffentlich beglaubigte Urkunden nachgewiesen sind.

§ 38.

Die Vorschriften des § 37 finden entsprechende Anwendung, wenn bei einer Hypothek, Grundschuld oder Rentenschuld, die zu dem Gesamtgut einer ehelichen Gütergemeinschaft oder einer fortgesetzten Gütergemeinschaft gehört, ein Beteiligter, auf den das Recht bei der Auseinandersetzung übertragen ist, als neuer Gläubiger eingetragen werden soll.

3. Die Gebühr berechnet sich nach dem Betrage der Forderung eventuell dem Werte des Grundstücks oder Rechts, auf welche sich die Bescheinigungen beziehen. Sofern derselbe über 12000 ℳ beträgt, kommt nur die im Art. 99 bestimmte höchste Gebühr von 10 ℳ zur Erhebung. Siehe auch Anhang Tabelle a.

Für die Einsicht der in den §§ 37, 38 der G.B.O. vorgesehenen gerichtlichen Zeugnisse wird eine Gebühr nicht erhoben (§ 78 des G.F.G.). Für Abschriften kommen Schreibgebühren, für etwaige Beglaubigungen jedoch die Gebühr des Art. 54 Z. 2 zum Ansatz.

4. Dies ist besonders der Fall, wenn das Nachlaßgericht die Auseinandersetzung vermittelt und eine Vereinbarung unter den Erben über die Uebernahme eines Nachlaßteiles, z. B. eines Grundstückes oder einer Hypothek seitens eines Miterben beurkundet oder die vollständige Auseinandersetzung bestätigt hat.

Für diese gebührenfreien Bescheinigungen werden nur Schreibgebühren erhoben.

5. Kommt die Gebühr für die Vermittelung der Auseinandersetzung zum Ansatz, so tritt eine Vergünstigung dahin ein, daß in den ab 1. Oktober 1902 eingetretenen Erbfällen auf die Auseinandersetzungsgebühr die nach Art. 99 für das im Art. 51 des Ausf.Ges. z. G.B.O. bezeichnete Zeugnis zu erhebende Gebühr anzurechnen ist.

6. Diese Bescheinigungen sind ab 1. Oktober 1902 gebührenfrei, auch wenn sie von einem Notare ausgestellt werden.

Art. 100.

Werden in dem Verfahren[1]) zur Feststellung des Erbrechts des Fiskus Erbrechte angemeldet und wird ein anderer Erbe als der Fiskus ermittelt, so werden zwei Zehnteile der Sätze des § 8 des Reichs-Gerichtskostengesetzes[2]) erhoben. Wird ein Erbschein erteilt, so wird für die Erteilung des Erbscheins eine Gebühr nicht erhoben.

Die Berechnung der Gebühr erfolgt aus dem Werte des Nachlasses nach Abzug der Schulden [3]) [4]).

Die Motive erläutern hiezu:

Nach den §§ 1964, 1965 des B.G.B. hat eine gerichtliche Feststellung des Erbrechts des Fiskus stattzufinden. Die Thätigkeit des Nachlaßgerichtes ist der bei der Erteilung des Erbscheines ähnlich, auch begründet die Feststellung des Erbrechts ebenso wie ein Erbschein die Vermutung, daß das Erbrecht bestehe (§§ 1964 Abs. 2, 2365 des B.G.B.). Der Art. 100 setzt deshalb im Abs. 1 Satz 1 die Gebühr nach dem Vorbilde des Art. 96 fest und bestimmt im Abs. 2, daß die Berechnung der Gebühr aus dem Werte des Nachlasses nach Abzug der Schulden erfolgt. Selbstverständlich ist die Gebühr nur anzusetzen, wenn infolge der Aufforderung nach § 1965 Erbrechte angemeldet werden und infolgedessen die Erbschaft dem Fiskus nicht anfällt. Wird der Fiskus als Erbe ermittelt, so fällt die Gebühr weg (Art. 3 Ziff. 2). Läßt sich derjenige, welcher als Erbe ermittelt wird, einen Erbschein erteilen, so erfordert es die Billigkeit, daß, weil durch das Verfahren zur Feststellung des Erbrechts des Fiskus das Verfahren für die Erteilung des Erbscheins wesentlich vereinfacht worden ist, für die Erteilung des Erbscheins eine besondere Gebühr nicht mehr erhoben wird.

1. Ist der Erbe unbekannt, d. h. wenn unbekannt ist, wer als Erbe berufen ist, so hat das Nachlaßgericht von Amtswegen die erforderlichen Ermittelungen anzustellen und die geeignet erscheinenden Beweise aufzunehmen.

Die Bauschgebühr des Art. 100 wird für das Verfahren erhoben und setzt demnach eine Entscheidung nicht voraus. Für die Einsicht der der Feststellung, daß ein anderer Erbe als der Fiskus nicht vorhanden ist, vorausgegangenen Ermittelungen (§ 78 des G.F.G.) ist eine Gebühr nicht festgesetzt und ist dieselbe demnach gebührenfrei. Für Abschriften kommen Schreibgebühren eventuell auch die Gebühr des Art. 54 Ziff. 2 zum Ansatz.

2. Siehe Anhang Tabelle a.

3. Zahlungspflichtig ist, im Falle ein anderer Erbe als der Fiskus ermittelt wird, dieser Erbe, da das Verfahren in seinem Interesse stattgefunden hat.

4. Vergleiche hieher Anmerkung 6 zu Art. 94 auf S. 91.

Art. 101 (83 Abs. 2 Z. 1).

I. Giltig für die bis 1. Oktober 1902 eingetretenen Erbfälle.

Findet die Sicherstellung [1]) eines Nachlasses durch Siegelung oder in anderer Weise statt, so wird für das ganze Verfahren, einschließlich der Anordnungen wegen Aufbewahrung des Nachlasses, der Verzeichnung des Nachlasses, der Ermittelung des Erben und der Ausantwortung des Nachlasses an den Erben ein Zehnteil der Sätze des § 8 des Reichs-Gerichtskostengesetzes bis zum Meistbetrage von 100 Mark erhoben[2]). Die Berechnung der Gebühr erfolgt aus dem Werte des Nachlasses nach Abzug der Schulden[3]).

Die Gebühr wird, wenn ein Verfahren zum Zwecke der Vermittelung der Auseinandersetzung stattfindet, auf die für dieses zu entrichtende Gebühr angerechnet[4])[8])[9]).

II. Giltig für die ab 1. Oktober 1902 eingetretenen Erbfälle[5]) (Nachlaßgesetz v. 9. Aug. 1902).

Findet die Sicherstellung[1]) eines Nachlasses durch Siegelung oder in anderer Weise statt, so wird für das ganze Verfahren einschließlich der Anordnungen wegen Aufbewahrung des Nachlasses, der Verzeichnung des Nachlasses, der Ermittelung des Erben und der Ausantwortung des Nachlasses an den Erben ein Zehnteil der Sätze des § 8 des Reichs-Gerichtskostengesetzes bis zum Meistbetrage von 100 Mark erhoben[2]). Die Berechnung der Gebühr erfolgt aus dem Werte des Nachlasses nach Abzug der Schulden. Wenn nur einzelne Teile des Nachlasses Gegenstand der Sicherung sind, wird der Berechnung der Gebühr der Wert dieser Teile zu Grunde gelegt, sofern er geringer ist als der Wert des ganzen Nachlasses nach Abzug der Schulden[6]).

Die Gebühr des Abs. 1 wird auf die Gebühr des Art. 94 angerechnet[7])[8])[9]).

1. Nach § 1960 des B.G.B. hat das Nachlaßgericht bis zur Annahme der Erbschaft für die Sicherung des Nachlasses zu sorgen, soweit ein Bedürfnis besteht. Unter Sicherung ist jede gerichtliche Thätigkeit zu verstehen, welche den Ausschluß jeder Verfügung einer Person über den Nachlaß bezielt. Die Gebühr des Art. 101 kommt auch für die in dringenden Fällen vom Bürgermeister vorgenommene Anlegung von Siegeln zur Erhebung, mag dieselbe auf Anordnung des Nachlaßgerichts erfolgt sein oder nicht. (Art. 105 des Ausf.Ges. z. B.G.B., § 16 Abs. 4 der Bekanntmchg. über das Nachlaßwesen v. 31. Dezbr. 1899, Just.M.Bl. 1900 S. 7.) Vergleiche auch das 44. Protokoll d. J.G.A. d. K. d. Abg. vom 15. Mai 1899, Kammerverhandlungen Beil. Bd. XX S. 768. Die Gebühren für die Sicherung des Nachlasses können aus dem Nachlasse entnommen werden. Für die Zahlung haften die Erben nach den Vorschriften über Nachlaßverbindlichkeiten. Vergl. Art. 115.

War zur Sicherstellung des Nachlasses keine Veranlassung gegeben, so können die Gebühren nach Art. 39, § 6 des R.G.K.G. niedergeschlagen werden. Die wichtigsten Sicherungsmittel sind die Anlegung von Siegeln, Aufnahme des Nachlaßverzeichnisses und die Hinterlegung von Geld, Wertpapieren und Kostbarkeiten.

Die Bauschgebühr des Art. 101 umfaßt außer den Sicherungsmaßregeln auch noch die obenerwähnten weiteren Anordnungen und wird z. B. für die Entsiegelung und die Verzeichnung des Nachlasses eine besondere Gebühr nicht erhoben.

Für die Anordnung einer Nachlaßpflegschaft oder Nachlaßverwaltung kommen Gebühren nach Art. 102 u. 103 zum Ansatz.

Die Gebühr des Art. 101 dürfte auch für ein vom Notar aufgenommenes Nachlaßverzeichnisses, welches mangels eines ausgewiesenen Vermögens sich nicht als Inventar nach Art. 152 darstellt (§ 12 der Bekanntmachg. v. 31. Dezbr. 1899, J.M.Bl. 1900 S. 6), zu erheben sein.

Hinsichtlich der gebührenfreien Aufnahme des Nachlaßverzeichnisses durch den Gerichtsschreiber siehe Art. 106.

2. Siehe Anhang Tabelle a. Beträgt der Reinrücklaß über 192 000 ℳ, so kommt nur die höchste Gebühr von 100 ℳ zur Erhebung.

3. Die Gebühr berechnet sich nicht aus dem Wert der sichergestellten Nachlaßteile, sondern aus dem des ganzen Nachlasses, an welchem allerdings die Schulden in Abzug zu bringen sind. Vergleiche hieher auch Anmerkung 6 zu Art. 94 auf S. 91.

4. Die Anrechnung der Gebühr des Art. 101 entspricht mit Rücksicht auf die hohen Gebühren für die gerichtliche Erbauseinandersetzung (Art. 94) nur der Billigkeit.

Siehe ferner auch Schlußsatz von Art. 102.

5. Durch das Nachlaßgesetz wurde im ersten Absatz des Art. 101 ein dritter Satz angefügt und eine redaktionelle Aenderung des Absatzes 2 vorgenommen.

6. Die durch das Nachlaßgesetz erfolgte Neufassung des Satzes 2 Abs. 1 gewährt gegenüber der bisherigen Gebührenvorschrift eine Erleichterung, insoferne die Gebühr nur aus dem geringeren Betrage zu berechnen ist. Umfaßt z. B. das aufgenommene Nachlaßverzeichnis die Mobilien eines Bauernanwesens im Werte von 2000 ℳ und beziffert das reine Rücklaßvermögen nach Abzug der Schulden nur 1500 ℳ, so ist die Gebühr des Art. 101 aus dieser Summe zu berechnen; weist hingegen der Reinrücklaß einen Betrag von 6000 ℳ, so ist der Wert der Nachlaßmobilien zu 2000 ℳ der Gebührenberechnung zu unterstellen. Ist endlich aber kein reines Rücklaßvermögen infolge Ueberschuldung vorhanden, so kann eine Gebühr nach Art. 101 überhaupt nicht erhoben werden.

7. Die Anrechnung der Gebühr findet statt, wenn auch nur die ermäßigte Gebühr des Art. 94 Abs. 3 oder 4 zum Ansatze zu kommen hat.

Eine Rückvergütung oder Abminderung der nach Art. 101 schuldigen Gebühr tritt selbst dann nicht ein, wenn die in Frage kommende Gebühr des Art. 94 Abs. 3 weniger als die ein Zehntels-Gebühr des Art. 101 betragen sollte, da zeitlich zunächst die Gebühr des Art. 101 fällig ist.

Ueber Anrechnung der Gebühr des Art. 101 auf die Gebühr für die eingeleitete Nachlaßpflegschaft siehe Art. 102.

8. Die Gebühr des Art. 101 kann nur zum Ansatz kommen, soweit es sich um Sicherung des Nachlasses oder Nachlaßbestandteile handelt. Werden im Falle des Ablebens eines Staatsbeamten, Gemeindebeamten, eines Heeresangehörigen oder eines Geistlichen Gelder, Wertpapiere oder Kostbarkeiten sicher gestellt, welche der Verwaltung des Verlebten kraft seines Amtes unterstanden, so scheiden bei der Gebührenberechnung diese Beträge natürlich aus, da hier in der Sicherstellung derselben eine nach Art. 2 gebührenfreie Offizialthätigkeit zu erblicken ist.

9. Die Kosten der gerichtlichen Sicherung des Nachlasses (§ 1960 B.G.B., Art. 140 des E.G. z. B.G.B.) gehören im Nachlaßkonkurs zu den Masseschulden (§ 224 Nr. 4 der R.K.O.).

Art. 102.

Wird eine Nachlaßpflegschaft [1]) oder eine Abwesenheitspflegschaft [2]) nach § 88 des Gesetzes über die Angelegenheiten der freiwilligen Gerichtsbarkeit angeordnet, so finden die Vorschriften über die Gebühren in Vormundschaftssachen mit der Maßgabe entsprechende Anwendung, daß an Stelle des Vermögens des Mündels der Wert des Nachlasses oder des Anteils des Abwesenden zur Zeit der Anordnung tritt [3]). Auf die Gebühr für die Nachlaßpflegschaft wird die im Art. 101 bestimmte Gebühr angerechnet, wenn die Nachlaßpflegschaft zur Sicherung des Nachlasses eingeleitet wird [4]) [5]) [6]) [7]).

Zu Art. 102 und 103.

Der Gedanke, auf welchem die Vorschriften des Art. 102, 103 beruhen, liegt schon dem bisherigen Art. 85 zu Grunde. Die Nachlaßpflegschaft, insbesondere die zum Zwecke der Befriedigung der Gläubiger angeordnete Nachlaßverwaltung (§§ 1975, 1981 ff. des B.G.B.) und die nach § 88 des G.F.G zu bestellende Abwesenheitspflegschaft, soll grundsätzlich den Vorschriften über die Gebühren in Vormundschaftssachen unterworfen sein, da die Nachlaßpflegschaft nur eine Abart der gewöhnlichen Pflegschaft und wie diese nach § 1915 des B.G.B. den für die Vormundschaft geltenden Vorschriften unterstellt ist. Es kommen also die in den Art. 89 und 90 bestimmten Gebühren zur Erhebung. Bei Nachlaßverwaltungen ist es indessen nicht angezeigt, die Schulden vom Werte des Nachlasses abziehen zu lassen, denn die Nachlaßverwaltung hat gerade die Aufgabe, die Befriedigung der Gläubiger herbeizuführen. Auch ist es billig, daß, wenn die Liquidation eines zahlungsfähigen Nachlasses — und nur wenn der Nachlaß zahlungsfähig ist, kann die Nachlaßverwaltung angeordnet werden (vergl. §§ 1982, 1988 Abs. 2 des B.G.B.) — statt vom Erben selbst bethätigt zu werden, dem Gerichte überlassen wird, hiefür eine höhere Gebühr erhoben wird. Der Art. 103 schreibt deshalb die Erhebung derselben Gebühr, welche für die Vermittelung der Auseinandersetzung zu erheben ist, nämlich sechs Zehnteile der Sätze des § 8 des R.G.K.G. vor. Da die Nachlaßverwaltung den Zweck hat, die Masse zu versilbern und zu verteilen, so kann nicht ihr Bestand am Ende der Verwaltung, sondern nur der beim Beginn der Verwaltung vorhandene der Berechnung der Gebühr zu Grunde gelegt werden. Was von der Nachlaßverwaltung gilt, trifft auf die Gesamtgutsverwaltung (§ 1489 Abs. 2 des B.G.B.) entsprechend zu. (Motive 1899.)

1. Nach § 1960 Abs. 2 kann das Nachlaßgericht unter anderen Fürsorgen zur Sicherung des Nachlasses für denjenigen, welcher Erbe wird, einen Pfleger (Nachlaßpfleger) bestellen. Dasselbe hat gemäß § 1961 einen solchen zu bestellen, wenn die Bestellung zum Zwecke der gerichtlichen Geltendmachung eines Anspruches, der sich gegen den Nachlaß richtet, von dem Berechtigten beantragt wird. Siehe auch § 243 der R.C.P.O.

2. Nach § 88 des G.F.G. kann einem abwesenden Beteiligten, wenn die Voraussetzungen der Abwesenheitspflegschaft vorliegen u. eine Pflegschaft über ihn nicht bereits anhängig ist, für das Auseinandersetzungsverfahren von dem Nachlaßgericht ein Pfleger bestellt werden.

Sowohl für die Nachlaß- als auch für die Abwesenheitspflegschaft tritt in diesem Falle an die Stelle des Vormundschaftsgerichts das Nachlaßgericht. Siehe § 25 der Ausf. Vorschr. z. Nachlaß Ges.

3. Es kommen also die Vorschriften der Art. 89, 90 in Frage.

Die Gebühr des Art. 89 wird erhoben, wenn die Pflegschaft nur zur Besorgung einer einzelnen Angelegenheit bestellt wird. Dies ist der Fall, wenn die Bestellung des Pflegers nur für bestimmte von ihm wahrzunehmenden Geschäfte, z. B. zum Abschlusse eines Rechtsgeschäftes, erfolgt. Die Gebühr des Art. 89 ist demnach anzusetzen in dem obenaufgeführten Falle des § 1961 der Nachlaßpflegschaft und des § 1911 Abs. 2 der Abwesenheitspflegschaft, wenn der Aufenthalt des Abwesenden bekannt, derselbe aber an der Rückkehr und der Besorgung einer einzelnen seiner Vermögensangelegenheiten verhindert ist. Hieher zählt auch die Bestellung eines Pflegers für einen Abwesenden in einem Auseinandersetzungsverfahren, da es sich hier um Besorgung einer einzelnen Angelegenheit handelt (§ 88 des G.F.G.).

Die Gebühr des Art. 89 kommt aber nicht zur Erhebung, soweit rücksichtlich der Person, in deren Interesse ein Pfleger bestellt wird, eine Vormundschaft oder Pflegschaft eingeleitet oder einzuleiten ist.

Die Gebühr des Art. 90 ist zu erheben, wenn eine Pflegschaft für einen bestimmten Kreis von Angelegenheiten eingeleitet wird, es sich um eine sogenannte fortlaufende Pflegschaft handelt. Im Falle des § 1960 des B.G B. kommt regelmäßig die Gebühr des Art. 90 zum Ansatz.

4. Die Gebührenberechnung hat demnach aus dem reinen Nachlaßvermögen oder dem Anteile des Abwesenden nach Abzug der auf demselben lastenden Schulden zu erfolgen. Vergleiche hieher Anmerkg. 3 zu Art. 89 u. Art. 90 mit 83 Abs. 2.

Im Falle des § 1961 des B.G.B. bildet die Wertsgegenstandssumme der Betrag des geltend gemachten Anspruches.

5. Die Gebühren und Auslagen werden fällig mit der Beendigung der Nachlaßpflegschaft oder Abwesenheitspflegschaft; es können jedoch ausnahmsweise schon im Laufe des Verfahrens Kosten nach Art. 90, 84, 101 erhoben werden. Siehe § 30 der Vollz.Instr. v. 25. Dezbr. 1899, Just.M.Bl. 1900 S. 360.

6. Die Gebühren können aus dem Nachlasse entnommen werden. Für die Zahlung haften die Erben nach den Vorschriften über Nachlaßverbindlichkeiten. Siehe Art. 115, dann auch § 224 Nr. 2 der R.K.O.

7. Schuldner der Gebühren ist derjenige, in dessen Interesse die Pflegschaft bestellt wurde.

Art. 103.

I. Giltig für die bis 1. Oktober 1902 eingetretenen Erbfälle.

Wird eine Nachlaßverwaltung [1]) oder eine Gesamtgutsverwaltung [2]) angeordnet, so finden die Vorschriften des Art. 102 [3]) mit der Maßgabe Anwendung, daß sechs Zehnteile der Sätze des § 8 des Reichs-Gerichtskostengesetzes [4]) erhoben werden und ein Abzug der Schulden nicht stattfindet [5]) [6]) [8 bis 10]).

II. Giltig für die ab 1. Oktober 1902 eingetretenen Erbfälle. (Nachlaßgesetz v. 9. Aug. 1902.)

Wird eine Nachlaßverwaltung [1]) oder eine Gesamtgutsverwaltung [2]) angeordnet, so finden die Vorschriften des Art. 102 [3]) mit der Maßgabe Anwendung, daß sechs Zehnteile der Sätze des § 8 des Reichs-Gerichtskostengesetzes erhoben werden [4]) [7 bis 10]).

Siehe Erläuterung zu Art. 102.

1. Eine weiter ausgedehnte Nachlaßpflegschaft bildet die Nachlaßverwaltung (§ 1975), welche zum Zwecke der Befriedigung der Nachlaßgläubiger angeordnet wird.

2. Wird eine Gesamtgutsverwaltung angeordnet (§ 1489 Abs. 2 des B.G.B.), so ist die Thätigkeit des Gerichtes analog der bei der Nachlaßverwaltung, weshalb für dieselbe die nämlichen Gebührenvorschriften naturgemäß Anwendung zu finden haben.

3. Es sind dies die Vorschriften hinsichtlich der Anrechnung der Gebühr des Art. 101 und, falls der Verwalter bei längerer Dauer der Verwaltung Rechnung zu stellen hat (§§ 1915, 1840 des B.G.B.), die Gebührenbestimmung des Art. 84.

4. Siehe Anhang Tabelle a.

5. Die Bestimmung, daß hier ein Abzug der Schulden nicht stattfindet, ist mit Rücksicht auf die Aufgabe des Verwalters gerechtfertigt. Derselbe hat nicht nur den Nachlaß oder das Gesamtgut zu verwalten, sondern er hat insbesondere die Verbindlichkeiten desselben zu berichtigen. Die Höhe, Berichtigung und Sicherstellung der Verbindlichkeiten ist auf die Art und den Umfang der Thätigkeit des Verwalters derart von entscheidendem Einflusse, daß es angemessen ist, die Gebühren aus dem Nachlasse oder Gesamtgute ohne Abzug der Schulden zu berechnen. Siehe 44. Protokoll d. Sitzung d. J.G.A. d. K. d. Abg. v. 15. Mai 1899 S. 767.

6. Maßgebend für die Gebührenberechnung ist das Nachlaßvermögen, wie solches das vom Verwalter an das Gericht einzureichende Verzeichnis ausweist.

Bei der Gesamtgutsverwaltung ist der Betrag des Gesamtgutes bei der Beendigung der Verwaltung maßgebend.

7. Die in der Neufassung des Art. 103 enthaltene Vergünstigung des Abzugs der Schulden wurde durch das Nachlaßgesetz herbeigeführt.

Da die Nachlaßpflegschaft nur eine Art Pflegschaft sei, findet auf sie § 1892 des B.G.B. Anwendung.

Die Aufgabe des Nachlaßverwalters ist, die Nachlaßmasse nach Aktiven und Passiven festzustellen, dieselbe, soweit sie die Mittel zur Befriedigung der Nachlaßgläubiger gibt, zu versilbern und sämtliche Gläubiger zu befriedigen. Den Verwaltungsrest hat der Nachlaßverwalter den Erben beziehungsweise den Miterben abzuliefern. Der Nachlaßverwalter hat also dem Nachlaßgerichte Schlußrechnung zu stellen und das Nachlaßgericht hat die Schlußrechnung zu prüfen und deren Annahme zwischen den Erben einerseits und dem Verwalter andererseits zu vermitteln. Da die Ueberschüsse der Nachlaßverwaltung in fast allen Fällen in Geld bestünden, so bietet die Verteilung der Ueberschüsse unter die Beteiligten regelmäßig keine Schwierigkeit. Selbst die Konstatierung in der Schlußrechnungsabnahme, daß von dem Ueberreste dem einen Erben soviel und dem andern Erben jener Anteil gebührt und eine etwa daran anschließende Quittierung der Erben über den Empfang der sie treffenden Anteile wird durch die Gebühr des Art. 103 abgegolten und darf nicht etwa für die Verteilung des Ueberschusses unter den Miterben die Gebühr des Art. 94, gleich als wenn eine Auseinandersetzung vorliegen würde, in Ansatz gebracht werden. Sollte, was wohl nur selten sein dürfte, nach durchgeführter Verwaltung dennoch eine Auseinandersetzung notwendig werden und stattfinden, so kommt für die Auseinandersetzung, jedoch unbeschadet der Erhebung der Gebühr für die Nachlaßverwaltung, die Gebühr des Art. 94 gesondert zum Ansatz. (Vergleiche B. d. K.Abg, 306. Sitzung v. 10. Mai 1902.)

8. Hinsichtlich der Erhebung von Gebühren und Auslagen im Laufe des Verfahrens siehe Anmerkung 5 zu Art. 102.

9. Die Kosten der Nachlaßverwaltung oder der Gesamtgutsverwaltung gehören zu den Nachlaß- oder Gesamtgutsverbindlichkeiten. Siehe auch Anmerkg. 6 Abs. 2 zu Art. 102.

10. Die Gebühren können aus dem Nachlasse bzw. aus dem Gesamtgute entnommen werden. Für die Zahlung haften die Erben oder Beteiligten nach den Vorschriften über Nachlaß- und sonstige Verbindlichkeiten. Siehe auch Art. 115.

Art. 104.

I. Giltig für die bis 1. Oktober 1902 eingetretenen Erbfälle.

Für die Entgegennahme von Erklärungen, Anmeldungen und Anzeigen seitens des Nachlaßgerichts, einschließlich der Beurkundung durch das Nachlaßgericht und der Mitteilung an die im Gesetze bestimmten Personen [1]), wird eine Gebühr von 1 bis 10 Mark [2]) erhoben. Findet die Entgegennahme in einem Verfahren der in den Art. 94 bis 96 bezeichneten Art statt, so wird eine besondere Gebühr nicht erhoben [3]). Im Falle der Anmeldung von Nachlaßforderungen auf Aufforderung eines Miterben wird die Gebühr nur einmal von dem Miterben erhoben [4]) [5]).

Ist die Erklärung, Anmeldung oder Anzeige durch einen Notar beurkundet oder beglaubigt, so wird die hiefür entrichtete Gebühr auf die nach Abs. 1 geschuldete angerechnet [7]).

II. Giltig für die ab 1. Oktober 1902 eingetretenen Erbfälle. (Nachlaßgesetz v. 9. Aug. 1902.)

Für die Entgegennahme von Erklärungen, Anmeldungen und Anzeigen, welche nach gesetzlicher Vorschrift dem Nachlaßgerichte gegenüber abgegeben werden müssen, seitens des Nachlaßgerichts einschließlich der Beurkundung durch das Nachlaßgericht und der Mitteilung an die im Gesetze bestimmten Personen [1]) wird eine Gebühr von 1 bis 10 Mark [2]) erhoben. Findet die Entgegennahme in einem in diesem Unterabschnitte bezeichneten Verfahren statt, so wird eine Gebühr nicht erhoben [6]). Im Falle der Anmeldung von Nachlaßforderungen auf

Aufforderung eines Miterben wird die Gebühr nur einmal von dem Miterben erhoben[4]).

Ist die Erklärung, Anmeldung oder Anzeige durch einen Notar beurkundet oder beglaubigt, so wird die hiefür entrichtete Gebühr auf die nach Abs. 1 geschuldete angerechnet[7]).

I. Die Motive (1899) geben hiezu folgende Erläuterung: In einer Reihe von Fällen beschränkt sich die Thätigkeit des Nachlaßgerichts auf die Entgegennahme von Erklärungen, Anmeldungen und Anzeigen und auf deren Mitteilung an die im Gesetze bestimmten Personen. Es gehören hieher insbesondere:

B.G.B. § 1342, Anfechtung der Ehe nach dem Tode eines Ehegatten,
- § 1597, Anfechtung der Ehelichkeit eines Kindes nach dem Tode des Kindes,
- § 1945, die Ausschlagung der Erbschaft,
- § 1484, die wie die Ausschlagung einer Erbschaft behandelte Ablehnung der fortgesetzten Gütergemeinschaft,
- §§ 1955, 1484 Abs. 2, die Anfechtung der Annahme oder der Ausschlagung der Erbschaft oder der Annahme oder der Ablehnung der fortgesetzten Gütergemeinschaft,
- § 1491, der Verzicht eines anteilsberechtigten Abkömmlings auf den Anteil am Gesamtgute,
- § 1492, die Aufhebung der fortgesetzten Gütergemeinschaft durch den überlebenden Ehegatten,
- § 2061, die Anmeldung von Nachlaßforderungen auf Grund der öffentlichen Aufforderung der Nachlaßgläubiger durch den Miterben,
- § 2081, die Anfechtung einer letztwilligen Verfügung, durch die ein Erbe eingesetzt, ein gesetzlicher Erbe von der Erbfolge ausgeschlossen, ein Testamentsvollstrecker ernannt, oder eine Verfügung solcher Art aufgehoben wird,
- § 2146, die Anzeige des Eintritts der Nacherbfolge durch den Vorerben,
- §§ 2198 Abs. 1, 2199, die Bestimmung des Testamentsvollstreckers durch einen Dritten und die Ernennung eines Mitvollstreckers,
- § 2202 Abs. 1, 2, die Annahme sowie die Ablehnung des Amtes des Testamentsvollstreckers,
- § 2226, die Kündigung des Amtes des Testamentsvollstreckers,
- § 2281, die Anfechtung des Erbvertrages,
- § 2384, die Anzeige des Erbschaftsverkaufs.

In dem Art. 104 ist nun für die Entgegennahme dieser Erklärungen, Anmeldungen und Anzeigen, einschließlich der Beurkundung durch das Nachlaßgericht und der Mitteilung an die im Gesetze bestimmten Personen, die Erhebung einer mäßigen Gebühr vorgeschrieben, welche, da es sich zum Teil um nicht vermögensrechtliche Angelegenheiten handelt, nicht nach dem Werte des

Gegenstandes abgestuft werden kann. Aus Billigkeitsgründen ist die Entgegennahme, wenn sie in einem Verfahren zum Zwecke der Vermittelung der Auseinandersetzung in Ansehung eines Nachlasses oder des Gesamtguts einer ehelichen oder fortgesetzten Gütergemeinschaft oder zum Zwecke der Erteilung eines Erbscheins stattfindet, gebührenfrei. Für den Fall des § 2061 des B.G.B. ist die Gebühr für die Anmeldung von Nachlaßforderungen auf Auffordern eines Miterben nur einmal zu erheben und es trifft nicht die Gläubiger, sondern den Miterben die Zahlungspflicht.

II. Dem bisherigen Art. 104 wurde durch das Nachlaßgesetz im Eingange eine neue Fassung gegeben. Durch dieselbe wird zum Ausdruck gebracht, daß die Gebühr des Art. 104 nur in den Fällen erhoben wird, in denen nach gesetzlicher Vorschrift eine Erklärung dem Nachlaßgerichte abgegeben werden muß, nicht aber in solchen Fällen, in denen die Erklärung dem Nachlaßgericht gegenüber abgegeben werden kann. Die Erklärungen letzterer Art sind gebührenfrei; es ist also z. B. die Erklärung über die Annahme der Erbschaft gebührenfrei, während die Ausschlagserklärung dieser Gebühr unterliegt. Durch die neue Bestimmung ist insofern eine Erleichterung eingetreten, als die Gebührenfreiheit nicht darauf beschränkt ist, daß die Entgegennahme in einem der in den Art. 94 bis 96 bezeichneten Verfahren stattfindet, sondern schon dann, wenn sie aus Anlaß irgend eines andern mit einer Gebühr belegten Verfahrens stattfindet. Es ist z. B. die Entgegennahme schon dann gebührenfrei, wenn sie bei der Testamentseröffnung erfolgt, da für letzere die Gebühr des Art. 111, also eine in diesem Unterabschnitt bestimmte Gebühr, geschuldet wird. Demnach ist die Anwendung des Art. 104 eine begrenzte. Demselben unterliegen jedoch einige Erklärungen, welche zwar gegenüber dem Nachlaßgerichte erfolgen müssen aber unabhängig von dem Nachlaßverfahren sind, z. B. die Anfechtung der Ehe nach dem Tode eines Ehegatten (§ 1342), die Anfechtung der Ehelichkeit eines Kindes (§ 1597).

Im Gesetzgebungsausschusse wurde besonders konstatiert, daß dadurch, daß eine Offizialvermittelung der Erben eintritt, der Art. 104 ein weiteres Anwendungsgebiet als bisher nicht erhalte, daß vielmehr der Umfang des Geltungsgebietes dieses Artikels, soweit nicht die hervorgehobenen Erleichterungen eintreten, bleibe wie bisher. (Siehe V. d. K.Abg., 306. Sitzung v. 10. Mai 1902.)

1. Dem Nachlaßgerichte liegt in den vorerwähnten Fällen die Entgegennahme von Erklärungen, Anmeldungen und Anzeigen ob und umfaßt die Gebühr des Art. 104 die Beurkundung oder Beglaubigung der Erklärung durch das Nachlaßgericht und die vorgeschriebene Mitteilung an andere Personen (§§ 1342, 1491, 1492, 1597, 1953 Abs. 3, 1957 Abs. 2, 2081 Abs. 2, des B.G.B.). Für die Gestattung der Einsicht der Erklärung (§§ 2146 Abs. 2, 2228 und 2384 Abs. 2 B.G.B.) wird eine besondere Gebühr nicht erhoben.

Vergleiche hieher auch Anmerkg. 8 Abs. 3 zu Art. 94.

2. Für die Höhe der Gebühr ist ein Spielraum von 1 bis 10 *M* festgesetzt und hat das Gericht innerhalb desselben den Gebührenansatz unter Berücksichtigung des Umfangs und der Schwierigkeit der Sache, der Bedeutung derselben für das bürgerliche Leben und der Leistungsfähigkeit des Pflichtigen zu bestimmen. Vergleiche hieher Art. 280 und Anmerkg. 12 u. 13 zu Art. 89 auf S. 81.

Die Gebühr ist für jede gesonderte Erklärung besonders zu erheben. Dies gilt auch bei gleichzeitig abgegebenen Erklärungen mehrerer Personen.

Eine Ausnahme ist nur im Abs. 1 Satz 3 statuiert.

3. Im Erbauseinandersetzungsverfahren (Art. 94), bei der Vermittelung der Auseinandersetzung einer ehelichen oder fortgesetzten Gütergemeinschaft (Art. 95) sowie im Verfahren bei der Erteilung eines Erbscheins (Art. 96), kommt die Gebühr des Art. 104 nicht zum Ansatz.

4. Hier gelten alle Anmeldungen zusammen als nur ein durch den Miterben veranlaßtes Geschäft und wird deshalb die Gebühr nur einmal und zwar von dem Miterben nicht von den Gläubigern erhoben.

5. Zahlungspflichtig ist in den übrigen Fällen der Antragsteller, also derjenige, welcher eine Erklärung abgibt.

6. Kommt für das Verfahren eine in Abteilg. IV Abschnitt II Ziff. 5 vorgesehene Gebühr zum Ansatz, z. B. nach Art. 94, 102 oder 111 u. a., so ist die Entgegennahme keiner Gebühr unterworfen.

7. Auch in diesen Fällen wird für die Entgegennahme eine besondere Gebühr nicht erhoben.

Art. 105.

Für die Bestimmung [1]) oder Verlängerung [2]) der Inventarfrist und für die Entgegennahme des Inventars, einschließlich der Anordnung wegen Aufnahme des Inventars [3]) durch einen Notar [4]), wird, sofern der Wert des Nachlasses ohne Abzug der Schulden den Betrag von 2000 Mark übersteigt, eine Gebühr von 1 bis 10 Mark erhoben [5]). Finden diese Handlungen in Verbindung mit einem in diesem Unterabschnitte bezeichneten Verfahren statt, so wird eine Gebühr nicht erhoben [6]). Die Gebühr für die sämtlichen im Satz 1 bezeichneten Angelegenheiten darf den Betrag von 10 Mark nicht übersteigen [7]) [8]).

Zu Art. 105 bis 109.

Für eine Reihe von Verfügungen des Nachlaßgerichts, welche unabhängig von einander und von einer sonstigen Thätigkeit des Nachlaßgerichtes ergehen, werden besondere übrigens möglichst niedrige Gebühren erhoben.

1. Gemäß § 1994 hat das Nachlaßgericht den Erben auf

Antrag eines Nachlaßgläubigers eine Frist zur Errichtung des Inventars zu bestimmen. Zahlungspflichtig ist in diesem Falle der Nachlaßgläubiger. Hieher gehört auch der Fall des § 1996.

2. Nach § 1995 Abs. 3 kann das Nachlaßgericht auf Antrag des Erben die Frist nach seinem Ermessen verlängern. Schuldner der hiefür zu erhebenden Gebühr ist der Erbe.

3. Auf Antrag des Erben hat das Nachlaßgericht die Aufnahme des Inventars einem zuständigen Beamten (Gerichtsschreiber) oder einem Notare zu übertragen. Dasselbe ist von dem Notare oder dem Beamten bei dem Nachlaßgericht einzureichen (§ 2003).

Die Erklärung des Erben, daß ein bei dem Nachlaßgericht bereits vorliegendes Inventar als von ihm eingereicht gelten soll, (§ 2004) ist als Entgegennahme zu bewerten. Zahlungspflichtig ist in diesen Fällen der Erbe.

4. Mit Rücksicht auf die Bestimmung, daß das Nachlaßvermögen — nicht das Gesamtgut — ohne Abzug der Schulden den Betrag von 2000 ℳ übersteigen muß, um die Gebühr nach Art. 105 erheben zu können, kommen hier in der Regel nur die vom Notare aufgenommenen Nachlaßinventare in Betracht. Siehe auch Vorbemerkg. zu Art. 106.

5. Ueber die Anhaltspunkte hinsichtlich der Höhe der festzusetzenden Gebühr siehe Art. 280 und Anmerkg. 12 u. 13 zu Art. 89.

6. Der durch das Nachlaßgesetz eingefügte Satz bedeutet gegen die früheren Vorschriften eine schon im Art. 104 neu aufgenommene Gebührenerleichterung.

7. Mit Ausnahme der Anordnung wegen Aufnahme eines Inventars und der Entgegennahme desselben, welche Thätigkeiten des Nachlaßgerichtes hinsichtlich der Gebührenbewertung als ein Geschäft zu erachten sind, wird die Gebühr für jede der im Art. 105 oben aufgeführten Thätigkeiten des Nachlaßgerichts besonders erhoben, jedoch dürfen die einzeln angesetzten Gebühren wie z. B. für die Bestimmung der Inventarfrist = 4 ℳ, für die Verlängerung derselben 4 ℳ und Anordnung der Aufnahme wie Entgegennahme des Inventars 4 ℳ = 12 ℳ, den Betrag von 10 ℳ nicht übersteigen.

Für die Gestattung der Einsicht der Verfügung, welche die Bestimmung einer Inventarfrist betrifft (§ 2010 B.G.B. § 78 des G.F.G.), kommt eine Gebühr nicht zur Erhebung.

8. Die Gebühr für die Inventarerrichtung kann aus dem Nachlaß entnommen werden. Für die Zahlung haften die Erben nach den Vorschriften über Nachlaßverbindlichkeiten. Siehe Art. 115. Vergleiche hieher auch die Vorbemerkung zu Art. 106.

Im Nachlaßkonkurs ist § 224 Nr. 2 der R.K.O. zu beachten.

Art. 106.

Für die Aufnahme des Nachlaßinventars oder eines Nachlaßverzeichnisses[1]) durch den Gerichtsschreiber[2]) kommen Gebühren[3]) nicht zur Erhebung.

Die Vorschrift des Art. 106 erstreckt die bisher schon gemäß

Art. 125 Abs. 3 des Gebührengesetzes den notariellen Inventaren in Nachlaßsachen unter den dort erwähnten Voraussetzungen zugestandene Gebührenfreiheit auch auf die nach Art. 63 des Ausf.Ges. z. R.G.V.G. Art. 167 Ziff. XVI des Ausf.Ges. z. B.G.B. von den Gerichtsschreibern in Nachlaßsachen aufzunehmenden Inventare. Läßt man Inventare, wenn der Wert des Nachlasses ohne Abzug der Schulden 2000 ℳ nicht übersteigt — nur diese können von dem Gerichtsschreiber errichtet werden — gebührenfrei, so ist es folgerichtig, überhaupt die mit der beschränkten Erbenhaftung (§§ 1993 ff. des B.G.B.) zusammenhängende Thätigkeit des Gerichts, d. h. die im Art. 105 bezeichneten Anordnungen unter der erwähnten Voraussetzung gebührenfrei zu belassen.

1. Der Zusatz erfolgte durch das Nachlaßgesetz und bringt zum Ausdruck, daß auch dann Gebührenfreiheit einzutreten hat, wenn auf Grund des Art. 5 des Nachlaßgesetzes ein Nachlaßverzeichnis aufgenommen wird.

2. Nach § 19 der Bekanntmachg. über das Nachlaßwesen v. 31. Dezbr. 1899, Just.M.Bl. 1900 S. 9, dann § 22 Abs. II der Ausf. Vorschr. z. Nachlaß Ges. ist zur Aufnahme des Nachlaßverzeichnisses, sofern der Wert des Nachlasses ohne Abzug der Schulden den Betrag von 2000 ℳ nicht oder nicht erheblich übersteigt, auch der Gerichtsschreiber zuständig (Art. 63 des Ausf.Ges. z. R.G.V.G.). Die Angabe, ob der Nachlaß 2000 ℳ übersteigt, hat von dem Interessenten zu erfolgen und ist es bei dem Umstande, den Nachlaß möglichst gering anzuschlagen, daher leicht erklärlich, daß der Nachlaßwert im Verzeichnisse selbst sich oft höher ausweist. Wird nun ein Gerichtsschreiber, weil der Nachlaßwert als 2000 ℳ nicht übersteigend bezeichnet wurde, mit der Aufnahme des Nachlaßverzeichnisses beauftragt und stellt sich heraus, daß der Nettonachlaß z. B. 5000 ℳ beträgt, so entsteht die Frage, ob auch in diesem Falle Gebühren nicht zur Erhebung gelangen. Um nun eine absichtliche Hinterziehung der Notariatsgebühren und eine Schädigung des Aerärs zu vermeiden, dürfte es angezeigt sein, in solchen Ausnahmefällen die Gebühren nach Art. 101 bzw. 105 mit Art. 162 zu erheben.

3. Auslagen kommen zur Erhebung. Siehe auch Anmerkg. 8 Abs. 2 zu Art. 105.

Art. 107.

Für die Verhandlung in dem zur Abnahme des Offenbarungseides (§ 2006 des Bürgerlichen Gesetzbuchs) [1]) bestimmten Termine wird die Gebühr des § 43 des Reichs-Gerichtskostengesetzes erhoben [2]) [3]).

1. Der Erbe hat auf Verlangen eines Nachlaßgläubigers vor dem Nachlaßgerichte den Offenbarungseid dahin zu leisten,

„daß er nach bestem Wissen die Nachlaßgegenstände so vollständig angegeben habe, als er dazu imstande sei".

(§ 2006 Abs. 1 des B.G.B., § 79 des G.F.G.)

2. Die Gebühr beträgt zwei Zehnteile der Sätze des § 8 des R.G.K.G., siehe Anhang Tabelle a.

Gebührenschuldner ist derjenige, welcher den Antrag auf Terminsbestimmung zum Zwecke der Eidesleistung stellt.

Im Falle der wiederholten Leistung des Eides (§ 2006 Abs. 4) wird die Gebühr von neuem erhoben.

3. Wertsgegenstandssumme ist der Nachlaß ohne Abzug der Schulden. Die Einsichtnahme der Aktenstücke ist gebührenfrei.

Art. 108.

Für die Verfügungen, durch die nach den §§ 2151, 2153 bis 2155, 2192, 2193 [1]) und dem § 2198 Abs. 2 des Bürgerlichen Gesetzbuchs dem Beschwerten oder einem Dritten eine Frist zur Erklärung bestimmt wird, einschließlich des sich anschließenden Verfahrens, wird eine Gebühr von 1 bis 10 Mark erhoben [2]) [3]).

1. Die hier angezogenen Verfügungen betreffen:

§§ 2151, 2153 bis 2155, 2192, 2193, Bestimmung einer Frist behufs Erklärung des Beschwerten, wer von mehreren Bedachten das Vermächtnis erhalten oder an wen die Auflage geleistet werden soll.

§ 2198 Abs. 2, Bestimmung der Frist, innerhalb welcher ein Dritter die Person des Testamentsvollstreckers bestimmen soll.

2. Zahlungspflichtig ist der Antragsteller.

3. Hinsichtlich der Festsetzung der Gebühr siehe die Vorschrift des Art. 280 und Anmerkg. 12 u. 13 zu Art. 89.

Art. 109.

Für die nach den Vorschriften des Bürgerlichen Gesetzbuchs über den Testamentsvollstrecker vom Nachlaßgerichte zu treffenden Anordnungen wird ein Zehntel der Sätze des § 8 des Reichs-Gerichtskostengesetzes erhoben. Der Berechnung der Gebühr wird im Falle des § 2224 Abs. 1 des Bürgerlichen Gesetzbuchs der Wert des Gegenstandes, bezüglich dessen Meinungsverschiedenheit besteht, im Uebrigen der Wert des Vermögens, auf welches sich die Testamentsvollstreckung bezieht, zu Grunde gelegt.

Wenn der Art. 109 von den Anordnungen des Gerichts spricht, welche über den Testamentsvollstrecker ergehen, so versteht sich von selbst, daß damit nicht die Entgegennahme der unter den Art. 104 fallenden Erklärungen nach §§ 2198 Abs. 1, 2199 Abs. 3, 2202 Abs. 1, 2, 2226 Satz 2 sondern:

§ 2198 Abs. 2, Anberaumung einer Frist zur Bestimmung der Person des Testamentsvollstreckers durch einen Dritten;

§ 2200, Ernennung des Testamentsvollstreckers durch das Gericht;

§ 2202 Abs. 3, Bestimmung einer Frist zur Erklärung über die Annahme des Amtes eines Testamentsvollstreckers;
§ 2216 Abs. 2, Außerkraftsetzung der Anordnungen des Erblassers hinsichtlich der Verwaltung des Nachlasses;
§ 2224 Abs. 1, Entscheidung des Nachlaßgerichtes bei Meinungsverschiedenheiten mehrerer Testamentsvollstrecker;
§ 2227, Entlassung des Testamentsvollstreckers,
gemeint sind (Motive 1899).

1. Siehe Anhang Tabelle a.

2. Entstehen bezüglich der Maßregeln zur Erhaltung eines der gemeinschaftlichen Verwaltung mehrerer Testamentsvollstrecker unterliegenden Nachlaßgegenstandes Meinungsverschiedenheiten, so hat hierüber das Nachlaßgericht zu entscheiden. In diesem Falle ist die Gebühr des Art. 109 aus dem Wert dieses Gegenstandes zu erheben.

Im übrigen ist der Wert des Nachlaßvermögens ohne Abzug der Schulden der Gebührenberechnung zu Grunde zu legen.

3. Schuldner der Gebühren ist der Antragsteller.

Im Falle der Ernennung des Testamentsvollstreckers durch das Gericht (§ 2200) sind die Gebühren aus dem Nachlasse zu decken. Das Gleiche trifft zu für die Anordnungen nach §§ 2216 Abs. 2 und 2224 Abs. 1.

Die Gebühr wird für jede Anordnung besonders erhoben.

Art. 110.

Für die Erteilung einer Ausfertigung des Erbscheins, der im Art. 98 bezeichneten Zeugnisse sowie der gerichtlichen Verfügungen, die sich auf die Ernennung oder die Entlassung des Testamentsvollstreckers beziehen, wird die Gebühr des Art. 54 besonders erhoben.

Die erstmalige Erteilung der Ausfertigung ist gebührenfrei.

Die Bedeutung der in den §§ 84 u. 85 des G.F.G. erwähnten Zeugnisse und gerichtlichen Verfügungen rechtfertigt es, für derartige Ausfertigungen besondere Gebührenvorschriften zu treffen.

Es schreibt deshalb der Art. 110 die Erhebung einer mäßigen Gebühr vor, welche in jedem Falle besonders, sohin neben den etwa zu entrichtenden Bauschgebühren zum Ansatze zu kommen hat.

Abs. 2 entscheidet die Streitfrage des bisherigen Rechtes, ob die erstmalige Ausfertigung des Erbschaftszeugnisses durch die Bauschgebühr des Art. 83 (jetzt Art. 96) gedeckt ist, in dem den Gebührenpflichtigen günstigeren Sinne (Motive 1899).

1. Die Zeugnisse, welche unter Gebührenvorschrift des Art. 110 fallen, sind:

a) die Erbscheine Art. 96;

b) die Zeugnisse des Nachlaßgerichtes bezüglich der Nachfolge bei einem Familiengut einer standesherrlichen Familie oder bei einem Lehen, dann das Zeugnis des Fideikommißgerichts bei einem Familienfideikommiß;
die Zeugnisse über die Fortsetzung der Gütergemeinschaft (§ 1507 des B.G.B.);
dann die Verfügungen des Nachlaßgerichts über Ernennung des Testamentsvollstreckers, Art. 98;

c) desgleichen die Verfügungen des Nachlaßgerichts auf Entlassung des Testamentsvollstreckers, Art. 109.

2. Die Gebühr des Art. 54 zu 2 und bzw. 3 ℳ (bei den Oberlandesgerichten) kommt bei der zweiten und folgenden Ausfertigung jedesmal zur Erhebung. Für die erste Ausfertigung werden nur Schreibgebühren angesetzt.

3. Zahlungspflichtig ist der Antragsteller.

Art. 111 (84).

Testamente [1]) und Erbverträge [2]) unterliegen ohne Rücksicht auf den Ort ihrer Errichtung [3]) bei ihrer Eröffnung [4]) einer besonderen Gebühr von eins vom Tausend der Gegenstandssumme, über welche in denselben verfügt ist [5]). Bei Berechnung der Aktivmasse werden die Schulden in Abzug gebracht [6]). Der Mindestbetrag der Gebühr ist 1 Mark [7]).

Bei Testamenten und Erbverträgen, für welche bei ihrer Errichtung eine Gebühr von 10 Mark erhoben worden ist, kommt die Gebühr nach Abs. 1 nur insoweit zur Erhebung, als dieselbe den Betrag von 7 Mark übersteigt [8]).

Bei Erbverträgen, welche bei ihrer Errichtung mit der verhältnismäßigen Gebühr belegt worden sind, wird letztere Gebühr, soweit sie den Betrag von 3 Mark übersteigt, auf die Gebühr des Abs. 1 angerechnet [8 c bis 12]).

Die Motive (1899) äußern hiezu:

Gemäß § 2260 des B.G.B. hat das Nachlaßgericht, sobald es von dem Tode des Erblassers Kenntnis erhält, zur Eröffnung eines in seiner Verwahrung befindlichen Testaments einen Termin zu bestimmen. In diesem Termin ist das Testament zu öffnen, den Beteiligten zu verkünden und ihnen auf Verlangen vorzulegen. Die Verkündung darf im Falle der Vorlegung unterbleiben. Diese Vorschriften finden gemäß § 2300 des B.G.B. auch auf die Erbverträge gleichmäßig Anwendung. Entsprechend diesen Bestimmungen des Bürgerlichen Gesetzbuches hat der bisherige Art. 84 Abs. 1 Satz 1 im Art. 111 eine Erweiterung dahin erfahren, daß auch für die Verkündung von Erbverträgen, die ohnehin nach der neuen Fassung des Art. 126 (nun 163) in Bezug auf die Gebührenbewertung deh Testamenten vollkommen gleichgestellt sind, die im Art. 111 normierte Gebühr zum Ansatze zu gelangen hat und ferner diese Gebühr auch dann erhoben werden soll, wenn an Stelle der Verkündung der Testamente oder Erbverträge deren Vorlegung an die Beteiligten stattfindet.

Daß Art. 111 auch auf die Verkündung oder Verlegung gemeinschaftlicher Testamente sowie auf den Fall Anwendung findet, wenn die bei Eröffnung des Testaments oder Erbvertrags nicht zugegen gewesenen Beteiligten von dem sie betreffenden Inhalte in Kenntnis gesetzt werden (§ 2262 mit § 2300 des B.G.B.), versteht sich von selbst.

Mit Rücksicht auf die Erweiterung des Art. 111 Abs. 1 war auch die Vorschrift im Abs. 2 auf die Erbverträge zu erstrecken, für welche bis zur Novelle vom 29. Mai 1886 auf Grund des früheren Art. 115 des Gebührengesetzes vom 18. August 1879 die Gebühr von 10 ℳ entrichtet wurde und war endlich in dem neu angefügten Abs. 3 eine Ausgleichung für jene Erbverträge zu schaffen, welche bei ihrer Errichtung der verhältnismäßigen Gebühr des früheren Art. 116 Abs. 2 unterworfen waren.

1. Hierunter fallen alle einseitigen Verfügungen des Erblassers von Todeswegen (§ 1937 des B.G.B.), die ordentlichen sowohl wie außerordentlichen Testamente, das vom Erblasser eigenhändig geschriebene (§ 2231 Z. 2), das vor dem Bürgermeister des Aufenthaltsorts und 2 Zeugen errichtete sogen. Nottestament (§ 2249), das bei Absperrung des Aufenthaltsorts wegen Krankheit entweder vor dem Bürgermeister wie vor oder vor 3 Zeugen errichtete Testament (§ 2250), das während einer Seereise am Bord eines deutschen Fahrzeuges durch mündliche Erklärung vor 3 Zeugen (§ 2251) sowie das von Personen der kaiserlichen Marine und sonstigen Militärpersonen nach Art. 44 des Einf.Ges. z. B.G.B. und endlich das vor einem deutschen Konsul im Ausland errichtete Testament.

2. Erbverträge sind zweiseitige Verfügungen von Todeswegen. Zu diesen gehören auch die vertragsmäßigen Anordnungen von Vermächtnissen und Auflagen (§ 1911 des B.G.B.).

Erbverträge können auch mit einem anderen Vertrage z. B. mit einem Ehevertrage in einer und derselben Urkunde verbunden sein. Siehe auch Anmerkg. 7 lit. c unten.

3. Durch das Nachlaßgesetz wurden diese Worte neu hinzugefügt und ist durch dieselben außer Zweifel gestellt, daß auf die Erhebung der Gebühr der Ort der Errichtung einer Verfügung von Todeswegen ohne Einfluß ist, somit die Gebühr des Art. 111 auch dann zum Ansatze zu kommen hat, wenn die letztwillige Verfügung außerhalb Bayern errichtet worden ist.

4a. Die Worte „bei ihrer Eröffnung" bezeichnen nur den Zeitpunkt der Fälligkeit der für Testamente und Erbverträge nach Art. 111 zu entrichtenden Gebühr. Dieselbe soll kein Aequivalent für die gerichtliche Thätigkeit bilden, sie ist vielmehr eine Gebühr für das Testament selbst, welche im Interesse der Erleichterung der Testamentserrichtung statt im Augenblicke der Errichtung erst im Augenblicke der Eröffnung d. h. in jenem Zeitpunkte zur Entrichtung kommt, in welchem der Inhalt des Testaments den Beteiligten zum Zwecke der Ermöglichung der Ausführung bekannt gegeben wird. (Vergl. Motive 1886 S. 357, Ziffer III, 2 der Bek. der St.M. der Justiz und der Finanzen vom 12. Juni 1886, Just.M.Bl. S. 180, ferner Beschl. des ObersttL.G. v. 3. Septbr. 1894, Slg. d. Entschdg ä. F. Bd. XV S. 320, Pfaff, 5. Aufl. S. 104.)

b. Bei Anwendung der Vorschriften der Art. 111 und 166 macht es keinen Unterschied, ob das Testament in Bayern oder außerhalb Bayerns errichtet, ob dasselbe von einem Notare beurkundet oder eigenhändig geschrieben und unterschrieben ist. Ebensowenig ist im Gesetze unterschieden zwischen Erbverträgen, die von einem bayrischen Notare und zwischen solchen, die von einem außerbayrischen Notare oder Gerichte beurkundet worden sind. Die Gebühr des Art. 111 hat daher, vorbehaltlich der Bestimmungen der Art. 112 und 191 Ziff. 3, in allen Fällen der Eröffnung von Testamenten und Erbverträgen zur Erhebung zu kommen (§§ 21, 26 der Vollz.Instr. v. 25. Dezbr. 1899, Just.M.Bl. 1900 S. 357 ff.).

c. Die Gebühr des Art. 111 ist eine Bauschgebühr und umfaßt auch die Thätigkeit des Gerichts vor und nach der Eröffnung. So die Maßnahmen des Nachlaßgerichts zur Ablieferung des in amtlichem Verwahr befindlichen Testamentes (§ 2259 Abs. 2) — ausgenommen jedoch die Verfügungen im Falle des § 2259 Abs. 1 des B.G.B. und § 83 Abs. 2 des G F.G., welche der Gebührenpflicht nach Art. 113 unterliegen, — ferner die Uebersendung des Testamentes an das zuständige Nachlaßgericht (§ 2261) sowie die Benachrichtigung an die bei der Eröffnung des Testaments oder Erbvertrages nicht zugegen gewesenen Beteiligten (§ 2262). Diese gerichtlichen Akte unterliegen auch dann keiner Gebühr, wenn das Testament oder der Erbvertrag von einem sie verwahrenden nichtbayrischen Gerichte eröffnet wurden (§§ 2261, 2300). In dem letzteren Falle kann für die außerhalb Bayerns erfolgte Eröffnung die Gebühr des Art. 111 nicht erhoben werden.

d. Bei gemeinschaftlichen Testamenten kommt die Gebühr des Art. 111 bei jedesmaliger Eröffnung derselben besonders zur Erhebung. Die Berechnung hat aus dem Betrage zu erfolgen, welcher im Zeitpunkt der Eröffnung den Reinrücklaß des jeweiligen Erblassers bildet oder über welchen der Erblasser in dem Testamente verfügt hat.

e. Für ein gemäß Art. 108 des Ausf.Ges. z. B.G.B. nach Ablauf der 54 jährigen Verwahrungsfrist eröffnetes Testament kommt die Gebühr des Art. 111 gleichfalls zur Erhebung. Vergleiche hieher Art. 166.

f. Die Gebühr des Art. 111 kann nicht erhoben werden für widerrufene Testamente und letztwillige Verfügungen sowie für die Verkündung formell rechtsungiltiger letztwilliger Verfügungen.

g. Für die gleichzeitige Eröffnung mehrerer Testamente oder Testamentsnachträge wird die Gebühr nur einmal angesetzt. Die aus der Gesamtsumme der einzelnen Gegenstandswerte zu berechnende Gebühr kann jedoch nie höher sein, als die Gebühr, welche sich nach dem Betrage des gesamten reinen Rücklaßvermögens berechnen würde.

5. Die Einschränkung „über welche in denselben verfügt ist" schließt die Annahme aus, als ob auch in den Fällen, in welchen z. B. eine letztwillige Verfügung, ohne eine Erbseinsetzung zu enthalten, den Intestaterben die Auszahlung einzelner Vermächtnisse zur Pflicht macht, oder lediglich Anordnungen hinsichtlich der Art des Begräbnisses und dergleichen trifft, die Gebühr aus dem ganzen Nachlaßvermögen zu berechnen wäre. In solchen Fällen würde die Gebühr nur aus dem Betrage der Vermächtnisse zu erheben bzw. mit 1 ℳ in Ansatz zu bringen sein (Burkhard S. 217, Pfaff, 5. Aufl. S. 104).

Sofern es notwendig erscheinen sollte, hat den Gegenstandswert eines Vermächtnisses oder einer Auflage gemäß Art. 43 das Nachlaßgericht festzusetzen. Siehe auch Anmerkg. Ziff. 12.

6. Als Schulden, welche vom Rücklaßvermögen in Abzug gebracht werden dürfen, kommen nach der Intention des Gebührengesetzes bei Erhebung der Gebühr des Art. 111 Vermächtnisse und Auflagen nicht in Betracht. Vergleiche hieher Anmerkg. 6 zu Art. 94.

7. Ist der Nachlaß überschuldet, so wird keine Gebühr erhoben, auch nicht die Mindestgebühr von 1 ℳ, jedoch kommt diese zum Ansatz, wenn auch der Reinrücklaß oder die Gegenstandssumme unter 1000 ℳ beträgt.

8a. Gemäß Art. 125 des Gebührengesetzes in der Fassung vom 18. August 1879 wurde bis zum 1. Juli 1886 für die Errichtung von Testamenten und sonstigen letztwilligen Verfügungen eine Gebühr von 10 ℳ erhoben.

b. Der Absatz 2 hat nur die Bedeutung einer Uebergangsbestimmung und bezweckt für diejenigen Testamente u. s. w., für welche nach vorerwähnter Gebührenvorschrift bei ihrer Errichtung die höhere Gebühr von 10 ℳ bezahlt wurde, eine entsprechende Ausgleichung zu schaffen. Dieselbe soll in der Weise erfolgen, daß bei solchen Testamenten die Gebühr nach Abs. 1 nur insoweit zur Erhebung kommt, als sie den Betrag von 7 ℳ, um welchen die Gebühr nach Art. 126 des Geb.G. v. 29. Mai 1886 ermäßigt wurde, übersteigt. (Motive 1886.)

c. Die Anrechnung der Gebühren nach Art. 111 Abs. 2 u. 3 greift bei Erbverträgen, welche mit Eheverträgen in einer und derselben Urkunde verbunden sind, dann nicht Platz, wenn die Urkunde nicht Bestimmungen über Gegenstandssummen enthält, welche nicht schon auf Grund des Ehevertrages der verhältnismäßigen Gebühr unterworfen waren.

9. Die Gebührenerhebung für die Eröffnung von Testamenten und Erbverträgen stellt sich tabellarisch dar, wie folgt:

I. Testamente.

a) Errichtet in der Zeit bis zum 1. Oktober 1879.
eins vom Tausend (Art. 111 Abs. 1).

b) Errichtet in der Zeit vom 1. Oktober 1879 bis 1. Juli 1886 (Art. 125 des Gebührengesetzes vom 18. August 1879).
eins vom Tausend abzüglich 7 Mark (Art. 111 Abs. 2).

c) Errichtet in der Zeit vom 1. Juli 1886 an.
eins vom Tausend (Art. 111 Abs. 1).

II. Erbverträge.

a) Errichtet in der Zeit bis zum 1. Oktober 1879.
eins vom Tausend (Art. 111 Abs. 1).

b) Errichtet in der Zeit vom 1. Oktober 1879 bis 1. Juli 1886.
(Art. 115 des Gebührengesetzes vom 18. August 1879).

1. Ohne Gegenstandssumme: eins vom Tausend abzüglich 7 Mark (Art. 111 Abs. 2).

2. Mit Gegenstandssumme: (Art. 115 Abs. 2, 112 Z. 1 u. 2, 113 Z. 2 des Geb.G. v. 18. Aug. 1879).

aa) aus Immobilien und gleichgeachteten Rechten: eins vom Tausend abzüglich der erhobenen Gebühr von 1 vom Hundert, soweit sie 3 ℳ übersteigt (Art. 111 Abs. 3),

bb) in sonstigen Fällen: eins vom Tausend abzüglich der erhobenen Gebühr von 3 vom Tausend, soweit diese 3 ℳ übersteigt (Art. 111 Abs. 3).

c) Errichtet in der Zeit vom 1. Juli 1886 bis 1. Januar 1900.

1. Ohne Gegenstandssumme: eins vom Tausend (Art. 111 Abs. 1).

2. Mit Gegenstandssumme:
wie unter lit. b Z. 2 (Art. 116 Abs. 2, 113 Z. 1, 2, 114 Z. 1, 2 des Geb.G. vom 29. Mai 1886 bzw. 6. Juli 1892).

d) Errichtet ab 1. Januar 1900.
eins vom Tausend (Art. 111 Abs. 1).

10. Für die Gestattung der Einsicht von Testamenten u. s. w. (§ 2264) wird eine Gebühr nicht erhoben, siehe Art. 114.

Beglaubigte Abschriften oder Auszüge, dann Ausfertigungen unterliegen neben den Schreibgebühren auch der Gebühr des Art. 54. Im Falle sie von Amtswegen erteilt werden jedoch nur der Schreibgebühr. Vergl. hieher § 34 der Ausf. Vorschr. z. Nachlaß Ges.

11. Die Gebühr für die Eröffnung einer Verfügung von Todeswegen gehört zu den Nachlaßverbindlichkeiten, sie kann daher aus dem Nachlasse entnommen werden, siehe Art. 115.

Die Kosten der Eröffnung einer Verfügung des Erblassers von Todeswegen zählen nach § 224 Nr. 4 der K.K.O. zu den Masseschulden.

12. Das Nachlaßgericht hat für die Festsetzung des Nachlaßwertes Sorge zu tragen, soferne seitens der Beteiligten über den Wert des Nachlasses keine oder offenbar unrichtige Angaben gemacht werden. Dies gilt insbesondere auch für die von den Notaren vorgenommenen Eröffnungen von Testamenten oder Erbverträgen. Im Falle der Wertsfestsetzung durch das Nachlaßgericht obliegt die Erhebung der Gebühr nicht dem Notare, sondern dem Gerichtsschreiber. Im übrigen erfolgt die Erhebung der bei einem Notare anfallenden Gebühren und Auslagen durch diesen selbst. Siehe Bek. d. St.M. d. Justiz u. d. Finanzen v. 16. Dezbr. 1900, Just.M.Bl. S. 1256 u. v. 11. März 1903, Just.M.Bl. S. 249.

Art. 112 (87).

Die von Militärpersonen bei der Mobilmachung [1]) errichteten oder in amtliche Verwahrung gebrachten Testamente und Erbverträge sind von der Gebühr des Art. 111 befreit.

Der Art. 112 entspricht dem bisherigen Art. 87. Die neue Fassung ist durch den Sprachgebrauch des Bürgerlichen Gesetzbuches veranlaßt und enthält keine Aenderung des geltenden Rechtes (Motive 1899).

1. Nur die anläßlich einer Mobilmachung von Militärpersonen errichteten Testamente oder Erbverträge sind von der Gebühr des Art. 111 befreit. Die betreffende Militärperson muß dem mobil gemachten Truppenteil angehören.

Art. 113.

Für die Verfügungen, durch die der Besitzer eines Testaments im Falle des § 2259 Abs. 1 des Bürgerlichen Gesetzbuchs zur Ablieferung des Testaments angehalten wird, wird eine Gebühr von 1 bis 10 Mark erhoben [1]) [2]) [3]).

Die gleiche Gebühr wird für die Abhaltung des Termins zur Leistung des im § 83 Abs. 2 des Gesetzes über die Angelegenheiten der freiwilligen Gerichtsbarkeit bestimmten Offenbarungseids erhoben [4]) [5]).

Im Art. 113 sind die Gebühren festgesetzt, welche für das im § 83 des G.F.G. geregelte Zwangsverfahren zur Ablieferung von Testamenten erhoben werden sollen.

Daß im Abs. 2 für die Leistung des im § 83 Abs. 2 bestimmten Offenbarungseids nicht die im § 43 des R.G.K.G. bestimmte Gebühr festgesetzt ist (vergl. für die sonstigen Fälle Art. 133), hängt damit zusammen, daß es im Interesse der Einfachheit wünschenswert erschien, hier von einer nach dem Werte des durch die Verfügung von Todeswegen betroffenen Vermögens bemessenen Gebühr Abstand zu nehmen.

1. Wer ein Testament, das nicht in amtliche Verwahrung gebracht ist, im Besitze hat, ist verpflichtet, es unverzüglich, nachdem er von dem Tode des Erblassers Kenntnis erhalten hat, an das Nachlaßgericht abzuliefern (§ 2259 Abs. 1).

Das Nachlaßgericht kann den Besitzer des Testaments durch Ordnungsstrafen zur Ablieferung des Testaments anhalten (§ 83 Abs. 1 des G.F.G).

Nur für die Verhängung der Ordnungsstrafe kommt die Gebühr des Art. 113 zur Erhebung. Leistet der Besitzer des Testaments der gerichtlichen Aufforderung zur Ablieferung sofort Folge, ohne daß es zu einer Zwangsmaßregel kommt, fällt die Gebühr nach Art. 113 nicht an. Die Gebühr wird jedoch so oft erhoben, als Ordnungsstrafen verfügt werden.

2. Hinsichtlich der Festsetzung der zu erhebenden Gebühr siehe Art. 280 u. Anmerkg. 12 u. 13 zu Art. 89.

3. Die Bestimmung des Art. 113 trifft auch für Erbverträge zu.

4. Besteht Grund zur Annahme, daß jemand ein Testament im Besitze hat, zu dessen Ablieferung er nach § 2259 Abs. 1 des B.G.B. verpflichtet ist, so kann er von dem Nachlaßgerichte zur Leistung des Offenbarungseides angehalten werden. Die Vorschriften des § 883 Abs. 2, 3, des § 900 Abs. 1 und der §§ 901, 902, 904 bis 910, 912, 913 der R.C.P.O. finden entsprechende Anwendungen.

Leistet der zum Offenbarungseid Geladene den Eid dahin, daß er nicht im Besitze des Testaments ist, so ist er für die Gebühr des Art. 113 nicht zahlungspflichtig. In diesem Falle sind die Erben Gebührenschuldner.

5. Die Gebühr des Art. 113 kann aus dem Nachlaß entnommen werden und haften für die Zahlung derselben die Erben nach den Vorschriften über Nachlaßverbindlichkeiten eventuell die Personen, welche zur Verfügung von Zwangsmaßregeln Anlaß gegeben haben.

Im Falle der Erzwingung der Eidesleistung ist derjenige, welcher das Testament im Besitz haben soll, Schuldner der Gebühr des Art. 113, doch haften neben demselben auch die Erben für die Gebühr.

Art. 114.

Für die Gestattung der Einsicht der bei dem Nachlaßgerichte niedergelegten Anzeigen, Erklärungen, Inventare und Testamente sowie der im § 78 des Gesetzes über die Angelegenheiten der freiwilligen Gerichtsbarkeit erwähnten Ermittelungen, Verfügungen, Protokolle und Zeugnisse werden Gebühren nicht erhoben[1]).

Um die Zwecke, welche das bürgerliche Recht mit der Gestattung der Einsicht der bei dem Nachlaßgerichte niedergelegten Anzeigen, Erklärungen, Inventare, Testamente sowie der im § 78 des G.F.G. bezeichneten Schriftstücke verbindet, nicht zu vereiteln, muß die Gestattung der Einsicht gebührenfrei sein. (Motive.)

1. Der § 78 des G.F.G. handelt von der Einsichtnahme gewisser Aktenstücke in Nachlaß- und anderen Angelegenheiten, so nach

B.G.B. § 1342 Abs. 2	siehe	Art.	104,	Anmerkg.	1.
§ 1507	"	"	98,	"	6.
§§ 1597, 1599	"	"	104,	"	1.
§ 1953 Abs. 3	"	"	"	"	1.
§ 1957	"	"	"	"	1.
§ 1964	"	"	100,	"	1.
§§ 1994, 1995 Abs. 3, 1996, 2003, 2005 Abs. 2	"	"	105,	"	7 Abs. 2.
§ 2006	"	"	107,	"	3.
§ 2010	"	"	105,	"	7 Abs. 2.
§ 2081	"	"	104,	"	1.
§ 2146	"	"	"	"	1.
§§ 2200, 2227, 2228	"	"	109,	"	1.
§ 2264	"	"	111,	"	10.
§§ 2353 ff.	"	"	96,	"	16.
§ 2361	"	"	97,	"	3.
§ 2368	"	"	98,	"	6.
§ 2384	"	"	104,	"	1.
G.B.O. §§ 37, 38	"	"	99,	"	3.

Art. 115 (86).

Die Gebühren für die Eröffnung einer Verfügung von Todeswegen[1]), für die Sicherung des Nachlasses[2]), für eine Nachlaßpflegschaft[3]) und für die Inventarerrichtung[4]) können aus dem Nachlaß entnommen werden[5]). Für die Zahlung dieser Gebühren haften die Erben nach den Vorschriften über Nachlaßverbindlichkeiten[6]).

Für die in den Art. 94, 95 bestimmten Gebühren haften die Anteilsberechtigten als Gesamtschuldner[7]).

Nach dem früheren Art. 86 sind die anfallenden Gebühren und Auslagen aus dem Nachlasse zu erheben; für die Berichtigung der Kosten haften die Erben bis auf die Höhe des aus der Erbschaft Empfangenen samtverbindlich.

Nach § 224 Nr. 4 der K.K.O. hat die Kostenforderung die Eigenschaft einer Masseschuld nur hinsichtlich der Kosten der Eröffnung einer Verfügung des Erblassers von Todeswegen, der gerichtlichen Sicherung des Nachlasses, einer Nachlaßpflegschaft, des Aufgebots der Nachlaßgläubiger und der Inventarerrichtung. Dieser Vorschrift schließt sich der Art. 113 an; das Aufgebot ist nicht erwähnt, weil für dessen Kosten das R.G.K.G. maßgebend ist. Die Kosten der Teilung des Nachlasses sind in der K.K.O. nicht als unmittelbare Masseschulden anerkannt, dagegen kann der Erbe, welcher sie bezahlt hat, nach § 224 Nr. 1 der K.K.O. für seine Aufwendungen aus dem Nachlasse mit dem Vorrechte der Masseschuld Ersatz fordern. Dieser Rechtslage entsprechend erklärt der Abs. 2 die Erben für die Kosten der Teilung persönlich haftbar und überläßt es ihnen, ihrerseits aus dem Nachlasse Ersatz zu suchen. Daß für die Kosten einer Teilung die Erben als Gesamtschuldner haften, steht im Einklange mit der Vorschrift des § 2058 des B.G.B. (vergl. auch Art. 132 des Ausf.Ges. z. B.G.B.). Die Kosten eines Erbscheines sind nicht als Masseschulden in der Konkursordnung aufgeführt und deshalb auch im Abs. 1 nicht erwähnt. Dies hat zur Folge, daß jeder Erbe als Antragsteller persönlich für die Kosten des Erbscheines haftet.

Was von den Kosten der Teilung eines Nachlasses gilt, trifft auch für die Kosten der Auseinandersetzung in Ansehung eines Gesamtguts zu. (Motive 1899.)

1. Zu den Gebühren für die Eröffnung von Testamenten und Erbverträgen zählen auch die Kosten für die beglaubigten Abschriften oder Auszüge, durch welche das Nachlaßgericht die Beteiligten, die bei der Eröffnung des Testaments nicht zugegen gewesen sind, von dem sie betreffenden Inhalt des Testaments in Kenntnis setzt. (§ 2262 B.G.B.) Siehe auch Anm. 10 zu Art. 111.

Für die Kosten der von einem Notar an Stelle des Nachlaßgerichts vorgenommenen Eröffnung eines Testamentes oder Erbvertrags haften die Erben nach den Vorschriften über die Nachlaßverbindlichkeiten. Beschluß des ObersLG. v. 29. Oktober 1901, Slg. d. Entschdg. n. F. Bd. II S. 666.

2. Hieher gehören die Kosten für alle nach § 1960 des B.G.B. vom Nachlaßgerichte zur Sicherung des Nachlasses erlassenen Anordnungen. Siehe Art. 101.

3. Nicht nur die Kosten der Nachlaßpflegschaft, sondern auch die der Nachlaßverwaltung. Siehe Art. 102 u. 103.

4. Das Gesetz erwähnt nur die Kosten für die Inventarerrichtung (Art. 105). Hinsichtlich der Bestimmung der Inventarfrist (§ 1994 des B.G.B.) haften für die Zahlung der Gebühren nicht die Erben, sondern ist der antragstellende Gläubiger Alleinschuldner.

5. Dies wird geschehen können, wenn das Nachlaßgericht zum Nachlasse gehörige Gelder im Besitze hat.

6. Es finden hier die allgemeinen Vorschriften über die Beschränkung der Haftung der Erben auf den Nachlaß Anwendung (§ 1967, § 1975, § 1990 u. § 1992 B.G.B.). Nach § 2058 haften Erben für die gemeinschaftlichen Verbindlichkeiten als Gesamtschuldner. Ist der Nachlaß noch nicht geteilt, so kann er die Berichtigung von Nachlaßverbindlichkeiten, soferne er nicht unbeschränkt haftet, aus seinem Vermögen, das er außer seinem Anteil an dem Nachlasse hat, verweigern (§ 2059). Nach der Teilung haftet er nur für den seinem Erbteil entsprechenden Kostenanteil (§ 2060).

7. Für die Kosten der Vermittelung der Auseinandersetzung eines Nachlasses oder eines Gesamtguts haften außer den Antragstellern die sämtlichen Anteilsberechtigten, soferne das Gericht dem Antrage auf Auseinandersetzung stattgegeben und das Verfahren eingeleitet hat.

Jeder Anteilsberechtigte kann zur Zahlung sämtlicher Kosten herangezogen werden und hat die Staatskasse die Wahl, von welchem derselben sie die Kosten einziehen will.

6. Grundbuchsachen.*)

Art. 116 (88).

Jede Eintragung[1]) in das Grundbuch, einschließlich der sie begleitenden Handlungen[2]) des Grundbuchamts, unterliegt, soweit in den folgenden Artikeln nicht ein Anderes bestimmt ist, einer Gebühr, welche bei Wertsgegenständen bis zu 200 Mark einschließlich ein Zehnteil der Sätze des § 8 des Reichs-Gerichtskostengesetzes, bei Wertsgegenständen über 200 Mark 1 Mark beträgt[3 bis 6]).

Die Motive besagen hiezu:

Das Liegenschaftsrecht des Bürgerlichen Gesetzbuches beruht auf dem Grundbuchsystem, setzt also zu seiner vollen Durchführung das Vorhandensein des Grundbuchs voraus, welches das Eigentum und alle Belastungen des Eigentums an buchungspflichtigen Grundstücken ersehen läßt und in welches alle durch Rechtsgeschäft unter Lebenden sich vollziehenden Rechtsänderungen an Grundstücken und diesen gleichstehenden Rechten eingetragen werden müssen. Hieraus ergab sich die Notwendigkeit von selbst, die auf das Pfandbuchsystem aufgebauten Bestimmungen der bisherigen Art. 88 bis 96 des Geb.G. einer durchgreifenden Abänderung zu unterziehen und nicht nur für die Entgegennahme der Auflassungserklärung durch das Grundbuchamt, sondern auch für die vor dem Grundbuchamte erfolgten Bestellungen von Hypotheken, Grundschulden oder Rentenschulden und für die vor dem Grundbuchamte erfolgten Uebertragungen oder Belastungen einer Hypothek, Grundschuld oder Rentenschuld neue Gebührenvorschriften zu treffen. Diese Vorschriften schließen sich enge an die Bestimmungen an, welche im Falle der Beurkundung solcher Rechtsgeschäfte durch den Notar zur Anwendung zu gelangen haben, und weichen nur insofern von letzteren Bestimmungen ab, als eine besondere Gebührenvorschrift, wie sie Art. 160 für die Bewertung aller übrigen, durch den Notar beurkundeten Rechtsgeschäfte enthält, für die Vornahme der gleichen Geschäfte vor dem Grundbuchamt nicht getroffen ist. Diese Unter-

---

*) Nach Art 309 treten die Bestimmungen über die Gebühren in Grundbuchsachen hinsichtlich der Gebührensätze, soweit dieselben dem Gebührenpflichtigen günstiger sind, gleichzeitig mit dem Bürgerlichen Gesetzbuch, im übrigen für jeden Grundbuchbezirk mit dem Zeitpunkt in Kraft, in welchem das Grundbuch als angelegt anzusehen ist.

Bis zu diesem Zeitpunkte haben für die Gebühren in Hypothek- und Grundbuchsachen noch die seitherigen Bestimmungen Anwendung zu finden. (Siehe Anhang Ziffer 3.)

lassung dürfte damit ihre Begründung finden, daß schon bisher die unter den Art. 160 fallenden Geschäfte auch bei dem Hypothekenamte vorgenommen werden konnten, ohne daß hiefür eine weitere, als die Gebühr des Art. 88 für die Eintragung in das Hypothekenbuch zum Ansatz zu gelangen hatte.

1. Im Einklange mit den Gesetzen anderer Bundesstaaten insbesondere Preußen bestimmt der Art. 116, daß alle Eintragungen in das Grundbuch, soweit sie nicht von Amtswegen zu erfolgen haben, als:

§ 7 der G.B.O., Eintragung eines Erbbaurechts;

§ 8 Abs. 2, Berichtigung des Vermerks hinsichtlich der Aenderung oder Aufhebung von Rechten, die dem jeweiligen Eigentümer eines Grundstücks zustehen;

§ 18 Abs. 2, Eintragung und Löschung einer Vormerkung oder eines Widerspruches bei beantragten Eintragungen, welche dasselbe Recht betreffen;

§ 23 Abs. 1, Eintragung des Widerspruches hinsichtlich der Löschung eines Rechtes, das auf die Lebenszeit des Berechtigten beschränkt ist;

§ 46, Eintragung des Rangvermerkes bei gleichzeitiger Stellung der Anträge oder Bewirkung der Eintragungen an demselben Tage;

§ 49, Erkennbarmachung und Löschung der Mitbelastung;

§ 52, Eintragung des Rechtes des Nacherben und der Befreiung des Vorerben von der Verfügungsbeschränkung;

§ 53, Miteintragung des Testamentsvollstreckers;

§ 54, Eintragung des Widerspruches, wenn erstere unter Verletzung gesetzlicher Vorschriften vorgenommen wurde, und Löschung von Eintragungen unzulässigen Inhalts;

§ 76, Löschung der Vormerkung oder des Widerspruchs, welche auf Veranlassung des Beschwerdegerichts eingetragen wurden;

§ 89, Eintragung der Bezeichnung der Grundstücke nach den Sachregistern

der Gebühr des bisherigen Art. 88 unterliegen.

Es hat daher diese Gebühr nicht nur für die Eintragung von Vermerken, Vormerkungen, Widersprüchen, Löschungen, von Aenderungen der Verzinslichkeit, des Zinssatzes, der Zahlungszeit und des Zahlungsortes u. s. w. sondern auch dann zur Erhebung zu gelangen, wenn eine Eintragung auf Grund notarieller Urkunden, z. B. bei Grunddienstbarkeiten (§ 1018 B.G.B.), Nießbrauch (§ 1030 B.G.B.), Reallasten (§ 1105 B.G.B. — Leibgeding, Leibzucht, Altenteil —) erfolgt oder wenn in den Fällen der Art. 118 und 119 bereits eine verhältnismäßige Gebühr in Ansatz zu kommen hatte. (Siehe auch Motive 1899.)

Für die Gebührenerhebung ist ohne Einfluß, ob die Eintragung auf Grund einer gerichtlichen Entscheidung oder auf Ersuchen einer Behörde oder eines Beamten erfolgt. Siehe auch Anmerkg. 6.

Nur für die **Eintragung** wird die Gebühr des Art. 116 erhoben; im Falle der Zurücknahme des Antrages auf Eintragung wird die Gebühr zur Hälfte erhoben (Art. 125).

Im Falle der Zurückweisung eines Antrages auf Eintragung ist eine Gebühr von 1 ℳ zu entrichten (Art. 124).

Hinsichtlich nur einmaliger Gebührenerhebung für mehrere Einträge siehe Art. 117.

2. Besondere Gebühren gelangen daher nicht zum Ansatze für:
die Benachrichtigung von der erfolgten Eintragung (Art. 127 Ziff. 1, vergleiche hieher auch F.M.E. v. 18. April 1885, Pfaff, 5. Aufl. S. 109),
die Prüfung der Legitimation der Erklärenden und der von ihnen vorgelegten Nachweise,
die Beschlußfassung über den Antrag auf Eintragung,
die Entgegennahme der nach § 876 des B.G.B. erforderlichen Zustimmungserklärung eines Dritten z. B. des Pfandgläubigers zur Aufhebung der Hypothek sowie der Verzichtserklärung des Eigentümers nach § 928 des B.G.B.,
die Eintragung des Vorbehalts, ein anderes Recht mit dem Range vor dem eingetragenen Recht eintragen zu lassen (§ 881 des B.G.B.),
die gleichzeitige Eintragung der Ausschließung der Erteilung eines Hypothekenbriefes (§ 1116 Abs. 2 des B.G.B.),
die Eintragung der Unterwerfung der sofortigen Zwangsvollstreckung (§ 800 Abs. 1 der R.C.P.O.), sofern die Eintragung gleichzeitig mit der Eintragung der Hypothek erfolgt,
die gleichzeitige Eintragung, daß zur Löschung des auf Lebenszeit des Berechtigten beschränkten Rechtes der Nachweis des Todes des Berechtigten genügen soll (§ 23 Abs. 2 der G.B.O.) oder im Falle der Erreichung eines bestimmten Lebensalters des Berechtigten (§ 24 der G.B.O.).

Auch wird die Eintragungsgebühr nur einmal zur Erhebung zu gelangen haben, wenn das Grundstück auf dem Grundbuchblatte des Veräußers gelöscht und auf dem Blatte des Erwerbers eingetragen wird, ferner für den bei der Anlegung eines Blattes für ein Erbbaurecht dem Blatte des Grundstücks nach § 7 der G.B.O. beizusetzenden Vermerks u. s. w. (Siehe Motive 1899, dann auch Mügel, Preuß. G.K.G. § 59 S. 195.)

3. Hinsichtlich der Gebührensätze siehe Anhang Tabelle a.

4. Kostenschuldner ist der Antragsteller.

Eine Ausnahme von diesem Grundsatze ist für den Fall von **Löschungserklärungen** gegeben, als der Hypothekgläubiger die Löschung seiner Darlehensforderung oder der Berechtigte die Löschung seiner Leibgeding- oder sonstigen Rechte beantragt. Nach Finanzministerialbekanntmachung vom 23. Februar 1883 (Just.M. Bl. 1883 S. 35) ist in diesen Fällen der Hypothekschuldner als Kostenschuldner zu behandeln. Dasselbe trifft zu bei Pfandfreigabserklärungen.

5. Da nach § 119 der R.C.P.O. das Armenrecht die erste Instanz einschließlich der Zwangsvollstreckung umfaßt, so ist zu beachten, daß die Gebühr im Falle der Eintragung einer Sicherungshypothek für die Forderung auf Grund Arrestbeschlusses (§ 932 der R.C.P.O.) vorerst nicht zur Erhebung gelangt und im Falle der Zwangsvollstreckung (§ 867 der R.C.P.O.) von dem zum Armenrechte zugelassenen Antragsteller nicht erhoben werden kann. Dieselbe fällt im letzteren Falle, wie dies auch bei Anträgen des Reichs- oder Landes-Fiskus Anwendung zu finden hat (siehe Art. 3), im Hinblick auf § 788 der R.C.P.O. dem Schuldner zu Last und ist zugleich mit dem zur Zwangsvollstreckung stehenden Anspruch beizutreiben.

6. Gebühren werden nicht erhoben für die Eintragungen:
auf Veranlassung der öffentlichen Armenpflege (Art. 9 Abs. 1 des Ges. v. 29. April 1869/30. Juli 1899),
der Brandversicherungssumme (Art. 92 Abs. 1 des Ges. v. 3. April 1875),
der Errichtung landwirtschaftlicher Erbgüter (Art. 34 des Ges. v. 22. Februar 1855),
von bestehenden Grunddienstbarkeiten (Art. 10 Abs. 4 des Ges. v. 9. Juni 1899 Uebergangsvorschr. z. B.G.B.),
auf Grund Art. 43 des Flurbereinigungsgesetzes vom 29. Mai 1886/30. Juli 1899,
nach Art. 23 des Ges. betr. die Landeskultur-Rentenanstalt v. 21. April 1884,
dann im Zwangsversteigerungsverfahren für die Löschung des Versteigerungsvermerks sowie der durch den Zuschlag erloschenen Rechte und für die Eintragung der Sicherungshypotheken für die Forderung gegen den Ersteher (vergleiche Art. 20, sowie § 130 des Zw.Ges.).

Gebührenfrei ist ferner die Eintragung und Löschung der Nachlaßverwaltung. Vergl. auch § 81 der Ausf. Vorschr. z. Nachlaß Ges.

Hingegen wird für die Eintragung des Erstehers als Eigentümers die Gebühr des Art. 116 erhoben.

Vergleiche ferner hieher Art. 3 Ziff. 1 u. 2.

Art. 117 (90).

Hat die nämliche Eintragung gleichzeitig auf verschiedenen Grundbuchblättern desselben Eigentümers [1]) zu erfolgen, so wird die Gebühr nur einmal erhoben.

Ist die nämliche Eintragung gleichzeitig auf den Grundbuchblättern verschiedener Eigentümer zu bewirken, so kommt für jeden Eigentümer die Gebühr besonders zur Erhebung [2]).

Von verschiedenen Eintragungen unterliegt eine jede der Gebühr für sich, sofern dieselben nicht auf Grund einer Verhandlung gleichzeitig auf dem nämlichen Grundbuchblatt oder auf mehreren Grundbuchblättern eines und desselben Eigentümers zu erfolgen haben. In letzterem Falle kommt nur eine Gebühr und bei Verschiedenheit der Sätze der höchste Betrag zur Erhebung[3]).

Bei der Eintragung von Hypotheken für mehrere Versteigerungserlöse, die auf Grund derselben Verhandlung einem Gläubiger gegen die Ersteher der einzelnen gleichzeitig versteigerten Grundstücke zustehen, dürfen die Gebühren des Art. 116 zusammengerechnet den Betrag von 10 Mark nicht übersteigen[4]).

Unter der „nämlichen" Verhandlung im Sinne des Abs. 1 ist eine Verhandlung zu verstehen, die den nämlichen Gegenstand und das nämliche Rechtsverhältnis betrifft. Wenn z. B. der Gläubiger seine Hypothekforderung auf mehrere ihm verpfändete Grundstücke verteilt (§ 1132 Abs. 2 des B.G.B.). Wertsgegenstandssumme ist hier der Betrag der Hypothekforderung.

Die Gebühr wird nur einmal erhoben, wenn auch die Eintragung auf Grundstücke desselben Eigentümers in verschiedenen Grundbuchbezirken zu erfolgen hat. (Motive 1899.)

1. Als derselbe Eigentümer im Sinne des Gebührengesetzes sind anzusehen Miteigentümer, insbesondere Ehegatten, die in Gütergemeinschaft leben, der überlebende Ehegatte und seine Kinder, welche in fortgesetzter Gütergemeinschaft oder Verwaltungsgemeinschaft leben u. a.

2. Der Absatz 2 schreibt die Erhebung der Gebühr so oftmals vor als verschiedene d. h. nicht in einem Miteigentumsverhältnis zu einander stehende Eigentümer vorhanden sind.

3. Im Sinne des Abs. 3 gilt auch als „Verhandlung" nicht nur die Verhandlung vor dem Grundbuchamte, sondern auch vor anderen Behörden z. B. dem Notare. Wenn daher vor einem Notare die Auflassung in Ansehung von drei verschiedenen Grundstücken in einer Verhandlung erklärt wird, die in drei verschiedenen Grundbuchbezirken liegen, so ist für die Eintragung durch die drei zuständigen Grundbuchämter die Gebühr des Art. 116 nur einmal zu erheben. (Motive 1899).

Eine Verschiedenheit der Sätze kann eintreten, wenn z. B. für die eine Eintragung in Abtlg. I eines Grundbuchblattes ein Wertsgegenstandsbetrag von 150 ℳ, für eine weitere Eintragung in Abtlg. III desselben Grundbuchblattes ein solcher von 100 ℳ in Frage kommt. Für erstere wäre eine Gebühr von 80 ₰, für letztere eine solche von 50 ₰ zu berechnen. Da in diesem Falle jedoch nur eine Gebühr und zwar der höchste Betrag derselben zur Erhebung kommt, so gelangt hier nur die Gebühr von 80 ₰ zum Ansatz.

4. Die in einzelnen Landesteilen üblichen Versteigerungen auf Fristen fallen nicht unter die Erleichterungen, die der Art. 117 für andere Fälle im Abs. 2 und 3 gibt. Der neue Abs. 4 des

Art. 117 soll verhindern, jene Uebung, die vielfach vorkommt, durch eine unverhältnismäßig hohe Gesamtgebühr unmöglich zu machen (vergl. XXI Prot. des Just.Gesetzgeb. Aussch. der K. d. Reichsräte S. 421, Pfaff, 45. Aufl. S. 111).

Art. 118.

Bei der Entgegennahme der Auflassung durch das Grundbuchamt wird, wenn nicht eine Urkunde vorliegt, welche mit der im Art. 146 bestimmten Gebühr schon zu bewerten war, die Gebühr des Art. 146 und neben dieser diejenige Gebühr erhoben, welche für die Aufnahme der Urkunde über die Auflassung durch den Notar an diesen zu entrichten wäre.

Das Gleiche gilt für die Bestellung oder Uebertragung eines Erbbaurechts[1 bis 5]).

Die Motive 1899 erläutern hiezu.

Der rechtsgeschäftliche Erwerb des Eigentums an Grundstücken vollzieht sich nach dem Bürgerlichen Gesetzbuche durch Auflassung (§ 925) und Eintragung in das Grundbuch (§ 873). Die Auflassung muß bei gleichzeitiger Anwesenheit beider Teile vor dem Grundbuchamte erklärt werden (§ 925) Durch Art. 143 des Einführungsgesetzes zum Bürgerlichen Gesetzbuch ist es jedoch der Landesgesetzgebung vorbehalten, zu gestatten, daß zur Entgegennahme der Auflassungserklärung auch die Notare zuständig sein sollen. Entsprechend dieser Ermächtigung ist im Art. 81 des Ausführungsgesetzes zum Bürgerlichen Gesetzbuche vorgesehen, daß in Ansehung der in Bayern liegenden Grundstücke die Einigung der Parteien bei der Uebertragung des Eigentums und der Bestellung eines Erbbaurechtes außer vor dem Grundbuchamte auch vor einem bayrischen Notar erklärt werden kann. Die Zuständigkeit des Grundbuchamts konnte von der Landesgesetzgebung nicht ausgeschlossen werden. Die Landesgesetzgebung ist aber nach Art. 141 des Einführungsgesetzes zum Bürgerlichen Gesetzbuche befugt, zu bestimmen, daß für die Beurkundung des Vertrages, durch den der eine Teil sich verpflichtet, das Eigentum an einem Grundstücke zu übertragen (§ 313 Satz 1 B.G.B.) nur die Notare zuständig sind. Nach § 98 der Grundbuchordnung kann ferner die Landesgesetzgebung bestimmen, daß das Grundbuchamt die Erklärung der Auflassung nur entgegennehmen soll, wenn die nach § 313 des Bürgerlichen Gesetzbuchs erforderliche Urkunde vorgelegt wird. Von letzteren beiden Vorbehalten ist in Bayern in den Vorschriften des Art. 15 Abs. 2 des Ausführungsgesetzes zum Gerichtsverfassungsgesetz nach Art. 167 Ziff. I des Ausführungsgesetzes zum Bürgerlichen Gesetzbuch und des Art. 12 des Ausführungsgesetzes zur Grundbuchordnung und zu dem Gesetz über die Zwangsversteigerung und die Zwangsverwaltung Gebrauch gemacht und es ist hienach der bisherige Rechtszustand in Ansehung der Zuständigkeit der Notare für die Beurkundung der das Eigentum an Grundstücken betreffenden Rechtsgeschäfte wenigstens im Ergebnisse gewahrt.

Wird hienach ein von einem bayrischen Notare errichteter Veräußerungsvertrag dem Grundbuchamte vorgelegt, so kommt nach Art. 118 Abs. 1 für die Entgegennahme der Auflassungserklärung oder, da künftig die Beurkundung dieses Vertrags mit der Beurkundung der Auflassungserklärung wohl regelmäßig verbunden werden wird, für die Eintragung des Eigentums in das Grundbuch außer der Gebühr des Art. 116 eine weitere Gebühr nicht mehr zur Erhebung, weil die Immobiliargebühr des Art. 146 bereits bei der Errichtung der notariellen Urkunde zum Ansatze gelangt ist. Desgleichen wird außer der Eintragungsgebühr des Art. 116 eine verhältnismäßige Gebühr nicht mehr geschuldet im Falle einer gütlichen Einigung der Beteiligten über die Abtretung vor der Distriktsverwaltungsbehörde (v. Art. 25 auf S. 31), da auch in diesem Falle die Gebühr des Art. 146 schon bei der Beurkundung der Einigung oder der Auflassung vor der Distriktsverwaltungsbehörde erhoben worden ist. Dagegen ist die Gebühr des Art. 146 in allen Fällen zu erheben, in denen die Auflassungserklärung nicht auf Grund, eines Vertrages abgegeben wird, so z. B. in den Fällen, in denen der derzeitige Eigentümer auf Grund des Gesetzes zur Eigentumsübertragung verpflichtet ist oder wenn es sich um den Vollzug eines Vermächtnisses handelt, das ein Grundstück zum Gegenstande hat.

Die Gebühr des Art. 146 soll aber auch dann zur Erhebung gelangen, wenn die Auflassung auf Grund einer Urkunde erfolgt, die nicht von einem bayrischen Notare oder im Falle des Art. 25 von einer bayrischen Behörde errichtet ist, da es sich nicht rechtfertigen lassen würde, solche Auflassungserklärungen gebührenrechtlich günstiger zu behandeln, als Auflassungserklärungen, die auf Grund einer vor einem bayrischen Notar errichteten Urkunde entgegengenommen werden. Die getrennte Abgabe der Auflassungserklärung durch die Beteiligten und die Beurkundung vor andern als den mit den Verhältnissen vertrauten Behörden, namentlich vor nichtbayrischen Gerichten oder Notaren ist im Interesse des Immobiliarverkehrs sowie des bayr. Notariatsinstituts nicht erwünscht. Es erscheint auch als ein Gebot der Gerechtigkeit, die Auflassung vor dem Grundbuchamte auf Grund eines außerhalb Bayerns errichteten Vertrags mit den nämlichen Kosten zu verbinden, welche die Errichtung einer Notariatsurkunde in Bayern nach sich zieht. Der Art. 118 Abs. 2 bestimmt daher, daß bei der Entgegennahme der Auflassung auf Grund einer Urkunde nach § 313 B.G.B., die nicht von einem bayr. Notar errichtet ist, neben der Gebühr des Art. 146 auch die Gebühr erhoben werden soll, welche im Falle der Errichtung der Urkunde durch einen bayrischen Notar an diesen (als Notariatsgebühr) zu entrichten wäre und erklärt im Abs. 2 die

Vorschriften des Abs. 1 auf die Bestellung und die Uebertragung des Erbbaurechts für anwendbar, da gemäß § 1017 des B.G.B. für das Erbbaurecht die sich auf Grundstücke beziehenden Vorschriften gelten und die für den Erwerb des Eigentums und die Ansprüche aus dem Eigentume geltenden Vorschriften auch auf das Erbbaurecht entsprechende Anwendung finden.

Daß den Gemeinden, denen die Erhebung einer örtlichen Besitzveränderungsabgabe nach Maßgabe des Gesetzes vom 15. Juni 1898 gestattet ist, der Bezug dieser Abgabe auch in dem Falle zukommt, in welchen die Auflassungserklärung vor dem Grundbuchamte unter Vorlage einer außerhalb Bayerns errichteten Urkunde erfolgt, kann mit Rücksicht auf den Wortlaut des allegierten Gesetzes im Zusammenhalte mit Art. 315 des Gebührengesetzes einem begründeten Zweifel nicht wohl unterliegen.

1. Die Entgegennahme der Auflassung durch das Grundbuchamt ist nur dann einer Gebühr unterworfen, wenn nicht eine nach Art. 146 mit verhältnismäßiger Gebühr bewertete Notariatsurkunde vorliegt. Ist dieses nicht der Fall und liegt insbesondere eine von einem nichtbayrischen Notare aufgenommene Urkunde vor, so kommt die Erhebung von zweierlei Gebühren in Betracht: erstens die verhältnismäßige Staatsgebühr nach Art. 146 und neben dieser zweitens für die Thätigkeit des Grundbuchamts die Notariatsgebühr nach Art. 12 u. 22 der Notariatsgebührenordnung vom 28. Dezbr. 1899 (G.V.Bl. S. 1186 u. Just.M.Bl. S. 764), welch letztere natürlich für die Staatskasse zu vereinnahmen ist. Weiter kann dann noch drittens in Frage kommen die Erhebung einer örtlichen Besitzveränderungsabgabe auf Grund des Gesetzes betreffend die Einführung einer Besitzveränderungsabgabe für Gemeinden vom 15. Juni 1898 (G.V.Bl. S. 292). Hinsichtlich der Vollzugsbestimmungen zu diesem Gesetze vergleiche die Finanzministerialbekanntmachung vom 25. Juni 1898 (Just.M.Bl. S. 197) sowie § 27 der Bekanntmachung vom 25. Dezbr. 1899 Vollz.-Instr. z. Reichs-Gerichtskostengesetz (Just.M.Bl. 1900 S. 359).

2. Kostenschuldner ist derjenige Vertragsteil, welcher die Eintragung beantragt (§ 13 Abs. 2 der G.B.O.).

3. Vergleiche hieher Art. 146, dann hinsichtlich der vorherigen Erlage eines Gebührenvorschusses Art. 283. Siehe auch Anmerkg. 5 zu Art. 116. In außerbayrischen Requisitionssachen siehe Art. 282.

4. Da nach § 1017 des B.G.B. für die Bestellung eines Erbbaurechts die für den Erwerb des Eigentums geltenden Vorschriften insbesondere §§ 873 u. 925 des B.G.B. entsprechende Anwendung zu finden haben, so hat auch hier das Vorgesagte Maß zu geben.

5. Die Wertsgegenstandssumme ist gegebenen Falles unter Berücksichtigung der Vorschriften des Art. 41 ff. festzusetzen.

Art. 119.

Bei der Eintragung

a. von Hypotheken, Grundschulden oder Rentenschulden [1]),

b. der Uebertragung oder Belastung einer Hypothek, Grundschuld oder Rentenschuld [2]),

c. der Bestellung von Dienstbarkeiten [3]), Vorkaufsrechten und Reallasten

wird, wenn nicht eine Urkunde vorliegt, welche nach Art. 154, 155, 159 zu bewerten war, außer der Gebühr des Art. 116 in den Fällen unter a) die Gebühr des Art. 154, in den Fällen unter b) die Gebühr des Art. 155, in den Fällen unter c) die Gebühr des Art. 159, und neben dieser diejenige Gebühr erhoben, welche für die Aufnahme der Urkunde durch den Notar an diesen zu entrichten wäre [4]).

Wenn die Eintragung zu erfolgen hat, ohne daß es hiezu der Bewilligung desjenigen bedarf, dessen Recht durch sie betroffen wird, kommt nur die Gebühr des Art. 116 zur Erhebung. Auf den Fall des Art. 154 Abs. 5 findet vorstehende Bestimmung keine Anwendung [5 bis 9]).

Die Motive (1899) besagen hiezu:

An dem bisherigen Rechtszustande tritt mit dem Zeitpunkte, zu welchem das Grundbuch als angelegt anzusehen ist, eine grundsätzliche Aenderung ein. Hienach bedarf es der notariellen Beurkundung des Hypotheken-Darlehensvertrags nur dann, wenn in demselben die Unterwerfung des Schuldners unter die sofortige Zwangsvollstreckung enthalten sein soll. Im übrigen besteht für die Bestellung, Uebertragung oder Belastung einer Hypothek, Grundschuld oder Rentenschuld kein Beurkundungszwang. Nach § 873 des Bürgerlichen Gesetzbuchs ist vielmehr zur Belastung eines Grundstücks mit einem Rechte sowie zur Uebertragung oder Belastung eines solchen Rechtes nur die Einigung des Berechtigten und des anderen Teils über den Eintritt der Rechtsänderung und die Eintragung der Rechtsänderung in das Grundbuch erforderlich. Die Hypothek (Briefhypothek, Buchhypothek, Sicherungshypothek, Inhaberhypothek), die Grundschuld und die Rentenschuld entsteht sohin mit der Eintragung in das Grundbuch, welche gemäß § 13 der Grundbuchordnung von demjenigen, dessen Recht von der Eintragung betroffen wird oder zu dessen Gunsten die Eintragung erfolgen soll, beantragt werden kann. Die Eintragungsbewilligung kann vor dem Grundbuchamte zu Protokoll gegeben oder durch öffentliche oder öffentlich beglaubigte Urkunde nachgewiesen werden (§ 29 der G.B.O.). In gleicher Weise erfolgt auch die Bestellung von Dienstbarkeiten, Vorkaufsrechten und Reallasten sowie die Uebertragung der Buchhypothek, dann der Grundschuld und Rentenschuld, über die kein Brief erteilt ist. Soll jedoch die Uebertragung einer Hypothek, Grundschuld oder Rentenschuld, über die ein Brief erteilt ist, oder die Belastung einer Hypothek, Grundschuld oder Rentenschuld in das Grundbuch eingetragen werden, so genügt es, wenn an Stelle der Eintragungsbewilligung die Abtretungserklärung des bisherigen Gläubigers oder das öffentlich beglaubigte Anerkenntnis, daß eine Forderung kraft Gesetzes übertragen ist (§ 1155 Satz 2 des B.G.B.), vorgelegt wird (§ 26 der G.B.O.).

Auf vorstehenden Vorschriften beruhen die Gebührenbestimmungen des Art. 119. Hienach sollen die dort festgesetzten, gegenüber dem bisherigen Gesetze abgeminderten Gebühren bei der Eintragung in das Grundbuch dann zur Erhebung gelangen, wenn die Bewilligung zur Eintragung der Hypothek, Grundschuld oder Rentenschuld, die Erklärung wegen Bestellung einer Dienstbarkeit, eines Vorkaufsrechts oder einer Reallast, wegen Uebertragung der Hypothek, Grundschuld oder Rentenschuld vor dem Grundbuchamte zu Protokoll gegeben oder wenn der Antrag auf Eintragung durch öffentliche oder öffentlich beglaubigte Urkunde nachgewiesen wird, die nicht von einem bayrischen Notar errichtet oder beglaubigt ist. Ebenso sollen die Gebühren des Art. 119 zum Ansatze gelangen, wenn die Uebertragung einer Hypothek, Grundschuld oder Rentenschuld, über die ein Brief erteilt ist, oder die Belastung der Hypothek, Grundschuld oder Rentenschuld auf Grund einer nicht von einem bayrischen Notar beurkundeten oder beglaubigten Abtretungserklärung in das Grundbuch eingetragen werden soll. Stützt sich dagegen in den obigen Fällen die Eintragung auf eine von einem bayrischen Notar beurkundete oder von einem solchen beglaubigte Einwilligungserklärung oder Abtretungserklärung, oder auf ein von ihm beglaubigtes Anerkenntnis (§ 1155 des B.G.B.), so gelangt außer der Gebühr des Art. 116 für die Eintragung eine verhältnismäßige Gebühr bei dem Grundbuchamte nicht zum Ansatze, da bereits die Errichtung oder Beglaubigung der Urkunde durch den Notar der Gebühr des Art. 155 oder 159 unterworfen wurde.

Im Art. 119 ist ferner, ebenso wie im Art. 118, die weitere Bestimmung getroffen, daß in den Fällen, in welchen bei dem Grundbuchamte eine Gebühr nach Art. 154, 155 oder 159 zur Erhebung gelangt, auch noch die Gebühr in Ansatz zu kommen hat, welche für die Beurkundung der Eintragungsbewilligung oder der Abtretungserklärung oder eines Anerkenntnisses durch einen bayrischen Notar an diesen zu entrichten wäre. Diese Bestimmung erstreckt sich, wie schon aus dem Wortlaute des Art. 119 zu entnehmen ist, nicht nur auf jene Eintragungen in das Grundbuch, welche auf Grund einer nicht von einem bayrischen Notar errichteten oder beglaubigten Urkunde bewirkt werden, sondern findet auch dann Anwendung, wenn die Eintragung infolge einer vor dem Grundbuchamte zu Protokoll gegebenen Eintragungsbewilligung oder Erklärung erfolgt, und beruht, soweit es sich um Eintragungen auf Grund einer von einem nicht bayrischen Notar errichteten oder beglaubigten Urkunde handelt, auf den nämlichen Erwägungen, welche für Statuierung der gleichen Vorschrift im Art. 118 maßgebend waren; sie dürfte aber auch in dem Falle, daß die Eintragung auf Grund einer vor dem Grundbuchamte zu Protokoll gegebenen Erklärung erfolgt, ihre ausreichende Begründung damit finden, daß der Staat, wenn er den Beteiligten zur Besorgung ihrer Geschäfte zwei Behörden — das Grundbuchamt und den Notar — zur Verfügung stellt, die Angehung der einen Behörde nicht billiger gestalten darf, als die der anderen, daß vielmehr die Thätigkeit des Grundbuchamts und des Notars gleichmäßig bewertet werden soll.

Unter die Ausnahmsbestimmung des Art. 119 Abs. 2 fallen die Sicherungshypotheken, die kraft des Gesetzes entstehen (§ 1287 des B.G.B., § 848 Abs. 2 Satz 2 der R.C.P.O., Art. 60, 123 des Gesetzes, Uebergangsvorschriften zum Bürgerl. Gesetzbuch betreff.), dann die Hypotheken, welche auf Ersuchen der Behörden eingetragen werden (§ 54 des G.F.G. Art. 89, 123 des Ausf Ges. z. B.G.B.). Für solche Eintragungen nur die Gebühr des Art. 116 zur Erhebung zu bringen, dürfte sich umsomehr rechtfertigen als auch nach Art. 91 Abs. 2 des früheren Gebührengesetzes für Einschreibungen auf Grund des § 12 Ziffer 1, 2, 5 des Hypothekengesetzes nur die einfache Einschreibungsgebühr erhoben worden ist.

1. Für die Eintragung von Hypotheken, Grundschulden oder Rentenschulden, welche nicht auf Grund einer von einem bayrischen Notare errichteten Urkunde zu erfolgen hat, kommen, falls nicht eine der im Abs. 2 erwähnten Ausnahmen vorliegt, drei Gebühren zur Erhebung:

erstens die Gebühr des Art. 116,
zweitens die verhältnismäßige Gebühr des Art. 154,
drittens die für die Thätigkeit des Grundbuchamts zu erhebende Notariatsgebühr nach Art. 12, 24 der Notariatsgebührenordnung (Just.M.Bl. 1899 S. 764).

2. Das Gleiche ist der Fall bei der Uebertragung oder Belastung einer Hypothek, Grundschuld oder Rentenschuld, nur daß hier an zweiter Stelle die Gebühr des Art. 155 zu erheben ist.

3. Zu den Dienstbarkeiten gehören:

die Grunddienstbarkeiten (§§ 1018 ff. des B.G.B.),
der Nießbrauch (§§ 1030 ff. des B.G.B.),
die beschränkten persönlichen Dienstbarkeiten (§§ 1090 ff. des B.G.B.).

Bei der Eintragung der Bestellung von Dienstbarkeiten ist zu beachten, daß nach Art. 310 für die innerhalb der ersten zehn Jahre nach Anlegung des Grundbuches beantragte Eintragung von Grunddienstbarkeiten, die zu der Zeit bestehen, zu welcher das Grundbuch als angelegt anzusehen ist, in das Grundbuch sowie für die Eintragung solcher Grunddienstbarkeiten in das Hypothekenbuch gemäß Art. 44 der Uebergangsvorschr. z. B.G.B. nur die Gebühr des Art. 116 zum Ansatz zu kommen hat. Siehe Näheres Art. 310 u. Anmerkg.

4. Im übrigen sind auch hier im Falle des Nichtvorhandenseins einer bayrischen Notariatsurkunde die drei Gebühren und zwar

an zweiter Stelle die verhältnismäßige Gebühr des Art. 159 zu erheben.

5. Was die Wertsberechnung anlangt, so ist zu bemerken, daß bei Kautionshypotheken (§ 1190 des B.G.B.) der einzutragende Höchstbetrag und bei Rentenschulden (§ 1199 des B.G.B.) die einzutragende Ablösungssumme maßgebend ist.

Bei Grunddienstbarkeiten berechnet sich der Wert nach § 7 der R.C.P.O., bei Eintragungen, welche den Zinsfuß betreffen, dann bei Reallasten, soferne nicht ein Höchstbetrag des Ersatzes in das Grundbuch eingetragen ist (§ 882 des B.G.B. Art. 41 des Ausf.Ges. hiezu, § 92 des Zw.Ges.), nach § 9 der R.C.P.O. Siehe auch die Bestimmungen in Art. 159 u. 187.

Bei sonstigen Rechten z. B. Vorkaufsrechten hat für die Wertsberechnung das freie richterliche Ermessen einzutreten.

Bezüglich der Anrechnung bereits erhobener Gebühren bei Eintragungen von Hypotheken siehe die Bestimmung im Art. 121. Im übrigen vergleiche hieher auch die Vorschriften der Art. 40 u. ff., dann §§ 20, 25, 79 der Vollz.Instr. v. 25. Dezbr. 1899 (Just.M.Bl. 1900 S. 343).

6. Zu beachten ist, daß nach Art. 289 dem Grundbuchamt untersagt ist, eine Eintragung in das Grundbuch eher vorzunehmen, als der Nachweis über die Entrichtung oder Hinterlegung der Gebühren vorgelegt ist. Siehe Art. 289.

Hinsichtlich der vorgängigen Erlage eines Vorschusses vergleiche Art. 283.

Für die Erledigung eines Ersuchens einer nichtbayrischen Behörde ist die Vorschrift des Art. 282 maßgebend.

7. Schuldner der Gebühren ist derjenige, welcher die Eintragung verlangt. Derselbe ist auch zur Vorschußleistung verpflichtet (vergl. auch Art. 44 der Uebergangsvorschriften z. B.G.B.). Rechtsanwälte haften nicht für Kostenzahlung, siehe Art. 281.

8. Ausnahmsweise kommt nur die Gebühr des Art. 116 zur Erhebung im Falle der Eintragung von:

Sicherungshypotheken,

a) die kraft Gesetzes entstehen nach § 1287 Satz 2 des B.G.B., dann § 848 Abs. 2 Satz 2 der R.C.P.O., Art. 60 u. 123 der Uebergangsvorschriften z. B.G.B.,

b) bestellt nach Ermessen des Vormundschaftsgerichts an den Grundstücken des Vormunds, Pflegers (Nachlaßpflegers) oder des Beistandes (§ 54 des G.F.G.),

c) bestellt für die Staatskasse für ihre Ansprüche wegen fälliger öffentlicher Abgaben und Kosten eines Verfahrens an den Grundstücken des Schuldners (Art. 123 des Ausf.Ges. z. B.G.B.), siehe auch Art. 120,

d) bestellt für Gemeinden und andere Kommunalverbände, Stiftungen des öffentlichen Rechts sowie für die unter der Verwaltung einer öffentlichen Behörde stehenden, an Grundstücken ihres Verwalters (Art. 89 des Ausf.Ges. z. B.G.B.)

Hypotheken, bestellt nach Art. 6 des Ges. über das Liegenschaftsrecht in der Pfalz vom 1. Juli 1898 (Art. 120 der Uebergangsvorschriften z. B.G.B.). Siehe auch Art. 308 und Anmerkung.

Im Falle der Eintragung auf Grund gerichtlicher Entscheidungen (Urteile, Vergleiche) ist zu bemerken, daß hier, da ja die Aufnahme einer Notariatsurkunde gegenstandslos ist, die Erhebung der Notariatsgebühr nicht mehr in Frage kommt. Es dürfte hier neben der Gebühr des Art. 116 nur noch die verhältnismäßige Gebühr der Art. 145, 146, 154, 155 u. 159 zum Ansatz kommen.

Hieher ist auch zu erwähnen der Fall, daß eine bestehende Hypothek auf Grund der Bestimmungen des Bürgerlichen Gesetzbuchs auf den Eigentümer übergeht und der Eigentümer die Umschreibung der Hypothek auf sich erwirkt. Hiefür kommt nur die Gebühr nach Art. 116 zum Ansatz, denn der Erwerb der Hypothek vollzieht sich von Gesetzeswegen. (Siehe XXI Protokoll des Just.Gesetzgeb.Aussch. d. K. d. Reichsräte S. 425 und 53. Protokoll d. Just.Gesetzgeb.Aussch. d. K. d. Abg. S. 890, Pfaff, 5. Aufl. S. 153.)

9. Anders liegt jedoch die Sache, wenn der Eigentümer für sich eine Grundschuld bestellt, um sie später zu verwerten. Für die Erklärung des Eigentümers, daß eine Grundschuld für ihn in das Grundbuch eingetragen werde, ist die verhältnismäßige Gebühr nach Art. 154 Abs. 1 zu erheben.

Art. 120.

Wird auf Antrag des Eigentümers eine Sicherungshypothek eingetragen, welche die Sicherung von Forderungen des Staates oder staatlicher Anstalten bezweckt, so wird nur die Gebühr des Art. 116 erhoben[1]).

Der Art. 120 entspricht dem bisherigen Art. 151 Z. 2. Die Ausdehnung dieser Bestimmung auf die Eintragung von Sicherungshypotheken, welche die Sicherung von Forderungen staatlicher Anstalten (z. B. der K. Bank und ihrer Filialen, der Versicherungsanstalt u. s. w.) bezwecken, ist geeignet, Anstände ferne zu halten, die sich bisher in der Praxis ergeben haben (siehe Beschluß des OberstL.G. v. 7. Dezbr. 1896, Slg. ä. F. Bd. XI S. 529, Motive 1899).

1. Vergleiche hieher auch Art. 119 Anmerkg. 8 lit. c, dann Art. 120 der Uebergangsvorschr. z. B.G.B. u. Art. 123 des Ausf.-Ges. z. B.G.B.

Art. 121.

Wird innerhalb eines Monats nach Eintragung der Hypothek der Nachweis erbracht, daß das Darlehen, für welches die Hypothek bestellt worden ist, ganz oder teilweise zur Rückzahlung einer auf den nämlichen Grundstücken oder einigen derselben ruhenden Hypothek verwendet worden ist, so wird die Gebühr aus dem dem zurückbezahlten Hypothekkapital entsprechenden Betrag auf die Gebühr für die neuerliche Hypothekbestellung angerechnet und der zuviel erhobene Betrag zurückersetzt [1] [2] [3]).

Nach der Bestimmung des Art. 121 gelangt beispielsweise, wenn das ursprüngliche Hypothekkapital von 30000 ℳ durch Annuitätenzahlungen auf den Betrag von 25000 ℳ herabgesunken ist, bei Bestellung einer neuen Hypothek auf wieder 30000 ℳ bei gegebener obenerwähnter Voraussetzung die Gebühr aus dem dem zurückbezahlten Hypothekkapital entsprechenden Betrage, sohin die Gebühr aus 25000 ℳ mit 125 ℳ auf die für die neuerliche Hypothekbestellung zu 30000 ℳ zu erhebende Gebühr von 150 ℳ zur Anrechnung. Es wird also thatsächlich nur ein Gebührenbetrag von 25 ℳ geschuldet. (Motive 1899.)

1. Angerechnet wird nur die verhältnismäßige Gebühr des Art. 154 Abs. 1 für die Hypothekbestellung, die des Art. 116 nicht. Näheres siehe Beschl. des ObersttL.G. v. 16. Dez. 1901, 6. Mai u. 3. Juni 1902, Slg. d. Entschdg. n. F. Bd. II S. 821, Bd. III S. 373 u. 476, dann Zeitschrift für das Notariat neue Folge 1901 S. 159.

Die Vorschrift des Art. 121 tritt schon für Notariatsurkunden mit dem 1. Januar 1900, während deren Anwendbarkeit für das Grundbuch erst mit dem Zeitpunkte in Wirksamkeit tritt, in welchem das Grundbuch als angelegt anzusehen ist (Art. 309).

2. Ueber die hinsichtlich des zu liefernden Nachweises ergangenen Anordnungen siehe § 20 der Vollz.Instr. vom 25. Dezbr. 1899 (Just.M.Bl. 1900 S. 356).

3. Im Falle des Art. 119 lit. a wird außer der Gebühr des Art. 116 auch die Notariatsgebühr nach Art. 12, 24 der Notariatsgebührenordnung unabbrüchig erhoben. Vergl. Art. 119.

Art. 122.

Für die Erteilung eines Hypothekenbriefs beträgt die Gebühr 2 bis 10 Mark [1]).

Diese Gebühr kommt für die über eine Gesamthypothek von verschiedenen Grundbuchämtern erteilten mehreren Briefe nur einmal zur Erhebung [2]).

Die Hälfte der Gebühr des Abs. 1 wird erhoben für jeden bei Verteilung einer Gesamthypothek [3]) nach § 64 der Grundbuchordnung oder im Falle des § 67 der Grundbuchordnung zu erteilenden neuen Brief [4]) sowie für den nach § 66 der Grundbuchordnung über die mehreren Hypotheken zu erteilenden Hypothekenbrief [5]) [6]).

Für die Erteilung eines Teilhypothekenbriefs gelangt eine Gebühr von 2 bis 6 Mark zur Erhebung [7]).

Für die dem Hypothekenbriefe gemäß §§ 61 bis 63, 65 der Grundbuchordnung beizusetzenden Vermerke sowie für die durch die Aenderung des Inhalts des Grundbuchs veranlaßte Ergänzung des dem Briefe angefügten Auszugs aus dem Grundbuche (§ 57 Abs. 3 der Grundbuchordnung) beträgt die Gebühr 50 Pfennig[8]).

Die Bestimmungen der Abs. 1 bis 5 finden auf Grundschuldbriefe und Rentenschuldbriefe entsprechende Anwendung[9]).

1. Die regelmäßige Form der Hypothek ist die Briefhypothek und wird über dieselbe, im Gegensatze zur Buchhypothek, bei der die Erteilung eines Hypothekenbriefes ausgeschlossen ist, ein Hypothekenbrief erteilt (§ 1116 des B.G.B.).

Für die Festsetzung der Gebühr ist ein Spielraum von 2 bis 10 Mark gegeben und hat dieselbe unter Berücksichtigung der im Art. 280 gegebenen Gesichtspunkte, insbesondere in Würdigung des Umfanges und der Schwierigkeit der Sache sowie der Leistungsfähigkeit des Pflichtigen vom Richter zu erfolgen.

2. Die Gebühr für die von mehreren Grundbuchämtern erteilten Briefe einer Gesamthypothek (§ 1132 des B.G.B.) hat dasjenige Grundbuchamt zu erheben, in dessen Bezirk der Hauptgrundbesitz liegt und das auch die Briefe miteinander zu verbinden hat (§ 59 der G.B.O.).

3. Bei der Verteilung einer Gesamthypothek entstehen an Stelle derselben Einzelhypotheken (§ 1132 des B.G.B.) und kommt dann für jeden der hierüber zu erteilenden Briefe eine Gebühr von 1 bis 5 Mark zur Erhebung.

4. Wird unter Vorlage des bisherigen Briefes oder eines Ausschlußurteiles (§§ 1162, 1170, 1171 des B.G.B.) auf Antrag des Berechtigten ein neuer Brief erteilt, so tritt für denselben gleichfalls die vorerwähnte Gebührenermäßigung ein.

5. Stehen einem Gläubiger mehrere gleichrangige oder im Range unmittelbar aufeinander folgende Hypotheken zu, so ist ihm auf Antrag mit Zustimmung des Eigentümers ein die sämtlichen Hypotheken umfassender Brief zu erteilen. Für diesen Brief ist der in Anmerkg. 3 erwähnte ermäßigte Gebührensatz zu erheben.

6. Dagegen kommt für die Erteilung eines neuen Hypothekenbriefes in den Fällen der §§ 63, 65 der G.B.O., wenn nach Erteilung eines Hypothekenbriefes mit der Hypothek noch ein anderes im Bezirke desselben Grundbuchamts belegenes Grundstück belastet und ein neuer Brief über die Gesamthypothek erteilt wird oder im Falle der Umwandlung einer Hypothek in eine Grundschuld (§ 1177 des B.G.B.) oder umgekehrt (§ 1198 des B.G.B.), dann einer Grundschuld in eine Rentenschuld (§ 1203 des B.G.B.) oder endlich, wenn an die Stelle einer Forderung, für welche Hypothek besteht, eine andere Forderung gesetzt wird, die volle Gebühr nämlich 2 bis 10 Mark zur Erhebung. (Siehe auch Motive 1899.)

7. Ein besonderer Gebührensatz wird für den Teilhypothekenbrief (§ 61 der G.B.O., §§ 1151, 1152 des B.G.B.) erhoben.

8. Für die Vermerkung der Herstellung des Teilhypothekenbriefes auf dem bisherigen Briefe (§ 61 der G.B.O.), der Eintragungen, die bei der Hypothek erfolgten, des Widerspruchs, daß die Hypothek, Grundschuld oder Rentenschuld nicht besteht oder einer Einrede unterliegt oder daß die Hypothek unrichtig eingetragen sei (§ 62 der G.B.O.), ferner der Mitbelastung auf dem bisherigen Briefe (§ 63 der G.B.O.), endlich der Eintragung der Rechtsänderung auf dem bisherigen Briefe (§ 65 der G.B.O.) kommt eine Gebühr in dem mäßigen Betrage von 50 ₰ zum Ansatz.

9. Die Gebühren des Art. 122 kommen nur für die Erteilung der Briefe zur Erhebung und ist gegebenen Falls die Gebühr des Art. 119 für die Bestellung einer Hypothek u. s. w. noch besonders in Ansatz zu bringen. Ferner versteht es sich von selbst, daß neben den Gebühren auch noch Auslagen, insbesondere Schreibgebühren anzusetzen sind.

Im Falle der Zurücknahme eines Antrages auf Erteilung eines Hypothekenbriefes ist eine Gebühr nach Art. 125 Abs. 2 zu erheben.

Art. 123 (92).

Abschriften aus dem Grundbuche, ferner Abschriften von Urkunden, von denen gemäß § 11 der Grundbuchordnung oder einer auf Grund des § 93 der Grundbuchordnung erlassenen Anordnung des Staatsministeriums der Justiz Abschrift erteilt werden kann, sowie Abschriften von den noch nicht erledigten Eintragungsanträgen unterliegen einer Gebühr von 1 Mark[1][2]).

Die Gebühr kann, sofern die Verhältnisse des Empfängers oder die Geringfügigkeit des Gegenstandes eine Ausnahme begründen, von dem Grundbuchamte nach freiem Ermessen auf die Hälfte ermäßigt werden[3]).

Erfordert die Anfertigung der im Abs. 1 erwähnten Auszüge, Bescheinigungen oder Bestätigungen einen größeren Zeitaufwand, so beträgt die Gebühr 3 bis 10 Mark[4])[5]).

1. Wird eine Abschrift auf Verlangen auch noch beglaubigt (§ 11 Abs. 2 der G.B.O.), so dürfte außer der Gebühr des Art. 123 und den Schreibgebühren noch die weitere Gebühr des Art. 54 Ziff. 2 zu erheben sein.

Zu bemerken ist hier, daß alle auf die Heeresergänzung bezüglichen amtlichen Verrichtungen und Verhandlungen keiner Gebühr unterliegen (siehe § 35 des Reichsmilitärgesetzes v. 2. Mai 1874, R.G.Bl. S. 55).

2. Für die Aufschlüsse im dienstlichen Korrespondenzwege zwischen den Notariaten und Grundbuchämtern wird eine Gebühr nicht erhoben, soferne dieselben nicht die Stelle eines gebührenpflichtigen Grundbuchsauszugs annehmen.

3. Dies wird gewöhnlich zutreffen bei Bescheinigungen, welche zum Zwecke der Erlangung eines Stipendiums u. s. w. erteilt werden.

4. Ueber die Festsetzung der zu erhebenden Gebühr siehe Anmerkg. 1 Abs. 2 zu Art. 122, dann Art. 280.

5. Die Gebühr wird sofort nach Anfertigung der Abschriften fällig. Vergl. auch § 97 des R.G.K.G. (Wochinger, Prozeßgeb.Ges. S. 132), dann Art. 39. Der Antragsteller ist zahlungs- und vorschußpflichtig. Siehe auch noch Art. 283.

Im Falle der Zurücknahme eines Antrages auf Erteilung eines Grundbuchsauszuges u. s. w. wird eine Gebühr von 50 ₰ erhoben. Vergleiche Art. 125 Abs. 2.

Art. 124 (93).

Für die Zurückweisung eines ungerechtfertigten [1]) Antrags auf Eintragung in das Grundbuch oder für die Bestimmung einer Frist zur Hebung des der Eintragung entgegenstehenden Hindernisses ist eine Gebühr von 1 Mark zu entrichten.

Ist der Gegenstand von Weitläufigkeit oder Verwickelung, so beträgt die Gebühr 3 bis 10 Mark [2]).

1. Liegt ein ungerechtfertigter Antrag nicht vor, sondern beruht derselbe auf nicht anzurechnender Unkenntnis der Verhältnisse oder auf Unwissenheit, so ist das Gericht befugt, Gebührenfreiheit zu gewähren. (Vergl. § 6 des R.G.K.G., Wochinger, Prozeßgeb.Ges. S. 5, dann Art. 39.)

2. Ueber Festsetzung der zu erhebenden Gebühr siehe Anmerkg. 1 Abs. 2 zu Art. 122, dann Art. 280.

Art. 125 (94).

Wird der Antrag auf eine Eintragung im Grundbuche zurückgenommen, ehe die Eintragung erfolgt ist, so ist die Hälfte der im Art. 116 bestimmten Gebühr zu erheben [1]).

Die gleiche Gebühr kommt zur Erhebung, wenn der Antrag auf Erteilung eines Hypothekenbriefs, eines Grundschuldbriefs oder eines Rentenschuldbriefs, auf Erteilung eines Grundbuchsauszugs [2]) oder auf eine sonstige nicht in einer Eintragung bestehende Handlung des Grundbuchamts zurückgenommen wird.

1. Zu beachten ist, daß die geringste Gebühr 20 ₰ beträgt und daß eventuell Abrundung der Gebühr stattzufinden hat (vergleiche Art. 2).

2. Da bei der Erteilung eines Hypothekenbriefes, eines Grundbuchsauszuges u. s. w. für die Gebührenbewertung nicht eine Wertsgegenstandssumme wie bei Art. 116 maßgebend ist, sondern nur ein etwaiger größerer Zeitaufwand bestimmend auf die Höhe der Gebühr einwirkt (Art. 122, 123), so wird im Falle der Zurücknahme des Antrags regelmäßig eine Gebühr von 50 ₰ anzusetzen sein. Ausnahmsweise aber kann diese Gebühr bis 30 ₰ herabgesetzt und bei größerem Umfang und Schwierigkeit der Sache, insbesondere wenn der Hypothekenbrief oder Grundbuchsauszug nahezu fertiggestellt ist, auch über 50 ₰ erhöht werden.

Art. 126.

Die zu Protokoll des Grundbuchamts abgegebene Erklärung, durch die eine Vollmacht zur Stellung des Antrags auf Eintragung erteilt oder die Erteilung dieser Vollmacht widerrufen wird, unterliegt einer Gebühr von 2 Mark.

Für die hiefür in Anspruch genommene Thätigkeit des Grundbuchamts (§§ 29 Satz 1, 32 der G.B.O.) wird eine mäßige Gebühr erhoben. Wohl aber ist zu beachten, daß die Vorschrift des Art. 126 sich nicht auf die Erklärungen bezieht, durch die ein Eintragungsantrag zurückgenommen wird. Es kann daher auch neben der Gebühr des Art. 126 gegebenen Falls auch noch die Gebühr des Art. 125 zum Ansatz kommen. (Siehe auch Motive 1899.)

Art. 127 (95).

Gebühren werden nicht erhoben[1]):

1. für die Benachrichtigung des Antragstellers und des eingetragenen Eigentümers sowie aller aus dem Grundbuch ersichtlichen Personen, zu deren Gunsten die Eintragung erfolgt ist oder deren Recht durch sie betroffen wird, von der erfolgten Eintragung in das Grundbuch;
2. für die Gestattung der Einsicht[2]) des Grundbuchs, dann der im Art. 123 erwähnten Urkunden und Anträge.

1. Abgesehen von den Fällen, in welchen nach der Natur der Eintragungen oder der Person des Antragstellers mit Rücksicht auf die Bestimmungen des Art. 3 keine Gebühr zu erheben ist, bestimmt der Art. 127, daß die mit einer Eintragung verbundene

Benachrichtigung der Beteiligten als begleitende Handlungen einer Gebühr nicht unterworfen sind.

2. Die Bestimmung in Ziff. 2 entspricht den analogen Vorschriften in Art. 61 Ziff. 1, 72 Ziff. 1, 76 Ziff. 1 u. a. und beruht auf die hiewegen ergangenen reichsgesetzlichen Vorschriften. Dieses gilt auch von den Urkunden, auf die im Grundbuche zur Ergänzung einer Eintragung Bezug genommen ist, sowie von den noch nicht erledigten Eintragungsanträgen (§§ 11, 93 der G.B.O.).

Vergleiche hieher auch noch die Anmerkg. 2 u. 6 zu Art. 116.

7. Sonstige Gegenstände.

Art. 128.

Für die Bestätigung des Vertrags[1]), durch welchen jemand an Kindesstatt angenommen oder das durch die Annahme an Kindesstatt begründete Rechtsverhältnis wieder aufgehoben wird, kommen zwei Zehnteile der Sätze des § 8 des Reichs-Gerichtskostengesetzes zur Erhebung[2])[3]).

Wird die Bestätigung versagt, so wird nur die Hälfte dieser Gebühr[4]) erhoben. Das Gleiche gilt für die Zurückweisung der sofortigen Beschwerde gegen den Beschluß, durch welchen die Bestätigung versagt wird[5]).

1. Nach den Bestimmungen im Art. 65 ff. des G.F.G. ist zur Bestätigung des Vertrages (§ 1750 B.G.B.) das Amtsgericht zuständig. Die Gebühr des Art. 128 ist eine Bauschgebühr und umfaßt demnach das ganze bei Gericht stattfindende Verfahren. (45. Protokoll des Just.Gesetzgeb.Aussch. d. K. d. A. S. 774, Pfaff, 5. Aufl. S. 121.)

2. Siehe Wochinger, Prozeßgeb.Ges. S. 8 und Tabelle a im Anhang.

3. Die Wertsgegenstandssumme ist im Hinblick auf Art. 43 und Art. 39 nach § 10 des R.G.K.G. vom Gerichte festzusetzen. Der regelmäßige Betrag ist auf 2000 ℳ festzustellen.

4. Also ein Zehnteil der Sätze des § 8 des R.G.K.G. Vergleiche Tabelle a im Anhang.

5. Der gleiche Gebührensatz dürfte nach Art. 39, § 46 des R.G.K.G. für die Zurücknahme des Antrages auf Bestätigung des Vertrages zu erheben sein.

Art. 129 (70).

Die Gebühr für die Feststellung des Datums einer Privaturkunde, einschließlich der über die Vorlage auszustellenden Bescheinigung, beträgt 2 Mark[1])[2]).

1. Für die Bescheinigung kommt demnach nicht die Gebühr des Art. 54 sondern nur die Schreibgebühr zur Erhebung.

2. Für eine gewöhnliche Abschrift der Einträge (Art. 33 des Ausf.Ges. z. R.C.P.O. und K.O. v. 26. Juni 1899, G.V.Bl. S. 411) werden nur Schreibgebühren, für eine beglaubigte Abschrift aber noch die Gebühr des Art. 54 erhoben.

Art. 130 (73).

Die Vornahme von Siegelungen und Entsiegelungen durch den Gerichtsschreiber unterliegt einer Gebühr von 2 Mark, sofern nicht eine Gebühr nach Art. 101 zum Ansatze zu kommen hat.

In den Fällen der §§ 122, 123 der Reichs-Konkursordnung werden für die Vornahme von Siegelungen und Entsiegelungen sowie für die Vornahme der Verrichtungen einer Urkundsperson durch den Gerichtsschreiber Gebühren nicht erhoben [1] [2].

Die Bestimmung des Art. 130 Abs. 1, welche auf Art. 63 Abs. 1 des Ausf.Ges. z. R.G.V.G. nach Art. 167 Z. XVI des Ausf. Ges. z. B.G.B. beruht, will für die Vornahme von Siegelungen und Entsiegelungen durch den Gerichtsschreiber eine mäßige Gebühr erheben, außer wenn in dem Verfahren zur Sicherung des Nachlasses eine Bauschgebühr nach Art. 101 (siehe S. 109) zum Ansatz zu kommen hat.

Abs. 2 entspricht den bisherigen Bestimmungen des Art. 73. (Motive 1899.)

1. Die Gebühr ist sowohl für die Siegelung als auch für die Entsiegelung nur einmal zu erheben.

2. Vergleiche hieher auch Art. 196.

Art. 131.

Für die Bestellung eines Vertreters des Eigentümers des Grundstücks im Falle des § 1141 Abs. 2 des Bürgerlichen Gesetzbuchs [1]) wird eine Gebühr von 2 Mark erhoben [2]).

1. Das Amtsgericht, in dessen Bezirk das Grundstück liegt, hat auf Antrag des Gläubigers, welcher dem Eigentümer seine Hypothekforderung künden will, sofern dieser im Inland keinen Wohnsitz hat oder dessen Aufenthalt unbekannt ist (§ 132 Abs. 2 des B.G.B.), einen Vertreter zu bestellen, dem gegenüber die Kündigung des Gläubigers erfolgen kann.

2. Die Gebühr kommt nur für die Bestellung des Vertreters zum Ansatz. In allen übrigen Fällen wird keine Gebühr erhoben, wohl aber etwaige Auslagen.

Art. 132.

Eine Gebühr von 1 Mark wird erhoben:

1. für die Vernehmung der Sachverständigen zur Ermittelung des Wertes von Grundstücken nach Art. 87 oder Art. 103 des Ausführungsgesetzes zum Bürgerlichen Gesetzbuche[1];
2. für die Bewilligung der öffentlichen Zustellung einer Willenserklärung im Falle des § 132 Abs. 2 des Bürgerlichen Gesetzbuchs[2];
3. für die Bewilligung der Veröffentlichung der Kraftloserklärung einer Vollmachtsurkunde im Falle des § 176 Abs. 2 des Bürgerlichen Gesetzbuchs[3].

1. Nach Art. 87 des Ausf.Ges. z. B.G.B. kann der Eigentümer eines Grundstückes den Wert desselben mit Rücksicht auf die Sicherheit von Hypotheken, Grundschulden oder Rentenschulden durch Sachverständige amtlich feststellen lassen.

Desgleichen kann nach Art. 103 des Ausf.Ges. z. B.G.B. in Fällen der Erbfolge oder der Aufhebung einer fortgesetzten Gütergemeinschaft der Ertragswert eines Landguts durch Sachverständige festgestellt werden.

2. Befindet sich der Erklärende über die Person desjenigen, welchem gegenüber die Erklärung abzugeben ist, in einer nicht auf Fahrlässigkeit beruhenden Unkenntnis oder ist der Aufenthalt dieser Person unbekannt, so kann die Zustellung nach den für die öffentliche Zustellung einer Ladung geltenden Vorschriften der Civilprozeßordnung erfolgen. (§ 132 Abs. 2 des B.G.B., §§ 186 bis 189 der R.C.P.O.)

3. Nach § 176 Abs. 1 des B.G.B. kann der Vollmachtgeber die Vollmachtsurkunde durch eine öffentliche Bekanntmachung für kraftlos erklären; die Kraftloserklärung muß nach den für die öffentliche Zustellung einer Ladung geltenden Vorschriften der Civilprozeßordnung veröffentlicht werden.

Art. 133.

Für die Verhandlung in dem zur Abnahme des Offenbarungseids bestimmten Termin in den Fällen der §§ 259, 260, 2028, 2057 des Bürgerlichen Gesetzbuchs wird die Gebühr des § 43 des Reichs-Gerichtskostengesetzes erhoben[1][2].

Die Motive (1899) erläutern hiezu:

Der § 43 des R.G.K.G. bestimmt die Gebühr für die Verhandlung in dem zur Abnahme des Offenbarungseids bestimmten Termine vor dem Prozeßgerichte (§ 889 der R.C.P.O.). In den

Fällen der §§ 259, 260, 2028, 2057 des B.G.B. ist der Offenbarungseid vor dem Prozeßgerichte zu leisten, wenn eine gerichtliche Verurteilung zur Leistung des Eides vorliegt. Erbietet sich dagegen der Schuldner zur Leistung des Eides, so bildet die Abnahme des Eides einen Gegenstand der freiwilligen Gerichtsbarkeit; da es für die Gebührenerhebung keinen Unterschied machen kann, vor welchem Gerichte die Eidesleistung erfolgt, so hat der § 43 nach Art. 133 auch dann Anwendung zu finden, wenn die Eidesabnahme nicht vor dem Prozeßgerichte erfolgt.

Unter den Art. 133 fallen selbstverständlich auch die Anwendungsfälle der §§ 259, 260 des B.G.B. (vergl. z. B. §§ 666, 681, 713, 1214, 1421, 1546, 1681, 1890, 1897, 1915, 1978, 1990 bis 1992, 2230, 2318 des B.G.B.).

1. Siehe Wochinger, Prozeßgeb.Ges., S. 63 und Tabelle a im Anhang.

2. Schuldner der Gebühr ist in der Regel der Antragsteller, so insbesondere, wenn der Verpflichtete sich zur Leistung des Eides erboten hat.

Vergleiche hieher auch Anmerkg. 3 zu Art. 97. Eine Ausnahme enthält die Bestimmung des Art. 113 Abs. 2 beim Zwangsverfahren zur Ablieferung von Testamenten.

Art. 134.

Für die Entscheidung über die Art des Pfandverkaufs im Falle des § 1246 Abs. 2 des Bürgerlichen Gesetzbuchs werden zwei Zehnteile der Sätze des § 8 des Reichs-Gerichtskostengesetzes erhoben [1]) [2]) [3]).

Die im § 1246 Abs. 2 des B.G.B. vorgesehene Entscheidung über die Art des Pfandverkaufs (vergl. § 166 des G.F.G.) ist mit den in der Zwangsvollstreckung erforderlich werdenden Anordnungen des Gerichts verwandt. Das R.G.K.G. erhebt für die Thätigkeit des Gerichts in der Zwangsvollstreckung regelmäßig nach § 35 zwei Zehnteile der Sätze des § 8. Die gleiche Gebühr ist deshalb auch im Art. 134 festgesetzt. (Motive 1899.)

1. Siehe Wochinger, Prozeßgeb.Ges., S. 53 und Tabelle a im Anhang.

Die Gebühr des Art. 134 ist eine Bauschgebühr und umfaßt daher auch das vorangegangene Verfahren.

2. Im Falle der Zurücknahme des Antrages kommt die $^1/_{10}$ Gebühr des § 46 des R.G.K.G. zum Ansatz.

3. Als Wertsgegenstandssumme kommt der Betrag der Forderung in Betracht, wenn er der geringere ist als der Wert des Pfandgegenstandes.

Art. 135.

Für die Bestellung eines Verwahrers, einschließlich der Bestimmung seiner Vergütung, in den Fällen der

§§ 432, 1217, 1281, 2039 des Bürgerlichen Gesetzbuchs werden drei Zehnteile der Sätze des § 8 des Reichs-Gerichtskostengesetzes erhoben 1) 2) 3) 4).

Die Bestimmungen in Art. 135 u. 136 sind durch § 165 des G.F.G. und den § 87 des Binnenschiffahrtsgesetzes veranlaßt. (Motive 1899.)

1. Durch die Bauschgebühr des Art. 135 ist auch das der Bestellung vorhergehende Verfahren abgegolten.

2. Siehe Tabelle a im Anhang.

3. Als Wertsgegenstand kommt hier das Interesse an der Bestellung des Verwahrers in Betracht und ist deshalb erforderlichenfalls gerichtlich festzusetzen.

4. Zahlungspflichtig ist der Antragsteller.

Art. 136.

Für die Bestellung eines Dispacheurs, einschließlich der Bestimmung seiner Vergütung, werden drei Zehnteile der Sätze des § 8 des Reichs-Gerichtskostengesetzes erhoben 1) 2).

1. Vergleiche hieher die Anmerkungen zu Art. 135.

2. Unter Dispacheur ist ein zur Seeschadenberechnung erwählter Sachverständiger zu verstehen.

Nach § 87 des Binnenschiffahrtsgesetzes vom 20. Mai 1898 (R.G.Bl. S. 892) hat der Schiffer die Seeschadenberechnung (Dispache) unverzüglich aufzustellen und ist berechtigt sowie auf Verlangen eines Beteiligten verpflichtet, diese einem Dispacheur zu übertragen.

Art. 137.

Wird bei dem Gericht eine Verhandlung über die von dem Dispacheur aufgemachte Dispache beantragt, so werden für das gesamte Verfahren vier Zehnteile der Sätze des § 8 des Reichs-Gerichtskostengesetzes erhoben. Als Wert des Gegenstandes ist anzusehen der Betrag des Havareischadens; wenn jedoch der Wert des Geretteten an Schiff, Fracht und Ladung geringer ist, dieser geringere Betrag. Wird die Dispache bestätigt, so haften die am Verfahren Beteiligten für die Kosten als Gesamtschuldner 1).

Für die Verhandlung über die von dem Dispacheur aufgemachte Dispache (§§ 153 ff. des G.F.G.) erscheint eine einmalige Gebühr von vier Zehnteilen der Sätze des § 9 des R.G.K.G. angemessen. Wird die Dispache bestätigt, so findet zu Gunsten der Beteiligten die Zwangsvollstreckung statt (§ 158 des G.F.G.); mit Rücksicht hierauf rechtfertigt es sich, die am Verfahren Beteiligten, wenn die Dispache bestätigt wird, als Gesamtschuldner für die

Gebühr haften zu lassen. Die Vorschriften über den Wert des Gegenstandes bei dem Bestätigungsverfahren sind dem preußischen Rechte entlehnt. (Motive 1899.)

1. Im Falle der Nichtbestätigung der Dispache ist der Antragsteller allein zahlungspflichtig.

Für die Zurücknahme des Antrages dürfte die Gebühr des § 46 des R.G.K.G. zum Ansatze zu kommen haben.

Siehe auch Tabelle a im Anhang.

Art. 138.

In den Fällen, in welchen nach den Vorschriften des bürgerlichen Rechtes jemand den Zustand oder den Wert einer Sache durch Sachverständige feststellen lassen kann, werden für die Vernehmung der Sachverständigen drei Zehnteile der Sätze des § 8 des Reichs-Gerichtskostengesetzes erhoben[1])[2]).

Die Motive (1899) bemerken hiezu:

Die Art. 138 u. 139 entsprechen dem bisherigen Art. 62.

Von den durch den Art. 62 getroffenen Angelegenheiten fallen nach dem neuen Handelsgesetzbuche mehrere weg. Insbesondere ist in den den Art. 348, 365 des bisherigen Handelsgesetzbuches entsprechenden §§ 379, 388 des neuen Handelsgesetzbuchs eine Thätigkeit des Gerichts nicht mehr vorgesehen. Auf der anderen Seite ist durch das Bürgerliche Gesetzbuch und die neuere Reichsgesetzgebung eine Reihe von Fällen hinzugekommen, in denen jemand den Zustand oder den Wert einer Sache durch Sachverständige feststellen lassen kann. An solchen Fällen sind insbesondere zu nennen:

a) Nach dem Bürgerlichen Gesetzbuche:
- § 1034, Feststellung des Zustandes der Nießbrauchsache;
- § 1067, Feststellung des Wertes der beim Nießbrauche verbrauchten Sachen;
- § 1372, Feststellung des Zustands der zum eingebrachten Gut gehörenden Sachen;
- § 1439, Feststellung des Zustands der von dem Gesamtgut ausgeschlossenen Gegenstände;
- § 1528, Feststellung des Bestandes des eigenen und des dem anderen Ehegatten gehörenden eingebrachten Gutes;
- § 1550, Feststellung des Zustandes des vom Gesamtgute ausgeschlossenen eingebrachten Gutes;
- § 2122, Feststellung des Zustandes der zur Erbschaft gehörenden Sachen auf Antrag des Vorerben.

b) Nach dem Handelsgesetzbuche:
- § 438, Feststellung des Mangels an einem Frachtgut;
- § 464, Feststellung des Mangels an einem Eisenbahnfrachtgut;
- §§ 608, 609, Feststellung des Zustandes oder der Menge der Seeschiffsgüter.

c) Nach dem Binnenschiffahrtsgesetz:
§ 61, Feststellung des Mangels an Schiffsfrachtgüter.

Diese Fälle haben alle das gemeinsam, daß das Gericht die Sachverständigen zu ernennen, zu beeidigen und zu vernehmen hat (vergl. § 164 des G.F.G.). Der Art. 138 will für diese Fälle nach dem Vorbilde des preußischen Rechts und in teilweiser Anlehnung an die für die Sicherung des Beweises geltende Vorschrift des § 36 des R.G K.G. drei Zehnteile der Sätze des § 8 dieses Gesetzes erheben. Hierin liegt gegenüber dem geltenden Rechte eine wesentliche Minderung der Gebühr; mit Rücksicht hierauf ist es nicht erforderlich vorzuschreiben, daß die Gebühr für die Erstattung des Gutachtens der Sachverständigen im Falle der Entstehung eines Rechtsstreites auf die Beweisgebühr angerechnet wird.

1. Die Gebühr wird nur einmal erhoben, wenn zugleich der Zustand und der Wert einer Sache festgestellt wird. (Vergleiche auch Mügel, Preuß. Kostengesetze, 3. Aufl. § 101 S. 287. Pietsch, Preuß. Kostengesetze, 2. Aufl. § 101 S. 167).

Die Berechnung der Gebühr findet aus dem Gesamtbetrage der gerichtlich festgesetzten Wertsgegenstandssummen des Zustandes und des ermittelten Wertes der Sache statt.

2. Kostenschuldner ist der Antragsteller.

Art. 139.

Soweit nicht reichsgesetzlich[1]) oder in diesem Gesetz ein Anderes bestimmt ist, werden für die Erledigung der im Handelsgesetzbuch[2]), in dem Genossenschaftsgesetz und in dem Gesetze, betreffend die Gesellschaften mit beschränkter Haftung, den Gerichten zugewiesenen, von den deutschen Prozeßordnungen nicht betroffenen Angelegenheiten[3]), welche eine Entscheidung des Gerichts[4]) erfordern, sowie von Angelegenheiten ähnlicher Art drei Zehnteile der Sätze des § 8 des Reichs-Gerichtskostengesetzes erhoben[5])[6])[7]).

1. Reichsgesetzlich ist geregelt die Gebührenerhebung in Angelegenheiten, welche die Beurkundung des Personenstandes und die Eheschließung, dann die Führung des Genossenschaftsregisters betreffen.

2. Hieher sind zu zählen die Führung des Handelsregisters, die Entscheidungen über die Art des Pfandverkaufes und das handelsrechtliche Ordnungsstrafverfahren.

3. Solche Angelegenheiten betreffen insbesondere:
Ernennung und Abberufung von Liquidatoren §§ 146, 147, 295, 302 Abs. 4, 320 Abs. 3 des H.G.B., § 83 des Genossenschaftsgesetzes (R.G.Bl. 1898 S. 829), § 66 Abs. 2 des Ges. über die Gesellsch. mit beschränkter Haftg. (R.G. Bl. 1898 S. 863) §§ 48, 86 des B.G.B.;

Ernennung von Revisoren §§ 192, 266 Abs. 2 des H.G.B. § 61 des Genossenschaftsgesetzes;
Ermächtigung zur Berufung der Generalversammlung § 254 Abs. 3 des H.G.B., § 45 Abs. 3 des Genossenschaftsgesetzes;
Ermächtigung an Aktionäre, Gläubiger oder Genossen zur Einsicht der Bücher und Schriften aufgelöster Gesellschaften § 302 des H.G.B., § 93 des Genossenschaftsgesetzes, § 74 des Ges. über die Gesellschaften mit beschränkter Haftung;
Auflösung einer Genossenschaft wegen nicht mehr genügender Anzahl der Genossen § 80 des Genossenschaftsgesetzes u. A.

Vergleiche hieher auch § 104 des Preuß. Gerichtskostengesetzes und die Anmerkg. hiezu bei Mügel u. Pietsch.

4. Liegt eine entscheidende Thätigkeit des Gerichts nicht vor z. B. § 196 Abs. 2 des H.G.B., so ist die Gebührenbestimmung des Art. 138 nicht anwendbar.

5. Siehe Tabelle a im Anhang.

6. Die Wertsgegenstandssumme ist in der Regel vom Gerichte nach freiem Ermessen festzusetzen.

7. Kostenschuldner ist, sofern die gerichtliche Entscheidung nichts anderes bestimmt, der Antragsteller.

Art. 140.

Auf die gerichtliche Festsetzung der einem Beteiligten zu erstattenden Kosten, auf Zeugnisse über die Rechtskraft sowie auf die nach Art. 130 des Ausführungsgesetzes zum Bürgerlichen Gesetzbuch angeordneten Zwangsmaßregeln finden in allen Fällen die Vorschriften des Reichs-Gerichtskostengesetzes entsprechende Anwendung[1])[2])[3]).

1. Für die nach Art. 133 des Ausf.Ges. z. B.G.B. ergehende Entscheidung, einschließlich des vorangegangenen Verfahrens, über Festsetzung der einem Beteiligten zu erstattenden Kosten kommt nach § 38 Ziff. 1 ein Zehnteil der Sätze des § 8 des R.G.K.G. zur Erhebung.

2. Hinsichtlich der Erteilung der Zeugnisse über die Rechtskraft (§ 31 des G.F.G.) ist § 47 Abs. 1 Nr. 16 u. Abs. 3 des R.G.K.G. maßgebend. Dieselbe erfolgt gebührenfrei. Nicht gebührenfrei ist das Beschwerdeverfahren (Abs. 3).

3. Bei der Anordnung von Zwangsmaßregeln nach Art. 130 des Ausf.Ges. z. B.G.B. kommt es auf die Art derselben an. Liegt ein Verfahren der Zwangsvollstreckung zur Erwirkung von Handlungen oder Unterlassungen (§§ 887 bis 891 der R.C.P.O.) vor, so sind nach § 27 Nr. 2 drei Zehnteile der Sätze des § 8 des R.G.K.G. zu erheben. Bei sonstigen gerichtlichen Handlungen der Zwangsvollstreckung kommen zwei Zehnteile der erwähnten Sätze nach § 35 Nr. 2 unter Berücksichtigung des § 39 des R.G.K.G. zum Ansatze.

Für die Abnahme des Offenbarungseides beträgt nach § 43 des R.G.K.G. die Gebühr zwei Zehnteile der Sätze des § 8.

Vergleiche hieher auch Anmerkg. 3 zu Art. 97.

Art. 141.

Für die in den § 29, § 37 Abs. 2, § 48 Abs. 1 und § 60 des Bürgerlichen Gesetzbuchs bezeichneten Entscheidungen des Amtsgerichts in Vereinssachen, einschließlich des dieselben begleitenden gerichtlichen Verfahrens, wird eine Gebühr von 2 bis 10 Mark erhoben [1]) [2]).

Der Art. 141 setzt für die von ihm bezeichneten Entscheidungen des Amtsgerichts in Vereinssachen die gleichen Gebühren fest wie der Art. 71 Abs. 2 für die Entscheidung des Registergerichts. (Motive 1899).

1. Diese Entscheidungen betreffen:

§ 29, Bestellung der erforderlichen Mitglieder des Vorstandes;

§ 37 Abs. 2, Ermächtigung zur Berufung der Mitgliederversammlung;

§ 48 Abs. 1, Bestellung von Liquidatoren;

§ 60, Zurückweisung der Anmeldung.

Siehe auch Art. 71.

2. Ueber die Höhe der festzusetzenden Gebühr vergleiche Art. 280. Die Gebühr kommt nur für eine Entscheidung zur Erhebung.

Art. 142 (61).

In dem nach den §§ 132 bis 139 des Gesetzes über die Angelegenheiten der freiwilligen Gerichtsbarkeit eintretenden Verfahren werden in jeder Instanz fünf Zehnteile der Sätze des § 8 des Reichs-Gerichtskostengesetzes erhoben [1]) [2]) [3]):

1. für die Festsetzung der Ordnungsstrafe [4]);
2. für die Verhandlung in den nach § 134 anberaumten Terminen [5]);
3. für die Anordnung einer Beweisaufnahme.

Die Gebühr für die Anordnung einer Beweisaufnahme wird nur zur Hälfte erhoben, wenn die Beweisaufnahme weder ganz noch teilweise stattgefunden hat [6]).

Diese Gebühren werden in jedem Verfahren nur einmal erhoben. Jede Wiederholung der Ordnungsstrafe gilt als ein besonderes Verfahren [7]).

Als Wert des Streitgegenstandes ist die Höhe der festgesetzten Ordnungsstrafe anzusehen.

Für die Androhung von Strafen werden Gebühren nicht erhoben [8]).

Der Art. 142 regelt die Gebühren für das Verfahren zur Verhängung von Ordnungsstrafen in Handelssachen und ersetzt insoweit den Art. 61 des bisherigen Gesetzes. Die im Art. 61 getroffenen Vorschriften sind im Anschluß an das preußische Recht dahin geändert, daß nicht eine fixe Gebühr (5 bzw. 10 ℳ) sondern eine nach der Höhe der Strafe sich richtende Gebühr zur Erhebung kommen soll. Die neue Regelung dürfte der Billigkeit besser entsprechen. (Motive 1899).

1. Die Bestimmungen in §§ 132 bis 139 des G.F.G. betreffen das vorerwähnte Strafverfahren in Handelssachen und findet die Gebühr des Art. 142 nur in diesen Fällen Anwendung, nicht aber in dem Strafverfahren bei den sonstigen Angelegenheiten der freiwilligen Gerichtsbarkeit. Siehe auch Art. 143.

2. Ueber den Begriff der Instanz vergleiche Anmerkg. 3 zu § 12 des R.G.K.G. in Wochinger, Prozeßgeb.Ges. S. 27, dann auch S. 46.

3. Siehe Tabelle a im Anhang.

4. Die Gebühr wird nur dann erhoben, wenn eine Ordnungsstrafe verhängt wird. Kommt es nicht zur Festsetzung der angedrohten Strafe, so ist auch keine Gebühr fällig. Neben der Gebühr des Art. 142 kommen, da bei der Festsetzung der Ordnungsstrafe der Beteiligte zugleich in die Kosten des Verfahrens zu verurteilen ist, auch die Auslagen zum Ansatz. Sind bei einem Ordnungsstrafverfahren mehrere Personen beteiligt, so ist für jede derselben die Gebühr nach Maßgabe der über sie verhängten Strafe besonders zu berechnen. Für die Auslagen haften dieselben als Gesamtschuldner. (Vergleiche auch Mügel, Preuß. Kostengesetze, 3. Auflage S. 290).

5. Wird rechtzeitig Einspruch erhoben (§ 134) und erscheint der Beteiligte trotz Ladung in dem zur Erörterung der Sache angesetzten Termin nicht, so hat das Gericht nach Lage der Sache zu entscheiden. In diesem Falle wird die Gebühr nach Ziffer 2 nicht zu erheben sein, da eine Verhandlung nicht stattgefunden hat.

Für die Zurücknahme des Einspruchs kommt eine Gebühr nicht zur Erhebung, wohl aber werden die Auslagen berechnet.

6. Hinsichtlich der Gebührenerhebung bei Anordnung einer Beweisaufnahme sowie bei Unterlassung oder nur teilweiser Erledigung derselben haben die gleichen Grundsätze Anwendung zu finden wie bei § 18 Z. 2 u. § 22 des R.G.K.G.

7. Diese Bestimmungen entsprechen den §§ 28 u. 39 Abs. 1 des R.G.K.G.

Für die Beschwerdeinstanz ist die Gebühr besonders anzusetzen.

8. In diesem Falle werden auch keine Auslagen berechnet.

Art. 143.

Die Vorschriften des Art. 142 finden auf andere Fälle der Festsetzung von Ordnungsstrafen, insbesondere nach den §§ 151, 159 des Gesetzes über die Angelegenheiten der freiwilligen Gerichtsbarkeit, entsprechende Anwendung.

Die Motive (1899) erläutern hiezu:

Die Gebührenvorschriften über das handelsrechtliche Ordnungsstrafverfahren eignen sich zur entsprechenden Anwendung für alle Fälle, in denen eine Verhängung von Ordnungsstrafen vorgesehen ist, da in allen Fällen nach § 33 des G.F.G. der Festsetzung der Ordnungsstrafe eine Androhung vorherzugehen hat und die einzelne Strafe den Betrag von 300 ℳ nicht übersteigen darf. Der Art. 143 erklärt deshalb die Vorschriften des Art. 142 auf alle anderen Fälle der Festsetzung von Ordnungsstrafen für anwendbar. Als solche Fälle sind zu nennen:

a) nach dem Gesetz über die Angelegenheiten der freiwilligen Gerichtsbarkeit:

§ 140, Festsetzung einer Ordnungsstrafe wegen Gebrauches einer nicht zustehenden Firma (§ 37 Abs. 1 des H.G.B.),

§ 151, Festsetzung einer Ordnungsstrafe wegen Nichtaushändigung von Schriftstücken an den Dispacheur,

§ 159, Verhängung einer Ordnungsstrafe gegen Mitglieder des Vorstandes oder Liquidatoren eines eingetragenen Vereines;

b) nach § 160 des Genossenschaftsgesetzes:

Verhängung einer Ordnungsstrafe gegen Mitglieder des Vorstandes sowie gegen Liquidatoren;

c) nach § 79 des Gesetzes betr. die Gesellschaften mit beschränkter Haftung:

Verhängung von Ordnungsstrafen gegen Geschäftsführer oder Liquidatoren;

d) nach § 127 des Binnenschiffahrtsgesetzes:

Verhängung von Ordnungsstrafen gegen Beteiligte;

e) nach dem Bürgerlichen Gesetzbuche:

§ 78, Verhängung von Ordnungsstrafen gegen Mitglieder des Vorstandes sowie gegen Liquidatoren eingetragener Vereine,

§ 1788, Verhängung einer Ordnungsstrafe gegen den zum Vormund Ausgewählten,

§ 1837, Verhängung von Ordnungsstrafen gegen Vormund und Gegenvormund,

§ 1875, Verhängung einer Ordnungsstrafe gegen ein Familienratsmitglied;

f) nach Art. 20 des Ausführungsgesetzes zur Grundbuchordnung und zu dem Gesetz über die Zwangsversteigerung und die Zwangsverwaltung:

Verhängung von Ordnungsstrafen gegen den Besitzer des Hypotheken-Grundschuld- oder Rentenschuldbriefs.

1. Nicht hieher gehören und auch keiner Gebühr unterworfen sind die Ordnungsstrafen in Angelegenheiten der streitigen Gerichtsbarkeit z. B. nach § 153 des Zw.Ges.

III. Abschnitt.

Verhandlungen der Notare.

Art. 144 (112).

Für Urkunden und Ausfertigungen der Notare werden Gebühren nach folgenden Bestimmungen erhoben.

Art. 145 (113 Ziff. 2).

Verträge, Schuldbekenntnisse und Schuldversprechen unterliegen, soweit in den folgenden Artikeln nicht ein Anderes bestimmt ist, der verhältnismäßigen Gebühr von drei vom Tausend der Gegenstandssumme, sofern jedoch der Wertsgegenstand den Betrag von 2000 Mark nicht übersteigt, von zwei und einhalb vom Tausend der Gegenstandssumme.

Die Gebühren und Auslagen der Notare für die im Auftrage des Gerichts vorgenommenen Amtsgeschäfte gehören zu den baren Auslagen und sind den Notaren auch dann aus der Staatskasse auszubezahlen, wenn deren Beitreibung von den Zahlungspflichtigen nicht möglich ist. (Fin.M.E. v. 30. März 1888, Pfaff, 5. Aufl. S. 129.)

Art. 146 (113 Ziff. 1, 114).

Für Verträge, durch welche sich der eine Teil verpflichtet, das Eigentum an einem Grundstücke zu übertragen oder ein den Grundstücken gleichstehendes Recht zu bestellen oder zu übertragen, beträgt die verhältnismäßige Gebühr:

1. eins vom Hundert der Gegenstandssumme:
   a. wenn der Vertrag zwischen Verwandten oder Stiefverwandten in gerader Linie oder zwischen Ehegatten oder zwischen Geschwistern abgeschlossen wird;

b. bei Verträgen über die Teilung eines Nachlasses oder des Gesamtguts einer Gütergemeinschaft oder fortgesetzten Gütergemeinschaft;
c. bei einem Wertsgegenstande bis zu 1000 Mark einschließlich;
2. ein und einhalb vom Hundert der Gegenstandssumme bei einem Wertsgegenstande von über 1000 Mark bis 2000 Mark einschließlich;
3. zwei vom Hundert der Gegenstandssumme in allen übrigen Fällen.

Sind bei Verträgen zwischen Verwandten oder Stiefverwandten (Ziffer 1 lit. a) neben den Verwandten oder Stiefverwandten der absteigenden Linie die Ehegatten oder Verlobten beteiligt, so findet auf deren Anteilsrechte die Bestimmung der Ziff. 1 Anwendung. In den übrigen Fällen der Ziff. 1 lit. a ist bei Mitbeteiligung weiterer Personen die Gebühr nach den Anteilsrechten der einzelnen Personen gesondert zu berechnen.

Art. 147.

Die Gebühr des Art. 146 wird für die Beurkundung der Auflassungserklärung erhoben, wenn nicht eine Urkunde vorliegt, welche mit dieser Gebühr schon zu bewerten war.

Art. 148 (115).

Für Eheverträge wird an Stelle der nach Art. 145 oder 146 zu entrichtenden Gebühr eine fixe Gebühr von 3 Mark erhoben.

Zuwendungen von beweglichem Vermögen, welche in Eheverträgen an eine der den Ehevertrag abschließenden Personen von Seite ihrer Eltern oder Stiefeltern gemacht werden, sind nicht als selbständige Rechtsgeschäfte zu betrachten.

Art. 149 (117).

Stiftungsgeschäfte unter Lebenden unterliegen den Gebühren für Verträge.

Stiftungsgeschäfte, die in einer Verfügung von

Todeswegen bestehen, unterliegen der im Art. 163 bestimmten Gebühr.

Für Urkunden über Familienfideikommisse, gleichviel ob letztere unter Lebenden oder für den Todesfall errichtet werden wollen, beträgt die Gebühr 50 Mark.

Art. 150 (118).

Eine Gebühr zu ein und einhalb vom Hundert der Gegenstandssumme wird erhoben von Gesellschaftsverträgen (Statuten), welche die Gründung von Aktiengesellschaften oder von Kommanditgesellschaften auf Aktien zum Gegenstande haben, sowie von Verträgen oder Beschlüssen, welche die Erhöhung des Grund- oder Aktien-Kapitals solcher Gesellschaften betreffen.

Betrifft der Gesellschaftsvertrag die Gründung einer Aktiengesellschaft, welche nicht den Gewinn der Teilhaber bezweckt, so kommt anstatt der im Abs. 1 festgesetzten Gebühr von ein und einhalb vom Hundert der Gegenstandssumme eine Gebühr von drei vom Tausend der Gegenstandssumme zur Erhebung.

Der Berechnung der Gebühr ist der Betrag des Grund- oder Aktien-Kapitals, im Falle einer Erhöhung desselben der Mehrbetrag zu Grund zu legen.

Wird das Grund- oder Aktien-Kapital oder der erhöhte Betrag desselben nicht sogleich voll einbezahlt, so ist die Gebühr aus der jedesmaligen Teilzahlung zu entrichten, deren Einforderung der Vorstand der Aktiengesellschaft, bei Kommanditgesellschaften auf Aktien der Aufsichtsrat, der zuständigen Regierungsfinanzkammer vor dem anberaumten Einzahlungstermin anzuzeigen hat. Im Falle der Unterlassung rechtzeitiger Anzeige unterliegen die Mitglieder des Vorstandes der Aktiengesellschaft beziehungsweise des Aufsichtsrates der Kommanditgesellschaft auf Aktien einer Geldstrafe von je 30 bis 300 Mark. Für die Entrichtung der verhängten Geldstrafen ist die Gesellschaft subsidiarisch haftbar.

Soweit in solchen Verträgen sich der eine Teil verpflichtet, das Eigentum an Grundstücken oder diesen gleichstehenden Rechten oder das Eigentum an beweglichen Sachen zu übertragen, kommen neben den Gebühren des Abs. 1 oder 2 die im Art. 145 oder 146 bestimmten Gebühren besonders zu Erhebung.

Art. 151 (119).

Wenn zwei oder mehrere Grundstückseigentümer durch Tausch von Grundstücken, die der landwirtschaftlichen oder forstwirtschaftlichen Benützung zugewendet sind, ihren ganzen Grundbesitz oder einen Teil desselben behufs günstigerer Bewirtschaftung in Zusammenhang bringen, so wird für die Beurkundung des Tauschvertrags, für die Auflassungserklärung und für die Uebertragung von Hypotheken, Grundschulden oder Rentenschulden eine verhältnismäßige Gebühr nicht erhoben.

Für Tauschverträge zwischen zwei Grundstückseigentümern, bei welchen obige Voraussetzungen nur auf einer Seite gegeben sind, kommt die Gebühr des Art. 146 Ziffer 1 zur Erhebung.

Eine allenfallsige Geldaufgabe sowie überhaupt jeder Mehrwert des eingetauschten Grundstücks gegenüber dem vertauschten Grundstück unterliegt der Gebührenbewertung nach Art. 146.

Art. 152 (120).

Auf Versteigerungen von Grundstücken finden die Bestimmungen des Art. 146 gleichmäßig Anwendung.

Wird bei einer öffentlichen Versteigerung von Grundstücken der Zuschlag auf die für die einzelnen Grundstücke gelegten Gebote erteilt, so ist die Gebühr nach den Einzelnpreisen zu berechnen.

Für öffentliche Mobiliar-Versteigerungen werden die im Art. 257 bestimmten Gebühren aus der Summe der Zuschlagspreise erhoben.

Art. 153 (121).

Vergleiche sind den nämlichen Gebühren unterworfen wie Verträge.

Dies ist namentlich auch bei den gerichtlichen Prozeßvergleichen zu beachten. Es können demnach z. B. Gebühren nach Art. 145, 146 und daneben eventuell die örtliche Besitzveränderungsabgabe in Betracht kommen. Die Gerichte haben gegebenen Falls auch die Anzeige wegen der Berichtigung des Grundsteuerkatasters zu erstatten (Art. 9 Z. 2 des Gesetzes, Abänderung an den gesetzlichen Bestimmungen über die Grundsteuer betreffend, v. 19. Mai 1881, G.V.Bl. S. 664).

Art. 154 (122 Abs. 1).

Für Verträge, durch welche sich der eine Teil verpflichtet, eine Hypothek, eine Grundschuld oder eine Rentenschuld zu bestellen, beträgt die verhältnismäßige Gebühr fünf vom Tausend der Gegenstandssumme und, wenn die Summe den Betrag von 2000 Mark nicht übersteigt, zwei und einhalb vom Tausend der Gegenstandssumme.

Die gleiche Gebühr wird erhoben für die Beurkundung oder die Beglaubigung der Bewilligung zur Eintragung einer Hypothek, einer Grundschuld oder einer Rentenschuld. Ist die Gebühr schon für den im Abs. 1 bezeichneten Vertrag zum Ansatze gelangt, so wird für die Beurkundung oder Beglaubigung der Eintragungsbewilligung eine Gebühr nicht mehr erhoben.

Ist für die Forderung schon eine mit der Gebühr nach Art. 145 bewertete Urkunde errichtet, so wird die für diese entrichtete Gebühr angerechnet.

Die Vorschrift des Art. 121 findet gleichmäßige Anwendung.

Die Gebühr des Abs. 1 wird auch erhoben für die Beurkundung der Erklärung des Eigentümers, daß eine Grundschuld für ihn in das Grundbuch eingetragen werde.

Art. 155 (122 Abs. 2).

Für die Beurkundung der Uebertragung oder Belastung einer Hypothek, Grundschuld oder Rentenschuld, der Uebertragung oder Belastung einer Forderung, für welche ein eingetragenes Recht als Pfand haftet, beträgt die Gebühr drei vom Tausend der Gegenstandssumme, sofern jedoch der Wertsgegenstand den Betrag von 2000 Mark nicht übersteigt, zwei und einhalb vom Tausend der Gegenstandssumme.

Die gleiche Gebühr kommt zur Erhebung für die Beglaubigung der Erklärung des bisherigen Gläubigers, daß die Uebertragung oder Belastung der Hypothek,

Grundschuld oder Rentenschuld oder die Uebertragung oder Belastung einer Forderung, für welche ein eingetragenes Recht als Pfand haftet, in das Grundbuch eingetragen werden soll, ferner für die Beglaubigung der Erklärung des bisherigen Gläubigers, daß eine Hypothek, Grundschuld oder Rentenschuld, über die ein Brief erteilt ist, an den neuen Gläubiger abgetreten wird, endlich für die Beglaubigung des Anerkenntnisses, daß eine Forderung kraft Gesetzes übertragen ist.

Ist bei Belastung einer Hypothek, Grundschuld oder Rentenschuld die Forderung, zu deren Gunsten die Belastung erfolgt, in ihrem Betrage niedriger als der Betrag der belasteten Hypothek, Grundschuld oder Rentenschuld, so wird die Gebühr aus dem Betrage der Forderung berechnet.

Siehe auch Anhang 4, ältere noch giltige Gebührenbestimmungen.

Art. 156.

Die Bestimmungen der Art. 154, 155 finden bei Errichtung oder Beglaubigung von Urkunden über die Bestellung eines Pfandrechts an einem im Schiffsregister eingetragenen Schiffe sowie eines dieses Pfandrecht belastenden Rechtes gleichmäßig Anwendung.

Art. 157.

Für die Herstellung eines Teilhypothekenbriefs, eines Teilgrundschuldbriefs oder eines Teilrentenschuldbriefs beträgt die Gebühr 1 Mark.

Art. 158.

Für die Vernehmung von Sachverständigen zur Ermittelung des Wertes von Grundstücken nach Art. 87 oder Art. 103 des Ausführungsgesetzes zum Bürgerlichen Gesetzbuche wird eine Gebühr von 1 Mark erhoben.

Art. 159.

Für Verträge, durch welche sich der eine Teil verpflichtet, eine Dienstbarkeit, ein Vorkaufsrecht oder eine Reallast zu bestellen, beträgt die Gebühr drei vom Tausend der Gegenstandssumme, sofern jedoch diese den Betrag von 2000 Mark nicht übersteigt, zwei und einhalb vom Tausend der Gegenstandssumme.

Die Vorschriften des Art. 154 Abs. 2 finden entsprechende Anwendung.

Art. 160 (122 Abs. 3 u. 4).

Alle übrigen Rechtsgeschäfte über Grundstücke oder Rechte an Grundstücken unterliegen bei einem Wertsgegenstande bis 200 Mark einschließlich einer Gebühr von einem Zehnteile der Sätze des § 8 des Reichs-Gerichtskostengesetzes, bei einem Wertsgegenstande von mehr als 200 Mark einer Gebühr von 1 Mark.

Bei Löschungsbewilligungen wird eine besondere Gebühr für die Quittung nicht geschuldet.

Art. 161 (124).

Verträge über Rechtsverhältnisse an Grundstücken sowie über die den Grundstücken gleichstehenden Rechte, welche sich außerhalb Bayerns befinden, unterliegen nur der Gebühr zu drei vom Tausend der Gegenstandssumme.

Art. 162 (125).

Für Inventare und Vermögensverzeichnisse beträgt die Gebühr zwei vom Tausend des ausgewiesenen Vermögens unter Abzug der Schulden, mindestens aber 1 Mark.

Im Falle der Beteiligung Minderjähriger wird die im Abs. 1 bestimmte verhältnismäßige Gebühr nur zur Hälfte erhoben.

In Vormundschaftssachen sowie in Nachlaßsachen, in welchen eine Gebühr nach Art. 83, 89, 90, 94 oder 165 zur Erhebung kommt, wird für das Vermögensverzeichnis oder das Inventar keine besondere Gebühr erhoben.

Die Sollstellung der Gebühren für Inventare und Vermögensverzeichnisse, welche von den Notaren im Auftrage der Gerichte vorgenommen werden, obliegt dem Gerichtsschreiber. Siehe § 7 Abs. 4 der Vollz.-Instr. vom 25. Dezbr. 1899, Just.M.Bl. 1900 S. 351.

Art. 163 (126).

Eine Gebühr von 3 Mark kommt zur Erhebung:

1. für die Errichtung einer Verfügung von Todeswegen, eines Erbverzichtsvertrags sowie eines Vertrags, durch welchen ein Erbverzicht aufgehoben wird;
2. für die Uebernahme von Testamenten, welche nicht vor dem Notar errichtet sind, zur amtlichen Verwahrung.

Für die Erteilung des Hinterlegungsscheins wird eine besondere Gebühr nicht erhoben.

Wird ein Erbvertrag zwischen Ehegatten oder Verlobten mit einem Ehevertrag in derselben Urkunde verbunden, so wird hiefür eine besondere Gebühr nicht entrichtet.

Werden von Ehegatten an einem und demselben Tage zwei gesonderte Testamente errichtet, in welchen sich dieselben gegenseitig Zuwendungen machen, so wird die Gebühr des Abs. 1 für beide Testamente zusammen nur einmal erhoben.

Art. 164.

Der einfache und unbedingte Widerruf des Testaments, die einfache und unbedingte Aufhebung des Erbvertrags sowie die Zurücknahme eines hinterlegten Testaments oder Erbvertrags unterliegt der Gebühr von 1 Mark.

Wird bei Zurücknahme eines hinterlegten Testaments oder Erbvertrags gleichzeitig ein neues Testament oder ein neuer Erbvertrag dem Notar in amtliche Verwahrung übergeben, so kommt an Stelle der Gebühr des Abs. 1 jene des Art. 163 Abs. 1 Ziff. 2 zur Erhebung.

Art. 165 (127 Abs. 1 u. 2).

Für die durch den Notar erfolgte Vermittelung der Auseinandersetzung in Ansehung eines Nachlasses wird aus dem Werte des Nachlasses nach Abzug der Schulden eine Gebühr von einem Zehnteile der Sätze des § 8 des Reichs-Gerichtskostengesetzes erhoben.

Die Vorschrift des Abs. 1 findet auf die Auseinandersetzung einer ehelichen Gütergemeinschaft oder einer fortgesetzten Gütergemeinschaft gleichmäßig Anwendung.

Auf die Festsetzung der einem Beteiligten zu erstattenden Kosten finden die Vorschriften des Reichs-Gerichtskostengesetzes entsprechende Anwendung.

Für die von dem Notar erfolgte Erteilung der im Art. 99 bezeichneten Zeugnisse und Bescheinigungen wird eine Gebühr nicht erhoben.

Der letzte Absatz ist neu und wurde erst durch das Nachlaßgesetz hinzugefügt.

Art. 166 (127 Abs. 3).

Auf die durch den Notar verkündeten oder den Beteiligten vorgelegten Testamente und Erbverträge findet der Art. 111 gleichmäßig Anwendung.

Art. 167.

Eine Gebühr von 2 Mark wird erhoben:

1. für die Anlegung und für die Abnahme von Siegeln, sofern nicht die Gebühr des Art. 101 zum Anfalle gelangt;
2. für die Abnahme von Versicherungen an Eidesstatt, die abgegeben werden, um einer öffentlichen Behörde eine thatsächliche Behauptung oder eine Aussage glaubhaft zu machen;
3. für die eidliche Vernehmung von Zeugen und Sachverständigen, für die Abnahme von Eiden und die Bewirkung von Zustellungen in den Fällen, in denen die eidliche Vernehmung, die Eidesabnahme oder die Zustellung nach dem Rechte eines ausländischen Staates oder nach den Bestimmungen einer ausländischen Behörde von einem Notar vorgenommen werden soll.

Art. 168 (128).

Eine Gebühr von 1 Mark wird erhoben:

1. für die Aufnahme der im § 1718 und im § 1720 Abs. 2 des Bürgerlichen Gesetzbuchs vorgesehenen Urkunde über die Anerkennung der Vaterschaft;

2. für die Beurkundung von Vereinbarungen zwischen dem Vater eines unehelichen Kindes und diesem über den Unterhalt für die Zukunft oder über eine an Stelle des Unterhalts zu gewährende Abfindung sowie für die Beurkundung einer Vereinbarung zwischen dem Vater eines unehelichen Kindes und der Mutter über die der Mutter aus der Beiwohnung und der Entbindung entstandenen Ansprüche.

Art. **169** (129).

Wechselproteste unterliegen einer Gebühr zu eins vom Tausend der zu fordernden Wechselsumme.

Art. **170** (130 Ziff. 1 bis 3).

Einer fixen Gebühr sind ferner unterworfen mit

1. 20 Mark: die Generalversammlungsbeschlüsse von Aktiengesellschaften oder von Kommanditgesellschaften auf Aktien, sofern nicht die Bestimmungen des Art. 150 Anwendung finden; die Urkunden über Vornahme von Verlosungen oder Ziehungen;
2. 10 Mark: die Beschlüsse der Versammlungen der Vereine und der Gesellschafter bei Gesellschaften mit beschränkter Haftung, sofern nicht die Bestimmungen des Art. 145 oder 146 Anwendung finden; die Schiedsverträge ohne Gegenstandssumme;
3. 3 Mark: die Beurkundung des Antrags des Vaters eines unehelichen Kindes auf Ehelichkeitserklärung; Verträge über Annahme oder Aufhebung der Annahme an Kindesstatt.

Art. **171** (130 Ziff. 4).

Urkunden, für welche eine Gebühr nicht anderweit festgesetzt ist, unterliegen einer Gebühr von 1 Mark.

Art. **172** (131).

Für die Feststellung des Datums einer Privaturkunde, einschließlich der über die Vorlage auszustellenden Bescheinigung, wird eine Gebühr zu 1 Mark erhoben.

Art. 173 (132).

Für jede vollstreckbare Ausfertigung einer Notariatsurkunde wird, vorbehaltlich der Bestimmung im Abs. 2, eine Gebühr zu eins vom Tausend der Gegenstandssumme im Mindestbetrage von 50 Pfennig besonders erhoben.

Für die vollstreckbare Ausfertigung von Urkunden über die Bestellung einer Hypothek, einer Grundschuld oder einer Rentenschuld (§§ 799, 800 der Reichs-Civilprozeßordnung) sowie für andere Ausfertigungen oder beglaubigte Abschriften beträgt die Gebühr 50 Pfennig.

Die gleiche Gebühr wird auch für sonstige Beglaubigungen, Zeugnisse und andere derartige Bescheinigungen erhoben, über welche keine förmliche Notariatsurkunde errichtet wird.

Art. 174 (133).

Der Mindestbetrag einer verhältnismäßigen Gebühr kann unter den Betrag der für das gleiche Rechtsgeschäft bestimmten fixen Gebühr nicht herabsinken.

Art. 175 (134).

Die verhältnismäßige Gebühr wird auch von Vertragsurkunden erhoben, welche nur die Erklärung e i n e s der Vertragschließenden enthalten.

Wird die Erklärung des anderen Teils besonders beurkundet, so ist für diese Urkunde, sofern sich die Erklärung auf eine mit der verhältnismäßigen Gebühr schon bewertete Urkunde bezieht, nur eine Gebühr von 1 Mark zu erheben.

Wird innerhalb drei Monaten oder, wenn der Vertragsantrag für die Annahme eine Frist bestimmt hat, binnen zwei Wochen nach Ablauf dieser Frist die Verweigerung der Annahme nachgewiesen, so wird nur die Gebühr für eine einfache Erklärung geschuldet und der hienach zu viel erhobene Betrag zurückersetzt.

Art. 176 (135).

Verträge, welche unter einer Bedingung abgeschlossen werden, sind, soweit das Gesetz nicht ein Anderes bestimmt, wie unbedingte zu behandeln.

Wird jedoch die Wirksamkeit des Vertrags ausdrücklich von der Zustimmung einer bestimmten dritten Person abhängig gemacht und innerhalb drei Monaten der Nachweis erbracht, daß die Zustimmung versagt wurde, so wird nur eine Gebühr von 1 Mark geschuldet und der hienach zu viel erhobene Betrag zurückerstattet.

Art. 177 (136).

Wird die Wirksamkeit eines Vertrags ausdrücklich von der nachträglichen Genehmigung einer Behörde oder der Vertreter von Körperschaften, Stiftungen und Anstalten des öffentlichen Rechtes abhängig gemacht, so wird die Urkunde erst bewertet, nachdem der Beschluß erfolgt ist.

Wird die Genehmigung versagt, so beträgt die Gebühr 1 Mark.

Art. 178 (137).

Verhandlungen, welche bloß den Vollzug, die Vervollständigung oder Vollendung bereits bewerteter Rechtsgeschäfte zum Gegenstande haben, sind nur mit der Gebühr von 1 Mark zu belegen, wenn sie eine Aenderung in Bezug auf die beteiligten Personen, auf den Gegenstand des Rechtsgeschäfts oder die Gegenstandssumme nicht enthalten.

Außerdem unterliegen sie der Gebühr wie ein selbständiges Rechtsgeschäft gleichen Inhalts.

Art. 179 (138).

Wird in einem der verhältnismäßigen Gebühr unterliegenden Vertrag, in welchem der eine Teil sich verpflichtet, das Eigentum an einem Grundstücke zu übertragen, dem anderen Teile das Recht vorbehalten, zu erklären, daß er die Rechte aus dem Vertrage für einen Dritten erwerben wollte, und hat der andere Teil unmittelbar nach der Unterschrift ausdrücklich erklärt, daß und für welchen Dritten er erwerben wollte, so werden, wenn binnen einer Woche die zustimmende Erklärung des Dritten in einer öffentlichen Urkunde dem Notar erbracht wird, außer den verhältnismäßigen Gebühren für den Vertrag nur die außerdem noch treffenden fixen Gebühren geschuldet. Diese Vorschriften finden auf die den Grundstücken gleichstehenden Rechte entsprechende Anwendung.

Wird das Eigentum an einem Grundstücke mehreren Personen gemeinschaftlich übertragen und erklären diese Personen bei der Auflassung, daß sie das Grundstück im Wege des Vertrags, unter sich teilen wollen, so unterliegen die zum Zwecke der Teilung geschlossenen Verträge nur der Gebühr von 1 Mark, wenn sie binnen einer Woche abgeschlossen werden.

Art. 180 (139).

Für die einfache und unbedingte Wiederauflösung eines Vertrags, welche innerhalb eines Monats nach Abschluß des aufzulösenden Vertrags beurkundet wird, ist nur die Gebühr von 1 Mark zu entrichten.

Nach Ablauf obiger Frist ist die Vertragsauflösung als neuer Vertrag zu bewerten.

Bei Verträgen nach Art. 146 beginnt der Lauf der Frist mit dem Abschlusse des Vertrags ohne Rücksicht darauf, ob die Auflassungserklärung in diesem Vertrag enthalten oder später abgegeben ist.

Art. 181 (140).

Wird ein Vertrag wegen Mangels der durch Gesetz oder Rechtsgeschäft bestimmten Form durch rechtskräftiges Urteil für nichtig erklärt und in Folge dessen eine neue Urkunde errichtet, so unterliegt die letztere nur der Gebühr von 1 Mark, wenn sie keine Aenderung in Bezug auf die kontrahierenden Personen, auf den Gegenstand des Vertrags oder dessen Wert enthält.

Eine Rückerstattung der Gebühr für den vorausgegangenem Vertrag findet nicht statt.

Art. 182 (141).

Jedes Rechtsgeschäft ist ohne Rücksicht auf die Zahl der bei demselben Beteiligten nur einmal zu bewerten.

Art. 183 (142).

Enthält eine Urkunde mehrere Rechtsgeschäfte, welche von einander unabhängig sind oder nicht notwendig eines aus dem andern fließen, so wird für jedes dieser Rechtsgeschäfte eine besondere Gebühr geschuldet.

Auf Verbindlichkeiten, welche nur als Bedingungen des Hauptvertrags erscheinen oder zur Erfüllung der Leistung oder Gegenleistung desselben bedungen oder übernommen werden, insbesondere auch auf Bürgschaften und Pfandbestellungen, findet vorstehende Bestimmung keine Anwendung.

Art. 184 (143).

Kommt in einem Vertrage neben der Leistung auch eine Gegenleistung vor, so wird bei Gleichheit der Gebührensätze die Gebühr nach dem größeren Werte der Leistung oder Gegenleistung berechnet.

Bei Verschiedenheit der Gebührensätze ist die Gebühr aus jenem Werte zu berechnen, welcher den höheren Betrag ergibt.

Art. 185 (144).

Für einen Vertrag, durch welchen sich der eine Teil verpflichtet, das Eigentum an Grundstücken oder ein den Grundstücken gleichstehendes Recht und das Eigentum an beweglichen Sachen zu übertragen, ist die Gebühr des Art. 146 von dem Gesamtwerte der beweglichen Sachen sowie der Grundstücke und diesen gleichstehenden Rechte zu entrichten, sofern nicht der Wert der beweglichen Sachen in der Urkunde besonders ausgewiesen wird.

Art. 186 (146).

Bei Pacht- oder Mietverträgen, welche auf bestimmte Zeit abgeschlossen werden, bildet der Betrag des einjährigen Zinses multipliziert mit der Zahl der Jahre und, wenn der fünfundzwanzigfache Betrag geringer ist, dieser Betrag die Gegenstandssumme.

Wird der Vertrag auf unbestimmte Zeit oder Lebensdauer abgeschlossen, so ist der Berechnung der Gebühr der zwölf- und einhalbfache Betrag des einjährigen Zinses zu Grunde zu legen.

Art. 187 (147 Abs. 1).

Der Wert einer Grunddienstbarkeit sowie der Wert des Rechts auf wiederkehrende Nutzungen oder Leistungen ist nach Maßgabe der Bestimmungen der §§ 7, 9 der Reichs-Civilprozeßordnung zu berechnen.

Art. 188 (148).

Bei Berechnung der Gebühr nach der Gegenstandssumme werden, vorbehaltlich der Bestimmung im Art. 162, die auf dem Gegenstande haftenden Schulden nicht in Abzug gebracht.

Art. 189 (149).

Die Verbindlichkeit zur Entrichtung der Gebühr obliegt demjenigen, der die Thätigkeit des Notars veranlaßt hat. Ist dieselbe von Mehreren veranlaßt worden, so haften diese dem Staate gegenüber als Gesamtschuldner.

Vereinbarungen über die Tragung der Gebühren sind nur für die Beteiligten wirksam.

Art. 190 (150).

Hat bei Verträgen der eine Teil der Kontrahenten auf persönliche Gebührenbefreiung Anspruch, so wird

1. für einseitige Verträge, durch welche nur für diesen Teil Verpflichtungen begründet werden, keine Gebühr,
2. für zweiseitige Verträge die Hälfte der Gebühr erhoben.

Art. 191 (151).

Gebühren werden nicht erhoben:

1. für die Korrespondenzen der Notare, insbesondere die von ihnen erstatteten Berichte, für Mitteilungsschreiben mit oder ohne Antragstellung und Zustellungsaufträge sowie für Anzeigen und Bekanntmachungen;

2. für Notariatsurkunden über die Bestellung von Sicherungshypotheken, welche ausschließlich die Sicherung von Forderungen des Staates oder staatlicher Anstalten bezwecken, sowie über die Kautionen der Hypothekenbewahrer in der Pfalz;
3. für die von Militärpersonen bei der Mobilmachung errichteten oder in amtliche Verwahrung gebrachten Testamente und Erbverträge sowie für deren Zurücknahme, Verkündung oder Vorlegung.

Art. 192 (155).

Entsteht ein Streit darüber, ob auf einen Tausch die Bestimmungen des Art. 151 Abs. 1, 2 anwendbar seien, so hat die Distriktsverwaltungsbehörde, in deren Bezirke das ausgetauschte Grundstück liegt, zu entscheiden. Das Verfahren ist gebührenfrei; die baren Auslagen fallen dem unterliegenden Teile zur Last.

Gegen die Entscheidung findet Beschwerde an den Verwaltungsgerichtshof nach Maßgabe der Bestimmungen im Abschnitt II des Gesetzes vom 8. August 1878, die Errichtung eines Verwaltungsgerichtshofes und das Verfahren in Verwaltungsrechtssachen betreffend, statt.

IV. Abschnitt.

Amtshandlungen der Gerichtsvollzieher.

Art. 193 (156).

Wechselproteste [1]) unterliegen der im Art. 169 bestimmten Gebühr, mindestens aber einer solchen von 1 Mark.

Für Urkunden über die Zustellung einer Willenserklärung außerhalb eines Rechtsstreits [2]) (§ 132 des Bürgerlichen Gesetzbuchs) wird eine Gebühr von 1 Mark erhoben [3]) [4]).

Die im Abs. 2 bestimmte Gebühr wird auch erhoben, wenn die Zustellung durch die Post erfolgt (§ 194 der Reichs-Civilprozeßordnung) [5]).

Für jede Beglaubigung der Abschrift eines zuzustellenden Schriftstückes durch den Gerichtsvollzieher kommt außerdem noch eine besondere Gebühr von 50 Pfennig zur Erhebung[6] bis [9]).

1. Die Gebühr des Art. 193 kommt nur dann zum Ansatz, wenn ein Wechselprotest aufgenommen wird. Kommt es hingegen nicht zur Aufnahme einer Wechselprotesturkunde, weil vorher freiwillige Zahlung oder Vorlage einer Quittung über erfolgte Zahlung oder Zurücknahme des Auftrags stattgefunden hat, so sind nur Gebühren nach den bayrischen Gebührenvorschriften für Gerichtsvollzieher, §§ 8, 9 derselben (siehe Abteilung C dieses Buches), zu erheben.

Siehe auch Art. 169 auf S. 171, wonach Wechselproteste einer Gebühr zu eins vom Tausend der zu fordernden Wechselsumme unterliegen.

2. Die Vorschrift des Art. 156 Abs. 2 des bisherigen Gebührengesetzes, welche von der Zustellung von Erklärungen außerhalb des Prozesses handelte, stützte sich auf die Art. 17 bis 19 des Ausf.Ges. zur R.C.P.O. u. K.O. Letztere Bestimmungen sind nunmehr durch Art. 166 Ziffer XVI des Ausf.Ges. zum B.G.B. beseitigt worden. Die erwähnte Vorschrift hat aber nunmehr auf die nach Maßgabe des § 132 des B.G.B. durch den Gerichtsvollzieher zu bewirkende Zustellung einer Willenserklärung Anwendung zu finden, was durch die veränderte Fassung des Absatzes 2 dieses Artikels zum Ausdrucke gebracht ist (Motive 1899).

3. Hieher gehören z. B. Kündigungen, Mahnungen, — nicht aber Mahnbriefe —, die Erklärung einer Anfechtung oder Aufrechnung, die Viehmängelanzeige, ein Vertragsantrag oder die Annahme eines solchen, die Erklärung des Rücktrittes von einem Vertrage, die Androhungen und Mitteilungen, welche beim Pfandverkauf und bei sonstigen kraft gesetzlicher Ermächtigung stattfindenden Verkäufen vorkommen. Siehe Näheres § 41 der Geschäftsanweisung für die Gerichtsvollzieher vom 28. April 1900 (Just.M.Bl. S. 621).

4. Die Zustellung einer Benachrichtigung nach § 845, Abs. 2 der R.C.P.O. ist nicht als Zustellung außerhalb des Prozesses zu erachten. (Minist.Bek. v. 21. März 1896, Just.M.Bl. S. 118.)

5. Außer den Gebühren nach Abs. 2 und eventuell Abs. 4 ist überdies noch die Zustellungsgebühr nach § 2 der R.G.O f. G.V. (siehe Wochinger, Prozeßgeb.Ges. S. 175) und zwar bei persönlicher Zustellung mit 80 ₰ zum Ansatz zu bringen.

6. Zu der Gebühr des Abs. 2 kommt nach Abs. 4 im Falle der Beglaubigung des zuzustellenden Schriftstückes, z. B. der Kündigung, durch den Gerichtsvollzieher eine besondere Gebühr von 50 ₰ zur Erhebung. Es ist eine Streitfrage, ob der Rechtsanwalt die Abschrift einer auf sein Betreiben zuzustellenden Kündigung rechtsgiltig beglaubigen kann. Dafür sprechen sich Fischer-Henle, Bürgerliches Gesetzbuch, Anmerkg. 2 zu § 132 aus, dagegen Rottmann, Handbuch für den Gerichtsvollzieherdienst, 2. Aufl. § 83 S. 157, ferner Zeitschrift für das Bayerische Gerichtssekretariat 1902, Nr. 7, S. 62.

7. Die Entrichtung der Gebühr erfolgt nicht mehr durch Verwendung von Gebührenmarken, sondern durch Einstellung der betreffenden Gebühr in das Gerichtsvollzieher-Gebührenregister und zwar in Spalte 10. Siehe Minist.Bek. v. 19. Septbr. 1901, (Just.M.Bl. S. 589).

8. Hinsichtlich der Behandlung des Kostenwesens der Gerichtsvollzieher siehe §§ 55 ff. der Dienstvorschriften für die Gerichtsvollzieher v. 28. Dezbr. 1899 (Just.M.Bl. S. 1151), § 16 der K.V.O. v. 23. Dezbr. 1899, die Ausf. des R.G.K.G. u. des Ges. über das Geb.Wesen (Just.M.Bl. 1900, S. 335, G.V.Bl. S. 1223). Ferner vergleiche auch § 20 der Gerichtsvollzieherordnung v. 16. Dezbr. 1899 (Just.M.Bl. S. 517, G.V.Bl. S. 1015).

9. Für das Verfahren bei Erinnerungen gegen den Ansatz von Gebühren und Auslagen, welche von einem Gerichtsvollzieher in Ansatz gebracht werden, sind die Bestimmungen der Art. 44 bis 46, 48 bis 50, 52 dieses Gesetzes maßgebend.

Art. 194 (157).

Der Gerichtsvollzieher hat die Gebühren für die von ihm aufzunehmenden Akte vorbehaltlich des Rückgriffs gegen die zahlungspflichtige Partei vorzuschießen[1]).

Er kann die Uebernahme eines Geschäfts von der Zahlung eines zur Deckung dieser Gebühren hinreichenden Vorschusses abhängig machen[2]).

Zahlungspflichtig ist der Antragsteller; mehrere Antragsteller haften für die Kosten als Gesamtschuldner[3]) bis [5]).

1. Die Vorschrift des Absatzes 1 ist nunmehr gegenstandslos geworden, da seit 1. Oktober 1901 für Gerichtsvollzieherakte keine Gebührenmarken mehr zur Verwendung kommen.

2. Von der Berechtigung, Vorschuß zu erheben, hat der Gerichtsvollzieher, sofern dies nach Lage der Sache, insbesondere bei zu erwartenden größeren Auslagen, nötig ist, stets Gebrauch zu machen. Er wird hievon Umgang nehmen, wenn die Kostenzahlung seitens des Auftraggebers zweifellos sicher ist oder nur Gebühren im geringeren Betrage voraussichtlich zum Ansatz kommen werden. Siehe auch § 62 der Dienstvorschriften für die Gerichtsvollzieher. Vergleiche ferner hieher § 18 der R.G.O. f. G.V. (Wochinger, Prozeßgeb.Ges. S. 184).

3. Hier ist zu beachten, daß Rechtsanwälte für die Kostenzahlung ihrer Partei nicht haftbar sind, Art. 281. Hinsichtlich der Haftung anderer Parteivertreter vergleiche die Anmerkg. 1 zu Art. 39 auf S. 39.

4. Es tritt beim Vorhandensein mehrerer Antragsteller keine Kostenteilung nach Kopfteilen ein, sondern ein jeder der mehreren

Antragsteller alleinig kann für die Zahlung sämtlicher Kosten in Anspruch genommen werden (§ 421 des B.G.B.).

5. Die Gebühren sind sofort nach Aufnahme der Urkunde oder Beglaubigung der Abschrift, die Auslagen bei der Entstehung fällig. Siehe auch § 68 der Dienstvorschriften für die Gerichtsvollzieher.

Art. 195 (158).

Durch Königliche Verordnung wird bestimmt, wie der Gebührenpflicht bei den Akten der Gerichtsvollzieher zu genügen ist[1]).

Gerichtsvollzieher, welche diesen Vorschriften zuwiderhandeln, verfallen in eine Geldstrafe im zehnfachen Betrage der geschuldeten Gebühr[2]).

1. Seit 1. Oktober 1901 ist der Gebührenpflicht nicht mehr, wie früher, durch Verwendung von Gebührenmarken zu genügen, sondern durch Einstellung der betreffenden Staatsgebühr in Spalte 10 des Gerichtsvollzieher-Gebührenregisters (Minist.Bek. v. 19. Sept. 1901, Just.M.Bl. S. 589).

2. Die Strafvorschrift des Absatzes 2 ist mit der vorerwähnten Aenderung gegenstandslos geworden.

Art. 196 (159).

In den Fällen der §§ 122, 123 der Reichs-Konkursordnung werden für die Vornahme von Siegelungen und Entsiegelungen sowie für die Vornahme der Verrichtungen einer Urkundsperson durch den Gerichtsvollzieher Gebühren nicht erhoben[1]).

1. Wenn auch keine Staatsgebühren zur Erhebung gelangen, so sind doch Gebühren für diese Thätigkeit der Gerichtsvollzieher nach § 3 der Gebührenvorschriften der Gerichtsvollzieher v. 16. Dez. 1899 (Just.M.Bl. S. 533, G.V.Bl. S. 1028, — siehe auch Abteilung C dieses Buches —) zum Ansatz zu bringen.

Art. 197 (161).

Für die von den Gerichtsvollziehern vorgenommenen Mobiliarversteigerungen sind die Bestimmungen der Art. 247, 257 bis 264 maßgebend[1])[2]).

1. Mit Ausnahme der Zwangsversteigerungen unterliegen alle anderen von den Gerichtsvollziehern vornehmbaren Mobiliarversteigerungen einer Gebühr von eins vom Hundert des erzielten Gesamterlöses, Artikel 257. Siehe auch §§ 214 ff. der Geschäftsanweisung für die Gerichtsvollzieher (Just.M.Bl. 1900 S. 744).

2. Neben der Gebühr des Art. 257 kommt auch die Ge-

richtsvollziehergebühr nach § 4 der Vorschriften über die Gebühren der Gerichtsvollzieher (siehe Abteilung C dieses Buches), dann § 7 der R.G.O. f. G.V. (Wochinger, Prozeßgeb.Ges. S. 177) zur Erhebung.

V. Abteilung.

Justiz-, innere, Polizei- und Finanz-Verwaltung, Verwaltungsrechtspflege.

Art. 198 (164).

Auf dem Gebiete der Justiz-,[1]) inneren, Polizei- und Finanz-Verwaltung sowie der Verwaltungsrechtspflege unterliegen der Gebühr:

Protokolle, Beschlüsse und Verfügungen, Bescheide, Zeugnisse, Beglaubigungen und die außerdem noch in dem Gesetze speziell bezeichneten Gegenstände und Amtshandlungen [2]).

1. Zur Justizverwaltung gehört auch das Aufsichtsrecht über die dienstliche Thätigkeit der Beamten und Bediensteten, welche Geschäfte jedoch im Hinblick auf die Bestimmung des Art. 3 Z. 1 als sogenannte Offizialsachen einer Gebühr nicht unterworfen sind. Weiter ist derselben die Behandlung gewisser Rechtsangelegenheiten zugewiesen, welche, soweit sie einer Gebührenpflicht unterliegen oder für sie nicht besondere Vorschriften, wie für das Hinterlegungswesen, bestehen, in den folgenden Artikeln aufgeführt sind.

2. Sachleitende Verfügungen sind gebührenfrei, siehe Art. 231 Ziff. 2.

Art. 199 (165).

Bei den Distriktsverwaltungsbehörden und den ihnen nach Art. 201 gleichzuachtenden Behörden [1]) kommen, soweit in den folgenden Artikeln nicht ein Anderes bestimmt ist, zur Erhebung:

1. für Protokolle 1 Mark für jede angefangene Stunde der Geschäftsdauer [2]),
2. für Beschlüsse und Verfügungen, Bescheide, Zeugnisse (Atteste, Bescheinigungen) 2 bis 50 Mark [3]) [4]),
3. für die Beglaubigung einer Privatabschrift oder der Unterschrift in einer öffentlichen oder Privaturkunde (Legalisation) 1 Mark [5]) [6]).

1. Den Distriktsverwaltungsbehörden sind gleichzuachten die Landgerichte und die Staatsanwaltschaften bei denselben, die Amtsgerichte u. a. Siehe Anmerkg. 1 zu Art. 201.

2. Um einen Maßstab für die Berechnung der Gebühr zu haben, muß die Geschäftsdauer auf dem Protokolle vermerkt werden, Art. 202.

3. Hieher gehören auch die Verfügungen und Bescheide über Gesuche um Gestattung der Einsicht gerichtlicher Akten, sofern der Gesuchsteller an dem sie betreffenden Verfahren nicht beteiligt war. (Finanz-Minist.-Entschließung vom 12. März 1886.) Siehe auch § 299 Abs. 2 der R.C.P.O. Nur am Verfahren direkt beteiligt gewesene Personen oder deren Vertreter genießen gebührenfreie Akteneinsicht, nicht aber diejenigen, welche nur ein berechtigtes Interesse an derselben haben.

4. Die Festsetzung der Gebühr hat unter dem Gesichtspunkte der Vorschriften des Art. 280 zu erfolgen.

Wird durch einen Bescheid die Gestattung der Einsicht mehrerer Akten gestattet, so kommt nur eine Gebühr zur Erhebung, welche in entsprechender Höhe festzusetzen ist. Siehe auch Art. 204.

5. Diese Vorschrift ist analog jener des Art. 54 in den Angelegenheiten der freiwilligen Gerichtsbarkeit. Sie kommt häufig bei Legalisation der Unterschrift eines Notars zur Anwendung.

6. Die Gebühren werden mit Erlaß der Entscheidung zur Zahlung fällig.

Kostenschuldner ist der Antragsteller.

Art. 200 (166).

Die Gebührensätze des Art. 199 erhöhen sich bei den Mittelstellen um die Hälfte, bei den Ministerien, dem Obersten Landesgericht und dem Verwaltungsgerichtshof auf den doppelten Betrag [1] [2]).

1. Als Mittelstellen im Sinne obigen Artikels haben zu gelten: die Oberlandesgerichte und die Oberstaatsanwälte bei den letzteren. Der Generalstaatsanwalt bei dem Obersten Landesgerichte ist entgegen dem früheren Oberstaatsanwalt bei diesem Gerichte in der K.V.O. v. 28. Dezbr. 1899 nicht mitaufgeführt. Siehe Art. 201 Anmerkg. 1.

2. Die Gebühren betragen demnach für:

Protokolle per Stunde bei Mittelstellen 1 ℳ 50 ₰, bei den Ministerien 2 ℳ,

Beschlüsse bei Mittelstellen 3 ℳ bis 75 ℳ, bei den Ministerien 4 ℳ bis 100 ℳ,

Beglaubigungen bei Mittelstellen 1 ℳ 50 ₰, bei den Ministerien 2 ℳ.

Art. 201 (167).

Welche Behörden im Sinne des Art. 199 den

Distriktsverwaltungsbehörden gleichzuachten seien, dann welche Behörden im Sinne des Art. 200 als Mittelstellen zu gelten haben, bestimmt die Staatsregierung[1]).

1. Als Behörden, welche im Sinne des Art. 199 des Gesetzes über das Gebührenwesen den Distriktsverwaltungsbehörden gleichzuachten sind, sind bestimmt:
die Landgerichte und die Staatsanwaltschaften bei denselben, die Amtsgerichte, die Kreisarchive, Bezirksbergämter, die Oberpostämter, die Eisenbahnbetriebsdirektionen und Eisenbahnbausektionen, die Hauptzollämter, Rentämter, die Kreiskassen und die Lokalbaukommission München.
Als Mittelstellen im Sinne des Art. 200 haben zu gelten:
die Gesandtschaften, die Oberlandesgerichte, die Oberstaatsanwälte bei den letzteren, die Kreisregierungen, die Konsistorien und das Oberkonsistorium, das geheime Hausarchiv, das geheime Staatsarchiv und das allgemeine Reichsarchiv, die Generaldirektion der K. B. Staatseisenbahnen, die Generaldirektion der K. B. Posten und Telegraphen, die Centralstaatskasse, die General-Bergwerks- und Salinen-Administration, die Generaldirektion der Zölle und indirekten Steuern, die Staatsschuldentilgungskommission, das Oberbergamt, dann das Katasterbureau. (§ 4 der K.V.O. v. 23. Dezbr. 1899, Just.M.Bl. 1900 S. 335.)

Art. 202 (168).

In jedem Protokoll ist am Schlusse die Zeitdauer des Geschäfts genau anzugeben[1]).

Müssen zur Vornahme des Geschäfts Reisen über Land gemacht werden, so ist der zur Reise erforderliche Zeitaufwand bei der Berechnung der Gebühr nicht mit in Anschlag zu bringen.

Werden in einem Protokolle mehrere Personen als gleichzeitig anwesend aufgeführt, und findet mit allen Aufgeführten nur ein gleichzeitiger Akt der Verhandlung statt, wie bei Verpflichtungen oder Verkündungen, so ist auch die Protokollgebühr nur einmal zu erheben.

Wenn dagegen mit jedem Einzelnen der in einem Protokoll Aufgeführten eine gesonderte Verhandlung eintritt, wie bei Vernehmungen von Beteiligten, Zeugen u. s. w., so sind für jede Person die Gebühren nach Maßgabe der auf die Verhandlung verwendeten Zeit besonders zu erheben.

1. Es genügt, wenn die Zeitdauer des Geschäfts nach Stunden angegeben wird (V.d.K.Abg. 1879, Beil. Bd. 7 Abt. 2 S. 74).

Art. 203 (169).

Die Gebühren für Protokolle haben ohne Rücksicht auf die Form der Erledigung auch bei allen jenen Verhandlungen zur Anwendung zu kommen, für welche keine besondere Gebühr bestimmt ist.

Art. 204 (170).

Die Gebühren für Beschlüsse, Verfügungen, Bescheide und Zeugnisse werden ohne Unterschied, ob eine oder mehrere physische oder juristische Personen beteiligt sind, immer nur einfach erhoben [1]).

1. Werden jedoch durch einen Beschluß mehrere Gesuche betroffen, so ist von jedem Gesuchsteller die Gebühr besonders zu erheben. (V.d.K.Abg. 1879, Bd. 3 S. 721 ff., Pfaff, 5. Aufl. S. 196.)

Art. 205 (171).

Die Gebühr für schriftliche Erteilung eines Wohnungsaufschlusses beträgt 20 Pfennig [1]).

Die gleichen Gebühren werden erhoben für Dienstbotenbücher und für Arbeitsbücher mit Ausnahme solcher für Arbeiter unter 21 Jahren.

1. Lassen sich Notare oder Gerichtsvollzieher in ihrer Eigenschaft als Protestbeamte nach Art. 91 der Wechselordnung von der Polizeibehörde schriftlichen Wohnungsaufschluß erteilen, so hat in diesen Fällen die Erhebung der Gebühr des Art. 205, weil darin eine Offizialhandlung nach Art. 3 Z. 1 des Geb.Ges. zu erblicken ist, nicht einzutreten. Minist.Bek. v. 29. Juni 1902. (Just.M.Bl. S. 615.)

Art. 206 (172).

Eine Gebühr von 50 Pfennig wird erhoben:

1. für die Ausdehnung der Giltigkeit von Legitimationsscheinen zum Gewerbebetrieb im Umherziehen auf einen andern Bezirk durch die zuständige Behörde dieses Bezirkes;
2. für Zeugnisse der Amtsärzte;
3. für Zeugnisse der Pfarrämter, welche auf Grund der bis zum 1. Januar 1876 von denselben geführten Standesregister ausgestellt werden [1]);
4. für Jagdkarten-Duplikate;

5. für Duplikate der Dienstbotenbücher und der Arbeitsbücher;
6. für Familienstandszeugnisse und Lebensatteste.

1. Hiezu können auch noch insbesonders bei größeren mit viel Zeit und Schwierigkeiten verbundenen Familienzeugnissen die besonderen den Pfarrern persönlich zustehenden Gebühren liquidiert werden. Siehe auch Art. 5, S. 12. Gebührenfrei sind hiegegen kurzhändige Aufschlüsse aus den Pfarrmatrikeln auf Requisition des Nachlaßgerichts, sofern es sich hier nicht um förmliche Zeugnisse handelt. In den Fällen der Art. 3, 4, 231 kommt die Gebühr des Art. 206 nicht zur Erhebung.

Art. 207 (173).

Einer Gebühr von 1 Mark unterliegen:
1. Heimatsscheine und Staatsangehörigkeitsausweise;
2. einfache Leumundszeugnisse oder Führungsatteste, vorbehaltlich der Bestimmung im Art. 231 Ziff. 16.

Art. 208 (174).

Für Reisepässe und Paßkarten beträgt die Gebühr:
1. 1 Mark, wenn sie von einer Gesandtschaft oder von einer Kreisregierung oder einer derselben untergeordneten Paßbehörde;
2. 3 Mark, wenn sie von dem Staatsministerium des Königlichen Hauses und des Aeußern ausgestellt werden.

Unbemittelte Personen haben hiefür eine ermäßigte Gebühr von 20 Pfennig zu entrichten.

Die Instruktionsverhandlungen sind gebührenfrei.

Art. 209 (175).

Eine Gebühr von 2 Mark wird erhoben:
1. für die das Heimatrecht verleihenden Urkunden (Art. 13 des Gesetzes vom 16. April 1868 über Heimat, Verehelichung und Aufenthalt in der Textierung vom 30. Juli 1899);
2. für Gewerbelegitimationskarten der Handelsreisenden;
3. für Gewerbelegitimationsscheine jeder Art.

Die für den gewerblichen Unterricht bestimmten besonderen Abgaben werden hiedurch nicht berührt.

Art. 210 (176).

Die Urkunden über Entlassung aus dem Staatsverbande in anderen als den im § 15 Abs. 1 des Bundesgesetzes vom 1. Juni 1870 über die Erwerbung und den Verlust der Bundes- und Staatsangehörigkeit bezeichneten Fällen unterliegen einer Gebühr von 3 Mark. Die Instruktionsverhandlungen sind gebührenfrei.

Art. 211 (177).

Für Prüfungszeugnisse wird, vorbehaltlich der Bestimmung im Art. 231 Ziff. 19, eine Gebühr von 4 Mark erhoben.

Die Bestimmungen über die außerdem noch zu entrichtenden Prüfungskosten bleiben unberührt.

Art. 212 (178).

Tanzmusikbewilligungen unterliegen für jeden Tag einer Gebühr zu

5 Mark in Gemeinden von mehr als 2000 Seelen,
3 Mark in allen übrigen Gemeinden.

Die besondere Abgabe, welche außerdem noch zu Gunsten der Ortsarmenkasse zu entrichten ist, beträgt für jeden Tag

2 Mark in Gemeinden von mehr als 2000 Seelen,
1 Mark in allen übrigen Gemeinden.

Art. 213 (179).

Für die Diplome der Doktoren und Lizentiaten ist eine Gebühr von 5 Mark zu entrichten.

Art. 214 (180).

Die Approbationsscheine für Aerzte, Zahnärzte, Tierärzte und Apotheker unterliegen einer Gebühr von 10 Mark.

Art. 215 (181).

Für Jagdkarten und Jagdwaffenscheine wird eine Gebühr von 15 Mark erhoben.

Die Bestimmung im Art. 15 Abs. 1 des Gesetzes vom 30. März 1850, die Ausübung der Jagd betreffend, tritt insoweit, als hiedurch die Bezugsrechte in Ansehung jener Gebühren geregelt werden, außer Kraft.

Art. 216 (182).

Die Gebühr für Naturalisationsurkunden beträgt 20 Mark.

Art. 217 (183 Ziff. 2).

Einer Gebühr von 50 Mark unterliegt die Erlaubnis zum Geschäftsbetrieb eines Auswanderungsagenten.

Art. 218.

Eine Gebühr von 10 bis 200 Mark wird erhoben für die Verleihung der Konzession zum Betriebe des Apothekergewerbes.

Art. 219 (183 Ziff. 1, 184).

Eine Gebühr von 50 bis 200 Mark wird erhoben:

1. für die Verleihung der Konzession zum Betrieb eines Privat-Eisenbahn-, Dampfschiffahrts-, Straßenbahn- oder ähnlichen Verkehrs-Unternehmens;
2. für die Beschlüsse, durch welche die Genehmigung zur Ausgabe der auf eine bestimmte Geldsumme lautenden Schuldverschreibungen auf den Inhaber erteilt wird;
3. für die Genehmigung zur Errichtung von Versicherungsgesellschaften sowie zur Ausdehnung des Geschäftsbetriebs auswärtiger derartiger Anstalten auf das Königreich.

Art. 220 (185).

Für die Entscheidung, einschließlich des vorangegangenen Verfahrens [1]), werden erhoben:

1. 20 bis 200 Mark
   für die Volljährigkeitserklärung;
   für die Genehmigung der Aenderung eines Familiennamens, vorbehaltlich der Bestimmung des Art. 242 [2]);
   für die Verleihung der Rechtsfähigkeit an Vereine, deren Zweck auf einen wirtschaftlichen Geschäftsbetrieb gerichtet ist;
   für die Bewilligung einer nach den §§ 1303, 1313

des Bürgerlichen Gesetzbuchs zulässigen Befreiung[3]);
für die Ehelichkeitserklärung;
für die Bewilligung der Befreiung von den Erfordernissen des § 1744 des Bürgerlichen Gesetzbuchs[4]);

2. 50 bis 500 Mark
für die Bewilligung einer nach § 1312 des Bürgerlichen Gesetzbuchs zulässigen Befreiung[5]).

Vorstehende Gebühren werden im Falle der Abweisung des Gesuchs nur zur Hälfte und, wenn dasselbe noch vor Erlaß der Entscheidung zurückgenommen wird, zu zwei Zehnteilen erhoben[6]).

1. Es kann demnach in diesem Verfahren eine Gebühr nach Art. 199 Nr. 1 u. 2 nicht zur Erhebung gelangen, sondern die Bauschgebühr des Art. 220 umfaßt alle Protokolle, Beschlüsse und Verfügungen des ganzen Verfahrens.

2. Für die Bewilligung zur Aenderung adeliger Namen ist die Gebührenbestimmung im Art. 242 maßgebend.

3. Nach § 1303 des B.G.B. darf eine Frau nicht vor der Vollendung des 16. Lebensjahrs eine Ehe eingehen. Es kann jedoch dieselbe von dieser Vorschrift befreit werden. Der § 1313 des B.G.B. bestimmt, daß eine Frau erst zehn Monate nach der Auflösung oder Nichtigkeitserklärung ihrer früheren Ehe eine neue Ehe eingehen darf, es sei denn, daß sie inzwischen geboren hat. Auch von dieser Vorschrift kann Befreiung bewilligt werden.

4. Bei der Annahme an Kindesstatt muß der Annehmende das fünfzigste Lebensjahr vollendet haben und mindestens achtzehn Jahre älter sein als das Kind (§ 1744 des B.G.B.). Von diesen Erfordernissen kann Befreiung bewilligt werden (§ 1745 des B.G.B.).

5. Von der Vorschrift, daß eine Ehe nicht geschlossen werden darf zwischen einem wegen Ehebruchs geschiedenen Ehegatten und demjenigen, mit welchem der geschiedene Ehegatte den Ehebruch begangen hat, wenn dieser Ehebruch in dem Scheidungsurteil als Grund der Scheidung festgestellt ist, kann Befreiung bewilligt werden (§ 1312 des B.G.B.).

6. Vergleiche hieher Art. 280 bei Festsetzung der Gebühr. Die Behörden, welche in den im Art. 220 aufgeführten Verfahren die Gesuche vorzulegen haben, sind nach der Minist.Entschließung v. 24. Dezbr. 1899, (Just.M.Bl. 1900 S. 106 bis 109) gehalten, ihr Gutachten auch darüber zu erstrecken, welche Gebühr nach den Vermögensverhältnissen des Gesuchstellers angemessen ist.

Art. 221.

Für die Erklärung, daß die geschiedene Frau den Familiennamen wieder annimmt oder daß der Ehemann der geschiedenen Frau die Führung des Namens untersagt (§ 1577 des Bürgerlichen Gesetzbuchs), wird eine Gebühr von 3 bis 50 Mark erhoben[1]).

Das Gleiche gilt für die Erklärung des Mannes der Mutter eines unehelichen Kindes, daß er dem Kinde seinen Namen erteile (§ 1706 des Bürgerlichen Gesetzbuchs).

1. Für die Entgegennahme solcher Erklärungen rechtfertigt sich die Erhebung einer mäßigeren Gebühr als jener, welche im Art. 220 Ziff. 1 vorgesehen ist. (Motive 1899.)

Art. 222 (186).

Für die von Amtswegen zu erteilenden Ausfertigungen, Abschriften und Auszüge werden auch in Parteisachen keine besonderen Gebühren erhoben.

Wird jedoch auf Verlangen einer Partei eine weitere Ausfertigung, eine beglaubigte Abschrift oder ein beglaubigter Auszug erteilt, so ist hiefür die Beglaubigungsgebühr (Art. 199 Ziff. 3) und außerdem noch eine Schreibgebühr von 10 Pfennig für jede angefangene Seite zu entrichten.

Einfache Abschriften unterliegen lediglich der im Abs. 2 bestimmten Schreibgebühr.

Bei Duplikaten und weiteren Ausfertigungen von rentamtlichen Steuerkatasterextrakten sowie bei Auszügen aus den rentamtlichen Grundbüchern ist für das erste Blatt eine Gebühr von 50 Pfennig und für jede folgende angefangene Seite die einfache Schreibgebühr von 10 Pfennig zu entrichten.

Die Gebührensätze für Abschriften oder Auszüge, deren Fertigung besondere paläographische[2]) oder Sprachkenntnisse erfordert, bestimmt die Staatsregierung.

Hinsichtlich der Schreibgebühren für Duplikate von Militärpapieren und des Bezugs dieser Gebühren bewendet es bei den bestehenden Vorschriften[3]).

1. Siehe Anmerkg. 1 u. 5 zu Art. 54.

2. Das sind Kenntnisse der alten Schriften z. B. Incunabeln. Gemäß § 6 der K.V.O. v. 23. Dezbr. 1899 (Just.M.Bl. 1900 S. 335) sind für solche Schriftstücke 50 ₰ bis 2 ℳ für jede angefangene Bogenseite bestimmt. Die Festsetzung des Betrags hat

nach Maßgabe der Vorschrift des Art. 280 und des § 5 der voralllegierten Verordnung zu erfolgen.

3. Außerdem ist noch zu beachten, daß im Falle der Beglaubigung solcher Abschriften oder Auszüge die Gebühr nach Art. 199 Ziff. 3 beziehungsweise Art. 200 zur besonderen Erhebung kommt.

Art. 223 (187).

So oft in einem rentamtlichen Steuerkataster oder Grundbuch oder in einem bezirksbergamtlichen Buche Besitzobjekte ganz oder teilweise an einer Stelle ab- und an einer anderen zugeschrieben werden müssen, ist eine Umschreibgebühr von 20 Pfennig für jedes Besitzobjekt (Plannummer) zu entrichten.

Die gleiche Gebühr wird für jede einfache Namensumschreibung in den rentamtlichen Steuerkatastern oder Grundbüchern oder bezirksbergamtlichen Büchern erhoben.

Berechnen sich die vorbezeichneten Gebühren aus ein und demselben Besitzveränderungsakt im Ganzen auf mehr als 5 Mark, so ist von dem Mehrbetrage nur die Hälfte zu entrichten.

Die Zahlung der Umschreibgebühren obliegt dem neuen Erwerber.

Art. 224.

In Badeorten, klimatischen und anderen Kurorten können für Herstellung und Unterhaltung der zu Kurzwecken getroffenen Veranstaltungen Badetaxen erhoben und es kann die Erhebung solcher als örtliche Abgaben auch den Gemeinden gestattet werden.

Die näheren Bestimmungen erfolgen durch die Staatsregierung.

Art. 225 (188).

Bei den einer Distriktspolizeibehörde untergeordneten Gemeindebehörden [1]) werden die in den Art. 199 und 209 Ziff. 3 bezeichneten Gebühren nur zur Hälfte erhoben.

Die nähere Bezeichnung der Angelegenheiten, in welchen bei den genannten Gemeindebehörden die im

Art. 199 bezeichneten Gebühren zur Erhebung gelangen, bleibt Königlicher Verordnung vorbehalten.

1. Für die von den Bürgermeistern beglaubigten Vollmachten der Beteiligten in einem Grundbuchanlegungsverfahren werden Gebühren nicht erhoben. (Minist.Bek. v. 30. Septbr. 1898, Just.M.Bl. S. 606.)

Art. 226 (189).

Insoweit die von Gemeindebehörden ausgehenden Akte gebührenpflichtig sind, fließen die Gebühren in die Gemeindekasse.

Art. 227 (190).

In den Gebühren sind zugleich die Herstellungskosten für die betreffenden Formularpapiere mit inbegriffen.

Wo die Gemeindebehörden zum Bezuge von Gebühren berechtigt sind, fallen ihnen auch die erwähnten Herstellungskosten zur Last.

Die Kosten für die Ausfertigung von Diplomen werden besonders erhoben.

Art. 228 (191).

Schuldner der Gebühren ist derjenige, welcher die gebührenpflichtige Amtshandlung veranlaßt hat[1]).

1. Siehe hierüber Anmerkg. 1 zu Art. 39 auf S. 39.

Art. 229 (192).

Bei Anträgen auf Vornahme einer Handlung, mit welcher bare Auslagen verbunden sind, ist auf Erfordern ein zur Deckung derselben hinreichender Vorschuß von dem Antragsteller zu zahlen.

Die Ladung und Vernehmung von Zeugen oder Sachverständigen auf Antrag der Parteien kann von der vorgängigen Zahlung eines zur Deckung der Auslagen hinreichenden Vorschusses abhängig gemacht werden[1]).

1. Diese Vorschrift entspricht der gleichlautenden des § 84 Abs. 1 u. 3 des R.G.K.G. Vergleiche hieher auch die Bestimmungen in §§ 36, 37, 48 der Vollz.Instr. v. 25. Dezbr. 1899 (Just.M.Bl. 1900 S. 343).

Die Entscheidung darüber, ob ein Auslagenvorschuß einzuheben ist, steht der mit der Sache befaßten Behörde zu.

Art. 230 (193).

Die Aushändigung von Zeugnissen und der in den Art. 199 Ziff. 3, Art. 205 bis 220, 222 bezeichneten Dokumente kann von vorgängiger Entrichtung der treffenden Gebühren und Auslagen abhängig gemacht werden[1]).

1. Gegebenen Falls hat der rechnungsführende Beamte diesbezügliche Entscheidung durch das mit der Sache befaßte Gericht oder die Behörde anzuregen.

Art. 231 (194).

Gebühren werden nicht erhoben:

1. für Berichte und Schreiben an andere Behörden;
2. für Verfügungen, welche ausschließlich die formelle Handhabung und Kontrolle des inneren Dienstes zum Gegenstand haben oder lediglich die Sachleitung betreffen, einschließlich der Bestimmung oder Aenderung von Fristen und Terminen, sofern kein Verschulden einer Partei vorliegt;
3. in dem Verfahren wegen Ablehnung eines Beamten;
4. für die Verhandlung und Entscheidung über die Pflicht zur Abgabe eines Zeugnisses oder Gutachtens;
5. für die Verhandlungen und Entscheidungen des Verwaltungsgerichtshofs über die Vorfrage, ob ein Beamter sich einer Ueberschreitung seiner Amtsbefugnisse oder der Unterlassung einer ihm obliegenden Amtshandlung schuldig gemacht hat;
6. für das Verfahren in der Beschwerdeinstanz, sofern der Beschwerde vollständig stattgegeben wird und die Kosten nicht einem Gegner zur Last fallen.

   Wird der Beschwerde nur zum Teil stattgegeben, so kann die entscheidende Behörde teilweise oder auch vollständige Gebührenfreiheit gewähren;
7. in der Zwangsvollstreckung mit Ausnahme des Verfahrens in der Beschwerdeinstanz;
8. bei Gesuchen um Gewährung von Stundungen, Zahlungsfristen oder Nachlässen;
9. für Verhandlungen und Beschlüsse in Innungsangelegenheiten;

10. für die Gestattung der Einsicht der bezirksbergamtlichen Bücher;
11. bei Gesuchen um Verleihung von Unterstützungen, Stipendien, Freiplätzen, Erziehungsbeiträgen und Präbenden, dann bei Gesuchen um Anweisung des Tischtitelgenusses;
12. in Begnadigungssachen;
13. für Verhandlungen, welche im kaufmännischen oder sonstigen gewerblichen Verkehr öffentlicher Behörden und Anstalten mit Privaten gepflogen werden;
14. für Zeugnisse über Armut oder Unterstützungsbedürftigkeit;
15. für Zeugnisse zu Zwecken der Regulierung von Pensionen, Sustentationen, Unterhaltsbeiträgen u. dergl.;
16. für Leumundszeugnisse in Niederlassungssachen, dann für die Legalisation von Leumundszeugnissen oder Führungsattesten, Familienstandszeugnissen und Lebensattesten;
17. für Zeugnisse zur Preisbewerbung bei landwirtschaftlichen Festen;
18. für Zeugnisse zur Aufnahme in die Hebammenschule;
19. für Schul-, Studien-, Abgangs-, Absolutorial-, Prüfungs- und sonstige derartige Zeugnisse der öffentlichen Unterrichtsanstalten.

    Die Bestimmungen über die besonderen Gebühren, welche für die Ausfertigung solcher Zeugnisse behufs Verwendung zur Exigenz jener Anstalten oder behufs Deckung der Prüfungskosten zur Erhebung gelangen, bleiben unberührt;
20. für die Zeugnisse der Vermittlungsämter;
21. für Bescheinigungen über Gewerbebetriebs-Anzeigen;
22. bei Gesuchen um die Erteilung der polizeilichen Erlaubnis zur Abgabe von Ehrensalven bei Beerdigung von ehemaligen Feldzugssoldaten.

Art. 232 (195).

Die Verwaltungsbehörden sind unbeschadet des ärarialischen Erinnerungs- und Beschwerderechts befugt, Gebühren, welche durch eine unrichtige Behandlung der

Sache ohne Schuld der Beteiligten entstanden sind, niederzuschlagen und für abweisende Bescheide, wenn der Antrag auf nicht anzurechnender Unkenntnis der Verhältnisse oder auf Unwissenheit beruht, Gebührenfreiheit zu gewähren[1])."

1. Siehe auch § 6 des R.G.K.G. (Wochinger, Prozeßgeb.Ges. S. 5).

Art. 233 (196).

Ist ein Verfahren, für welches nach den bestehenden Landesgesetzen oder Verordnungen eine Gebühr nicht zu erheben wäre, nach freier Ueberzeugung der Behörde durch offenbar unbegründete Anträge, Einwendungen oder Beschwerden veranlaßt worden, so hat die Behörde von Amtswegen die Erhebung von Gebühren nach Maßgabe der Bestimmungen des gegenwärtigen Gesetzes zu beschließen[1]).

1. Vergleiche hieher auch § 47 Abs. 2 des R.G.K.G. (Wochinger, Prozeßgeb.Ges. S. 70), dann Art. 51 auf S. 50.

Art. 234 (197).

Streitfragen über die Pflicht zur Entrichtung von Gebühren und Auslagen oder über deren Größe werden, soweit dieselben bei den im Art. 225 bezeichneten Gemeindebehörden anfallen, von den vorgesetzten Distriktsverwaltungsbehörden in erster und auf erhobene Beschwerde von der Kreisregierung, Kammer des Innern, in zweiter und letzter Instanz entschieden.

Streitfragen in Bezug auf Gebühren und Auslagen, welche bei den im Art. 200 bezeichneten Mittelstellen oder den ihnen untergeordneten Behörden anfallen, werden von den genannten Mittelstellen in erster und auf erhobene Beschwerde von dem einschlägigen Ministerium in zweiter und letzter Instanz entschieden.

Wird in einer zur Zuständigkeit des Verwaltungsgerichtshofes gehörigen Angelegenheit in der Hauptsache Beschwerde an den Verwaltungsgerichtshof ergriffen, so entscheidet dieser auch über etwaige Beschwerden wegen der Gebühren und Auslagen, wenn dieselben mit der Beschwerde in der Hauptsache verbunden werden.

Hinsichtlich des Ansatzes der bei den Ministerien, dem Obersten Landesgericht und dem Verwaltungsgerichtshof anfallenden Gebühren und Auslagen findet nur Gegenvorstellung statt.

Das Verfahren in erster Instanz sowie die Bescheidung von Gegenvorstellungen ist gebührenfrei.

Die Gegenvorstellungen und Beschwerden haben keine aufschiebende Wirkung.

Art. 235 (198).

Die Ansätze von Gebühren und Auslagen sowie die Entscheidungen über die Pflicht zur Entrichtung derselben oder über deren Größe können von der Behörde der Instanz oder den Oberbehörden auch von Amtswegen geändert werden[1]).

1. Diese Bestimmung dient namentlich dazu, ohne Weiterungen Remedur bei unrichtiger Bewertung eintreten lassen zu können. Die von einer Behörde erlassene Entscheidung ist auch maßgebend für den Kostenansatz in der unteren Instanz. Vergleiche auch R G.K.G. §§ 4 u. 16. (Wochinger, Prozeßgeb.Ges. S. 4 u. 33.)

VI. Abteilung.

Anstellungen und besondere Verleihungen.

Art. 236 (200).

Für die Anstellung als Notar wird eine Gebühr von 50 Mark erhoben.

Die gleiche Gebühr ist für die Anstellung als Hypothekenbewahrer in der Pfalz zu entrichten.

Die Verleihungen eines landesherrlichen Tischtitels unterliegen einer Gebühr von 2 Mark.

Art. 237 (201).

Für die Verleihung von Würden oder Titeln, mit welchen kein Diensteinkommen verbunden ist, die sich jedoch den Stellen aktiver, in Besoldung stehender Hof-, Staats- oder Militärbediensteten angleichen, wird jene Gebühr erhoben, welche der aktive Bedienstete von gleichem oder ähnlichem Range nach seinem Diensteinkommen zu entrichten hätte.

Die Gebühr für die Ernennung zum Königlichen Kämmerer beträgt 60 Mark, zum Königlichen Kammerjunker 20 Mark.

Die Bestimmung der Gebühren für die Verleihung sonstiger Würden und Titel bleibt gleich der näheren Bestimmung der Fonds und Kassen, in welche dieselben zu fließen haben, Königlicher Verordnung überlassen.

Art. 238 (202).

Die bestehenden Bestimmungen über die Unterstützungsfondsabgaben nebst Zuschlägen und Ausschreibgebühren, ferner über die Anstellungs-, Beförderungs- und Verehelichungstaxen im Bereiche der Militärverwaltung, dann über den Bezug und die Verwendung dieser Gebühren werden durch gegenwärtiges Gesetz nicht berührt.

Die Revision jener Bestimmungen bleibt Königlicher Verordnung vorbehalten.

Art. 239 (203).

Für Lehenbriefe werden folgende Gebühren erhoben:

1. bei den Kronämtern 2000 Mark;
2. bei Rentenlehen drei vom Tausend des zehnfachen Jahresbetrags;
3. bei den übrigen Lehen 20 Mark.

Art. 240 (204).

Für Adelsdiplome sind folgende Gebühren zu entrichten:

1. 1500 Mark bei der Verleihung des einfachen Adels mit dem Prädikate „von“;
2. 2000 Mark bei der Erhebung in den Ritterstand;
3. 5000 Mark bei der Erhebung in den Freiherrnstand;
4. 10000 Mark bei der Erhebung in den Grafenstand;
5. 20000 Mark bei der Erhebung in den Fürstenstand.

Bei Verleihung eines höheren Grades mit Ueberspringung tieferer sind auch die Gebühren der übersprungenen Grade zu entrichten.

Wird die Adelsverleihung mehreren Zweigen einer

Familie zugleich zu Teil, so sind die Gebühren für jeden einzelnen Zweig besonders zu berechnen.

Wird die Adelsverleihung zweien oder mehreren Geschwistern zugleich zu Teil, so erhöhen sich die Gebühren um die Hälfte.

Vorstehende Gebühren fließen zu acht Zehnteilen in den allgemeinen Stipendienfonds.

Art. 241 (205).

Die Eintragung in die Adelsmatrikel unterliegt einer besonderen Gebühr zu:

1. 30 Mark bei dem einfachen Adel mit dem Prädikate „von";
2. 50 Mark bei dem Ritterstande;
3. 100 Mark bei dem Freiherrnstande;
4. 200 Mark bei dem Grafenstande;
5. 300 Mark bei dem Fürstenstande.

Diese Gebühr ist auch in den Fällen des Art. 240 Abs. 3, 4 nur im einfachen Betrage zu entrichten.

Art. 242 (206).

Für Diplome über die Bewilligung zur Aenderung adeliger Namen oder Wappen wird eine Gebühr von 200 Mark erhoben.

Wird die Bewilligung zur Aenderung eines adeligen Namens und Wappens gleichzeitig erteilt, so kommt die angegebene Gebühr nur im einfachen Betrag zur Erhebung.

Art. 243 (207).

Für die Bewilligung zur Annahme fremdherrlicher Orden, Titel, Ehrenzeichen oder Würden kommt eine Gebühr von 60 Mark zur Erhebung.

Art. 244 (208).

Neben den Gebühren der Art. 239, 240, 242 kommen die Kosten für Ausfertigung der Lehenbriefe und Diplome zur besonderen Erhebung.

Art. 245 (209).

In den Fällen der Art. 237, 239 bis 243 werden die veranlaßten Ausfertigungen erst erteilt und die Eintragungen erst vollzogen, wenn die geschuldeten Gebühren und sonstigen Kosten bezahlt oder hinterlegt sind.

Art. 246 (210).

Die in den vorstehenden Artikeln bestimmten Gebührensätze treten für die bezeichneten Akte an Stelle der treffenden Gebühren der V. Abteilung. Im übrigen finden die Bestimmungen der genannten Abteilung mit Ausnahme des Art. 226 auch auf die vorerwähnten Gegenstände entsprechende Anwendung.

VII. Abteilung.

Sonstige Gegenstände.

I. Abschnitt.

Allgemeine Bestimmungen.

Art. 247 (211).

Streitfragen über die Pflicht zur Entrichtung der in dieser Abteilung bestimmten Gebühren oder über deren Größe werden in erster Instanz von den Regierungsfinanzkammern in öffentlicher Sitzung durch Senate entschieden, welche mit Einschluß des Vorsitzenden aus drei Mitgliedern bestehen.

Außerdem hat den Sitzungen ein Vertreter des Aerars als Staatsanwalt beizuwohnen. Derselbe ist vor jeder Beschlußfassung mit seiner Erinnerung und seinem Antrage zu hören.

Die gefaßten Beschlüsse können für vorläufig vollstreckbar erklärt werden.

Gegen die Entscheidungen der Regierungsfinanzkammern steht sowohl dem Gebührenpflichtigen als auch dem Staatsanwalt das Rechtsmittel der Beschwerde an den Verwaltungsgerichtshof zu.

Im übrigen bemißt sich sowohl das Verfahren in

erster und zweiter Instanz, als auch die Beschwerdefrist nach den Bestimmungen des II. Abschnittes des Gesetzes vom 8. August 1878, die Errichtung eines Verwaltungsgerichtshofes und das Verfahren in Verwaltungsrechtssachen betreffend.

Art. 248 (212).

Auf Notariatsurkunden finden die Vorschriften im Art. 247 und im Abschnitt II Titel III, IV und V keine Anwendung, vorbehaltlich jedoch der Bestimmung im Art. 152 Abs. 3.

II. Abschnitt.

Besondere Bestimmungen.

I. Titel.

Besitzveränderungsgebühr.

Art. 249 (213).

So oft ein Erwerb von Eigentum an einem Grundstück oder einem diesem gleichstehenden Rechte auf anderem als rechtsgeschäftlichem Wege stattfindet, sei es in Folge von Beschlüssen oder Entscheidungen der Behörden, im Erbweg oder auf sonstige Weise, schulden die neuen Eigentümer die im Art. 250 bestimmte Gebühr, sofern nicht die Gebühren des Art. 118 oder des Art. 146 bereits zur Erhebung gelangt sind.

Das Gleiche gilt bei dem Erwerbe des Eigentums an einem Grundstücke, das im Grundbuche nicht eingetragen ist und nach den Vorschriften der Grundbuchordnung auch nach der Uebertragung nicht eingetragen zu werden braucht, für die öffentliche Beurkundung oder Beglaubigung der Erklärung des Erwerbers und des Veräußerers.

Art. 250 (214).

Die Gebühr wird aus dem Werte des Gegenstandes ohne Abzug der Schulden berechnet und beträgt:

1. eins vom Hundert:

   a. bei dem Erwerbe von Erbschaften, Vermächtnissen oder Schenkungen von Todeswegen sowie bei der Succession in Lehen, Familienfideikommisse, Majorate, Stamm- oder Erbgüter;

b. bei sonstigen Uebergängen auf die im Art. 146 Ziff. 1 lit. a bezeichneten Personen;

c. bei einem Wertsgegenstande bis zu 1000 Mark einschließlich;

2. ein und einhalb vom Hundert bei einem Wertsgegenstande von über 1000 Mark bis 2000 Mark einschließlich;

3. zwei vom Hundert in allen übrigen Fällen.

Geht das Eigentum an Grundstücken oder diesen gleichstehenden Rechten auf mehrere Personen, welche verschiedene Prozentsätze schulden, gemeinschaftlich über, so ist die Gebühr nach den Anteilsrechten der einzelnen Personen gesondert zu berechnen.

Ehegatten, Verwandte oder Stiefverwandte in absteigender Linie sind in den Fällen des Abs. 1 Ziff. 1 lit. a von Entrichtung der Gebühr befreit. Gleiches gilt für alle Eigentumsübergänge, welche sich bei einem vertragsmäßigen Güterstande kraft des Gesetzes unter Lebenden vollziehen.

Art. 251 (215).

Bei der Succession in Lehen, Familienfideikommisse, Majorate, Stamm- und Erbgüter, bei einer Nacherbfolge oder einem Nachvermächtnisse, dann überhaupt in den Fällen, in welchen Nutzung oder Substanz auf dem Wege der Erbfolge gesondert erworben werden, finden auf die Wertsberechnung die Bestimmungen der Art. 13 bis 16, 21 bis 23 des Gesetzes über die Erbschaftssteuer entsprechende Anwendung.

Art. 252 (216).

Wer auf irgend eine Weise das Eigentum an Grundstücken oder diesen gleichstehenden Rechten erwirbt, ohne hiefür die Gebühr des Art. 118 oder des Art. 146 entrichtet zu haben, ist verpflichtet, dem Rentamt, in dessen Bezirke das Grundstück liegt, innerhalb zwei Monaten, vom Tage des Erwerbes an gerechnet, die

Veränderung anzuzeigen und den Wert unter genauer Bezeichnung der einzelnen Objekte anzugeben.

Sind die Grundstücke in den Bezirken mehrerer Rentämter gelegen, so genügt die Anzeige und Wertsangabe bei jenem Rentamt, in dessen Bezirk das Hauptgut liegt.

Die wissentliche Versäumnis obiger Frist zieht Geldstrafe im doppelten Betrage der schuldigen Gebühr nach sich.

Art. 253 (217).

Auf Grund der eingehenden Anzeigen und Wertsangaben sowie der etwa erforderlichen weiteren Erhebungen hat das Rentamt die Gebühr von Amtswegen zu regulieren, wobei die Bestimmungen im Art. 42 entsprechende Anwendung zu finden haben.

II. Titel.

Gebührenäquivalent.

Art. 254 (218).

Juristische Personen, Handels- und Versicherungsgesellschaften, Genossenschaften, Vereine sowie andere Gesellschaften und Anstalten haben von den in ihrem Eigentume befindlichen Grundstücken und diesen gleichstehenden Rechten alle zwanzig Jahre, vom Tage des letzten Anfalls einer verhältnismäßigen Gebühr an gerechnet, ein Gebührenäquivalent von eins vom Hundert der Gegenstandssumme ohne Abzug der Schulden zu entrichten.

Gleiches gilt für Gesamtgeschlechter, soweit auf deren Güter nicht die Bestimmung des Art. 251 Anwendung findet.

Art. 255 (221).

Das Gebühren-Aequivalent wird nicht erhoben von Objekten, welche

1. den Kreis-, Distrikts-, politischen und Ortsgemeinden, dann den landwirtschaftlichen Genossenschaften gehören;
2. ständig und ausschließlich einem frommen, milden,

gemeinnützigen oder Unterrichts-Zweck oder dem Bergbau dienen;

3. öffentlichen Verkehrszwecken dienen, wie Eisenbahnen, Kanäle und Straßen nebst den dazu gehörigen Gebäuden, Brücken und ähnlichen Gegenständen.

Art. 256 (222).

Die gesetzlichen Vertreter der gebührenpflichtigen Rechtssubjekte haben den Wert der Grundstücke und diesen gleichstehenden Rechte bei dem Rentamt, in dessen Bezirke die Grundstücke oder deren Hauptbestandteile liegen, mindestens drei Monate vor Ablauf des zwanzigjährigen Zeitraums seit der letztmaligen Entrichtung des Gebührenäquivalents schriftlich oder zu Protokoll anzugeben.

Die wissentliche Versäumung dieser Frist zieht Geldstrafe im doppelten Betrage der schuldigen Gebühr nach sich.

Hinsichtlich der Wertsermittelung finden die Bestimmungen im Art. 42 entsprechende Anwendung.

III. Titel.

Oeffentliche Mobiliarversteigerungen.

Art. 257 (223).

Oeffentliche Versteigerungen von beweglichen Sachen und von Nutzungen[1]), für welche nicht die sich auf Grundstücke beziehenden Vorschriften gelten, unterliegen einer Gebühr zu eins vom Hundert des erzielten Gesamterlöses[2])[3]).

Besteht der Preis in jährlich wiederkehrenden Leistungen, so finden auf die Wertsberechnung die Bestimmungen im Art. 186 entsprechende Anwendung[4]).

1. Nach § 214 der Geschäftsanweisung für Gerichtsvollzieher ist dieser befugt, öffentliche Versteigerungen vorzunehmen. Siehe auch §§ 232 Abs. 2, 246 der genannten Geschäftsanweisung. Im übrigen vergleiche hieher auch die Bekanntmachung, die Gebühren für öffentliche Mobiliarversteigerungen betreffend, vom 25. Septbr. 1879, G.V.Bl. S. 1270.

2. Neben der Gebühr des Art. 257 ist auch noch bei den durch Gerichtsvollzieher vorgenommenen Versteigerungen eine Gebühr nach § 4 der Geb.Vorschr. (Siehe Abteilung C dieses Buches) im Zusammenhalte mit § 7 der R.G.O. f. G.V. anzusetzen.

3. Die Berechnung der Gebühr erfolgt aus dem Gesamterlöse ohne Abzug der auf die Versteigerung erwachsenen Kosten. Siehe auch Art. 262 Abs. 1.

4. Vergleiche Art. 186 auf S. 175.

Art. 258 (234).

Von der Gebühr sind befreit:

1. Versteigerungen für Rechnung der Reichs- oder Staatskasse;
2. Versteigerungen im Meß- und Marktverkehr;
3. Zwangsversteigerungen[1]);
4. Versteigerungen forstwirtschaftlicher Produkte;
5. Versteigerungen landwirtschaftlicher Produkte mit Ausnahme derjenigen Weinversteigerungen, bei welchen der erzielte Gesamterlös den Betrag von 100 Mark übersteigt;
6. Versteigerungen, welche im öffentlichen Auftrag[2]) oder von Vormündern zur Verwertung von Mündelgut[3]) vorgenommen werden.

1. Nach § 113 der Geschäftsanweisung haben die Gerichtsvollzieher bei Zwangsversteigerungen in der Bekanntmachung ersichtlich zu machen, daß es sich um eine Zwangsversteigerung handelt. Nur die auf Grund der §§ 814 ff. der R.C.P.O. vorgenommenen öffentlichen Versteigerungen sowie der nach diesen Vorschriften der R.C.P.O. vorgenommene Pfandverkauf sind gebührenfrei. (Siehe §§ 219 Abs. 2, 232 Abs. 1 der Gesch.Anwsg. f. G.V.)

Die Gebührenbefreiung des Art. 258 erstreckt sich nur auf die von dem Gerichtsvollzieher als solchen abgehaltenen Mobiliarzwangsversteigerungen. Die von anderen Personen nach § 825 der R.C.P.O. oder von Gerichtsvollziehern in der Eigenschaft als Konkursverwalter auf Grund des § 117 der R.K.O. vorgenommenen Versteigerungen unterliegen der Gebührenpflicht nach Art. 257. (Vergleiche Urteil des Oberlandesgerichts München v. 31. Jan. 1884, Entschdg. des Verwaltungsgerichtshofes v. 29. Febr. 1884, Slg. Bd. V S. 157, u. v. 7. April 1885, Slg. Bd. VI S. 131, Pfaff, 5. Aufl. S. 236.) Siehe jedoch auch Z. 6.

2. Hieher gehören die öffentlichen Versteigerungen von Fundgegenständen seitens einer öffentlichen Behörde oder Verkehrsanstalt, §§ 978 ff. des B.G.B.

3. Der Vormund hat in seinem Ausschreiben auf den die öffentliche Versteigerung des Mündelguts anordnenden Beschluß des Vormundschaftsgerichts Bezug zu nehmen.

Art. 259 (225).

Privatpersonen, welche eine Versteigerung vorzunehmen beabsichtigen, die nicht nach Art. 258 von der

Gebühr befreit ist, haben spätestens zwei Tage vor deren Beginn dem Rentamt, in dessen Bezirk dieselbe stattfinden soll, Ort, Tag und Stunde des Beginnes der Versteigerung schriftlich oder zu Protokoll anzuzeigen.

Wird die Versteigerung im Auftrag eines Anderen vorgenommen, so ist gleichzeitig der Auftraggeber zu benennen.

Unter welchen Voraussetzungen öffentliche Bedienstete[1]) und Gemeindebeamte, welche öffentliche Versteigerungen vornehmen, hievon dem Rentamte vorgängige Anzeige zu erstatten haben, wird von der Staatsregierung bestimmt.

1. Die Gerichtsvollzieher sind von der vorgängigen Anzeigeerstattung befreit (§ 232 Abs. 2 der Gesch.Anwsg., § 3 der Bekanntmachg. v. 25. Septbr. 1879, G.V.Bl. S. 1270).

Art. 260 (226).

Ueber jede Versteigerung, welche nicht nach Art. 258 von der Gebühr befreit ist, ist eine schriftliche Urkunde aufzunehmen, in welcher die zum Aufwurf gebrachten Gegenstände und die hiefür erzielten Preise einzeln vorzutragen sind.

Wird die Erteilung des Zuschlags versagt oder vorbehalten, so ist dies in der Urkunde zu vermerken.

Die Versteigerungsurkunde ist von demjenigen, der die Versteigerung geleitet hat, unmittelbar nach deren Beendigung zur Bestätigung der Richtigkeit des Inhalts, unter Vortrag der Summe der erzielten Preise mit Ziffern und Worten, zu unterzeichnen und binnen längstens einer Woche dem einschlägigen Rentamt in Vorlage zu bringen[1]).

1. Hinsichtlich des von den Gerichtsvollziehern einzuschlagenden Verfahrens siehe §§ 226, 232 der Gesch.Anwsg.

Art. 261 (227).

Die Rentämter können zu jeder öffentlichen Mobiliarversteigerung einen Vertreter des Aerars abordnen, welcher ermächtigt ist, die vorschriftsmäßige Aufnahme der Versteigerungsurkunde zu kontrollieren.

Art. 262 (228).

Die Berechnung der Gebühr erfolgt aus der Summe der Zuschlagspreise.

Soweit der Zuschlag vorbehalten wurde, ist dessen Erteilung anzunehmen, wenn nicht binnen längstens zwei Wochen nach Beendigung der Versteigerung die Versagung des Zuschlags nachgewiesen wird.

Art. 263 (229).

Die Pflicht zur Entrichtung der Gebühr obliegt demjenigen, unter dessen Leitung die Versteigerung ausgeführt wurde.

Hat derselbe hiebei im Auftrag eines Anderen gehandelt, so haften beide für die Entrichtung der Gebühr als Gesamtschuldner.

Art. 264 (230).

Einer Hinterziehung der Gebühr macht sich schuldig, wer

1. die im Art. 259 vorgeschriebene Anzeige nicht rechtzeitig erstattet, oder
2. die vorschriftsmäßige Aufnahme oder rechtzeitige Vorlage der Versteigerungsurkunde (Art. 260) unterläßt, oder
3. bezüglich der Versagung des Zuschlags (Art. 262 Abs. 2) wissentlich falsche Angaben macht.

Die Hinterziehung wird mit einer Geldstrafe geahndet, welche dem zehnfachen Betrage der hinterzogenen Gebühr gleichkommt, mindestens aber 30 Mark beträgt.

Läßt sich der Betrag der hinterzogenen Gebühr nicht ermitteln, so ist auf Geldstrafe von 30 bis 1000 Mark zu erkennen.

Im Falle des Art. 263 Abs. 2 haftet der Auftraggeber für die von dem Beauftragten zu entrichtende Geldstrafe nebst Kosten.

Ist jedoch anzunehmen, daß eine Gebührenhinterziehung nicht habe verübt werden können oder nicht beabsichtigt gewesen sei, so tritt nur Ordnungsstrafe bis zu 30 Mark ein.

IV. Titel.

Versicherungsverträge.

Art. 265 (237).

Urkunden (Policen) von Versicherungsanstalten über Lebensversicherungen unterliegen, sofern sie sich auf in Bayern wohnhafte Personen beziehen, bei einer Versicherungssumme bis zu 3000 Mark einer Gebühr von eins vom Tausend, bei höheren Beträgen von zwei vom Tausend der versicherten Summe.

Ist die Lebensversicherung auf bestimmte Zeit abgeschlossen, so beträgt die Gebühr für jedes Jahr oder den Bruchteil eines solchen ein Zehnteil der Gebühr für eine Versicherung auf Lebenszeit von derselben Höhe. Die Gebühr darf jedoch die im Abs. 1 bestimmte Gebühr nicht übersteigen.

Urkunden von Versicherungsanstalten über Leibrentenversicherungen unterliegen, sofern sie sich auf in Bayern wohnhafte Personen beziehen, bei einer Jahresrente bis zu 120 Mark einer Gebühr von eins vom Tausend, bei einer höheren Jahresrente von zwei vom Tausend der versicherten Summe. Als Versicherungssumme ist der Kaufpreis, in Ermangelung eines solchen der zehnfache Betrag der Rente anzunehmen.

Wird bei einer Versicherung während der Dauer derselben eine Aenderung der Bestimmungen des ursprünglichen Vertrages vorgenommen, so wird die für die frühere Urkunde nachweislich entrichtete Gebühr an der Gebühr für die neue Urkunde angerechnet.

Werden bei Versicherungen gleicher Art von demselben Versicherer mehrere Urkunden für dieselbe Person ausgestellt, so berechnet sich die Gebühr nach dem Gesamtbetrage der versicherten Summe.

Art. 266 (238).

Feuerversicherungsverträge unterliegen, sofern sie sich auf in Bayern befindliche Gegenstände oder bayrische Schiffe beziehen, für jedes Jahr der Versicherungsdauer einer Gebühr zu $1/_{20}$ vom Tausend der versicherten Summe.

Hiebei kommen Bruchteile eines Jahres in der Weise in Betracht, daß für jedes angefangene halbe Jahr die Hälfte der Gebühr zu entrichten ist.

Prolongationen sind in Bezug auf die Gebührenpflicht wie neue Verträge zu behandeln.

Der Mindestbetrag der Gebühr ist 10 Pfennig.

Art. 267 (239).

Von der Gebühr sind befreit:

1. Versicherungen von Bediensteten und Arbeitern gegen die bei dem Betriebe von Gewerben herbeigeführten Tödtungen und Körperverletzungen;
2. die Versicherungen gegen Brandschaden bei den Brandversicherungsanstalten für Gebäude in den Landesteilen rechts des Rheins und in der Pfalz;
3. Rückversicherungen.

Art. 268 (240).

Die Entrichtung der Gebühr obliegt dem Versicherten.

Die Erhebung erfolgt für dessen Rechnung durch Vermittelung der Versicherungsanstalten, welche verpflichtet sind, vorbehaltlich des Rückgriffes gegen die Versicherten die Gebühren bezüglich aller von ihnen abgeschlossenen Versicherungsverträge auf Grund periodischer Nachweisungen an die Staatskasse im Ganzen abzuführen.

Auswärtige Versicherungsanstalten sind gehalten, nach näherer Anordnung der Staatsregierung einen oder mehrere Generalbevollmächtigte aufzustellen, mit denen die Abrechnung zu pflegen ist.

Die näheren Vollzugsbestimmungen hierüber erläßt die Staatsregierung.

Zu der rechtzeitigen Vorlage obiger Nachweisungen können die erwähnten Versicherungsanstalten beziehungsweise deren Generalbevollmächtigte nötigenfalls durch Androhung und Verhängung von Zwangsstrafen bis zu 300 Mark angehalten werden.

Art. 269 (241).

Werden in einer nach Art. 268 vorgelegten Nachweisung die für den betreffenden Zeitabschnitt zu entrichtenden Gebühren gar nicht oder in einem zu geringen Betrage nachgewiesen, so verfällt jede für die richtige Aufstellung der Nachweisung verantwortliche Person in eine Geldstrafe im fünfundzwanzigfachen Betrage der zu wenig nachgewiesenen Gebühren, mindestens aber von 100 Mark.

Ist jedoch anzunehmen, daß eine Gebührenhinterziehung nicht habe verübt werden können oder nicht beabsichtigt gewesen sei, so tritt nur Ordnungsstrafe bis zu 30 Mark ein.

Die Versicherungsanstalt ist für die Entrichtung der festgesetzten Strafen subsidiarisch haftbar.

V. Titel.

Lombarddarlehen.

Art. 270 (243).

Urkunden über zinsbare Darlehen, welche gegen Verpfändung oder Hinterlegung von edlen Metallen, Waren, Wechseln oder Wertpapieren gegeben werden (Lombarddarlehen), unterliegen einer Gebühr zu $^{2}/_{10}$ vom Tausend der dargeliehenen Summe.

Art. 271 (244).

Von der Gebührenpflicht sind befreit:

1. Lombarddarlehen, welche vom Deutschen Reiche oder von dem Bayerischen Staate aufgenommen werden.
2. Beurkundungen über Verlängerung der Rückzahlungsfrist von Lombarddarlehen, für welche die Gebühr bereits entrichtet wurde;
3. Pfanddarlehen öffentlicher Leihhäuser.

Art. 272 (245).

In Betreff der Gebührenpflicht macht es keinen Unterschied, ob das Lombarddarlehen in Briefform oder in irgend einer andern Form beurkundet wird und ob die Beurkundung mit Namensunterschrift erfolgt oder nicht.

Von mehreren zur Beurkundung eines und desselben Geschäfts ausgestellten Schriftstücken (Pfandschein, Quittung und dergleichen) ist die Gebühr nur einmal zu entrichten.

Art. **273** (246).

Die Verpflichtung zur Zahlung der Gebühr liegt zunächst dem Aussteller der Urkunde ob und muß von ihm erfüllt werden, bevor er dieselbe aus den Händen gibt.

Ist die Gebührenentrichtung von dem Aussteller unterlassen worden, so ist sie von dem Empfänger der Urkunde sowie weiter von jeder dritten Person, welche vor erfolgter Gebührenentrichtung auf Grund eines Rechtsgeschäfts in den Besitz derselben gelangt, binnen drei Tagen nach dem Tage des Empfangs, jedenfalls aber vor der weiteren Aushändigung zu bewirken.

Art. **274** (247).

Die Verpflichtung zur Gebührenentrichtung wird erfüllt:

1. durch Anwendung vorschriftsmäßig gestempelter Formulare,
2. durch vorschriftsmäßige und rechtzeitige Verwendung von Gebührenmarken,
3. durch bare Einzahlung in den im Art. 275 bezeichneten Fällen.

Art. **275** (248).

Durch Königliche Verordnung kann Banken, Bankhäusern, Kreditanstalten und anderen gewerblichen Unternehmungen, welche Lombardgeschäfte machen, die Verpflichtung auferlegt werden, die Gebühren bezüglich aller von ihnen, ihren Kommanditen, Komptoiren, Agenten u. s. w. abgeschlossenen Lombarddarlehen auf Grund der von ihnen aufzustellenden periodischen Nachweisungen an die Staatskasse im Ganzen abzuführen.

Die näheren Vollzugsbestimmungen hierüber erläßt die Staatsregierung.

Art. **276** (249).

Die Nichterfüllung der im Art. 273 bezeichneten

Verpflichtung wird mit einer Geldstrafe geahndet, welche dem fünfundzwanzigfachen Betrage der schuldigen Gebühr gleichkommt, mindestens aber 20 Mark für jedes gebührenpflichtige Schriftstück beträgt.

Diese Strafe trifft besonders und zum vollen Betrag Jeden, welcher der ihm obliegenden Verpflichtung zur Entrichtung der Gebühr nicht rechtzeitig genügt.

Art. 277 (250).

Werden in einer nach Art. 275 vorgelegten Nachweisung die für den betreffenden Zeitabschnitt zu entrichtenden Gebühren gar nicht oder in einem zu geringen Betrage nachgewiesen, so verfällt jede für die richtige Aufstellung der Nachweisung verantwortliche Person in eine Geldstrafe im fünfundzwanzigfachen Betrage der zu wenig nachgewiesenen Gebühren, mindestens aber von 100 Mark.

Ist jedoch anzunehmen, daß eine Gebührenhinterziehung nicht habe verübt werden können oder nicht beabsichtigt gewesen sei, so tritt nur Ordnungsstrafe bis zu 30 Mark ein.

Die betreffende Bank, Kreditanstalt oder sonstige gewerbliche Unternehmung ist für die Entrichtung der festgesetzten Strafen subsidiarisch haftbar.

Art. 278 (251).

Werden zur Beurkundung eines und desselben Lombardgeschäftes mehrere Schriftstücke (Pfandschein, Quittung u. s. w.) ausgestellt, so ist auf den nicht bewerteten Schriftstücken (Art. 272 Abs. 2) von dem Darlehensgeber und dem Darlehensempfänger zu vermerken, daß und in welchem Betrage die Gebühr entrichtet worden ist.

VIII. Abteilung.

Gemeinsame Bestimmungen.

Art. 279 (252).

Insoweit das Gesetz einem Verwandtschaftsverhältnis Einfluß auf die Gebührenpflicht einräumt[1]), gilt als

Verwandtschaft auch die durch Annahme an Kindesstatt [2]) begründete Verwandtschaft sowie das Verhältnis zwischen einem unehelichen Kinde und dessen Abkömmlingen einerseits und dem Vater und dessen Verwandten andererseits [3]), sofern die Vaterschaft erweislich anerkannt ist [4]) [5]).

Auf ein die Gebühr minderndes Verhältnis, welches zufolge eines richterlichen Erkenntnisses oder eines Vertrags schon vor dem Anfalle der Gebühr zu bestehen aufgehört hat, darf nicht zurückgegangen werden. Die Aufhebung der ehelichen Gemeinschaft nach § 1575 des Bürgerlichen Gesetzbuchs steht der Scheidung gleich. [6])

Die vor dem Inkrafttreten des Bürgerlichen Gesetzbuchs vereinkindschafteten Kinder stehen in Ansehung der Gebührenpflicht den ehelichen Kindern gleich.

1. Dies ist der Fall im Art. 96, dann in den Art. 146 Ziffer 1a und 250 Ziffer 1b.

2. Durch die Annahme an Kindesstatt erlangt das Kind die rechtliche Stellung eines ehelichen Kindes des Annehmenden. Die Wirkungen der Annahme an Kindesstatt erstrecken sich auf die Abkömmlinge des Kindes, jedoch nicht auf die Verwandten des Annehmenden. Der Ehegatte des Annehmenden wird nicht mit dem Kinde, der Ehegatte des Kindes wird nicht mit dem Annehmenden verschwägert. Siehe §§ 1757, 1762, 1763 des B.G.B.

3. Ein uneheliches Kind und dessen Vater gelten rechtlich zwar als nicht verwandt, jedoch wird durch die Vorschrift des Art. 279 der zwischen ihnen bestehenden natürlichen Verwandtschaft billig Rechnung getragen.

4. Das heißt in einer öffentlichen Urkunde des Vormundschaftsgerichts, eines Notars oder des zuständigen Standesbeamten.

5. Einer besonderen Erwähnung des Falles der Legitimation bedurfte es nicht, nachdem dieselbe stets ein natürliches Verwandtschaftsverhältnis als gegeben voraussetzt. (Siehe Motive zum Erbschaftssteuergesetz 1879 S. 10, dann § 1719 des B.G.B.)

Ein für ehelich erklärtes uneheliches Kind erlangt die rechtliche Stellung eines ehelichen Kindes. (§§ 1735, 1736 des B.G.B.) Die Wirkungen der Ehelichkeitserklärung erstrecken sich nicht auf die Verwandten des Vaters und es tritt auch die Frau des Vaters nicht zu dem Kinde, der Ehegatte des Kindes nicht zu dem Vater in ein Schwägerschaftsverhältnis (§ 1737 des B.G.B.).

6. Die Bestimmung im Abs. 2 bezieht sich insbesondere auf die Fälle der Trennung einer Ehe. Der Fall der Auflösung der Schwägerschaft durch den Tod des anderen Ehegatten wird von

dem Gesetze nach dessen ausdrücklicher Fassung nicht getroffen. (Mot. z. Erbsch.SteuerGes. 1879 S. 10.)

Art. 280 (253).

Wo das Gesetz für den Ansatz der Gebühr einen Spielraum gewährt[1]), hat die Behörde innerhalb desselben den Gebührensatz unter Berücksichtigung des Umfangs und der Schwierigkeit der Sache, der Bedeutung derselben für das bürgerliche Leben und der Leistungsfähigkeit des Pflichtigen zu bestimmen.

Die Staatsregierung ist ermächtigt, hierüber nähere Vollzugsvorschriften zu erlassen[2])[3]).

1. Dies ist der Fall bei den Gebührenbestimmungen der Art. 69, 89, 91, 97, 104, 105, 108, 113, 122, 123 Abs. 3, 141, 199 Z. 2, 218, 219, 220 u. 221.

2. Wo das Gesetz für den Ansatz der Gebühr einen Spielraum gewährt, hat die Behörde die Entscheidung über den von ihr nach Maßgabe des Art. 280 zu bestimmenden Betrag in den gebührenpflichtigen Beschluß mit aufzunehmen oder den bezüglichen Beurkundungen, Zeugnissen, Auszügen, Abschriften u. s. w. am Rande beizusetzen (§ 5 der K.V.O. v. 23. Dezbr. 1899 Just.M.Bl. 1900 S. 337).

3. Der Art. 280 ist nicht anwendbar für den Kostenansatz im Beschwerdeverfahren. Beschl. des OberstL.G. v. 27. Oktbr. 1900, Slg. d. Entschdg. n. F. Bd. I S. 506.

Art. 281 (254).

In allen Fällen, in welchen für die Partei ein Rechtsanwalt[1]) handelt, ist für die Entrichtung der Gebühren, Auslagen und desfallsigen Vorschüsse nicht der Anwalt, sondern die von ihm vertretene Partei verhaftet, wenn nicht der Anwalt ausdrücklich die Zahlung für die Partei übernommen hat.

1. Auf andere Bevollmächtigte erstreckt sich die Bestimmung des Art. 281 nicht. Hat der Rechtsanwalt eine Erklärung über die Kostenzahlung nicht abgegeben, so sind die Kosten stets unmittelbar von der Partei selbst einzufordern. Dies gilt auch für jene Fälle, in denen der Anwalt nicht als solcher, sondern als gewöhnlicher Parteivertreter handelt. Andere Bevollmächtigte haben in erster Linie für die Berichtigung der Gebühren und Auslagen für die von ihnen veranlaßten Amtshandlungen einzustehen (§ 76 der Vollz.Instr. vom 25. Dezbr. 1899, Just.M.Bl. 1900 S. 386).

2. Den Rechtsanwälten stehen gleich gesetzliche Vertreter,

dieselben sind für die Kosten nicht haftbar, welche von den durch sie vertretenen Personen geschuldet werden.

Die Haftung der Bevollmächtigten erstreckt sich nur gegenüber der Staatskasse nicht aber z. B. gegenüber dem Notare, selbst wenn er Staatsgebühren vorgeschossen hätte. Siehe Beschl. des OberstL.G. v. 25. Novbr. 1901, Slg. d. Entschdg. n. F. Bd. II S. 729.

3. Vergleiche hieher auch Anmerkg. 10 zu § 81 des R.G.K.G., dann bezüglich der Schreibgebühren vergleiche § 97 des R.G.K.G. (Wochinger, Prozeßgeb.Ges. S. 112 u. 132.)

Art. 282 (255).

Für die Erledigung des Ersuchens einer nichtbayrischen Behörde in Angelegenheiten, auf welche das Reichs-Gerichtskostengesetz keine unmittelbare Anwendung findet[1]), kommen, wenn eine Amtshandlung vorgenommen wird, für welche besondere Gebühren gesetzlich bestimmt sind, diese Gebühren zur Erhebung. Die Staatsregierung ist jedoch ermächtigt, für solche Fälle ausnahmsweise auch andere Gebührensätze zu bestimmen.

Ist um die Vornahme sonstiger Amtshandlungen ersucht, so können besondere Gebühren erhoben werden, deren Höhe die Staatsregierung bestimmt[2]).

In beiden Fällen sind die mit der Erledigung des Ersuchens verbundenen baren Auslagen zu erstatten[3]).

Die Vornahme der Amtshandlung kann von der vorgängigen Erlage eines zur Deckung der Kosten hinreichenden Vorschusses abhängig gemacht werden[4]).

Die bestehenden Vereinbarungen mit anderen Staaten werden hiedurch nicht berührt[5]).

Gebühren und Auslagen werden nicht erhoben, soweit die Gegenseitigkeit verbürgt ist. Ob diese Voraussetzung gegeben ist, entscheidet die Staatsregierung.

Die Motive (1899) bemerken hiezu: Die Vorschriften des früheren Art. 255 waren einer Aenderung bedürftig, da der Vollzug derselben, namentlich was die Erstattung der baren Auslagen betrifft, mitunter zu Schwierigkeiten geführt hat. Dazu kommt, daß die Gerichte sich nach § 2 des G.F.G., Art. 129 des Ausf.Ges. z. B.G.B. und Art. 8 des Ausf.Ges. z. G.B.O. Rechtshilfe nach denselben Grundsätzen wie in streitigen Angelegenheiten zu leisten haben. Für letztere ergibt sich aus dem Reichs-Gerichtskostengesetze, daß für die gerichtliche Thätigkeit aus Anlaß eines Ersuchens um

Rechtshilfe besondere Gebühren nicht zu erheben sind. Eine ähnliche Bestimmung ist für die freiwillige Gerichtsbarkeit reichsgesetzlich nicht getroffen. Die nach § 2 des G.F.G. anzuwendende Vorschrift des § 165 des R.G.V.G. beseitigt nur die Erstattung von Rechtshilfekosten seitens des ersuchenden Staates, schließt aber die Erhebung von Gebühren von den Parteien nicht aus.

1. Zu den Angelegenheiten, auf welche das R.G.K.G. keine unmittelbare Anwendung findet, gehören insbesondere auch die Gegenstände der streitigen und Strafrechtspflege, auf welche sich die Bestimmungen der II. und III. Abteilung dieses Gesetzes (Zwangsversteigerung und Zwangsverwaltung, Forstrügesachen und Strafverfahren im Verwaltungswege) beziehen, wenn dort auch die Vorschriften des erwähnten Reichsgesetzes ganz oder teilweise als entsprechend anwendbar erklärt wurden. (Motive 1879 S. 97.)

2. Z. B. in Vormundschafts-Nachlaß- und Hypothekensachen.

3. Vergleiche hieher das Reichsgesetz über den Beistand bei Einziehung von Abgaben und Vollstreckung von Vermögensstrafen vom 9. Juni 1895. (R.G.Bl. S. 256.)

Im Falle der Gewährung von Beistand zwischen Behörden verschiedener Bundesstaaten sind die hiedurch entstehenden baren Auslagen der ersuchten Behörde von der ersuchenden zu erstatten. Weitere Kosten werden von der ersuchenden Behörde nicht erstattet. Ist eine zahlungspflichtige Person vorhanden, so sind die Kosten, soweit die ersuchte Behörde diese selbst nicht beitreiben kann, von der ersuchenden Behörde einzuziehen. Der eingezogene Betrag ist der ersuchten Behörde zu übersenden.

4. Die Anordnung der vorgängigen Erlage eines Vorschusses wird sich jedesmal dann empfehlen, wenn Auslagen von beträchtlicher Höhe in Frage kommen.

Art. 283 (256).

In Angelegenheiten, auf welche das Reichs-Gerichtskostengesetz keine unmittelbare Anwendung findet[1]), kann gegenüber Personen, welche in Bayern nicht ihren ständigen Wohnsitz haben, bei Anträgen auf Einleitung eines amtlichen Verfahrens oder Vornahme einzelner Amtshandlungen, dringende Fälle ausgenommen, jede amtliche Thätigkeit in der Sache selbst von der vorgängigen Erlage eines zur Deckung der hiemit verbundenen Gebühren und Auslagen hinreichenden Vorschusses[2]) abhängig gemacht werden, auch wenn dieselben von einem bayrischen Rechtsanwalte vertreten sind[3]).

Notare und Notariatsverweser, welche von dieser Befugnis keinen Gebrauch machen, haften dem Staate persönlich für die erwachsenen Gebühren, vorbehaltlich ihres Regresses an die zahlungspflichtige Partei [4]).

Auch ist die Staatsregierung ermächtigt, in den im Abs. 1 bezeichneten Angelegenheiten gegenüber Ausländern besondere, von gegenwärtigem Gesetze abweichende Gebührensätze zu bestimmen und für Akte, welche an sich gebührenfrei wären, die Erhebung von Gebühren zu verordnen [5]).

1. Siehe Anmerkg. Z. 1 des Art. 282.

2. Die Anordnung der Erlage eines Vorschusses ist dem Ermessen der Behörde anheim gegeben. Die Amtshandlung ist dann ohne vorgängige Erlage eines Vorschusses vorzunehmen, wenn Gefahr auf Verzug vorliegt oder durch die Verzögerung dem Antragsteller ein Vermögensnachteil erwachsen würde.

3. Da der Rechtsanwalt nach Art. 281 überhaupt nicht für die Gebühren und Auslagen seines Mandanten haftet, ist es ohne allen Einfluß, wenn eine in Bayern nicht wohnhafte Partei von einem bayrischen Rechtsanwalte vertreten ist.

4. Weil nach dem Notariatsgesetze (Abschnitt VII) die Wahrnehmung der Notariatsgeschäfte bei unbesetztem Notariate einem rechtskundigen Beamten des Amtsgerichts als Stellvertreter übertragen werden kann, war zum Ausdrucke zu bringen, daß der Art. 283 auch auf solche Notariatsverweser Anwendung zu finden hat. (Motive 1899.) Siehe hieher auch § 24 der Vollz.Instr. v. 25. Dezbr. 1899, Just.M.Bl. 1900 S. 358.

5. Eine derartige Verordnung wurde bisher nicht erlassen.

Art. 284 (257).

Für die Aufbewahrung der bei den Gerichten, den Notaren oder gemäß Art. 76 Abs. 3 des Gesetzes zur Ausführung des Reichs-Gerichtsverfassungsgesetzes in der Fassung des Art. 167 des Ausführungsgesetzes zum Bürgerlichen Gesetzbuche bei der Königlichen Bank oder anderen Kassen des Staates hinterlegten Gelder und Wertpapiere können besondere Gebühren (Depositalgebühren) erhoben werden.

Die Gebührensätze werden durch Königliche Verordnung bestimmt [1]).

1. Siehe Abteilung B. dieses Buches, S. 232.

Art. 285 (258 Abs. 1).

Die Erhebung und Ablieferung der bei den Gerichten anfallenden Gebühren und Auslagen, Geldstrafen und sonstigen dem Staate zu verrechnenden Geldbeträge erfolgt unter der Aufsicht der Finanzbehörden nach Maßgabe der von der Staatsregierung hierüber zu erlassenden näheren Bestimmungen. Die Besorgung dieser Geschäfte kann den Gerichtsschreibern übertragen werden.

Vergleiche hieher die K.V.O. v. 23. Dezbr. 1899, die Ausführung des Reichs-Gerichtskostengesetzes und des Gesetzes über das Gebührenwesen betr., §§ 1, 2, 14, 15 u. 16, Just.M.Bl. 1900, S. 335.

Art. 286 (258 Abs. 3).

Die Vorschriften über Erhebung und Verrechnung der anfallenden Gebühren und Auslagen sowie über die Führung und Revision der Gebührenregister, über das Verfahren bei Aufnahme und Bescheidung der Revisionsprotokolle, dann bei Streitfragen und Beschwerden, soweit es nicht gesetzlich geregelt ist, und über die Abrechnung mit den Rentämtern werden von der Staatsregierung erlassen.

Vergleiche hieher die mehrerwähnte K.V.O. v. 23. Dezbr. 1899, Just.M.Bl. 1900 S. 335, dann die Vollz.Instr. hiezu vom 25. Dezbr. 1899, Just.M.Bl. 1900 S. 343, insbesondere §§ 25ff., §§ 60ff., § 79ff., ferner die Bekanntmachung, das Kostenwesen in gerichtlichen Strafsachen betreffend, v. 24. Septbr. 1879 Just.M.Bl. 1425.

Art. 287 (260).

Die Beitreibung rückständiger Gebühren und Auslagen des Staates erfolgt durch die Rentämter im Wege des administrativen Zwangsvollzugs.

Durch Königliche Verordnung kann das Vollstreckungsrecht auch anderen Verwaltungsbehörden eingeräumt werden [1]).

Die Mitwirkung der Rentämter bei der Beitreibung rückständiger Geldstrafen wird gleichfalls durch Königliche Verordnung geregelt [2]).

1. Gemäß § 12 der mehrerwähnten K.V.O. v. 23. Dezbr. 1899 (Just.M.Bl. 1900 S. 340) ist denjenigen Verwaltungsbehörden, welche ärarialische Gebühren und Auslagen zu verrechnen und ihre Rückstände nicht an die Rentämter zur zwangsweisen Beitreibung zu überweisen haben, das Vollstreckungsrecht eingeräumt. Ver-

gleiche hieher auch Art. 4 des Ausf.Ges. zur R.C.P.O. u. K.O. (Meikel, 2. Aufl. S. 466). So steht, abgesehen von den rechnungsführenden Gerichtsschreibern für Strafsachen, allen Gerichtsschreibern nach § 28 der Gerichtsvollzieherordnung v. 16. Dezbr. 1899, in Ansehung der Gebühren und Auslagen der Gerichtsvollzieher das Vollstreckungsrecht zu.

2. Die näheren Vorschriften über die Beitreibung der Staatsgefälle sind enthalten in der Bekanntmachung vom 27. Dezbr. 1899 (Fin.M.Bl. S. 355).

Vergleiche hieher auch das Reichsgesetz über den Beistand bei Einziehung von Abgaben und Vollstreckung von Vermögensstrafen v. 9. Juni 1895 (R.G.Bl. S. 256).

Art. 288.

Die Notare sollen, falls ihnen die Mitwirkung bei der Erhebung der Gebühren übertragen ist, bis zur Entrichtung der dem Staate und den Gemeinden anfallenden Gebühren die Aushändigung der Urschriften, Ausfertigungen und Abschriften an die Beteiligten und die Vorlage der Urschriften, Ausfertigungen und Abschriften für die Beteiligten an die Gerichte und andere Behörden verweigern. Thun sie dies nicht, so haften sie persönlich für die Gebühr.

Die Bestimmung des Art. 55 Abs. 2 des Notariatsgesetzes findet entsprechende Anwendung.

Art. 289 (261).

Dem Grundbuchamt ist es untersagt, eine Eintragung in das Grundbuch eher vorzunehmen, als der Nachweis über die Entrichtung oder Hinterlegung der Gebühren vorgelegt ist. Sofern den Notaren die Mitwirkung bei der Erhebung der Gebühren übertragen ist, bedarf es dieses Nachweises nicht, wenn die Eintragung auf Grund einer von einem bayrischen Notar errichteten oder beglaubigten Urkunde beantragt wird.

Handelt der Grundbuchbeamte dieser Bestimmung zuwider, so haftet er persönlich für die Gebühr.

Die Vorschriften der Abs. 1, 2 finden auf die Umschreibung in dem Grundsteuerkataster entsprechende Anwendung.

Die Vorschrift des Art. 289 entspricht der Vorschrift des bisherigen Art. 261 jedoch mit der Modifikation, daß es vor der

Eintragung in das Grundbuch oder in das Grundsteuerkataster eines vorgängigen Nachweises über die Entrichtung oder Hinterlegung der Staatsgebühren dann nicht bedarf, wenn die Eintragung auf Grund einer von einem bayrischen Notar errichteten oder beglaubigten Urkunde beantragt wird, und zwar deshalb nicht, weil in diesem Falle gemäß Art. 288 schon der Notar persönlich dem Staate haftet, wenn er Urkunden vor Entrichtung der betreffenden Staatsgebühren ausgehändigt hat. (Motive 1899.)

Hinsichtlich der Anzeigepflicht der Rentämter bei der nachträglichen Bezahlung überwiesener Staatsgebühren an die Notariate und Grundbuchämter siehe Minist.Bek. v. 5. Aug. 1880 (Just.M.Bl. S. 315), dann Pfaff, 5. Aufl. S. 258.

Art. 290 (262).

Durch Königliche Verordnung kann bestimmt werden, daß und welche in die Staatskasse fließende Gebühren außer den im Gesetze besonders bezeichneten Fällen durch Verwendung von Gebührenmarken zu entrichten sind.

Das Staatsministerium der Finanzen ist ermächtigt, Vorschriften über die Anfertigung und den Verkauf sowie über die Zeit und Art der Verwendung dieser Marken zu erlassen und zugleich zu bestimmen, unter welchen Voraussetzungen die nicht in vorgeschriebener Weise verwendeten Gebührenmarken als nicht verwendet angesehen werden[1]).

1. Siehe die K.V.O. v. 15. Septbr. 1879, die Verwendung von Gebührenmarken betr. (G.V.Bl. S. 1171), dann die Bekanntmachung gleichen Betreffs v. 17. Septbr. 1879 (G.V.Bl. S. 1173).

Art. 291 (263).

Oeffentliche Beamte oder Bedienstete[1]), welche die vorgeschriebene Verwendung der normalmäßigen Gebührenmarken zu gebührenpflichtigen Schriftstücken unterlassen, verfallen, sofern die Unterlassung nicht in irriger Auffassung der bestehenden Vorschriften ihren Grund hat, in eine Geldstrafe, welche dem zehnfachen Betrage der nicht verwendeten Gebührenmarken gleichkommt.

Erheben dieselben von einer Partei die Gebühr, ohne die vorschriftsmäßigen Gebührenmarken zu verwenden, so unterliegen sie, sofern kein höher strafbares

Reat vorliegt, einer Geldstrafe im zwanzigfachen Betrage der erhobenen Gebühr.

1. Art. 291 findet nur dann Anwendung, wenn der Beamte in Ausübung seines Amtes Gebührenmarken zu verwenden hatte. Auf Fälle, in welchen er die Verwendung solcher Marken als Privatperson unterlassen hat, bezieht sich der Art. 291 nicht. (Pfaff, 5. Aufl. S. 260.)

Art. 292 (264).

Wer Gebührenmarken um höheren Preis als ihren Nennwert verkauft oder eine höhere Vergütung dafür in Ansatz bringt, verfällt in eine Geldstrafe von 20 bis 60 Mark je nach der Größe des unerlaubten Gewinnes.

Jede Verfehlung gegen die Vorschriften über die Zeit oder Art der Verwendung von Gebührenmarken wird, sofern gesetzlich nicht eine strengere Strafe verwirkt ist, mit Ordnungsstrafe bis zu 30 Mark geahndet.

Art. 293 (265).

Die Einziehung der Gebühren erfolgt unabhängig von der Bestrafung[1]).

1. Wenn gegen den Strafbescheid einer Verwaltungsbehörde, welcher neben der Festsetzung der Geldstrafe auch eine Entscheidung über die Verbindlichkeit zur Nachzahlung der Abgabe enthält, auf gerichtliche Entscheidung angetragen ist, so hat sich das Gericht mit der Entscheidung über die Verbindlichkeit zur Nachzahlung der Abgabe nicht zu befassen. (Urteil des Ob.L.G. München v. 23. Juni 1880, Slg. der Entschdg. in Gegenst. des Strafrechts u. Strafprozesses, Bd. I S. 66.)

Art. 294 (266).

Die Zuständigkeit und das Verfahren bei strafbaren Zuwiderhandlungen gegen die Bestimmungen dieses Gesetzes und der Vollzugsvorschriften zu demselben richtet sich nach den Vorschriften des Reichs-Gerichtsverfassungsgesetzes und der Reichs-Strafprozeßordnung.

Hinsichtlich des Verfahrens im Verwaltungswege finden die Bestimmungen der Art. 86, 87 Abs. 1, Art. 88 Abs. 1, Art. 89 Abs. 1 bis 3, 5, Art. 90, 91, 92 Abs. 2 des Gesetzes zur Ausführung der Reichs-Strafprozeßordnung entsprechende Anwendung mit der Maßgabe, daß an Stelle der Zollbehörden hier die Rentämter und, soweit Pflichtwidrigkeiten öffentlicher Beamten und Bediensteten, mit Ausnahme der Gerichtsvollzieher, in Frage stehen, die vorgesetzten Behörden zu treten haben [1] [2] [3].

1. Siehe Bekanntmachung v. 21. Oktbr. 1879, das Verfahren im Verwaltungswege bei Zuwiderhandlungen gegen die Vorschriften über das Gebührenwesen u. s. w. betr. (G.V.Bl. S. 1463).

2. Unter den Pflichtwidrigkeiten öffentlicher Beamten und Bediensteten im Sinne des Abs. 2 sind nur Verfehlungen gegen jene Bestimmungen des Gebührengesetzes und den hiezu ergangenen Vollzugsvorschriften zu verstehen, welche den betreffenden Beamten und Bediensteten als solchen besondere Verpflichtungen auferlegen. (Fin.M.E. v. 6. Mai 1882, Pfaff, 5. Aufl. S. 261.)

3. Ist gegen den von einer Verwaltungsbehörde wegen Zuwiderhandlung gegen Vorschriften über die Erhebung einer öffentlichen Abgabe oder eines öffentlichen Gefälles erlassenen Strafbescheid auf gerichtliche Entscheidung rechtzeitig angetragen, so ist zunächst zur Hauptverhandlung vor dem nach Maßgabe des Strafbescheides zuständigen Gerichte ohne vorherige Einreichung einer Anklageschrift und ohne vorherige Entscheidung über die Eröffnung des Hauptverfahrens selbst dann zu schreiten, wenn die Beschaffenheit der That Anlaß zur Erhebung einer Anklage auch noch aus einem anderen als dem dem Strafbescheide zu grunde liegenden rechtlichen Gesichtspunkte bietet und die That sich nach dieser Richtung als eine solche darstellt, welche die Zuständigkeit jenes Gerichts überschreitet. Beschl. des Ob.L.G. München v. 26. Juni 1882, Slg. d. Entschdg. in Gegenst. des Strafrechts u. Strafprozesses, Bd. II S. 144.

Art. 295 (267 Abs. 4).

Die Strafverfolgung von Zuwiderhandlungen gegen die Vorschriften dieses Gesetzes und der Vollzugsvorschriften zu demselben verjährt in drei Jahren; die Vollstreckung der rechtskräftig ausgesprochenen Strafen verjährt in fünf Jahren [1] [2] [3].

1. Handlungen der Rentämter im Hinterziehungsverfahren sind richterliche und unterbrechen die Verjährung der Strafverfolgung. (Urteil des Oberst. Gerichtshofes vom 24. Jan. 1879, Bl. f. R.A. Bd. 44 S. 346.)

2. Für die Umwandlung der Geldstrafen in Freiheitsstrafen und für die Vollstreckung der Geldstrafen in den Nachlaß sowie hinsichtlich der Qualifikation der Reate als Vergehen oder Uebertretungen kommen die allgemeinen Vorschriften des Reichsstrafgesetzbuches zur Anwendung. (Motive 1879 S. 98, Pfaff, 5. Aufl. S. 261.)

3. Hinsichtlich der dreijährigen Verjährungsfrist der Gebühren und Auslagen, welche auf grund dieses Gesetzes zu erheben sind, vergleiche die Bestimmungen der Art. 124 u. 125 des Ausf.Ges. zum B.G.B. (Meikel, 2. Aufl. S. 300 u. 301).

IX. Abteilung.

Schlußbestimmungen.

Art. 296 (272).

Dieses Gesetz tritt gleichzeitig mit dem Bürgerlichen Gesetzbuch in Kraft.

Alle älteren Gesetze und Verordnungen über Taxen-, Stempel- und Einregistrierungsgebühren bleiben, soweit sie nicht ausdrücklich aufrecht erhalten sind [1]), aufgehoben.

1. Siehe Art. 297 bis 302 und Anhang 4, ältere noch giltige Gebührenbestimmungen.

Art. 297.

Die Gebührenvorschriften über die Zwangsversteigerung und die Zwangsverwaltung treten, soweit sie die Schiffe betreffen, an dem im Art. 296 bezeichneten Termin, im übrigen für jeden Grundbuchbezirk mit dem Zeitpunkt in Kraft, in welchem das Grundbuch als angelegt anzusehen ist. Bis zu diesem Zeitpunkte haben bei Zwangsversteigerungen und Zwangsverwaltungen hinsichtlich der Gebühren noch die seitherigen Bestimmungen Anwendung zu finden. Das Gleiche gilt für das Verfahren, welches gemäß § 15 des Einführungsgesetzes zu dem Gesetz über die Zwangsversteigerung und die Zwangsverwaltung noch nach den Landesgesetzen zu erledigen ist, sowie für die Zwangsversteigerung eines gemeinschaftlichen Grundstücks zum Zwecke der Aufhebung der Gemeinschaft nach den Art. 41, 113 des Gesetzes, Uebergangsvorschriften zum Bürgerlichen Gesetzbuche betreffend.

1. Vergleiche hieher § 1 Z. 1 der Vollz.Instr. v. 25. Dezbr. 1899 (Just.M.Bl. 1900 S. 344).

Art. 298.

Die Bestimmung des Art. 25 tritt für jeden Grundbuchbezirk mit dem Zeitpunkt in Kraft, in welchem das Grundbuch als angelegt anzusehen ist[1]). Bis zu diesem Zeitpunkte finden die seitherigen Vorschriften Anwendung[2]).

1. Die Vorschrift des Art. 298 beruht auf dem Umstande, daß der Erwerb des Eigentums auch nach dem Inkrafttreten des B.G.B. nach den bisherigen Gesetzen erfolgt, bis das Grundbuch als angelegt anzusehen ist (Art. 189 des Einf.Ges. zum B.G.B.). (Motive 1899.)

Siehe ferner auch § 1 Ziff. 2 der Vollz.-Instr. v. 25. Dezbr. 1899 (Just.M.Bl. 1900 S. 344).

2. Vergleiche Anhang 4, ältere noch giltige Gebührenbestimmungen.

Art. 299.

In Ansehung der Hypotheken, welche schon zu der Zeit bestehen, zu welcher das Grundbuch als angelegt anzusehen ist, und der Hypothekenurkunden, welche in der Zeit vor der Anlegung des Grundbuchs errichtet werden, bleiben die bisherigen Vorschriften über die Gebühren für Erteilung einer neuen Vollstreckungsklausel und für vollstreckbare Ausfertigungen von Hypothekenurkunden in Kraft[1]) [2]).

1. Die Gebühren für Erteilung einer neuen Vollstreckungsklausel und für vollstreckbare Ausfertigungen von Hypothekenurkunden bemessen sich auch künftig, bis zur Anlage des Grundbuchs, nach den Vorschriften der Art. 29, 132 Abs. 2 des bisherigen Gebührengesetzes.

Vergleiche auch Art. 166 Z. XVI Abs. 3 des Ausf.Ges. zum B.G.B. (Meikel, 2. Aufl. S. 374).

2. Sie Anhang 4, ältere noch giltige Gebührenbestimmungen.

Art. 300.

Findet für den Nachlaß eines vor dem Inkrafttreten des Bürgerlichen Gesetzbuchs verstorbenen Erblassers ein erbschaftliches Liquidationsverfahren nach Art. 150 bis 157 des Ausführungsgesetzes zur Reichs-Civilprozeßordnung und Konkursordnung statt, so gelangen auch die bisherigen Gebührenvorschriften zur Anwendung.

Ebenso verbleibt es in Ansehung der Gebühren für das Verfahren über das Aufgebot liegender Gründe nach

Teil I Titel 51 §§ 100 bis 109 der preußischen Allgemeinen Gerichtsordnung bei den bisherigen Vorschriften, soweit nach dem Inkrafttreten des Bürgerlichen Gesetzbuchs noch ein solches Verfahren stattfindet[1][2]).

1. Vergleiche Art. 166 Ziff. XVI Abs. 7 des Ausf.Ges zum B.G.B. (Meikel, 2. Aufl. S. 374) und § 1 Ziff. 4 der Vollz.Instr. v. 25. Dezbr. 1899 Just.M.Bl. 1900 S. 345).

2. Siehe Anhang 4, ältere noch giltige Gebührenbestimmungen.

Art. 301.

Die Vorschriften der Art. 32, 33 des bisherigen Gebührengesetzes finden auf die bei dem Inkrafttreten des Bürgerlichen Gesetzbuchs anhängigen Gütertrennungsverfahren Anwendung; die Vorschrift des Art. 33 findet auch Anwendung, wenn der Antrag auf Vermögensabsonderung nach dem Inkrafttreten des Bürgerlichen Gesetzbuchs gestellt wird[1][2]).

1. Die Bestimmung des Art. 301 beruht auf der Vorschrift des Art. 132 des Gesetzes, Uebergangsvorschriften z. B.G.B., wonach die Ehefrau für den Fall, daß zur Zeit des Inkrafttretens des Bürgerlichen Gesetzbuchs der Ehemann in Konkurs geraten ist, noch in der bisherigen Weise die Aufhebung der Gütergemeinschaft beantragen kann. (Motive 1899.) Vergleiche hieher auch § 1 Z. 4 der Vollz.Instr. v. 25. Dezbr. 1899 (Just.M.Bl. 1900 S. 345.)

2. Siehe Anhang 4, ältere noch giltige Gebührenbestimmungen.

Art. 302.

In den Angelegenheiten der freiwilligen Gerichtsbarkeit, für welche die bisherigen Gesetze maßgebend bleiben, werden auch nach dem Inkrafttreten des Bürgerlichen Gesetzbuchs Gebühren nur nach Maßgabe der bisherigen Vorschriften erhoben[1]).

1. Für diejenigen Angelegenheiten der freiwilligen Gerichtsbarkeit dagegen, welche sofort von dem neuen Rechte erfaßt werden, gelten die Vorschriften des nunmehrigen Gebührengesetzes auch dann, wenn sie bei dem Inkrafttreten des Bürgerlichen Gesetzbuches bereits anhängig sind, z. B. Vormundschafts- und Pflegschaftssachen. Siehe § 1 Z. 5 der Vollz.Instr. v. 25. Dezbr. 1899, Just.M.Bl. 1900 S. 345.

Art. 303.

Für die Bestimmung der Art und des Umfangs

der Sicherheit, die der in den Besitz des Vermögens eines Abwesenden vorläufig Eingewiesene zu leisten hat, für die Entgegennahme der Sicherheitsleistung und für die Entgegennahme des von dem Eingewiesenen einzureichenden Inventars wird eine Gebühr nicht erhoben.

Im Justiz-Gesetzgebungsausschusse bemerkte der Regierungskommissär zu Art. 303 folgendes:

Der Art. 274 e[1] (nun 303) hat eine pfälzische Angelegenheit zum Gegenstand. Er gewährt Gebührenfreiheit für die Bestimmung der Art und des Umfangs der Sicherheit, die der vorläufig in den Besitz des Vermögens eines Abwesenden Eingewiesene zu leisten hat, dann für die Entgegennahme der Sicherheitsleistung und die Entgegennahme des von dem Eingewiesenen einzureichenden Inventars seitens des Gerichts. Für diese Verrichtungen sollen Gebühren nicht erhoben werden, weil es sich um anhängige Verfahren handelt, die schon nach Maßgabe der bisherigen Vorschriften gebührenpflichtig sind. (46. Protokoll v. 17. Mai 1899, Beil. Bd. XX S. 804.)

Art. 304.

Auf das nach Art. 67 des Gesetzes, Uebergangsvorschriften zum Bürgerlichen Gesetzbuche betreffend, zu erteilende Zeugnis über den Uebergang des Gesamtguts auf den überlebenden Ehegatten finden die Art. 96, 97 Anwendung.

Besteht nach den im Art. 67 des Gesetzes, Uebergangsvorschriften z. B.G.B. betreffend, aufgeführten ehemaligen Güterrechten allgemeine Gütergemeinschaft, so hat das Nachlaßgericht dem überlebenden Ehegatten auf Antrag ein Zeugnis über die Fortsetzung der Gütergemeinschaft zu erteilen. Die Vorschriften über den Erbschein finden entsprechende Anwendung. (§ 1507 des B.G.B.) Siehe auch Meikel, 2. Aufl. S. 70 ff. Vergleiche Art. 98, S. 103.

Art. 305.

Auf die im Art. 24 Abs. 2 des Gesetzes, Uebergangsvorschriften zum Bürgerlichen Gesetzbuche betreffend, bezeichnete Vermittelung der Ausgleichung des Ehegewinns findet der Art. 95 Anwendung.

Auf die im Art. 83 Abs. 2 (Errungenschaftsgemeinschaft) bezeichnete Ausgleichung des Ehegewinns finden die Vorschriften des Art. 36 (Auseinandersetzung in Ansehung eines Nachlasses oder eines Gesellschaftsvermögens) entsprechende Anwendung (Art. 24 Abs. 2 des Gesetzes, Uebergangsvorschriften z. B.G.B. betr., Meikel, 2. Aufl. S. 27).

Art. 306.

Für die Genehmigung des Nachlaßgerichts zur Veräußerung von Nachlaßgegenständen durch den Erben nach Art. 145 Abs. 3, 4 des Gesetzes, Uebergangsvorschriften zum Bürgerlichen Gesetzbuche betreffend, wird eine Gebühr nicht erhoben, wenn die Gebühr für die Ermächtigung zur Veräußerung erhoben worden ist [1]). Das Gleiche gilt im Falle des Art. 133 Abs. 2 des Gesetzes, Uebergangsvorschriften zum Bürgerlichen Gesetzbuche betreffend [2]).

1. Im Justizgesetzgebungs-Ausschusse erklärte der Regierungsvertreter zu Art. 306:

Auch dieser Artikel bezieht sich auf eine pfälzische Angelegenheit. Er hat die Veräußerung von Nachlaßgegenständen durch den Benefiziarerben zum Gegenstand und setzt eine doppelte Thätigkeit des Gerichts voraus; das Gericht hat die Ermächtigung zur Veräußerung zu erteilen und später die erfolgte Veräußerung zu genehmigen. Für die Genehmigung der Veräußerung soll eine Gebühr nicht erhoben werden, weil das ganze Verfahren schon der Gebühr des Art. 101 des bisherigen Gebührengesetzes unterliegt. (46. Protokoll v. 17. Mai 1899 Beil. Bd. XX S. 804.)

2. Art. 133 Abs. 2 lautet:

Sollen von der Frau Gegenstände, die zum Gemeingute gehören, veräußert werden, bevor die Frau sich über die Annahme oder Ausschlagung der Gütergemeinschaft erklärt hat, so finden die Vorschriften des Art. 145 Abs. 3 entsprechende Anwendung. Siehe auch Meikel, 2. Aufl. S. 140 u. 141.

Art. 307.

Wird in den Landesteilen rechts des Rheins nach Art. 36 des Gesetzes, Uebergangsvorschriften zum Bürgerlichen Gesetzbuche betreffend, die Vermittelung der Auseinandersetzung in Ansehung eines Nachlasses beantragt, so werden für die Vermittelung besondere Gebühren nicht erhoben [1]).

Für ein bei dem Inkrafttreten des Bürgerlichen Gesetzbuchs bei einem Notar in der Pfalz anhängiges Teilungsverfahren wird nach dem Inkrafttreten des Bürgerlichen Gesetzbuchs die Gebühr des Art. 165 erhoben, es sei denn, daß die Beteiligten von der Durchführung des Verfahrens abstehen, bevor eine Verhandlung vor dem Notar stattfindet. Auf die Gebühr des Art. 165 kommen die nach den bisherigen Vorschriften entrichteten Gebühren in Anrechnung [2]).

1. In den Landesteilen rechts des Rheins ist für die Auseinandersetzung eines Nachlasses, der vor dem Inkrafttreten des B.G.B. angefallen ist, die Gebühr des Art. 94 selbst dann nicht zu erheben, wenn die Auseinandersetzung auf grund des Art. 36 des Gesetzes, Uebergangsvorschriften z. B.G.B. betr., erfolgt. Da für einen Nachlaß dieser Art im allgemeinen die bisherigen Vorschriften maßgebend sind, so wird in diesen Fällen die Gebühr des Art. 83 des früheren Gebührengesetzes erhoben.

2. Anders liegt die Sache in der Pfalz. Hier wurden bisher besondere Gebühren für die Nachlaßbehandlung nicht erhoben. Die Teilungen, die bei dem Inkrafttreten des B.G.B. bei einem Notare anhängig sind, haben nach Art. 115 Abs. 2 des Gesetzes, Uebergangsvorschriften z. B.G.B. betr., von dem Inkrafttreten des B.G.B. an als Verfahren nach Art. 36 des ersterwähnten Gesetzes zu gelten. Werden die Teilungen im Verfahren nach Art. 36 weitergeführt, so ist hiefür die Gebühr des Art. 165 zu entrichten. Auf diese Gebühr kommt in Ansatz, was die Beteiligten nach den bisherigen Vorschriften an Gebühren schon entrichten mußten, so z. B. die Gebühr für die Entscheidung über das Teilungsgesuch. Wollen die Beteiligten das Verfahren nach Art. 36 nicht durchführen, so sind sie von jeder Gebühr frei, wenn sie abstehen, ehe eine Verhandlung vor dem Notar stattfindet. (Vergleiche Erklärung des Regierungsvertreters zum 46. Protokoll des Just.Gesetzgeb.Aussch. v. 17. Mai 1899, Beil. Bd. XX S. 804.) Siehe auch Meikel, 2. Aufl. S. 37 u. 131.

Art. 308.

Für den Beschluß, durch welchen nach Art. 6 des Gesetzes über das Liegenschaftsrecht in der Pfalz vom 1. Juli 1898 das Vormundschaftsgericht, nach Art. 120 des Gesetzes, Uebergangsvorschriften zum Bürgerlichen Gesetzbuche betreffend, die zuständige Behörde eine Hypothek bestellt, für das Ersuchen um Einschreibung und für die Einschreibung der Hypothek in das Hypothekenbuch werden Gebühren für den Staat nicht erhoben.

Der Art. 308 hat nur pfälzische Angelegenheiten im Auge und schließt sich an die Vorschrift des bisherigen Rechtes an, wonach für das Verfahren in Hypothekensachen Staatsgebühren nicht erhoben wurden. Jedoch werden durch die Vorschrift des Art. 308 die Bestimmungen über die Gebühren der Hypothekenbewahrer nicht berührt. (Erklärung des Regierungsvertreters im Just.Gesetzgeb.Ausschuß, 46. Protokoll v. 17. Mai 1899, Beil. Bd. XX S. 805.)

Die Motive besagen ferner:

Die Vorschrift des Art. 308 beruht auf Art. 6 des Gesetzes über das Liegenschaftsrecht in der Pfalz vom 1. Juli 1898 und auf Art. 120 des Gesetzes, Uebergangsvorschriften z. B.G.B. betr., wonach zur Sicherung des Mündelvermögens oder zur Sicherung gewisser Forderungen des Staates, der Brandversicherungsanstalt, der Gemeinden und anderer Kommunalverbände, der Stiftungen des öffentlichen Rechts und der unter der Verwaltung einer öffentlichen Behörde stehenden Stiftungen von dem Inkrafttreten des B.G.B. an bis zu der Zeit, zu welcher das Grundbuch als angelegt anzusehen ist, Hypotheken des bisherigen Rechts durch Beschluß des Vormundschaftsgerichts oder durch Beschluß der zuständigen Behörde bestellt werden können, und statuiert hiefür die gleiche Gebührenvorschrift, wie sie im Art. 119 Abs. 2 für die auf Ersuchen der Behörden erfolgte Eintragung von Sicherungshypotheken getroffen worden ist.

Vergleiche auch Meikel, 2. Aufl. S. 133.

Art. 309.

Die Bestimmungen über die Gebühren in Grundbuchsachen treten hinsichtlich der Gebührensätze, soweit dieselben dem Gebührenpflichtigen günstiger sind, an dem im Art. 296 bezeichneten Termin, im übrigen für jeden Grundbuchbezirk mit dem Zeitpunkt in Kraft, in welchem das Grundbuch als angelegt anzusehen ist.

Bis zu diesem Zeitpunkte haben für die Gebühren in Hypotheken- und Grundbuchsachen noch die seitherigen Bestimmungen Anwendung zu finden.

Ebenso verbleibt es in Ansehung der Gebühren für das Hypothekenreinigungsverfahren bei den bisherigen Bestimmungen, soweit nach dem Inkrafttreten des Bürgerlichen Gesetzbuchs ein Hypothekenreinigungsverfahren in der Pfalz stattfindet.

Nach § 82 der G.B.O. treten mit Einführung des Bürgerlichen Gesetzbuchs nur diejenigen Vorschriften der Grundbuchordnung in Kraft, welche die Anlegung des Grundbuchs betreffen. Die übrigen Vorschriften können dagegen erst mit dem Zeitpunkte wirksam werden, in welchem das Grundbuch für einen Bezirk als angelegt anzusehen ist. Da die neuen Bestimmungen des Gebührengesetzes über die Gebühren in Grundbuchsachen auf den Vorschriften des Liegenschaftsrechtes des Bürgerlichen Gesetzbuchs sowie der Grundbuchordnung beruhen, so haben dieselben erst dann in Kraft zu treten, wenn das Grundbuch als angelegt anzusehen ist. Der Art. 309 sieht indes zugleich vor, daß, soweit gegenüber den bisherigen Gebührensätzen, Gebührenermäßigungen eingetreten sind, letztere schon vom 1. Januar 1900 an in Wirksamkeit treten sollen. Demnach hat von diesem Zeitpunkte an im Falle der Eintragung von Hypotheken auf grund letztwilliger Verfügung oder gesetzlichen Titels (Art. 91 Abs. 1 des bisherigen Gesetzes) jetzt schon nunmehr eine Gebühr von fünf vom Tausend der Gegenstandssumme, soferne jedoch der Wertsgegenstand den Betrag von 2000 ℳ nicht übersteigt, von zwei und einhalb vom Tausend der Gegenstandssumme zur Erhebung zu gelangen.

(Siehe hieher auch § 1 Z. 6 der Vollz.Instr. v. 25. Dezbr. 1899, Just.M.Bl. 1900 S. 346.)

Wegen des Abs. 3 des Art. 309 vergleiche den Art. 166 Ziffer XVI Abs. 7 des Ausf.Ges. z. B.G.B. und Begründung hiezu Ziffer 11 Abs. 16 Beil. B. S. 117 (Motive 1899), dann Meikel, 2. Aufl. S. 374; ferner siehe auch noch § 1 Z. 4 Satz 3 der vorerwähnten Vollz.Instr. v. 25. Dezbr. 1899.

Art. 310.

Für die innerhalb der ersten zehn Jahre nach Anlegung des Grundbuchs beantragte Eintragung von Grunddienstbarkeiten, die zu der Zeit bestehen, zu welcher das Grundbuch als angelegt anzusehen ist, in das Grundbuch sowie für die Eintragung solcher Grunddienstbarkeiten in das Hypothekenbuch gemäß Art. 44 des Gesetzes, Uebergangsvorschriften zum Bürgerlichen Gesetzbuche betreffend, kommen Gebühren nicht zur Erhebung.

Ist auf Grund des Art. 10 des Gesetzes, Uebergangsvorschriften zum Bürgerlichen Gesetzbuche betreffend, die Eintragung von Grunddienstbarkeiten angeordnet worden, so findet die Vorschrift des Abs. 1 von dem Ablaufe der Frist zur Anmeldung der Grunddienstbarkeiten an keine Anwendung auf die Grunddienstbarkeiten, deren Eintragung angeordnet worden ist.

Die Motive (1899) erläutern hiezu:

Gemäß Art. 187 Abs. 1 Satz 1 des Einf.Ges. z. B.G.B. bedürfen Grunddienstbarkeiten, die zu der Zeit bestehen, zu welcher das Grundbuch als angelegt anzusehen ist, zur Erhaltung der Wirksamkeit gegenüber dem öffentlichen Glauben des Grundbuchs nicht der Eintragung. Nach Abs. 2 dieses Artikels kann jedoch durch Landesgesetz bestimmt werden, daß die bestehenden Grunddienstbarkeiten oder einzelne Arten zur Erhaltung ihrer Wirksamkeit gegenüber dem öffentlichen Glauben des Grundbuchs bei der Anlegung des Grundbuchs oder später in das Grundbuch eingetragen werden müssen. Die Bestimmung kann auf einzelne Grundbuchbezirke beschränkt werden. Von dieser Ermächtigung hat das Gesetz, Uebergangsvorschriften z. B.G.B. betr., Gebrauch gemacht, indem es im Art. 10 vorschreibt, daß Grunddienstbarkeiten, die zu der Zeit bestehen, zu welcher das Grundbuch als angelegt anzusehen ist, eingetragen werden müssen und daß der Beginn und die Dauer der Frist für die Anmeldung durch Königliche Verordnung bestimmt werden sowie endlich daß die Eintragung und die Entgegennahme der Erklärungen, die zum Zwecke der Eintragung vor dem Grundbuchamt abgegeben werden, gebührenfrei sind.

Die Gebührenfreiheit ist aber auch nach Art. 310 für die innerhalb der ersten zehn Jahre nach Anlegung des Grundbuchs beantragte Eintragung von Grunddienstbarkeiten, welche nach Art. 187 Abs. 1 Satz 2 des Einf.Ges. z. B.G.B. von den Beteiligten beantragt werden, gewährt.

Dies entspricht auch der Vorschrift, daß in der Pfalz auch die Grunddienstbarkeiten, soferne sie angemeldet werden, im Anlegungsverfahren und daher gebührenfrei einzutragen sind (§ 10 der K.V.O. v. 28. Aug. 1898, G.V.Bl. S. 561, und Ziff. 264 der Grundbuchanlegungsordnung in der Pfalz v. 14. Septbr. 1898, Just.M.Bl. S. 396). Den Eintragungen in das Grundbuch nach Art. 187 Abs. 1 Satz 2 des Einf.Ges. z. B.G.B. sind die Eintragungen in das Hypothekenbuch nach Art. 44 des Gesetzes, Uebergangsvorschriften z. B.G.B. gleichgestellt.

Nach Art. 44 kann die Eintragung von Grunddienstbarkeiten in das Hypothekenbuch von dem Berechtigten und von dem Eigentümer des belasteten Grundstücks verlangt werden. Siehe Meikel, 2. Aufl. S. 49.

Gebührenfreiheit auch dann eintreten zu lassen, wenn im Falle des Art. 10 des Gesetzes, Uebergangsvorschriften z. B.G.B. betr. (Meikel, 2. Aufl. S. 16), der Berechtigte die Anmeldungsfrist versäumt hat, erschien nicht veranlaßt und auch nicht gerechtfertigt, weshalb im Abs. 2 entsprechende Bestimmung getroffen wurde.

Art. 311.

Auf notarielle Urkunden über den Erwerb und Verlust des Eigentums an einem Grundstück oder diesem gleichstehenden Rechte sowie über die Begründung, Uebertragung, Belastung und Aufhebung eines anderen Rechts an einem Grundstück oder eines Rechts an einem solchen Rechte finden auch nach dem Inkrafttreten des Gesetzes und bis zu dem Zeitpunkte, zu welchem das Grundbuch als angelegt anzusehen ist, die seitherigen Bestimmungen Anwendung. Jedoch haben auch in diesem Falle an Stelle der bisherigen Gebührensätze die Gebührensätze des gegenwärtigen Gesetzes zu treten.

Vergleiche hieher § 1 Ziff. 6 der Vollz.Instr. v. 25. Dezbr. 1899, Just.M.Bl. 1900 S. 346.

Art. 312.

Werden durch Beschluß der Mitgliederversammlung eines Vereins, der die Rechtsfähigkeit erlangt hat, Grundstücke und Rechte an Grundstücken, die zu dem bisherigen Vereinsvermögen gehören, vor dem Zeitpunkt, in welchem das Grundbuch als angelegt anzusehen ist, auf den rechtsfähig gewordenen Verein übertragen (Art. 2 Abs. 3 des Gesetzes, Uebergangsvorschriften zum Bürgerlichen Gesetzbuche betreffend), so wird für die Uebertragung eine Staatsgebühr nicht erhoben.

Der Artikel bezieht sich nur auf diejenigen Grundstücke und Rechte, welche der Verein in der Zeit erwarb, in der er die Rechtsfähigkeit noch nicht besaß, und welche Eigentum des Vereins geworden wären, wenn der Verein zur Zeit des Erwerbs die Rechtsfähigkeit schon gehabt hätte. Es soll diese Uebertragung nicht als eine neue Besitzveränderung angesehen werden. (Vergl. 46. Protokoll des Just.Gesetzgeb.Ausschusses v. 17. Mai 1899, Beil. Bd. XX S. 805.) Vergleiche ferner Meikel, 2. Aufl. S. 4.

Art. 313.

Die Vorschriften der Art. 249 bis 252 treten hinsichtlich der Gebührensätze an dem im Art. 296 bezeichneten Termin, im übrigen für jeden Grundbuchbezirk mit dem Zeitpunkt in Kraft, zu welchem das Grundbuch als angelegt anzusehen ist.

Bis zu diesem Zeitpunkte finden die seitherigen Bestimmungen Anwendung.

Vergleiche hieher § 1 Ziff. 6 der Vollz.Instr. v. 25. Dezbr. 1899, Just.M.Bl. 1900 S. 346.

Art. 314 (275).

Für die zur Zeit des Inkrafttretens dieses Gesetzes anhängigen Erinnerungen und Beschwerden gegen die Entscheidung über die Festsetzung des Wertes oder gegen den Ansatz und die Nachforderung von Gebühren und Auslagen verbleibt es bei den bisherigen Vorschriften. Dies gilt insbesondere auch von der Anfechtung der Entscheidung des Beschwerdegerichts durch weitere Beschwerde.

Bei Hinterziehungen kommen hinsichtlich des Verfahrens im Verwaltungswege die Bestimmungen des gegenwärtigen Gesetzes zur Anwendung.

Die im Art. 10 Ziff. 29, 30 des Gesetzes vom 8. August 1878, die Errichtung eines Verwaltungsgerichtshofes und das Verfahren in Verwaltungsrechtssachen betreffend, enthaltenen Vorschriften über die Zuständigkeit des Verwaltungsgerichtshofes zur Bescheidung von Beschwerden in Gegenständen der Taxpflicht auf Grund des Taxgesetzes vom 28. Mai 1852 und der hier einschlagenden Bestimmungen des Gesetzes vom 8. November 1875, Abänderungen der Tax- und Stempelgesetze betreffend, dann der Stempelpflicht auf dem Gebiete der nichtstreitigen Rechtspflege sowie der inneren, dann der Polizei- und Finanzverwaltung treten nicht in Wirksamkeit [1]).

1. Unter Hinterziehung ist jede Uebertretung der Vorschriften über das Gebührenwesen zu verstehen, welche mit Geldstrafe bedroht ist.

2. Demgemäß ist in Fällen, in welchen etwa noch die Erhebung einer Taxe auf grund des Gesetzes vom 28. Mai 1852 erfolgen sollte, zur Verbescheidung von Streitfragen in erster Instanz die treffende Regierungsfinanzkammer, in zweiter Instanz das Staatsministerium der Finanzen zuständig (vergl. Art. 45 des Taxgesetzes v. 28. Mai 1852). (Pfaff, 5. Aufl. S. 275.)

Art. 315 (276).

Ist in Spezialgesetzen oder Verordnungen in Bezug auf Taxen und Stempelgebühren auf eines der im Art. 272 des Gesetzes vom 18. August 1879 in der Fassung vom Jahre 1892 aufgehobenen Gesetze oder auf eine durch gegenwärtiges Gesetz aufgehobene oder abgeänderte Bestimmung verwiesen, so kommen statt der bisherigen Vorschriften die entsprechenden Bestimmungen des gegenwärtigen Gesetzes zur Anwendung.

B. Hinterlegungs-Gebührenordnung

Königliche Verordnung vom 25. Dezember 1899.*)

§ 1.

Für die Hinterlegung[1])[2]) von Geld[3]), Wertpapieren[4]) und Kostbarkeiten[5]) bei den amtsgerichtlichen Hinterlegungsstellen[6]), den Notaren oder der K. Bank werden Hinterlegungsgebühren nach Maßgabe der folgenden Vorschriften erhoben[7]).

1. Nach Art. 284 des Geb.G. (s. S. 215) können für die Aufbewahrung der bei den vorerwähnten Stellen hinterlegten Gelder und Wertpapiere besondere Gebühren (Depositalgebühren) erhoben werden und werden die Gebührensätze durch K.V.O. bestimmt.

2. Den in der K.V.O. v. 25. Dezbr. 1899 bestimmten Hinterlegungsgebühren sind nur Gelder, Wertpapiere und Kostbarkeiten unterworfen, welche gemäß der Hinterlegungsordnung Gegenstand der gerichtlichen Hinterlegung sind.

Auf die in amtlicher Verwahrung befindlichen Gebühren für Zeugen und Sachverständige, auf hinterlegte Vorschüsse an Haftkosten, auf die bei den Gerichten anfallenden Gebühren und anderen keinen Gegenstand gerichtlicher Hinterlegung bildenden amtlichen Einnahmen und Ausgaben findet daher die K.V.O. vom 25. Dezbr. 1899 ebensowenig Anwendung, wie auf die bei Behörden der innern und der Finanzverwaltung hinterlegten Wertgegenstände.

Hinsichtlich der von Gerichtsvollziehern zur Aufbewahrung übergebenen Geldbeträge, Wertpapiere und Kostbarkeiten siehe Anmerkg. 8 zu § 3.

Die in Strafsachen zur gerichtlichen Verwahrung kommenden Gelder, Wertpapiere und Kostbarkeiten unterliegen der Hinterlegungsgebühr nur insoweit, als dieselben nach den hierüber bestehenden Vorschriften einen Gegenstand der gerichtlichen Hinterlegung bilden und die bezüglichen Kosten nicht der Staatskasse zur Last fallen (Art. 3 Ziffer 2 des Geb.G.). In den Ausgabeweisungen der Staatsanwaltschaft oder des Gerichts (§ 27 N. 2, § 49 Abs. 1, Abs. 2, N. 2 der Hinterlegungs-Ordnung) ist jedesmal ausdrücklich zu bemerken, ob es sich um eine gebührenpflichtige Hinterlegung handelt oder nicht.

Demnach unterliegen die Ueberführungsgegenstände der Hinterlegungsgebühr nicht, wohl aber die Kautionen gegen Haft (§§ 117, 118 der R.Str.P.O.) und in Privatanklagesachen (§ 419 der R.Str.P.O.),

---

*) G.V.Bl. S. 1235, Just.M.Bl. S. 1074.

dann der Erlös aus dem Verkaufe von Kostbarkeiten, über welche innerhalb 10 Jahren vom Tage der Hinterlegung an eine Verfügung nicht getroffen worden ist (§ 32 der Hinterlegungs-Ordnung). Siehe auch Ziffer II der Bekanntmachg. v. 12. Jan. 1900 (Just.M.Bl. S. 301).

3. Darunter fällt sämtliches als Zahlungsmittel dienendes in- und ausländisches Bargeld, dann Reichskassenscheine und Banknoten. Außer Umlauf gesetztes Bargeld kann nur als Kostbarkeit in Betracht kommen.

4. Wertpapiere sind Urkunden, bei denen das in der Urkunde verbriefte Recht an den Besitz der Urkunde geknüpft ist und mit der Urkunde übertragen wird, — Inhaberpapiere — Orderpapiere — Rektapapiere — (Vergleiche Fischer u. Henle, 3. Auflage, Bürgerl. Gesetzbuch § 1807 Anmerkg. 8). So insbesondere Staats- und Gemeinde-Schuldverschreibungen, Pfandbriefe, Kommunalobligationen, Bankscheine, Wechsel und Sparkassabücher. Nicht aber sogenannte Handschuldscheine, Depositenscheine, unübertragbare Genossenschafts-Geschäftsanteilscheine, Lebens- und Rentenversicherungspolizen und Hypothekenbriefe. (Vergleiche auch Justizministerialentschließung vom 23. April 1900 Nr. 15782.)

5. Ob ein Gegenstand als „Kostbarkeit" zu behandeln ist, entscheidet im Zweifelsfalle der erste Hinterlegungsbeamte. Zunächst zählen hierunter Gold- und Silbersachen, dann andere Edelmetalle sowie Edelsteine.

6. Ueber die gesetzliche Bestimmung der Errichtung von Hinterlegungsstellen siehe Art. 76 des Ausf.Ges. z. R.G.B.G. (Meikel, 2. Aufl. S. 380 u. 604).

7. Die Hinterlegungsgebühren fließen in die Staatskasse und finden auf dieselben die allgemeinen Vorschriften über die Erhebung und Berechnung der Staatsgebühren gleichmäßige Anwendung (Z. I der voralleg. Bekanntmachg. v. 12. Jan. 1900).

I. Hinterlegungen bei den amtsgerichtlichen Hinterlegungsstellen und der K. Bank.

§ 2.

Für die Hinterlegung von Geld, Wertpapieren und Kostbarkeiten, welche von dem Vater oder der Mutter, dem Vormunde, dem Pfleger oder dem Beistand auf Grund der §§ 1667, 1814, 1818 des Bürgerlichen Gesetzbuchs bewirkt werden[1]), beträgt die Gebühr $^4/_{10}$ vom Tausend[2]) des hinterlegten Betrags[3]) oder Wertes[4])[5]).

Uebersteigt die Dauer der Verwahrung den Zeitraum eines Jahres, so wird für jedes weitere angefangene Jahr von der ersten Erlage an gerechnet die

Hälfte der im Abs. 1 bestimmten Gebühr unter Zugrundelegung des jeweiligen Gesamtbetrags oder Wertes in Ansatz gebracht[6]).

Erfolgt die Hinterlegung durch den Vater oder die Mutter, den Vormund, den Pfleger oder den Beistand für mehrere Kinder oder Mündel, so ist die Gebühr aus dem Vermögen jedes einzelnen Kindes oder Mündels besonders zu berechnen[7]).

Der Mindestbetrag der Hinterlegungsgebühr ist 20 Pfennig[8]).

Beträgt das Vermögen eines Kindes oder Mündels nicht über 1000 Mark, so kommt eine Hinterlegungsgebühr nicht zur Erhebung[9])[10]).

1. a. Voraussetzung zur Berechnung der Gebühr des Abs. 1 ist, daß die Hinterlegung von den oben aufgeführten Personen erfolgt und daß sie das Vermögen eines Kindes oder Mündels betrifft. Der Fall des Abs. 1 ist aber nicht gegeben, wenn z. B. eine andere Person, sei es auch zu gunsten eines Kindes oder Mündels, zum Zwecke der Befreiung von seiner Verbindlichkeit hinterlegt, oder der Kindsvater für die Erfüllung seiner Unterhaltspflicht durch Hinterlegung von Geld, Wertpapieren oder Kostbarkeiten Sicherheit leistet.

b. Geht der von diesen dritten Personen hinterlegte Gegenstand später in das Vermögen des Kindes über, so wird eine allenfallsige nach Abs. 2 zu erhebende Gebühr in dem dort bestimmten ermäßigten Betrage berechnet.

c. Die Gebühr des § 2 Abs. 1 ist auch dann zum Ansatz zu bringen, wenn ein in einer Verlassenschaft hinterlegter Betrag später als Vormundschaftsvermögen auf ein anderes Hauptbuchblatt transferiert wird, da in diesem Falle eine Neuerlage im Sinne der Gebührenvorschriften des Abs. 1 gegeben ist.

2. Zu berechnen sind demnach 40 Pfennig von je tausend Mark.

3. Für die Umrechnung der in anderer als Reichswährung angegebenen Summen (Geld oder Wertpapiere) sind die für die Erhebung des Wechselstempels vom Bundesrat festgesetzten Mittelwerte bestimmend und, insoweit solche nicht bestimmt worden sind, der Kurswert.

Nach der Bekanntmachung v. 23. März 1899 (Centralblatt für das Deutsche Reich S. 104) sind maßgebend:

1 Pfund Sterling	=	20,40 ℳ
1 Frank, Lira, Peseta (Gold) Lëu, finnische Mark	=	0,80 „
1 österreich. Gulden (Gold)	=	2,00 „
1 österreich. Gulden (Silberwährg.)	=	1,70 „

1 österreich.-ungarische Krone	=	0,85 ℳ
1 Gulden holländischer Währg.	=	1,70 „
1 skandinavische Krone	=	1,125 „
1 alter Goldrubel	=	3,20 „
1 Rubel 1 alter Kreditrubel	=	2,16 „
1 türkischer Piaster	=	0,18 „
1 Peso (Gold)	=	4,00 „
1 Dollar	=	4,20 „
1 japanischer Yen	=	4,20 „
1 deutsch-ostafrikanische oder indische Rupie	=	1,35 „

4. Bei Wertpapieren ist nicht der Nennwert sondern der wirkliche Wert — Kurswert — maßgebend.

Hinsichtlich der Umrechnung ausländischer Wertpapiere siehe Anmerkg. 3 oben.

5. Die Berechnung der Hinterlegungsgebühr für Kostbarkeiten hat in der Regel aus dem von dem Hinterleger angegebenen Werte oder, wenn ein solcher Wert nicht angegeben ist, aus dem von dem ersten Hinterlegungsbeamten angenommenen Werte zu erfolgen. Von der im § 21 der Hinterlegungs-Ordnung eingeräumten Befugnis der Abschätzung oder Besichtigung durch Sachverständige wird die Hinterlegungsstelle daher zum Zwecke der Gebührenberechnung nur dann Gebrauch machen, wenn entweder der von dem Hinterleger angegebene Wert in keinem Verhältnisse zum wirklichen Werte steht, oder wenn es sich um Kostbarkeiten von augenscheinlich ganz ungewöhnlichem Werte handelt. (Z. VII der obenallegierten Bekanntmchg. v. 12. Jan. 1900.)

6. a) Dauert die Hinterlegung nach Wegfall des gesetzlichen Grundes derselben aus Verschulden des Empfangsberechtigten noch länger an, so kommt gegebenen Falls für diese längere Zeit die Hinterlegungsgebühr nach Abs. 2 zur Erhebung. Z. B. der Aufenthalt eines volljährig gewordenen Mündels ist aus dessen Verschulden nicht zu ermitteln. Kann hingegen nach eingetretener Großjährigkeit der hinterlegte Gegenstand nicht sofort hinausgegeben werden, weil die Vormundschaftsentlassung erst später anberaumt wurde oder der Mündel sich in einem anderen Gerichtsbezirke aufhält, so kommt dieser längere Verwahrungszeitraum bei der Berechnung der Gebühr des Abs. 2 nicht in Betracht.

b) Jedes angefangene Jahr wird für voll berechnet.

c) Nicht das Kalenderjahr ist maßgebend, sondern der Tag der ersten Erlage und hat die Zeitberechnung nach dem Tage derselben zu erfolgen. Siehe das Beispiel unter lit. g.

d) Verbleibt eine Masse länger als ein Jahr in Verwahrung, so wird außer der einmaligen Gebühr des § 2 Abs. 1 oder des § 3 Abs. 1 für jedes weitere angefangene Jahr die Hälfte der dort bestimmten Gebühr (sohin im Falle des § 2 mit $^2/_{10}$, im Falle des § 3 mit $^5/_{10}$ vom Tausend).

in Ansatz gebracht. Hiebei wird der Bewertung der Gesamtbetrag oder -Wert der Masse nach dem Stande bei dem Beginne des neuen Verwaltungsjahres zu Grunde gelegt. (Ziffer VI Abs. 1 der vorallg. Bekanntmchg.)

e) Werden an Stelle verloster oder gekündigter Pfandbriefe neue gleichwertige Wertpapiere hinterlegt oder tritt infolge Tausches eine Aenderung in den Wertpapieren ein, so wird die Gebühr des Abs. 1 nur dann erhoben, wenn sich hiedurch der Wert der hinterlegten Wertpapiere vergrößert hat und zwar nur aus dem erhöhten Betrage. Das Gleiche trifft zu, wenn Sparkassabücher behufs weiterer Einlage herausgegeben und nach Beischreibung der neuen Einlage wieder vereinnahmt werden.

f) Zins- und Dividendenscheine, welche selbständig ohne die Mäntel der hiezu gehörigen Wertpapiere hinterlegt werden, sind der Gebühr des Abs. 1 unterworfen.

g) Beispiel.

Bei dem K. Amtsgerichte H., als Vormundschaftsgericht, hinterlegt der Vormund des Müllersohnes Y. am 1. April 1901 zwei 4% Pfandbriefe der bayr. Hypotheken- und Wechselbank à 1000 ℳ, einen Brillantring im Werte von 500 ℳ sowie 10 Stück alte Siegesthaler; am 15. Mai 1901 hinterlegt er eine 3% bayr. Staatsanlehensobligation zu 500 ℳ; am 1. Juli 1901 aus der Nachlaßsache der Großmutter seines Mündels 4 Zinsscheine, fällig gewesen am 1. Juni 1901, aus verschiedenen Wertpapieren im Werte von 280 ℳ, ferner ein Sparkassabuch im Betrage von 1500 ℳ; am 15. Juli 1901 werden die Zinsscheine zu 280 ℳ und das Sparkassabuch wieder herausgegeben und am gleichen Tage dasselbe im Betrage von 1780 ℳ wieder vereinnahmt; am 1. Januar 1902 wird das Sparkassabuch wieder verausgabt und am gleichen Tage mit einer Einlage von 1875 ℳ wieder vereinnahmt; am 1. Februar 1902 wird die 3% bayr. Staatsanlehensobligation zu 500 ℳ verausgabt; am 4. April 1903 werden an dem am 25. März 1903 volljährig gewordenen Mündel sämtliche hinterlegte Gegenstände hinausgegeben.

An Gebühren würden zu berechnen sein:

am 1. IV. 1901	aus 2100 ℳ (Kurswert der Pfandbriefe) + 500 ℳ (Wert des Brillantrings) + 17 ℳ (Wert der alten Thaler) = 2617 ℳ (§ 2 Abs. 1, § 9)	= 1 ℳ 10 ₰
„ 15. V. 1901	aus 495 ℳ Kurswert (§ 2 „ 1, § 9)	= 20 ₰
„ 1. VII. 1901	aus 1780 ℳ (§ 2 „ 1, § 9)	= 80 ₰
„ 15. VII. 1901	herausgegeben 1780 ℳ, vereinnahmt 1780 ℳ	= — —
„ 1. I. 1902	herausgegeben 1780 ℳ, vereinnahmt 1875, d. i. mehr 95 ℳ (§ 2 Abs. 4)	= 20 ₰

am 1. IV. 1902 Beginn des II. Verwaltungsjahres aus
4492 *M* (§ 2 Abs. 2, § 9) = 90 *₰*

Da der Grund zur Hinterlegung am 25. März 1903 infolge der eingetretenen Volljährigkeit des Mündels weggefallen, jedoch an denselben ohne dessen Verschulden aus dienstlichen Gründen die Herausgabe seines Vermögens erst am 4. April 1903 erfolgt ist, so dürfte für das am 1. April 1903 begonnene dritte Verwaltungsjahr die Gebühr des § 2 Abs. 2 nicht zu erheben sein.

7. Wird für mehrere Mündel hinterlegt, so ist die Gebühr aus dem Vermögen jedes einzelnen derselben besonders zu berechnen. Dies setzt voraus, daß bei der Hinterlegung ausdrücklich erklärt wird, dieser Betrag oder jene Wertpapiere gehören dem Mündel A, die anderen dem Mündel B. Ist dieses der Fall, so hat die Gebührenbewertung derart zu erfolgen, als wenn zwei getrennte Massen A und B hinterlegt wären.

Wird hingegen aber eine Masse als gemeinschaftlicher Vermögensbestandteil zu Gunsten mehrerer Mündel hinterlegt, ohne daß unterschieden ist, wie hoch sich der Anteil des einen oder anderen der Mündel hieran beläuft, so dürfte die Hinterlegungsgebühr nur einmal aus dem Werte des hinterlegten Gegenstandes zu Lasten sämtlicher Mündel zu erheben und zu berechnen sein.

8. Der Mindestbetrag der Hälftegebühr des Absatzes 2 berechnet sich im Hinblick auf die Vorschrift des Art. 2 Abs. 1 des Geb.G. gleichfalls auf 20 Pfennig.

9. Nicht das hinterlegte Vermögen des Kindes oder Mündels ist maßgebend, sondern der Betrag des Vermögens überhaupt. Hat z. B. ein Kind ein Vermögen von 5000 *M* und ist hievon der Betrag von nur 500 *M* hinterlegt, so wird die Gebühr dennoch aus diesem Betrag erhoben und berechnet.

Beträgt das hinterlegte Vermögen weniger als 1000 *M*, so hat sich in den Fällen, in welchen das Vermögen bei einer amtsgerichtlichen Hinterlegungsstelle hinterlegt ist, der Gerichtsschreiber durch Einsichtnahme der Vormundschaftsakten über die Höhe des Gesamtvermögens zu vergewissern.

Ist Vermögen eines Mündels, Pfleglings oder Kindes bei einer Hinterlegungsstelle der K. Bank hinterlegt, so ist dieser, wenn das hinterlegte Vermögen weniger als 1000 *M*, das gesamte Vermögen aber über 1000 *M* beträgt, von dem Vormundschaftsgerichte hievon Mitteilung zu machen; die Mitteiluug soll regelmäßig in die Hinterlegungsweisung (§§ 16, 48 der Hinterlegungs-Ordnung) aufgenommen werden. (Z. III der vorallegierten Bekanntmchg. v. 12. Jan. 1900.)

10. Ueber Abrundung der Hinterlegungsgebühr, Schuldner und Fälligkeit derselben siehe §§ 9, 10 und 11 Abs. 1.

§ 3.

In den übrigen Fällen[1]) der Hinterlegung von Geld, Wertpapieren und Kostbarkeiten[2]) beträgt die

Hinterlegungsgebühr eins vom Tausend[3]) des hinterlegten Betrags oder Wertes[4]).

Uebersteigt die Dauer der Verwahrung den Zeitraum eines Jahres, so wird für jedes weitere angefangene Jahr von der ersten Erlage an gerechnet die Hälfte der im Abs. 1 bestimmten Gebühr unter Zugrundelegung des jeweiligen Gesamtbetrags oder Wertes in Ansatz gebracht[5])[6])[7]).

Der Mindestbetrag der Hinterlegungsgebühr ist 1 Mark[8])[9]).

1. So insbesondere in Nachlaßsachen. Vergleiche hieher auch Anmerkg. 1a. zu § 2.

2. Siehe Anmerkg. 3 bis 5 zu § 1.

3. Das ist eine Mark von je 1000 Mark.

4. Siehe oben Anmerkg. 3 bis 5 zu § 2.

5. Vergleiche hieher die Anmerkg. 6 lit. b bis f zu § 2.

6. Zur näheren Erläuterung diene folgendes

Beispiel.

Bei der Hinterlegungsstelle A wurde eine Masse, auf welche die Vorschriften des § 3 Anwendung zu finden haben, vom 1. März 1900 bis 15. August 1901 verwahrt. Am 1. März 1900 wurden 13000 ℳ hinterlegt; hiezu kamen am 3. September 1900 1400 ℳ; am 10. Dezember 1900 418 ℳ; am 2. Februar 1901 482 ℳ. Am 15. Februar wurden 1800 ℳ der Masse entnommen, am 13. Juni 1901 weitere 1200 ℳ hinterlegt und am 1. Juli 1901 14700 ℳ herausgegeben. In diesem Falle würden folgende Hinterlegungsgebühren in Ansatz zu kommen haben:

am	1. März 1900	aus	13000 ℳ	(§ 3 Abs. 1)	13 ℳ	— ₰
„	3. Septbr. 1900	„	1400 „	(§ 3 Abs. 1)	1 „	40 „
„	10. Dezbr. 1900	„	418 „	(§ 3 Abs. 1, 3)	1 „	— „
„	2. Februar 1900	„	482 „	(§ 3 Abs. 1, 3)	1 „	— „
„	1. März 1901	„	13500 „	(§ 3 Abs. 2, § 9)	6 „	80 „
„	13. Juni 1901	„	1200 „	(§ 3 Abs. 1)	1 „	20 „

(Siehe Z. VI Abs. 2 der voralleg. Bekanntmchg. v. 12. Jan. 1900.)

7. Der Mindestbetrag der Hinterlegungsgebühr des Abs. 2 ist 50 ₰.

8. Die Vorschrift des § 3 greift auch Platz für die Verwahrung von Geldern, Wertpapieren, dann von Wechseln und Kostbarkeiten, die aus Anlaß des Dienstes der Gerichtsvollzieher in Gewahrsam genommen werden. Siehe Minist.Bek. v. 18. Februar 1902 u. Just.M.Bek. vom gleichen Tage, die Dienstvorschriften für die Gerichtsvollzieher betreffend. (Just.M.Bl. S. 384 ff.)

9. Ueber Abrundung der Hinterlegungsgebühr, Schuldner und Fälligkeit derselben siehe §§ 9, 10 u. 11 Abs. 2.

§ 4.

Macht der Hinterleger für den Fall, daß die K. Bank Hinterlegungsstelle ist, von dem Rechte nach § 53 Abs. 2 der Hinterlegungs-Ordnung Gebrauch, so wird in den Fällen des § 2 außer der an die K. Bank zu entrichtenden tarifmäßigen Gebühr für die Verwaltung der offenen Depots [1]) eine Hinterlegungsgebühr überhaupt nicht und in den Fällen des § 3 nur für das erste Verwaltungsjahr erhoben; als Gebühr wird der Unterschied zwischen der im § 3 bestimmten Gebühr und der Vergütung an die K. Bank erhoben.

1. Siehe Bekanntmachung vom 20. Mai 1901 (Just.M.Bl. S. 407).

§ 5.

Wird von der K. Bank als Hinterlegungsstelle

1. die Einziehung der Valuta für ausgeloste oder gekündigte Wertpapiere;
2. der Ankauf und Verkauf von Wertpapieren;
3. die Einziehung neuer Zins- und Dividendenscheine;
4. die Erhebung der Valuta für fällige Zins- und Dividendenscheine

vermittelt, so kann dieselbe neben der Hinterlegungsgebühr die übliche bankmäßige Provision und Vergütung der Spesen beanspruchen.

§ 6.

Bei den Amtsgerichten, für welche ein anderes Amtsgericht Hinterlegungsstelle .ist, werden für die vorläufige Verwahrung die gleichen Gebühren erhoben wie für die Hinterlegung. Werden die übernommenen Sachen an die Hinterlegungsstelle abgegeben, so gilt die Zeit der vorläufigen Verwahrung als Hinterlegungszeit im Sinne der §§ 2, 3.

1. Wird in einer Vormundschaftssache eine bisher hinterlegte Sache an ein anderes Vormundschaftsgericht übersandt, um dortselbst weiterhin verwahrt oder an den Vormund oder den inzwischen volljährig gewordenen Mündel herausgegeben zu werden, so kommen hiefür bei dem neuen Vormundschaftsgericht oder dem zur Herausgabe requirierten Gerichte Gebühren nach § 2 Abs. 1 nicht mehr zum Ansatze, da eine Neuerlage im Sinne der Hinter-

legungs-Gebührenordnung nicht gegeben ist. Vorausgesetzt wird natürlich, daß das absendende Gericht die fälligen Gebühren nach § 2 Abs. 1 u. 2 bereits zu Soll gestellt hat. Siehe auch Anmerkg. 1 zu § 11 Abs. 1.

§ 7.

Für die Aufnahme von Hinterlegungserklärungen (§§ 17, 18 der Hinterlegungs-Ordnung), von Gesuchen um Annahme zur vorläufigen Verwahrung (§ 41 das.) sowie von Anträgen auf Herausgabe (§§ 23, 42, 51 das.) durch den Gerichtsschreiber, ferner für die Beschlüsse des Amtsgerichts, durch welche die Annahme zur vorläufigen Verwahrung, die Herausgabe aus der vorläufigen Verwahrung oder die Hinterlegung angeordnet wird (§§ 42, 44 das.) sowie, wenn der K. Bank die Besorgung des Hinterlegungswesens übertragen ist, für die Herausgabe-Weisung des Amtsgerichts (§ 49 das.) werden Gebühren nicht erhoben[1])[2]).

1. Das Gleiche ist der Fall für die im Namen des Schuldners nach § 374 Abs. 2 des B.G.B. bewirkte Anzeige an den Gläubiger. (Siehe § 22 der Hinterlegungs-Ordnung).

2. Die Erhebung von Schreibgebühren für Auszüge, Abschriften dann die Erhebung von Portiauslagen ist nicht ausgeschlossen.

II. Hinterlegung bei den Notaren.

§ 8.

Für die aus Anlaß eines Amtsgeschäfts erfolgenden Hinterlegungen von Geld, Wertpapieren und Kostbarkeiten (Art. 4 des Notariatsgesetzes) beträgt die Gebühr $^{2}/_{10}$ vom Tausend des jeweils hinterlegten Betrags oder Wertes für jedes angefangene Jahr der Hinterlegung, mindestens aber 20 Pfennig.

Für die Hinterlegung von Beträgen oder Werten unter 20 Mark werden Gebühren nicht erhoben.

III. Allgemeine Bestimmungen.

§ 9.

Pfennigbeträge an Hinterlegungsgebühren, welche ohne Rest nicht durch zehn teilbar sind, werden auf den nächst höheren, durch zehn ohne Rest teilbaren Betrag aufgerundet[1]).

1. Es tritt Aufrundung und nicht Abrundung ein. Z. B. die Gebühr des § 2 Abs. 1 aus 3317 ℳ berechnet sich auf 1 ℳ 32 ₰ aufgerundet auf 1 ℳ 40 ₰.

§ 10.

Schuldner der Hinterlegungsgebühr ist der Hinterleger[1]). Das Recht des Hinterlegers, von demjenigen, auf dessen Kosten nach dem Gesetze die Hinterlegung erfolgt, Ersatz zu fordern, bleibt unberührt[2]).

1. In Vormundschaften, Pflegschaften, Beistandschaften, dann in Nachlaßsachen können die Hinterlegungsgebühren auch aus der hinterlegten Masse entnommen werden. Wie denn überhaupt in zweiter Linie die Herausgabe der Masse von der vorherigen Bezahlung der Hinterlegungsgebühren abhängig gemacht werden kann. (§ 12 Abs. 1 unten). Vergleiche auch § 11 u. Anmerkungen hiezu.

Erfolgt die Hinterlegung auf grund vorgenommener Amtshandlungen wie z. B. infolge Rücklaßaufzeichnung oder -Siegelung, dann infolge Zwangsversteigerungen, seitens der zuständigen Beamten, so werden natürlich diese dadurch nicht Schuldner der Hinterlegungsgebühr im Sinne der Vorschrift des § 10.

2. Siehe §§ 381, 1667 Abs. 3 des B.G.B.

§ 11.

Die Hinterlegungsgebühr wird in Vormundschafts- und Fideikommißsachen nach Ablauf eines jeden Hinterlegungsjahrs, spätestens aber bei Herausgabe der hinterlegten Gelder, Wertpapiere und Kostbarkeiten erhoben[1])[2]).

In den Fällen der §§ 3, 4 ist die Gebühr bei der Hinterlegung für ein Jahr im voraus zu entrichten[3]).

1. Im Hinblicke auf die Vorschrift des § 11 ist behufs Vermeidung wiederholter Sollstellung der Hinterlegungsgebühr bei Uebersendung der übernommenen Sachen an die Hinterlegungsstelle in den Fällen der §§ 3, 4 der Verordnung dem Begleitschreiben jedesmal die Nummer des Gebührenregisters oder des Kostenverzeichnisses, unter welcher die Gebühr zu Soll gestellt wurde, und die Zeitdauer, für welche die Gebühr zu Soll gestellt wurde, beizusetzen, bezüglich der in Vormundschaftssachen an die Hinterlegungsstelle abgegebenen Werte aber im Begleitschreiben jedesmal die Zeitdauer der vorläufigen Verwahrung anzugeben (Z. IV Abs. 2 der obenalleg. Bekanntmchg. v. 12. Jan. 1900).

2. Zum Zwecke entsprechender Kontrolle darüber, daß der

rechtzeitige Ansatz der in Vormundschafts- und in Fideikommißsachen zum Anfall gelangten Hinterlegungsgebühren nicht übersehen wurde, sowie zur Fernehaltung etwaiger irrtümlicher Doppelerhebung von Gebühren ist von dem rechnungsführenden Gerichtsschreiber im Hauptbuche der amtsgerichtlichen Hinterlegungsstelle bezw. im Verzeichnisse der bei dieser hinterlegten Kostbarkeiten die Nummer des Gebührenregisters, unter welcher die Sollstellung der Hinterlegungsgebühr erfolgt ist, in der für den Vortrag der Masse eröffneten Rubrik mit roter Tinte zu vermerken (Ziffer V Abs. 1 der vorerwähnten Bekanntmachung).

3. Das heißt die Gebühren der §§ 2 u. 3 sind mit der Erlage des Hinterlegungsgegenstandes sowie mit dem Beginne jedes weiteren Verwahrungsjahres sofort zu entrichten, werden demnach nicht gestundet.

§ 12.

Die Hinterlegungsstelle sowie der Notar kann die Herausgabe der hinterlegten Sachen von der vorherigen Entrichtung der Hinterlegungsgebühr abhängig machen[1]).

Die K. Bank ist berechtigt, vor der Aushändigung von Zins-, Renten- oder Gewinn-Anteilsscheinen die Bezahlung der im Zeitpunkte der Aushändigung fälligen Hinterlegungsgebühren zu verlangen[1]).

Das Zurückbehaltungsrecht der Hinterlegungsstelle bleibt unberührt[2]).

1. Dies wird notwendig sein, wenn ein begründeter Zweifel vorliegt, ob der Kostenschuldner seiner Zahlungspflicht nachkommen wird. So z. B. wenn der Kostenschuldner sich im Auslande befindet.

2. Die Kosten der Abschätzung und Besichtigung hat der Hinterleger zu tragen. Vor ihrer Erstattung kann die Herausgabe nicht beansprucht werden. (§ 21 Abs. 2 der Hinterlegungsordnung.
Siehe hieher §§ 23 u. 24 der Hinterlegungsordnung.

§ 13.

Für die Entscheidung von Streitfragen über die Pflicht zur Entrichtung der Hinterlegungsgebühr oder über deren Größe finden für den Fall, daß die Hinterlegungsgebühr bei einem Notare zum Anfalle gelangt ist, die Vorschriften der Art. 47 bis 50, im übrigen die Vorschriften des Art. 234 des Gesetzes über das Gebührenwesen in der Fassung der Bekanntmachung vom 11. November 1899 Anwendung[1]).

1. Art. 47 bis 50 siehe S. 46 ff., Art. 234 siehe S. 194.

§ 14.

Diese Verordnung tritt gleichzeitig mit der Hinterlegungs-Ordnung in Kraft[1]).

Mit dem gleichen Zeitpunkte werden die K. Verordnungen vom 17. Dezember 1882, die Erhebung von Depositalgebühren betreffend, und vom 13. Juni 1892, die Erhebung von Depositalgebühren in Vormundschaften betreffend, aufgehoben.

1. Nach § 56 Abs. 1 der Hinterlegungs-Ordnung ist diese am 1. Januar 1900 in Kraft getreten.

§ 15.

Die Vorschriften dieser Verordnung finden auch auf diejenigen Massen, welche am 1. Januar 1900 schon hinterlegt sind, Anwendung. Für diese Massen beginnt am 1. Januar 1900 ein neues Verwaltungsjahr im Sinne der §§ 2, 3.

War die Masse im Jahre 1899 weniger als einen Monat hinterlegt, so wird eine Hinterlegungsgebühr nicht erhoben. Andernfalls wird für das Jahr 1899 die Hinterlegungsgebühr nach dem Verhältnisse der Zeitdauer der Hinterlegung erhoben; dabei werden nur volle Monate gerechnet.

Die am 1. Januar 1900 bei den Notaren hinterliegenden Gelder, Wertpapiere und Kostbarkeiten, welche unter den Art. 4 des Notariatsgesetzes fallen, gelten mit dem 1. Januar 1900 als im Sinne dieser Verordnung hinterlegt[1]).

1. Der § 15 enthält Ueberleitungsvorschriften für diejenigen Massen, welche am 1. Januar 1900 schon bei einer Hinterlegungsstelle oder bei einem Notare hinterlegt waren. Es wird für dieselben im Jahre 1900 nicht mehr die volle Gebühr des § 2 Abs. 1 oder des § 3 Abs. 1, sondern nur die ermäßigte Gebühr des § 2 Abs. 2 oder des § 3 Abs. 2 erhoben.

War demnach eine Masse von 12000 ℳ am 10. Septbr. 1899 hinterlegt worden, so beträgt die Hinterlegungsgebühr für das Jahr 1899 nicht 4 ℳ 80 ₰, sondern nur $^3/_{12}$ von $^4/_{10}$ vom Tausend, sohin nur 1 ℳ 20 ₰ und die Hinterlegungsgebühr für das Jahr 1900 im Falle des § 2 nicht $^4/_{10}$ sondern nur $^2/_{10}$ vom Tausend, sohin 2 ℳ 40 ₰, im Falle des § 3 nicht 1 vom Tausend, sondern nur $^5/_{10}$ vom Tausend, sohin 6 ℳ. (Z. VIII der mehralleg. Bekanntmachung.)

§ 16.

Die auf grund des § 4 der K. Verordnung vom 17. Dezember 1882 am 31. Dezember 1899 gestundeten Gebühren bleiben bis zur Rückgabe der hinterlegten Gelder und Wertpapiere gestundet[1][2]).

Werden auf grund der Art. 203, 210 des Einführungsgesetzes zum Bürgerlichen Gesetzbuche hinterlegte Gelder, Wertpapiere und Kostbarkeiten herausgegeben, so wird für die vom 1. Januar 1900 an dauernde Hinterlegung eine Hinterlegungsgebühr nicht erhoben[3][4]).

1. Die bis zum 31. Dezember 1899 zum Anfalle gelangten Hinterlegungsgebühren für jene Massen, welche am 1. Januar 1900 bei der K. Bank schon hinterlegt waren, sind noch von dem Gerichtsschreiber zu Soll zu stellen und einzuheben (Z. IX der obenalleg. Bekanntmchg.).

2. Bei Berechnung der Vormundschaftsgebühren ist darauf Rücksicht zu nehmen, daß diese Hinterlegungsgebühren gleichzeitig mit den Vormundschaftsgebühren zur Erhebung gelangen. (Z. X Abs. 2 der voralleg. Bekanntmchg.).

3. Die Bestimmung des Absatzes 2 dürfte nunmehr gegenstandslos geworden sein.

Wurden nämlich auf grund des Art. 203, 210 des Einf.Ges. zum B.G.B. — wonach sich das Rechtsverhältnis zwischen den Eltern und einem vor dem Inkrafttreten des B.G.B. geborenen ehelichen Kinde von dem Inkrafttreten des B.G.B. nur nach dessen Vorschriften bestimmt und dies insbesondere auch in Ansehen des vorher vom Kinde erworbenen Vermögens gilt, ferner auf eine zur Zeit des Inkrafttretens des B.G.B. bestehende Vormundschaft oder Pflegschaft von dieser Zeit an die Vorschriften des B.G.B. Anwendung finden — hinterlegte Gelder, Wertpapiere und Kostbarkeiten herausgegeben, so war im Hinblick auf Abs. 2 für die vom 1. Januar 1900 an dauernde Hinterlegung eine Hinterlegungsgebühr nicht zu erheben.

In solchen Fällen war in der Herausgabeweisung des Vormundschaftsgerichts an die Hinterlegungsstelle der K. Bank jedesmal ausdrücklich beizusetzen, daß die Herausgabe auf grund der Art. 203, 210 des Einf.Ges. zum B.G.B. zu erfolgen hat. Der Vermerk konnte auch die Worte „Herausgegeben auf grund des Art. 203 E. G." geschehen (Z. XI der Bekanntmchg. v. 12. Jan. 1900).

4. Ergeben sich bei der Abwickelung der Geschäfte der Hinterlegungsstellen der K. Bank Zweifel und Anstände, welche von diesen nicht selbst gelöst zu werden vermögen, so ist die Entscheidung der K. Bankdirektion berichtlich in Antrag zu bringen.

In dringenden Fällen aber hat die Hinterlegungsstelle der K. Bank auf kürzestem Wege sich mit dem Amtsgerichte, für dessen

Bezirk sie bestellt ist, oder, sofern sich die Hinterlegungsstelle am Sitze einer Regierung befindet, mit dem Regierungsfiskalat in geeignetes Benehmen zu setzen und dasselbe um sachgemäßen Aufschluß anzugehen (Z. XII der oben alleg. Bekanntmchg.).

§ 17.

Die erforderlichen Ausführungsbestimmungen werden von den Staatsministerien der Justiz und der Finanzen erlassen [1]).

1. Dies ist in der oben erwähnten Bekanntmachung vom 12. Jan. 1900 geschehen.

C. Gebührenvorschriften der Gerichtsvollzieher

Königliche Verordnung vom 16. Dezember 1899.*)

§ 1.

Die Vergütung für die Verrichtungen der Gerichtsvollzieher bestimmt sich, soweit sie nicht durch die Gebührenordnung für Gerichtsvollzieher in der Fassung der Bekanntmachung vom 20. Mai 1898 (R.G.Bl. S. 683) geregelt ist, ausschließlich nach den nachstehenden Vorschriften [1] [2].

1. Die Reichs-Gebührenordnung für Gerichtsvollzieher (siehe Wochinger, Prozeßgeb.Ges. S. 175) regelt die Gebühren der Gerichtsvollzieher in den vor die ordentlichen Gerichte gehörigen Rechtssachen, auf welche die Civilprozeßordnung, die Strafprozeßordnung oder die Konkursordnung Anwendung findet. Der Landesgesetzgebung ist demnach insbesondere die Regelung der Gebührensätze in der gesamten nichtstreitigen Rechtspflege überlassen, dann aber auch in den streitigen Angelegenheiten, welche durch die Reichs-Prozeßordnungen nicht betroffen werden.

2. Nach § 20 der G.V.O. v. 16. Dezbr. 1899, Just.M.Bl. S. 517, G.V.Bl. S. 1015, werden die Gebühren und Auslagen, die der Gerichtsvollzieher auf grund der Gesetze und Verordnungen zu beanspruchen hat, für die Staatskasse erhoben.

§ 2.

Die Bestimmungen der Gebührenordnung für Gerichtsvollzieher finden auch auf die nach den Vorschriften der Prozeßordnungen auszuführenden Zwangsvollstreckungen und Zustellungen in denjenigen Angelegenheiten Anwendung, die vor besondere Gerichte [1]) gehören oder durch die Prozeßordnungen [2]) nicht betroffen werden.

---

*) K. Verordnung vom 16. Dezember 1899 (Just.M.Bl. S. 533, G.V.Bl. S. 1028). Hinsichtlich der im Subhastationsverfahren noch giltigen älteren Vorschriften siehe Anmerkg. zu § 16 unten auf S. 255.

1. Als solche Gerichte sind hier zu erwähnen Konsular- und Schiedsgerichte, dann Rheinschiffahrts- und Gewerbegerichte.

2. Hieher gehören die Angelegenheiten der freiwilligen Gerichtsbarkeit, die Zwangsvollstreckung in Verwaltungssachen und Verwaltungsrechtssachen, dann das Zwangsversteigerungs- und Zwangsverwaltungsverfahren von Grundstücken u. a.

§ 3.

Für die Verrichtungen einer Urkundsperson bei der Aufzeichnung der zur Konkursmasse gehörigen Gegenstände (§ 123 der Konkursordnung) erhält der Gerichtsvollzieher die im § 4 der Gebührenordnung für Gerichtsvollzieher bestimmte Gebühr [1]. Die Gebühr wird nach dem Werte der aufgezeichneten Gegenstände berechnet.

Für die Vornahme einer Siegelung oder Entsiegelung nach dem § 122 der Konkursordnung erhält der Gerichtsvollzieher die Hälfte dieser Gebühr [2] [3]. Eine besondere Gebühr für die Siegelung oder Entsiegelung findet nicht statt, wenn das Geschäft mit der Aufzeichnung der zur Konkursmasse gehörigen Gegenstände verbunden wird, bei welcher der Gerichtsvollzieher als Urkundsperson beigezogen ist.

1. Diese Gebühren betragen demnach:

bei	einem	Werte	bis	50 ℳ	einschließlich	1 ℳ	
"	"	"	"	100 "	"	2 "	
"	"	"	"	300 "	"	3 "	
"	"	"	"	1000 "	"	4 "	
"	"	"	"	5000 "	"	5 "	
"	"	"	über	5000 "	"	6 "	

und erhöhen sich, wenn das Geschäft einen Zeitaufwand von mehr als zwei Stunden in Anspruch nimmt, für jede angefangene weitere Stunde um ein Vierteil. Vergleiche hieher § 4 der R.G.O. f. G.V. (Wochinger, Prozeßgeb.Ges. S. 176.)

2. Nimmt der Gerichtsvollzieher lediglich eine Siegelung oder eine Entsiegelung vor, so tritt eine Gebührenermäßigung der Sätze des § 4 der R.G.O. f. G.V. auf den Hälftebetrag derselben ein. Wertsgegenstandssumme ist in diesem Falle der Wert der durch die Siegelung sicher gestellten beweglichen Sachen.

3. Vergleiche hieher auch die Bestimmung des Art. 196 des Geb.G., wonach für die vorerwähnten Verrichtungen des Gerichtsvollziehers eine Staatsgebühr nicht zur Erhebung gelangt.

Ueber das Verfahren bei Siegelungen, Entsiegelungen, und Aufzeichnung der zur Konkursmasse gehörenden Gegenstände siehe §§ 247 ff. der Geschäftsanweisung für die Gerichtsvollzieher (Just.M.Bl. 1900 S. 760).

§ 4.

Für die Vornahme einer öffentlichen Versteigerung oder die Bewirkung eines Verkaufs aus freier Hand[1]) sowie für die Versteigerung beweglicher Sachen auf Anordnung des Vollstreckungsgerichts[2]) erhält der Gerichtsvollzieher die im § 7 der Gebührenordnung für Gerichtsvollzieher bestimmte Gebühr[3]).

Die nämliche Gebühr erhält er für die Vornahme einer Versteigerung in Verlassenschaftssachen[4]) sowie für die Vornahme einer freiwilligen Versteigerung[5])[6]).

1. Der Gerichtsvollzieher ist nach § 383 Abs. 3 des B.G.B. befugt, in denjenigen Fällen, in welchen nach den Vorschriften

a. des Bürgerlichen Gesetzbuches, betreffend:
- § 383 Abs. 1, die Versteigerung der zur Hinterlegung nicht geeigneten beweglichen Sache im Falle des Verzugs des Gläubigers,
- § 489, die Versteigerung des Tieres, wenn über den Anspruch auf Wandelung ein Rechtsstreit anhängig ist,
- § 966, die Versteigerung einer gefundenen Sache, wenn der Verderb derselben zu besorgen oder deren Aufbewahrung mit unverhältnismäßigen Kosten verbunden ist,
- § 979, die Versteigerung von Sachen, welche in den Räumen einer öffentlichen Behörde oder Verkehrsanstalt gefunden worden sind,
- § 1003, den Verkauf einer beweglichen Sache, welchen der Besitzer derselben veranlaßt, um sich wegen seiner Verwendung zu befriedigen,
- §§ 1219, 1235, die Versteigerung von verpfändeten Sachen sowie anderer Sachen, welche dem Verderben ausgesetzt sind;

b. des Handelsgesetzbuches, betreffend:
- § 368, den Verkauf von verpfändeten Sachen,
- § 371 Abs. 2, den Verkauf eines zurückbehaltenen Gegenstandes behufs Befriedigung des Gläubigers,
- § 373, den Selbsthilfeverkauf im Falle des Annahmeverzuges des Käufers,
- § 376, den Selbsthilfeverkauf im Falle des Erfüllungsverzuges beim Fixgeschäfte,
- §§ 379, 388, 391, 437, die Versteigerung von Sachen, welche dem Verderben ausgesetzt sind;

c. anderer Gesetze, betreffend:
- § 127 Abs. 1 der R.K.O., den Verkauf eines zur Konkursmasse gehörigen Gegenstandes;
- § 820 der R.C.P.O., den Verkauf von Gold und Silbersachen;
- § 821 der R.C.P.O., den Verkauf von Wertpapieren,

jemand berechtigt ist, einen Gegenstand öffentlich versteigern zu lassen, die Versteigerung vorzunehmen oder den freihändigen Verkauf zu bewirken.

Siehe auch §§ 214 ff. der Geschäftsanweisung für Gerichtsvollzieher.

2. Hierunter fällt der freihändige Verkauf von Gegenständen, behufs deren Verwertung in anderer Weise oder an einem anderen Orte auf Anordnung des Vollstreckungsgerichts (§ 825 der R.C.P.O.).

3. Es kommen zur Erhebung:

aus dem Erlöse		bis zu	100 *M*	5	vom Hundert,
" " "	von 100 *M*	bis	300 *M*	3	" "
" " " "	300	" "	1000 "	2	" "
" " " "	1000	" "	5000 "	1	" "
" " " "	über 5000 *M*.			1/2	" "

jedoch nicht unter 2 Mark.

Hat sich der Gerichtsvollzieher zur Vornahme des Geschäftes bereits an Ort und Stelle begeben und findet die Versteigerung oder der Verkauf infolge der Zurücknahme des Auftrags nicht statt, so ist eine Gebühr von 2 *M* zu erheben. Vergleiche §§ 7, 10 Abs. 2 der R.G.O. f. G.V. (Wochinger, Prozeßgeb.Ges. S. 177, 179).

4. Jeder Miterbe kann jederzeit die Auseinandersetzung verlangen, soweit sich nicht aus den §§ 2043 bis 2045 des B.G.B. ein anderes ergibt. Ist eine Teilung in Natur ausgeschlossen, so erfolgt die Aufhebung der Gemeinschaft durch Verkauf des gemeinschaftlichen Gegenstands nach den Vorschriften über den Pfandverkauf. (§§ 2042, 753 des B.G.B.)

Auch kann der Erbschaftsbesitzer den Verkauf einer zur Erbschaft gehörigen Sache veranlassen, um sich wegen seiner Verwendungen aus der Sache zu befriedigen. (§§ 2022 des B.G.B.)

5. Vergleiche hieher §§ 241 ff. der Geschäftsanweisung für Gerichtsvollzieher (Just.M.Bl. 1900 S. 758).

6. Wegen der allenfallsigen Erhebung von Staatsgebühren neben den Gerichtsvollziehergebühren siehe die Bestimmungen in den Art. 257 u. 258 des Gebührengesetzes (S. 202 ff.).

§ 5.

Für die Übergabe eines oder mehrerer Grundstücke an den Verwalter nach dem § 150 des Gesetzes über die Zwangsversteigerung und die Zwangsverwaltung[1]) erhält der Gerichtsvollzieher nach der Zeitdauer, die das Geschäft erfordert, für jede angefangene Stunde eine Gebühr von 0,50 Mark, jedoch nicht unter 2 Mark[2]).

1. Bei der Zwangsverwaltung können dem Verwalter die Grundstücke durch einen Gerichtsvollzieher übergeben werden (§ 150 des Zw.Ges.). Dasselbe ist der Fall im Zwangsversteigerungsverfahren von Grundstücken nach § 25 des Zw.Ges.

2. Eine etwaige Reisezeit wird für alle nach der Zeitdauer bestimmten Gebühren des Gerichtsvollziehers nicht eingerechnet. Siehe Anmerkung 2 zu § 4 der R.G.O. f. G.V. (Wochinger, Prozeßgeb.-Ges. S. 177.)

§ 6.

Die Gebühr für die Ausführung von Zwangsmaßregeln in den Angelegenheiten der freiwilligen Gerichtsbarkeit auf grund des Artikel 130 des Ausführungsgesetzes zum Bürgerlichen Gesetzbuch, insbesondere für die Vorführung oder Inhaftnahme einer Person beträgt 3 Mark [1]) [2]).

1. In den Angelegenheiten der freiwilligen Gerichtsbarkeit ist, soweit nicht ein anderes vorgeschrieben ist, die Anwendung unmittelbaren Zwanges zum Vollzug einer Verfügung zulässig, durch welche die Herausgabe einer Sache oder der Person eines Kindes, Mündels oder Pflegebefohlenen oder eine Maßregel angeordnet wird, deren Ausführung die Anwendung unmittelbaren Zwanges erfordert. (Art. 130 Abs. 1 des Ausf.Ges. z. B.G.B, Meikel, 2. Aufl. S. 306.)

2. Für den Fall, daß das unternommene Geschäft nicht ausgeführt werden konnte, erhält der Gerichtsvollzieher keine Gebühr.

§ 7.

Die Gebühr für ein durch den Gerichtsvollzieher zu bewerkstelligendes Angebot nach den §§ 293, 294 des Bürgerlichen Gesetzbuchs [1]) beträgt 2,50 Mark.

Ist der Gegenstand eines thatsächlichen Angebots Geld [2]), so erhält der Gerichtsvollzieher,

von dem Betrage bis zu 1000 Mark 1 vom Hundert,
von dem Betrage über 1000 Mark bis zu 2000 Mark 1/2 vom Hundert,
von dem Betrage über 2000 Mark 1/8 vom Hundert,

jedoch nicht unter 2,50 Mark.

In dem Falle des § 756 der Civilprozeßordnung [3]) findet eine besondere Gebühr für das Angebot nur statt, wenn der Gerichtsvollzieher Zwangsvollstreckungshandlungen nicht vorzunehmen hat.

Die bei einem Angebote zu machenden Zustellungen gelten bezüglich der Gebühren und Auslagen als Bestandteile des Angebots [4]).

1. Der Schuldner kann im Zweifel die geschuldete Leistung sofort und auch dann, wenn eine Zeit für die Leistung bestimmt

ist, vor dem Herankommen dieser Zeit bewirken, indem er dieselbe dem Gläubiger thatsächlich anbieten läßt. Die Mitwirkung des Gerichtsvollziehers zum thatsächlichen Angebote der Leistung wird zu dem Zwecke in Anspruch genommen, um für den Fall, daß der Gläubiger die Annahme verweigert, eine öffentliche Urkunde darüber zu erlangen, daß die Erfüllung thatsächlich angeboten und von dem Gläubiger zurückgewiesen worden ist. Vergleiche §§ 253 ff. der Geschäftsanweisung für Gerichtsvollzieher.

2. Darunter ist nicht nur Bar- sondern auch Papiergeld zu verstehen. Nicht aber zählen hieher Wertpapiere.

3. Der § 756 der R.C.P.O. behandelt den Fall, daß die Vollstreckung von einer Zug um Zug zu bewirkenden Leistung des Gläubigers an den Schuldner abhängt. Hat der Gerichtsvollzieher zugleich Zwangsvollstreckungshandlungen vorzunehmen, so kommt nur die Gebühr nach § 4 oder § 6 der R.G.O f. G.V. zur Erhebung.

4. Für die Zustellungen sind demnach keine Gebühren nach § 2 der R.G.O. f. G.V. zu erheben, wohl aber etwaige Schreibgebühren.

§ 8.

Die Gebühr für die Aufnahme eines Wechselprotestes[1]) beträgt bei einem Nennwerte des Wechsels

bis zu	100 Mark	einschließlich	1 Mark,
bis zu	300 Mark	einschließlich	2 Mark,
bis zu	1000 Mark	einschließlich	3 Mark,
bis zu	5000 Mark	einschließlich	4 Mark,
über	5000 Mark		5 Mark.

Werden mehrere Wechsel in einer Urkunde protestiert, so berechnet sich die Gebühr nach dem Nennwerte jedes einzelnen Wechsels[2]).

Die Protestgebühr ist auch dann zu erheben, wenn nach dem Beginne des Protestaktes der Schuldner freiwillig Zahlung leistet oder eine Quittung über die erfolgte Zahlung der Wechselsumme vorlegt[3]).

Für die Aufnahme einer Interventionserklärung[4]) ist die im Abs. 1 bezeichnete Gebühr besonders zu erheben, wenn die Erklärung nicht bei Gelegenheit des Protestaktes erfolgt.

Wird der Auftrag zur Protestaufnahme zurückgezogen, bevor eine Protesturkunde errichtet ist, so erhält der Gerichtsvollzieher 3 Zehnteile der Protestgebühr[5]). War der Weg zur Aufnahme des Protestes schon angetreten, so erhält der Gerichtsvollzieher in den Fällen, in denen die Verrechnung einer Reiseentschädigung nach dem § 17 der Gebührenordnung für Gerichtsvollzieher zulässig ist, auch diese Reiseentschädigung [6) bis 9)].

1. In dem Falle, daß eine wechselrechtliche Leistung von mehreren Personen verlangt werden muß, ist über die mehrfache Aufforderung nur eine Protesturkunde erforderlich (Art. 89 der W.O.) und kommt daher auch die Gebühr des § 8 nur einmal aus dem Nennwerte des Wechsels zur Erhebung.

Bei teilweiser Zahlung ist die Gebühr für den Wechselprotest nur aus dem Betrage des Restes zu berechnen und zu erheben.

2. Es sind also nicht die Nennwerte der einzelnen Wechsel zusammenzurechnen und aus dem Gesamtbetrage der mehreren Wechsel nur eine Gebühr zu berechnen, sondern so viel Wechsel so oftmals die treffende Gebühr des § 8.

3. Der Protestakt beginnt mit der Vorlage des Wechsels zur Zahlung, Annahme, Sicherheitsleistung u. s. w.

Erfolgt nach der Vorlage Zahlung, so ist auch noch die Gebühr des § 9 zu erheben.

Zum Ansatz der Gebühr des Abs. 1 ist nicht die Aufnahme einer Protesturkunde erforderlich. Siehe Fin.M.Entschl. v. 1. Aug. 1902 Nr. 18401.

4. Nur wenn die Interventionserklärung (Art. 56, 62 der W.O.) bei Gelegenheit des Protestaktes zugleich in der Wechselprotesturkunde oder in einem Anhange zu derselben aufgenommen wird, ist für die Aufnahme der Erklärung eine besondere Gebühr nicht zu erheben.

5. Die Gebühr des Abs. 1 ist mit der Vorzeigung des Wechsels zur Zahlung fällig, wird der Auftrag vor Fertigstellung derselben zurückgezogen, so kommen Gebühren im Betrage von 30 ₰, 60 ₰, 90 ₰, 1 ℳ 20 ₰ u. 1 ℳ 50 ₰ zum Ansatz.

6. Neben den Gebühren des § 8 hat der Gerichtsvollzieher gegebenen Falls auch noch die nach § 17 der R.G.O. f. G.V. (Wochinger, Prozeßgeb.Ges. S. 183) zu berechnenden Reisekosten anzusprechen.

Die Reiseentschädigung ist nach dem thatsächlich zurückgelegten Wege zu berechnen.

7. Hinsichtlich der Erhebung der Staatsgebühren für die Aufnahme eines Wechselprotestes vergleiche Art. 193 des Geb.G. (S. 177.)

8. Hinsichtlich der Wertsberechnung der in anderer als Reichswährung angegebenen Summen vergleiche die Anmerkung 3 zu § 2 der Hinterlegg.G.O. auf S. 234.

9. Siehe auch Anmerkung 3 zu § 9 hinsichtlich der Gebühr bei Vorlage eines Wechsels zur Annahme.

§ 9.

Die Gebühr für die Empfangnahme der Wechselsumme einschließlich deren Uebersendung an den Gläubiger beträgt

bei einer Summe bis zu 200 Mark 0,50 Mark,
bei einer Summe von 200 Mark bis 1000 Mark ¼ vom Hundert
und von dem weiteren Betrage 1 vom Tausend [1] [2] [3]).

1. Nach § 11 Z. 2 der G.V.O. ist der Gerichtsvollzieher zuständig, mit dem Auftrage zur Erhebung des Wechselprotestes auch den Auftrag zur Empfangnahme der Zahlung für den Fall zu übernehmen, daß die Zahlung noch vor der Rückgabe des protestierten Wechsels erfolgt.

2. Wird der zur Zahlung vorgelegte Wechsel teilweise bezahlt, teilweise wegen Nichtzahlung protestiert, so kommt die Gebühr des § 9 aus der empfangenen Summe zur Erhebung. Siehe auch Anmerkung 3 zu § 8.

3. Wenn ein Wechsel zur Annahme vorgelegt und acceptiert wird, ist die Gebühr nach § 8 zu erheben.

§ 10.

Für einen Mahnbrief erhält der Gerichtsvollzieher 0,30 Mark [1] [2]).

1. Sofern es die örtlichen Verhältnisse als im Interesse der Bevölkerung gelegen erscheinen lassen, können Gerichtsvollzieher auf Antrag des Landgerichtspräsidenten durch das Staatsministerium der Justiz für Schreiben von Mahnbriefen an die Schuldner für zuständig erklärt werden (§ 12 Z. 1 der G.V.O.).

2. Neben der Gebühr zu 30 Pfennig kommen auch die Portoauslagen zur Erhebung; dagegen aber keine Schreibgebühren siehe § 14 unten.

§ 11.

Die Gebühr für die Erwirkung eines Zahlungs- oder eines Vollstreckungsbefehles sowie für die Erwirkung der Terminsfestsetzung für den Fall, daß der Schuldner gegen einen Zahlungsbefehl Widerspruch erhoben hat, beträgt 0,50 Mark [1] [2]).

1. Auch zur Erwirkung dieser Sachen bedarf der Gerichtsvollzieher der ausdrücklichen Ermächtigung durch das Staatsministerium der Justiz (§ 12 Z. 2 der G.V.O.).

2. Außer der Gebühr des § 11 hat der Gerichtsvollzieher auch noch die Auslagen, als Porti und Schreibgebühren (§ 13 Z. 1 u. 2 der R.G.O. f. G.V., Wochinger, Prozeßgeb.Ges. S. 181) anzusprechen.

§ 12.

Für die Verwahrung und die Beaufsichtigung der von dem Gerichtsvollzieher in Zwangsvollstreckungssachen in eine Pfandkammer, die vom Staate eingerichtet ist, eingeschafften oder sonst zu Gerichtshanden gebrachten Gegenstände [1]) sowie der ihm zu den im § 4 bezeichneten Zwecken übergebenen Gegenstände werden Lagerkosten erhoben. Diese Kosten betragen

für die ersten drei Wochen der Lagerung 1 vom Hundert,

für die folgenden zehn Wochen $^1/_2$ vom Hundert und

für die dann folgende Zeit $^1/_4$ vom Hundert.

Der Berechnung wird der bei der Versteigerung oder dem Verkaufe erzielte Erlös und in den Fällen, in denen es zu einer Versteigerung oder einem Verkaufe nicht kommt, der Schätzungswert der Gegenstände zu Grunde gelegt [2]) [3]) [4]).

Die Staatsministerien der Justiz und der Finanzen sind ermächtigt, diese Lagerkosten im Bedarfsfalle zu erhöhen oder zu mindern.

1. Die Gebühr des § 12 kann nur für die in einer staatlichen Pfandkammer verwahrten oder gerichtlich asservierten Gegenstände zur Erhebung gelangen.

2. Bei kursfähigen Wertpapieren ist deren Kurswert maßgebend.

3. In den Fällen, in denen von einem Gerichtsvollzieher in eine vom Staat eingerichtete Pfandkammer Gegenstände eingeschafft werden, die bei verhältnismäßig hohem Werte nur geringen Raum beanspruchen, steht dem Amtsgerichtsvorstande das Recht zu, die im Art. 12 bestimmte Gebühr bis zur Hälfte herabzusetzen. Minist.Bek. v. 18. Febr. 1902 (Just.M.Bl. S. 384).

Die Ermäßigung kann demnach auf $^9/_{10}$, $^8/_{10}$ u. s. w. bis $^5/_{10}$ festgesetzt werden.

4. Für die Verwahrung von Geldern, Wertpapieren, Wechseln und Kostbarkeiten kommt die Hinterlegungsgebühr zum Ansatz. Siehe § 3 der HinterlegungsG.O. auf S. 238.

§ 13.

Auf die in den §§ 3 bis 11 bezeichneten Geschäfte finden die Bestimmungen der §§ 12 bis 21, 23 der Gebührenordnung für Gerichtsvollzieher entsprechende Anwendung [1]).

1. Diese Bestimmungen der Reichsgebührenordnung für Gerichtsvollzieher betreffen:

§ 12, Feststellung derjenigen Thätigkeit des Gerichtsvollziehers, welche in den Gebühren nach den §§ 3 bis 11

als inbegriffen zu gelten hat, und demnach keiner besonderen Gebühr mehr unterworfen ist,
§ 13, die Vergütung der baren Auslagen,
§ 14, die Vergütung der Schreibgebühren,
§ 15, die Festsetzung der an einen Zeugen zu zahlenden Entschädigung,
§ 16, die Gewährung der an einen zugezogenen Sachverständigen ortsüblichen Vergütung,
§ 17, die Reisekosten des Gerichtsvollziehers,
§ 18, die vorherige Erlage eines Vorschusses vor Uebernahme eines Geschäftes,
§ 19, die Feststellung des Kostenschuldners,
§ 20, die Fälligkeit der Gebühren und Auslagen,
§ 21, den Ersatz der Kosten im Falle der Bewilligung des Armenrechts, und
§ 23, Kostenaufstellung und Beifügung derselben auf allen Akten.

(Siehe auch Wochinger, Prozeßgeb.Ges. S. 180—186.)

§ 14.

Für die Fertigung eines Mahnbriefes darf eine Schreibgebühr nicht verrechnet werden[1]).

1. Siehe Anmerkung 2 zu § 10

§ 15.

Auf Erinnerungen, welche der Zahlungspflichtige oder die Staatskasse gegen den Ansatz von Gebühren oder Auslagen des Gerichtsvollziehers erheben, finden die Art. 44 bis 46, 48 bis 50, 52 des Gesetzes über das Gebührenwesen[1]) Anwendung.

Der Gerichtsvollzieher ist zur Einlegung der Beschwerde nicht berechtigt.

1. Siehe Seite 45ff., sowie Anmerkung 9 zu Art. 93 auf Seite 179.

§ 16.

Die K. Verordnung vom 6. September 1879, die Gebühren der Gerichtsvollzieher betreffend, wird aufgehoben.

Die Vorschriften der §§ 5 bis 8, 10 dieser Verordnung bleiben jedoch für die nach den bisherigen Vorschriften über die Zwangsvollstreckung in das unbewegliche Vermögen zu erledigenden Geschäfte in Kraft[1]).

Diese Gebührenbestimmungen, welche die Thätigkeit des Gerichtsvollziehers auf grund der Subhastationsordnung betreffen, haben bis zu dem Zeitpunkte, in welchem das Grundbuch als angelegt anzusehen ist, zur Anwendung zu kommen.

1. Diese Vorschriften lauten:

Auszug aus den Gebührenvorschriften der Gerichtsvollzieher
vom 6. September 1879.*)

§ 5.

Die Gebühr für jede Anheftung eines Schriftstücks durch den Gerichtsvollzieher beträgt 40 Pfennig.

§ 6.

Bei den nach Artikel 38 der Subhastationsordnung vorzunehmenden Ermittelungen erhält der Gerichtsvollzieher für die Befragung einer jeden Person, bei welcher er Erkundigungen einzuziehen beauftragt ist, eine Gebühr von 40 Pfennig.

Die Hälfte dieser Gebühr erhält der Gerichtsvollzieher bei den in Sachen der nichtstreitigen Gerichtsbarkeit auf Anordnung des Gerichts vorzunehmenden Ermittelungen (§ 6 Abs. 1 Ziff. 3 der Gerichtsvollzieherordnung) für die Befragung einer jeden Person, bei welcher er Erkundigungen einzuziehen beauftragt ist.

Die Gebührenvorschrift des § 6 ist durch die Bestimmungen des § 186 Abs. II der Geschäftsanweisung für Gerichtsvollzieher, dann durch § 13 der Gerichtsvollzieherordnung, wonach der Gerichtsvollzieher diese Ermittelungen in der Eigenschaft als Gerichtsdiener vorzunehmen hat, und in Anbetracht dessen, daß ein Gerichtsdiener keine Gebühren beanspruchen kann, hinfällig geworden.

§ 7.

Für die in der Pfalz nach § 6 Abs. 3 der Gerichtsvollzieherordnung im Auftrage der Parteien vorzunehmenden Ermittelungen erhält der Gerichtsvollzieher für jede angefangene Stunde eine Gebühr von 50 Pfennig, jedoch nicht unter 2 Mark.

§ 8.

Für die Aufzeichnung beweglicher Zugehörungen nach Artikel 37 der Subhastationsordnung erhält der Gerichtsvollzieher die im § 4 der Reichs-Gebührenordnung für Gerichtsvollzieher für die Pfändung bestimmte Gebühr.

*) Just.M.Bl. 1879 S. 626.

Die Gebühr wird nach dem Werte der aufgezeichneten Gegenstände berechnet.

§ 9.

— — — — — — — — — — — —

§ 10.

Für die Versteigerung von Faustpfändern oder anderen beweglichen Pfändern (Artikel 24 des Ausführungsgesetzes zur Reichs-Civilprozeßordnung und Konkursordnung, Artikel 48 des Einführungsgesetzes zum allgemeinen deutschen Handelsgesetzbuche in der Fassung des Artikel 76 Ziffer 4 des ersteren Gesetzes), sowie für die Versteigerung von beweglichen Zugehörungen und Früchten nach Artikel 36 der Subhastationsordnung, erhält der Gerichtsvollzieher die in § 7 der Reichs-Gebührenordnung für Gerichtsvollzieher bestimmte Gebühr.

Die nämliche Gebühr erhält der Gerichtsvollzieher auch für die in den Landesteilen rechts des Rheins auf Anordnung des Gerichts vorzunehmenden Versteigerungen in Vormundschafts- und Verlassenschaftssachen (§ 6 Abs. 2 der Gerichtsvollzieherordnung), sowie für die Vornahme einer freiwilligen Versteigerung beweglicher Sachen in der Pfalz.

D. Die Gebührenordnungen der Rechtsanwälte
in den Angelegenheiten der Rechtspflege, der Verwaltung und der Verwaltungsrechtspflege.

I. In den Angelegenheiten der Rechtspflege.*)

Einleitung.**)

Die Reichsgebührenordnung für Rechtsanwälte regelt die Vergütung für die Berufsthätigkeit des Rechtsanwalts in den Verfahren vor den ordentlichen Gerichten, auf welche die Civilprozeßordnung, die Strafprozeßordnung oder die Konkursordnung Anwendung findet, sowie für die beratende Berufsthätigkeit des Rechtsanwalts, welche den Beginn oder die Fortsetzung eines solchen Verfahrens betrifft.

Die Bestimmungen der Reichsgebührenordnung finden entsprechende Anwendung insbesondere auf die Berufsthätigkeit des Rechtsanwalts in den Angelegenheiten, die im § 91 Abs. 1 dieses Gesetzes bezeichnet sind, ferner gemäß § 17 des Einführungsgesetzes zur Militärstrafgerichtsordnung vom 1. Dezember 1898 auf die Berufsthätigkeit der zum Auftreten vor den Militärgerichten zugelassenen Rechtsanwälte (§ 341 Nr. 5 der Militärstrafgerichtsordnung) und gemäß § 36 des Gesetzes vom 1. Dezember 1898, betreffend die Dienstvergehen der richterlichen Militärjustizbeamten und die unfreiwillige Versetzung derselben in eine andere Stelle oder in den Ruhestand, auf die Berufsthätigkeit des Rechtsanwalts in Disziplinarverfahren gegen richterliche Militärjustizbeamte.

Nach § 20 des Gesetzes, betreffend die Abänderung der Unfallversicherungsgesetze vom 30. Juni 1900 (R.G.Bl. S. 573), werden die Gebühren der Rechtsanwälte im Verfahren vor einem Schiedsgerichte für Arbeiterversicherung und vor dem Reichsversicherungsamte durch Kaiserliche Verordnung mit Zustimmung des Bundesrats, die Gebühren im Verfahren vor den Landesversicherungsämtern von den Landesregierungen festgesetzt. Zum Vollzuge dieses Gesetzes ist die Kaiserliche Verordnung, betreffend die Gebühren der Rechtsanwälte im Verfahren vor den Schiedsgerichten und dem Reichsversicherungsamte, vom 22. Dezember 1901 (R.G.Bl. S. 497) erlassen.

---

*) Königliche Allerhöchste Verordnung vom 26. März 1902 (G.V.Bl. 1902 S. 133 ff., Just.M.Bl. S. 427 ff.).

**) Siehe die Motive, Just.M.Bl. 1902 S. 441 ff.

Die Reichsgebührenordnung findet keine Anwendung

a) auf das Verfahren vor den ordentlichen Gerichten (§ 13 des Gerichtsverfassungsgesetzes), auf welches andere Bestimmungen als die der Civilprozeßordnung, der Konkursordnung oder der Strafprozeßordnung Anwendung finden, gleichviel ob das Verfahren durch Reichsgesetz oder durch Landesgesetz geregelt ist,

b) auf das Verfahren vor den besonderen Gerichten, gleichviel ob sie reichsgesetzlich bestellt oder zugelassen sind,

c) auf die Angelegenheiten der freiwilligen Gerichtsbarkeit und auf die Angelegenheiten der Verwaltung und der Verwaltungsrechtspflege. Unter den Angelegenheiten der freiwilligen Gerichtsbarkeit werden in den folgenden Ausführungen im Anschluß an den Sprachgebrauch des Gesetzes über das Gebührenwesen (IV. Abt. II. Abschnitt Nr. 6) die Hypotheken- und Grundbuchsachen mitverstanden.

Soweit die Gebühren der Rechtsanwälte nicht reichsgesetzlich geregelt sind, können sie gemäß Art. 5 des Gesetzes über das Gebührenwesen durch Königliche Verordnung bestimmt werden.

Bisher waren maßgebend:

1. die Advokatengebührenordnung für die Landesteile diesseits des Rheins vom 15. Dezember 1852 (Reg.Bl. S. 1229),
2. die Allerhöchste Verordnung vom 23. Dezember 1875, die Advokatengebührenordnung für die Landesteile diesseits des Rheins vom 15. Dezember 1852 betreffend (G.V.Bl. S. 865),
3. die Allerhöchste Verordnung vom 25. September 1879, die Gebühren der Rechtsanwälte betreffend (G.V.Bl. S. 1295).

Die Allerhöchste Verordnung vom 25. September 1879, die für das Gebiet des ganzen Königreichs erlassen ist, betrifft nur das Verfahren vor den ordentlichen Gerichten und einige Angelegenheiten der freiwilligen Gerichtsbarkeit. Für die übrigen Angelegenheiten, insbesondere für das ganze Gebiet der Verwaltung und der Verwaltungsrechtspflege, galten im rechtsrheinischen Bayern noch die Bestimmungen der Allerhöchsten Verordnungen von 1852 und 1875. Für die Pfalz bestanden Vorschriften, die sich auf diese Angelegenheiten beziehen, bisher nicht.

Während die Advokatengebührenordnung von 1852 auf dem Systeme der Einzelgebühren mit weitem Spielraume beruht, bestimmt die Reichsgebührenordnung Bauschgebühren, in bürgerlichen Rechtsstreitigkeiten Bauschgebühren nach dem Werte des Streitgegenstandes. Auch die Allerhöchste Verordnung vom 25. September 1879 hat das System der Bauschgebühren nach dem Gegenstandswerte ihren Bestimmungen für bürgerliche Rechtsstreitigkeiten und für Beschwerden in Sachen der nichtstreitigen Rechtspflege zu Grunde gelegt und für Strafsachen Bauschgebühren mit festen Sätzen bestimmt (§§ 1 bis 11 der Verordnung). Hievon abzugehen bestand kein Anlaß. Vielmehr war es angezeigt, auch bei einer neuen landesrechtlichen Regelung der Gebühren der Rechtsanwälte, soweit es sich um Angelegenheiten der Rechtspflege handelt, das System der Reichsgebührenordnung beizubehalten.

Die Angelegenheiten der Verwaltung und der Verwaltungsrechtspflege blieben hier außer Betracht und fanden ihre gesonderte Regelung.

Für Strafsachen und für die diesen ähnlichen Disziplinarsachen wurden in Art. 1 Nr. 3, 4, Art. 2 der Verordnung Bauschgebühren mit festen Sätzen bestimmt. Für die übrigen Angelegenheiten wurden Gebühren nach dem Werte des Gegenstandes gewährt. Die Angelegenheiten der Rechtspflege sind in den weitaus meisten Fällen einer Schätzung nach Geld fähig. In der Regel steht auch in diesen Angelegenheiten der Wert der Thätigkeit des Rechtsanwalts mit dem Werte des Gegenstandes der Thätigkeit in einem gewissen Verhältnisse. Es kommt überdies in Betracht, daß auch die Staatsgebühren in den hier in Betracht kommenden Angelegenheiten zu einem großen Teile, in der Beschwerdeinstanz immer nach dem Gegenstandswert erhoben werden.

Soweit in sich abgeschlossene Verfahren vorliegen, in denen sich die Thätigkeit, die der Rechtsanwalt zu entwickeln hat, im voraus übersehen läßt, wurde das System der Bauschgebühren beibehalten (Art. 1, 2, 3, 17 bis 24). In den übrigen Angelegenheiten verdiente das System der Einzelgebühren den Vorzug.

Im wesentlichen auf derselben Grundlage wurden in den letzten Jahren die Gebühren der Rechtsanwälte in einer Reihe anderer Bundesstaaten neu geordnet, insbesondere in Preußen durch das Gesetz vom 27. September 1899, enthaltend die landesrechtlichen Vorschriften über die Gebühren der Rechtsanwälte und der Gerichtsvollzieher, ferner in Sachsen, Hessen, Mecklenburg-Schwerin, Mecklenburg-Strelitz, Oldenburg, Sachsen-Meiningen, Sachsen-Altenburg, Sachsen-Coburg, Anhalt.

Art. 1.

Die Reichsgebührenordnung für Rechtsanwälte findet entsprechende Anwendung [1]) auf die Berufsthätigkeit des Rechtsanwalts [2]):

1. in den vor die ordentlichen Gerichte [3]) gehörenden bürgerlichen Rechtsstreitigkeiten [4]) mit Ausnahme der in den Artikeln 17 bis 23 aufgeführten Angelegenheiten, auch soweit das Verfahren den Vorschriften der Civilprozeßordnung oder der Konkursordnung nicht unterliegt,
2. in den vor besondere Gerichte gehörenden bürgerlichen Rechtsstreitigkeiten, auf welche die Civilprozeßordnung Anwendung findet [5]),
3. in den vor die ordentlichen Gerichte gehörenden

Strafsachen, auch soweit das Verfahren landesgesetzlich geregelt ist[6]),

4. in den vor besondere Gerichte gehörenden Rechtssachen, auf welche die Strafprozeßordnung Anwendung findet.

Das Verfahren in Forstrügesachen vor dem Amtsgerichte steht dem Verfahren vor dem Schöffengerichte gleich.

I. Für eine Reihe von bürgerlichen Rechtsstreitigkeiten, die vor die ordentlichen Gerichte gehören, hat die Landesgesetzgebung Vorschriften über das Verfahren getroffen. Hierher gehören

a) die Real- und vermischten Klagen nach Titel X § 1 des Königlichen Familienstatuts vom 5. August 1819 (§ 5 des Einf.Ges. z. R.G.V.G., § 5 des Einf.Ges. z. R.C.P.O.),
b) die Streitigkeiten über Entschädigung wegen Zwangsenteignung (§ 15 Nr. 2 des Einf.Ges. z. R.C.P.O., Art. 21 des Ausf.Ges. z. R.C.P.O. u. K.O vom 26. Juni 1899, Art. 24 Abs. 1 des Geb.G.),
c) die Anträge auf Anordnung einer Sicherheitsleistung nach dem Art. 22 des Ausf.Ges. z. R.C.P.O. u. K.O. n. F. (Art. 24 Abs. 2 des Geb.G.),
d) die zur Zeit des Inkrafttretens des Bürgerlichen Gesetzbuchs anhängigen Klagen von Ehefrauen auf Vermögensabsonderung nach Art. 191 ff. des Ausf.Ges. z. R.C.P.O. u. K.O. a. F. (Art. 130 des UebergangsGes., Art. 301 des Geb.G. in der Fassung vom 11. November 1899, Art. 32 des Geb.G. in der Fassung vom Jahre 1892),
e) die Anträge der Ehefrauen auf Vermögensabsonderung im Falle eines zur Zeit des Inkrafttretens des Bürgerlichen Gesetzbuchs gegen den Ehemann eröffneten Konkurses (Art. 194 des Ausf.Ges. z. R.C.P.O. u. K.O. a. F., Art. 132 des UebergangsGes., Art. 301 des Geb.G. in der Fassung vom 11. November 1899, Art. 33 des Geb.G. in der Fassung vom Jahre 1892),
f) die Aufgebotsverfahren, für welche landesgesetzliche Bestimmungen gelten, insbesondere
   α. die zur Zeit des Inkrafttretens des Bürgerlichen Gesetzbuchs anhängig gewesenen Verfahren, die eine Todeserklärung nach Art. 108 ff. des Ausf.Ges. z. R.C.P.O. u. K.O. a. F. zum Gegenstande haben (Art. 161 Abs. 1 des Einf.Ges. z. B.G.B.),
   β. das Aufgebot liegender Gründe nach Teil I Titel 51 §§ 100 bis 109 der preußischen Allgemeinen Gerichtsordnung (Art. 158 ff. des Ausf.Ges. z. R.C.P.O. u. K.O. a. F., Art. 166 Abs. 1 Nr. XVI und Abs. 6 des Ausf.Ges. z. B.G.B.; Art. 300 des Geb.G.),
   γ. die Aufgebotsverfahren nach § 82 des Hypotheken-

gesetzes (Art. 166 Nr. XVI Abs. 2 Satz 2 des Ausf.Ges. z. B.G.B.),

δ. die Aufgebotsverfahren nach Art. 30, 31 des Ausf.Ges. z. R.C.P.O. u. K.O. vom 26. Juni 1899, nach Art. 54 Abs. 2 des Ausf.Ges. z. B.G.B. und nach den Art. 7, 15 ff. des UebergangsGes.

Die Zulässigkeit des Aufgebots abhanden gekommener oder vernichteter Kuxscheine nach Maßgabe des Art. 125 Abs. 5 des Berggesetzes in der Fassung der Bekanntmachung vom 20. Juli 1900 beruht zwar auf landesgesetzlicher Vorschrift, das Landesrecht hat aber ein von den Bestimmungen der Civilprozeßordnung abweichendes Verfahren nicht verordnet;

g) die Zwangsvollstreckung in das unbewegliche Vermögen wegen Geldforderungen bis zu dem Zeitpunkt, in welchem das Grundbuch als angelegt anzusehen ist (Subhastationsordnung vom 23. Februar 1879 und Novelle hiezu vom 29. Mai 1886, §§ 1, 15 des Einf.Ges. z. Zw.Ges.), abgesehen von der Anordnung der Zwangsvollstreckung in ein Grundstück, die bis zu diesem Zeitpunkt auf grund des § 755 Abs. 2 der Civilprozeßordnung vom 30. Jan. 1877 erfolgt;

h) die Zwangsvollstreckung wegen Geldforderungen in Bergwerke und unbewegliche Kuxe, in Familienfideikommisse, in Lehen und Stammgüter, in Güter, die zum Familienvermögen des hohen Adels gehören, auch nach dem Zeitpunkt, in welchem das Grundbuch als angelegt anzusehen ist (§ 2 des Einf.Ges. z. Zw.Ges.; Art. 67, 59 bis 61, 58 des Einf.Ges. z. B.G.B.; Art. 34 ff., Art. 37 ff., Ausf.Ges. z. G.B.O. u. Zw.Ges.). Soweit in diesen Verfahren nach der Anlegung des Grundbuchs Reichsrecht gilt, beruht dies auf landesrechtlicher Bestimmung. Die Geltung des Reichsrechts kann jederzeit dadurch beseitigt werden, daß die Landesgesetzgebung besondere Vorschriften erläßt (Art. 3 des Einf.Ges. z. B.G.B., § 2 des Einf.Ges. z. Zw.Ges.);

i) die gerichtliche Versteigerung eines Bergwerks oder einer Anlage, auf welche die Vorschrift des Art. 258 des Berggesetzes Anwendung findet (Art. 182 der Subhastationsordnung vom 23. Februar 1879; § 2 des Einf.Ges. z. Zw.Ges.; Art. 67 des Einf.Ges. z. B.G.B.; Art. 44 ff. des Ausf.Ges. z. G.B.O. u. Zw.Ges);

k) die Verteilungsverfahren außerhalb der Fälle der Zwangsversteigerung und der Zwangsverwaltung, die nach den für die Verteilung des Erlöses im Falle der Zwangsversteigerung geltenden Vorschriften zu erledigen sind, bis zu dem Zeitpunkt, in dem das Grundbuch als angelegt anzusehen ist (Art. 53, 54 des Einf.Ges. z. B.G.B.; §§ 34 ff. des Gesetzes, betreffend die Beschränkungen des Grundeigentums in der Umgebung von Festungen, vom

21. Dezember 1871 (R.G.Bl. S. 459), § 14 des Gesetzes über die Kriegsleistungen vom 13. Juni 1873 (R. G. Bl. S. 129), § 14 des Gesetzes über die Naturalleistungen für bewaffnete Macht im Frieden (R.G.Bl. 1898 S. 361), § 51 der Reichsgewerbeordnung, Art. 53 des Ausf.Ges. z. R.C.P.O. u. K.O. a. F., Art. 14 des Gesetzes, die Flurbereinigung betreffend, Art. 27 des Ausf.Ges. z. R.C.P.O. u. K.O. n. F.; Artikel 12 des Gesetzes vom 15. Juni 1898, das Unschädlichkeitszeugnis betr,; Artikel 167, 168, 184 des Berggesetzes).

Für einige andere bürgerliche Rechtsstreitigkeiten ist das Verfahren durch ein besonderes Reichsgesetz neben der Zivilprozeßordnung, nämlich durch das Gesetz über die Zwangsversteigerung und die Zwangsverwaltung vom 24. März 1897 geregelt. Dasselbe gilt seit dem 1. Januar 1900 für die Verfahren der Zwangsversteigerung, soweit sie Schiffe betreffen (§ 1 des Einführungsgesetzes zu diesem Gesetze) Von dem Zeitpunkt an, in dem das Grundbuch als angelegt anzusehen ist, ist das Gesetz — abgesehen von dem, was in Abs. 1 lit. h bemerkt ist — auch für alle Verfahren der Zwangsversteigerung und der Zwangsverwaltung in Grundstücken und in Berechtigungen, für welche die sich auf Grundstücke beziehenden Vorschriften gelten, ebenso für die im Abs. 1 lit. k genannten Verteilungsverfahren maßgebend. Das Gesetz enthält ferner Bestimmungen über das Aufgebotsverfahren zum Zwecke der Ausschließung eines unbekannten Berechtigten von der Befriedigung aus dem Erlös eines versteigerten Grundstücks (§ 140). Der Antrag des Beteiligten auf Erteilung der Ermächtigung, dieses Aufgebotsverfahren zu beantragen (§ 138 des Gesetzes), bildet noch einen Bestandteil der Thätigkeit im Verteilungsverfahren; das Aufgebotsverfahren dagegen ist selbständig neben dem Verteilungsverfahren.

Für alle diese durch besonderes Reichsgesetz oder durch Landesgesetz geregelten Verfahren waren die Gebühren der Rechtsanwälte landesrechtlich zu bestimmen.

Bezüglich der Zwangsvollstreckung in das unbewegliche Vermögen (Abs. 1 lit. g, h) ergibt sich dies ohne weiteres aus dem § 31 Abs. 2 der R.G.O. Ein Zweifel kann ferner nicht bestehen bezüglich der Verteilungsverfahren, die nach den für die Verteilung des Erlöses im Falle der Zwangsversteigerung geltenden Vorschriften zu erledigen sind (Abs. 1 lit. k, § 31 Abs. 2 der R.G.O.), und für die Angelegenheiten, in welchen das ganze Verfahren durch Landesgesetz geregelt ist (Abs. 1 lit. f β, lit. i).

In den unter Abs. 1 lit. a bis e, lit. f α, γ, δ genannten Angelegenheiten und in den Aufgebotsverfahren nach § 140 des Gesetzes vom 24. März 1897 richtet sich zwar das Verfahren im wesentlichen nach den Bestimmungen der Zivilprozeßordnung; der Umstand, daß nur einzelne für den Gebührensatz bedeutungslose Vorschriften über das Verfahren durch Landesgesetz oder durch besonderes Reichsgesetz gegeben sind, führt aber nicht zur unmittelbaren Anwendung der Reichsgebührenordnung. Die bayrische Gesetzgebung hat bisher, obwohl der § 1 des R.G.K.G. und der

§ 1 der R.G.O. in dieser Richtung nicht von einander abweichen, für diese Angelegenheiten hinsichtlich der Gerichtskosten ausdrückliche Bestimmungen für erforderlich erachtet (Burkhard, Kommentar zum Gebührengesetz, Einleitung S. 21); ebenso war es geboten, die Gebühren der Rechtsanwälte für sie ausdrücklich landesrechtlich zu regeln.

Was die Art der Regelung dieser Gebühren anlangt, so waren für die unter Abs. 1 lit. a bis f genannten Angelegenheiten gemäß § 1 der Allerhöchsten Verordnung vom 25. September 1879 bisher die Vorschriften der R.G.O. maßgebend. Da das Verfahren in diesen Sachen nur wenig von den Vorschriften der Zivilprozeßordnung abweicht, bestand auch kein Anlaß zu einer Aenderung (Artikel 1 Nr. 1 der Verordnung).

Der Artikel 1 Nr. 1 deckt nicht nur die Fälle, in denen das Verfahren landesgesetzlich geregelt ist, sondern auch die Fälle, in denen das Verfahren durch besonderes Reichsgesetz bestimmt ist.

Unter den Artikel 1 Nr. 1 fällt auch das Aufgebot liegender Gründe nach Teil I Titel 51 §§ 100 bis 109 der preußischen Allgemeinen Gerichtsordnung (Abs. 1 lit. f β). Es ist hienach der § 40 der R.G.O. entsprechend anzuwenden. Eine besondere Bestimmung für dieses Aufgebot, wie sie im § 9 der Allerhöchsten Verordnung vom 25. September 1879 enthalten ist, erschien nicht als erforderlich.

Die Vergütung der Berufsthätigkeit des Rechtsanwalts in den Verfahren der Zwangsversteigerung und der Zwangsverwaltung (Abs. 1 lit. g, h), in den Verfahren der gerichtlichen Versteigerung (Abs. 1 lit. i) und in den Verteilungsverfahren außerhalb der Fälle der Zwangsversteigerung und Zwangsverwaltung, die nach den für die Verteilung des Erlöses im Falle der Zwangsversteigerung geltenden Vorschriften zu erledigen sind (Abs. 1 lit. k), ist schon bisher in den §§ 2 bis 7 der Allerhöchsten Verordnung vom 25. September 1879 besonders geregelt. Wegen der Aenderung der Gesetzgebung über das Verfahren wurden neue Vorschriften in den Artikeln 17 bis 23, 25, 27, 28 erlassen. Daß in diesen Angelegenheiten die Reichsgebührenordnung nicht maßgebend sein soll, ist durch den Vorbehalt im Artikel 1 Nr. 1 zum Ausdrucke gebracht.

II. Soweit bürgerliche Rechtsstreitigkeiten vor besondere Gerichte gehören, sind die Bestimmungen der R.G.O. anwendbar, wenn das Verfahren sich nach der Zivilprozeßordnung bestimmt (Artikel 1 Nr. 2).

Von den reichsgesetzlich *bestellten* besonderen Gerichten scheiden die Schiedsgerichte für Arbeiterversicherung hier überhaupt aus, da sie ihrem Wesen nach Verwaltungsbehörden sind, und haben die Gebührenbestimmungen hiefür ihre gesonderte Regelung erfahren.

Von den reichsgesetzlich *zugelassenen* besonderen Gerichten fallen unter den Artikel 1 Nr. 2:

a) die Rheinschiffahrtsgerichte (§ 14 R.G.V.G., Artikel 9 des Ausf.Ges. z. R.G.V.G., § 5 der Allerhöchsten Verordnung vom 18. Juni 1879, die Rheinschiffahrtsgerichte betreffend) (G.V.Bl. S. 661);

b) die Gewerbegerichte (§ 26 des Gewerbegerichtsgesetzes in der Fassung der Bekanntmachung vom 29. September 1901, R.G.Bl. S. 353). Rechtsanwälte werden allerdings als Prozeßbevollmächtigte oder Beistände vor dem Gewerbegerichte nicht zugelassen (§ 31 des Gesetzes); sie können aber Rat in solchen Sachen erteilen und Schriftsätze anfertigen.

Nicht in Betracht kommen dagegen

a) die Austrägalgerichte (Einf.Ges. z. R.G.V.G. § 7, § 6 der IV. Beilage zur Verfassungsurkunde). Seydel nimmt in seinem bayrischen Staatsrechte 2. Auflage Band I S. 334 Note 2 an, daß diese Gerichte ganz beseitigt sind. Nach Piloty, Verfassungsurkunde des Königreichs Bayern S. 118 Nr. 3 bestehen sie noch für Zivilsachen. Ist letztere Anschauung richtig, so bestimmt sich, da das Verfahren vor den Austrägalgerichten nicht geregelt ist, die Vergütung der Berufsthätigkeit des Rechtsanwalts nach Artikel 4 und den folgenden dieser Verordnung.

b) die Innungsbehörden und die Innungsschiedsgerichte (§ 81a Nr. 4, § 81b Nr. 4, §§ 91 ff. der Reichsgewerbeordnung), weil die Zivilprozeßordnung für das Verfahren nicht als maßgebend erklärt ist. Das Gleiche ist der Fall

c) in dem Verfahren vor dem Gemeindevorsteher nach dem § 76 des Gesetzes über die Gewerbegerichte.

III. Landesgesetzlich geregelt ist

a) das Verfahren in Forstrügesachen (§ 3 Abs. 3 des Einf.Ges. z. R.St.P.O., Forstgesetz für das Königreich Bayern und Forststrafgesetz für die Pfalz);

b) das Verfahren nach Artikel 24 des Gesetzes vom 26. Februar 1850, die Versammlungen und Vereine betreffend (GesetzBl. S. 54 ff.), bezüglich Schließung der Vereine durch richterliches Urteil (Löwe-Hellwig, Kommentar zum Einf.Ges. z. R.St.P.O. § 6 Note 9).

Die Abweichungen von dem ordentlichen Verfahren sind in den beiden Fällen für den Gebührensatz bedeutungslos; es waren deshalb die Bestimmungen der R.G.O. für entsprechend anwendbar zu erklären, wie es auch im § 1 der Allerhöchsten Verordnung vom 25. September 1879 (G.V.Bl. S. 1295) geschehen ist (Artikel 1 Nr. 3).

Das Gesetz über das Gebührenwesen enthält besondere Bestimmungen für die Forstrügesachen. Die Bestimmungen der Artikel 28, 30 des Geb.G. mußten hier außer Betracht bleiben, da die Gebühr des Rechtsanwalts in Strafsachen von der Höhe der erkannten Strafe unabhängig ist. Auch die Bestimmung des Artikel 31 des Geb.G. eignete sich nicht zur Aufnahme, da in die Gebührenordnung für Rechtsanwälte eine dem § 64 Abs. 2 des R.G.K.G. entsprechende Vorschrift nicht aufgenommen ist.

Die R.G.O. für Rechtsanwälte enthält keine besonderen Bestimmungen für die Gebühren des Rechtsanwalts in Strafsachen, in denen die Hauptverhandlung vor den Amtsgerichten stattfindet (§ 211 Abs. 2 des R.St.P.O.). Zur Vermeidung jedes Zweifels empfahl es sich, zu bestimmen, daß die Forstrügesachen in erster Instanz den schöffengerichtlichen Strafsachen gleichstehen (Artikel 1 Abs. 2).

IV. Für die Vergütung des Rechtsanwalts in Strafsachen oder ähnlichen Rechtssachen, die vor besondere Gerichte gehören, soll nur dann die R.G.O. maßgebend sein, wenn das Verfahren sich nach der Strafprozeßordnung bestimmt. Dies ist der Fall im Verfahren vor den Rheinschiffahrtsgerichten (§ 5 der Allerhöchsten Verordnung vom 18. Juni 1879, die Rheinschiffahrtsgerichte betreffend; Art. 26 Abs. 4 des Geb.G.).

Das standrechtliche Verfahren (§ 16 des R G.V.G., Art. 2 Nr. 1, Art. 3 Nr. 12 des Ausf.Ges. z. R.St.P.O., Strafgesetzbuch von 1813 Art. 441 bis 456) kommt nicht in Betracht, da nach Art. 449 Nr. 3 des Strafgesetzbuchs von 1813 im standrechtlichen Verfahren eine Verteidigung durch einen rechtsverständigen Verteidiger nicht gestattet ist. (Motive.)

1. Entsprechende Anwendung finden insbesondere die allgemeinen Bestimmungen der Reichsgebührenordnung, welche die gemeinschaftliche Erledigung eines Auftrages (§ 2), die Haftung mehrerer Auftraggeber (§ 3), die Thätigkeit als Beistand (§ 4), die Gebühren für Unterzeichnung eines Schriftsatzes (§ 5), die gebührenfreie Anfertigung und Uebersendung von Kostenrechnungen und Zahlungsaufforderungen (§ 6), die Gebühren für den Betrieb eigener Angelegenheiten (§ 7), und den Mindestbetrag der Gebühr (§ 8) betreffen, dann die Bestimmungen über Wertsberechnung (§ 10), Wertsfestsetzung und Beschwerde gegen dieselbe (§§ 11, 12), über Instanz und Umfang derselben (§§ 26, 29 Abs. 2), über die Gebühren für besondere Thätigkeiten (§ 30), über den Umfang der Instanz in der Zwangsvollstreckung und bei Vollziehung eines Arrestes oder einer einstweiligen Verfügung (§§ 31 Abs. 1, 32 bis 36), über die Gebühren in der Beschwerdeinstanz (§ 41), über die Gebühren bei Vertretung mehrerer Streitgenossen (§ 51), über Auslagen (§§ 76 bis 83), über Einforderung von Gebühren und Auslagen (§§ 84 bis 86), über die Gebühren für Erhebung und Ablieferung von Geldern und Wertpapieren (§ 87), über die Gebühren, falls das Gesetz für das übertragene Geschäft nichts bestimmt (§§ 89, 90), und endlich über Festsetzung der Vergütung durch Vertrag (§§ 93, 94). (Siehe hierüber Näheres in Wochingers „Prozeßgebühren-Gesetze" S. 188 ff.)

2. Die in dieser Verordnung bestimmten Gebühren hat nur der zur Rechtsanwaltschaft zugelassene rechtskundige Vertreter einer Partei oder der zu seinem Stellvertreter nach § 25 Abs. 2 der R.A.O. bestellte Rechtskundige zu beanspruchen. Allen sonstigen rechtskundigen oder nichtrechtskundigen Parteivertretern stehen die Gebührensätze dieser Verordnung nicht zu. (Vergleiche Willenbücher § 1 Anmerkg. 2 R.Ger. Bd. XIV S. 393, XLI S. 425, hiegegen sind anderer Meinung Walter-Joachim § 1 Anmerkg. 2, Meyer-Irmler § 1 Anmerkg. 3, siehe auch Merzbacher S. 3.)

3. Unter „ordentlichen" Gerichten sind hier die Amtsgerichte, Landgerichte, Oberlandesgerichte und das Oberste Landesgericht zu verstehen.

4. Siehe hieher Ziffer I der vorstehenden Motive. Seite 261.

5. Vergleiche Ziffer II der Motive oben. Seite 264.

6. Es kommen demnach die Bestimmungen der §§ 63 Ziff. 1, 64, 66, 67 Ziff. 1, 68, 69, 70, 71 u. 72 u. 75 Ziff. 1 der R.G.O. f. R.A. zur Anwendung. An Gebühren erhält der Rechtsanwalt als Verteidiger in der Hauptverhandlung erster Instanz, in der Berufungs- und in der Revisionsinstanz je 12 *M*. Diese Gebühren hat er auch zu beanspruchen, wenn er den abwesenden Beschuldigten nur vertritt. Kommt es überhaupt zu keiner Verhandlung, so ist der Rechtsanwalt im Hinblick auf die Bestimmungen der §§ 89, 90 der R.G.O. entsprechend zu entschädigen und zwar gewöhnlich mit der halben Gebühr des § 63.

Für die Thätigkeit bei einer vom Amtsgerichte außer der Forstrügesitzung gepflogenen Erhebung von Beweismitteln, dann im Verfahren über vorsorgliche Beschlagnahme von Tieren, Fuhrwerken und Gespannen (Art. 131 ff. des neutextiert. Forstgesetzes v. 4. Juli 1896, G.V.Bl. S. 325 ff) steht dem Rechtsanwalte die Gebühr des § 67 Ziff. 1 zu.

Für die Einlegung des Einspruchs gegen einen Strafbefehl hat der Rechtsanwalt die Gebühr des § 69 der R.G.O. f. R.A. mit 2 *M* anzusprechen. Fertigt er hinsichtlich des Angeschuldigten und der civilverantwortlich erklärten Person nur einen Einspruchs-Schriftsatz, so beträgt nach § 72 l. c. die Gebühr 3 *M*.

Im Falle der Verteidigung des Angeschuldigten und der für dessen Uebertretung civilverantwortlichen Person, sowie des Angeschuldigten und des Käufers von Waldprodukten u. s. w. (Art. 97, 100 des neutextiert. Forstgesetzes) ist § 72 zu beachten. Vergleiche hieher auch Wochinger, Prozeßgebühren-Gesetze, §§ 63 ff. und Anmerkungen hiezu der R.G.O. f. R.A. S. 236 ff.

Art. 2.

Die Reichsgebührenordnung für Rechtsanwälte findet entsprechende Anwendung auf die Berufsthätigkeit des Rechtsanwalts im Dienststrafverfahren vor Justizbehörden.

Das Dienststrafverfahren, in dem eine Hauptverhandlung nicht stattfindet, steht dem Vorverfahren[1]), das Dienststrafverfahren erster Instanz dem Verfahren vor der Strafkammer[2]) gleich.

In der Beschwerde-(Rekurs-)Instanz im Dienststrafverfahren, in dem eine Hauptverhandlung in erster Instanz nicht stattfindet, kommen insbesondere die § 63 Nr. 2, § 68 Nr. 2 der Reichsgebührenordnung für Rechtsanwälte zur entsprechenden Anwendung[3]).

Die Disziplinarsachen gehören nicht zu den Strafsachen im Sinne des vierten Abschnitts der R.G.O., sind aber den Strafsachen ähnlich; auf die Vergütung der Berufsthätigkeit des Rechtsanwalts in Disziplinarsachen sind deshalb die nach der R.G.O. für Strafsachen geltenden Vorschriften entsprechend anzuwenden.

Von den Dienststrafverfahren kommen insbesondere in Betracht:

1. das Dienststrafverfahren gegen Staatsdiener nach der IX. Beilage zur Verfassungsurkunde,
2. das Dienststrafverfahren gegen richterliche Beamte (Art. 1, 4 des Disziplinargesetzes für richterliche Beamte vom 26. März 1881),
3. das Dienststrafverfahren gegen Notare nach Art. 80 ff. des Notariatsgesetzes vom 9. Juni 1899 und nach Art. 135 Abs. 1 dieses Gesetzes in Verbindung mit den Art. 128 ff. des Notariatsgesetzes vom 10. November 1861,
4. das Dienststrafverfahren nach Art. 114 des Ausf.-Ges. z. R.St.P.O.,
5. das Dienststrafverfahren gegen Standesbeamte in der Pfalz (§ 11 des Personenstandsgesetzes, §§ 14 bis 20 der Bekanntmachung des Staatsministeriums der Justiz vom 5. November 1899, die Aufsicht über die Amtsführung der Standesbeamten in der Pfalz betreffend, Just.M.Bl. S. 1305),
6. das Dienststrafverfahren gegen Gerichtsvollzieher (§ 35 der Gerichtsvollzieherordnung vom 16. Dezember 1899),
7. das Dienststrafverfahren gegen Advokaten, die, ohne zur Rechtsanwaltschaft bei einem Gerichte auf grund der Rechtsanwaltsordnung von 1878 zugelassen zu sein, die anwaltschaftliche Praxis ausüben, gemäß der Allerhöchsten Verordnung vom 23. März 1813, die Disziplinarvorschriften für die Advokaten des Königreichs betreffend.

Die Bestimmungen des vierten Abschnitts der R.G.O. haben ihrem ganzen Umfange nach Bedeutung für die Dienststrafverfahren, in denen eine Hauptverhandlung stattfindet. Zu diesen gehören die Dienststrafverfahren gegen Richter, die Dienststrafverfahren gegen Notare nach Art. 83 des Notariatsgesetzes vom 9. Juni 1899 und nach den Art. 129 ff. des Notariatsgesetzes vom 10. Dezember 1861, die unter Nr. 4 erwähnten Dienststrafverfahren und die Dienststrafverfahren gegen Standesbeamte in der Pfalz, wenn sie auf Verhängung von Geldstrafen gerichtet sind.

Die Dienststrafverfahren, in denen eine Hauptverhandlung nicht stattfindet, werden hinsichtlich der Gebührenberechnung gleich den Vorverfahren behandelt.

Die sämtlichen hier in Betracht kommenden Dienststrafverfahren erster Instanz stehen dem Verfahren vor der Strafkammer gleich.

Für die Berufungs- und Revisionsinstanz in den Dienststrafverfahren, in denen eine Hauptverhandlung stattfindet, gilt der § 66 der R.G.O.

Die entsprechende Anwendung der Reichsgebührenordnung in der Beschwerde-(Rekurs-)Instanz in Dienststrafverfahren, in denen eine Hauptverhandlung nicht stattfindet, verursacht Schwierigkeiten. Der § 66 ist nicht anwendbar, weil in der ersten Instanz eine Hauptverhandlung nicht stattgefunden hat. Daß für die Einlegung der Beschwerde der § 69 der R.G.O. maßgebend ist, ergibt sich von selbst. Fraglich aber könnte sein, welche Gebühr der Rechtsanwalt für die Rechtfertigung der Beschwerde erhält, da die Reichsgebührenordnung für die Rechtfertigung eines Rechtsmittels in Strafsachen eine allgemeine Bestimmung nicht trifft, sondern im § 68 nur die Rechtfertigung der Berufung und der Revision regelt. Mit Rücksicht darauf, daß die Thätigkeit des Rechtsanwalts in der Beschwerdeinstanz vorzugsweise in der Rechtfertigung der Beschwerde besteht, war ausdrücklich vorzuschreiben, daß insbesondere die § 68 Nr. 2, § 63 Nr. 2 anzuwenden sind

Besondere Bestimmungen sind nicht vorgesehen

a. für das Verfahren auf Verhängung von Strafen wegen Ungebühr. Die Verfahren nach §§ 179, 180, 182, 183 des R.G.V.G. gehören nicht zu den Strafsachen im Sinne des vierten Abschnitts der R.G.O., zählen aber zu den Verfahren, auf welche die Civilprozeßordnung und die Strafprozeßordnung Anwendung findet; die Vergütung für die Berufsthätigkeit des Rechtsanwalts in diesen Verfahren bestimmt sich deshalb nach der R.G.O. (§ 1 derselben). Der landesrechtlichen Regelung unterliegen insbesondere die Fälle des § 8 des Gesetzes über die Angelegenheiten der freiwilligen Gerichtsbarkeit. Für das Gebiet der Reichsgebührenordnung werden die Gebühren auf grund der Vorschrift des § 89 der R.G.O. nach Maßgabe des vierten Abschnitts der R.G.O. zu bestimmen sein. In den Angelegenheiten der freiwilligen Gerichtsbarkeit führt die Bestimmung des Art. 26 zu demselben Ergebnisse, da die Vorschriften der Art. 4 ff. mit den nach dem Gegenstandswerte bestimmten Gebühren für ein Verfahren, das dem Strafverfahren ähnlich ist, nicht passen;

b. für Ungehorsamsverfahren zur Erzwingung der Verrichtung der Obliegenheiten eines Ehrenamts. Auch in dieser Richtung hat die R.G.O., unter welche die Verfahren nach §§ 56, 96 des Gerichtsverfassungsgesetzes fallen, Bestimmungen nicht getroffen. Für die landesrechtliche Regelung kommen insbesondere die Verfahren nach Art. 3 Nr. 1 des Ausf.-Ges. z. R.St.P.O. in Betracht; auch hier sind besondere Bestimmungen wohl nicht veranlaßt. Auf grund des Art. 26 sind in diesen Sachen die Bestimmungen des vierten Abschnitts der R.G.O. zu Grunde zu legen, die wohl auch in den unter die Reichsgebührenordnung fallenden Angelegenheiten auf grund des § 89 der R.G.O anzuwenden sind;

c. für die Verfahren, welche Zwangsmaßregeln gegen Zeugen und Sachverständige betreffen (§ 15 G.F.G.). In bürgerlichen Rechtsstreitigkeiten gilt der § 23 Nr. 1 der R.G.O. in Verbindung mit dem § 47 Nr. 8 des R.G.K.G.; in Strafsachen sind wohl die nach § 23 Nr. 1 der R.G.O. auf drei Zehnteile ermäßigten Sätze der §§ 63, 67 der R.G.O. gemäß § 89 der R.G.O. maßgebend. Letzteres ist auch in den landesrechtlich zu regelnden Angelegenheiten der Fall, für welche die Bestimmungen des vierten Abschnitts der R.G.O. gelten (Art. 1 Nr. 3, 4, Art. 2). In den übrigen Angelegenheiten sind die Vorschriften in Art. 4 ff. anzuwenden.

d. für die Ordnungsstrafen. Soweit es sich um Ordnungsstrafen handelt, die in Steuersachen zu erkennen sind, wenn die Absicht der Steuerhinterziehung fehlt oder sonst ein leichterer Fall vorliegt (z. B. Art. 42 Abs. 5 Satz 2, Art. 269 Abs. 2, Art. 292 Abs. 2 des Geb.G., Art. 68 Abs. 4 des Einkommensteuergesetzes), liegen Strafsachen im Sinne des vierten Abschnitts der R.G.O. vor. Die übrigen Ordnungsstrafen, durch deren Verhängung die Erfüllung einer gesetzlichen Pflicht oder die Unterwerfung unter eine obrigkeitliche Anordnung erzwungen werden soll (§§ 132 bis 139, 140, 151, 159 des G.F.G., §§ 78, 1788, 1837, 1875 des B.G.B.; Art. 70, 72, Art. 73 Abs. 3 des Ausf.-G. z. R.G.B.G.; Art. 64 des Notariatsgesetzes vom 9. Juni 1899) eignen sich zur Behandlung nach den Art. 4 ff. (Motive).

1. Die Gebühr berechnet sich demnach nach § 67 Ziffer 2 der R.G.O. f. R.A. auf 10 *M.*

2. Nach §§ 63 Ziffer 2 u. 66 der voralleg. R.G.O. erhält der Rechtsanwalt in diesem Falle 20 *M.* Siehe auch § 67 Ziffer 2.

3. Die hier zum Ansatze kommende Gebühr beträgt 20 *M* und, sofern der Rechtsanwalt sich nur ausschließlich mit der Anfertigung der Beschwerderechtfertigung befaßt hat, 10 *M.* Für die Einlegung der Beschwerde an sich allein erhält der Rechtsanwalt nach § 69 der R.G.O. nur 2 *M.*

Art. 3.

Der Rechtsanwalt erhält in dem Verfahren vor dem Gerichtshofe für Kompetenzkonflikte (Gesetz vom 18. August 1879, die Entscheidung der Kompetenzkonflikte zwischen den Gerichten und den Verwaltungsbehörden oder dem Verwaltungsgerichtshofe betreffend)

a) für den Geschäftsbetrieb einschließlich der Information[1]),

b) für die Erörterung der Sache in der öffentlichen Sitzung[2])

je fünf Zehnteile der Sätze des § 9 der Reichsgebührenordnung für Rechtsanwälte[3]).

Die Gebühr für die Erörterung der Sache in der öffentlichen Sitzung beträgt mindestens zehn Mark[4]).

Ist der Auftrag zur Vertretung erledigt, bevor der Rechtsanwalt eine Denkschrift abgefaßt oder die Sache in der öffentlichen Sitzung erörtert hat, so erhält er nur die Hälfte der im Abs. 1 lit. a bestimmten Gebühr[5]).

Im übrigen finden die für bürgerliche Rechtsstreitigkeiten geltenden Bestimmungen der Reichsgebührenordnung für Rechtsanwälte entsprechende Anwendung[6]).

Im Verfahren vor dem Gerichtshofe für Kompetenzkonflikte (Gesetz vom 18. August 1879, die Entscheidung der Kompetenzkonflikte zwischen den Gerichten und den Verwaltungsbehörden oder dem Verwaltungsgerichtshofe betreffend, G.V.Bl. S. 991) müssen die Denkschriften der Parteien von einem Rechtsanwalt unterzeichnet sein; die Parteien werden vor dem Gerichtshofe für Kompetenzkonflikte nur dann gehört, wenn sie durch Rechtsanwälte vertreten sind (Art. 16 Abs. 2, Art. 18 Abs. 4 des Gesetzes).

Das Verfahren vor dem Gerichtshofe für Kompetenzkonflikte hat viele Aehnlichkeit mit dem Verfahren in bürgerlichen Rechtsstreitigkeiten; es war deshalb die Vergütung der Berufsthätigkeit des Rechtsanwalts im Anschluß an die für das Verfahren in bürgerlichen Rechtsstreitigkeiten geltenden Vorschriften der R.G.O. zu regeln.

Die Bestimmungen des Art. 3 gelten für alle Fälle des Kompetenzkonflikts, gleichviel ob die Angelegenheit zur streitigen oder zur nichtstreitigen Rechtspflege gehört. Für die Fälle des Kompetenzkonflikts zwischen den Strafgerichten und den Verwaltungsbehörden oder dem Verwaltungsgerichtshofe besonders zu bestimmen, war nicht veranlaßt. Solche Kompetenzkonflikte werden im Hinblick auf das Erkenntnis des Gerichtshofs für Kompetenzkonflikte vom 12. Juli 1883 (G.V.Bl. 1883 Beilage IV S. 29) kaum mehr vorkommen. Wird dennoch ein solcher Kompetenzkonflikt erhoben, so wird behauptet, daß eine Angelegenheit der Verwaltung oder der Verwaltungsrechtspflege vorliege; die Gebühr wird alsdann nach dem Werte des Gegenstandes der Angelegenheit der Verwaltung oder der Verwaltungsrechtspflege zu bemessen sein, die laut der Erklärung der Verwaltungsbehörde (Art. 10 des Gesetzes) vorliegen soll.

In dem Verfahren vor dem Gerichtshofe für Kompetenzkonflikte wird ausschließlich über die Zulässigkeit des Rechtswegs entschieden. Es war deshalb von der Bestimmung des § 20 der R.G.O. (§ 26 Nr. 1, 2 des R.G.K.G.) auszugehen. Der Absatz 1 schließt sich an § 13 Nr. 1, 2, der Absatz 3 an den § 14 der R.G.O. an.

Da die Erörterung der Sache in der öffentlichen Sitzung des Gerichtshofs für Kompetenzkonflikte besonders schwierig ist, war es angezeigt, für sie eine Mindestgebühr zu bestimmen (Abs. 2). (Motive.)

1. Durch die Gebühr für den Geschäftsbetrieb (Prozeßgebühr) wird die gesammte Thätigkeit des Rechtsanwalts außerhalb der öffentlichen Sitzung beglichen, so die Information und die Anfertigung aller vorkommenden Schriftsätze und insbesondere die Abfassung der Denkschrift.

2. Der Bezug der Gebühr nach lit. b setzt voraus, daß in die Erörterung der Sache eingetreten wurde.

3. Die Gebühren berechnen sich demnach auf die Hälfte der nachstehenden Sätze nach § 9 der R.G.O.:

1.	bis 20 M einschließlich							2 M		
2.	von mehr als	20	bis	60	M	einschließlich		3 "		Im Falle lit. b 10 M.
3.	" " "	60	"	120	"	"		4 "		
4.	" " "	120	"	200	"	"		7 "		
5.	" " "	200	"	300	"	"		10 "		
6.	" " "	300	"	450	"	"		14 "		
7.	" " "	450	"	650	"	"		19 "		
8.	" " "	650	"	900	"	"		24 "		
9.	" " "	900	"	1200	"	"		28 "		
10.	" " "	1200	"	1600	"	"		32 "		
11.	" " "	1600	"	2100	"	"		36 "		
12.	" " "	2100	"	2700	"	"		40 "		
13.	" " "	2700	"	3400	"	"		44 "		
14.	" " "	3400	"	4300	"	"		48 "		
15.	" " "	4300	"	5400	"	"		52 "		
16.	" " "	5400	"	6700	"	"		56 "		
17.	" " "	6700	"	8200	"	"		60 "		
18.	" " "	8200	"	10000	"	"		64 "		

Die ferneren Wertsklassen steigen um je 2000 M und die Gebührensätze in den Klassen bis 50000 M einschließlich um je 4 M., bis 100000 M einschließlich um je 3 M und darüber hinaus um je 2 M. (Siehe auch Wochinger, Prozeßgeb.Ges., Gebührentabelle auf S. 264.)

4. Der Betrag der Vergütung kann aber auch in analoger Anwendung des § 93 der R.G.O. f. R.A. abweichend von den Bestimmungen des Art. 3 und von den Sätzen des § 9 der R.G.O. durch Vertrag festgesetzt werden.

5. Die Gebühr von $^5/_{20}$ der voraufgeführten Sätze hat der Rechtsanwalt nur mit der Uebertragung der Vertretung im Verfahren anzusprechen.

Mit der Abfassung der Denkschrift ist die volle Gebühr für den Geschäftsbetrieb nach lit. a oben fällig. Wird der Rechtsanwalt z. B. bloß um Rat angegangen, so steht ihm die Gebühr nach § 47 Abs. 1 der R.G.O. mit $^3/_{10}$ zu.

6. So insbesondere die allgemeinen Bestimmungen der R.G.O., vergleiche hieher Anmerkg. 1 zu Art. 1 auf S. 266.

Zu erwähnen ist, daß nach der hier einschlägigen Gebührenbestimmung des § 8 der R.G.O. der niedrigste Betrag einer Gebühr 1 M beträgt.

In den allermeisten Fällen wird jedoch eine Wertsgegenstandssumme mit über 20 M in Frage sein.

Art. 4.

In allen anderen Angelegenheiten, für welche die Vergütung der Berufsthätigkeit des Rechtsanwalts landesrechtlich zu regeln ist, sind ausschließlich die folgenden Vorschriften maßgebend.

Diese Vorschriften finden jedoch keine Anwendung auf die Berufsthätigkeit des Rechtsanwalts in den Angelegenheiten der Verwaltung und der Verwaltungsrechtspflege, ferner auf die Berufsthätigkeit, die ein Rechtsanwalt als Mitglied eines Gläubigerausschusses, als Konkursverwalter, Zwangsverwalter, Nachlaßverwalter, Zustellungsvertreter oder Vertreter eines im Verteilungsverfahren nicht ermittelten Berechtigten, als Vormund, Pfleger, Testamentsvollstrecker oder in einer ähnlichen Stellung ausübt [1]) [2]).

Der Artikel leitet die Vorschriften ein, welche für alle nicht in den vorausgehenden Artikeln behandelten Angelegenheiten der Rechtspflege gelten, und bestimmt zugleich den Kreis dieser Angelegenheiten.

Ausgenommen sind die Angelegenheiten, für welche die Gebühren durch die Reichsgebührenordnung für Rechtsanwälte bestimmt sind (Abs. 1: „für welche die Vergütung landesgesetzlich zu regeln ist").

Ausgenommen sind ferner die Angelegenheiten der Verwaltung und der Verwaltungsrechtspflege, für welche die Bestimmungen einer besonderen Allerhöchsten Verordnung, betreffend die Gebühren der Rechtsanwälte in diesen Angelegenheiten, gelten.

Ausgenommen sind endlich die Angelegenheiten, in denen sich die Vergütung der Thätigkeit des Rechtsanwalts nach besonderen Vorschriften bestimmt. Diese Ausnahme betrifft nur Fälle einer Thätigkeit, welche zu den eigentlichen Berufsgeschäften des Rechtsanwalts nicht gehört und deshalb häufig Personen übertragen wird, die nicht Rechtsanwälte sind. Insbesondere kommt in Betracht die Thätigkeit

1. als Mitglied eines Gläubigerausschusses (§ 91 Abs. 1, 2 der R.K.O.),
2. als Konkursverwalter (§ 85 Abs. 1, 2 der R.K.O.), [2])
3. als Zwangsverwalter (§§ 94, 153 des Zw.Ges. und § 14 des Einf.Ges. z. Zw.Ges.),
4. als Nachlaßverwalter (§ 1987 des B.G.B.),
5. als Zustellungsvertreter (§ 7 Abs. 2 des Zw.Ges., § 1141 Abs. 2 des B.G.B.),
6. als Vertreter eines im Verteilungsverfahren nicht ermittelten Berechtigten (§ 135 des Zw.Ges.),
7. als Vormund oder Pfleger (§ 1836 des B.G.B.),
8. als Testamentsvollstrecker (§ 2221 des B.G.B.).

In diesen Fällen sind, soweit allgemeine Vorschriften über die Vergütung der Thätigkeit erlassen sind, diese Vorschriften maßgebend; soweit dies nicht der Fall ist, ist die Vergütung nach freiem Ermessen festzusetzen. (Motive.)

1. Sofern eine allgemeine Vorschrift über die Vergütung der Thätigkeit nicht vorhanden ist, kann auch die Gebühr durch Vertrag nach § 93 der R.G.O. vereinbart werden.

2. Eine allgemeine Vorschrift über die Vergütung der Rechtsanwälte ist erlassen hinsichtlich ihrer Thätigkeit als Konkursverwalter.

Durch höchste Ministerialentschließung vom 11. April 1901 Nr. 16965 wurde bestimmt:

§ 1. Die Vergütung des Konkursverwalters für seine Geschäftsführung richtet sich nach der Höhe der Aktivmasse und dem Umfange der Thätigkeit des Verwalters.

§ 2. Beträgt die Aktivmasse eines Konkurses nicht mehr als 1000 ℳ, so wird dem Konkursverwalter eine nach richterlichem Ermessen festzusetzende Bauschgebühr, welche indessen 150 ℳ nicht übersteigen soll, gewährt.

§ 3. Beträgt die Aktivmasse eines Konkurses mehr als 1000 ℳ, so werden in gewöhnlichen Fällen, in welchen die Verwaltung weder besonders einfach noch besonders verwickelt oder anstrengend ist, bewilligt:

von dem Betrage der Aktivmasse	Im Falle der Erledigung nach § 51 Z. 1 R.G.K.G. Schlußverteilung	§ 51 Z. 2 R.G.K.G. Zwangsvergleich	§ 51 Z. 3 R.G.K.G. Einstellung in späteren Stadien	§ 51 Z. 4 R.G.K.G. Einstellung vorher	§ 51 Z. 5 R.G.K.G. Einstellung vor Ablauf der Anmeldung
bis zu 1000 ℳ	10%	8%	6%	5%	4%
über 1000 ℳ „ „ 5000 ℳ	7%	6%	4%	3%	2%
„ 5000 ℳ „ „ 10000 ℳ	5%	4%	3%	2%	1½%
„ 10000 ℳ „ „ 20000 ℳ	3%	2½%	2%	1½%	1%
„ 20000 ℳ „ „ 50000 ℳ	2%	1½%	1%	½%	⅓%
„ 50000 ℳ	1%	½%	⅛%	¼%	⅙%

Beispiel:

Bei einer Aktivmasse von 6000 ℳ beträgt die Gebühr nach Spalte 1

von	1000 ℳ	10%	=	100,00 ℳ
"	4000 "	7%	=	280,00 "
"	1000 "	5%	=	50,00 "
			Sa.	430,00 ℳ

§ 4. Für die Berechnung der Höhe der Aktivmasse ist § 52 Abs. 1 u. 3 des R.G.K.G. maßgebend.

Sofern die Verwaltung und Verwertung von Gegenständen, welche zur abgesonderten Befriedigung dienen oder einem Aussonderungsanspruche unterliegen, durch den Konkursverwalter erfolgt, können diese Gegenstände behufs Berechnung der Gebühren des Konkursverwalters ihrem vollen Betrage nach in Ansatz gebracht werden.

§ 5. Für besonders einfache Fälle und für Fälle, welche eine besondere Mühewaltung erheischen, bleibt eine entsprechende Minderung oder Erhöhung der verhältnismäßigen Gebühr des § 3 dem Ermessen des Gerichts vorbehalten.

§ 6. Bare Auslagen sind in der Gebühr nicht inbegriffen.

§ 7. Für den Fall eines Wechsels in der Person des Konkursverwalters bleibt die entsprechende Verteilung der tarifmäßigen Gebühren dem Ermessen des Gerichts überlassen.

Die Gebühr des neu eintretenden wie die des ausgetretenen Verwalters kann in solchen Fällen um ein Vierteil erhöht werden.

§ 8. In Fällen der Bestellung mehrerer Konkursverwalter sind die Gebühren für jeden derselben nach Maßgabe der Beteiligung der Aktivmasse bei den einzelnen Geschäftszweigen gesondert zu berechnen.

Der Vorbehalt des § 5 findet auch hiebei Anwendung.

Art. 5.

Volle Gebühr im Sinne der folgenden Vorschriften ist die im § 9 der Reichsgebührenordnung für Rechtsanwälte bestimmte Gebühr mit der Maßgabe, daß von 10000 bis 20000 Mark die Wertsklassen um je 2500 Mark und die Gebühren um je 4 Mark und von 20000 Mark an die Gebühren um je 5 Mark und die Wertsklassen bis 100000 Mark um je 5000 Mark, bis 300000 Mark um je 10000 Mark, bis eine Million Mark um je 25000 Mark und darüber hinaus um je 50000 Mark steigen.[1])

Eine größere Zahl der Bundesstaaten hat in der neuesten Zeit bei der landesrechtlichen Regelung der Gebühren der Rechtsanwälte Gebührensätze bestimmt, welche zum Teile niedriger sind als die Gebührensätze des § 9 der Reichsgebührenordnung für Rechtsanwälte. Die im Artikel 5 getroffene Bestimmung steht im Einklange mit den für Preußen, Württemberg, Hessen, Mecklenburg-Schwerin, Mecklenburg-Strelitz, Oldenburg, Sachsen-Coburg, Sachsen-Altenburg, Anhalt erlassenen Vorschriften. (Motive.)

1. Siehe die Gebührentabelle II im Anhang.

Art. 6.

Der Rechtsanwalt erhält für die Thätigkeit, die er zu seiner Information entwickelt, einschließlich der zu diesem Zwecke vorgenommenen Besprechungen und der Einsicht von Akten zwei Zehnteile[1]) der vollen Gebühr, jedoch mindestens zwei Mark.[2]) Ist die Thätigkeit des Rechtsanwalts besonders weitläufig oder schwierig, so kann die Gebühr bis auf fünf Zehnteile[3]) der vollen Gebühr erhöht werden (Informationsgebühr).

Die Gebühr kann in einer Instanz[4]) nur einmal beansprucht werden.[5])

Vertritt der Rechtsanwalt den Auftraggeber in mehreren Instanzen, so erhält er die Gebühr in der höheren Instanz nur dann, wenn er in dieser zu seiner Information eine weitere Thätigkeit[6]) entwickelt hat.

Die Gebühr beträgt nur ein Zehnteil der vollen Gebühr, wenn die Thätigkeit des Rechtsanwalts die Zwangsvollstreckung betrifft.[7])

Die Gebühr kann nicht gefordert werden, wenn die Thätigkeit des Rechtsanwalts der Einleitung eines Prozesses vorausgeht und dem Rechtsanwalte die Prozeßgebühr oder eine Gebühr nach § 44[8]) der Reichsgebührenordnung für Rechtsanwälte zusteht, ferner wenn die Thätigkeit des Rechtsanwalts Mahnungen, Kündigungen oder Schreiben ähnlicher Art betrifft, die der Einleitung einer Zwangsvollstreckung vorausgehen, und dem Rechtsanwalt eine Gebühr für den Antrag auf Einleitung der Zwangsvollstreckung zusteht.

I. Zu den Artikeln 6 bis 27. In den Angelegenheiten der Rechtspflege, die in den Art. 1 bis 3 nicht behandelt sind, wird die Berufsthätigkeit des Rechtsanwalts in der Regel durch Einzelgebühren vergütet. Bauschgebühren sind nur in den unter die

Art. 17 bis 24 fallenden Angelegenheiten bestimmt und auch in diesen nur für die Fälle, in denen der Rechtsanwalt die Rechte des Auftraggebers in der Eigenschaft eines für das ganze Verfahren Bevollmächtigten wahrzunehmen hat, nicht für die Fälle, in denen sich der dem Rechtsanwalt erteilte Auftrag auf eine einzelne Thätigkeit oder auf mehrere einzelne Thätigkeiten beschränkt (Art. 25).

Im Anschluß an die Advokatengebührenordnung von 1852 sind Einzelgebühren bestimmt für die Information (Art. 6), für die Ratserteilung (Art. 7), für die Fertigung von Eingaben an Behörden (Art. 8), für Schreiben an Privatpersonen (Art. 9), für Wahrnehmung von Terminen (Art. 10), für die Mitwirkung beim Abschluß eines Vergleichs (Art. 11), für das Entwerfen der Urkunde über ein Rechtsgeschäft (Art. 12) und für die Uebernahme oder Ablieferung von Geldern (Art. 27 Abs. 1, § 87 der R.G.O.).

Für jede einzelne der genannten Thätigkeiten derselben oder verschiedener Art darf eine besondere Gebühr angesetzt werden, soweit nicht in Art. 6, Abs. 2, 4, Art. 7 Abs. 2, Art. 8 Abs. 2, Art 10 Abs. 2 ein Anderes bestimmt ist. Die Gebühren für einzelne Arten von Geschäften sollen ein höchstes Maß in derselben Instanz nicht übersteigen (Art. 14).

Die Bestimmungen schließen sich, soweit nur immer möglich, an die entsprechenden Bestimmungen der Verordnung, betreffend die Gebühren der Rechtsanwälte in den Angelegenheiten der Verwaltung und der Verwaltungsrechtspflege, an.

II. Zu Artikel 6. Die Information ist schon begriffsmäßig eine Sache für sich. Sie bildet den Ausgangspunkt und die Grundlage der ganzen weiteren Thätigkeit des Rechtsanwalts.

Die Information umfaßt die gesamte Thätigkeit, die der Rechtsanwalt entwickelt, um sich die für die Behandlung der Sache erforderliche Kenntnis des Sachverhalts zu verschaffen. Durch die Informationsgebühr werden auch die sämtlichen Besprechungen, die der Rechtsanwalt mit dem Auftraggeber oder mit Dritten zum Zwecke der Information gepflogen hat, und die Einsicht von Akten vergütet.

Die Informationsgebühr steht dem Rechtsanwalt auch dann zu, wenn es zu einer instanziellen Verhandlung der Sache nicht kommt. In derselben Instanz erhält der Rechtsanwalt die Gebühr nur einmal.

Der Begriff „Instanz" bedarf keiner Erläuterung; er wird als bekannt vorausgesetzt. Durch Art. 27 wurde der § 26, § 29 Abs 2, § 30, § 31 Abs. 1, § 32 bis 36 der R.G.O., welche den Umfang der Instanz näher bestimmen, für entsprechend anwendbar erklärt.

Hat der Rechtsanwalt den Auftraggeber schon in der unteren Instanz vertreten, so erhält er in der höheren Instanz eine Informationsgebühr nur dann, wenn er in dieser Instanz eine weitere Thätigkeit zu seiner Information entwickelt hat. Der Abs 3, der dies bestimmt, ist nur der Deutlichkeit wegen beigesetzt. Er bringt für einen besonderen Fall den allgemein geltenden

Grundsatz zum Ausdrucke, daß die Informationsgebühr nur dann gewährt werden soll, wenn der Rechtsanwalt in der Instanz zu seiner Information eine besondere Thätigkeit entwickelt.

Die Gebühr des Art. 6 erhält der Rechtsanwalt gesondert neben den Gebühren aus Art. 7 bis 13, in derselben Instanz aber nur einmal, auch wenn er mehrere nach Art. 7 bis 13 gebührenpflichtige Geschäfte besorgt hat.

Die Informationsgebühr beträgt in der Regel zwei Zehnteile der vollen Gebühr. Dies wird unter Umständen nicht genügen, wenn der Rechtsanwalt, um sich zu informieren, eine besonders schwierige oder zeitraubende Thätigkeit zu entwickeln hat, insbesonders wenn er zu diesem Zwecke umfangreiche Akten einzusehen oder zahlreiche Besprechungen zu pflegen hat. In solchen Fällen darf die Gebühr bis zu fünf Zehnteilen der vollen Gebühr erhöht werden. Ob eine Erhöhung und welche Erhöhung einzutreten hat, wird nach der gesamten in der Instanz zum Zwecke der Information in diesem Falle entwickelten Thätigkeit zu bemessen und im Streitfalle vom Prozeßrichter zu entscheiden sein. Hiebei wird davon auszugehen sein, daß Abs. 1 Satz 2 einen Ausnahmefall im Auge hat und nur dann anzuwenden ist, wenn zwei Zehnteile der vollen Gebühr, wie sie sich im besonderen Falle berechnen, für die besondere Mühewaltung des Rechtsanwalts eine genügende Vergütung nicht bilden. Gleichwie nach der Verordnung für die Angelegenheiten der Verwaltung und der Verwaltungsrechtspflege beträgt auch hier die Gebühr mindestens 2 *M*.

Betrifft die Thätigkeit des Rechtsanwalts die Zwangsvollstreckung, so ist im Hinblick auf die Bestimmung des § 23 Nr. 2 der R.G.O. eine Informationsgebühr von einem Zehnteile der vollen Gebühr neben der Gebühr für die Eingabe an die Behörde oder für ein anderes in Betracht kommendes Geschäft genügend. Hieher gehören die Fälle der Eintragung einer Sicherungshypothek nach §§ 866, 932 der Civilprozeßordnung und der Vormerkung einer Hypothek nach Art. 40, 44 des Gesetzes vom 29. Mai 1886, Aenderungen der Bestimmungen über die Zwangsvollstreckung in das unbewegliche Vermögen betreffend.

Nicht die gesamte Thätigkeit des Rechtsanwalts, die sich auf bürgerliche Rechtsstreitigkeiten bezieht, fällt unter den § 1 der R.G.O. Bezweckt die Thätigkeit des Rechtsanwalts nicht die Vorbereitung oder die Einleitung des Prozesses, ist sie vielmehr dazu bestimmt, das gerichtliche Verfahren zu vermeiden, so sind die landesrechtlichen Gebührenbestimmungen maßgebend. Hiezu gehören insbesondere die Eingaben an die zur Vertretung des Gegners berufene Behörde und die Schreiben an den Gegner des Auftraggebers, welche der Einleitung eines Rechtsstreits vorausgehen und den Rechtsstreit überflüssig machen sollen. Ebensowenig fällt unter den § 1 der R.G.O. die Thätigkeit des Rechtsanwalts, die erst darauf gerichtet ist, die materiellrechtliche Grundlage für ein gerichtliches Verfahren zu schaffen, z. B. die Mahnungen, Kündigungen oder Schreiben ähnlicher Art. In allen diesen Fällen steht dem Rechtsanwalt eine Gebühr aus Art. 6 nicht zu, wenn es zu einem Rechtsstreite kommt und dem Rechtsanwalte die ganze Prozeßgebühr oder eine Gebühr aus § 44 der R.G.O. zusteht. Erhält der Rechtsanwalt nur die Hälfte der Prozeßgebühr auf grund des § 14 der R.G.O., so ist die besondere Gebühr des Art. 6 nicht vorzuenthalten, da die Eingabe an die zur Vertretung des Gegners berufene Behörde oder das Schreiben an den Gegner ebenso wie die Einreichung der Klageschrift oder die Zustellung des Schriftsatzes in dem Falle des § 14 der R.G.O. eine Erhöhung der Informationsgebühr rechtfertigt (Art. 6 Abs. 5 Halbsatz 1). Nur die Informationsgebühr fällt in den Fällen des Abs. 5 Halbsatz 1 weg, nicht dagegen die Gebühr für die Eingabe an die Behörde nach Art. 8 oder die Gebühr für das Schreiben nach Art. 9.

Betrifft die Thätigkeit des Rechtsanwalts eine Mahnung, Kündigung oder ein ähnliches Schreiben, das der Einleitung einer Zwangsvollstreckung vorausgeht, so erhält der Rechtsanwalt eine besondere Informationsgebühr hiefür nicht, wenn er den Antrag auf Einleitung der Zwangsvollstreckung stellt. Die Informationsgebühr kommt ihm zu, wenn er eines jener Schreiben gefertigt, hierauf die Partei selbst oder für sie ein Vertreter den Antrag auf Einleitung der Zwangsvollstreckung gestellt hat und der Rechtsanwalt erst später wieder, wenn auch in demselben Zwangsvollstreckungsverfahren, für die Partei thätig wird; die der Zwangsvollstreckung vorausgehende Thätigkeit und die auf die Zwangsvollstreckung bezügliche Thätigkeit müssen demnach zusammenhängen, wenn die Informationsgebühr für jene Schreiben wegfallen soll (Art. 6 Abs. 5 Halbsatz 2). Nur für die eines jener Schreiben betreffende Informationsthätigkeit erhält der Rechtsanwalt eine Informationsgebühr nicht; sie kommt ihm aber zu für die den Antrag auf Einleitung der Zwangsvollstreckung betreffende Informationsthätigkeit, wenn die Vergütung für den Antrag sich nach den Art. 4 ff. bemißt (Art. 6 Abs. 4, Art. 8). Für den Antrag auf Einleitung der Zwangsvollstreckung kann dem Rechtsanwalt eine Gebühr, abgesehen von Art. 8, auf grund des § 23 Nr. 2 der R.G.O., des § 2 der Allerhöchsten Verordnung vom 25. September 1879 (Art. 28 Abs. 4), des Art. 17 Abs. 2 oder des Art. 19 Abs. 2 zustehen.

Im Interesse einer geordneten Kasse- und Rechnungsführung des Rechtsanwalts würde es liegen, zu bestimmen, daß in den Fällen des Abs. 5 zwar eine Informationsgebühr gewährt werde, daß sie aber auf die Zwangsvollstreckungsgebühr anzurechnen sei. Hievon muß aber abgesehen werden, da über die dem Rechtsanwalte nach der Reichsgebührenordnung (§ 23 Nr. 2) zukommende Vergütung hier nicht verfügt werden kann. (Motive.)

1. Siehe Gebührentabelle im Anhang.

2. Hiedurch ist eine Ausnahme von der allgemeinen Bestimmung des § 8 der R.G.O., wonach der Mindestbetrag einer Gebühr nur 1 ℳ beträgt, geschaffen.

3. Die Erhöhung kann auf 3-, 4- oder 5-Zehnteile der vollen Gebühr erfolgen.

4. Hinsichtlich des Begriffes und des Umfangs der Instanz siehe Näheres auch bei Wochinger, Prozeßgeb.Ges. §§ 28, 30, 31 des R.G.K.G. Seite 46 ff. und §§ 25 ff. der R.G.O. f. R.A. Seite 211 ff.

5. Die Informationsgebühr wird für jeden Auftrag gesondert berechnet.

Es liegt aber nur ein Auftrag vor, wenn mehrere Beteiligte, die unter einander in Rechtsgemeinschaft stehen, den Rechtsanwalt gleichzeitig oder nacheinander zu ihrer Vertretung bestellen. In diesen Fällen kann die Informationsgebühr mit Rücksicht darauf, daß eine berücksichtigungswerte Mehrarbeit für den mehrere Beteiligte vertretenen Anwalt nicht notwendig entsteht, nur einmal und zwar aus dem Gesamtbetrage der Anteile oder aus der Wertsgegenstandssumme des Rechtsgeschäfts berechnet werden.

Was die Haftung der einzelnen Beteiligten dem Rechtsanwalte gegenüber anlangt, so erstreckt sich dieselbe auf die aus ihrem Anteilsbetrage sich berechnende zwei Zehnteils-Gebühr. Z. B.: Drei Geschwister sind als Erben ihres Onkels zu ein Viertel des Nachlasses desselben eingesetzt. Beträgt nun der die Geschwister betreffende Gesamt-Anteil 6000 ℳ, so berechnet sich die Informationsgebühr auf 11 ℳ 20 ₰ und ist jedes der Geschwister dem Rechtsanwalte gegenüber für 7 ℳ 20 ₰ verhaftet. Vergleiche hieher § 3 der R.G.O. f. R.A., dann § 3 der R.C.P.O. (R.Ger.E. Bd. 33 S. 427, J. W. 1901 S. 717.)

6. Es muß eine zur Information zu zählende Thätigkeit vorliegen.

7. Die Ermäßigung der Informationsgebühr auf die Hälfte bezweckt, eine Gebührengleichheit mit der Vorschrift des § 23 der R.G.O. herbeizuführen. Da der Rechtsanwalt nach Art. 8 für die Eingabe an eine Behörde zwei Zehnteile der vollen Gebühr erhält, so berechnet sich in der Zwangsvollstreckungsinstanz seine Gebühr im Zusammenhalte mit der hiefür bestimmten halben Informationsgebühr auf den gleichhohen Betrag wie den der Gebühr nach § 23 der R.G.O.

8. Nach § 44 der R.G.O. steht dem Rechtsanwalte, welcher lediglich den Verkehr der Partei mit dem Prozeßbevollmächtigten führt, eine Gebühr in der Höhe der Prozeßgebühr zu.

Ueber die Voraussetzung zum Bezuge dieser Gebühr siehe die Anmerkungen zu § 44 der R.G.O. (Wochinger, Prozeßgeb.Ges. S. 226).

Art. 7.

Der Rechtsanwalt erhält für die Erteilung eines Rates ein Zehnteil der vollen Gebühr[1][2].

Hat der Rechtsanwalt im Anschluß an die Erteilung des Rates eines der in den Artikeln 8 bis 12 bezeichneten Geschäfte vorzunehmen, für das nach diesen Artikeln oder

nach Artikel 13 eine besondere Gebühr anzusetzen ist, so kann die Gebühr für das Geschäft nur gefordert werden, soweit sie die Gebühr für den Rat übersteigt[3]).

Eine besondere Gebühr neben der Gebühr für die Information erhält der Rechtsanwalt für die Erteilung eines Rates. Der Begriff der Ratserteilung ist derselbe, wie im § 47 der Reichsgebührenordnung für Rechtsanwälte. Nicht jede Aeußerung über nebensächliche Punkte ist als Ratserteilung anzusehen, sondern nur eine Aeußerung die für die Beurteilung und Auffassung einer Angelegenheit und demnächst für die Art und Weise ihrer Behandlung von Einfluß und Bedeutung ist. Wird eine Angelegenheit in mehreren unmittelbar aufeinander folgenden Besprechungen behandelt, so liegt regelmäßig nur eine einmalige, wenn auch nach und nach die ganze Angelegenheit umfassende Ratserteilung vor (Entscheidungen des Ehrengerichtshofs für deutsche Rechtsanwälte Band 3 S. 9, Band 4 S. 63, Band 8 S. 247).

. Besteht zwischen der Erteilung des Rates und einem anderen von dem Rechtsanwalte vorgenommenen Geschäft ein innerer Zusammenhang, so erhält der Rechtsanwalt neben der Gebühr für dieses Geschäft nicht noch eine Gebühr für die nur vorbereitende Ratserteilung, wenn der Rat mündlich erteilt wird; er erhält die Gebühr für das Geschäft nur insoweit, als sie die Gebühr für den Rat übersteigt (Abs. 2). Für einen schriftlich erteilten Rat gilt diese Beschränkung nicht (Art. 9 Abs. 3). (Motive.)

1. Die Gebühr des Art. 7 ist eine Einzelgebühr d. h. sie kann unabhängig von weiteren Gebühren nur für sich allein zur Erhebung kommen.

2. Verschieden von dem „Rat" ist das ausgearbeitete Gutachten mit juristischer Begründung, für welches der Rechtsanwalt eine angemessene Vergütung nach § 88 der R.G.O. zu beanspruchen hat.

Sind mehrere Rechtsangelegenheiten mit verschiedenen Objekten Gegenstand der Ratserteilung gewesen, so ist die Gebühr für jede Angelegenheit gesondert zu berechnen. Unerheblich ist aber, ob mehrere Rechtsfragen erörtert werden. Vergleiche hieher auch R.Ger.E., II. Str. S. v. 5. 10. 86 (J.W. 459. III. 5).

Der Rechtsanwalt erhält gegebenen Falls für Information und Ratserteilung zusammen drei Zehnteile der vollen Gebühr, was der Gebühr nach § 47 d. R.G.O. entspricht.

Im Falle der Erledigung des Auftrages vor beendeter Ratserteilung bemißt sich die Gebühr nach Maßgabe des Art. 13 und beträgt mindestens eine Mark. Siehe auch Art. 13.

3. Diese Vorschrift ist nur anwendbar, wenn dem Rechtsanwalte für das Geschäft eine höhere als die Einzehntel-Gebühr zusteht. Hat derselbe für das Geschäft 2-, 3-, 4- oder 5-Zehnteile der vollen Gebühr zu erhalten, so berechnet sich, soferne er die Gebühr des Art. 7 zum Ansatze bringt, die Gebühr für das Geschäft nur nach 1-, 2-, 3- oder 4-Zehnteilen. Z. B.: Der Rechtsanwalt hat in einer Handelsregisterangelegenheit nach Informationsentgegennahme und Ratserteilung an die Registerbehörde eine Erklärung eingereicht. Bei einer Wertsgegenstandssumme von 1000 ℳ hat nun der Rechtsanwalt 5 ℳ 60 ₰ Informationsgebühr, 2 ℳ 80 ₰ für Ratserteilung und nur noch 2 ℳ 80 ₰ = $^1/_{10}$ als Gebühr des Art. 8 anzusprechen.

Art. 8.

Der Rechtsanwalt erhält zwei Zehnteile der vollen Gebühr, jedoch mindestens zwei Mark, für Anträge, Erklärungen und Beschwerden [1]) bei Behörden [2]). Die Gebühr kann bis auf vier Zehnteile der vollen Gebühr erhöht [3]) werden, wenn die Thätigkeit des Rechtsanwalts besonders weitläufig oder schwierig ist.

Hat der Rechtsanwalt die einem Antrag oder einer Erklärung zu grunde liegende Urkunde entworfen und erhält er hiefür eine Gebühr nach Artikel 12, so steht ihm für den Antrag oder für die Erklärung die Gebühr aus Abs. 1 nur dann zu, wenn der Antrag oder die Erklärung eine das Sach- und Rechtsverhältnis entwickelnde Darstellung enthält und deren Einreichung vom Auftraggeber verlangt wird [4]).

Für bloße Benachrichtigungen, Beschleunigungsgesuche, kurze Anzeigen, Gesuche um Abschriften oder Ausfertigungen und für ähnliche Schreiben erhält der Rechtsanwalt nur Schreibgebühren [5]).

Für bloße Benachrichtigungen, Beschleunigungsgesuche, kurze Anzeigen und Schreiben ähnlicher Art an Behörden erhält der Rechtsanwalt nur Schreibgebühren (Abs. 3), für alle übrigen Anträge, Erklärungen und Beschwerden bei Behörden dagegen die besondere Gebühr des Art. 8.

Alle Eingaben an Behörden gehören hieher, gleichviel ob die Eingabe an eine Staatsbehörde oder an eine Gemeindebehörde, ob an die in der Sache entscheidende oder an eine ersuchte oder sonst mit Ermittelungen befaßte Behörde gerichtet ist. Es begründet auch keinen Unterschied, ob die Behörde als Trägerin staatlicher Funktionen oder als Vertreterin privatrechtlicher Interessen, z. B. als Vertreterin des Fiskus angegangen wird.

Der Rechtsanwalt erhält die Gebühr für die Anfertigung des Antrags, der Erklärung oder der Beschwerde. Die Gebühr ist demnach mit der Anfertigung, nicht erst mit der Einreichung bei der Behörde, verdient. Es ist deshalb auch gleichgiltig, ob der Rechtsanwalt das Schreiben selbst unterschreibt oder von dem Auftraggeber unterschreiben läßt.

Gemäß § 5 der R.G.O., der nach Art. 27 Abs. 1 Anwendung

findet, erhält der Rechtsanwalt die Gebühr aus Art. 8 auch dann, wenn er die Eingabe nicht selbst verfertigt, sondern nur unterzeichnet.

Die Bestimmung des Abs. 2 entspricht wohl in der Regel dem Willen der Beteiligten.

In der Regel werden zwei Zehnteile der vollen Gebühr für Anträge, Erklärungen und Beschwerden an Behörden, die nicht unter den Abs. 3 fallen, genügen. Ausnahmsweise darf aber mit Rücksicht auf die Beschaffenheit des einzelnen Falles die Gebühr bis zu vier Zehnteilen erhöht werden. Auch hier gilt das zu Art. 6 Abs. 1 Satz 2 Bemerkte. Wie in der Verordnung für die Angelegenheiten der Verwaltung und der Verwaltungsrechtspflege ist eine den Mindestsatz des § 8 der R.G.O., den Betrag von 1 *M*, übersteigende Mindestgebühr festgesetzt. (Motive.)

1. Ohne Belang ist, wie die vom Rechtsanwalte gefertigte Eingabe bezeichnet ist, z. B. ob als Antrag, Gesuch oder Mitteilung. Voraussetzung ist nur, daß dieselbe nicht eine einfache Benachrichtigung z. B. eine Wohnungs- oder Aufenthaltsmitteilung, nicht ein Erinnerungsschreiben oder ein Gesuch um Abschriften, Ausfertigungen oder um Kostenbekanntgabe ist.

2. Nur die Eingaben an Behörden (Staats-, Kirchen- und Gemeindebehörden), dann an die Verwaltungen öffentlicher Stiftungen fallen unter den Art. 8, die Eingaben an Privatpersonen (Versicherungsgesellschaften, Vereine und Privatbureaux) hingegen unterliegen der Gebührenvorschrift des Art. 9.

3. Die Erhöhung tritt ein auf drei oder vier Zehnteile der vollen Gebühr.

Erledigt sich der Auftrag bevor der Antrag u. s. w. bei der Behörde eingereicht ist, so berechnet sich die Gebühr für das unvollständige Geschäft nach der Vorschrift des Art. 13 und beträgt mindestens 2 *M*. Siehe Art. 13.

4. Nach Art. 12 erhält der Rechtsanwalt für den Entwurf der Urkunde über ein Rechtsgeschäft zwei bis fünf Zehnteile ausnahmsweise mehr bis zur vollen Gebühr.

Ist neben der Urkunde noch eine das Sach- und Rechtsverhältnis entwickelnde Darstellung nötig und wird deren Einreichung vom Auftraggeber verlangt, so hat der Rechtsanwalt neben der Gebühr des Art. 12 auch noch die Gebühr des Art. 8 Abs. 1 anzusprechen.

5. Die Schreibgebühr beträgt nach § 80 des R.G.K.G. § 76 der R.G.O. f. R.A. (vergleiche auch Wochinger, Prozeßgeb.Ges. S. 101 u. 243) für die Seite, welche mindestens zwanzig Zeilen von durchschnittlich zwölf Silben enthalten muß, 10 *ℌ*. Zu beachten ist, daß für die Aufschriften auf Briefumschlägen oder Pakethüllen Schreibgebühren nicht berechnet werden dürfen.

Art. 9.

Der Rechtsanwalt erhält ein Zehnteil der vollen

Gebühr für Abfassung eines Schreibens an eine andere Privatperson [1]) als den Auftraggeber, wenn es rechtliche Ausführungen oder sachliche Auseinandersetzungen enthält [2]).

Für die der Einleitung eines Prozesses oder einer Zwangsvollstreckung vorausgehenden Mahnungen, Kündigungen oder Schreiben ähnlicher Art kann diese Gebühr nicht gefordert werden, wenn dem Rechtsanwalte die Prozeßgebühr, eine Gebühr nach § 44 der Reichsgebührenordnung für Rechtsanwälte oder eine Gebühr für den Antrag auf Einleitung der Zwangsvollstreckung zusteht [3]).

Auf ein Schreiben an den Auftraggeber, das einen von diesem erbetenen Rat enthält, findet die Bestimmung des Art. 7 Abs. 1, auf ein Gutachten mit juristischer Begründung die Bestimmung des § 88 der Reichsgebührenordnung für Rechtsanwälte Anwendung [4]).

Für andere Schreiben erhält der Rechtsanwalt nur Schreibgebühren [5]).

Für Schreiben an den Auftraggeber steht dem Rechtsanwalt eine besondere Gebühr nur dann zu, wenn sie eine Ratserteilung oder ein Gutachten mit juristischer Begründung enthalten (Abs. 3).

Für Schreiben an eine andere Privatperson als den Auftraggeber steht dem Rechtsanwalt eine besondere Gebühr in der Höhe von einem Zehnteile der vollen Gebühr nur dann zu, wenn sie rechtliche Ausführungen oder sachliche Auseinandersetzungen enthalten.

Unter den Abs. 1 fallen auch die der Einleitung eines Prozesses oder einer Zwangsvollstreckung vorausgehenden Mahnungen, Kündigungen oder Schreiben ähnlicher Art. Schon bisher wurde vielfach in der Praxis angenommen, daß für sie eine besondere Gebühr neben der Prozeßgebühr oder der Zwangsvollstreckungsgebühr nicht beansprucht werden kann. Die gegenwärtige Verordnung steht auf demselben Standpunkte (Abs. 2). Die Gebühren, die für den Antrag auf Einleitung der Zwangsvollstreckung in Betracht kommen können, sind in dem vorletzten Absatze der Begründung zum Art. 6 bezeichnet. (Motive.)

1. Zu den Privatpersonen sind auch die juristischen Personen (§§ 21 bis 89 des B.G.B.), dann Handelsgesellschaften (§ 6 des H.G.B.) zu zählen.

2. Neben der Gebühr des Abs. 1 kann bei gegebener Voraussetzung auch eine Gebühr nach Art. 6 anfallen.

3. Nach dem gegenwärtigen Rechtszustande fallen nicht unter § 1 der R.G.O. Mahnbriefe, Kündigungsschreiben u. dgl. und war die Feststellung einer Gebühr für diese Art der Thätigkeit der Rechtsanwälte der Landesgesetzgebung überlassen. (Siehe auch Bl. f. R.A. Bd. 63 S. 49, 412, J.W. 1901 S. 119.) Durch den Art. 9 ist nun zunächst eine Gebühr von ein Zehnteil hiefür festgesetzt worden mit der Einschränkung des Wegfalles jedoch, soferne die Voraussetzung des Abs. 2 gegeben ist, weil in diesen Fällen die obenerwähnte Thätigkeit der Rechtsanwälte als zum Prozeßbetrieb gehörend zu betrachten ist und durch die Prozeßgebühr beglichen wird. (Siehe auch Beschl. des Ob.L.G. Bamberg v. 20. April 1901, Slg. d. Entschdg. n. F. Bd. II. S. 899.)

Was nun die Ersatzmäßigkeit der dem Rechtsanwalte für Mahn- oder Kündigungsschreiben zustehenden Gebühr anlangt, so dürfte diese Frage im allgemeinen zu verneinen sein.

Unbestritten hat der Schuldner dem Gläubiger nach § 286 des B.G.B. den durch seinen Verzug entstehenden Schaden zu ersetzen. Der Ersatz umfaßt aber nur den durch den Verzug herbeigeführten und durch zweckentsprechende Rechtsverfolgung entstandenen Schaden nicht aber den durch überflüssige Maßnahmen des Gläubigers erwachsenen weiteren Schaden.

Für die hier in Betracht kommenden Willenserklärungen des Gläubigers schreibt das Bürgerliche Gesetzbuch eine Schriftform nicht vor und kann daher ein jeder des Schreibens Kundige seine Rechte mittelst einfacher Mahnung oder Zahlungsaufforderung auch ohne Inanspruchnahme eines Rechtsanwaltes wahren. Will er dies, sei es aus Bequemlichkeit oder sonstigen Gründen, nicht thun und bei der denkbar einfachsten Sach- und Rechtslage einen Anwalt bemühen, so thut er dies auf seine Kosten und kann die hiedurch erwachsenen Kosten keinesfalls dem Schuldner aufbürden. (Vergleiche hieher Mugdan-Falkmann, Rechtsprechg. der Oberlandesgerichte, Bd. 2 S. 428, Bd. 3 S. 168; Bl. f. R.A. Bd. 63 S. 302, 415, Juristen-Ztg. 1901 S. 240, § 287 der R.C.P.O.).

Siehe hingegen Abhandlung bei Merzbacher (S. 55), welcher die Frage der Ersatzmäßigkeit der Mahnschreiben bejaht.

Erfüllt auf außergerichtliche Mahnung hin der Schuldner seine Leistung teilweise und erhebt der Gläubiger wegen der restigen Leistung Klage, so können die auf außergerichtliche Mahnung erwachsenen für die Teilleistung auszuscheidenden Kosten nur neben dem Hauptanspruche als Nebenforderung verlangt nicht aber als Prozeßkosten liquidiert werden.

Siehe auch Art. 6 Abs. 5 u. Anmerkg. hiezu.

4. Ueber die Höhe der Vergütung nach § 88 der R.G.O. wird im Prozeßwege nach eingeholtem Gutachten des Vorstandes der Anwaltskammer, welcher der betreffende Rechtsanwalt als Mitglied angehört, entschieden.

Im Falle der Zurücknahme des Auftrages beträgt die Mindestgebühr 1 *M*. Siehe auch Art. 13.

5. Siehe Anmerkg. 5 zu Art. 8.

Art. 10.

Für die Wahrnehmung eines Termins[1]) vor einer Behörde[2]) erhält der Rechtsanwalt drei Zehnteile der vollen Gebühr, jedoch mindestens drei Mark; werden in derselben Instanz mehrere Termine wahrgenommen, so beträgt die Gebühr für den zweiten und für jeden weiteren Termin zwei Zehnteile der vollen Gebühr, jedoch mindestens zwei Mark (Terminsgebühr).

Für die Wahrnehmung eines Termins, der nur zur Uebernahme oder zur Ablieferung von Geldern oder Wertpapieren[3]) bestimmt ist, erhält der Rechtsanwalt eine Terminsgebühr nur dann, wenn die Uebernahme oder die Ablieferung in dem Termine nicht stattfindet. Die Gebühr beträgt in diesem Falle ein Zehnteil der vollen Gebühr, jedoch nicht mehr als die Gebühr für die Uebernahme oder die Ablieferung betragen hätte[4]).

Der Rechtsanwalt erhält auf grund dieses Artikels eine Gebühr für die Wahrnehmung eines Termins vor einer Behörde. Unter den Artikel fällt demnach nicht jede Thätigkeit des Rechtsanwalts außerhalb seiner Geschäftsräume an einem hiezu bestimmten Orte zu einer bestimmten Zeit, sondern nur die Thätigkeit vor einer Behörde, wenn auch in einem außerhalb der Geschäftsräume der Behörde abgehaltenen Termine. Leistet der Rechtsanwalt seinem Auftraggeber Beistand bei einer Besprechung mit einem Dritten an einem hiezu bestimmten Orte außerhalb seiner Geschäftsräume, so ist die Gebühr auf grund des Art. 26 zu bestimmen.

Es ist gleichgiltig, ob der Rechtsanwalt als Vertreter oder als Beistand den Termin wahrnimmt (Art. 27 Abs. 1, § 4 der R.G.O.). Er erhält die Terminsgebühr, wenn er in dem Termine zum Zwecke der Wahrung der Rechte des Auftraggebers anwesend ist, und zwar in der Regel auch dann, wenn der Termin sofort vertagt wird, ohne daß es zu einer Thätigkeit des Rechtsanwalts in der Sache selbst kommt. Ob nicht der Anspruch auf eine Gebühr im einzelnen Falle wegfällt, weil die Hinderungsursache in der Person des Rechtsanwalts ihren Grund hat oder weil der Rechtsanwalt die Vertagung noch rechtzeitig vor dem Termine schriftlich hätte beantragen können, ist nach der Lage des Falles zu bestimmen.

Der Abs. 2 behandelt den Fall, daß ein Termin lediglich zur Uebernahme oder zur Ablieferung von Geldern oder Wertpapieren bestimmt ist. Wenn die Uebernahme oder die Ablieferung in dem Termine stattfindet, erhält der Rechtsanwalt nur die Gebühr auf grund des Art. 27 Abs. 1, § 87 der R.G.O. Eine Terminsgebühr erhält der Rechtsanwalt, wenn die Uebernahme oder die Ablieferung in dem Termine nicht stattfindet, gleichviel, ob sie überhaupt unterbleibt oder später noch erfolgt.

Wie in der K. Verordnung für die Angelegenheiten der Verwaltung und der Verwaltungspflege sind für die Fälle des Abs. 1

Mindestgebühren, die den Betrag von 1 ℳ übersteigen, bestimmt. (Motive.)

1. Neben der Informationsgebühr und eventuell der Gebühr nach Art. 8 erhält der Rechtsanwalt für das persönliche Erscheinen in einem Termine die sogenannte Terminsgebühr. Hat er sich durch einen anderen Rechtsanwalt vertreten lassen, so steht ihm die Gebühr nur einmal zu. Die Gebühr erhöht sich im Falle der Wahrnehmung eines zweiten oder eines dritten Termins in derselben Instanz auf fünf- u. bzw. sieben Zehnteile. In derselben Instanz jedoch steht dem Rechtsanwalte an Terminsgebühren nicht mehr als eine volle Gebühr zu. (Siehe Art. 14 Abs. 2.)

2. Die Gebührenbestimmung des Art. 10 kommt auch zur Anwendung für die Wahrnehmung eines außerhalb der Geschäftsräume der Behörde (z. B. bei den sogenannten auswärtigen Gerichtstagen) abgehaltenen Termines. Voraussetzung ist aber, daß der Termin vor einer Behörde nicht vor einer Privatperson wahrgenommen wird.

Falls der Termin vor einem dritten an einem hiezu bestimmten Orte außerhalb der Geschäftsräume des Rechtsanwalts wahrgenommen wird, so erhält der Rechtsanwalt nach Art. 26 und § 89 der R.G.O. eine unter entsprechende Anwendung der Bestimmungen dieser Verordnung oder der Reichsgebührenordnung zu bemessende Gebühr. Diese Gebühr beträgt mindestens 3 bzw. 2 ℳ und höchstens drei bzw. zwei Zehnteile der vollen Gebühr.

Im Falle der Zurücknahme des Auftrages, bevor der Termin begonnen hat, der Rechtsanwalt aber zur Wahrnehmung desselben sich schon im Gerichtsgebäude oder auf dem Wege zu demselben befindet, ist die Vorschrift des Art. 13 maßgebend. Die hienach zu bemessende Mindestgebühr beträgt 3 ℳ.

3. Für die Erhebung und Ablieferung von Geldern erhält der Rechtsanwalt eine Gebühr:

von 1 ℳ für jedes angefangene Hundert des Betrages bis 1000 ℳ;

von 50 ₰ für jedes angefangene Hundert des weiteren Betrages bis 10000 ℳ;

von 25 ₰ für jedes angefangene Hundert des Mehrbetrags.

Für Erhebung und Ablieferung von Wertpapieren erhält der Rechtsanwalt nach Maßgabe des Wertes die Hälfte der vorstehenden Gebühren.

Die Gebühr für Erhebung und Ablieferung von Geldern kann von diesen bei der Ablieferung entnommen werden.

Siehe Art. 27 Abs. 1, § 87 der R G.O. und Tabelle auf S. 263 bei Wochinger, Prozeßgeb.Ges.

Ueber Berechnung des Wertes ausländischer Geldsorten und Wertpapiere und über den Begriff Wertpapiere siehe Hinterlegungsgebührenordnung S. 233.

4. Die Mindestgebühr in diesem Falle ist bei Geldern 1 ℳ, bei Wertpapieren 50 ₰. Bei der Uebernahme oder Ablieferung von Kostbarkeiten erhält der Rechtsanwalt die Gebühren nach Abs. 1.

Werden Gelder und zugleich Wertpapiere von zusammen unter 100 ℳ Wert übernommen oder abgeliefert, so beträgt die Mindestgebühr 1 ℳ.

Art. 11.

Für die Mitwirkung beim Abschluß eines Vergleichs[1]) erhält der Rechtsanwalt die volle Gebühr[2]).

Der Art. 11 enthält die Bestimmung über die Vergütung der Thätigkeit des Rechtsanwalts aus Anlaß der Mitwirkung bei dem Abschluß eines Vergleichs. Ihre Aufnahme erscheint besonders angezeigt im Hinblick auf die oft vorkommende Verbeistandung von Parteien bei Vergleichsverhandlungen vor den Vormundschafts- und Nachlaßgerichten in Fällen, in denen ein Auftrag zur Klagestellung dem Rechtsanwalt noch nicht oder nur für den Fall erteilt ist, daß ein Vergleich nicht zu stande kommt. Bei der Regelung der Vergütung ist von der Bestimmung des § 13 Abs. 1 Nr. 3 der R.G.O. ausgegangen.

Vorschriften für den Abschluß von Vergleichen in einem Sühneverfahren (§ 37 R.G.O.) sind ebensowenig veranlaßt, wie Vorschriften für Sühneverfahren überhaupt.

Wird der Vergleich in einem Termine vor einer Behörde abgeschlossen, so erhält der Rechtsanwalt neben der Vergleichsgebühr noch die Gebühr für die Wahrnehmung des Termins. Die sämtlichen Terminsgebühren und die Vergleichsgebühren sollen aber fünfzehn Zehnteile der vollen Gebühr nicht übersteigen (Art. 14 Abs. 3). (Motive.)

Für den Begriff „Vergleich" sind die Bestimmungen des B.G.B. § 779 maßgebend.

1. Voraussetzung zum Bezug der Vergleichsgebühr ist, daß der Rechtsanwalt zum Vergleichsabschlusse mitgewirkt hat. Seine Anwesenheit jedoch ist bei der Protokollierung des Vergleichs nicht nötig.

Der Vergleich verdient um deswillen hinsichtlich der Gebührenzumessung besondere Berücksichtigung, da denselben regelmäßig ausführliche Erörterungen, längere, eingehendere Verhandlungen vorausgehen, welche auch größeren Zeitaufwand bedingen.

Die Vergleichsgebühr kann nicht gefordert werden, wenn der Vergleich für die Parteien nicht bindend ist. Die Wertgegenstandssumme bestimmt sich nach dem Anspruch, welcher durch den Vergleich erledigt wird, nicht nach der Vergleichssumme.

2. Die Gebührenbestimmung im Art. 11 deckt sich mit jener des § 13 Nr. 3 der R.G.O. und wird auch häufig neben derselben zur Anwendung kommen, wie nachstehendes Beispiel ersehen läßt.

In einem Rechtsstreite über 3000 ℳ wird ein Vergleich dahin abgeschlossen, daß Beklagter für Abfindung der Klagsansprüche an den Kläger 2500 ℳ bezahlt. Weiter vergleichen sich die Streitsteile dahin, daß Kläger aus einem anderen Rechtsgeschäfte, bezüglich dessen unter den Parteien gleichfalls Differenzen bestehen und das einem Wert von 4000 ℳ entspricht, zur Abschneidung eines Prozesses an den Beklagten 2000 ℳ bezahlt.

An Gebühren hätte nun der Rechtsanwalt in diesem Falle anzusprechen:

a) die volle Gebühr aus 3000 ℳ nach § 13 Nr. 3 der R.G.O. (abgesehen von den Gebühren nach § 13 Nr. 1). Eventuell fünf Zehnteile im Falle der §§ 13 Nr. 2 u. 18. und daneben

b) die volle Gebühr aus 4000 ℳ nach Art. 11. (Abgesehen von weiteren Gebühren nach Art. 6—10.)

Erstere Gebühr unter lit. a kann im Kostenfestsetzungsverfahren geltend gemacht werden, letztere nicht, da die Kostenfestsetzung sich nur auf jene Gebühren erstreckt, welche im Rechtsstreite erwachsen sind, während die Gebühr unter lit. b für einen Gegenstand zur Erhebung gelangt, der nicht zum beigelegten Rechtsstreit gehört und wegen dessen nur Gebühren, sowohl Staats- wie Rechtsanwaltsgebühren, auf grund landesgesetzlicher Vorschriften zum Ansatz kommen können. (Vergleiche hieher auch Jur. Zeitschrift XVII. S. 416, R.Ger.E. v. 17. Jan. 1885, Bureaublatt 1885 S. 28.)

3. Ist der dem Rechtsanwalte erteilte Auftrag ausschließlich darauf gerichtet, einen Vergleich abzuschließen und sind seine Bemühungen erfolglos gewesen, so bemißt sich seine Gebühr nach Art. 13.

4. Hinsichtlich des Höchstbetrages der Gebühr im Zusammenhalte mit der Terminsgebühr vergleiche Art. 14 Abs. 3.

Art. 12.

Für das Entwerfen[1]) der Urkunde[2]) über ein Rechtsgeschäft erhält der Rechtsanwalt zwei bis fünf Zehnteile der vollen Gebühr. Wenn die Thätigkeit des Rechtsanwalts besonders weitläufig oder schwierig ist, kann die Gebühr bis auf den Betrag der vollen Gebühr erhöht werden[3]).

Es sind keine Bestimmungen darüber aufgenommen, ob der Rechtsanwalt die Gebühr mehrfach beanspruchen kann, wenn er zu demselben Geschäfte mehrere Entwürfe der Urkunde fertigt. Ob er für jeden dieser Entwürfe eine besondere Gebühr zu beanspruchen hat, ist nach Lage des einzelnen Falles zu entscheiden; nur eine einzige Gebühr wird insbesondere dann am Platze sein, wenn der Rechtsanwalt zur Auswahl oder zu seiner eigenen Information mehrere Entwürfe gefertigt hat oder wenn aus Verschulden des Rechtsanwalts mehrere Entwürfe gefertigt werden mußten. In den Fällen, in denen nur eine einzige Gebühr für mehrere Entwürfe begehrt werden kann, wird unter Umständen die Thatsache, daß mehrere Entwürfe gefertigt werden mußten, als eine besondere Schwierigkeit für die Bemessung der Gebühr innerhalb des Rahmens des Gebührensatzes des Art. 12 in Betracht zu ziehen sein.

Bei der außerordentlichen Mannigfaltigkeit der Fälle und bei der großen Schwierigkeit der Herstellung des Entwurfs von Urkunden für einzelne Arten von Geschäften war es angezeigt, nach dem Vorbilde des § 15 der sächsischen Kostenordnung für Rechtsanwälte und Notare einen weiteren Spielraum für die Festsetzung der Gebühr im einzelnen Falle zu lassen. (Motive.)

1. Neben der Gebühr des Art. 12 kann auch noch die Informationsgebühr (Art. 6) in Frage kommen.

2. Hinsichtlich des Gebührenansatzes für die begonnene oder vorbereitete Ausführung des Auftrages siehe die Bestimmung des Art. 13.

Für die Berechnung der Wertsgegenstandssumme sind die Vorschriften der §§ 9, 9a, 11 bis 13 des R.G.K.G. bestimmend.

Art. 13.

Hat der Rechtsanwalt eines der in den Artikeln 7 bis 12 genannten Geschäfte[1]) vorbereitet oder begonnen, erledigt sich aber der Auftrag vor der vollständigen Ausführung, so erhält der Rechtsanwalt eine unter entsprechender Anwendung der Bestimmungen dieser Artikel zu bemessende Gebühr[2]).

Die Bestimmung entspricht dem § 90 der R.G.O. Auch der Fall des Art. 11 ist zu berücksichtigen, da der dem Rechtsanwalt erteilte Auftrag ausschließlich darauf gerichtet sein kann, einen Vergleich abzuschließen, eine Gebühr also auch für den Fall vorgesehen sein muß, daß die Bemühungen des Rechtsanwalts erfolglos sind. (Motive.)

1. Es sind dies die Geschäfte, welche betreffen die Erteilung eines Rates, die Fertigung eines Antrages, einer Erklärung oder Beschwerde bei Behörden, die Abfassung eines rechtliche Ausführungen enthaltenden Schreibens an eine dritte Person, die Wahrnehmung eines Termines, die Mitwirkung bei einem Vergleiche sowie das Entwerfen einer Urkunde über ein Rechtsgeschäft.

2. Die zu bemessende Gebühr darf natürlich die Gebühr, welche für den Fall der vollständigen Erledigung des Auftrages begründet gewesen wäre, niemals übersteigen. Beim Ausmaße dieser Gebühr sind zu berücksichtigen die vom Anwalte bereits aufgewendete Zeit, die Lage des Falles sowie der Stand der Sache im Zeitpunkt der Erledigung des Auftrages.

Die Gebühr kann auch weniger als 1 ℳ betragen (§§ 8, 90 der R.G.O.).

Art. 14.

Dem Rechtsanwalte steht in derselben Instanz an Gebühren für die in den Artikeln 6 bis 9 genannten Geschäfte aus diesen Artikeln oder aus dem Artikel 13 nicht mehr als eine volle Gebühr zu, jedoch nicht weniger als die Summe der Mindestgebühren für je eines der in Betracht kommenden Geschäfte beträgt.

An Terminsgebühren steht dem Rechtsanwalt in derselben Instanz nicht mehr als eine volle Gebühr zu; wenn er einen unter Artikel 10 Abs. 1 fallenden Termin wahrgenommen hat, erhält er mindestens drei Mark[1]).

Dem Rechtsanwalte stehen für die Mitwirkung beim Abschluß eines Vergleichs und an Terminsgebühren in der Instanz, in welcher der Vergleich abgeschlossen worden ist, nicht mehr als fünfzehn Zehnteile der vollen Gebühr zu, wenn der Vergleich vor der Behörde, bei der die Sache anhängig ist, oder vor einer ersuchten Behörde abgeschlossen worden ist[2]).

Nach § 13 der R.G.O. erhält der Rechtsanwalt in bürgerlichen Rechtsstreitigkeiten je die vollen Sätze des § 9 der R.G.O. für den Geschäftsbetrieb einschließlich der Information (Prozeßgebühr) und für die mündliche Verhandlung (Verhandlungsgebühr). Durch die Prozeßgebühr erhält der Rechtsanwalt die Vergütung für den ganzen Betrieb der Sache, insbesondere für die Information, für Ratserteilungen, für Eingaben an das Gericht und für Schriftsätze.

An diese Bestimmungen schließt sich diejenige des Art. 14 Abs. 1 an, wonach der Rechtsanwalt für Information, Ratserteilung, Eingaben und Schreiben in der Instanz zusammen nur eine einzige volle Gebühr erhält. Betragen die Mindestgebühren mehr als die volle Gebühr, so ist der Gesamtbetrag der Mindestgebühren maßgebend; es kommt aber hiebei von jeder Art der Geschäfte, die der Rechtsanwalt in der Instanz ausgeführt hat, nur ein Geschäft in Betracht. Hat z. B. der Rechtsanwalt in derselben Instanz mehrere nach Art. 8 Abs. 1 zu vergütende Anträge und mehrere nach Art. 9 Abs. 1 zu vergütende Schreiben gefertigt und sind die Gebühren aus einem Gegenstandswerte von 100 ℳ zu berechnen, so hat der Rechtsanwalt aus Art. 6 mindestens 2 ℳ, aus Art. 8 mindestens einmal 2 ℳ und aus Art. 9 mindestens einmal 1 ℳ, zusammen also mindestens 5 ℳ zu erhalten, während die volle Gebühr nur 4 ℳ beträgt.

Ebenso erhält der Rechtsanwalt an Terminsgebühren in derselben Instanz nicht mehr als eine volle Gebühr. Hat er einen nicht unter den Art. 10 Abs. 2 fallenden Termin wahrgenommen, so erhält er den im Art. 10 Abs. 1 bestimmten Mindestbetrag von 3 ℳ für die Termine in der Instanz, auch wenn die volle Gebühr weniger als 3 ℳ beträgt.

Die im Abs. 3 enthaltene Bestimmung entspricht den § 13 Abs. 1 Nr. 1, § 18 der R.G.O. (Motive.)

1. Die Terminsgebühr nach Art. 10 Abs. 1 beträgt bei einem Gegenstandswert von 1 bis 300 ℳ für den ersten Termin

3 *M*. Hat z. B. der Rechtsanwalt in einer Nachlaßsache sieben Termine wahrzunehmen gehabt, so kann er bei einer Wertgegenstandssumme von 2500 *M* nicht 12 *M* für den ersten und für die anderen 6 × 8 = 60 *M*, sondern nur die volle Gebühr mit 40 *M* beanspruchen.

2. Nach § 18 der R.G.O. steht dem Rechtsanwalte die Vergleichsgebühr nur zu fünf Zehnteilen zu, wenn ihm für denselben Streitgegenstand die volle Verhandlungsgebühr zusteht und der Vergleich vor dem Prozeßgericht oder einem ersuchten oder beauftragten Richter abgeschlossen ist.

Er erhält auch in diesem Falle nur fünfzehn Zehnteile der vollen Gebühr.

Art. 15.

Die Gebühren werden nach dem Werte des Gegenstandes erhoben.

Auf die Wertsberechnung finden die Vorschriften der §§ 9, 9a, 11 bis 13 des Gerichtskostengesetzes Anwendung [1]).

Ist der Gegenstand einer Schätzung nach Geld nicht fähig, so ist ein Wert von 200 bis 50000 Mark, wenn aber das Geschäft für den Auftraggeber ausnahmsweise von besonders hoher Bedeutung ist, ein Wert bis zu 100000 Mark anzunehmen [2]). Ist mit einem nicht vermögensrechtlichen Anspruch ein aus ihm hergeleiteter vermögensrechtlicher verbunden, so ist nur ein einziger Anspruch und zwar der höhere maßgebend [3]).

Der Abs. 1 ersetzt den § 9 Abs. 1 der R.G.O., die Abs. 2, 3 den § 10 der R.G.O.

Da die Angelegenheiten, in denen der Gegenstand einer Schätzung nach Geld nicht fähig ist, zum Teile von geringer Bedeutung sind, ist es nicht angemessen, den Wert des Streitgegenstandes für solche Angelegenheiten, wie im § 10 des G.K.G., in der Regel auf 2000 *M* und nur ausnahmsweise niedriger zu bestimmen. Es hat vielmehr die Bestimmung des Gegenstandswertes für solche Angelegenheiten nach der Besonderheit des einzelnen Falles zu erfolgen. (Motive.)

1. Für die Wertsberechnung sind zunächst die Vorschriften der R.C.P.O. §§ 3 bis 9 maßgebend, dann § 9a des R.G.K.G. hinsichtlich der Ansprüche auf Alimente, ferner § 11 über Zusammenrechnung der Gegenstände, welche ein und dieselbe Angelegenheit betreffen, § 12 über Berechnung der Gebühren für eine Thätigkeit, welche nur bezüglich eines Teils einer Rechtsangelegenheit veranlaßt wird, und § 13 hinsichtlich der Nichteinrechnung der Neben-

forderungen zum Hauptanspruch. Siehe hierüber auch Wochinger, Prozeßgeb.Ges., S. 22 ff.

2. Diese Bestimmung weicht von der Vorschrift des § 10 des R.G.K.G. ab, indem ein Spielraum für die Wertsfestsetzung von 200 bis 50000 ℳ festgesetzt und eine höhere Festsetzung ausnahmsweise bis zu 100000 ℳ zulässig ist.

Unter nicht vermögensrechtlichen Ansprüchen sind die Ansprüche zu verstehen, welche den Personen- und Familienstand betreffen.

3. Der letzte Satz des Art. 15 Abs. 3 deckt sich mit der Vorschrift des Abs. 2 des § 10 des R.G.K.G.

Die Fälle, daß mit einem nicht vermögensrechtlichen Anspruch ein aus ihm hergeleiteter vermögensrechtlicher verbunden ist, sind mit Ausnahme desjenigen hinsichtlich der Feststellung als Vater eines unehelichen Kindes und der hierauf begründeten Verpflichtung der Gewährung des Unterhaltes an dasselbe, sehr selten.

Art. 16.

Eine Gebühr kann nicht beansprucht werden für die mit der Erledigung eines Geschäfts verbundenen Nebengeschäfte und für die zur Vorbereitung eines Geschäfts erforderliche Thätigkeit, soweit nicht eine Gebühr hiefür besonders bestimmt ist. Insbesondere kann hienach eine Gebühr nicht beansprucht werden für das Entwerfen einer dem Rechtsanwalt oder von dem Rechtsanwalte zu erteilenden Vollmacht, für das Entgegennehmen von Zustellungen sowie für Vermerke zu den Handakten des Rechtsanwalts, wenn sie nur den Zweck haben, Aufschluß über seine Thätigkeit und über den Stand der Sache zu geben [1]).

Die Gebühr für die Information (Art. 6) ist nicht eine Gebühr für den Geschäftsbetrieb. Für die mit der Erledigung eines Geschäfts verbundenen Nebengeschäfte war deshalb Besonderes zu bestimmen. Ohne die Vorschrift des Art. 16 könnte aus Art. 26 abgeleitet werden, daß für die Nebengeschäfte eine besondere Vergütung beansprucht werden kann.

Die Bestimmungen über die ein Geschäft vorbereitende Thätigkeit sind in diesem Artikel und im Art. 13 enthalten. Art. 13 hat die Fälle im Auge, in denen das vorbereitete Geschäft nicht zur Ausführung gelangt, Art. 16 jene Fälle, in denen das Geschäft ausgeführt wird. Eine „besondere Gebühr" für die zur Vorbereitung eines Geschäfts erforderliche Thätigkeit ist im Art. 6 vorgesehen. (Motive.)

1. Die Thätigkeit für den Geschäftsbetrieb wird einerseits durch die Gebühr des Art. 6, andererseits durch die Einzelgebühren

für die Ratserteilung (Art. 7), für die Fertigung von Eingaben an Behörden (Art. 8), für Schreiben an Privatpersonen (Art. 9), für die Wahrnehmung von Terminen (Art. 10), für die Mitwirkung beim Abschluß eines Vergleiches (Art. 11), für das Entwerfen einer Urkunde über ein Rechtsgeschäft (Art. 12), dann durch die Gebühr für das vorbereitete oder begonnene Geschäft entlohnt.

Zu den gebührenfreien Nebengeschäften gehören auch die Eingaben an Behörden um Gestattung der Einsicht von Akten, die Einholung von Familienstandszeugnissen u. dergl., soferne sie zur Erledigung des aufgetragenen Geschäfts nötig sind und der gegebene Auftrag sich nicht auf diese Geschäfte allein beschränkt.

Art. 17.

Für die Vertretung[1]) eines Beteiligten[2]) im Verfahren der Zwangsversteigerung erhält der Rechtsanwalt drei Zehnteile der vollen Gebühr

1. für die Vertretung bis zur Einleitung des Verteilungsverfahrens[3]),
2. für die Vertretung im Verteilungsverfahren[4]).

Für die Vertretung des Antragstellers bis zur Einleitung des Verteilungsverfahrens erhält der Rechtsanwalt statt der im Abs. 1 Nr. 1 bestimmten Gebühr vier Zehnteile der vollen Gebühr, wenn er einen Antrag auf Zwangsversteigerung gestellt oder einen Versteigerungstermin wahrgenommen hat; hat er einen solchen Antrag gestellt und einen Versteigerungstermin wahrgenommen, so erhält er sechs Zehnteile der vollen Gebühr[5]).

Für die Vertretung eines anderen Beteiligten bis zur Einleitung des Verteilungsverfahrens erhält der Rechtsanwalt statt der im Abs. 1 Nr. 1 bestimmten Gebühr, wenn er einen Versteigerungstermin wahrgenommen hat, vier Zehnteile der vollen Gebühr.

Drei Zehnteile der vollen Gebühr erhält der Rechtsanwalt auch dann, wenn unter seiner Mitwirkung eine außergerichtliche Verteilung stattfindet; auf diese Gebühr wird die Gebühr für die Vertretung im Verteilungsverfahren angerechnet[6]) bis [10]).

I. Zu Art. 17—21. Die Gebühren der Rechtsanwälte in den Verfahren der Zwangsversteigerung und der Zwangsverwaltung waren bisher in den §§ 2 bis 7 der Allerhöchsten Verordnung vom 25. September 1879 (G.V.Bl. S. 1295) geregelt. Die Vorschriften dieser Allerhöchsten Verordnung konnten gemäß § 31 Abs. 2 der R.G.O. auf die Verfahren nach neuem Rechte anwendbar erklärt oder durch neue Vorschriften ersetzt werden. Da das Verfahren nach dem Reichsgesetze vom 24. März 1897 über die Zwangsversteigerung und die Zwangsverwaltung von dem bisherigen landesrechtlichen Verfahren schon hinsichtlich der Zwangsversteigerung (vergl. z. B. Art. 87 der Subhastationsordnung, § 132 des Gesetzes vom 24 März 1897), noch mehr aber hinsichtlich der Zwangsverwaltung abweicht, ging es nicht an, die Vorschriften der Verordnung vom 25. September 1879 auch auf die nach Reichsrecht zu erledigenden Verfahren als anwendbar zu erklären. Es waren deshalb für diese Verfahren die Gebühren neu zu regeln.

Diese Regelung erfolgte, entsprechend den Bestimmungen der Allerhöchsten Verordnung vom 25. September 1879, nach dem System der Bauschgebühren, da die Verfahren der Zwangsversteigerung und der Zwangsverwaltung in sich abgeschlossen sind, und der Umfang der Thätigkeit des Rechtsanwalts in denselben sich im voraus überblicken läßt.

Das System der Bauschgebühren verdiente auch deshalb den Vorzug, weil der Rechtsanwalt in den weitaus meisten Fällen mit der Vertretung für das ganze Zwangsversteigerungs- und Zwangsverwaltungsverfahren betraut wird, und Aufträge zu einzelnen Geschäften selten sind.

Einzelgebühren sind nur dann am Platze, wenn der Auftrag sich auf eine einzelne Thätigkeit, z. B. auf Wahrnehmung des Versteigerungstermins, oder auf mehrere einzelne Thätigkeiten beschränkt. Hier waren die Einzelgebühren ebenso wie in den Angelegenheiten zu bestimmen, auf welche die R.G.O. nicht entsprechend anwendbar ist (Art. 25, Art. 6 bis 16).

Die Vorschriften der Art. 17 bis 23 gelten für die **Vertreter** der Beteiligten. Dem Vertreter eines Beteiligten steht gemäß § 4 der R.G.O., Art. 27 dieser Verordnung der Beistand gleich. **Beteiligte** im Sinne der Verordnung sind nur diejenigen, die im Verfahren der Zwangsversteigerung oder der Zwangsverwaltung nach dem Gesetze vom 24. März 1897 als Beteiligte gelten. Der Vertreter einer Person, die im Sinne dieses Gesetzes Beteiligter nicht ist, erhält seine Vergütung nach Art. 6 bis 16, 27.

II. Zu Art. 17. 1. Die Allerhöchste Verordnung vom 25. September 1879, die Gebühren der Rechtsanwälte betreffend, bewilligt für die Thätigkeit im Zwangsversteigerungsverfahren bis zur Einleitung der Verteilung drei Zehnteile der Sätze des § 9 der R.G.O. und für das Verteilungsverfahren die Gebühren des § 39 der R.G.O.

An die Stelle der Sätze des § 9 der R.G.O. sind die Gebührensätze des Art. 5 getreten. Auch im übrigen erschienen Aenderungen als angezeigt.

Nach der Allerhöchsten Verordnung vom 25. September 1879 erhielt der Rechtsanwalt für die Vertretung bis zur Einleitung des Verteilungsverfahrens drei Zehnteile, gleichviel welche Thätigkeit er entwickelt hat. Der Rechtsanwalt, der den Antrag auf Anordnung der Zwangsvollstreckung stellte und einen Versteigerungstermin wahrnahm, erhielt nicht mehr als der Rechtsanwalt, der einen anderen Berechtigten als den Antragsteller vertrat und lediglich den Gang des Verfahrens überwachte. Die mit der Stellung des Antrags verbundene Mehrarbeit und die oft schwierige und verantwortungsvolle Wahrnehmung des Versteigerungstermins wurden nicht besonders vergütet.

Nach den Bestimmungen im Abs. 1 Nr. 1 und in den Abs. 2, 3 erhält der Vertreter des Antragstellers, dem die Vertretung erst nach der Anordnung der Zwangsversteigerung übertragen wird und der einen Versteigerungstermin nicht wahrnimmt, ebenso wie der Vertreter eines anderen Beteiligten, der einen Versteigerungstermin nicht wahrnimmt, für die Thätigkeit bis zur Einleitung des Verteilungsverfahrens drei Zehnteile der vollen Gebühr. Der Vertreter eines anderen Beteiligten als des Antragstellers erhält für die Vertretung bis zur Einleitung des Verteilungsverfahrens vier Zehnteile der vollen Gebühr statt der drei Zehnteile, wenn er einen Versteigerungstermin wahrnimmt; der Vertreter des Antragstellers erhält statt der drei Zehnteile, wenn er einen Antrag auf Anordnung der Beschlagnahme gestellt oder einen Versteigerungstermin wahrgenommen hat, vier Zehntheile und wenn er einen solchen Antrag gestellt und einen Versteigerungstermin wahrgenommen hat, sechs Zehnteile der vollen Gebühr für die Vertretung bis zur Einleitung des Verteilungsverfahrens

Stellt der Rechtsanwalt für denselben Auftraggeber bezüglich derselben Grundstücke mehrere Anträge auf Zwangsversteigerung, so erhält er hiefür nicht mehrere Gebühren; es erhöht sich nur gemäß Art. 18 Abs. 3 der Betrag, aus dem die Gebühr zu berechnen ist. (Siehe Art. 18 Abs. 3).

2. Die Allerhöchste Verordnung vom 25. September 1879 enthielt nur Bestimmungen für die Vertretung im gerichtlichen Verteilungsverfahren, nicht auch für die Mitwirkung bei einer außergerichtlichen Verteilung. Für diese Mitwirkung war dem Rechtsanwalte dieselbe Vergütung wie für die Vertretung im gerichtlichen Verteilungsverfahren zu gewähren.

Für die Vertretung im Verteilungsverfahren erhielt der Rechtsanwalt nach § 6 der Verordnung vom 25. September 1879, § 39 der R.G.O., fünf Zehnteile und, falls der Auftrag vor dem Verteilungstermin erledigt wird, drei Zehnteile der Sätze des § 9 der R.G.O. Die gegenwärtige Verordnung erachtet eine einheitliche Gebühr für angemessen und drei Zehnteile der vollen Gebühr für entsprechend (Abs. 1 Nr. 2).

Für die Vertretung im gerichtlichen Verteilungsverfahren vor dem Verteilungstermin und für die Mitwirkung bei der außergerichtlichen Verteilung erhält der Rechtsanwalt nur eine einzige Gebühr (Abs. 4). (Motive.)

1. Der Vertretung steht hinsichtlich des Gebührenanspruches die Beistandschaft gleich. Siehe § 4 der R.G.O. u. Art. 27.

2. Wer außer dem Gläubiger und dem Schuldner als Beteiligter gilt, ist aus § 9 des Zw.Ges. zu entnehmen.

3. Hinsichtlich der Höhe der Gebühren nach Abs. 1 Nr. 1 ist folgendes zu beachten:

a) Vertretung bis zur Einleitung des Verteilungsverfahrens ohne Antragstellung auf Zwangsversteigerung und ohne Wahrnehmung eines Versteigerungstermins — 3 Zehnteile

b) Vertretung mit Antragstellung auf Zwangsversteigerung
oder
Vertretung mit Wahrnehmung eines Versteigerungstermins — 4 Zehnteile

c) Vertretung mit Antragstellung und überdies mit Wahrnehmung eines Versteigerungstermins — 6 Zehnteile.

Auch für die Stellung eines weiteren Antrages auf Zwangsversteigerung (§ 27 des Zw.Ges.) hat der Rechtsanwalt vier Zehnteile anzusprechen.

Die erhöhte Gebühr Abs. 1 Nr. 1 u. Abs. 2 oder Abs. 3 mit 4 bzw. 6 Zehnteilen steht dem Rechtsanwalte nur für die Wahrnehmung eines Versteigerungstermines zu. Als solcher hat auch der vorbereitende Termin nach § 62 des Zw.Ges. zu gelten.

Hat der Rechtsanwalt mehrere Versteigerungstermine wahrzunehmen (§§ 77, 85 des Zw.Ges.), so tritt dadurch eine Erhöhung der Gebühr des Abs. 2 oder 3 nicht ein.

Die Gebühr des Abs. 1 Nr. 1 umfaßt auch die Thätigkeit des Rechtsanwalts für Stellung von Anträgen auf Anordnung von Sicherungsmaßregeln (§ 25 des Zw.Ges.), dann auf gesonderte Versteigerung (§ 65 des Zw.Ges.).

In der Beschwerdeinstanz (§§ 95 ff. des Zw.Ges.) erhält der Rechtsanwalt für seine Thätigkeit nach § 41 der R.G.O. u. Art. 27 Abs. 2 besonders drei Zehnteile der vollen Gebühr.

4. Durch die Gebühr des Abs. 1 Z. 2 wird außer der Information auch die Thätigkeit des Rechtsanwalts für Fertigung der Berechnung der Ansprüche seines Mandanten (§ 106 des Zw.Ges.), für Stellung eines Antrages auf Aussetzung der Ausführung des Verteilungsplans (§ 116 des Zw.Ges.) sowie für die Widerspruchserhebung gegen den Verteilungsplan (§ 124 des Zw.Ges.) entlohnt.

5. Erstreckt sich der Auftrag auf einen Antrag auf Eintragung einer Sicherungshypothek und zugleich auf Zwangsversteigerung bezüglich desselben Anspruchs auf grund desselben Schuldtitels, so erhält der Rechtsanwalt bei Ausführung beider Aufträge nur eine Gebühr und wird die Gebühr des Art. 8 auf die nach Art. 17 Abs. 2 bestimmte Gebühr angerechnet. (Siehe Art. 26 Abs. 3.) Eine Informationsgebühr nach Art. 6 kommt in diesem Falle nicht in Betracht.

6. Für die Mitwirkung bei einer außergerichtlichen Verteilung (§§ 143 u. 144 des Zw.Ges.) erhält der Rechtsanwalt die gleich hohe Gebühr, wie für die Vertretung in einem vollständig durchgeführten Verteilungsverfahren.

7. Für das Verfahren der Zwangsversteigerung eines gemeinschaftlichen Grundstücks zum Zwecke der Aufhebung der Gemeinschaft erhält der Rechtsanwalt für den Antrag auf Wiederversteigerung einschließlich der weiteren Thätigkeit bis zur Einleitung des Verteilungsverfahrens neben den im Art. 17 oben bestimmten Gebühren weitere vier Zehnteile der vollen Gebühr (siehe Art. 28 Abs. 4).

8. Hinsichtlich der Berechnung der Wertgegenstandssumme siehe Art. 18.

Ueber die Voraussetzungen zur Erhebung von Einzelngebühren nach Art. 6 bis 16 und über den zulässigen Gesamthöchstbetrag derselben siehe Art. 25 u. Anmerkg. hiezu.

9. Beispiele:

I. Bei Vertretung des Antragstellers.

a) der Rechtsanwalt vertritt den Antragsteller, welcher wegen 200 ℳ rückständiger Zinsen aus 5000 ℳ Hypothekkapital Anordnungsbeschluß auf Zwangsversteigerung erwirkt hatte, erst nach der Anordnung der Zwangsversteigerung und es erledigt sich das Verfahren durch Aufhebung vor Wahrnehmung eines Termins. Er erhält

$^{3}/_{10}$ (Art. 17 Abs. 1 Nr. 1 — Begründung hiezu II. Ziff. 1 Abs. 4) aus 200 ℳ d. i. dem Anspruche, wegen dessen die Zwangsversteigerung beantragt ist (Art. 18 Abs. 4 Satz 1), mit 2 ℳ 10 ₰,

Voraussetzung ist jedoch, daß der Wert des Versteigerungsgegenstandes in diesem Falle nicht geringer als 200 ℳ ist, sonst müßte dieser geringere Betrag der Gebührenberechnung unterstellt werden (Art. 18 Abs. 1 Satz 3).

b) Der Rechtsanwalt hat den Antrag auf Anordnung der Zwangsversteigerung gestellt und es endigt dessen Thätigkeit vor dem Versteigerungstermin und wurde von ihm auch ein Termin nach § 62 des Zw.Ges. nicht wahrgenommen, so hat er zu beanspruchen:

$^{4}/_{10}$ (Art. 17 Abs. 2 Vorsatz 1) aus 200 ℳ (wie bei lit. a) mit 2 ℳ 80 ₰,

Voraussetzung hinsichtlich des Versteigerungsgegenstandswertes wie bei lit. a.

c) Der Rechtsanwalt hat den Antrag auf Anordnung der Zwangsversteigerung gestellt und einen Versteigerungstermin wahrgenommen, so stehen ihm zu

$^{6}/_{10}$ (Art. 17 Abs. 2 Schlußsatz 1) aus 200 ℳ (Zwangsvollstreckungstitel) + 5000 ℳ (Schuldtitel) = 5200 ℳ (Anspruchswert — siehe Art. 18 Abs. 1 Satz 2 und Begründung hiezu lit. a —) mit 31 ℳ 20 ₰,

Voraussetzung ist, daß das Meistgebot mehr als 5200 ℳ beträgt. Würde es nur 4000 ℳ betragen, so würden sich seine Gebühren nur aus diesem Betrage berechnen.

d) Der Rechtsanwalt hat den Antrag auf Anordnung der Zwangsversteigerung gestellt, Termine wahrgenommen und den Antragsteller im Verteilungsverfahren, in welchem sein Mandant mit seinen Ansprüchen befriedigt wird, vertreten, so hat er zu erhalten

$^{9}/_{10}$ (Art. 17 Abs. 1 Nr. 2 u. Abs. 2 Schlußsatz 1) aus 5200 *M* (Anspruchswert) mit 46 *M* 80 ₰.

II. Bei Vertretung eines anderen Beteiligten (z. B. eines Hypothekgläubigers, welcher keinen Antrag auf Anordnung der Zwangsversteigerung gestellt hat).

α) Der Rechtsanwalt vertritt einen Hypothekgläubiger wegen 1600 *M* Kapital und 64 *M* Zinsenrückstand bis zur Einleitung des Verteilungsverfahrens, nimmt aber einen Versteigerungstermin nicht wahr. Die Gebühr berechnet sich mit

$^{3}/_{10}$ (Art. 17 Abs. 1 Nr. 1) aus 200 *M* d. i. z. B. dem Werte des Anspruchs des Gläubigers, wegen dessen die Zwangsversteigerung beantragt ist (Art. 18 Abs. 4 Satz 2 — siehe oben Beispiel I lit. a).

β) Der Rechtsanwalt vertritt, wie sub lit. α und hat einen Versteigerungstermin hiebei wahrgenommen, so stehen ihm zu

$^{4}/_{10}$ (Art. 17 Abs. 3) aus 1600 *M* (Wert des Rechts, Art. 18 Abs. 1 Satz 1) mit 12 *M* 80 ₰.

γ) Der Rechtsanwalt vertrat den Hypothekgläubiger im ganzen Verfahren von der Zustellung der Terminsbestimmung bis nach der Ausführung des Teilungsplans, so hat er zu erhalten:

$^{7}/_{10}$ ($^{4}/_{10}$ + $^{3}/_{10}$) aus 1600 *M* (wie vor) mit 22 *M* 40 ₰.

10. Für das Aufgebotsverfahren nach §§ 138 ff. des Zw.Ges. steht dem Rechtsanwalt eine besondere Gebühr und zwar nach § 40 der R.G.O. zu. Siehe auch Merzbacher, S. 100.

Art. 18.

Für die Berechnung der im Artikel 17 bestimmten Gebühren[1]) ist im Falle der Vertretung des Gläubigers oder eines anderen Berechtigten (§ 9 Nr. 1, 2 des Gesetzes über die Zwangsversteigerung und die Zwangsverwaltung vom 24. März 1897) der Wert des Rechtes maßgebend, wobei die neben einem Hauptanspruche bestehenden Ansprüche wegen der Kosten und Nebenleistungen unberücksichtigt bleiben. Im Falle der Vertretung des Gläubigers ist der nach § 13 des Gerichtskostengesetzes sich berechnende Wert des Anspruchs, wegen dessen die Zwangsversteigerung beantragt ist, maßgebend, wenn er größer ist als der Wert des Rechtes ohne Kosten und Nebenleistungen. Ist im Falle der Erteilung des Zuschlags das Meistgebot, in den Fällen, in denen das Verfahren vor der Erteilung des Zuschlags erledigt wird, der Wert des Gegenstandes der Zwangsversteigerung geringer als der nach Satz 1 oder Satz 2 maßgebende Betrag, so ist das Meistgebot oder der Wert des Gegenstandes der Zwangsversteigerung maßgebend [2]).

Bei der Vertretung eines anderen Beteiligten bestimmen sich die Gebühren im Falle der Erteilung des Zuschlags nach dem Meistgebot oder nach dem Anteile des Vertretenen an dem Meistgebot, in den Fällen, in denen das Verfahren vor der Erteilung des Zuschlags erledigt wird, nach dem Werte des Gegenstandes der Zwangsversteigerung oder nach dem Anteile des Vertretenen an diesem Werte [3]).

Der Wert mehrerer Rechte oder Ansprüche, ebenso mehrere Meistgebote oder Werte von Gegenständen der Zwangsversteigerung, auf die sich das Recht des Auftraggebers erstreckt, sind zusammenzurechnen [4]).

Beschränkt sich die Thätigkeit des Rechtsanwalts auf die Vertretung in dem Verfahren bis zum Versteigerungstermin und hat die Wahrnehmung eines anderen Termins nicht stattgefunden, so ist für die Berechnung der Gebühr des Vertreters des Gläubigers der Wert des Anspruchs des Gläubigers, wegen dessen die Zwangsversteigerung beantragt ist, maßgebend. Für die Berechnung der Gebühr des Vertreters eines anderen Beteiligten als des Antragstellers ist der Betrag maßgebend, der in demselben Falle der Berechnung der Gebühr des Vertreters des Antragstellers zu Grunde zu legen wäre [5]). Sind in dem Falle des Satzes 2 mehrere Antragsteller vorhanden, so ist unter den der Berechnung der Gebühren ihrer Vertreter in demselben Falle zu Grunde zu legenden Beträgen der größte maßgebend. Der nach Abs. 1 bis 3 zu Grunde zu legende Betrag ist maßgebend, wenn er geringer ist [6]).

Nach § 4 Abs. 1 der Allerhöchsten Verordnung vom 25. September 1879 bestimmte sich der Wert des Streitgegenstandes durch den Betrag der Forderung und, wenn das Meistgebot oder der Wert des Gegenstandes der Beschlagnahme geringer ist, durch diesen Betrag; war der Auftrag von dem Schuldner erteilt, so wurden die

Gebühren nach dem Meistgebote, wenn es aber nicht zur Versteigerung kam, nach dem Werte des Gegenstandes der Beschlagnahme berechnet. Diese Vorschriften bedurften der Ergänzung. Es hatte schon bisher an einer Bestimmung für den Fall der Vertretung des Konkursverwalters gefehlt; neue Bestimmungen waren ferner erforderlich für den Fall der Vertretung des Erben im Verfahren der Zwangsversteigerung nach §§ 175 bis 179 des Zw.Ges. und für den Fall der Vertretung eines Miteigentümers oder Miterben im Verfahren der Zwangsversteigerung zum Zwecke der Aufhebung einer Gemeinschaft nach §§ 180 bis 184 des Zw Ges.

a) Im Falle der Vertretung eines Berechtigten war nach der Allerhöchsten Verordnung vom 25. September 1879 der Betrag der Forderung maßgebend. Die Fassung ließ Zweifel darüber zu, ob der Vertreter des Antragstellers die Gebühren nur aus dem Teilbetrage der Forderung, wegen dessen die Zwangsvollstreckung beantragt war, oder aus dem ganzen Betrage der Forderung erhält, deren Befriedigung der Antragsteller aus dem Grundstücke verlangen kann. Da der Vertreter eines anderen Berechtigten als des Antragstellers den ganzen Betrag der Forderung, für welche Befriedigung aus dem Grundstücke verlangt werden kann, der Berechnung seiner Gebühr zu grunde legen darf, bestand kein Grund, bezüglich des Antragstellers anderes zu bestimmen.

Bei der Berechnung des Wertes des Rechtes haben die neben dem Hauptanspruche bestehenden Ansprüche wegen der Kosten und Nebenleistungen außer Betracht zu bleiben. Doch darf deswegen der Gegenstandswert nicht unter den sich aus § 13 des R.G.K.G. berechnenden Wert des Anspruchs einschließlich der Kosten und anderen Nebenleistungen, für welche ein Schuldtitel vorliegt, und die Zwangsvollstreckung beantragt ist, sinken. Betragen z. B. der Wert des Rechtes des Gläubigers ohne Kosten und Nebenleistungen 640 ℳ, der Wert des Anspruchs des Gläubigers dagegen 700 ℳ, so ist die Gebühr aus 700 ℳ zu berechnen.

An Stelle des Wertes des Rechtes oder des Wertes des Anspruchs ist, wie nach der Allerhöchsten Verordnung vom 25. September 1879, das Meistgebot und, wenn das Verfahren vor der Erteilung des Zuschlags erledigt wird, der Wert des Gegenstandes der Beschlagnahme maßgebend, wenn diese geringer sind (Abs. 1).

b) Im Falle der Vertretung eines anderen Beteiligten als eines Berechtigten (des Schuldners, des Konkursverwalters des Erben, des Miteigentümers oder Miterben) ist das Meistgebot und, wenn das Verfahren vor der Erteilung des Zuschlags erledigt wird, der Wert des Gegenstandes der Zwangsversteigerung maßgebend. Erstreckt sich das Recht des Vertretenen nur auf einen Teil des Grundstücks (Miteigentümer, Miterbe) so kommt nur der Wert des Anteils in Betracht (Abs. 2, § 4 Abs. 1 Halbsatz 2 der Allerhöchsten Verordnung vom 25. September 1879, Art. 9 Abs. 2 des Geb.G.).

c) Nicht angemessen erschien es, für die Berechnung des Wertes des Gegenstandes der Zwangsversteigerung die Grundsätze als maßgebend zu erklären, nach denen gemäß Art. 29 des Ausf.Ges.

z. G.B.O. und Zw.Ges. der Wert der Grundstücke berechnet werden soll; der Art. 9 des Geb.G. enthält eine solche Bestimmung nicht und der für die Berechnung der Staatsgebühr maßgebende Wert des Grundstücks gilt auch für die Berechnung der Gebühr des Rechtsanwalts (Art. 27 Abs. 1, § 11 der R.G.O.).

d) Die Bestimmung schließt sich an § 5 der R.C.P.O. und an Art. 9 Abs. 3 des Geb.G. an. Hat der Rechtsanwalt mehrere Rechte desselben Auftraggebers in demselben Verfahren wahrzunehmen, so wird die Gebühr aus dem Gesamtbetrage der Rechte ohne Kosten und Nebenleistungen berechnet, nicht aus jedem Rechte eine besondere Gebühr angesetzt. Sind z. B. für den Auftraggeber auf dem Gegenstande der Zwangsversteigerung zwei Hypotheken zu je 2000 ℳ eingetragen, so erhält der Rechtsanwalt die Gebühr zu drei Zehnteilen nicht zweimal aus je 2000 ℳ, sondern nur einmal aus 4000 ℳ. Das Gleiche gilt, wenn für denselben Gläubiger mehrere Anträge auf Anordnung der Zwangsversteigerung gestellt sind. Hat z. B. der Rechtsanwalt für seinen Auftraggeber bezüglich desselben Grundstücks zunächst wegen eines Anspruchs von 240 ℳ die Anordnung der Zwangsversteigerung, dann wegen eines Anspruchs von 400 ℳ die Zulassung des Beitritts beantragt, so berechnet sich seine Gebühr zu vier Zehnteilen zunächst aus dem Betrage von 240 ℳ (4 ℳ) und erhöht sich, wenn der Antrag auf Zulassung des Beitritts gestellt wird, nur bis zum Betrage von vier Zehnteilen der vollen Gebühr aus 640 ℳ (7 ℳ 60 ₰), demnach nur um 3 ℳ 60 ₰, nicht um den Betrag von vier Zehnteilen der vollen Gebühr aus 400 ℳ = 5 ℳ 60 ₰. Erfolgt die Versteigerung mehrerer Grundstücke in demselben Verfahren (§ 18 des Zw.Ges.), so wird, wenn der Wert des Gegenstandes der Zwangsversteigerung bei der Berechnung der Gebühr des Rechtsanwalts in Betracht kommt (Abs. 1 Satz 3, Abs. 2), der Wert der mehreren Grundstücke, auf welche sich das Recht des Auftraggebers erstreckt, zusammengerechnet.

Voraussetzung für die Anwendbarkeit des Abs. 3 ist aber immer, daß es sich um dasselbe Verfahren handelt. Sind die Verfahren getrennt, so werden für jedes Verfahren die Gebühren gesondert berechnet.

e) Für die Berechnung der Gebühr des Gläubigers ist der Wert des ganzen Rechtes ohne Nebenleistungen oder der Wert des Gegenstandes der Zwangsversteigerung, auch wenn sie den nach § 13 des R.G.K.G. sich berechnenden Wert des Anspruchs des Gläubigers übersteigen, maßgebend, falls sich die Thätigkeit des Rechtsanwalts auf solche Teile des Verfahrens erstreckt, welche die Verwertung des Gegenstandes der Zwangsversteigerung unmittelbar bezwecken und damit die Möglichkeit der Befriedigung des Gesamtanspruchs des Gläubigers aus dem Erlöse des Gegenstandes schaffen. Endigt dagegen die Thätigkeit des Rechtsanwalts vor dem Versteigerungstermin und wurde ein Termin zur Erörterung über das geringste Gebot und die Versteigerungsbedingungen (§ 62 des Zw.Ges.) nicht wahrgenommen, so tritt der Wert des Anspruchs an die Stelle des Wertes des Rechtes oder an die Stelle des Wertes des Gegenstandes der Zwangsversteigerung, wenn dieser zwar geringer als der Wert des Rechtes, aber noch größer als der Wert des Anspruchs ist und deshalb nach Abs. 1 Satz 3 maßgebend wäre (Abs. 4 Satz 1, 4). Betragen z. B. in diesem Falle der Wert des Rechtes des Gläubigers 2000 ℳ, der sich aus § 13 des R.G.K.G. berechnende Wert des Anspruchs 1000 ℳ und der Wert des Gegenstandes der Zwangsversteigerung 1500 ℳ, so wäre die Gebühr nach Abs. 1 aus dem Werte des Gegenstandes (1500 ℳ) zu berechnen; gemäß Abs. 4 ist der Wert des Anspruchs (1000 ℳ) maßgebend. Betragen dagegen der Wert des Rechtes 2000 ℳ, der Wert des Anspruchs 1500 ℳ und der Wert des Gegenstandes der Zwangsversteigerung 1000 ℳ, so ist die Gebühr schon nach Abs. 1 Satz 3 aus 1000 ℳ zu berechnen; dieser Betrag bleibt maßgebend (Abs. 4 Satz 4).

Für die Berechnung der Gebühr des Vertreters eines anderen Antragstellers als eines Gläubigers (Konkursverwalters, Erben, Miteigentümers) sind besondere Bestimmungen nicht veranlaßt. Hier bleiben die Bestimmungen in Abs. 2 maßgebend.

Es besteht kein Anlaß, die Gebühr des Vertreters eines anderen Beteiligten als des Antragstellers, wenn seine Thätigkeit vor der Wahrnehmung eines Termins endigt, aus einem höheren Betrage zu berechnen als die Gebühr des Vertreters des Antragstellers, da die Thätigkeit des Vertreters eines anderen Beteiligten keinesfalls schwieriger ist, als die Thätigkeit des Rechtsanwalts, der den Antragsteller vertritt. Beim Vorhandensein mehrerer Antragsteller berechnet sich die Gebühr des Vertreters eines anderen Beteiligten in jenem Falle nicht aus einem höheren Betrage als aus dem höchsten Betrage, der für die Berechnung der Gebühren der Vertreter der Antragsteller in Betracht kommen kann. Auf diesen Erwägungen beruhen die Bestimmungen in Abs. 4 Satz 2 bis 4. (Motive.)

1. Bei der Berechnung der im Art. 17 bestimmten Gebühren ist zu unterscheiden:

a) Vertretung des Antragstellers,
b) Vertretung eines anderen Berechtigten (§ 9 Nr. 1, 2 des Zw.Ges.),
c) Vertretung eines anderen Beteiligten (Schuldners, Miteigentümers).

2. Maßgebend für die Berechnung der Wertsgegenstandssumme sind zunächst nach Art. 27 Abs. 2 in Anwendung des § 10 der R.G.O. die Vorschriften der §§ 9 bis 13 des R.G.K.G. insbesondere,

daß Früchte, Zinsen, Schäden und Kosten unberücksichtigt zu bleiben haben, wenn sie als Nebenforderungen in Betracht kommen (§ 4 der R.C.P.O.),
daß die Werte mehrerer Rechte oder die Gegenstandssummen mehrerer Anträge auf Zwangsversteigerung oder die Werte mehrerer Grundstücke in einem und demselben Zwangsversteigerungsverfahren zusammenzurechnen sind (§ 5 der R.C.P.O., § 12 Abs. 2 des R.G.K.G.),

daß sich der Wert auf wiederkehrende Nutzungen oder Leistungen nach dem zwölfeinhalbfachen oder bzw. fünfundzwanzigfachen Betrage des einjährigen Bezuges berechnet (§ 9 der R.C.P.O.), endlich,

daß bei der Zwangsvollstreckung die einzuziehenden Zinsen einer Geldforderung zu dem Hauptanspruch hinzuzurechnen sind (§ 13 Abs. 2 des R.G.K.G.).

Weiter stehen vier verschiedene Wertsgegenstandssummen in Frage:

a) Wert des „Rechts".

Z. B. einer Hypothek zu 1000 M, einer Reallast u. s. w.

b) Wert des „Anspruchs".

Derselbe berechnet sich je nach dem Umfange der Thätigkeit, welche der Rechtsanwalt im Verfahren entwickelt.

Z. B. Hypothek zu 1000 M nebst 4 % rückständigen Zinsen auf ein Jahr bei Antrag auf Anordnung der Zwangsversteigerung wegen nur 40 M rückständiger Zinsen.

aa) Die Thätigkeit endigt vor dem Versteigerungstermin und ohne Wahrnehmung eines Termins zur Erörterung über das geringste Gebot und die Versteigerungsbedingungen (§ 62 des Zw.Ges.).

In diesem Falle ist nur der Betrag, wegen dessen Antrag gestellt ist, hier z. B. 40 M, maßgebend.

bb) Die Thätigkeit erstreckt sich auf solche Teile des Verfahrens, welche die Verwertung des Zwangsversteigerungsgegenstandes unmittelbar bezwecken.

In diesem Falle berechnet sich der Wert des Anspruchs aus dem Schuldtitel und dem Betrage, wegen dessen Antrag gestellt ist, hier z. B. aus 1000 M + 40 M = 1040 M.

c) Wert des „Gegenstandes der Zwangsversteigerung".

Dieser Wert kommt in Betracht, wenn das Verfahren vor der Erteilung des Zuschlags erledigt wird und derselbe geringer ist, als der Wert des Rechts oder der Wert des Anspruchs. Z. B. wenn er nur 900 M beträgt, statt wie oben lit. a und lit. b. aa.

d) Wert des „Meistgebots".

Im Falle der Erteilung des Zuschlags ist das Meistgebot maßgebend, wenn es gleichfalls geringer ist als der Wert des Rechts oder der Wert des Anspruchs, z. B. wenn es nur 950 M beträgt, statt wie die Werte lit. a 1000 M oder lit. b, bb 1040 M.

3. Im Falle der Vertretung eines anderen Beteiligten (s. o. Anmerkg. 1 lit. c.) sind entweder der Wert des Gegenstandes der Zwangsversteigerung oder der Wert des Meistgebotes bzw. der Anteil des Vertretenen an einem dieser Werte je nach der Erledigung des Verfahrens bestimmend.

4. Die Zusammenrechnung hat natürlich nur dann zu erfolgen, wenn es sich um Rechte oder Ansprüche ein und desselben

Auftraggebers oder um mehrere Meistgebote oder Werte von Gegenständen der Zwangsversteigerung im nämlichen Verfahren handelt.

5. Endigt in dem Verfahren bis zur Einleitung der Verteilung die Thätigkeit des Rechtsanwalts ohne Wahrnehmung des Versteigerungstermins oder des Termins nach § 62 des Zw.Ges., so ist

> für die Vertretung des Gläubigers, wegen dessen die Zwangsversteigerung beantragt ist, sowohl als auch für die Vertretung eines anderen Beteiligten als des Antragstellers der Wert des Anspruchs (siehe Anmerkg. 2 lit. aa) maßgebend, sofern er niedriger als der Wert des Gegenstandes der Zwangsversteigerung ist. Ist er höher, so tritt nach Abs. 1 Satz 3 an seine Stelle der niedrigere Betrag des Gegenstandswertes.

6. Kommen z. B. bei dem Vorhandensein mehrerer Antragsteller Anspruchswerte von 500 *M*, 1200 *M* und 3600 *M* sowie ein Gegenstandswert von 3000 *M* in Betracht, so berechnet sich die Gebühr des Vertreters eines anderen Beteiligten nur aus 3000 *M*. als dem höchsten Betrage, der für die Gebühren der Vertreter der Antragsteller in Betracht kommen kann.

Art. 19.

Für die Vertretung des Gläubigers, des Schuldners oder des Konkursverwalters im Verfahren der Zwangsverwaltung, einschließlich des Verteilungsverfahrens, erhält der Rechtsanwalt jährlich zwei Zehnteile der vollen Gebühr aus dem Betrage, der in jedem Verwaltungsjahre zur Verteilung an die Gläubiger gelangt (Wert der Einkünfte des Jahres), jedoch mindestens jährlich zehn Mark[1][2]. Die Vorschrift des Artikel 17 Abs. 4 ist entsprechend anzuwenden.

Der Rechtsanwalt erhält außerdem für den Antrag auf Anordnung der Zwangsverwaltung oder auf Zulassung des Beitritts, wenn er einen Gläubiger vertritt, einmal drei Zehnteile der vollen Gebühr aus dem sich nach § 13 des Gerichtskostengesetzes berechnenden Werte des Anspruchs oder der Ansprüche, wegen deren die Zwangsverwaltung von ihm beantragt ist, wenn er den Konkursverwalter vertritt, einmal drei Zehnteile der vollen Gebühr aus dem Werte der Einkünfte des Verwaltungsjahrs, in dem der Antrag gestellt ist, in jedem der beiden Fälle jedoch mindestens zehn Mark.

Beschränkt sich die Thätigkeit des Rechtsanwalts auf die Vertretung in dem Verfahren wegen Anordnung der Zwangsverwaltung oder wegen Zulassung des Beitritts, so erhält er, wenn er einen Antrag auf Zwangsverwaltung gestellt hat, nur die ihm nach Abs. 2 zukommende Gebühr. Hat er einen solchen Antrag nicht gestellt, so erhält er als Vertreter eines Gläubigers einmal zwei Zehnteile der vollen Gebühr aus dem Werte des Anspruchs oder der Ansprüche des Gläubigers, wegen deren die Zwangsverwaltung beantragt ist, als Vertreter des Konkursverwalters einmal zwei Zehnteile der vollen Gebühr aus dem Werte der Einkünfte des Verwaltungsjahrs, in dem der Antrag gestellt ist, auf den sich die Thätigkeit des Rechtsanwalts bezieht, und wenn sie sich auf mehrere in verschiedenen Jahren gestellte Anträge bezieht, aus dem größten Jahresbetrage der Einkünfte; die Gebühr beträgt mindestens fünf Mark. Für den Vertreter des Schuldners gilt das im Satze 2 für den Vertreter des Konkursverwalters bestimmte[8) bis 10)].

Die Gebühren des Rechtsanwalts für die Vertretung eines Beteiligten im Verfahren der Zwangsverwaltung waren im § 23 Nr. 2 der R.G.O. und in den §§ 2, 3, § 4 Abs. 2, § 6 der Allerhöchsten Verordnung vom 25. September 1879 geregelt. Der Rechtsanwalt erhielt drei Zehnteile der Sätze des § 9 der R.G.O. für den Antrag auf Anordnung der Zwangsverwaltung, ferner drei Zehnteile für die Thätigkeit im Zwangsverwaltungsverfahren bis zur Einleitung der Verteilung, worauf aber die Gebühr für den Antrag auf Anordnung der Zwangsverwaltung angerechnet wurde, sodann für die Vertretung im Verteilungsverfahren die Gebühr nach § 39 der R.G.O.

Nach der Subhastationsordnung wickelte sich das Verfahren der Zwangsverwaltung in zwei Terminen ab, im Vollzugstermin (Art. 134) und im Verteilungstermin (Art. 154, 155). Der Vollzugstermin des bayrischen Rechtes war dem Reichsgesetz über die Zwangsversteigerung und die Zwangsverwaltung vom 24. März 1897 fremd. Auch hinsichtlich des Verteilungsverfahrens weicht das Reichsgesetz von der Subhastationsordnung ab. Die Subhastationsordnung bestimmte, daß nach Umfluß einer jeden Rechnungsperiode ein neues Verteilungsverfahren eingeleitet wird und ein neuer Verteilungstermin stattfindet. Nach dem Reichsgesetze wird dagegen der Teilungsplan in dem Verteilungstermine für die ganze Dauer des Verteilungsverfahrens aufgestellt (§ 156 Abs 2); nur zur Leistung von Zahlungen auf das Kapital einer Hypothek oder Grundschuld oder auf die Ablösungssumme einer Rentenschuld hat das Gericht auf Antrag des Verwalters einen besonderen Termin zu bestimmen (§ 158). An die Stelle besonderer Verteilungsverfahren nach Umfluß einer jeden Rechnungsperiode tritt die jährliche Rechnungslegung (§ 154). Hienach war eine Aenderung der bisher geltenden Bestimmungen über die Gebühren der Rechtsanwälte veranlaßt.

Im Hinblick auf die fortlaufende Thätigkeit, die dem Rechtsanwalt als Vertreter des Gläubigers, des Schuldners oder des Konkursverwalters namentlich bei der Prüfung der vom Verwalter jährlich zu legenden Rechnung obliegt, war es angemessen, im Anschluß an das preußische Gesetz vom 27. September 1899 dem Vertreter des Gläubigers, des Schuldners und des Konkursverwalters jährlich zwei Zehnteile der vollen Gebühr nach dem Werte des Nettoerträgnisses des Jahres und daneben noch dem Vertreter des Antragstellers für die Antragstellung eine besondere Gebühr zu gewähren.

Im einzelnen ist folgendes zu bemerken:

1. Für die Berechnung der dem Vertreter des Gläubigers, des Schuldners und des Konkursverwalters jährlich zukommenden Gebühr zu zwei Zehnteilen ist, wie im Falle des Art. 11 Nr. 2 des Geb.G., der Betrag maßgebend, der in dem Verwaltungsjahre zur Verteilung an die Gläubiger gelangt. Um eine Abkürzung der Bestimmungen in Art. 19 bis 21 zu ermöglichen, wird dieser Betrag als „Wert der Einkünfte des Jahres" bezeichnet.

Vorsorge wurde für den Fall getroffen, daß in einem Verwaltungsjahre nichts oder nur sehr wenig an die Gläubiger verteilt wird. Mangels einer besonderen Bestimmung hätte sich der Rechtsanwalt in diesem Falle unter Umständen mit einer Gebühr von 1 ℳ nach § 8 der R.G.O. (Art. 27) begnügen müssen. Mit Rücksicht hierauf wurde ein Mindestbetrag der Gebühr bestimmt; ein Betrag von 10 ℳ erschien als angemessen.

Die entsprechende Anwendung des Art. 17 Abs. 4 ergibt, daß der Rechtsanwalt für die Vertretung eines Beteiligten in einem außergerichtlichen Verteilungsverfahren ebensoviel erhält als für die Vertretung in einem gerichtlichen Verteilungsverfahren, und daß er für die Vertretung in einem gerichtlichen Verteilungsverfahren und in einem außergerichtlichen Verteilungsverfahren zusammen nur einmal die Gebühr zu beanspruchen hat.

2. Der Vertreter des Antragstellers erhält neben der Gebühr aus Abs. 1 als Vergütung für die Antragstellung noch eine besondere Gebühr zu drei Zehnteilen der vollen Gebühr. Wenn ein Gläubiger der Antragsteller ist, ist der nach § 13 des R.G.K.G. sich berechnende Wert des Anspruchs maßgebend, dagegen der Wert des Nettoerträgnisses eines Jahres, wenn der Konkursverwalter der Antragsteller ist, und zwar der Wert des Nettoerträgnisses des Verwaltungsjahrs, in dem der Antrag gestellt ist.

Aus der Fassung des Abs. 2 ergibt sich, daß der Vertreter des Antragstellers die Gebühr nicht erhält, wenn ihm die Vertretung erst nach der Anordnung der Zwangsverwaltung oder nach der Zulassung des Beitritts übertragen wird.

Wie im Falle des Abs. 1 war eine Mindestgebühr jedenfalls insoweit zu bestimmen, als das Nettoerträgnis für die Gebührenberechnung maßgebend ist, da es unter Umständen zur Einleitung der Zwangsverwaltung gar nicht kommt oder in dem betreffenden Jahre nichts an die Gläubiger verteilt wird. Auch hier erschien eine Mindestgebühr von 10 ℳ angemessen. Dem Vertreter des Gläubigers, dessen Gebühr aus dem Werte des Anspruchs berechnet wird, kommt, da seine Thätigkeit nicht weniger schwierig ist als die des Vertreters des Konkursverwalters, dieselbe Mindestgebühr zu.

3. Beschränkt sich die Thätigkeit des Rechtsanwalts auf die Vertretung in dem Verfahren wegen Anordnung der Zwangsverwaltung (§§ 146 bis 151, §§ 15 bis 27 des Zw.Ges.), so kommt ihm, wenn er den Antrag auf Anordnung der Zwangsverwaltung gestellt hat, die im Abs. 2 bestimmte Gebühr zu.

In allen anderen Fällen erhält er zwei Zehnteile der vollen Gebühr. Für die Berechnung dieser Gebühr ist im Falle der Vertretung des Gläubigers der Anspruch des Gläubigers, im Falle der Vertretung des Konkursverwalters oder des Schuldners der Betrag maßgebend, der in dem Jahre an die Gläubiger verteilt wird, in dem derjenige Antrag auf Zwangsverwaltung, auf den sich die Thätigkeit des Rechtsanwalts bezieht, gestellt wird. Bezieht sich die Thätigkeit des Rechtsanwalts auf mehrere in verschiedenen Jahren gestellte Anträge, so werden die Einkünfte des Jahres mit dem günstigsten Nettoerträgnisse zu Grunde gelegt. Die Mindestgebühr beträgt 5 ℳ. In Betracht kommen der Vertreter des Schuldners, der Vertreter des Konkursverwalters, der einen Antrag auf Anordnung der Zwangsverwaltung oder auf Zulassung des Beitritts nicht gestellt hat, und der Vertreter eines Gläubigers, dem die Vertretung erst, nachdem der Gläubiger den Antrag gestellt hat, übertragen wird oder der einen Gläubiger lediglich in dem Verfahren wegen Zulassung des Beitritts eines anderen Gläubigers vertritt.

Die Gebühr zu drei Zehnteilen erhält der Rechtsanwalt nur einmal, auch wenn er mehrere Anträge auf Zwangsverwaltung gestellt oder wenn er einen Antrag auf Anordnung der Zwangsverwaltung gestellt hat und die Rechte seines Auftraggebers auch hinsichtlich des von einem anderen gestellten weiteren Antrags auf Zwangsverwaltung wahrgenommen hat. Ebenso erhält der Rechtsanwalt die Gebühr zu zwei Zehnteilen nur einmal, auch wenn er die Rechte seines Auftraggebers hinsichtlich mehrerer von anderen gestellter Anträge auf Zwangsverwaltung wahrgenommen hat, vorausgesetzt selbstverständlich, daß das durch die mehreren Anträge veranlaßte Verfahren ein einheitliches ist. (Motive.)

1. Unter „Wert der Einkünfte" ist der nach Berichtigung aller Ausgaben der Verwaltung und der laufenden Beträge sowie der öffentlichen Lasten unter die Gläubiger zur Verteilung kommende Nettobetrag zu verstehen.

2. Hier ist mit „Jahr" das Verwaltungsjahr gemeint, nicht das Kalenderjahr. Beginnt z. B. die Zwangsverwaltung am

1. April 1903, so endigt das erste Verwaltungsjahr mit dem 31. März 1904.

3. Die Gebührensätze im Zwangsverwaltungsverfahren lassen sich zusammenfassen, wie folgt:

I. Vertretung des Antragstellers.

a) des Gläubigers:

$^3/_{10}$ für den Antrag auf Anordnung der Zwangsverwaltung oder auf Zulassung des Beitritts
und zwar aus dem Werte des Anspruchs z. B. 1000 ℳ Kapital + 40 ℳ rückständige Zinsen;

b) des Konkursverwalters:

$^3/_{10}$ bei der Thätigkeit wie bei lit. a
aus dem Werte der Einkünfte des Verwaltungsjahrs. Bei einer Wertgegenstandssumme nicht über 1600 ℳ, jedoch 10 ℳ,

hiezu kommen in beiden Fällen weitere

$^2/_{10}$ jährlich aus dem Betrag der Nettoeinkünfte für die Vertretung im Verfahren der Zwangsverwaltung einschließlich des Verteilungsverfahrens,
jedoch mindestens 10 ℳ, wenn die Einkünfte nicht über 4300 ℳ betragen.

Im Falle der nur auf das Verfahren wegen Anordnung der Zwangsverwaltung oder wegen Zulassung des Beitritts beschränkten Thätigkeit

1. bei Stellung des Antrags auf Zwangsverwaltung

$^3/_{10}$ wie sub lit. a und b oben;

2. soferne der Rechtsanwalt einen Antrag nicht gestellt hat,

$^2/_{10}$ aus dem Anspruchswert oder aus dem Betrage des Jahresnettoerträgnisses
und zwar gleichfalls mindestens 5 ℳ, soferne der Anspruchswert oder die Jahreseinkünfte nicht über 900 ℳ betragen.

II. Vertretung des Schuldners oder Gläubigers oder des Konkursverwalters (wenn nicht als Antragsteller).

Im Verfahren der Zwangsverwaltung einschließlich des Verteilungsverfahrens

$^2/_{10}$ aus dem Jahresbetrag der Nettoeinkünfte,
mindestens jedoch 10 ℳ, wenn dieser Betrag nicht über 4300 ℳ beträgt.

Im Falle sich die Thätigkeit auf die Vertretung in dem Verfahren wegen Anordnung der Zwangsverwaltung beschränkt

$^2/_{10}$ wie sub Z. I Abs. 2 Nr. 1 u. 2 oben.

4. Die Mindestbeträge ermäßigen sich jedoch auf die Hälfte, wenn der Rechtsanwalt denselben Beteiligten gleichzeitig im vorangegangenen Verfahren der Zwangsversteigerung vertritt (Art. 21 Abs. 2).

5. Ist der Rechtsanwalt in einem gerichtlichen und in einem außergerichtlichen Verteilungsverfahren zusammen thätig, so steht ihm die Gebühr nur einmal zu.

6. Hinsichtlich der Berechnung des Wertes des Anspruchs vergleiche hierher Anmerkg. zu Art. 18.

7. Für die Thätigkeit bei einem Antrage auf Eintragung einer Sicherungshypothek und für die bei Einleitung des Zwangsverwaltungsverfahrens erhält der Rechtsanwalt nur eine Gebühr (Art. 27 Abs. 3).

8. Hinsichtlich der Gebühren bei Vertretung eines anderen Berechtigten siehe Art. 20.

9. Bei Zurücknahme des Auftrags vor Beendigung des Verwaltungsjahrs ist die Vorschrift des Art. 21 maßgebend.

10. Unter welchen Voraussetzungen der Ansatz von Einzelgebühren nach Art. 6 bis 16 zulässig ist und welchen Höchstbetrag die Gesamtsumme dieser Einzelngebühren nicht übersteigen darf, ist im Art. 25 bestimmt.

Art. 20.

Vertritt der Rechtsanwalt im Verfahren der Zwangsverwaltung einen anderen Berechtigten [1]) als den Gläubiger, so erhält er für die Vertretung in dem Verfahren wegen Anordnung der Zwangsverwaltung oder wegen Zulassung des Beitritts einmal zwei Zehnteile, für die Vertretung in dem weiteren Verfahren einmal drei Zehnteile der vollen Gebühr [2]) aus dem Werte der wiederkehrenden Leistungen; für die Berechnung dieses Wertes ist der Wert der Leistungen eines Jahres maßgebend. Der Wert der Einkünfte des Verwaltungsjahrs, in dem der Rechtsanwalt zuerst eine Thätigkeit für den Berechtigten entwickelt hat, ist statt des Wertes der Leistungen eines Jahres maßgebend, wenn er geringer ist als dieser Wert. Die Gebühr für die Vertretung in dem Verfahren wegen Anordnung der Zwangsverwaltung oder wegen Zulassung des Beitritts beträgt mindestens fünf Mark [3]), die Gebühr für die Vertretung in dem weiteren Verfahren mindestens zehn Mark [4]). Die Vorschrift des Artikel 17 Abs. 4 ist entsprechend anzuwenden [5]).

Auch für einen anderen Berechtigten als den Gläubiger kann Anlaß gegeben sein, einen Vertreter für das dem Verteilungsverfahren vorangehende Verfahren zu bestellen. Für andere Beteiligte als Berechtigte waren Bestimmungen nicht veranlaßt.

Für die Vertretung eines anderen Berechtigten als des Gläubigers in dem Verfahren bis zur Einleitung des Verteilungsverfahrens sind $^{2}/_{10}$ der vollen Gebühr wie im Falle des Art. 19 Abs. 3 Satz 2, 3 angemessen; für die Vertretung im Verteilungsverfahren werden im Anschluß an den Art. 17 Abs. 1 Nr. 2 $^{3}/_{10}$ der vollen Gebühr gewährt.

Der Berechnung der Gebühr ist der Wert der wiederkehrenden Leistungen zu Grunde zu legen und gilt als solcher der Wert der Leistungen eines Jahres. Ist der Wert des Nettoerträgnisses eines Jahres geringer als der Wert der Leistungen eines Jahres, so ist das Nettoerträgnis maßgebend, und zwar das Nettoerträgnis des Jahres, in dem der Rechtsanwalt zuerst eine Thätigkeit entwickelt hat. Im Anschluß an die Vorschriften des Art. 19 wurde eine Mindestgebühr bestimmt. Wie im Falle des Art. 19 Abs. 1 ist auch die Bestimmung des Art. 17 Abs. 4 entsprechend anwendbar. (Motive.)

1. Hier kommt die Vertretung von solchen Personen in Betracht, welche Anspruch auf wiederkehrende Leistungen haben.

2. Die volle Gebühr ist im Art. 5 aufgeführt. Der Rechtsanwalt erhält für die Vertretung in dem Verfahren wegen Anordnung der Zwangsverwaltung bzw. wegen Zulassung des Beitrittes und für die Vertretung in dem weiteren Verfahren d. i. dem Verteilungsverfahren zwei gesonderte Gebühren von zusammen $^{5}/_{10}$, mindestens aber 15 ℳ. Hat er aber denselben Beteiligten gleichzeitig im Verfahren der Zwangsversteigerung bezüglich derselben Gegenstände vertreten, so ermäßigt sich die Mindestgebühr auf 2,50 ℳ bzw. 5 ℳ (Art. 21 Abs. 2).

3. Der Mindestbetrag von 5 ℳ ist anzusetzen, sofern der Wert der Leistungen 900 ℳ nicht übersteigt.

4. Die Mindestgebühr von 10 ℳ kommt bei einem Werte der Leistungen bis 1600 ℳ einschließlich zum Ansatz.

5. Im Falle der Mitwirkung bei einer außergerichtlichen Verteilung (Art. 17 Abs. 4) erhält der Rechtsanwalt gleichfalls $^{3}/_{10}$ der vollen Gebühr, mindestens aber 10 ℳ, gleichwie für die Vertretung im gerichtlichen Verteilungsverfahren. Diese Gebühr hat der Rechtsanwalt nur einmal anzusprechen. Siehe auch Motive Nr. 1 Abs. 3 zu Art. 19.

Art. 21.

Ist in den Fällen der Artikel 19, 20 die Gebühr aus dem Werte der Einkünfte zu berechnen[1]), so ist der volle Wert der Einkünfte des Verwaltungsjahrs auch dann maßgebend, wenn der dem Rechtsanwalt erteilte Auftrag vor der Beendigung des Verwaltungsjahrs aufgehoben wird.

An die Stelle der in den Artikeln 19, 20 bestimmten geringsten Beträge der Gebühren tritt die Hälfte dieser Beträge, wenn der Rechtsanwalt denselben Beteiligten gleichzeitig im Verfahren der Zwangsversteigerung bezüglich derselben Gegenstände vertritt[1]).

1. Fraglich könnte sein, wie es zu halten ist, wenn das Nettoerträgnis eines Verwaltungsjahrs für die Berechnung der Gebühr maßgebend ist, der dem Rechtsanwalt erteilte Auftrag aber vor dem Ablaufe des Verwaltungsjahrs aufgehoben wird. Der § 50 der R.G.O., der nach Art. 27 Abs. 2 entsprechend anwendbar ist, bestimmt, daß, wenn der dem Rechtsanwalt erteilte Auftrag vor Beendigung der Instanz aufgehoben wird, dem Rechtsanwalte die Gebühren in gleicher Weise zustehen, als wenn die Instanz zur Zeit der Aufhebung des Auftrags durch Zurücknahme der gestellten Anträge erledigt wäre. Hienach müßte also ermittelt werden, welcher Betrag an die Gläubiger zu verteilen wäre, wenn in dem Zeitpunkte der Aufhebung des Auftrags die Zwangsverwaltung beendigt worden wäre Um diese schwierige Ermittelung überflüssig zu machen, wurde, auch wenn der Auftrag vor der Beendigung eines Verwaltungsjahrs aufgehoben wird, der Betrag für maßgebend erklärt, der im ganzen Verwaltungsjahre zur Verteilung an die Gläubiger gelangt.

Wird der Auftrag vor der Beendigung des Verwaltungsjahrs dadurch erledigt, daß das Verfahren selbst endigt, so ist die Gebühr selbstverständlich nur aus dem Betrage zu berechnen, der bei der Beendigung des Verfahrens zur Verteilung an die Gläubiger verfügbar ist.

2. Wenn der Rechtsanwalt denselben Beteiligten gleichzeitig im Verfahren der Zwangsversteigerung und im Verfahren der Zwangsverwaltung vertritt, tritt an die Stelle der in den Art. 19, 20 bestimmten Mindestgebühren die Hälfte der Mindestbeträge. Die Zwangsverwaltung hat in diesem Falle nur eine untergeordnete Bedeutung; ihr Ergebnis kommt nur sehr wenigen zu gute. Wenn aber zunächst die Zwangsverwaltung und später erst die Zwangsversteigerung angeordnet ist, gelten für den der Anordnung der Zwangsversteigerung vorausgehenden Teil des Zwangsverwaltungsverfahrens die Bestimmungen der Art. 19, 20 unverändert. (Motive.)

1. Siehe Art. 19 Abs. 1, Abs. 2 und Abs. 3 Satz 2 im Falle der Vertretung des Konkursverwalters, dann Art. 20 Satz 2.

Art. 22.

Die für das Verfahren der Zwangsversteigerung geltenden Vorschriften sind auch bei der gerichtlichen Versteigerung eines Bergwerks oder einer Anlage, auf welche die Vorschrift des Artikel 258 des Berggesetzes Anwendung findet, und bei der im Artikel 267 Abs. 2 des Berggesetzes vorgeschriebenen Zwangsversteigerung eines unbeweglichen Kuxes anzuwenden[1]).

Durch die Fassung der Art. 17 bis 21 ist zum Ausdruck gebracht, daß ihre Bestimmungen für alle Verfahren der Zwangsversteigerung und der Zwangsverwaltung gelten, für die das Reichsgesetz vom 24. März 1897 über die Zwangsversteigerung und die Zwangsverwaltung, sei es kraft Reichsrechts, sei es wegen Mangels abweichender landesrechtlicher Bestimmungen, maßgebend ist, insbesondere also auch für das Verfahren der Zwangsversteigerung eines Schiffes, für die vom Konkursverwalter erwirkte Zwangsversteigerung oder Zwangsverwaltung, für die Zwangsversteigerung eines Grundstücks auf Antrag des Erben, für die Zwangsversteigerung zum Zwecke der Aufhebung einer Gemeinschaft, ferner auch für die Zwangsvollstreckung in ein Bergwerk oder in einen unbeweglichen Kux (Art. 37 bis 43 des Ausf.Ges. z. G.B.O. u. Zw.Ges.)

Besondere Bestimmungen waren nur für die in den Art. 44 bis 51 des Ausf Ges. z. G.B.O. u. Zw.Ges. behandelten gerichtlichen Versteigerungen von Bergwerken und unbeweglichen Kuxen erforderlich (Art. 22). (Motive.)

1. Siehe auch Art. 22 des Geb.G. S. 27.

Art. 23.

Auf die Berufsthätigkeit des Rechtsanwalts in einem Verteilungsverfahren außerhalb der Fälle der Zwangsversteigerung und der Zwangsverwaltung, das nach den für die Verteilung des Erlöses im Falle der Zwangsversteigerung geltenden Vorschriften zu erledigen ist, finden die Vorschriften der Artikel 17, 18 entsprechende Anwendung[1]).

Der Art. 23 betrifft die Verteilungsverfahren, die in Art. 53, 54 des Einf.Ges. z. B.G.B., §§ 34 ff. des Gesetzes, betreffend die Beschränkung des Grundeigentums in der Umgebung von Festungen, vom 21. Dezember 1871 (R.G.Bl. S. 459), § 14 des Gesetzes über die Kriegsleistungen vom 13. Juni 1873 (R.G.Bl. S. 129), § 14 des Gesetzes über die Naturalleistungen für die bewaffnete Macht im Frieden (R.G.Bl. 1898 S. 361), § 51 der Reichsgewerbeordnung, Art. 53 des Ausf.Ges. z. R.C.P.O. und K.O. a. F., Art. 24, 25, 27 des Ausf.Ges. z. R.C.P.O. und K.O. n. F., Art. 13 Abs. 3 des Gesetzes vom 23. Februar 1868, die Ablösbarkeit der auf Grund und Boden haftenden oder mit einer Gewerbsrealität verbundenen Ehehaftsverhältnisse betreffend, Art. 153 Nr. III des Ausf.Ges. z. B.G.B.; Art. 14 des Gesetzes, die Flurbereinigung betreffend, Art. 12 des Gesetzes vom 15. Juni 1898, das Unschädlichkeitszeugnis betreffend, Art. 167, 168, 184 des Berggesetzes, Art. 24 Abs. 3, 4 des Geb.G. geregelt sind.

Auf alle diese Verteilungsverfahren finden die Vorschriften der Art. 17, 18 entsprechende Anwendung, gleichviel ob für sie das Zw.Ges. vom 24. März 1897 oder die Subhastationsordnung maßgebend ist. Dies ergibt sich aus der Fassung des Art. 23 in Verbindung mit dem Art. 28 Abs. 1, 4. (Motive.)

1. Siehe Art. 17 Abs. 1 Nr. 2, Abs. 4 und Art. 18 Abs. 1 hinsichtlich des Wertes des Rechts ohne Kosten und Nebenleistungen und des Wertes des Anspruchs nach § 13 des R.G.K.G.

Art. 24.

Im Verfahren zur Vermittelung der Auseinandersetzung in Ansehung eines Nachlasses oder des Gesamtguts einer ehelichen oder fortgesetzten Gütergemeinschaft erhält der Rechtsanwalt je die volle Gebühr [1])

1. für den Geschäftsbetrieb einschließlich der Information [2]),
2. für die Wahrnehmung der Termine vor dem Amtsgericht oder dem Notar einschließlich der Mitwirkung bei einer Vereinbarung über vorbereitende Maßregeln [3]) und über den Auseinandersetzungsplan.

Hat der Rechtsanwalt den Antrag auf Vermittelung der Auseinandersetzung gestellt, so stehen ihm weitere fünf Zehnteile der vollen Gebühr zu [4]).

Die Berechnung der Gebühr erfolgt aus dem Werte des Anteils des Auftraggebers an dem Nachlaß oder dem Gesamtgut; ein Abzug der Schulden findet nicht statt [5]) bis [7]).

Das Verfahren zur Vermittelung der Auseinandersetzung in Ansehung eines Nachlasses oder des Gesamtguts einer ehelichen oder fortgesetzten Gütergemeinschaft (§§ 86 bis 99 des G.F.G, Art. 104 des Ausf.Ges. z. B.G.B.) ist in sich abgeschlossen und dem Verfahren in bürgerlichen Rechtsstreitigkeiten ähnlich. Die Thätigkeit, die der Rechtsanwalt hier zu entwickeln hat, läßt sich im voraus übersehen. Es empfahl sich deshalb, hier das System der Bauschgebühren zu Grunde zu legen.

Der Rechtsanwalt erhält eine volle Gebühr für den Prozeßbetrieb, eine weitere volle Gebühr für die Wahrnehmung der Termine einschließlich der sonstigen vermittelnden Thätigkeit, ferner die Hälfte der vollen Gebühr für die Antragstellung. Eine besondere Vergleichsgebühr kommt dem Rechtsanwalte nicht zu. Dies ergibt sich aus dem Wortlaute des Art. 24 im Zusammenhalte mit dem § 29 Abs. 1 der R.G.O., der gemäß Art. 27 Abs. 2 entsprechend anwendbar ist.

Nach § 10 der R.G.O., der nach Art. 27 Abs. 2 entsprechend anwendbar ist, wäre für die Berechnung der Gebühren der reine Wert der Teilungsmasse nach Abzug der darauf haftenden Schulden maßgebend. Eine solche Regelung wäre unangemessen, da die Auseinandersetzung gerade dann, wenn Schulden vorhanden sind, schwieriger ist.

Besondere Vorschriften für den Fall, daß der Rechtsanwalt selbst ohne Dazwischenkunft des Gerichts oder Notars eine Auseinandersetzung vermittelt, waren nicht erforderlich. In der Regel wird hier die Entlohnung der Thätigkeit des Rechtsanwalts auf Vertrag mit den Beteiligten beruhen. Ist dies nicht der Fall, so wird die Gebühr nach Lage des einzelnen Falles auf Grund des Art. 26 zu bestimmen sein. Die Vorschriften des Art. 24 geben Anhaltspunkte für die Bemessung des Betrags der Gebühren im einzelnen Falle. (Motive.)

1. Siehe die Gebührensätze des Art. 5.

2. Die Gebühr für den Geschäftsbetrieb umfaßt auch die Thätigkeit des Rechtsanwalts für die Anfertigung sämtlicher im Verfahren nötig werdender Anträge an Behörden und Schreiben an Privatpersonen sowie die Ratserteilung.

Eine besondere Gebühr steht ihm nur zu für die Antragstellung auf Vermittelung der Auseinandersetzung.

3. Zu den vorbereitenden Maßregeln zählen insbesondere Vereinbarungen über die Teilung, den Verkauf oder die Uebernahme einzelner Nachlaßgegenstände, die Feststellung der zur Ausgleichung zu bringenden Zuwendungen unter Abkömmlingen, Uebernahme von Nachlaßverbindlichkeiten seitens einzelner Miterben, dann über Feststellung der gegenseitigen Ansprüche der Nachlaßmasse und der einzelnen Miterben.

4. Durch die Gebühr für die Antragstellung wird auch die Thätigkeit des Rechtsanwaltes vergütet, welche er bei Beschaffung der nötigen Unterlagen (Testamente, Erbverträge, Eheverträge, Auszüge aus dem Hypotheken- und Grundbuch u. s. w.) entwickelt.

5. Für das Wiedereinsetzungsverfahren (§ 92 des G.F.G.) hat der Rechtsanwalt besondere Gebühren nicht zu beanspruchen.

6. Im Falle der Vertretung im Beschwerdeverfahren (§ 22 des G.F.G.) kommen die Gebührenbestimmungen der Art. 6 u. 8 zur Anwendung.

7. Hinsichtlich der Pflicht der Kostenerstattung sind zu beachten Art. 131, 132 (Art. 11 des NachlaßGes. v. 9. Aug. 1902, G.V.Bl. S. 469), und 133 des Ausf.Ges. z. B.G.B. (Meikel, 2. Aufl. S. 308 ff.). § 23 der R.G.O. kommt hier nicht zur Anwendung, sondern Art. 8, ausnahmsweise auch noch Art. 6 bei besonderer Informationseinholung.

Art. 25.

Die Vorschriften der Artikel 6 bis 16 finden auf die in den Artikeln 17 bis 24 aufgeführten Angelegenheiten nur dann Anwendung, wenn sich der Auftrag auf eine einzelne Thätigkeit oder auf mehrere einzelne Thätigkeiten im Verfahren beschränkt[1][2].

Die Bauschgebühren erhält der Rechtsanwalt in den Fällen der Art. 17 bis 24 nur dann, wenn ihm die Wahrnehmung der Rechte des Auftraggebers in der Eigenschaft eines für das ganze Verfahren Bevollmächtigten übertragen ist. Wenn sich der Auftrag auf eine einzelne Thätigkeit oder auf mehrere einzelne Thätigkeiten beschränkt, werden die Bestimmungen der Art. 6 bis 16 über Einzelgebühren angewendet. Die Einzelgebühren dürfen aber die Gebühren für die Vertretung nicht übersteigen (§§ 48, 49 R.G.O., Art. 27 Abs. 2.) (Motive.)

1. An Einzelgebühren stehen dem Rechtsanwalte zu:
a) die Informationsgebühr (Art. 6) 2 bis 5 Zehnteile und zu einem Zehnteile bei der Zwangsvollstreckung,
b) für Erteilung eines Rates (Art. 7) ein Zehnteil,
c) für Erklärungen, Anträge und Beschwerden bei Behörden (Art. 8) 2 bis 4 Zehnteile,
d) für Abfassung eines Schreibens an eine andere Privatperson als den Auftraggeber (Art. 9) ein Zehnteil,
e) für Wahrnehmung eines Termins (Art. 10) 3 Zehnteile, für weitere Termine je 2 Zehnteile bis zur vollen Gebühr (Art. 14 Abs. 2),
f) für Mitwirkung beim Abschluß eines Vergleiches die volle Gebühr (Art. 11),
g) für das Entwerfen der Urkunde über ein Rechtsgeschäft 2 bis 5 Zehnteile.

Diese Einzelgebühren dürfen aber die Gebühren für die Vertretung nicht übersteigen. Z. B. der Rechtsanwalt meldet für einen Gläubiger dessen Recht an (§ 37 Nr. 4 des Zw.Ges.). Sofern er besondere Information nötig hatte, hätte er die Informationsgebühr mit 2 bis 5 Zehnteile (Art. 6) und für die Erklärung 2 bis 4 Zehnteile zu beanspruchen. Er hat jedoch nur 3 Zehnteile anzusprechen, da er für die gleiche Vertretung eines Beteiligten bis zur Einleitung des Verteilungsverfahrens (Art. 17 Abs. 1 Nr. 1) gleichfalls nur 3 Zehnteile liquidieren darf. Erhält er später auch noch den Auftrag, den Versteigerungstermin wahrzunehmen, so würden ihm nach Art. 10 Abs. 1 weitere 3 Zehnteile zustehen. Da er aber nach Art. 17 Abs. 1 Nr. 1 u. Abs. 3 für die vorerwähnte Vertretung im Verfahren nur 4 Zehnteile der vollen Gebühr anzusprechen hat, so gebühren ihm statt 7 Zehnteile der Einzelgebühren nur die 4 Zehnteile nach Art. 17.

2. Vergleiche auch §§ 48, 49 der R.G.O. in Wochinger, Prozeßgeb.Ges. S. 228 ff.

Art. 26.

Ist für das dem Rechtsanwalt übertragene Geschäft eine Gebühr nicht bestimmt, so erhält er eine unter entsprechender Anwendung der Vorschriften der Reichsgebührenordnung für Rechtsanwälte und dieser Verordnung zu bemessende Gebühr[1] [2].

Der Art. 26 entspricht dem § 89 der Reichsgebührenordnung. (Motive.)

1. Hier kommen außergerichtliche Auseinandersetzungen, z. B. ein Arrangement zur Vermeidung des Konkurses, in Betracht, für welche Gebühren nach Art. 6, 7, 9, 10 u. 11 zu berechnen sind.

2. In den übrigen hierher gehörigen Fällen ist dem Rechtsanwalte eine der aufgewendeten Thätigkeit entsprechend angemessene Vergütung zu bewilligen. Der Betrag derselben kann auch unter die Mindestgebühr des § 8 der R.G.O. von 1 ℳ herabgehen.

Art. 27.

Die Vorschriften der §§ 2 bis 8, 11, 12[1]), 26, § 29 Abs. 2, § 30, § 31 Abs. 1, §§ 32 bis 36, 76 bis 87, 93, 94 der Reichsgebührenordnung für Rechtsanwälte finden, soweit nicht ein anderes bestimmt ist, in den Fällen der Artikel 4 bis 26 entsprechende Anwendung.

In den Fällen der Artikel 17 bis 23 finden auch die Vorschriften der §§ 10, 25, § 29 Abs. 1, §§ 41, 48 bis 51, 90 der Reichsgebührenordnung für Rechtsanwälte, in den Fällen des Artikel 24 dieselben Bestimmungen mit Ausnahme des § 41 entsprechende Anwendung[1]).

Sind der Auftrag zu einem Antrag auf Eintragung einer Sicherungshypothek und der Auftrag zur Einleitung des Verfahrens der Zwangsversteigerung oder des Verfahrens der Zwangsverwaltung bezüglich desselben Anspruchs auf Grund desselben Schuldtitels gleichzeitig erteilt worden, so wird, wenn beide Aufträge ausgeführt werden, die Gebühr für den Antrag auf Eintragung der Sicherungshypothek auf die im Artikel 17 Abs. 2 oder im Artikel 19 Abs. 2 bestimmte Gebühr angerechnet.

Der Artikel zählt die Bestimmungen der R.G.O. auf, welche für die in den Art. 4 bis 26 behandelten Angelegenheiten entsprechend gelten. Im einzelnen ist folgendes zu bemerken.

I. a) Auch die Bestimmungen der §§ 2, 3 der R.G.O. enthalten Vorschriften über das Maß der Vergütung, die der Rechtsanwalt von seinem Auftraggeber oder bei dem Vorhandensein mehrerer Auftraggeber von jedem derselben zu beanspruchen hat. Aus § 4 der R.G.O. ergibt sich unter anderem, daß der Rechtsanwalt in den Fällen der Art. 17 bis 24 als Beistand dieselbe Gebühr erhält wie als Vertreter; ferner daß dem Rechtsanwalte, der in den unter Art. 10 fallenden Sachen eine Partei im Termine verbeistandet, dieselbe Gebühr wie dem Rechtsanwalte, der den Termin als Vertreter der Partei wahrnimmt, zukommt.

b) Die Anwendung der §§ 11, 12 der R.G.O. ergibt, daß die Festsetzung des Gegenstandswerts nach Art. 43 ff. des Geb.G. auch für die Bemessung der Gebühren des Rechtsanwalts maßgebend ist und daß dem Rechtsanwalt dasselbe Beschwerderecht wie dem Zahlungspflichtigen und der Staatskasse zusteht.

c) Die Bestimmungen des § 26, § 29 Abs. 2, § 30, § 31 Abs. 1, §§ 32 bis 36 der R.G.O. sind entsprechend anwendbar erklärt, um den Begriff der „Instanz" in Uebereinstimmung mit der R.G.O. zu bestimmen. Von den im § 26 der R.G.O. angeführten Vorschriften kommt nur die des § 31 des Gerichtskostengesetzes in Betracht: wenn in einer der hier in Betracht kommenden Angelegenheiten der Bescheid der ersten Instanz von der höheren Behörde aufgehoben und die Sache zur anderweiten Behandlung an die Behörde erster Instanz zurückverwiesen wird, so bildet das weitere Verfahren mit dem früheren Verfahren vor dieser Behörde nur eine Instanz. Die gesamte den Bestimmungen des § 29 Abs. 2 der R.G.O. entsprechende Thätigkeit des Rechtsanwalts in einer der hier in Betracht kommenden Angelegenheiten wird als zu derselben Instanz gehörig angesehen. Von den im § 30 der R.G.O. aufgeführten Angelegenheiten sind die Anträge auf Sicherung des Beweises zu erwähnen. Auch die Bestimmungen des § 31 Abs. 1, §§ 32 bis 36 der R.G.O. eigneten sich für die hier in Betracht kommenden Angelegenheiten.

d) Der gesamte die Vergütung für Auslagen, insbesondere auch für Reisekosten betreffende fünfte Abschnitt der R.G.O. (§§ 76 bis 86) wurde für anwendbar erklärt. Ueberhaupt gelten bezüglich der Auslagen, deren Ersatz der Rechtsanwalt begehren kann, hinsichtlich der landesrechtlich zu regelnden Angelegenheiten dieselben Grundsätze wie für die unter den § 1 der R.G.O. fallenden Angelegenheiten.

II. In den Fällen, die in den Art. 17 bis 24 behandelt sind, sind außer den im Abs. 1 aufgeführten Bestimmungen der R.G.O. noch die Vorschriften der § 10, § 25, § 29 Abs. 1, §§ 48 bis 51, 90 der R.G.O., in den unter die Art. 17 bis 23 fallenden Sachen auch § 41 der R.G.O. entsprechend anwendbar.

Aus dem § 29 Abs. 1 der R.G.O. ergibt sich, daß der Rechtsanwalt in den bezeichneten Verfahren nach Art. 17 bis 24 für die Vertretung des Beteiligten weitere Gebühren als die in diesen Artikeln bestimmten nicht beanspruchen darf.

Die Vorschrift des § 41 der R.G.O. gilt in den Fällen der Anrufung der Entscheidung des Vollstreckungsgerichts (Art. 25 des Ausf.Ges. z. G.B.O. und Zw.Ges., § 13 Abs. 2 des Einf.Ges. z. Zw.Ges.) und in den Fällen der Beschwerde gegen eine Entscheidung des Vollstreckungsgerichts (§§ 95 ff. des Zw.Ges.). In den Fällen der Beschwerde nach § 95 des Zw.Ges. ist die Reichsgebührenordnung schon deswegen maßgebend, weil auf das Verfahren ausschließlich die Bestimmungen der Civilprozeßordnung Anwendung finden (§ 1, § 31 Abs. 2 der R.G.O.). Für die nach §§ 97 bis 104 des Zw.Ges. zu behandelnden Fälle hätten besondere Gebührenvorschriften auf Grund des § 31 Abs. 2 der R.G.O. getroffen werden können; da aber die in den §§ 97 bis 104 des Zw.Ges. für das Verfahren getroffenen Bestimmungen für die Gebührensätze ohne Bedeutung sind, ist auch in diesen Fällen der § 41 der R.G.O. anwendbar.

Die im Art. 24 behandelten Angelegenheiten gehören zur freiwilligen Gerichtsbarkeit; es bestand deshalb wohl kein Anlaß, für sie den § 41 der R.G.O. mit den Gebührensätzen der R.G.O. als anwendbar zu erklären. Vielmehr gelten für die Beschwerdeinstanz die Bestimmungen der Art. 6 ff. Eine Informationsgebühr wird der Rechtsanwalt in der Beschwerdeinstanz nur dann erhalten, wenn er eine neue Information für sie erholt (Art. 6 Abs. 3).

Der § 90 der R.G.O. ist von Bedeutung für die Fälle der Art. 17 bis 24. Für die unter die Art. 6 bis 16, 25 fallenden Sachen gelten die Bestimmungen des Art. 13.

III. Die Bestimmung des Abs. 3 entspricht wohl in der Regel dem Willen der Beteiligten. Sie bezieht sich nur auf die Sicherungshypothek nach § 866 der Civilprozeßordnung, nicht auf die Sicherungshypotheken nach § 932 derselben. (Motive.)

1. Zu bemerken ist noch, daß hinsichtlich der Gebühren, welche bei einem Notariate anfallen, das Rechtsmittel der Beschwerde an das Landgericht zu richten ist, in dessen Bezirk das Notariat seinen Sitz hat (Art. 47 des Geb.G. S. 46) sowie daß für die Verbescheidung einer Beschwerde wegen Festsetzung der in dem Verfahren nach Art. 47 erwachsenen Anwaltskosten durch das Landgericht das Oberste Landesgericht zuständig ist (Beschl. d. OberstL.G. v. 10. Febr. 1885, Slg. d. Entschdg. ä. F. Bd. XI. S. 35 u. Beschluß v. 20. März 1889, Slg. d. Entschdg. ä. F. Bd. XII. S. 282, Pfaff, 5. Aufl. S. 58).

Art. 28.

Diese Verordnung tritt am 1. April 1902 in Kraft.

Die Vergütung für die Berufsthätigkeit des Rechtsanwalts zur Erledigung von Aufträgen, die vor diesem Zeitpunkt erteilt sind, bestimmt sich nach den bisherigen Vorschriften.

Für den erbschaftlichen Liquidationsprozeß (Artikel 150 bis 157 des Gesetzes zur Ausführung der Reichs-Civilprozeßordnung und Konkursordnung vom 23. Februar 1879) sowie für das Hypothekenreinigungsverfahren bleiben die bisherigen Vorschriften in Geltung.

Das Gleiche gilt für die Verfahren der Zwangsversteigerung, der Zwangsverwaltung und der gerichtlichen Versteigerung, auf welche die Vorschriften des Gesetzes vom 23. Februar 1879, die Zwangsvollstreckung in das unbewegliche Vermögen wegen Geldforderungen betreffend, und des Gesetzes vom 29. Mai 1886, Aenderungen der Bestimmungen über die Zwangsvollstreckung in das unbewegliche Vermögen betreffend, anzuwenden sind. Für das Verfahren der Zwangsversteigerung eines gemeinschaftlichen Grundstücks zum Zwecke der Aufhebung der Gemeinschaft gelten dagegen die Bestimmungen dieser Verordnung schon vor dem Zeitpunkt, in welchem das Grundbuch als angelegt anzusehen ist; in diesem Verfahren erhält der Rechtsanwalt für den Antrag auf Wiederversteigerung (Artikel 87 des Gesetzes vom 23. Februar 1879, Artikel 28 des Gesetzes vom 29. Mai 1886) einschließlich der weiteren Thätigkeit bis zur Einleitung des Verteilungsverfahrens neben den im Artikel 17 bestimmten Gebühren weitere drei Zehnteile der vollen Gebühr.

Die Bestimmung des Artikel 27 Abs. 3 ist auch auf die Vormerkung einer Hypothek nach Artikel 40 des Gesetzes vom 29. Mai 1886, Aenderungen der Bestimmungen über die Zwangsvollstreckung in das unbewegliche Vermögen betreffend, entsprechend anzuwenden.

Für die vor dem Inkrafttreten der Verordnung erteilten Aufträge gelten die bisherigen Vorschriften.

Aus der Fassung der Absätze 1 bis 4 im Zusammenhalte mit der Fassung des Art. 4 ergibt sich, daß für alle übrigen Aufträge ausschließlich die neuen Bestimmungen maßgebend sind, die Vorschriften der Advokatengebührenordnung von 1852 und der Allerhöchsten Verordnungen vom 23. Dezember 1875 und vom 25. September 1879 demnach außer Wirksamkeit gesetzt wurden, soweit die Absätze 3, 4 nicht Abweichendes bestimmen.

Der § 9 der Allerhöchsten Verordnung vom 25. September 1879 bleibt hinsichtlich des erbschaftlichen Liquidationsprozesses, der § 16 dieser Verordnung hinsichtlich des Hypothekenreinigungsverfahrens in Kraft. Beide Verfahren gehören der freiwilligen Gerichtsbarkeit an, fallen deshalb mangels eines Vorbehalts unter die Art. 4 ff. Das in dem § 9 dieser Allerhöchsten Verordnung genannte Aufgebot liegender Gründe fällt unter den Art. 1 Nr. 1.

Es empfahl sich nicht, die neuen Vorschriften auch auf die Verfahren der Zwangsversteigerung und der Zwangsverwaltung, die nach der Subhastationsordnung vom 23. Februar 1879 und nach der Novelle hiezu vom 29. Mai 1886 zu erledigen sind (§§ 1, 15 des Einf.Ges. z. Zw.Ges.), auszudehnen. Einer solchen Regelung steht, abgesehen von den Verschiedenheiten der Verfahren nach Reichsrecht und nach Landesrecht, vor allem der Umstand entgegen, daß bei den nach Landesrecht zu erledigenden Verfahren die Anordnung der Zwangsvollstreckung in ein Grundstück wegen einer Geldforderung auf dem § 755 Abs. 2 der Civilprozeßordnung vom 30. Januar 1877 beruht, die Vergütung für die hierauf bezügliche Berufsthätigkeit des Rechtsanwalts sich deshalb nach der Reichsgebührenordnung mit den Gebührensätzen des § 9 derselben bemißt, während für das übrige Verfahren die Gebührensätze des Art. 5 maßgebend sein würden, und daß es nicht wohl anging, für dasselbe Verfahren zwei verschiedene Gebührentarife gelten zu lassen. Das zuletzt genannte Bedenken bestand nicht bezüglich des Verfahrens der Zwangsversteigerung eines gemeinschaftlichen Grundstücks zum Zwecke der Aufhebung der Gemeinschaft (Art. 41, 113 des Uebergangs-Ges.), da hier die Anordnung der Zwangsversteigerung nicht auf der Civilprozeßordnung beruht. Diese Verfahren sind deshalb den neuen Gebührenbestimmungen unterworfen, im übrigen aber sind für die Berufsthätigkeit des Rechtsanwalts in den Subhastationsverfahren, die auch künftig noch nach den vor dem 1. Januar 1900 in Kraft gewesenen landesrechtlichen Bestimmungen zu erledigen sind, die Bestimmungen der Allerhöchsten Verordnung vom 25. September 1879 aufrecht erhalten.

Für den Fall der Wiederversteigerung im Verfahren der Zwangsversteigerung eines gemeinschaftlichen Grundstücks zum Zwecke der Aufhebung der Gemeinschaft war eine dem § 5 der Allerhöchsten Verordnung vom 25. September 1879 entsprechende Vorschrift erforderlich.

Im § 8 der Allerhöchsten Verordnung vom 25. September 1879 waren für die Vollziehung des Arrests in das unbewegliche Vermögen besondere Bestimmungen getroffen. Bei dem Inkrafttreten dieser Allerhöchsten Verordnung waren für die Vollziehung des Arrests in das unbewegliche Vermögen die Art. 25 bis 31 des Gesetzes zur Ausführung der Reichscivilprozeßordnung und Konkursordnung vom 23. Februar 1879 maßgebend. Seit dem 1. Januar 1887 erfolgte aber auf grund des Gesetzes vom 29. Mai 1886, Aenderungen der Bestimmungen über die Zwangsvollstreckung in das unbewegliche Vermögen betreffend, in den Landesteilen rechts des Rheins die Vollziehung des Arrests in das unbewegliche Vermögen nach Maßgabe des Art. 44 des Gesetzes vom 29. Mai 1886 durch Vormerkung einer Hypothek. Von dem Zeitpunkt an, in dem das Grundbuch als angelegt anzusehen ist, ist der Arrest in das unbewegliche Vermögen gemäß § 932 der R.C.P.O. durch Eintragung einer Sicherungshypothek zu vollziehen.

Die Eintragung einer Sicherungshypothek zum Zwecke der Zwangsvollstreckung (§ 866 der R.C.P.O.) oder zur Vollziehung eines Arrests (§ 932 der R.C.P.O.) ist zwar durch die Civilprozeßordnung geregelt, betrifft aber nicht ein Verfahren vor den ordentlichen Gerichten (§ 1 der R.G.O.); der Antrag auf Eintragung der Sicherungshypothek ist unmittelbar an das Grundbuchamt zu richten. Die Vergütung der Thätigkeit des Rechtsanwalts für die Erwirkung der Eintragung jener Sicherungshypotheken bestimmt sich deshalb künftig ebenso wie jetzt die Vergütung für den Antrag auf Vormerkung einer Hypothek auf Grund der Art. 40, 44 der Novelle zur Subhastationsordnung nach den landesrechtlichen Gebührenvorschriften. Die Vorschrift des § 8 der Allerhöchsten Verordnung vom 25. Septbr. 1879 hätte deshalb an sich aufrecht erhalten und auch auf die Eintragung einer Sicherungshypothek nach § 932 der Civilprozeßordnung ausgedehnt werden können. Es bestand aber wohl kein Grund, für die Vormerkung einer Hypothek oder für die Eintragung einer Sicherungshypothek zur Vollziehung eines Arrests andere Bestimmungen als für die Vormerkung einer Hypothek oder für die Eintragung einer Sicherungshypothek zum Zwecke der Zwangsvollstreckung und für beide Geschäfte andere Bestimmungen als für die Vormerkung oder Eintragung einer Hypothek außerhalb der Zwangsvollstreckung gelten zu lassen; die Erwirkung eines Eintrags im Hypothekenbuch oder im Grundbuche ist vielmehr immer nach Art. 6, 8 zu vergüten. Es bestand auch kein Anlaß, für die wenigen Fälle der Arrestvollziehung nach Art. 25 des Ausführungsgesetzes zur Civilprozeßordnung und Konkursordnung die Bestimmung des Art. 8 der Allerhöchsten Verordnung vom 25. September 1879 aufrecht zu erhalten.

Was im Art. 27 Abs. 3 für die Sicherungshypothek bestimmt ist, hat ebenso für die Vormerkung einer Hypothek nach dem Art. 40 der Novelle zur Subhastationsordnung Bedeutung. Es ist deshalb die Bestimmung des Art. 27 Abs. 3 auf diese Vormerkungen anwendbar (Abs. 5). Die Bestimmung des Art. 27 Abs. 3 betrifft nur Fälle, die nach der Civilprozeßordnung neuer Fassung und nach dem Gesetze vom 24. März 1897 über die Zwangsversteigerung und die Zwangsverwaltung zu behandeln sind, die Bestimmung des Art. 28 Abs. 5 dagegen alle Fälle, in denen die Eintragung der Hypothek auf grund der Novelle zur Subhastationsordnung erfolgt, gleichviel, ob für die nachfolgende Zwangsversteigerung oder Zwangsverwaltung die Subhastationsordnung oder mit Rücksicht darauf, daß inzwischen das Grundbuch als angelegt erklärt ist, das Gesetz vom 24. März 1897 maßgebend ist. (Motive.)

Art. 29.

Das Staatsministerium der Justiz ist beauftragt, die erforderlichen Ausführungsbestimmungen zu erlassen und nach Ablauf von drei Jahren über die Wirkungen dieser Verordnung und darüber zu berichten, ob nach den gemachten Erfahrungen eine Aenderung dieser Verordnung angezeigt erscheint. Bis zu dieser Zeit ist das Staatsministerium der Justiz ermächtigt, im Falle des Bedürfnisses einzelne Aenderungen und Ergänzungen vorzunehmen.

II. Die Gebühren der Rechtsanwälte in den Angelegenheiten der Verwaltung und der Verwaltungsrechtspflege.*)

Einleitung.**)

Die Gebühren der Rechtsanwälte in den Angelegenheiten der Verwaltung und der Verwaltungsrechtspflege sind reichsgesetzlich nicht geregelt; sie konnten deshalb auf grund des Art. 5 des Gesetzes über das Gebührenwesen durch Allerhöchste Verordnung bestimmt werden.

Bisher waren für diese Angelegenheiten noch die Vorschriften der Allerhöchsten Verordnung vom 15. Dezember 1852, die Advokatengebührenordnung für die Landesteile rechts des Rheins betreffend, maßgebend. Diese beruhte auf dem Systeme der Einzelgebühren in der Weise, daß für die einzelnen Arten von Handlungen Gebühren, in der Regel mit einem Mindest- und einem Meistbetrage, bestimmt waren. Durch die Allerhöchste Verordnung vom 23. Dezember 1875, die Advokatengebührenordnung für die Landesteile rechts des Rheins vom 15. Dezember 1852 betreffend, wurden die noch geltenden Gebührensätze der Advokatengebührenordnung nach dem Maßstabe von einem Gulden zu 2 *M* umgewandelt; zugleich wurde bestimmt, daß die Gebührensätze für Verteidigungen in Strafsachen in öffentlicher Sitzung der Gerichte auch bei öffentlichen Verhandlungen vor den Verwaltungsbehörden entsprechende Anwendung finden sollen.

Die Vorschriften der Advokatengebührenordnung von 1852 waren vielfach veraltet. Die Gebührensätze entsprachen nicht mehr den Verhältnissen der Gegenwart. Auch war der Umstand, daß für die Pfalz Gebührennormen überhaupt nicht bestanden, als ein der Abhilfe bedürftiger Mangel empfunden worden. Es bestand deshalb das Bedürfnis, neue Vorschriften über die Gebühren der Rechtsanwälte in den Angelegenheiten der Verwaltung und der Verwaltungsrechtspflege zu erlassen.

Die Vorschriften der Reichsgebührenordnung für Rechtsanwälte eignet sich nur im beschränkten Maße für die Angelegenheiten der Verwaltung und der Verwaltungsrechtspflege. Unbedenklich konnten wohl die Bestimmungen in Abschnitt I, VI, dann in den §§ 76, 77, 87 bis 90, 93, 94 der Reichsgebührenordnung als entsprechend anwendbar erklärt werden (Art. 4 Abs. 3, Art. 8, 13, 22). Ebenso stand wohl nichts im Wege, die Vergütung der Berufsthätigkeit der Rechtsanwälte im Strafverfahren im Verwaltungsweg und im Dienststrafverfahren im Einklange mit den auf Strafsachen bezüglichen Vorschriften des vierten Abschnitts der Reichsgebührenordnung zu regeln (Art. 20). Im übrigen waren indes besondere Vorschriften veranlaßt.

Die Vorschriften des vierten Abschnitts der Reichsgebührenordnung durften schon deshalb für die übrigen Angelegenheiten

---

*) Königliche Allerhöchste Verordnung vom 26. März 1902 (G.V.Bl. S. 144 ff.).

**) Siehe Begründung im Just.M.Bl. 1902 S. 499.

der Verwaltung und der Verwaltungsrechtspflege nicht als anwendbar zu erklären sein, weil sie fixe Gebühren bestimmen. Auch von einer entsprechenden Anwendung der Vorschriften des zweiten Abschnitts der Reichsgebührenordnung mußte abgesehen werden, da die Gebühren der Rechtsanwälte in bürgerlichen Rechtsstreitigkeiten sich nach dem Werte des Streitgegenstandes bemessen, die Gegenstände der Angelegenheiten der Verwaltung und der Verwaltungsrechtspflege aber in überwiegender Zahl einer Schätzung nach Geld nicht fähig sind und in ihnen der Wert auch da, wo von einem solchen gesprochen werden kann, einen richtigen Maßstab für die Entlohnung des Rechtsanwalts häufig nicht bildet.

Das System der Bauschgebühren konnte nur für Verwaltungsstreitsachen in Betracht kommen, da hier in sich abgeschlossene Verfahren vorliegen, in denen sich die Thätigkeit, die der Rechtsanwalt zu entwickeln hat, im voraus übersehen läßt. Die einzelnen Angelegenheiten der Verwaltung dagegen sind zu verschieden von einander, als daß sich durch Bauschgebühren eine nur einigermaßen gerechte Vergütung der Berufsthätigkeit des Rechtsanwalts erzielen ließe; für diese Angelegenheiten war deshalb dem System der Einzelgebühren der Vorzug gegeben worden. Es bestand aber auch kein zwingender Anlaß, für die Verwaltungsrechtssachen andere Gebühren als für die Angelegenheiten der Verwaltung zu bestimmen.

Der Entwurf der Verordnung ging hienach davon aus, daß in den Angelegenheiten der Verwaltung und der Verwaltungsrechtspflege, abgesehen von den Strafverfahren im Verwaltungsweg und von den Dienststrafverfahren, die Vergütung für die Berufsthätigkeit des Rechtsanwalts, wie in der Advokatengebührenordnung von 1852, nach dem System der Einzelgebühren mit weitem Spielraum zu erfolgen hat.

Die Verordnung gilt für die Angelegenheiten der Verwaltung und der Verwaltungsrechtspflege. Hierunter fallen zunächst die Angelegenheiten, die von einem Organe der Verwaltung oder der Verwaltungsrechtspflege zu *entscheiden* sind, gleichviel ob die Entscheidung in der Sache ausschließlich den Verwaltungsbehörden zusteht, oder ob gegen die Entscheidung der Verwaltungsbehörde der Rechtsweg offen steht, wie in den Fällen des § 114 des Reichsmilitärpensionsgesetzes, der §§ 39 ff. des Reichsrayongesetzes, der Art. 18 ff. des Gesetzes zur Ausführung der Reichscivilprozeßordnung und Konkursordnung. Es gehören hieher die Angelegenheiten, in denen die Verwaltungsbehörden zwar nicht zur Entscheidung, aber zur Einleitung eines Sühneverfahrens zuständig sind (z. B. Art. 37 Abs. 2 der Gemeindeordnung für die Landesteile diesseits des Rheins). Dagegen ist es fraglich, ob die Gesuche um Abhilfe nach Art. 2 des Gesetzes zur Ausführung der Reichscivilprozeßordnung und Konkursordnung als Angelegenheiten der Verwaltung erachtet werden können. Um die Anwendung der für Verwaltungsangelegenheiten geltenden Gebührenvorschriften auch auf diese Gesuche sicher zu stellen, war eine besondere Bestimmung in die Verordnung aufzunehmen (Art. 23).

Die Verordnung gilt für alle Angelegenheiten der Verwaltung und der Verwaltungsrechtspflege, abgesehen von dem Verfahren vor den Schiedsgerichten für Arbeiterversicherung und vor dem Landesversicherungsamte. Auf Grund des § 20 Abs. 1 des Gesetzes vom 30. Juni 1900, die Abänderung der Unfallversicherungsgesetze betreffend, wurden die Gebühren der Rechtsanwälte im Verfahren vor den Schiedsgerichten durch kaiserliche Verordnung, die Gebühren im Verfahren vor den Landes-Versicherungsämtern von den Landesregierungen festgesetzt. Der § 20 Abs. 1 ließ eine erschöpfende Regelung der Gebühren der Rechtsanwälte in jenen Verfahren zu und zwar nicht nur für das Verhältnis zum unterliegenden Gegner, sondern auch für das innere Verhältnis des Rechtsanwalts zum Auftraggeber. Bisher ist auf grund des § 20 Abs. 1 die Kaiserliche Verordnung vom 22. Dezbr. 1901, betreffend die Gebühren der Rechtsanwälte im Verfahren vor den Schiedsgerichten und dem Reichs-Versicherungsamte (R.G.Bl. S. 497), ergangen.

Die Bestimmungen der Verordnung schließen sich möglichst eng an die Bestimmungen der Verordnung, betreffend die Gebühren der Rechtsanwälte in den Angelegenheiten der Rechtspflege, an, soweit in dieser Einzelgebühren vorgeschlagen sind, insbesondere hinsichtlich der einzelnen gebührenpflichtigen Handlungen (Art. 6 bis 13, 16 der Verordnung betreffend die Gebühren der Rechtsanwälte in den Angelegenheiten der Rechtspflege).

Die Gebührensätze sind höher als die in den Verordnungen von 1852 und 1875 bewilligten, da der Geldwert inzwischen außerordentlich gesunken ist, dagegen der Aufwand des Rechtsanwalts für rechtskundige Hilfskräfte und für die Kanzlei sich bedeutend erhöht hat.

Art. 1.

Der Rechtsanwalt erhält für die Thätigkeit, die er zu seiner Information entwickelt, einschließlich der zu diesem Zwecke vorgenommenen Besprechungen und der Einsicht von Akten eine Gebühr von zwei bis vierzig Mark (Informationsgebühr) [1].

Die Gebühr kann in einer Instanz nur einmal beansprucht werden.

Vertritt der Rechtsanwalt den Auftraggeber in mehreren Instanzen, so erhält er die Gebühr in der höheren Instanz nur dann, wenn er in dieser zu seiner Information eine weitere Thätigkeit entwickelt hat.

Die Gebühr kann nicht gefordert werden, wenn die Thätigkeit des Rechtsanwalts der Einleitung eines Prozesses vorausgeht und dem Rechtsanwalte die Prozeßgebühr oder eine Gebühr nach § 44 der Reichsgebührenordnung für Rechtsanwälte zusteht[2]).

Die Information ist schon begriffmäßig eine Sache für sich. Sie bildet den Ausgangspunkt und die Grundlage der ganzen weiteren Thätigkeit des Rechtsanwalts. Wie in der Advokatengebührenordnung von 1852 ist deshalb eine besondere Gebühr für sie vorgeschlagen.

Die Information umfaßt die gesamte Thätigkeit, die der Rechtsanwalt entwickelt, um sich die für die Behandlung der Sache erforderliche Kenntnis des Sachverhalts zu verschaffen. Durch die Informationsgebühr werden auch die sämtlichen Besprechungen, die der Rechtsanwalt mit dem Auftraggeber oder mit Dritten zum Zwecke der Information gepflogen hat, und die Einsicht von Akten vergütet.

Die Informationsgebühr steht dem Rechtsanwalt auch dann zu, wenn es zu einer instanziellen Behandlung der Sache nicht kommt. In derselben Instanz erhält der Rechtsanwalt die Gebühr nur einmal.

Der Begriff „Instanz" bedarf keiner Erläuterung. Selbstverständlich ist, daß das Verfahren vor der Stelle oder Behörde, die in der Sache zu entscheiden hat, mit dem Verfahren vor der Behörde, die auf Ersuchen der entscheidenden Behörde oder von Amtswegen mit Ermittelungen in der Angelegenheit oder mit einem Sühneversuche befaßt ist, eine einzige Instanz bildet. Demnach erhält der Rechtsanwalt z. B. im Verfahren vor der instruierenden Behörde nach Art. 23 ff. des Gesetzes vom 28. Mai 1852 über die Bewässerungs- und Entwässerungs-Unternehmungen zum Zwecke der Bodenkultur und im Verfahren vor der nach Art. 37 dieses Gesetzes in erster Instanz entscheidenden Behörde nur eine einzige Informationsgebühr. Das Gleiche gilt für das Verfahren in Zwangsenteignungssachen vor der Distriktsverwaltungsbehörde behufs gütlicher Einigung der Beteiligten und für das im Falle des Mißlingens des Sühneversuchs sich anschließende Verfahren vor der Kreisregierung (Art. XVII, XVIII des Zwangsenteignungsgesetzes).

Hat der Rechtsanwalt den Auftraggeber schon in der unteren Instanz vertreten, so erhält er in der höheren Instanz eine Informationsgebühr nur dann, wenn er in dieser Instanz zu seiner Information eine weitere Thätigkeit entwickelt hat. Der Abs. 3, der dies ausdrückt, ist nur der Deutlichkeit wegen beigesetzt. Er bringt für einen besonderen Fall den allgemein geltenden Grundsatz zum Ausdruck, daß die Informationsgebühr nur dann gewährt wird, wenn der Rechtsanwalt in der Instanz zu seiner Information eine besondere Thätigkeit entwickelt.

Die Bestimmung in Abs. 4 entspricht der Bestimmung in Art. 6 Abs. 5 der Verordnung für die Angelegenheiten der Rechtspflege. Sie bezieht sich insbesondere auf die Fälle des § 114 des Reichsmilitärpensionsgesetzes, der §§ 39 ff. des Reichsrayongesetzes, der Art. 2, 18 ff. des Gesetzes zur Ausführung der Reichscivilprozeßordnung und Konkursordnung, des Art. 37 Abs. 2 der Gemeindeordnung für die Landesteile diesseits des Rheins.

Die Informationsgebühr steht dem Rechtsanwalt neben den Gebühren aus Art. 2 bis 8 zu, aber hinsichtlich der sämtlichen in diesen Artikeln bezeichneten Thätigkeiten in derselben Instanz nur einmal. (Motive.)

1. Beansprucht die Information eine besonders schwierige oder zeitraubende Thätigkeit oder ist der Gegenstandswert ein bedeutender, so kann Erhöhung der Informationsgebühr bis zu 40 ℳ beansprucht werden. (Art. 10 u. 11.)

2. Die Bestimmung in Abs. 3 gründet sich darauf, daß in diesen Fällen durch die Prozeßgebühr nach § 13 Ziff. 1 der R.G.O. die Thätigkeit für den Geschäftsbetrieb einschließlich der Information vergütet wird.

Art. 2.

Der Rechtsanwalt erhält für die Erteilung eines Rates[1]) eine Gebühr von einer Mark bis zwanzig Mark.

Hat der Rechtsanwalt im Anschluß an die Erteilung des Rates eines der in den Artikeln 3 bis 7 bezeichneten Geschäfte vorzunehmen, für das nach diesen Artikeln oder nach Artikel 8 eine besondere Gebühr anzusetzen ist, so erhält er für den Rat und für das Geschäft nur eine einzige Gebühr, die innerhalb des weitesten in Betracht kommenden Spielraums zu bemessen ist[2]).

Eine besondere Gebühr neben der Gebühr für die Information erhält der Rechtsanwalt für die Erteilung eines Rates. Der Begriff der Ratserteilung ist derselbe, wie im § 47 der Reichsgebührenordnung für Rechtsanwälte. Nicht jede Aeußerung über nebensächliche Punkte ist hienach als Ratserteilung anzusehen, sondern nur eine Aeußerung, die für die Beurteilung und Auffassung einer Angelegenheit und demnächst für die Art und Weise in der Behandlung von Einfluß und Bedeutung ist. Wird eine Angelegenheit in mehreren unmittelbar aufeinanderfolgenden Besprechungen behandelt, so liegt regelmäßig nur eine einmalige, wenn auch nach und nach die ganze Angelegenheit umfassende Ratserteilung vor (Entscheidungen des Ehrengerichtshofs für deutsche Rechtsanwälte Bd. 3 S. 9, Bd. 4 S. 63, Bd. 8 S. 247).

Besteht zwischen der Erteilung des Rats und einem anderen von dem Rechtsanwalte vorgenommenen Geschäft ein innerer Zusammenhang, so erhält der Rechtsanwalt nicht neben der Gebühr für das Geschäft noch eine Gebühr für die nur vorbereitende Ratserteilung, vielmehr für die Ratserteilung und für das Geschäft nur eine einzige Gebühr, wenn der Rat mündlich erteilt wird

(Abs. 2); für einen schriftlich erteilten Rat gilt diese Beschränkung nicht (Art. 4 Abs. 2). (Motive.)

1. Wird der Rat auf besonderes Ersuchen des Auftraggebers schriftlich erteilt, so berechnet sich die Gebühr gleichfalls nur nach Art. 2 Abs. 1, siehe Art. 4 Abs. 2.

2. Für den in Betracht kommenden Spielraum ist die jeweilige Bestimmung des einschlägigen Artikels maßgebend. Z. B.: Ist mit der Ratserteilung ein Antrag an eine Behörde verbunden, so ist nach Art. 3 ein Spielraum von 3 bis 40 ℳ gegeben, nach Art. 5 ein solcher von 5 bis 50 ℳ u. s. w. Vergleiche hierher auch Art. 10 u. 11.

Art. 3.

Der Rechtsanwalt erhält für Anträge, Erklärungen und Beschwerden bei Behörden eine Gebühr von drei Mark bis vierzig Mark [1] [2].

Für bloße Benachrichtigungen, Beschleunigungsgesuche, kurze Anzeigen, Gesuche um Abschriften oder Ausfertigungen und für ähnliche Schreiben erhält er nur Schreibgebühren.

Für bloße Benachrichtigungen, Beschleunigungsgesuche, kurze Anzeigen und Schreiben ähnlicher Art an Behörden erhält der Rechtsanwalt nur Schreibgebühren (Abs. 2), für alle übrigen Anträge, Erklärungen und Beschwerden bei Behörden dagegen die besondere Gebühr des Abs. 1.

Alle Eingaben an Behörden fallen unter den Art. 3, gleichviel ob die Eingabe an eine Staatsbehörde oder an eine Gemeindebehörde, ob an die in der Sache entscheidende oder an eine ersuchte oder sonst mit Ermittelungen befaßte Behörde gerichtet ist. Auch die Eingabe an ein Gericht wird nach Art. 3 behandelt, wenn sie eine Angelegenheit der Verwaltung oder der Verwaltungsrechtspflege betrifft, z. B. die Eingabe des einen Mündel in einer solchen Angelegenheit vertretenden Rechtsanwalts an das Vormundschaftsgericht.

Es begründet auch keinen Unterschied, ob die Behörde als Trägerin staatlicher Funktionen oder als Vertreterin privatrechtlicher Interessen, z. B. als Vertreterin des Fiskus, angegangen wird.

Der Rechtsanwalt erhält die Gebühr für die Anfertigung des Antrags, der Erklärung oder der Beschwerde. Die Gebühr ist demnach mit der Anfertigung, nicht erst mit der Einreichung bei der Behörde verdient. Es ist auch gleichgiltig, ob der Rechtsanwalt das Schreiben selbst unterschreibt oder von dem Auftraggeber unterschreiben läßt.

Gemäß § 5 der Reichsgebührenordnung für Rechtsanwälte, der nach Art. 13 auch in den Angelegenheiten der Verwaltung und der Verwaltungsrechtspflege gilt, erhält der Rechtsanwalt die Gebühr aus Art. 3 auch dann, wenn er die Eingabe nicht selbst anfertigt, sondern nur unterzeichnet.

1. Die Gebühr des Art. 3 steht dem Rechtsanwalte neben der Informationsgebühr zu. Vergleiche hierher auch Art. 8 und Anmerkg. hiezu, dann Art. 10 u. 11 der K.V.O. die Geb. d. R.A. in den Angelegenh. der Rechtspflege auf S. 285 ff.

2. Für die Unterzeichnung eines Schriftsatzes erhält der Rechtsanwalt die gleichen Gebühren wie für Anfertigung desselben (§ 5 der R.G.O.), weil der Rechtsanwalt mit der Unterzeichnung der Schrift dieselbe Verantwortlichkeit übernimmt, wie wenn er dieselbe selbst gefertigt hätte und außerdem macht häufig die Prüfung und die dabei sich als nötig herausstellende Verbesserung mehr Schwierigkeiten als die Anfertigung (Motive z. R.G.O.).

Art. 4.

Der Rechtsanwalt erhält für Abfassung eines Schreibens an eine andere Privatperson als den Auftraggeber eine Gebühr von zwei Mark bis zwanzig Mark, wenn es rechtliche Ausführungen oder sachliche Auseinandersetzungen enthält [1] [2].

Auf ein Schreiben an den Auftraggeber, das einen von diesem erbetenen Rat enthält, findet die Bestimmung des Artikel 2 Abs. 1 Anwendung.

Für die Ausarbeitung eines Gutachtens mit juristischer Begründung erhält der Rechtsanwalt eine angemessene Vergütung [3].

Für andere Schreiben erhält der Rechtsanwalt nur Schreibgebühren.

Für ein Schreiben an den Auftraggeber erhält der Rechtsanwalt nur dann eine besondere Gebühr, wenn es eine Ratserteilung oder ein Gutachten mit juristischer Begründung enthält (Abs. 2, 3). Die Bestimmung des Abs. 3 über Gutachten mit juristischer Begründung entspricht dem § 88 der Reichsgebührenordnung für Rechtsanwälte. Dort ist vorgeschrieben, daß vor der Entscheidung über die Höhe der Vergütung ein Gutachten des Vorstandes der Anwaltskammer einzuholen ist; in den Angelegenheiten der Verwaltung und Verwaltungsrechtspflege ist dies wohl nicht erforderlich.

Für ein Schreiben an eine andere Privatperson als den Auftraggeber erhält der Rechtsanwalt nur dann eine besondere Gebühr, wenn es rechtliche Ausführungen oder sachliche Auseinandersetzungen enthält. (Motive.)

1. Die Vorschrift des Art. 4 beruht auf den gleichen Erwägungen wie jene des Art. 9 der K.V.O. die Geb. d. R.A. in den Angelegenh. der Rechtspflege. Siehe Seite 283.

2. Hinsichtlich der Voraussetzung zum Ansatze einer höheren Gebühr als 2 ℳ siehe die Bestimmungen der Art. 10 u. 11.

3. Vergleiche auch Anmerkg. 1 zu § 88 der R.G.O. (Wochinger, Prozeßgeb.Ges. S. 253).

Art. 5.

Für die Wahrnehmung eines Termins vor einer Behörde erhält der Rechtsanwalt eine Gebühr von fünf Mark bis fünfzig Mark (Terminsgebühr)[1].

Die Gebühr für die mündliche Verhandlung vor dem Verwaltungsgerichtshofe beträgt mindestens zehn Mark[2])[3])[4].

Für die Wahrnehmung eines Termins, der nur zur Uebernahme oder zur Ablieferung von Geldern oder Wertpapieren bestimmt ist, erhält der Rechtsanwalt eine Terminsgebühr nur dann, wenn die Uebernahme oder die Ablieferung in dem Termine nicht stattfindet[5].

Der Rechtsanwalt erhält auf Grund dieses Artikels eine Gebühr für die Wahrnehmung eines Termins vor einer Behörde. Unter den Artikel fällt demnach nicht jede Thätigkeit des Rechtsanwalts außerhalb seiner Geschäftsräume an einem hiezu bestimmten Orte zu einer hiefür bestimmten Zeit, sondern nur die Thätigkeit vor einer Behörde, wenn auch in einem außerhalb der Geschäftsräme der Behörde abgehaltenen Termine. Leistet der Rechtsanwalt seinem Auftraggeber Beistand bei einer Besprechung mit einem Dritten an einem hiezu bestimmten Orte außerhalb seiner Geschäftsräume, so ist die Gebühr auf Grund des Art. 22 zu bestimmen.

Es ist gleichgiltig, ob der Rechtsanwalt als Vertreter oder als Beistand den Termin wahrnimmt (Art. 13 sowie § 4 der Reichsgebührenordnung für Rechtsanwälte).

Der Rechtsanwalt erhält die Gebühr, wenn er in dem Termine zum Zwecke der Wahrung der Rechte des Auftraggebers anwesend ist und zwar auch dann, wenn der Termin sofort vertagt wird, ohne daß es zu einer Thätigkeit des Rechtsanwalts in der Sache selbst kommt. Ob nicht der Anspruch auf eine Gebühr im einzelnen Falle wegfällt, weil die Hinderungsursache in der Person des Rechtsanwalts ihren Grund hat oder weil der Rechtsanwalt die Vertagung noch rechtzeitig vor dem Termine schriftlich hätte beantragen können, ist nach Lage des Falles zu bestimmen.

Der Abs. 3 behandelt den Fall, daß ein Termin lediglich zur Uebernahme oder zur Ablieferung von Geldern oder Wertpapieren bestimmt ist. Wenn die Uebernahme oder die Ablieferung in dem Termine stattfindet, erhält der Rechtsanwalt nur die Gebühr auf grund des Art. 13, bann § 87 der Reichsgebührenordnung für Rechtsanwälte. Eine Terminsgebühr erhält der Rechtsanwalt, wenn die Uebernahme oder die Ablieferung in dem Termine nicht stattfindet, gleichviel ob sie überhaupt unterbleibt oder später noch erfolgt.

1. Die Terminsgebühr ist mit dem Aufrufe der Sache fällig.

2. Voraussetzung zum Ansatze dieser Gebühr ist, daß der Rechtsanwalt die Sache vorgetragen hat.

3. Hinsichtlich des Ausmaßes der Gebühr siehe die Bestimmungen der Art. 10 u. 11.

4. Vergleiche hieher auch Art. 10 mit Anmerkg. der K.V.O. die Geb. d. R.A. in den Angelegenh. der Rechtspflege auf S. 285.

5. Im Falle die Uebernahme oder die Ablieferung in dem Termine nicht stattfindet, kann der Rechtsanwalt nicht mehr als 5 *M* beanspruchen.

Art. 6.

Für die Mitwirkung bei dem Abschluß eines Vergleichs erhält der Rechtsanwalt eine Gebühr von fünf Mark bis fünfzig Mark.

Wird der Vergleich vor einer Behörde abgeschlossen, so erhält der Rechtsanwalt für die Wahrnehmung des Termins und für die Mitwirkung beim Abschlusse des Vergleichs nur eine einzige Gebühr, die zwischen fünf und fünfzig Mark zu bemessen ist[1]).

Die Bestimmung des Abs. 2 entspricht dem Art. 14 Abs. 3 der Allerhöchsten Verordnung für die Gebühren der Rechtsanwälte in den Angelegenheiten der Rechtspflege. (Motive.)

1. Die Gebühr des Art. 6 hat der Rechtsanwalt besonders neben der Informationsgebühr anzusprechen.

Vergleiche hieher auch Art. 14 nebst Anmerkg. d. K.V.O. die Geb. d. R.A. in den Angelegenh. der Rechtspflege auf S. 290 ff.; dann wegen des Gebührenausmaßes Art. 10 u. 11.

Art. 7.

Für das Entwerfen der Urkunde über ein Rechtsgeschäft erhält der Rechtsanwalt eine Gebühr von fünf Mark bis fünfzig Mark [1]) bis [4]).

Es sind keine Bestimmungen darüber aufgenommen, ob der Rechtsanwalt die Gebühr mehrfach beanspruchen kann, wenn er zu demselben Geschäfte mehrere Entwürfe der Urkunde fertigt. Ob er für jeden dieser Entwürfe eine besondere Gebühr zu beanspruchen hat, ist nach Lage des einzelnen Falles zu entscheiden; nur eine einzige Gebühr ist insbesondere dann am Platze, wenn der Rechtsanwalt zur Auswahl oder zu seiner eigenen Information mehrere

Entwürfe gefertigt hat oder wenn aus Verschulden des Rechtsanwalts mehrere Entwürfe gefertigt werden mußten. In den Fällen, in denen nur eine einzige Gebühr für mehrere Entwürfe begehrt werden kann, ist unter Umständen die Thatsache, daß mehrere Entwürfe gefertigt wurden, als eine besondere Schwierigkeit im Sinne des Art. 10 für die Bemessung der Gebühr innerhalb des Rahmens des Art. 7 von Bedeutung. (Motive.)

1. Die Gebühr des Art. 7 steht dem Rechtsanwalte gesondert neben der Informationsgebühr zu.

2. Für geringfügige Aenderungen des Entwurfs kann die Gebühr des Art. 7 nicht neuerdings erhoben werden. Ihr mehrfacher Ansatz bedingt zum mindesten, daß mehrere gesonderte Entwürfe vorliegen und daß ein diesbezüglicher Auftrag ergangen ist.

3. Im Falle der Auftrag vor der vollständigen Ausführung des Entwurfes sich erledigt, hat der Rechtsanwalt nicht die volle Gebühr des Art. 7, sondern eine entsprechend seiner Thätigkeit zu bemessende geringere oder höhere Gebühr als 5 ℳ zu beanspruchen. (Art. 8.)

4. Hinsichtlich des Gebührenausmaßes siehe Art. 10 u. 11.

Art. 8.

Hat der Rechtsanwalt eines der in den Artikeln 2 bis 7 genannten Geschäfte vorbereitet oder begonnen, erledigt sich aber der Auftrag vor der vollständigen Ausführung, so erhält der Rechtsanwalt eine unter entsprechender Anwendung der Bestimmungen dieser Artikel zu bemessende Gebühr [1]).

Die Bestimmung entspricht dem § 90 der Reichsgebührenordnung für Rechtsanwälte.

Auch der Fall des Art. 6 ist zu berücksichtigen, da der dem Rechtsanwalt erteilte Auftrag ausschließlich darauf gerichtet sein kann, einen Vergleich abzuschließen, eine Gebühr also auch für den Fall vorzusehen war, daß die Bemühungen des Rechtsanwalts erfolglos sind. (Motive.)

1. Die nach Art. 8 zu bemessende Gebühr darf jedoch nicht diejenige Gebühr übersteigen, welche im Falle der vollständigen Ausführung des Auftrages begründet gewesen wäre.

Die Mindestgebühr beträgt 1 ℳ. (Vergl. hieher Art. 13 der K.V.O., die Geb. d. R.A. in den Angelegenh. der Rechtspflege, Motive hiezu Abs. 5).

Art. 9.

Eine Gebühr kann nicht beansprucht werden für die mit der Erledigung eines Geschäfts verbundenen Nebengeschäfte und für die zur Vorbereitung eines Geschäfts erforderliche Thätigkeit, soweit nicht eine Gebühr hiefür besonders bestimmt ist. Insbesondere kann hienach eine Gebühr nicht beansprucht werden für das Entwerfen einer dem Rechtsanwalt oder von dem Rechtsanwalte zu erteilenden Vollmacht, für das Entgegennehmen von Zustellungen sowie für Vermerke zu den Handakten des Rechtsanwalts, wenn sie nur den Zweck haben, Aufschluß über seine Thätigkeit und über den Stand der Sache zu geben.

Die Gebühr für die Information (Art. 1) ist nicht eine Gebühr für den Geschäftsbetrieb. Für die mit der Erledigung eines Geschäfts verbundenen Nebengeschäfte war deshalb Besonderes zu bestimmen. Ohne die Vorschrift des Art. 9 könnte aus Art. 22 abgeleitet werden, daß für die Nebengeschäfte eine besondere Vergütung beansprucht werden kann.

Die Bestimmungen über die ein Geschäft vorbereitende Thätigkeit sind in diesem Artikel und im vorausgehenden Art. 8 enthalten. Art. 8 hat die Fälle im Auge, in denen das vorbereitete Geschäft nicht zur Ausführung gelangt, Art. 9 jene Fälle, in denen das Geschäft ausgeführt wird. Eine „besondere Gebühr" für die zur Vorbereitung eines Geschäfts erforderliche Thätigkeit ist im Art. 1 vorgesehen. (Motive.)

Vergleiche hieher auch Art. 16 der K.V.O. die Geb. d. R.A. in den Angelegenh. der Rechtspflege S. 293.

Art. 10.

Soweit diese Verordnung einen Spielraum gewährt, sind bei der Ausmessung der Gebühr die besonderen Umstände des einzelnen Falles, insbesondere der Umfang und die Schwierigkeit der Sache, die von dem Rechtsanwalt entwickelte Thätigkeit, die Bedeutung der Sache für den Auftraggeber und die Leistungsfähigkeit des Pflichtigen zu berücksichtigen.

Die Bestimmung schließt sich an den Art. 2 der Advokatengebührenordnung von 1852 und an den Art. 280 des Gesetzes über das Gebührenwesen an. (Motive.)

Die Mindestgebühren sind nur bei ganz einfachen Sachen anzusetzen (vergleiche Minist.Bek. v. 20. Jan. 1883) (A.Bl. d. M. d. J. S. 53, F.M.Bl. S. 28, Merzbacher, S. 160). Siehe auch die Anmerkg. zu Art. 280 des Geb.G. auf S. 212.

Art. 11.

In Sachen von besonderer Wichtigkeit oder Schwierigkeit kann eine das höchste Maß überschreitende Gebühr bewilligt werden.

Die Vorschrift ist wie der Art. 4 der Advokatengebührenordnung von 1852 und der § 3 der Allerhöchsten Verordnung vom 23. Dezember 1875 eine Ausnahmebestimmung. Der Entwurf ging davon aus, daß der in den Art. 1 bis 7 gewährte Spielraum weit genug ist, um in den meisten Fällen eine ausreichende Vergütung für die Thätigkeit des Rechtsanwalts zu ermöglichen; nur wenn ein besonders schwieriger oder ein besonders wichtiger Fall vorliegt und die festgestellten Sätze nicht mehr als angemessene Vergütung erscheinen, kann eine höhere Gebühr bewilligt werden. (Motive.)

Art. 12.

Für Geschäfte am Wohnorte stehen dem Rechtsanwalte[1]) weder Tagegelder noch Fuhrkosten zu. Dasselbe gilt von Geschäften an Orten, die weniger als zwei Kilometer von dem Wohnort entfernt sind[2]). War der Rechtsanwalt durch außergewöhnliche Umstände[3]) genötigt, sich eines Fuhrwerks zu bedienen, oder waren sonstige notwendige Unkosten wie Brücken- oder Fährgeld aufzuwenden, so sind die Auslagen zu erstatten.

Bei der Vornahme eines Geschäfts an einem Orte, der außerhalb des Wohnorts gelegen und von diesem nicht weniger als zwei Kilometer entfernt ist, erhält der Rechtsanwalt neben der Gebühr für das Geschäft noch ein Tagegeld von zwanzig Mark für den ganzen und von zehn Mark für den halben Tag. Für Uebernachten gebührt dem Rechtsanwalt außer dem Tagegeld eine Entschädigung von sechs Mark.

Das Tagegeld kann für die außerhalb des Wohnorts wegen des vorzunehmenden Geschäfts zugebrachte Zeit[4]), nach Kalendertagen[5]) berechnet, beansprucht werden. Eine Abwesenheit von mehr als sechs Stunden gilt für einen ganzen Tag[6]).

Außer dem Tagegeld und der Entschädigung für Uebernachten erhält der Rechtsanwalt noch Ersatz der Reisekosten[7]).

Bei allen Reisen, die ohne Nachteil für den Reisezweck durch Benützung von Eisenbahnen oder Dampfschiffen zurückgelegt werden können, hat der Rechtsanwalt nur auf Vergütung der Kosten dieser Beförderungsgelegenheit Anspruch. Auf Eisenbahnen gebührt ihm ein Platz in der zweiten, auf Dampfschiffen in der ersten Klasse. Bei der Benützung dieser Beförderungsgelegenheit gebührt dem Rechtsanwalte noch die Vergütung der auf die Fahrt oder den Gepäcktransport zu und von den Bahnhöfen und den Landungsplätzen bestrittenen Auslagen nach dem ortsüblichen Satze.

Soweit die Benützung der Eisenbahn oder des Dampfschiffs nicht möglich oder nicht thunlich ist, kann der Rechtsanwalt sich eines besonderen Gefährts bedienen. Bei Benützung eines solchen gebührt ihm der ortsübliche Preis und zwar auch dann, wenn er sein eigenes Fuhrwerk benützt.

Legt der Rechtsanwalt bei einer Dienstreise den Weg zu Fuß oder unter Benützung des Fahrrads zurück, so hat er Anspruch auf eine Reisekostenvergütung von 0,20 Mark für jeden vollen Kilometer des Hin- und Rückwegs. Bruchteile von Kilometern kommen nicht in Betracht[8]). Würden die Kosten bei Benützung von Eisenbahn, Dampfschiff oder Gefährt geringer sein, so kann die Reisekostenvergütung nur in dem geringeren Betrage beansprucht werden[9]).

Nimmt der Rechtsanwalt auf der nämlichen Reise mehrere Geschäfte vor, so darf er die Reiseentschädigung nur einmal ansetzen; er hat dieselbe auf die verschiedenen Geschäfte in angemesser Weise zu verteilen[10]).

Die Bestimmungen schließen sich an den Artikel 8 der Allerhöchsten Verordnung vom 27. November 1875, die Gebühren der Advokaten und Rechtspraktikanten in bürgerlichen Rechtsstreitigkeiten betreffend, und an die Vorschriften der Art. 83 ff. der Notariatsgebührenordnung vom 28. Dezember 1899 an.

Das Tagegeld beträgt, da es dem Rechtsanwalte teilweise auch Ersatz für den infolge der Reise an seinem Wohnsitz versäumten Erwerb gewähren soll, 20 ℳ für den ganzen und 10 ℳ für den halben Tag. (Motive.)

1. Nur dem zur Rechtsanwaltschaft zugelassenen Rechtskundigen stehen Tagegelder und Fuhrkosten nach Art. 12 zu.

2. Unter Wohnort ist nur der „Ort" selbst, an welchem der Rechtsanwalt ansässig ist, zu verstehen, nicht aber andere zu dem Gemeindebezirke des Wohnortes gehörige Ortschaften und Gehöfte. Sind diese Ortschaften und Gehöfte über zwei Kilometer von der geschlossenen Grenze des Wohnortes entfernt, so hat der Rechtsanwalt Anspruch auf Tagegelder und Fuhrkosten.

3. Außergewöhnliche Umstände können gegeben sein in der Jahreszeit, Witterung u. s. w. Muß jedoch der Rechtsanwalt aus Gründen, die in seiner Person liegen, innerhalb seines Wohnortes sich eines Fuhrwerks bedienen, so sind die hierauf erwachsenen Kosten nicht erstattungsfähig. Eine Ausnahme ist nur für Großstädte gegeben.

4. Maßgebend ist nur die auf die Vornahme des Geschäftes samt Reise notwendig zugebrachte Zeit. In diese Zeit darf jedoch auch eine angemessene Erholungszeit eingerechnet werden.

5. Die Berechnung hat nicht nach 24 Stunden, sondern nach Kalendertagen zu erfolgen. So z. B. hat der Rechtsanwalt, wenn er am 1. Juli 1903 mittags die Reise zur Vornahme eines auswärtigen Geschäftes antritt und am 2. Juli 1903 mittags 12 Uhr wieder in seinem Wohnort eingetroffen ist, Anspruch auf zwei volle Tagegelder.

6. Gleichgiltig ist, ob die Abwesenheit von mehr als 6 Stunden in die Vormittags- oder Nachmittagshälfte eines Tages fällt.

7. Bei allen Reisen soll der Rechtsanwalt in Erwägung ziehen, auf welche Art am besten seinem Auftraggeber und dem Geschäfte gedient sei. Er soll daher regelmäßig den kürzesten Weg und die schnellste Beförderungsart wählen und wenn z. B. die Benützung einer anderen Reiseroute als die kürzeste ihn schneller an den Ort verbringt, wo das Geschäft vorzunehmen ist, diese wählen, sofern damit eine Ersparung an den Tagegeldern verbunden sein sollte.

8. Beträgt die Ortsentfernung z. B. 8,6 km, so berechnet sich die Reisegebühr für den zu Fuß oder mit Fahrrad zurückgelegten Weg auf $8 + 8 \times 20 = 3$ ℳ 20 ₰.

9. Hat der Rechtsanwalt vorgezogen, die Dienstreise zu Fuß oder mit Fahrrad zurückzulegen, obwohl er unbeschadet des Reisezweckes die Eisenbahn, das Dampfschiff oder ein Gefährt hätte benützen können, so hatte er nur Anspruch auf den geringeren Betrag. War wegen der Stunde des Termins die Benützung der Eisenbahn unthunlich und hätte dieselbe auch eine Erhöhung des Tagegeldes zur Folge gehabt, so sind ihm die Mehrkosten der Fußreise oder der Benützung des Fahrrades sowie eines Gefährtes zuzubilligen.

10. Vergleiche hierüber auch § 79 Abs. 1 und 2 der R.G.O. mit Anmerkg. 2 bei Wochinger, Prozeßgeb.Ges. S. 246.

Art. 13.

Im übrigen finden die Vorschriften der §§ 2 bis 8, 76, 77, 84 bis 87, 93, 94 der Reichsgebührenordnung für Rechtsanwälte, soweit nicht ein Anderes bestimmt ist, entsprechende Anwendung [1] [2] [3].

Der Artikel zählt die Bestimmungen der Reichsgebührenordnung für Rechtsanwälte auf, die in den Angelegenheiten der

Verwaltung und der Verwaltungsrechtspflege entsprechend anwendbar sein sollen.

Die Bestimmungen der §§ 2, 3 enthalten Vorschriften über das Maß der Vergütung, die der Rechtsanwalt von seinem Auftraggeber oder beim Vorhandensein mehrerer Auftraggeber von jedem zu beanspruchen hat.

Der § 4 der Reichsgebührenordnung für Rechtsanwälte kommt insbesondere in den Fällen des Art. 5, der § 5 der Reichsgebührenordnung für Rechtsanwälte insbesondere in den Fällen der Art. 3, 4 zur Anwendung

Der § 6 der Reichsgebührenordnung deckt die Bestimmung der Advokatengebührenordnung von 1852 Abschnitt II Nr. I 21. Lediglich der Ansatz einer besonderen Gebühr für die Anfertigung und Uebersendung von Rechnungen über Gebühren und Auslagen und für Zahlungsaufforderungen wegen derselben ist unzuläsig; dagegen steht dem Rechtsanwalt ein Anspruch auf Schreibgebühren und Ersatz sonstiger Auslagen zu.

Die Bestimmung in § 8 der Reichsgebührenordnung ist insbesondere für die Fälle der Art. 8, 22 von Bedeutung.

Der fünfte Abschnitt der Reichsgebührenordnung gilt, abgesehen von seinen Vorschriften über Reisekosten, auch in den Angelegenheiten der Verwaltung und der Verwaltungsrechtspflege. Soweit in §§ 76, 77 der Reichsgebührenordnung und im Art. 12 Bestimmungen nicht enthalten sind, sind dem Rechtsanwalte die Aufwendungen, die er zum Zwecke der Ausführung des erteilten Auftrages gemacht hat, nach Maßgabe der Bestimmungen in §§ 675, 670 des B.G.B. zu ersetzen.

Der § 76 der Reichsgebührenordnung bestimmt nur die Höhe der Schreibgebühren, nicht auch für welche Arten von Schriftstücken der Rechtsanwalt Schreibgebühren berechnen darf. Wie in den unter § 1 der Reichsgebührenordnung für Rechtsanwälte fallenden Angelegenheiten, ist auch in den Angelegenheiten der Verwaltung und der Verwaltungsrechtspflege davon auszugehen, daß Schreibgebühren in ihrer Eigenschaft als „Auslagen" nur Ersatz für den erwachsenen Kostenaufwand gewähren sollen. Sie werden deshalb nur für die Wiedergabe und Vervielfältigung von Schriftstücken, die regelmäßig von Hilfskräften besorgt werden, nicht für die Herstellung von Konzepten gewährt, gleichviel ob das Konzept von dem Rechtsanwalte selbst geschrieben oder von ihm einem anderen diktiert ist. Das Gleiche bestimmte die Advokatengebührenordnung von 1852, zweiter Abschnitt I Nr. 9. Die Frage, ob im einzelnen Falle für die Wiedergabe oder Vervielfältigung eines bestimmten Schriftstücks eine Vergütung beansprucht werden kann, wird sich gleichfalls nach §§ 675, 670 des B.G.B. bestimmen.

In der Rechtsprechung des Reichsgerichts (Entscheidungen in Civilsachen Bd. 31 S. 402) ist angenommen, daß die Aufschriften auf Briefumschlägen oder Pakethüllen zur Verpackung gehören, für die nach § 77 der Reichsgebührenordnung Auslagen nicht berechnet werden dürfen (Advokatengebührenordnung von 1852 zweiter Abschnitt I Nr. 9). (Motive.)

1. Dem Rechtsanwalte stehen als Beistand die gleichen Gebühren zu wie für die Vertretung (§ 4 der R.G.O.).

2. Die §§ 84 bis 86 der R.G.O. betreffen die Einforderung von Gebühren und Auslagen.

Der § 87 l. c. bestimmt die Gebühr für die Erhebung und Ablieferung von Geldern und Wertapieren. Die §§ 93 und 94 l. c. handeln von der vertragsmäßigen Festsetzung der Vergütung und der Nichtberücksichtigung derselben durch den erstattungspflichtigen Gegner.

3. Siehe auch Art. 27 der K.V.O., die Geb. d. R.A. in den Angelegenh. der Rechtspflege, S. 317, dann wegen den Gebühren für Erhebung und Ablieferung von Geldern, Anmerkg. 3 zu Art. 10 vorgen. K.V.O. S. 286, sowie Wochinger, Prozeßgeb.Ges. S. 249 ff.

Art. 14.

In den anhängigen oder anhängig gewesenen Angelegenheiten, in denen eine Distriktsverwaltungsbehörde, eine der Distriktsverwaltungsbehörde gleich zu achtende[1]) oder eine ihr untergeordnete Behörde, eine Kreisregierung oder eine ihr gleich zu achtende Stelle, eine Militärbehörde[2]). die Flurbereinigungskommission, die Oberberufungskommission in Steuersachen, der Verwaltungsgerichtshof oder ein Ministerium zur Entscheidung zuständig ist und der Rechtsanwalt bei einer Behörde thätig gewesen ist, können der Rechtsanwalt und der Auftraggeber die Festsetzung des Betrags der Gebühren und Auslagen verlangen, die der Rechtsanwalt von seinem Auftraggeber für die Thätigkeit in der Instanz zu beanspruchen hat, in der er bei einer Behörde thätig gewesen ist[3]).

a. Ist für das Maß der Gebühren ein Spielraum gewährt, so wird die Gebühr im einzelnen Falle nach den im Art. 10 bezeichneten Gesichtspunkten bestimmt.

b. Die mit der Sache befaßte Behörde ist dazu berufen, bei der Festsetzung der dem obsiegenden Teile von dem unterliegenden Gegner zu ersetzenden Kosten auch den Betrag der dem obsiegenden Teile durch die anwaltschaftliche Vertretung erwachsenen Kosten zum Gegenstand ihrer Würdigung zu machen. Es erschien daher angemessen, die Bestimmung des Betrags der Anwaltskosten auch für das Verhältnis des Rechtsanwalts zu seinem Auftraggeber regelmäßig der mit der Sache befaßten Behörde zu übertragen, da sie die Besonderheiten des einzelnen Falles besser als der Prozeßrichter kennt.

c. Fraglich ist, ob auf grund des Art. 5 des Gesetzes über das Gebührenwesen ein Festsetzungsverfahren nach Art des Verfahrens zur Festsetzung der Notariatsgebühren (Artikel 50 ff. des Notariatsgesetzes vom 9. Juni 1899) unter Ausschluß des Rechtswegs bestimmt werden kann. Dagegen stand wohl nichts im Wege, auf grund des Art. 5 Bestimmungen darüber zu treffen, wie im einzelnen Falle das Maß des dem Rechtsanwalte zustehenden Anspruchs zu bestimmen ist.

Der Art. 5 ermächtigt die Staatsregierung, die Gebühren der Rechtsanwälte zu regeln. Das Gesetz bestimmt nicht, daß die Regierung bei dieser Regelung auf die Aufstellung allgemeiner Grundsätze beschränkt ist; der Regierung ist die Einwirkung auf die Gestaltung des Anspruchs im einzelnen Falle nicht entzogen. Es kann durch Allerhöchste Verordnung bestimmt werden, welche Gebühr dem Rechtsanwalt in jedem Falle zusteht. Die Verordnung kann fixe Gebühren schlechthin oder für einzelne Arten von Geschäften bestimmen und so die Höhe der Gebühren in einer jedes richterliche Ermessen ausschließenden Weise regeln. Sie kann aber die Bestimmung des Maßes des Anspruchs im einzelnen Falle auch einem Dritten übertragen und die Entscheidung des Dritten jeder Anfechtung entziehen, so zwar, daß der von dem Dritten festgesetzte Betrag für die Berechnung der Höhe der Vergütung des Rechtsanwalts allein maßgebend ist; sie kann deshalb auch die Festsetzung des Betrags den Behörden in einem bestimmt geregelten Verfahren übertragen. Durch eine solche Regelung wird nicht die für die Einleitung der Zwangsvollstreckung erforderliche Entscheidung über die Pflicht des Auftraggebers zur Zahlung der Kosten den Gerichten entzogen, sondern nur bestimmt, auf welchem Wege die Höhe der Vergütung, welche die Verordnung dem Rechtsanwalte für seine Thätigkeit gewähren will, gefunden werden soll. Auf dieser Grundlage beruhen die Bestimmungen in den Artikeln 14 bis 19.

d. Daß nur Bestimmungen über das Maß des Anspruchs des Rechtsanwalts getroffen werden sollten, bringt der Artikel 18 zum Ausdruck: sobald eine Festsetzung der Gebühr nach Maßgabe der Bestimmungen der Art. 14 bis 16 erfolgt ist, stehen dem Rechtsanwalte Gebühren und Auslagen nur nach Maßgabe dieser Festsetzung zu. Die nach diesen Vorschriften festgesetzte Vergütung ist die auf grund des Gesetzes und der Verordnung dem Rechtsanwalte zustehende.

e. Die Festsetzung ist dann nicht maßgebend, wenn der Betrag der Vergütung durch Vertrag bestimmt ist (Art. 18, 19). Es konnte aber davon abgesehen werden, im Art. 14 die Zulässigkeit der Festsetzung davon abhängig zu machen, daß eine Einigung über den Betrag der Vergütung nicht vorliegt. Die mit der Sache befaßte Behörde kann die Festsetzung auf Antrag vornehmen, auch wenn der Einwand erhoben ist, daß der Betrag der Vergütung durch Vertrag bestimmt ist. Ueber den Einwand der vertragsmäßigen Regelung entscheiden nur die Gerichte.

Eine Festsetzung erfolgt nur in Sachen, die von einer im Art. 14 aufgeführten Stelle oder Behörde zu entscheiden sind, gleichviel ob die Entscheidung in der Sache ausschließlich den Verwaltungsbehörden zusteht oder ob gegen die Entscheidung der Verwaltungsbehörde der Rechtsweg offen steht. In den Fällen, in denen die Verwaltungsbehörde lediglich zur Einleitung eines Sühneverfahrens zuständig ist oder gemäß Art. 2 des Gesetzes zur

Ausführung der Reichscivilprozeßordnung und Konkursordnung um Abhilfe angegangen wird, findet eine Festsetzung nicht statt. Voraussetzung für die Zulässigkeit der Festsetzung ist ferner, daß die Sache bei einer der bezeichneten Stellen oder Behörden anhängig ist oder anhängig gewesen ist, ferner daß der Rechtsanwalt bei der erkennenden oder bei einer ersuchten oder sonst mit Ermittelungen befaßten Behörde thätig geworden ist, sei es in einem Termine vor einer Behörde oder durch Eingaben an die Behörde. Treffen die Voraussetzungen des Art. 14 nicht zu, so wird das Maß des Anspruchs des Rechtsanwalts im Streitfalle von den Gerichten bestimmt.

f. Der Kreis der Behörden, welche den Distriktsverwaltungsbehörden oder den Kreisregierungen gleichzuachten sind, ist in derselben Weise zu bestimmen, wie es in § 4 der Allerhöchsten Verordnung vom 23. Dezember 1899, die Ausführung des Reichsgerichtskostengesetzes und des Gesetzes über das Gebührenwesen betreffend, und in § 44 der Bekanntmachung vom 10. August 1899, betreffend den Vollzug des Gesetzes vom 9. Juni 1899 über die Einkommensteuer, geschehen ist.

g. Unter „Militärbehörden" sind nur die reinen Militärbehörden zu verstehen; es sollen hienach z. B. Ersatzbehörden und die nach § 14 des Reichsgesetzes über die Naturalleistungen für die bewaffnete Macht im Frieden (R.G.Bl. 1898 S. 361) zur Feststellung der Schäden und Vergütungen berufenen Kommissionen Gebühren und Auslagen der Rechtsanwälte nicht festsetzen.

h. Die Festsetzung erfolgt für jede Instanz gesondert, wie auch bisher jede Instanz ihre Kosten selbst festgesetzt hat. Sie kann aber auch nur für diejenige Instanz erfolgen, in welcher der Rechtsanwalt bei einer Behörde thätig gewesen ist (Art. 14). Der Begriff „Instanz" wird auch hier nicht besonders zu erläutern sein. Auch hier gilt, was zu Art. 1 bemerkt ist. Es ist deshalb zulässig, in einem Zwangsenteignungsverfahren die Gebühren und Auslagen des Rechtsanwalts durch die zuständige Kreisregierung festsetzen zu lassen, auch wenn der Rechtsanwalt nur vor der mit den Erhebungen und dem Sühneversuch betrauten Distriktsverwaltungsbehörde thätig gewesen ist.

Die Festsetzung hat durch die in der Sache selbst zuständige Behörde zu erfolgen (Art. 15). Daß die Festsetzung nach Maßgabe der Bestimmungen der Art. 1 bis 13 zu erfolgen hat, war nicht ausdrücklich hervorzuheben. Der mit der Sache befaßten Behörde ist zwar die Bestimmung des Maßes der Vergütung für die Thätigkeit des Rechtsanwalts im einzelnen Falle übertragen, aber die Behörde darf nicht nach Willkür verfahren; sie ist an die Vorschriften der Art. 1 bis 13 der Verordnung gebunden, sie hat die Vergütung nach Maßgabe der Verordnung zu bestimmen. Sobald sie allerdings die Vergütung rechtskräftig festgesetzt hat, darf der Einwand, die Festsetzung sei nicht nach Maßgabe der Bestimmungen der Verordnung erfolgt, nicht mehr beachtet werden.

Die Festsetzung erfolgt gebührenfrei (Art. 17). Dementsprechend kann auch der Rechtsanwalt Gebühren für den Antrag auf Festsetzung nicht beanspruchen; schon nach der Advokatengebührenordnung von 1852, zweiter Abschnitt I Nr. 21, durfte er für die Einreichung des Gebührenverzeichnisses nur Schreibgebühren und Auslagen ansetzen.

i. Hat eine Behörde die Vergütung des Rechtsanwalts rechtskräftig festgesetzt, so gilt sie als die durch die Allerhöchste Verordnung zur Bestimmung der Gebühr berufene Behörde. Der Einwand, daß nach der Allerhöchsten Verordnung eine andere Behörde zur Festsetzung zuständig gewesen sei, darf vor den Gerichten nicht erhoben werden (Art. 18 Satz 2).

k. Der gerichtlichen Geltendmachung des Anspruchs auf Vergütung geht die Festsetzung vor der Verwaltungsbehörde voraus (Art. 19).

Nur die gerichtliche Geltendmachung darf vor der Festsetzung nicht erfolgen. Die Zulässigkeit der Einforderung der Gebühr ist hievon nicht abhängig.

l. Das Verfahren nach Art. 15 ff. ist auch nur erforderlich vor der gerichtlichen Geltendmachung des Anspruchs gegen den Auftraggeber; die Zulässigkeit der Festsetzung der vom Gegner zu erstattenden Kosten ist von einer Bestimmung des Anspruchs nach Maßgabe der Art. 14 ff. nicht abhängig. (Motive.)

1. Den Distriktsverwaltungsbehörden sind gleichzuachten die Kreisarchive, Bezirksbergämter, Oberpostämter, Eisenbahnbetriebsdirektionen, Hauptzollämter, Rentämter, die Kreiskassen und die Lokalbaukommission München.

Den Kreisregierungen sind gleichzuachten die Gesandtschaften, die Konsistorien und das Oberkonsistorium, das geheime Hausarchiv, das geheime Staatsarchiv und das allgemeine Reichsarchiv, die Generaldirektionen der k. b. Staatseisenbahnen sowie der k. b. Posten und Telegraphen, die Centralstaatskasse, die Generalbergwerks- und Salinen-Administration, die Generaldirektion der Zölle und indirekten Steuern, die Staatsschuldentilgungskommission, das Oberbergamt, dann das Katasterbureau.

Nach § 44 der Bekanntmachg. v. 10. Aug. 1899, betr. den Vollzug des Gesetzes vom 9. Juni 1899 über die Einkommensteuer sind die Berufungskommissionen als Mittelstellen im Sinne des Gesetzes über das Gebührenwesen zu betrachten (G.V.Bl. S. 553).

2. Zu den reinen Militärbehörden zählen auch die Militärverwaltungsbehörden.

3. Die Festsetzung der Gebühren und Auslagen kann nur für diejenigen Angelegenheiten stattfinden, welche vor den im Art 14 bezeichneten Behörden anhängig waren. Zur Entscheidung über etwaige Streitfälle hinsichtlich der Gebühren- und Auslagenbeträge für die Thätigkeit des Rechtsanwalts in Angelegenheiten der Verwaltung, die er vor anderen Behörden entwickelt hat, sind die Gerichte zuständig.

Art. 15.

Die Festsetzung erfolgt in jeder Instanz durch die in der Angelegenheit selbst zuständige Behörde nach den für das Verfahren in der Angelegenheit selbst maßgebenden Vorschriften; die Festsetzung der bei dem Kompetenzsenate des Verwaltungsgerichtshofs erwachsenen Gebühren und Auslagen erfolgt durch den Verwaltungsgerichtshof. Die Entscheidung ist dem Rechtsanwalt und dem Auftraggeber von Amtswegen zuzustellen [1]) [2]).

Die Festsetzung kann, wenn der Antrag nur von dem Rechtsanwalt oder nur von dem Auftraggeber gestellt ist, zunächst unter ausdrücklichem Vorbehalte des Erinnerungsrechts [3]) der Beteiligten erfolgen. Diese vorläufige Feststellung kann auch dann, wenn in streitigen Fällen öffentliche mündliche Verhandlung geboten ist, in geheimer Sitzung stattfinden.

1. Die von einer übergeordneten Behörde getroffene Festsetzung ist auch für die unteren Instanzen bindend.

2. Für die Behandlung der Zustellung von Amtswegen finden die Vorschriften der Civilprozeßordnung § 208 entsprechende Anwendung.

In Verwaltungsrechtsachen erfolgen die Zustellungen in der Regel durch die Post mittelst Zustellungsurkunde ausnahmsweise durch Vermittelung von Gemeindebehörden (§ 6 d. Vollzugsvorschriften v. 25. Jan. 1901, G.V.Bl. S. 43).

3. Hinsichtlich des Erinnerungsrechtes siehe Art. 16.

Art. 16.

Erinnerungen gegen die vorläufige Festsetzung sind binnen einer Frist von zwei Wochen geltend zu machen; die Frist beginnt mit dem Zeitpunkt, in dem die Entscheidung dem Beteiligten zugestellt worden ist [1]).

Gegen die über die Erinnerungen ergehende Entscheidung und gegen die ohne Vorbehalt des Erinnerungsrechts erfolgende Festsetzung steht dem Rechtsanwalt und dem Auftraggeber das gleiche Rechtsmittel zu, das in der Angelegenheit selbst einem Beteiligten zusteht; in Rayon-Angelegenheiten ist gegen die Entscheidung oder Festsetzung der Festungskommandantur Rekurs an das vorgesetzte Generalkommando zulässig. Ist das Rechtsmittel gegen eine Entscheidung in der Angelegenheit selbst an eine Frist nicht gebunden, so ist es in dem Verfahren der Festsetzung binnen einer Frist von zwei Wochen einzulegen; die Frist beginnt mit dem Zeitpunkt, in dem die Entscheidung der Partei, die das Rechtsmittel einlegt, zugestellt worden ist. Eine Anfechtung der über das Rechtsmittel ergehenden Entscheidung findet nicht statt.

Die Geltendmachung der Erinnerungen und die Einlegung der Rechtsmittel muß schriftlich oder zu Protokoll erfolgen.

1. Die Frist endet mit dem Wochentage, dessen Bezeichnung dem Zustellungstage entspricht. Wird z. B. die Entscheidung am Montag den 1. September zugestellt, so endet die Frist mit Montag den 15. September.

Fällt der letzte Tag der Frist auf einen Sonntag oder einen am Erklärungsorte staatlich anerkannten allgemeinen Feiertag, so tritt an Stelle desselben der nächstfolgende Werktag.

Art. 17.

Die Festsetzung erfolgt in erster Instanz [1]) gebührenfrei. Der Rechtsanwalt kann für den Antrag auf Festsetzung eine Gebühr nicht beanspruchen [2]).

1. Die Gebührenfreiheit besteht nur für die erste Instanz, sonst kommen Gebühren nach Art. 198, 199 Nr. 2 des Geb.G. (S. 181) zur Erhebung.

2. Der Ansatz von Schreibgebühren und Portiauslagen ist nicht ausgeschlossen.

Art. 18.

Ist die Festsetzung nach den Artikeln 14 bis 16 erfolgt, so kann der Rechtsanwalt Gebühren oder Auslagen von seinem Auftraggeber nur nach Maßgabe dieser Festsetzung beanspruchen, es sei denn, daß der Betrag der Vergütung durch Vertrag bestimmt ist. Der Umstand, daß die Festsetzung durch eine unzuständige Behörde erfolgt ist, ist ohne Einfluß auf ihre Giltigkeit.

Vergleiche hieher auch Motive zu Art. 14 bis 16 auf S. 341.

Art. 19.

Der Rechtsanwalt darf den Anspruch auf Gebühren und Auslagen gegen den Auftraggeber, wenn eine Festsetzung nach den Artikeln 14 bis 16 zulässig ist, erst nach der Festsetzung bei Gericht geltend machen, es sei denn, daß der Betrag der Vergütung durch Vertrag bestimmt ist.

Der Anspruch des Rechtsanwalts ist zurückzuweisen, wenn nicht vorher die Festsetzung nach Art. 14 nachgewiesen wird.

Vergleiche hieher auch Motive zu Art. 14 bis 19 auf S. 341.

Art. 20.

An Stelle der Vorschriften der Artikel 1 bis 11 dieser Verordnung findet die Reichsgebührenordnung [1]) für Rechtsanwälte entsprechende Anwendung auf die Berufsthätigkeit des Rechtsanwalts

1. im Strafverfahren im Verwaltungsweg und
2. im Dienststrafverfahren.

Das Strafverfahren im Verwaltungswege steht dem Vorverfahren in den zur Zuständigkeit des Schöffengerichts gehörenden Sachen gleich, wenn die Sache, falls sie bei Gericht anhängig wäre, zur Zuständigkeit des Schöffengerichts gehören würde, dem Vorverfahren in den zur Zuständigkeit der Strafkammer gehörenden Sachen, wenn die Sache, falls sie bei Gericht anhängig wäre, zur Zuständigkeit der Strafkammer gehören würde.

Das Dienststrafverfahren, in dem eine Hauptverhandlung nicht stattfindet, steht dem Vorverfahren gleich. Das Dienststrafverfahren erster Instanz steht, wenn die Entscheidung von einer Behörde oder Beamten erlassen wird, die einer Distriktsverwaltungsbehörde untergeordnet sind, dem Verfahren vor dem Schöffengericht, in allen übrigen Fällen dem Verfahren vor der Strafkammer gleich.

In der Beschwerde- (Rekurs-, Reklamations-) Instanz im Strafverfahren im Verwaltungsweg und in der Beschwerde- (Rekurs-) Instanz im Dienststrafverfahren, in dem eine Hauptverhandlung in erster Instanz nicht stattfindet, kommen, wenn das Verfahren in erster Instanz dem Verfahren vor dem Schöffengerichte gleichsteht, insbesondere die §§ 63 Nr. 1, 68 Nr. 1 der Reichsgebührenordnung für Rechtsanwälte und wenn das Verfahren in erster Instanz dem Verfahren vor der Strafkammer gleichsteht, insbesondere die §§ 63 Nr. 2, 68 Nr. 2 dieser Gebührenordnung zur Anwendung.

a. Das Strafverfahren im Verwaltungswege behandelt Strafsachen und die Dienststrafverfahren haben mit den im vierten Abschnitte der Reichsgebührenordnung genannten Strafsachen Aehnlichkeit. Es ist deshalb die entsprechende Anwendung der Bestimmungen der Reichsgebührenordnung in diesen Angelegenheiten angemessen.

b. Was zunächst das Strafverfahren im Verwaltungsweg anlangt, so erhält der Rechtsanwalt in der ersten Instanz die Gebühr aus § 67 Nr. 1 der R.G.O., wenn die Sache, falls sie bei Gericht anhängig wäre, zur Zuständigkeit des Schöffengerichts gehören würde, die Gebühr aus § 67 Nr. 2, wenn die Sache zur Zuständigkeit der Strafkammer gehören würde.

c. Von Dienststrafverfahren kommen in Betracht:

1. die Dienststrafverfahren gegen Staatsdiener nach der IX. Beilage zur Verfassungsurkunde,
2. die Dienststrafverfahren gegen nichtrichterliche Beamte der Militärverwaltung gemäß der Allerhöchsten Entschließung vom 7. März 1881 (Kriegsministerial-Verordnungsblatt 1881 S. 93/94),
3. die Dienststrafverfahren gegen die Mitglieder der Magistrate und der Gemeindeausschüsse, gegen Bürgermeister und deren Stellvertreter, gegen die höheren Gemeindebeamten und gegen die Gemeindebedienstеten,
4. die Dienststrafverfahren gegen Advokaten, die, ohne zur Rechtsanwaltschaft bei einem Gericht auf grund der Rechtsanwaltsordnung zugelassen zu sein, anwaltschaftliche Thätigkeit ausüben (Allerhöchste Verordnung vom 24. März 1816, die Disziplinarbestrafung der Advokaten in Sachen des administrativen Ressorts betreffend).

d. Ist im Dienststrafverfahren eine Distriktsverwaltungsbehörde, eine ihr gleich zu achtende Behörde, eine höhere Behörde oder eine Militärbehörde zur Entscheidung in erster Instanz zuständig, so kommen die Sätze der Reichsgebührenordnung zur Anwendung, die für die zur Zuständigkeit der Strafkammer gehörigen Sachen gelten. Ist dagegen eine der Distriktsverwaltungsbehörde untergeordnete Behörde, z. B. der Gemeindeausschuß oder der Bürgermeister einer Landgemeinde, zur Entscheidung in erster Instanz zuständig (vgl. Seydel, Bayerisches Staatsrecht 2. Aufl. Bd. II S. 295, 296, Text zu den Noten 150 bis 153), so gelten die Gebührensätze für die zur Zuständigkeit der Schöffengerichte gehörigen Strafsachen.

e. Die Bestimmung des Abs. 4 ist der Deutlichkeit wegen beigefügt. Sie bringt zum Ausdrucke, daß für die Rechtfertigung der Beschwerde gegen die ohne vorgängige mündliche Verhandlung ergehenden Entscheidungen die Vorschriften des § 68 Nr. 1, 2 der R.G.O. f. R.A. maßgebend sind.

f. Besondere Bestimmungen sind nicht vorgeschlagen

1. für die Verfahren auf Verhängung von Strafen wegen Ungebühr (z. B. Art. 25 des Verwaltungsgerichtshofsgesetzes),
2. für die Verfahren, welche Zwangsmaßregeln gegen Zeugen und Sachverständige betreffen (Art. 20 Abs. 6 des Verwaltungsgerichtshofsgesetzes),
3. für die Ungehorsamsverfahren zur Erzwingung der Verrichtung der Obliegenheiten eines Ehrenamts (z. B. Art. 110 Abs. 6 des Forstgesetzes, Art. 174 Abs. 3 der Gemeinde-

ordnung für die Landesteile diesseits des Rheins, Art. 71 Nr. 1 des Gesetzes vom 9. Juni 1899 über die Einkommensteuer),

4. für Ordnungsstrafen, durch welche die Erfüllung einer gesetzlichen Pflicht oder die Unterwerfung unter eine obrigkeitliche Anordnung erzwungen werden soll (z. B. Art. 21 des Polizeistrafgesetzbuchs).

In den unter Nr. 3, 4 aufgeführten Verfahren haben die Bestimmungen der Art. 1 bis 19 zu gelten. In den Fällen der Nr. 1, 2 ist zu unterscheiden: hängt das Verfahren wegen Ungebühr oder wegen Ungehorsam eines Zeugen oder Sachverständigen mit einem Strafverfahren im Verwaltungsweg oder mit einem Dienststrafverfahren zusammen, so sind die Gebühren nach der Reichsgebührenordnung für Rechtsanwälte zu bestimmen (Art. 20). Hängt dagegen das Verfahren wegen Ungebühr oder Ungehorsams eines Zeugen oder Sachverständigen mit einem Verfahren zusammen, für das die Vorschriften der Art. 1 bis 19 gelten, so haben auch in dem Verfahren wegen Ungebühr oder Ungehorsams diese Gebührenvorschriften Maß zu geben. (Motive.)

1. Unter Anwendung der einschlägigen Bestimmungen der Reichs-Gebührenordnung stehen dem Rechtsanwalte folgende Gebühren zu:

I. Im Strafverfahren im Verwaltungsweg:

a) wenn die Sache, falls sie bei Gericht anhängig wäre, zur Zuständigkeit des Schöffengerichts gehören würde, d. h. wenn die Verfehlung mit einer Geldstrafe bis zu 600 ℳ geahndet werden kann

6 ℳ (§ 67 Nr. 1);

b) wenn die Sache zur Zuständigkeit der Strafkammer gehören würde, d. h. wenn eine Geldstrafe über 600 ℳ verhängt werden kann

10 ℳ (§ 67 Nr. 2);

c) in der Beschwerde-(Rekurs-Reklamations-)Instanz im Falle lit. a

6 ℳ (§ 63 Nr. 1, § 68 Nr. 1);

im Falle lit b

10 ℳ (§ 63 Nr. 2, § 68 Nr. 2)

unter Anrechnung einer etwaigen Gebühr für die Einlegung des Rechtsmittels lit. d (§ 71);

d) wenn auf gerichtliche Entscheidung angetragen wird oder ein Rechtsmittel eingelegt wird und sich die Thätigkeit des Rechtsanwalts nur hierauf beschränkt

2 ℳ (§ 69).

II. Im Dienststrafverfahren:

a) soferne eine Hauptverhandlung nicht stattfindet:

1. wenn die Entscheidung von einer der Distriktsverwaltungsbehörde untergeordneten Behörde oder von einem derselben untergeordneten Beamten erlassen wird,

6 ℳ (§ 67 Nr. 1),

2. in allen übrigen Fällen
10 ℳ (§ 67 Nr. 2);
b) wenn eine Hauptverhandlung stattgefunden hat
20 ℳ (§ 63 Nr. 2);
c) in der Beschwerde-(Rekurs-)Instanz:
1. wenn das Verfahren erster Instanz dem Verfahren vor dem Schöffengerichte gleichsteht (siehe oben I lit. a)
6 ℳ (§ 63 Nr. 1, § 68 Nr. 1);
2. wenn das Verfahren erster Instanz dem Verfahren vor der Strafkammer gleichsteht (siehe oben I lit. b)
10 ℳ (§ 63 Nr. 2, § 68 Nr. 2),
3. wenn eine Hauptverhandlung in erster Instanz stattgefunden hat
20 ℳ (§ 63 Nr. 2, § 66),
unter Anrechnung einer etwaigen Gebühr für die Einlegung des Rechtsmittels Nr. 4 (§ 71),
4. wenn die Thätigkeit des Rechtsanwalts sich nur auf die Einlegung des Rechtsmittels beschränkt
2 ℳ (§ 69).

Weiter kann noch in Frage kommen die gleichzeitige Verteidigung mehrerer Beschuldigter, wobei sich die Gebühren nach § 72 um die Hälfte erhöhen.

Vergleiche hieher auch §§ 63 ff. der R.G.O. f. R.A., Wochinger, Prozeßgeb.Ges. S. 236 ff.

Art. 21.

Die Artikel 14 bis 19 finden auf die im Artikel 20 genannten Angelegenheiten keine Anwendung.

Für die unter Art. 20 fallenden Angelegenheiten sind nicht Gebühren mit weitem Spielraume, sondern Gebühren nach festen Sätzen bestimmt. Hier ist ein Festsetzungsverfahren überflüssig. (Motive.)

Art. 22.

Ist für das dem Rechtsanwalt übertragene Geschäft eine Gebühr nicht bestimmt, so erhält er eine unter entsprechender Anwendung der Vorschriften dieser Verordnung zu bemessende Gebühr [1]) [2]).

Der Artikel entspricht dem § 89 der Reichsgebührenordnung für Rechtsanwälte und dem Art. 26 der Allerhöchsten Verordnung für die Gebühren der Rechtsanwälte in den Angelegenheiten der Rechtspflege. (Motive.)

1. Die zu bemessende Gebühr hat sich nach dem Umfang der Thätigkeit des Rechtsanwaltes und der Schwierigkeit der Sache zu richten.

2. Siehe auch Art. 26 d. K.V.O. die Geb. d. R.A. in den Angelegenh. der Rechtspflege S. 316.

Art. 23.

Die Berufsthätigkeit des Rechtsanwalts, die sich auf ein Gesuch um Abhilfe nach Artikel 2 des Gesetzes zur Ausführung der Reichs-Civilprozeßordnung und Konkursordnung bezieht, wird nach den Bestimmungen dieser Verordnung vergütet.

Das hierauf Bezügliche ist in der Einleitung vorgetragen.

Art. 24.

Diese Verordnung tritt am 1. April 1902 in Kraft.

Die Vergütung für die Berufsthätigkeit des Rechtsanwalts zur Erledigung von Aufträgen, die vor diesem Zeitpunkt erteilt sind, bestimmt sich nach den bisherigen Vorschriften.

Durch die Fassung der Abs. 1, 2 wird zum Ausdruck gebracht, daß die bisher geltenden Gebührenbestimmungen, soweit sie nicht im Abs. 2 aufrechterhalten sind, mit dem Inkrafttreten der Verordnung außer Wirksamkeit treten. (Motive.)

Art. 25.

Die Ministerien sind beauftragt, die erforderlichen Ausführungsbestimmungen zu erlassen und nach Ablauf von drei Jahren über die Wirkung dieser Verordnung und darüber zu berichten, ob nach den gemachten Erfahrungen eine Aenderung dieser Verordnung angezeigt erscheint. Bis zu dieser Zeit sind die Ministerien ermächtigt, im Falle des Bedürfnisses einzelne Aenderungen und Ergänzungen vorzunehmen.

III. Die Gebühren der Rechtsanwälte im Verfahren vor den Schiedsgerichten und dem Reichs-Versicherungsamt.*)

§ 1.

Die Vergütung für die Berufsthätigkeit eines Rechtsanwalts bemißt sich im Verfahren vor einem Schiedsgerichte für Arbeiterversicherung auf den Betrag von drei bis dreißig Mark, im Verfahren vor dem Reichs-

*) Kaiserl. Verordnung vom 22. Dezember 1901 (R.G.Bl. S. 497).

Versicherungsamt auf den Betrag von fünf bis fünfzig Mark.

Schweben in einem Streitfalle gegen mehrere Bescheide Rechtsmittel, so gilt das Verfahren über dieselben, wenn über sie gleichzeitig erkannt wird, nur als ein Verfahren.

§ 2.

Für die Teilnahme an Beweisverhandlungen außerhalb der Gerichtsstätte kann, wenn die Anwesenheit des Rechtsanwalts geboten war, eine angemessene Entschädigung außer der Vergütung zugebilligt werden.

Eine Erstattung der Kosten für eine Reise zur mündlichen Verhandlung sowie von sonstigen Auslagen findet nicht statt. Jedoch ist bei der Festsetzung der im § 1 bezeichneten Vergütung innerhalb der dort gezogenen Grenzen auf Schreibgebühren und Portoauslagen Rücksicht zu nehmen.

§ 3.

Diese Verordnung tritt vom 1. Januar 1902 in Kraft.

IV. Die Gebühren der Rechtsanwälte im Verfahren vor dem K. Landesversicherungsamte. *)

§ 1.

Die Vergütung für die Berufsthätigkeit eines Rechtsanwaltes im Verfahren vor dem K. Landesversicherungsamte bemißt sich auf den Betrag von fünf bis fünfzig Mark [1]).

Schweben in einem Streitfalle gegen mehrere Bescheide Rechtsmittel, so gilt das Verfahren über dieselben, wenn über sie gleichzeitig erkannt wird, nur als ein Verfahren [2]).

1. Bei der Ausmessung der Gebühr sind die besonderen Umstände des einzelnen Falles, insbesondere der Umfang und die Schwierigkeit der Sache, die von dem Rechtsanwalt entwickelte Thätigkeit, seine Auslagen, die Bedeutung der Sache für den Auf-

*) K. Allerh. V.O. v. 4. April 1902, G.V.Bl. S. 155.

traggeber und die Leistungsfähigkeit des Pflichtigen zu berücksichtigen. (Vergleiche auch hieher § 2 Abs. 2.)

2. Es kann demnach der Rechtsanwalt die Gebühr nur einmal ansprechen.

§ 2.

Für die Teilnahme an Beweisverhandlungen außerhalb der Gerichtsstätte kann, wenn die Anwesenheit des Rechtsanwalts geboten war, eine angemessene Entschädigung außer der Vergütung zugebilligt werden [1]).

Eine Erstattung der Kosten für eine Reise zur mündlichen Verhandlung sowie von sonstigen Auslagen findet nicht statt. Jedoch ist bei der Festsetzung der im § 1 bezeichneten Vergütung innerhalb der dort gezogenen Grenzen auf Schreibgebühren und Portoauslagen Rücksicht zu nehmen.

1. Die zuzubilligende Entschädigung dürfte sich in den Rahmen von 3 bis 30 ℳ bewegen.

E. Anhang.

1. Notariatsgebührenordnung

vom $\frac{\text{28. Dezember 1899*)}}{\text{4. Juli 1903**)}}$.

I. Abschnitt.

Allgemeine Vorschriften.

Art. 1.

Die Vergütung für die Amtshandlungen der Notare bestimmt sich nach den Vorschriften dieser Gebührenordnung. Auf die Notariatsverweser finden diese Vorschriften, soweit nicht in einzelnen Fällen ein Anderes bestimmt ist, gleichmäßige Anwendung.

Art. 2.

Für die Geltendmachung und Beitreibung der Gebühren und Auslagen der Notare und für das Armenrecht sind die Vorschriften des Notariatsgesetzes, für die Verjährung die Vorschriften des Bürgerlichen Gesetzbuchs, für die Buch- und Registerführung die Vorschriften der Geschäftsordnung maßgebend.

Art. 3.

Gebühren werden, soweit nicht in besonderen Vorschriften ein Anderes bestimmt ist, nur in Parteisachen erhoben.

Für Amtshandlungen, welche unabhängig von dem Ansuchen Beteiligter von Amtswegen vorzunehmen sind, wie Eintragungen in die vorgeschriebenen Dienstregister, Anzeigen an Behörden, Vorlegung von Urkunden und Akten an solche, dürfen keine Gebühren angesetzt werden. Dasselbe gilt für Zustellungen, die von Amtswegen zu erfolgen haben.

Art. 4.

Für die Berechnung seiner Gebühren und Auslagen, die Uebersendung der Rechnungen, die Aufforderung und Mahnung zur Zahlung, endlich für die Quittung kann der Notar weder Gebühren noch Auslagen verrechnen. Wird die Uebersendung der Quittung gewünscht, so können die Auslagen für die Post oder den Boten in Ansatz kommen.

---

*) Siehe G.V.Bl. 1899 S. 1183.

**) Vergleiche Allerh. V.O. v. 4. Juli 1903, die Revision der Notariatsgebührenordnung betreffend (G.V.Bl. S. 381 ff.).

Art. 5.

Für jedes Geschäft ist ohne Rücksicht auf die Zahl der dabei Beteiligten nur eine Gebühr zu erheben.

Art. 6.

Geschäfte, deren Wirksamkeit an eine Bedingung geknüpft ist, sind wie unbedingte zu behandeln.

Art. 7.

Die Gebühr bildet die Vergütung für die gesamte, zur Erledigung des Geschäfts erforderliche Thätigkeit des Notars. Für einzelne zur Abwickelung eines Geschäfts gehörende Handlungen, wie Ladung von Beteiligten zu Amt, Bestellung von Zeugen und Sachverständigen, vorbereitende Besprechungen und Korrespondenzen, Prüfung von Büchern, Registern, Akten, Urkunden, Rechnungen, Einsicht von Grund- und Hypothekenbüchern dürfen besondere Gebühren nicht verrechnet werden.

Art. 8.

Wird ein Amtsgeschäft am Krankenlager oder zur Nachtzeit vorgenommen, so erhöht sich die Gebühr des Notars um ein Viertel. Die Erhöhung findet auch beim Zusammentreffen beider Erhöhungsgründe nur einmal statt.

Wird ein am Tage begonnenes Geschäft auf Wunsch der Beteiligten in die Nachtzeit hinein fortgesetzt, so gilt es als zur Nachtzeit vorgenommen, wenn es mehr als eine Stunde über den Beginn der Nachtzeit hinaus in Anspruch genommen hat. Der Notar kann in diesem Falle die erhöhte Gebühr nur dann beanspruchen, wenn er die Beteiligten vor der Fortsetzung in die Nachtzeit hinein auf den Eintritt der Gebührenerhöhung aufmerksam gemacht hat.

Welche Zeit als Nachtzeit zu gelten hat, bestimmt die Geschäftsordnung.

Art. 9.

Die Notariatsgebühren werden entweder nach festen Sätzen oder nach dem Werte des Gegenstandes des Geschäfts oder endlich nach Maßgabe der von dem Notar auf die Erledigung des Geschäfts verwendeten Zeit bemessen. (Feste Gebühren, Wertgebühren, Zeitgebühren).

Art. 10.

Die zum Zwecke der Erhebung der Staatsgebühr festgestellte Gegenstandssumme ist auch für die Notariatsgebühren maßgebend, wenn gleichzeitig Staatsgebühren und Notariatsgebühren nach dem Werte des Gegenstandes erhoben werden.

Andernfalls erfolgt die Bestimmung der Gegenstandssumme nach den besonderen Vorschriften dieser Verordnung und in Ermangelung von solchen besonderen Vorschriften nach vernünftigem Ermessen.

Art. 11.

Bei der Berechnung der Gebühren nach dem Werte bleiben Bruchteile eines Pfennigs außer Ansatz. Pfennigbeträge, die nicht durch zehn teilbar sind, werden auf zehn aufgerundet.

Art. 12.

Die volle Wertgebühr beträgt bei Gegenständen im Werte

1.	bis zu	100	ℳ				1,—	ℳ
2.	von mehr als	100	ℳ	bis	200	ℳ	1,80	„
3.	„ „ „	200	„	„	300	„	2,70	„
4.	„ „ „	300	„	„	400	„	3,60	„
5.	„ „ „	400	„	„	500	„	4,50	„
6.	„ „ „	500	„	„	600	„	5,40	„
7.	„ „ „	600	„	„	900	„	6,30	„
8.	„ „ „	900	„	„	1200	„	7,20	„
9.	„ „ „	1200	„	„	1500	„	8,10	„
10.	„ „ „	1500	„	„	1800	„	9,—	„
11.	„ „ „	1800	„	„	2200	„	10,50	„
12.	„ „ „	2200	„	„	2700	„	12,—	„
13.	„ „ „	2700	„	„	3300	„	13,50	„
14.	„ „ „	3300	„	„	4000	„	15,—	„
15.	„ „ „	4000	„	„	4800	„	16,50	„
16.	„ „ „	4800	„	„	5700	„	18,—	„
17.	„ „ „	5700	„	„	6700	„	19,50	„
18.	„ „ „	6700	„	„	7800	„	21,—	„
19.	„ „ „	7800	„	„	8900	„	22,50	„
20.	„ „ „	8900	„	„	10000	„	24,—	„
21.	„ „ „	10000	„	„	12000	„	27,—	„
22.	„ „ „	12000	„	„	14000	„	30,—	„
23.	„ „ „	14000	„	„	16000	„	33,—	„
24.	„ „ „	16000	„	„	18000	„	36,—	„
25.	„ „ „	18000	„	„	20000	„	39,—	„
26.	„ „ „	20000	„	„	23000	„	42,—	„
27.	„ „ „	23000	„	„	26000	„	44,—	„
28.	„ „ „	26000	„	„	29000	„	46,—	„
29.	„ „ „	29000	„	„	32000	„	48,—	„
30.	„ „ „	32000	„	„	35000	„	50,—	„
31.	„ „ „	35000	„	„	38000	„	52,—	„
32.	„ „ „	38000	„	„	41000	„	54,—	„
33.	„ „ „	41000	„	„	44000	„	56,—	„
34.	„ „ „	44000	„	„	47000	„	58,—	„
35.	„ „ „	47000	„	„	50000	„	60,—	„

Die ferneren Wertsklassen steigen um je 10000 Mark und die Gebühren um je 6 Mark; beträgt der Wert des Gegenstands mehr als 400000 Mark, so steigt die Gebühr von da ab nur mehr um je 1 Mark in jeder Klasse.

Art. 13.

Für die Berechnung der Zeitgebühr kommt nicht bloß die zur Vornahme des Geschäftes selbst, sondern auch die zu den notwendigen Vorarbeiten (Besprechungen, Akteneinsicht, Prüfung von Rechnungen zc.) verwendete Zeit in Anschlag, mit Ausnahme der Zeit für die nach Art. 30, 35, 134 des Notariatsgesetzes erforderliche Einsicht des Grundbuchs und des Hypothekenbuchs.

Art. 14.

Die Zeitgebühr wird nach Stunden bemessen. Ist die insgesamt für ein Geschäft aufgewendete Zeit geringer als eine Stunde oder ergibt sich bei der Zusammenrechnung außer vollen Stunden noch ein Bruchteil, so wird zur vollen Stunde aufgerundet.

Art. 15.

Die Zeitgebühr beträgt 2 Mark für jede Stunde.

Art. 16.

Nimmt ein Geschäft, für das eine Wertgebühr anzusetzen wäre, soviel Zeit in Anspruch, daß die Zeitgebühr dafür sich höher berechnen würde als die Wertgebühr, so kann der Notar die Zeitgebühr beanspruchen.

Diese Bestimmung findet keine Anwendung, wenn die Gegenstandssumme nicht mehr beträgt als 200 Mark.

Art. 17.

So oft der Notar die Zeitgebühr verrechnet, soll er beim Gebührenvermerk auf der Urkunde und im Gebührenregister angeben, wie viel Zeit das Geschäft in Anspruch genommen hat.

Art. 18.

Enthält eine Urkunde mehrere der Wertgebühr unterliegende Rechtsgeschäfte, welche von einander unabhängig sind oder nicht notwendig eines aus dem anderen fließen, so wird für jedes dieser Rechtsgeschäfte eine besondere Gebühr geschuldet.

Auf Verbindlichkeiten, welche nur als Bedingungen des Hauptvertrags erscheinen oder zur Erfüllung der Leistung oder Gegenleistung desselben bedungen oder übernommen werden, insbesondere auch auf Bürgschaften und Pfandbestellungen findet vorstehende Bestimmung keine Anwendung.

Art. 19.

Für Geschäfte, welche zwar begonnen, aber ohne Schuld des Notars nicht vollendet worden sind, erhält der Notar die Zeitgebühr.

Bei Geschäften, die im Falle ihrer Erledigung nicht mit der Zeitgebühr hätten bewertet werden können, darf die Gebühr des Abs. 1 nur bis zur Höhe von Dreiviertel der für die Erledigung zustehenden Gebühr gefordert werden.

Art. 20.

Für alle Amtsgeschäfte, über welche in dieser Verordnung keine Bestimmung getroffen ist, erhält der Notar die Zeitgebühr.

Art. 21.

Ist ein von einem Notar vorgenommenes Amtsgeschäft nutzlos oder unwirksam, so hat der Notar keine Gebühren zu beanspruchen, wenn er die Nutzlosigkeit oder Unwirksamkeit verschuldet hat. Das Gleiche gilt von der Erstattung nutzloser Auslagen.

II. Abschnitt.

Beurkundung von Rechtsgeschäften, von sonstigen Erklärungen, von Vorgängen und von Thatsachen.

Art. 22.

Für die Beurkundung von Kauf-, Tausch-, Uebergabs- und Teilungsverträgen, Gesellschaftsverträgen, Miet-, Pacht- und Werkverträgen wird die volle Wertgebühr erhoben.

Verträge, durch welche sich jemand verpflichtet, das Eigentum an einem Grundstück oder an einer beweglichen Sache zu übertragen oder ein den Grundstücken gleichstehendes Recht zu bestellen oder zu übertragen, ferner Verträge, durch welche sich jemand verpflichtet, sein gegenwärtiges Vermögen oder einen Bruchteil seines gegenwärtigen Vermögens oder sonst eine Vermögensmasse oder einen Bruchteil davon zu übertragen, sind mit der Gebühr des Abs. 1 zu belegen, wenn nicht in den nachfolgenden Artikeln etwas anderes bestimmt ist.

Art. 23.

Für die Vornahme von öffentlichen Versteigerungen, einschließlich der zugehörigen Beurkundung, wird die anderthalbfache Wertgebühr erhoben.

Wird bei einer öffentlichen Versteigerung von Grundstücken der Zuschlag auf die für die einzelnen Grundstücke gelegten Gebote erteilt, so ist die Gebühr nach den Einzelnpreisen zu berechnen.

Bei der öffentlichen Versteigerung von beweglichen Sachen und von Nutzungen, für welche nicht die sich auf Grundstücke beziehenden Vorschriften gelten, ist die Gebühr stets aus dem Gesamterlöse zu berechnen.

Art. 24.

Für die Beurkundung eines Schuldversprechens oder Schuldanerkenntnisses, eines Bürgschaftsversprechens, einer Schuldübernahme, einer Forderungsabtretung wird bis zu einer Gegenstandssumme von 2200 Mark die Hälfte, bei höherer Gegenstandssumme zwei Drittel der vollen Wertgebühr erhoben; ebenso für die Beurkundung des Versprechens, ein Pfandrecht an einer beweglichen Sache zu bestellen, für die Beurkundung der Bestellung, Belastung oder Uebertragung eines Erbbaurechts, einer Dienstbarkeit, einer Reallast, einer Hypothek oder eines sonstigen Rechts an einem Grundstück und für die Beurkundung des Versprechens, ein solches Recht zu bestellen, zu belasten oder zu übertragen.

Art. 25.

Für die Beurkundung von Eheverträgen wird die Hälfte der Wertgebühr nach dem Reinwerte des Gegenstandes erhoben, über den verfügt wird, jedoch nicht mehr als 40 Mark und nicht weniger als 4 Mark. Die Vermögensangabe kann unterbleiben, wenn die Beteiligten die Höchstgebühr entrichten.

Zuwendungen von beweglichem Vermögen, die in Eheverträgen einem der Vertragsteile von seinen Eltern oder Stiefeltern gemacht werden, sind nicht als selbständige Rechtsgeschäfte zu betrachten.

Art. 26.

Für die Beurkundung eines Vertrages zwischen Brautleuten oder Ehegatten, durch den lediglich über die religiöse Erziehung der Kinder verfügt wird, steht dem Notar eine Gebühr von 2 Mark zu.

Wird in einem vom Notar beurkundeten Ehevertrag außer anderen Vertragsbestimmungen auch über die religiöse Erziehung der Kinder eine Verfügung getroffen, so steht hiefür dem Notar keine besondere Gebühr zu.

Art. 27.

Für die Beurkundung von Testamenten und Erbverträgen wird die Hälfte der Wertgebühr nach dem Reinwerte des Gegenstandes erhoben, über den verfügt ist, jedoch nicht mehr als 50 Mark und nicht weniger als 5 Mark. Die Wertangabe kann unterbleiben, wenn die Beteiligten die Höchstgebühr entrichten.

Die Gebühr des Abs. 1 wird auch dann erhoben, wenn ein Testament nach dem § 2238 des Bürgerlichen Gesetzbuchs durch Uebergabe einer Schrift errichtet wird, jedoch nicht dann, wenn ein nach dem § 2231 Nr. 2 des Bürgerlichen Gesetzbuchs schon errichtetes Testament lediglich zur Uebernahme in die amtliche Verwahrung übergeben wird.

Ist ein Ehevertrag mit einem Erbvertrage verbunden, so wird nur eine Gebühr, und zwar die höhere, erhoben.

Art. 27 a.

Für die Beurkundung eines Vertrags zwischen Verwandten oder Ehegatten, durch den lediglich auf das gesetzliche Erbrecht verzichtet wird (Erbverzicht), wird die Zeitgebühr, jedoch nicht weniger als 5 Mark, nicht mehr als 50 Mark erhoben.

Art. 28.

Für die Beurkundung von Vereinbarungen zwischen dem Vater eines unehelichen Kindes und diesem über den Unterhalt für die Zukunft oder über eine an Stelle des Unterhalts zu gewährende Abfindung, sowie für die Beurkundung einer Vereinbarung zwischen dem Vater eines unehelichen Kindes und der Mutter über die der Mutter aus der Beiwohnung und der Entbindung entstandenen Ansprüche wird die Zeitgebühr erhoben.

Art. 29.

Für die Beurkundung von Leibrenten- und Versicherungsverträgen wird die Hälfte der vollen Wertgebühr erhoben.

Als Wertgegenstand gilt bei Versicherungsverträgen die versicherte Summe, bei Leibrenten der Kaufpreis und in Ermangelung eines solchen der zehnfache Betrag der Rente.

Art. 30.

Für die Beurkundung von Schenkungen und Schenkungsversprechen, dann von Stiftungsgeschäften wird die Hälfte der vollen Wertgebühr erhoben.

Für die Beurkundung der Errichtung von Familienfideikommissen kommt dem Notar die volle Wertgebühr zu.

Art. 31.

Vergleiche unterliegen als Verträge bei ihrer notariellen Beurkundung der Gebührenbewertung nach Maßgabe ihres Inhalts.

Art. 32.

Für die Beurkundung von Vollmachten, Einwilligungs- und Genehmigungserklärungen wird eine Gebühr von 1 Mark erhoben, wenn die Vornahme des Geschäfts nicht mehr als eine Stunde in Anspruch nimmt, andernfalls gelangt die Zeitgebühr zur Erhebung.

Art. 33.

Für die Beurkundung von einseitigen Erklärungen, die zur Mitteilung an Dritte bestimmt sind, wie Anzeigen und Androhungen, Aufforderungen, Anfechtungen, Zurückweisungen, Kündigungen, Widerrufs- und Rücktrittserklärungen wird die Zeitgebühr erhoben.

Für die Uebergabe der Erklärung an den Gerichtsvollzieher zum Zwecke der Zustellung nach § 132 des B.G.B. hat der Notar keine Gebühr zu beanspruchen.

Art. 34.

Für die Beurkundung von Empfangsbekenntnissen (Quittungen), ferner für die Beurkundung von Stundungen, Schulderlassen oder Verzichten wird, wenn die Gegenstandssumme mehr als 200 Mark beträgt, die Zeitgebühr, andernfalls eine Gebühr von 1 Mark erhoben. Das Gleiche gilt für die Beurkundung von Erklärungen in Hypothekensachen in den Landesteilen r. d. Rh.

Art. 35.

Für die Beurkundung von Erklärungen, welche dem Vormundschaftsgerichte, dem Nachlaßgerichte oder einer anderen Behörde gegenüber abzugeben sind, wird, soweit nicht besondere Vorschriften bestehen, die Zeitgebühr erhoben.

Art. 36.

Für die Beurkundung der Aussagen von Zeugen und Sachverständigen und für die Beurkundung von Schätzungen wird die

Zeitgebühr erhoben, ebenso für die Beurkundung von Erklärungen, die unter Eid oder unter Versicherung an Eidesstatt abgegeben werden.

Art. 37.

Für die Beurkundung von thatsächlichen Vorgängen wie Besitzergreifung, Uebergabe oder Vorzeigung von Gegenständen, Anbieten der Erfüllung einer Verbindlichkeit oder der Annahme einer Leistung, Geldvorzählung u. dgl., ferner für die Beurkundung von Zuständen z. B. Vorhandensein und Beschaffenheit einer Sache, Leben und Gesundheitszustand einer Person wird die Zeitgebühr erhoben, soweit nicht in besonderen Vorschriften für einzelne Fälle anders bestimmt ist.

Art. 38.

Für die Aufnahme von Vermögensverzeichnissen und Inventaren wird die Zeitgebühr erhoben.

Beträgt jedoch bei Vermögensverzeichnissen der Wert des ausgewiesenen Vermögens unter Abzug der Schulden mehr als 50000 Mark und die Zahl der aufgezählten Vermögens- und Schuldenposten mehr als hundert, so hat der Notar die Hälfte der vollen Wertgebühr nach dem reinen Werte des ausgewiesenen Vermögens zu beanspruchen.

Art. 39.

Für die Vornahme von Siegelungen und Entsiegelungen wird die Zeitgebühr erhoben.

Art. 40.

Für die Beurkundung des Hergangs bei Verlosungen und Auslosungen wird die Wertgebühr nach dem Gesamtwerte der verlosten oder ausgelosten Gegenstände, jedoch nicht mehr als 300 Mark erhoben.

Werden Serien und Nummern in getrennten Verhandlungen gezogen, so steht, wenn beide Verhandlungen von demselben Notariate beurkundet werden, für die erste Beurkundung die Wertgebühr nach Abs. 1, für die zweite die Zeitgebühr zu.

Art. 41.

Für die Aufnahme des Protokolls über die Sitzungen der Generalversammlungen oder der Aufsichtsräte von Aktiengesellschaften oder Kommanditgesellschaften auf Aktien, sowie für die Aufnahme des Protokolls über die Sitzungen der Mitgliederversammlungen sonstiger Gesellschaften und Vereinigungen oder ihrer Organe werden Gebühren nach den Vorschriften der Art. 41a und 41b erhoben.

Art. 41a.

Betrifft die Beratung und die Beschlußfassung die Verteilung des Geschäftsgewinns oder die Verteilung von Gesellschaftsvermögen, so wird nach dem Betrage der zur Verteilung gelangenden Werte, betrifft die Beratung und die Beschlußfassung die Erhöhung oder die Herabsetzung des Grund- oder Aktienkapitals, so wird nach dem Betrage der beschlossenen Erhöhung oder Herabsetzung die Wertgebühr, jedoch nicht mehr als 300 Mark und nicht weniger als 24 Mark erhoben.

Art. 41 b.

Betrifft die Beratung und Beschlußfassung Satzungsänderungen, Wahl von Gesellschaftsorganen, Abhör und Genehmigung von Rechnungen, Aufstellung von Voranschlägen oder sonstige im Art. 41 a nicht erwähnte Gegenstände, so beträgt die Gebühr 24 Mark.

Treffen Gegenstände, die unter die Vorschrift des Abs. 1 fallen, in derselben Sitzung mit solchen Gegenständen zusammen, welche die Erhebung der Gebühr des Art. 41 a rechtfertigen, so wird nur die letztere Gebühr erhoben.

Art. 42.

Für die Aufnahme eines Wechselprotestes, einschließlich der Eintragung des Protestes in das Protestregister, kommt dem Notar eine Gebühr von 5 Mark zu.

Art. 43.

Für die zum Zwecke der Feststellung des Datums einer Privaturkunde (Art. 33 d. Ausf.Ges. z. C.P.O.) erteilte Bescheinigung über die Vorlage einer Urkunde wird eine Gebühr von 1 Mark erhoben.

Die Gebühr umfaßt auch die Vergütung für die Eintragung in das vorgeschriebene Buch.

Art. 44.

Für Zeugnisse über Gegenstände der amtlichen Wirksamkeit des Notars, z. B. über das Vorhandensein einer Notariatsurkunde, ferner für Lebensbescheinigungen und ähnliche einfache Zeugnisse, die nicht in Protokollform niedergelegt werden und nicht mehr als eine Seite zu zwanzig Zeilen mit durchschnittlich zwölf Silben in Anspruch nehmen, wird eine Gebühr von 1 Mark erhoben.

Für umfangreichere Zeugnisse und Bescheinigungen und für solche, die in Protokollform gebracht sind, wird die Zeitgebühr erhoben.

III. Abschnitt.

Beglaubigung von Unterschriften und Handzeichen.

Art. 45.

Für die Beglaubigung einer Unterschrift oder eines Handzeichens erhält der Notar eine Gebühr von 1 Mark.

Sind gleichzeitig die Unterschriften oder Handzeichen mehrerer Personen unter einer und derselben Urkunde zu beglaubigen, so ist für die zweite und jede weitere Person 50 Pfennig anzusetzen.

Für die Beglaubigung von Unterschriften und Handzeichen

unter Schriftstücken, welche Rechtsgeschäfte der im Art. 22, 24 bezeichneten Art enthalten, erhält der Notar vier Zehntel der Gebühr, welche ihm für die Beurkundung dieser Rechtsgeschäfte zustünde, mindestens aber die in Absatz 1 und 2 bezeichnete Gebühr.

Art. 46.

Beglaubigt der Notar Unterschrift oder Handzeichen von Beteiligten unter einer von ihm selbst entworfenen Urkunde, so kann er neben der Gebühr für den Entwurf eine Gebühr für die Beglaubigung nicht beanspruchen.

IV. Abschnitt.

Vermittelung der Auseinandersetzung. Zwangsversteigerung.

Art. 47.

Für die Vermittelung der Auseinandersetzung in Ansehung eines Nachlasses in dem Verfahren nach § 86 bis 98 des Gesetzes über die Angelegenheiten der freiwilligen Gerichtsbarkeit werden fünf Zehnteile, im Falle der Beteiligung eines minderjährigen Erben zwei Zehnteile der Sätze des § 8 des Reichsgerichtskostengesetzes erhoben. Die Gebühr kann um zwei Zehnteile erhöht werden, wenn die Thätigkeit des Notars eine besonders weitläufige und schwierige war.

Die Berechnung der Gebühr erfolgt aus dem Werte des Nachlasses nach Abzug der Schulden.

Die Gebühr umfaßt die Vergütung für die Anfertigung des Auseinandersetzungsplans, für die Beurkundung und die Bestätigung der Auseinandersetzung und für alle vorausgegangenen Verhandlungen und Verfügungen.

Die Erhebung der Zeitgebühr an Stelle der Gebühr des Abs. 1 ist ausgeschlossen.

Art. 48.

Auf die Vermittelung der Auseinandersetzung in Ansehung des Gesamtguts einer ehelichen Gütergemeinschaft oder einer fortgesetzten Gütergemeinschaft im Verfahren nach § 99 des Gesetzes über die Angelegenheiten der freiwilligen Gerichtsbarkeit finden die Vorschriften über die Gebühren für die Vermittelung der Auseinandersetzung in Ansehung eines Nachlasses entsprechende Anwendung. Wird die Auseinandersetzung mit der Teilung des Nachlasses eines Ehegatten verbunden, so wird der Wert des Gesamtgutes nur zu dem Bruchteil in Ansatz gebracht, welcher den Anteil des überlebenden Ehegatten bildet.

Art. 49.

Wird der Antrag auf Vermittelung zurückgenommen oder endigt das Verfahren, weil ein Beteiligter im Termine der Vermittelung widerspricht, so wird ein Drittel, wenn aber der Notar bereits den Verteilungsplan aufgestellt hatte, die Hälfte der im Art. 47 bestimmten Gebühr erhoben. Das Gleiche gilt, wenn das Verfahren für beruhend erklärt wird, weil im Termin kein Beteiligter erschienen und das Verfahren seitdem mehr als sechs Monate lang nicht betrieben worden ist.

Wird innerhalb eines Monats nach der Zurücknahme des Antrags auf Vermittelung oder der Erledigung des Verfahrens durch Widerspruch eines Beteiligten im Termine von den sämtlichen Beteiligten zu Urkunde desjenigen Notariats, bei dem die Vermittelung anhängig war, eine freiwillige Vereinbarung über die Auseinandersetzung geschlossen, so ist die im Abs. 1 bestimmte Gebühr auf die Gebühr für die Beurkundung der Vereinbarung anzurechnen.

Art. 50.

Beurkundet der Notar außerhalb des Verfahrens nach §§ 86 ff. § 99 des Gesetzes über die Angelegenheiten der freiwilligen Gerichtsbarkeit ein Uebereinkommen der Beteiligten über die Auseinandersetzung in Ansehung eines Nachlasses oder in Ansehung des Gesamtguts einer ehelichen Gütergemeinschaft oder einer fortgesetzten Gütergemeinschaft, so richten sich die Gebühren nach Artikel 22 dieser Verordnung.

Art. 51.

Die Gebühr des Notars für die Führung des Testamentsvollstreckeramts bemißt sich nach den Vorschriften des § 2221 des Bürgerlichen Gesetzbuchs.

Art. 52.

Wird dem Notar auf Grund des Art. 25 des Ausführungsgesetzes zu der Grundbuchordnung und zu dem Gesetz über die Zwangsversteigerung und die Zwangsverwaltung die Ausführung einer Versteigerung übertragen, so erhält er für die gesamte Thätigkeit im Verfahren bis zum Versteigerungstermine mit Einschluß der Beurkundung von Anträgen, Erklärungen und Vereinbarungen der Beteiligten eine Gebühr von 15 Mark.

Für die Versteigerung selbst einschließlich der Beurkundung derselben und der Erteilung des Zuschlags erhält der Notar die im Art. 23 bestimmte Gebühr.

Die Gebühr des Abs. 1 fällt an mit der Bestimmung des Versteigerungstermins. Wird das Verfahren vor der Bestimmung des Versteigerungstermins eingestellt oder aufgehoben, so entfällt die Gebühr.

Art. 53.

Wird unter Versagung des Zuschlags ein neuer Versteigerungstermin bestimmt, so erhält der Notar für das Verfahren bis zu dem neuen Versteigerungstermin eine Gebühr von 5 Mark.

V. Abschnitt.

Verwahrung von Privaturkunden und von Testamenten. Eröffnung von Testamenten.

Art. 54.

Für die Verwahrung einer Urkunde, die nicht ein Testament oder einen Erbvertrag enthält, und für die Rückgabe einer solchen zur Verwahrung übernommenen Urkunde an den Beteiligten wird je eine Gebühr von 2 Mark erhoben.

Die Gebühr für die Uebernahme umfaßt die Vergütung für die Beurkundung der Uebernahme, die Erteilung des Hinterlegungsscheins und die Verwahrung, die Gebühr für die Rückgabe, die Vergütung für das Aufsuchen, die Rückgabe und die über die Rückgabe aufgenommene Urkunde.

Für die vorübergehende Verwahrung von Urkunden, die dem Notar zum Zwecke der Vorbereitung eines Amtsgeschäfts übergeben sind, wird keine Gebühr erhoben.

Art. 55.

Für die Uebernahme eines Testaments in die besondere amtliche Verwahrung wird eine Gebühr von 5 Mark erhoben.

Die Gebühr umfaßt die Vergütung für die Uebernahme, für deren Beurkundung, für die Erteilung der Hinterlegungsscheine und für die Verwahrung selbst.

Die Uebernahme der von dem Notar selbst beurkundeten und im Anschlusse daran in die besondere amtliche Verwahrung übernommenen Testamente und Erbverträge erfolgt gebührenfrei. Ebenso die neuerliche Uebernahme solcher gemeinschaftlicher Testamente und gegenseitiger Erbverträge, die nach dem Tode des einen Erblassers zum Zwecke der Eröffnung aus der besonderen amtlichen Verwahrung des Notariats genommen worden sind und nach der Eröffnung gemäß den §§ 2273, 2300 des Bürgerlichen Gesetzbuchs wieder dorthin zurückgebracht werden. Das Gleiche gilt von der Uebernahme und der neuerlichen Uebernahme solcher eigenhändig errichteten Testamente, die von dem Notar gegen Entrichtung der in den Artikeln 27, 72 bestimmten Gebühr entworfen sind und alsbald demselben Notar in die besondere amtliche Verwahrung übergeben werden.

Die Uebernahme der nach § 41 Abs. 2 der Nachlaßordnung eingehenden Mitteilungen erfolgt stets gebührenfrei.

Art. 56.

Für die Zurückgabe eines in die besondere amtliche Verwahrung übernommenen Testaments und deren Beurkundung kommt dem Notar eine Gebühr von 3,50 Mark zu.

Für die Uebersendung eines bei ihm errichteten oder verwahrten Testaments an eine andere Verwahrungsbehörde zum Zwecke der Uebernahme in die besondere amtliche Verwahrung erhält der Notar eine Gebühr von 1 Mark.

Art. 57.

Für die nach dem Tode des Erblassers erfolgende Ablieferung der Verfügungen von Todeswegen an das Nachlaßgericht erhält der Notar keine Gebühr. Auch hat er keinen Anspruch auf Schreibgebühren für die etwa zurückzubehaltende beglaubigte Abschrift und auf Ersatz der bei der Versendung erwachsenden Auslagen.

Art. 58.

Für die Eröffnung eines Testaments oder Erbvertrags erhält der Notar eine Gebühr von 3,50 Mark.

Die Gebühr umfaßt die Vergütung für die Vorbereitung und die Anberaumung des Termins, die Ladungen, die Eröffnungsverhandlung und das darüber aufgenommene Protokoll.

Sind gleichzeitig mehrere Verfügungen desselben Erblassers von demselben Notar zu eröffnen, so steht die Gebühr nur einmal zu.

Für die Abgabe der Akten an das Nachlaßgericht erhält der Notar keine Gebühr; für die etwa erforderliche Zurückbehaltung einer Abschrift der Verfügung von Todeswegen erhält er die Schreibgebühr.

VI. Abschnitt.

Zustellung, Behändigung, Vorlegung von Urkunden.

Art. 59.

Soweit der Notar nach den dafür bestehenden Vorschriften Zustellungen von Amtswegen vorzunehmen hat, stehen ihm dafür keine Gebühren zu.

Art. 60.

Für die Uebersendung und Aushändigung der an die Beteiligten zu verabfolgenden Urkunden (Urschriften, Ausfertigungen und Abschriften) erhält der Notar keine Gebühr.

Die Auslagen sind ihm zu vergüten.

Art. 61.

Für die Vornahme und Beurkundung von Zustellungen und mündlichen Eröffnungen, die der Notar persönlich auf Ersuchen Beteiligter an Dritte macht, wird die Zeitgebühr erhoben.

Art. 62.

Legt der Notar auf Ersuchen der Beteiligten eine von ihm beurkundete oder beglaubigte Erklärung einer anderen Behörde vor, so hat er für die Vorlegung eine Gebühr von 1 Mark zu beanspruchen. Die Gebühr entfällt, wenn der Notar die Urkunde schon von Amtswegen vorzulegen hat.

VII. Abschnitt.

Gestattung der Einsicht, Erteilung und Beglaubigung von Abschriften und Ausfertigungen. Vollstreckungsklausel. Schreibgebühren.

Art. 63.

Für die Gestattung der Einsicht einer in der Urkundensammlung des Notariats verwahrten Urkunde erhält der Notar eine Gebühr von 0,50 Mark.

Kann bei dem Ersuchen um Gestattung der Einsicht der Jahrgang der Errichtung der Urkunde nicht angegeben werden, so erhöht sich die Gebühr des Notars auf 1,50 Mark.

Ersucht bei oder unmittelbar nach der Einsichtnahme der Einsichtnehmende um die Erteilung einer Abschrift oder einer Ausfertigung der eingesehenen Urkunde, so ist die Gebühr für die Einsichtnahme auf die für die Abschrift oder die Ausfertigung zu erteilende Gebühr anzurechnen.

Art. 64.

Wird vom Erblasser die Einsicht eines verschlossen in der Verwahrung des Notariats befindlichen Testaments oder Erbvertrags begehrt, so steht dem Notar für die gesamte Verhandlung (Aufsuchung, Eröffnung, Vorlegung zur Einsicht, neuerlicher Verschluß und Protokoll) die Zeitgebühr zu.

Art. 65.

Für die Gestattung der Einsicht in die Verlassenschaftsakten des älteren Rechts der Landesteile r. d. Rh., für die Gestattung der Einsicht in die Akten über die Vermittelung der Auseinandersetzung in Ansehung eines Nachlasses oder des Gesamtgutes einer ehelichen oder fortgesetzten Gütergemeinschaft, in die Testaments-Eröffnungs- und Zwangsversteigerungsakten, endlich in das Wechselprotestregister und das Buch für die Eintragungen zur Feststellung des Datums von Privaturkunden kann eine Gebühr nicht beansprucht werden.

Art. 66.

Für die Erteilung einer Abschrift erhält der Notar eine Gebühr von 1 Mark, wenn die Abschrift nicht mehr als vier Seiten hat, andernfalls für jede weitere Seite 0,20 Mark mehr. (Schreibgebühr.)

Auf die Seite sind mindestens zwanzig Zeilen von durchschnittlich zwölf Silben zu rechnen. Angefangene Seiten werden für voll berechnet.

Für den Beglaubigungsvermerk kann keine besondere Gebühr in Ansatz gebracht werden.

Art. 67.

Für die Erteilung einer beglaubigten Abschrift von einer Urkunde, die dem Notar zum Zwecke der Beglaubigung der Abschrift vorgelegt worden ist, wird die gleiche Gebühr erhoben, wie für die Erteilung einer Abschrift einer Urkunde aus der Urkundensammlung des Notars.

Wird außer der Hauptschrift auch die Abschrift dem Notar vorgelegt und nur um die Beglaubigung der Uebereinstimmung ersucht, so steht doch dem Notar die gleiche Gebühr zu, wie wenn die Abschrift von ihm angefertigt worden wäre.

Die Vorschriften im Abs. 1 und 2 finden entsprechende Anwendung auf die Auszüge.

Art. 68.

Für die Erteilung einer Ausfertigung steht dem Notar die gleiche Gebühr zu wie für die Erteilung einer Abschrift.

Für die Erteilung der Vollstreckungsklausel erhält der Notar nur dann eine besondere Gebühr, wenn die Prüfung des Eintrittes einer Thatsache oder einer Rechtsnachfolge notwendig war. (Civilprozeßordnung §§ 726 bis 729.) Die Gebühr beträgt 1 Mark.

Art. 69.

Für die Herstellung der Urschrift der Urkunden erhält der Notar keine Schreibgebühr.

Art. 70.

Bei der Vermittelung der Auseinandersetzung in Ansehung eines Nachlasses oder des Gesamtguts einer ehelichen oder fortgesetzten Gütergemeinschaft und im Zwangsversteigerungsverfahren bemessen sich die Schreibgebühren des Notars nach § 80 des Reichsgerichtskostengesetzes.

VIII. Abschnitt.

Nebengeschäfte.

Art. 71.

Für die Erteilung eines mündlichen oder schriftlichen Rates steht dem Notar keine Gebühr zu.

Die Gebühr für die Erteilung eines von einem Beteiligten verlangten ausführlichen schriftlichen Gutachtens richtet sich nach der Vereinbarung mit dem Beteiligten, mangels eines solchen nach billigem Ermessen. Für Gutachten über Gegenstände, die nicht zur Zuständigkeit der Notare gehören, haben die Notare nach dieser Verordnung keine Gebühren zu beanspruchen.

Art. 72.

Für das Entwerfen von Privaturkunden steht dem Notar dieselbe Gebühr zu, welche er für die notarielle Beurkundung zu erhalten hätte.

Errichtet der Notar späterhin auf Grund des Entwurfes eine öffentliche Urkunde, so hat er für diese Beurkundung nur die Zeitgebühr zu beanspruchen, wenn diese geringer ist als die sonst anzusetzende Gebühr.

Art. 73.

Für die Bearbeitung von Liquidationen und Berechnungen hat der Notar die Zeitgebühr zu beanspruchen.

Art. 74.

Für die Abfassung öffentlicher Bekanntmachungen wird eine Gebühr von 1 Mark erhoben. Umfaßt jedoch die öffentliche Bekanntmachung mehr als eine Seite von zwanzig Zeilen mit durchschnittlich zwölf Silben, so wird für jede weitere ganz oder teilweise in Anspruch genommene Seite gleichfalls 1 Mark vergütet.

IX. Abschnitt.

Auslagen.

Art. 75.

An baren Auslagen werden erhoben:

1. Die Post- und Telegraphengebühren;
2. die durch Einrückung einer Bekanntmachung in öffentliche Blätter entstehenden Kosten;
3. die an Zeugen, Sachverständige, Auskunftspersonen, Dolmetscher, Ausrufer und sonstige notwendige Hilfspersonen zu zahlenden Beträge;
4. die an andere Behörden oder Beamte, insbesondere an den zugezogenen zweiten Notar oder an Rechtsanwälte für deren Thätigkeit zu zahlenden Beträge;
5. die zur Entrichtung der dem Staate und den Gemeinden anfallenden Gebühren gemachten Vorschüsse.

Art. 76.

Für das zu den Urkunden, Ausfertigungen und sonstigen Schriftstücken verwendete Papier kann eine besondere Gebühr nicht in Anspruch genommen werden.

Die Kosten einer besonderen Ausstattung der Urkunde, insbesondere die Kosten, welche durch Verwendung von Pergamentpapier oder Pergament entstehen, können jedoch in Ansatz gebracht werden. Ebenso die Auslagen für die zum Schutze der Ausfertigungen wichtigerer Urkunden gebräuchlichen Decken (Mäntel).

Art. 77.

Für die Verpackung von Schriftstücken, die an Beteiligte zu senden sind, sowie für die Adresse können Auslagen nicht berechnet werden.

Art. 78.

Für die Bestellung von Schriftstücken an die Beteiligten dürfen in der Regel höhere Auslagen als die gewöhnlichen Postgebühren nicht angesetzt werden. Posteinschreibe- oder Versicherungs-Gebühren können nur angesetzt werden, wenn die Einschreibung oder Versicherung von den Beteiligten verlangt oder nach den Umständen erforderlich war. Höhere Botenlöhne können nur angesetzt werden, wenn besondere, vom Notar nicht zu vertretende Umstände — wie Dringlichkeit der Sache, Notwendigkeit erhöhter Sicherheitsmaßregeln wegen außergewöhnlicher Wichtigkeit u. dgl. — die Besorgung durch einen besonderen Lohnboten erfordern.

Für die persönliche Besorgung der Bestellung einer Urkunde durch den Notar kann, sofern es sich nicht um einen förmlichen Zustellungsakt handelt, nichts verrechnet werden.

Art. 79.

Wird ein Notar als zweiter Notar zu einer Beurkundung herangezogen, so hat er für seine Mitwirkung die Zeitgebühr und daneben gegebenen Falles die Reisekosten zu beanspruchen.

Art. 80.

Für jeden bei einer notariellen Beurkundung zugezogenen Zeugen kann die demselben gezahlte Gebühr bis zum Betrage von 0,50 Mark für jede angefangene Stunde in Rechnung gestellt werden.

Das Gleiche gilt für die zugezogenen Vertrauenspersonen und Auskunftspersonen.

Den Beteiligten bleibt es unbenommen, sich mit Zeugen, Vertrauenspersonen und Auskunftspersonen über die Vergütung selbst zu vereinbaren.

Art. 81.

Für Dolmetscher und Sachverständige kann die denselben unter Einhaltung der in den §§ 3 bis 11 der Gebührenordnung für Zeugen und Sachverständige enthaltenen Grundsätze gezahlte Entschädigung verrechnet werden.

Den Beteiligten bleibt anderweitige Vereinbarung über die Vergütung vorbehalten.

Art. 82.

Ergibt sich bei Versteigerungen das Bedürfnis, einen Ausrufer beizuziehen und wird dieser nicht von den Beteiligten selbst gestellt, so kann für den beigezogenen Ausrufer die ortsübliche Gebühr in Ansatz gebracht werden.

X. Abschnitt.

Entfernungsgebühren, Reisekosten.

Art. 83.

Nimmt der Notar ein Amtsgeschäft an einem Orte vor, der außerhalb der Amtsräume, jedoch weniger als drei Kilometer von seinem Amtssitz entfernt liegt, so hat er für die daraus entstehende Zeitversäumnis Vergütung zu beanspruchen.

Unterliegt das auswärts vorgenommene Geschäft ohnehin der Zeitgebühr, so ist die Zeit für den Hin- und Rückweg der Zeit der Vornahme des Geschäfts hinzuzurechnen. Andernfalls kommt dem Notar für die auf Hin- und Rückweg verwendete Gesamtzeit die Zeitgebühr besonders zu. Hat der Notar auf seinem Gange mehrere Geschäfte erledigt, so sind die Ganggebühren entsprechend zu verteilen.

Art. 84.

Bei der Vornahme von Dienstgeschäften an Orten, die außerhalb des Amtssitzes gelegen und von diesem nicht weniger als drei Kilometer entfernt sind, hat der Notar neben den Notariatsgebühren Entschädigung durch Tagegelder und Ersatz der Reisekosten zu beanspruchen.

Für die Zuziehung von Gehilfen zum Niederschreiben der Urkunden dürfen Gebühren oder Auslagen nicht verrechnet werden.

Art. 85.

Die Tagegelder können auf so lange beansprucht werden, als das vorzunehmende Geschäft — die Reisezeit mit eingerechnet — auswärts dauert.

Erfolgt die Hin- und Rückreise an demselben Tage und erstreckt sich die notwendige Abwesenheit zur Geschäftsvornahme auf nicht länger als sechs Stunden, so kann nur die Hälfte des Tagegeldes beansprucht werden.

Art. 86.

Das Tagegeld beträgt für den ganzen Tag 11 Mark.

Art. 87.

Als Reisekosten dürfen, vorbehaltlich der Bestimmungen der Art. 90, 91 nur die wirklich entrichteten Auslagen in Aufrechnung gebracht werden.

Art. 88.

Bei allen Dienstreisen, welche ohne Nachteil für den Reisezweck durch Benützung von Eisenbahnen oder Dampfschiffen zurückgelegt werden können, haben die Notare nur auf Vergütung der Kosten dieser Beförderungsgelegenheit Anspruch. Auf Eisenbahnen gebührt ihnen ein Platz in der zweiten, auf Dampfschiffen in der ersten Klasse.

Art. 89.

Soweit die Benützung der Eisenbahnen oder Dampfschiffe nicht möglich oder nicht thunlich erscheint, kann der Notar sich in gleicher Weise, wie die Richter des Amtsgerichts eines Gefährtes bedienen. Er soll sich, wenn möglich, den Akkorden anschließen, die nach § 12 der Verordnung vom 11. Februar 1875, die Aufrechnung der Tagegelder und Reisekosten bei auswärtigen Dienstgeschäften der Beamten und Bediensteten des Civilstaatsdienstes betr., abgeschlossen werden.

Art. 90.

Ein Notar, der mit eigenem Wagen und eigenen Pferden versehen ist, darf, wenn er sich dieses Gefährtes zu Dienstreisen bedient, die Kosten in Aufrechnung bringen, welche nach den Vorschriften der vorhergehenden Artikel erwachsen wären, wenn er sich eines gemieteten Beförderungsmittels bedient hätte.

Art. 91.

Legt ein Notar bei einer Dienstreise den Weg zu Fuß oder unter Benützung des Fahrrads zurück, so hat er Anspruch auf eine Reisekostenvergütung von 0,20 Mark für jeden vollen Kilometer des Hin- und Rückwegs. Bruchteile von Kilometern kommen nicht in Anschlag.

Würden die Kosten bei Benützung von Eisenbahn, Dampfschiff, Gefährt geringer sein, so kann die Reisekostenvergütung nur in dem geringeren Betrage beansprucht werden.

Art. 92.

Nimmt der Notar bei einer und derselben Dienstreise mehrere Geschäfte mit verschiedenen Beteiligten vor, so hat er die Reisegebühren nur einmal zu beanspruchen.

Art. 93.

Haben mehrere Personen, die bei verschiedenen Geschäften beteiligt sind, eine und dieselbe Dienstreise veranlaßt, so sind die Reisegebühren unter sie nach Verhältnis der ihnen zur Last fallenden Notariatsgebühren zu verteilen.

Das Gleiche gilt, wenn auf der Reise erst andere Geschäfte hinzukommen.

Art. 94.

Für die Beförderung des notwendigen Reisegepäcks werden dem Notar die thatsächlich erwachsenen Auslagen vergütet.

Art. 95.

Die Richter und Gerichtsschreiber der Amtsgerichte erhalten für auswärtige Geschäfte, die sie als Notariatsverweser vornehmen, Tagegelder und Reisekosten ausschließlich nach denjenigen Normen vergütet, welche für die Vornahme auswärtiger Geschäfte im Richteramt oder Gerichtsschreiberamt gelten.

Art. 96.

Dienstreisen zum Zwecke der nach Art. 30 des Notariatsgesetzes vorgeschriebenen Einsicht des Grundbuchs oder des Hypothekenbuchs sind nur dann zulässig, wenn die Beteiligten schriftlich erklärt haben, daß sie die persönliche Einsichtnahme durch den Notar der Erholung und Einsichtnahme eines Auszugs vorziehen und bereit sind, die erwachsenden Reisekosten zu tragen. Die Höhe der erwachsenden Reisekosten ist den Beteiligten vorher bekannt zu geben.

XI. Abschnitt.

Hinterlegungsgebühren.

Art. 97.

Für die Uebernahme, Verwahrung und Ablieferung von Geldern, Wertpapieren und Kostbarkeiten nach Art. 4 des Notariatsgesetzes erhalten die Notare Hinterlegungsgebühren nach Maßgabe der folgenden Bestimmungen.

Art. 98.

Die Gebühr enthält die Vergütung für die gesamte Thätigkeit des Notars. Für die Korrespondenz über die Uebernahme, die Bescheinigung über den Empfang, die Verzeichnung und Verrechnung, die verzinsliche und unverzinsliche Hinterlegung bei öffentlichen Banken und die Wiedereinziehung der Werte von diesen, für die wegen der Ablieferung gepflogenen schriftlichen oder mündlichen Verhandlungen mit den Beteiligten, mit Behörden oder Dritten, endlich für die Verhandlung bei der Ablieferung selbst darf keine besondere Gebühr in Ansatz gebracht werden. Die thatsächlich erwachsenen Postportoauslagen — einschließlich der allenfallsigen Versicherungskosten — dürfen aufgerechnet werden.

Art. 99.

Die Gebühr wird nach dem Werte des hinterlegten Betrages oder Gegenstandes berechnet.

Als Gegenstandssumme gilt auch für die Gebühr des Notars die zum Zwecke der Bemessung der staatlichen Hinterlegungsgebühr ermittelte Summe.

Art. 100.

Die Gebühr beträgt in der Regel:
für den Betrag bis zu 2000 Mark $^1/_4$ vom Hundert,
darüber hinaus für den Mehrbetrag $^1/_8$ vom Hundert.

Beträgt die hinterlegte Summe mehr als 400000 Mark, so ist für den Mehrbetrag nur ein Zehntel vom Tausend zu entrichten.

Art. 101.

Die Gebühr beträgt, wenn dem Notar die Einnahme, Aufbewahrung und Ablieferung der Strichgelder aus einer Versteigerung obliegt:

a) bei Versteigerung von unbeweglichen Gegenständen:
für den Betrag bis zu 2000 Mark 1 vom Hundert,
darüber hinaus für den Mehrbetrag $^1/_2$ vom Hundert

b) bei Versteigerung von beweglichen Gegenständen:
für den Betrag bis zu 2000 Mark 2 vom Hundert,
darüber hinaus für den Mehrbetrag 1 vom Hundert.

Art. 102.

Auch bei der Berechnung der Gebühr in den Fällen der Art. 100, 101 werden Pfennigbeträge, die nicht durch zehn teilbar sind, auf zehn aufgerundet.

Art. 103.

Für die Uebernahme, Aufbewahrung und Ablieferung von Werten unter 20 Mark werden Gebühren nicht erhoben.

Art. 104.

Soweit bestimmt ist, daß die Notare bei der Berechnung und Erhebung der aus Anlaß ihrer Amtsgeschäfte dem Staate und den Gemeinden anfallenden Gebühren mitzuwirken haben, haben die Notare von den Beteiligten für die Einnahme, Aufbewahrung und Ablieferung dieser Gebühren Hinterlegungsgebühren nicht zu beanspruchen.

Werden auf Wunsch der Beteiligten die Staatsgebühren und die gemeindlichen Besitzveränderungsabgaben vom Notar vorgeschossen, so haben die Beteiligten dafür eine Gebühr von einem Prozent der vorgeschossenen Summe zu entrichten; sonstige Vergütung oder Verzinsung der vorgeschossenen Summen darf nicht beansprucht werden.

XII. Abschnitt.

Schlußbestimmungen.

Art. 105.

Aufgehoben sind:

1. die Notariatsgebührenordnung für die Pfalz vom 9. April 1822;
2. die Verordnung vom 11. Juli 1823 über die Notariatsgebühren in der Pfalz;
3. die Verordnung vom 29. Januar 1854, die Gebühren der Notare in der Pfalz betreffend;
4. die Notariatsgebührenordnung für die Landesteile rechts des Rheins vom 30. November 1875;
5. die Verordnung vom 12. Dezember 1875, die Gebühren der Notare und Notariatszeugen in der Pfalz betreffend'
6. die Verordnung vom 21. Dezember 1877, die Gebühren der Notare in der Pfalz betreffend;
7. die Verordnung vom 15. September 1879, die Gebühren der Notare betreffend;
8. die Verordnung vom 13. Mai 1880, die Gebühren der Notare in der Pfalz betreffend;
9. die Verordnung vom 29. Juni 1886, die Gebühren der Notare betreffend.

Art. 106.

Die im Regierungsbezirke der Pfalz üblichen Gebühren für die Anfertigung der Bordereaux und für die Uebersendung der Bordereaux an die Hypothekenämter bleiben bis zu dem Zeitpunkt, in welchem das Grundbuch als angelegt anzusehen ist, aufrecht erhalten.

Ebenso können im Regierungsbezirke der Pfalz die für die Anfertigung von Heblisten bei Versteigerungen üblichen Gebühren weiter bezogen werden.

Art. 107.

Die Vorschriften dieser Verordnung über die Gebühren bei der Zwangsversteigerung treten, soweit sie die Schiffe betreffen, am 1. Januar 1900, im übrigen für jeden Grundbuchbezirk mit dem

Zeitpunkt in Kraft, in welchem das Grundbuch als angelegt anzusehen ist. Bis zu diesem Zeitpunkte haben bei Zwangsversteigerungen hinsichtlich der Gebühren noch die seitherigen Bestimmungen Anwendung zu finden. Das Gleiche gilt für das Verfahren, welches gemäß § 15 des Einführungsgesetzes zu dem Gesetz über die Zwangsversteigerung und die Zwangsverwaltung noch nach den Landesgesetzen zu erledigen ist, sowie für die Zwangsversteigerung eines gemeinschaftlichen Grundstücks zum Zwecke der Aufhebung der Gemeinschaft nach den Art. 41, 113 des Gesetzes, Uebergangsvorschriften zum Bürgerlichen Gesetzbuche betreffend.

Die Erlassung besonderer Vorschriften über die Gebühren der Notare bei der Beurkundung und Beglaubigung von Verträgen und Erklärungen, für welche das Grundbuchrecht maßgebend ist, bleibt für später vorbehalten.

Art. 108.

Ist ein Notar in den Landesteilen r. d. Rh. nach dem Inkrafttreten dieser Verordnung noch auf grund des bisherigen Landesrechts als Verlassenschaftskommissär thätig, so gebührt ihm für Korrespondenzen und Berichte, welche ihm als Verlassenschaftskommissär obliegen, dann für die von ihm in dieser Eigenschaft auszustellenden Zeugnisse wie bisher eine Vergütung von 1 bis 4 Mark.

Art. 109.

Gegenwärtige Verordnung tritt mit dem 1. Januar 1900 in Kraft.

Art. 110.

Das Staatsministerium der Justiz ist mit der Ausführung dieser Verordnung beauftragt. Es ist ermächtigt, deren Vorschriften im Falle des Bedürfnisses durch Bestimmungen nicht grundsätzlicher Art zu ändern und zu ergänzen.

2. Die Gebühren der Notare in Grundbuchsachen.

Königl. Allerhöchste Verordnung vom 28. Juli 1900*).

Art. 1.

Für die Beurkundung der Erklärungen über die Auflassung eines Grundstücks (§ 925 des Bürgerlichen Gesetzbuchs) erhält der Notar dann, wenn die Erklärungen im unmittelbaren Anschluß an den Vertrag, durch den sich der eine Teil verpflichtet, das Eigentum zu übertragen, z. B. den Kaufvertrag (§ 313 des Bürgerlichen Gesetzbuchs) in ein und derselben Urkunde beurkundet werden, keine besondere Gebühr. Die Vergütung für die Beurkundung der

*) G.V.Bl. 1900 S. 741, Just.M.Bl. 1900 S. 1043.

Auflassung ist in diesem Falle in der Gebühr enthalten, welche dem Notar nach Art. 22, 23 der Notariatsgebührenordnung für die Beurkundung des der Auflassung zu grunde liegenden Vertrags zusteht.

Art. 2.

Für die Beurkundung der Auflassung erhält der Notar die Zeitgebühr (Art. 13 ff. der Notariatsgebührenordnung):

1. wenn die Urkunde über den der Auflassung zu grunde liegenden Vertrag zwar von dem Notar selbst aufgenommen ist, die Beteiligten aber die Aufnahme einer besonderen Urkunde über die Auflassung verlangen;
2. wenn die Urkunde über den der Auflassung zu grunde liegenden Vertrag von einer anderen bayrischen Behörde aufgenommen ist;
3. wenn die Verpflichtung zur Uebertragung des Eigentums nicht auf einem nach § 313 des Bürgerlichen Gesetzbuchs der gerichtlichen oder notariellen Beurkundung bedürftigen Vertrage, sondern auf einem anderen Rechtsverhältnisse (z. B. einem Vermächtnisse) beruht.

Art. 3.

In allen übrigen Fällen erhält der Notar für die Beurkundung der Auflassung die volle Wertgebühr (Art. 12 der Notariatsgebührenordnung). Das Gleiche gilt dann, wenn in den Fällen des Art. 2 die Gegenstandssumme nicht mehr beträgt, als 200 Mark.

Art. 4.

Die Vorschriften der Art. 1 bis 3 finden entsprechende Anwendung auf die Beurkundung der Erklärungen, die zur Uebertragung des Eigentums an einem buchungsfreien Grundstücke nach Art. 83 des Ausführungsgesetzes zum Bürgerlichen Gesetzbuch erforderlich sind.

Art. 5.

Für die Beurkundung der nach § 873 des Bürgerlichen Gesetzbuchs zur Belastung eines Grundstücks mit einem Rechte sowie zur Uebertragung oder Belastung eines solchen Rechtes erforderlichen Erklärungen (Eintragungsbewilligungen) erhält der Notar keine besondere Gebühr, wenn die Erklärungen im unmittelbaren Anschluß an das Rechtsgeschäft, auf dem sie beruhen (z. B. den Darlehensvertrag, das Schuldbekenntnis, die Forderungsabtretung) in ein und derselben Urkunde beurkundet werden.

Wird die Eintragungsbewilligung für sich allein beurkundet, so steht dem Notar dafür die Gebühr des Art. 24 der Notariatsgebührenordnung zu. Auf diese ist jedoch, wenn beide Geschäfte innerhalb eines Jahres bei demselben Notariate beurkundet wurden, die für die Beurkundung des grundlegenden Geschäfts entrichtete Gebühr insoweit anzurechnen, als die für die Eintragungsbewilligung zu entrichtende Wertgebühr die Zeitgebühr übersteigt.

Art. 6.

Für die Beurkundung der Erklärungen über die Aufhebung eines Rechtes an einem Grundstücke (Löschungsbewilligungen) und über die Aenderung des Ranges oder des Inhalts eines Rechtes wird, wenn die Gegenstandssumme mehr als 200 Mark beträgt, die Zeitgebühr, andernfalls eine Gebühr von 1 Mark erhoben.

Das Gleiche gilt für die Beurkundung aller derjenigen Geschäfte in Grundbuchsachen, für welche weder in der Notariatsgebührenordnung noch in dieser Verordnung besondere Bestimmungen getroffen sind.

Art. 7.

Für die Beurkundung von Eintragungsanträgen, welche im Zusammenhange mit den zu grunde liegenden Rechtsgeschäften oder den Eintragungsbewilligungen in ein und derselben Urkunde stattfindet, werden keine besonderen Gebühren erhoben. Das Gleiche gilt für die Eintragungsanträge, welche der Notar im Anschluß an eine von ihm vorgenommene Beurkundung oder Beglaubigung auf grund besonderer Ermächtigung seitens der Beteiligten oder auf grund des § 15 der Grundbuchordnung stellt.

Für die selbständige Beurkundung von Eintragungsanträgen erhält der Notar die Gebühr nach Art. 6 dieser Verordnung.

Art. 8.

Für die Beglaubigung der zur Belastung eines Grundstücks mit einem Rechte oder zur Uebertragung oder Belastung eines solchen Rechtes (also insbesondere zur Bestellung und Uebertragung von Hypotheken) erforderlichen Erklärungen erhält der Notar $^{5}/_{10}$ der Gebühr, die ihm für die Beurkundung dieser Erklärungen zusteht, mindestens aber die im Art. 45 Abs. 1, 2 der Notariatsgebührenordnung vorgesehene Gebühr.

Für sonstige Beglaubigungen in Grundbuchsachen erhält der Notar ausschließlich die Gebühr des Art. 45 Abs. 1, 2 der Notariatsgebührenordnung.

Art. 9.

Für die Erteilung eines Teilhypothekenbriefs, Teilgrundschuldbriefs, Teilrentenschuldbriefs erhält der Notar die gleiche Gebühr, wie für die Erteilung einer Abschrift oder Ausfertigung.

Art. 10.

Für Auszüge und Abschriften, die dem Grundbuchamte zur Aufnahme unter die Grundbuch-Anlagen vorzulegen sind, erhält der Notar eine Schreibgebühr von 0,20 Mark für die Seite.

Für sonstige den Beteiligten zu erteilende Abschriften und Ausfertigungen sind die Vorschriften in den Artikeln 66 bis 68 der Notariatsgebührenordnung maßgebend.

Art. 11.

Für die Einsicht des Grundbuchs, die Erholung von Aufschlüssen über den Inhalt des Grundbuchs, die Erholung von Auszügen aus dem Grundbuche, ferner für die Vorlegung der von ihm errichteten oder beglaubigten Urkunden an das Grundbuchamt und den darüber etwa weiter erwachsenden Schriftwechsel mit dem Grundbuchamt, endlich für die Benachrichtigung der Beteiligten von den Bekanntmachungen des Grundbuchamts erhält der Notar keine Gebühr.

Die Auslagen sind ihm zu vergüten, jedoch darf weder für die Vorlagebogen noch für das zum Schriftwechsel und zur Versendung sonst verwendete Material etwas verrechnet, noch eine Schreibgebühr angesetzt werden.

Art. 12.

Die Vorlegung der Urschriften von Urkunden über Geschäfte, die buchungsfreie, auch nach der Beurkundung nicht einzutragende Grundstücke betreffen, ist als Amtssache vollkommen kostenfrei.

Das Gleiche gilt für die Anbringung der vorgeschriebenen Vermerke auf den Urschriften, Ausfertigungen und Abschriften und in den Registern.

Art. 13.

Soweit in dieser Verordnung nicht besondere Vorschriften enthalten sind, welche von denen der Notariatsgebührenordnung abweichen oder sie ergänzen, sind die Vorschriften der Notariatsgebührenordnung auch in Grundbuchsachen für die Notariate maßgebend.

Art. 14.

Diese Verordnung tritt am 1. August 1900 in Kraft.

Die Vorschrift des Art. 110 der Notariatsgebührenordnung vom 28. Dezember 1899 ist auf sie entsprechend anzuwenden.

3. Die Gebühren bei den pfälzischen Hypothekenämtern.

Justizministerialbekanntmachung vom 2. März 1902, Just.M. Bl. S. 411 ff.

Die Gebühren, die nach § 9 der Bekanntmachung des Staatsministeriums der Justiz, die Vereinigung der pfälzischen Hypothekenämter mit den Amtsgerichten betreffend, vom 2. März 1902, für die Verrichtungen der Amtsgerichte in Hypothekensachen zur Staatskasse zu erheben sind, bestimmen sich im allgemeinen nach dem Tarife vom 21. September 1810 in Verbindung mit der Verordnung, die Festsetzung des Salärs der Hypothekenbeamten in deutschem Gelde betreffend, vom 15. Dezember 1817 (A.Bl. S. 657) und der Verordnung, die Gebühren der Hypothekenbewahrer der Pfalz betreffend, vom 19. Juli 1876 (J.M.Bl. 245).

Besondere Gebührenvorschriften sind enthalten:

1. in den Art. 3 bis 7 der Verordnung, das Hypothekenwesen des Rheinkreises betreffend, vom 4./20. Oktober 1825 (A.Bl. S. 167), für die Einsicht der hypothekenamtlichen Register;

2. im § 6 der Verordnung, die Vormerkung der Beschlagnahmeprotokolle und die Eintragung der Ganterkenntnisse bei den Hypothekenämtern der Pfalz betreffend, vom 17. Juni 1870 (J.M.Bl. S. 292), und im § 2 lit. e der Verordnung, die Einführung der Reichswährung, hier einige Gebühren im gerichtlichen Dienste der Pfalz betreffend, vom 26. Dezember 1875 (J.M.Bl. S. 357);
3. in der Verordnung, die Gebühren der Hypothekenbewahrer in der Pfalz in Vormundschaftssachen betreffend, vom 23. Dezember 1888 (J.M.Bl. 1889 S. 1);
4. in der Verordnung, die Erteilung von beschränkten Hypothekenauszügen in der Pfalz betreffend, vom 17. September 1896 (J.M.Bl. S. 307).

A.

Hienach werden für die Verrichtungen der Amtsgerichte in Hypothekensachen folgende Gebühren erhoben:

I. Hinterlegungsgebühr.

Für die Eintragung in das Hinterlegungsregister einschließlich der Bescheinigung über die Hinterlegung . . . . — ℳ 21 ₰

Die Gebühr wird auch erhoben, wenn sich die Eintragung auf einen Beschlagnahmebeschluß, eine einstweilige Verfügung oder einen Beschluß über die Eröffnung des Konkursverfahrens bezieht.

Dagegen wird die Gebühr nicht erhoben, wenn sich die Eintragung auf die gesetzliche Hypothek eines Mündels bezieht, um deren Einschreibung das Vormundschaftsgericht ersucht hat, (zu vergleichen die Art. 3, 4 des Liegenschaftsgesetzes vom 1. Juli 1898). Das Gleiche gilt in den Fällen des Art. 308 des Gebührengesetzes in der Fassung vom 11. November 1899.

II. Einschreibungsgebühr.

1. Für die Einschreibung eines Vorzugsrechts oder einer Hypothek in das Inskriptionsregister, ohne Rücksicht auf die Zahl der beteiligten Gläubiger, wenn nur die Einschreibung auf grund eines einzigen Einschreibungsantrags (Bordereau) begehrt wird . . — „ 84 „

Die gleiche Gebühr wird erhoben für die Einschreibung eines Beschlagnahmebeschlusses, einer einstweiligen Verfügug oder eines Beschlusses über die Eröffnung des Konkursverfahrens.

Dagegen wird die Einschreibungsgebühr nicht erhoben in den Fällen des Art. 308 des Gebührengesetzes in der Fassung vom 11. November 1899.

2. Für die Einschreibung der gesetzlichen Hypothek eines Mündels auf Ersuchen des Vormundschaftsgerichts, auch wenn sich die Vormundschaft auf mehrere Mündel erstreckt . . . . — „ 40 „

3. Für jede Erklärung über eine Aenderung des Wohnsitzes oder über eine Subrogation oder über beides — „ 42 „

III. Löschungsgebühr.

1. Für die Löschung einer Einschreibung, auch wenn sich die Einschreibung auf einen Beschlagnahmebeschluß, eine einstweilige Verfügung oder einen Beschluß über die Eröffnung des Konkursverfahrens bezieht — ℳ 84 ₰

2. Für die Löschung der Einschreibung der gesetzlichen Hypothek eines Mündels auf Ersuchen des Vormundschaftsgerichts (zu vergl. Art. 5 des Liegenschaftsgesetzes) . . . . — „ 40 „

Der Löschung steht die Beschränkung gleich.

IV. Gebühren für Auszüge, Bescheinigungen und Abschriften.

1. Für jede einzelne Einschreibung, die in einem Hypothekenbuchauszug aufgenommen wird, auch wenn sich die Einschreibung auf einen Beschlagnahmebeschluß, eine einstweilige Verfügung oder einen Beschluß über die Eröffnung des Konkursverfahrens bezieht . . — ℳ 84 ₰

Die Erwähnung der gemäß Art. 32 und 33 des Gesetzes zur Ausführung der Reichs-Civilprozeßordnung und Konkursordnung, vom 23. Februar 1879, bewirkten Einschreibungen in den Hypothekenbuchsauszügen erfolgt gebührenfrei (V.O., den Vollzug des Art. 171 des Ausführungsgesetzes zur Reichs-Civilprozeßordnung und Konkursordnung betreffend, vom 20. September 1879, J.M.Bl. S. 1161).

2. Für die Bescheinigung, daß Einschreibungen gegen eine bestimmte Person nicht bestehen, . . — „ 84 „

3. Für den auf Ersuchen des Vormundschaftsgerichts zu erteilenden Auszug einer Einschreibung . — „ 40 „

Umfaßt der Auszug mehrere Einschreibungen, so wird die Gebühr für jede Einschreibung besonders berechnet, sie darf jedoch im ganzen den Betrag von 2 Mark nicht übersteigen.

4. Für die auf Ersuchen des Vormundschaftsgerichts zu erteilende Bescheinigung, daß keine Einschreibung besteht, ... — „ 40 „

5. Bei der Erteilung von beschränkten Hypothekenauszügen (V.O. vom 17. September 1896, J.M.Bl. S. 307) neben der Gebühr für die Erteilung des Auszugs (Nr. 1, 3) oder neben der Gebühr für die Bescheinigung der Hypothekenfreiheit (Nr. 2, 4) für die Durchsicht einer jeden Einschreibung, die eine Belastung des Grundstücks nicht ergibt, eine Nachschlagegebühr von — „ 20 „

Ist die Erteilung eines beschränkten Hypothekenauszugs für mehrere Grundstücke beantragt, so beträgt die Nachschlagegebühr für jede Einschreibung, die in Bezug auf mindestens fünf Grundstücke durchgesehen wird, ... — „ 40 „

6. Bei kollationierten Abschriften der bei dem Hypothekenamte hinterlegten oder transskribierten Urkunden für das Blatt zu zwei Seiten, die Seite zu 25 Zeilen und die Zeile zu 18 Silben . . . . — ℳ 84 ₰

Für die Abschrift des hinterlegten Auszugs eines Beschlagnahmebeschlusses für je 20 Zeilen zu mindestens 12 Silben . . . . — „ 30 „

V. Gebühr für die Registereinsicht.

1. Bei der Einsicht der Register beträgt die Gebühr:

a) Für das Aufschlagen des alphabetischen Registers einschließlich des Aufschlagens des Repertoriums von jedem aufzusuchenden, besonders gebuchten Namen — ℳ 84 ₰

Dies gilt auch, wenn sich die Einsicht auf die Einschreibung eines Beschlagnahmebeschlusses, einer einstweiligen Verfügung oder eines Beschlusses über die Eröffnung des Konkursverfahrens bezieht.

b) Für das Aufschlagen der anderweitigen Bücher und Register von jeder einzelnen Einschreibung oder Transskription . . . . — „ 18 „

Die Gebühr wird neben der Gebühr unter a erhoben.

c) Für das Aufschlagen der hinterlegten Einschreibungsanträge (Bordereaux), Abschriften der Beschlagnahmeprotokolle 2c. . . . . . . — „ 18 „

Die Gebühr wird neben der Gebühr unter a oder der unter b erhoben.

2. Die Gebühren unter 1 werden nicht erhoben, wenn nebst der Einsicht und bei derselben Gelegenheit zugleich eine förmliche Abschrift, ein Auszug oder eine Bescheinigung verlangt wird, auch nicht, wenn die Abschrift, der Auszug oder die Bescheinigung erst später erteilt wird.

Das Gleiche gilt, wenn bei dem Hypothekenamt eine Einschreibung oder die Erteilung einer Abschrift, eines Auszugs oder einer Bescheinigung beantragt wird und der Antragsteller sich gleich bei der Einschreibung oder bei der Fertigung der Abschrift, des Auszugs oder der Bescheinigung durch Einsicht der Register von der Richtigkeit überzeugen will.

3. Von der unter 1 bezeichneten Gebühr kommt nichts in Aufrechnung oder Abzug, wenn der Antrag auf Erteilung einer Abschrift, eines Auszugs oder einer Bescheinigung nicht gleich bei der Einsicht sondern später gestellt wird.

Dies gilt auch, wenn nur eine Bescheinigung dahin ausgestellt wird, daß Belastungen nicht eingeschrieben sind.

4. Ist eine Abschrift, ein Auszug oder eine Bescheinigung erteilt, so wird für das Aufschlagen die Hälfte der unter 1 bezeichneten Gebühren erhoben, wenn späterhin die Einsicht in die Register verlangt wird, um die Richtigkeit der Abschrift, des Auszugs oder der Bescheinigung zu prüfen.

B.

Gebühren für die Verrichtungen der Amtsgerichte in Hypothekensachen werden nicht erhoben:

I. Im Grundbuchanlegungsverfahren.

1. für die Anfertigung der Hypothekenlisten und der Ergänzungslisten, ferner für die Aushebung und die Wiedereinlegung der Bordereaux. Die Vorschriften des § 4 Abs. 2 und des § 8 der Verordnung, die Feststellung der hypothekarischen Belastung bei Anlegung des Grundbuchs in der Pfalz betreffend, vom 4. Juni 1897 (J.M.Bl. S. 113), und des § 29 Abs. 5 der Verordnung, betreffend die Anlegung des Grundbuchs in der Pfalz vom 28. August 1898 (J.M.Bl. S. 305), kommen künftig im Hinblick auf Art 32 des Liegenschaftsgesetzes nicht mehr zur Anwendung;

2. für die Uebersendung der von den Hypothekenämtern verwahrten Urkunden an die Anlegungsgerichte und für die Auskunftserteilung an sie über die in den Hypothekenregistern enthaltenen Einschreibungen (Art. 30 des Liegenschaftsgesetzes).

II. Im Flurbereinigungsverfahren.

1. für das auf grund des Flurbereinigungsoperats oder des Operatsauszugs aufzunehmende Protokoll und für die Eintragung des Protokolls in das Transskriptionsregister (Art. 49 Abs. 1 des Gesetzes vom 29. Mai 1886, die Flurbereinigung betreffend, G.V.Bl. S. 271);

2. für die Beifügung des Ersatzvermerkes nach Art. 49 Abs. 3 oder 4 des angeführten Gesetzes;

3. für die auf amtliches Verlangen erteilten Auszüge einer in dem hypothekenamtlichen Register bestehenden Einschreibung und für die auf amtliches Verlangen erteilte Bescheinigung über das Nichtbestehen einer hypothekenamtlichen Einschreibung.

4. Aeltere noch giltige Gebührenbestimmungen*).

I.

Zwangsversteigerung und Zwangsverwaltung von Gegenständen des unbeweglichen Vermögens im Wege der Zwangsvollstreckung.

Die Artikel 8 mit 24 des Gebührengesetzes in der Fassung vom 6. Juli 1892 (G.V.Bl. S. 489).

Diese Vorschriften haben auch Geltung für die Zwangsversteigerung eines gemeinschaftlichen Grundstückes zum Zwecke der Aufhebung der Gemeinschaft nach Art. 41, 113 des Ges. Uebergangsvorschr. z. B.G.B. betreffend (Meikel, 2. Aufl. S. 45 u. 128).

Hinsichtlich der Zwangsversteigerung von Schiffen sind jedoch mit 1. Januar 1900 die Vorschriften der Art. 7 mit 22 des neuen Gebührengesetzes in Kraft getreten.

*) Diese Gebührenbestimmungen des bisherigen Gebührengesetzes (v. 6. Juli 1892 G.V.Bl. S. 489) bleiben bis zu dem Zeitpunkte, in welchem das Grundbuch als angelegt anzusehen ist, noch in Kraft. Einige auch über diesen Zeitpunkt noch hinaus. Siehe Vollzugsinstr. v. 25. Dezbr. 1899 § 1 (Just.M.Bl. 1900 S. 343).

II.

Zwangsenteignungsverfahren.

Für die gütliche Einigung der Beteiligten über die Abtretung vor der Distriktsverwaltungsbehörde finden die Bestimmungen der Abt. VII Abschn. II Titel I des bisherigen Gebührengesetzes (G.V.Bl. 1892 S. 489) Anwendung.

III.

Vollstreckungsklauseln und vollstreckbare Ausfertigungen von Hypothekurkunden.

In Ansehung der Hypotheken, welche schon zu der Zeit bestehen, zu welcher das Grundbuch als angelegt anzusehen ist, und der Hypothekurkunden, welche in der Zeit vor der Anlegung des Grundbuchs errichtet werden, bemessen sich die Gebühren für die Erteilung einer neuen Vollstreckungsklausel und für vollstreckbare Ausfertigungen von Hypothekurkunden auch künftig nach den Vorschriften der Art. 29, 132 Abs. 2 des bisherigen Gebührengesetzes (G.V.Bl. 1892 S. 489).

IV.

Bestimmungen für diejenigen Landesteile, in denen das preußische Landrecht bisher galt.

Findet für den Nachlaß eines vor dem Inkrafttreten des Bürgerlichen Gesetzbuchs verstorbenen Erblassers ein erbschaftliches Liquidationverfahren nach Art. 150 bis 157 d. Ausf.Ges. z. R.C.P.O. u. K.O. oder nach dem Inkrafttreten des Bürgerlichen Gesetzbuchs noch ein Verfahren über das Aufgebot liegender Gründe nach Teil I Titel 51 §§ 100 bis 109 der preuß. Allgemeinen Gerichtsordnung statt, so verbleibt es in Ansehung der Gebühren für ein solches Verfahren bei den Vorschriften der Art. 30, 31 des bisherigen Gebührengesetzes (G.V.Bl. 1892 S. 489).

V.

Besondere Bestimmungen für die Pfalz.

Auf die bei dem Inkrafttreten des Bürgerlichen Gesetzbuchs anhängigen Gütertrennungsverfahren finden die Vorschriften der Art. 32, 33 des bisherigen Gebührengesetzes (G.V.Bl. 1892 S. 489) gleichfalls noch Anwendung. Die Vorschrift des Art. 33 auch dann, wenn der Antrag auf Vermögensabsonderung nach dem Inkrafttreten des Bürgerlichen Gesetzbuchs gestellt wird.

Im Hypothekenreinigungsverfahren verbleibt es bei den Bestimmungen der Art. 99, 100 des bisherigen Gebührengesetzes (G.V.Bl. 1892 S. 489), soweit nach dem Inkrafttreten des Bürgerlichen Gesetzbuchs ein Hypothekenreinigungsverfahren stattfindet.

VI.

Angelegenheiten der freiwilligen Gerichtsbarkeit.

Siehe die Bestimmungen im Art. 302 (S. 223).

VII.

Hypothek- und Grundbuchsachen dann Notariatsurkunden.

Die Gebühren in Hypotheken und Grundbuchsachen und für Notariatsurkunden kommen noch nach den Vorschriften (Art. 88 bis 96, 112 bis 155) des bisherigen Gebührengesetzes (G.V.Bl. 1892 S. 489) zum Ansatz.

Gemäß Art. 309, 311 des Gebührengesetzes treten jedoch die durch dieses Gesetz gewährten Gebührenerleichterungen, wie beispielsweise für Verträge, Schuldbekenntnisse und Schuldversprechen (Art. 145), für Eheverträge (Art. 148), für Hypothekbestellungen (Art. 154), für Hypothekbestellungen im Falle des Art. 121 (Art. 154 Abs. 4), für Cessionen und Verpfändungen von Hypotheken (Art. 155), für Bestellungen von Dienstbarkeiten, Vorkaufsrechten und Reallasten (Art. 159), für Erbverträge (Art. 163), für Notariatsurkunden über Bürgschaften, Verpfändungen oder hypothekarische Kautionen, welche die Sicherung von Forderungen staatlicher Anstalten bezwecken, (Art. 191), für den erbweisen Übergang des Eigentums von einem Grundstücke oder diesem gleichstehenden Rechte an Stiefverwandte auf anderem als rechtsgeschäftlichem Wege (Art. 250 Abs. 3) schon mit dem 1. Januar 1900 in Kraft.

Hienach gelangt auch im Falle des Art. 91 Abs. 1 des bisherigen Gebührengesetzes (G.V.Bl. 1892 S. 489) von diesem Zeitpunkte an bei dem Hypothekenamte statt der bisherigen Gebühr von 6 bzw. 3 vom Tausend der Gegenstandssumme nur mehr eine solche von 5 bzw. 2½ vom Tausend der Gegenstandssumme zur Erhebung. Andererseits trat aber auch die Bestimmung des Art. 150 Abs. 5 des nunmehrigen Gebührengesetzes schon mit dem 1. Januar 1900 in Wirksamkeit. Es unterliegen daher von diesem Zeitpunkte an alle Verträge, welche die Gründung von Aktiengesellschaften oder von Commanditgesellschaften auf Aktien zum Gegenstande haben, sowie alle Verträge oder Beschlüsse, welche die Erhöhung des Grund- oder Aktienkapitals solcher Gesellschaften betreffen, einer Gebühr von 1½ vom Hundert oder im Falle des Art. 150 Abs. 2 einer solchen von 3 vom Tausend des Betrags des Grund- oder Aktienkapitals, daneben aber noch die Gebühr des Art. 145 oder des Art. 146, je nachdem Grundstücke oder diesen gleichstehende Rechte oder bewegliche Sachen den Gegenstand des Vertrages bilden.

VIII.

Verfahren bei Erinnerungen und Beschwerden.

Für die zur Zeit des Inkrafttretens des nunmehrigen Gebührengesetzes anhängigen Erinnerungen und Beschwerden gegen die Entscheidung über die Festsetzung des Wertes oder gegen den Ansatz und die Nachforderung von Gebühren und Auslagen verbleibt es bei den Vorschriften der Art. 48, 154 und 160 des bisherigen Gebührengesetzes (G.V.Bl. 1892 S. 489). Dies hat zur Folge, daß die Entscheidung des Beschwerdegerichts Rechtskraft erlangt, wenn nicht die weitere Beschwerde innerhalb der im Art. 64 des Ausf.Ges. z. R.C.P.O. u. K.O. früherer Fassung bestimmten Notfrist von einem Monat eingelegt wird.

5. Gebührentabellen.

Tabelle a.

Gebühren in der Civilrechtspflege.

Wertsklasse	Bei Gegenständen im Werte von mehr als	bis einschließlich	$^{10}/_{10}$ oder volle Gebühr (§ 8 R.G.K.G.)	$^{6}/_{10}$	$^{5}/_{10}$	$^{3}/_{10}$	$^{2}/_{10}$	$^{1}/_{10}$
	M	M	M ₰	M ₰	M ₰	M ₰	M ₰	M ₰
1	—	20	1.—	—.60	—.50	—.30	—.20	—.20
2	20—	60	2.40	1.50	1.20	—.80	—.50	—.30
3	60—	120	4.60	2.80	2.30	1.40	1.—	—.50
4	120—	200	7.50	4.50	3.80	2.30	1.50	—.80
5	200—	300	11.—	6.60	5.50	3.30	2.20	1.10
6	300—	450	15.—	9.—	7.50	4.50	3.—	1.50
7	450—	650	20.—	12.—	10.—	6.—	4.—	2.—
8	650—	900	26.—	15.60	13.—	7.80	5.20	2.60
9	900—	1200	32.—	19.20	16.—	9.60	6.40	3.20
10	1200—	1600	38.—	22.80	19.—	11.40	7.60	3.80
11	1600—	2100	44.—	26.40	22.—	13.20	8.80	4.40
12	2100—	2700	50.—	30.—	25.—	15.—	10.—	5.—
13	2700—	3400	56.—	33.60	28.—	16.80	11.20	5.60
14	3400—	4300	62.—	37.20	31.—	18.60	12.40	6.20
15	4300—	5400	68.—	40.80	34.—	20.40	13.60	6.80
16	5400—	6700	74.—	44.40	37.—	22.20	14.80	7.40
17	6700—	8200	81.—	48.60	40.50	24.30	16.20	8.10
18	8200—	10000	90.—	54.—	45.—	27.—	18.—	9.—
19	10000—	12000	100.—	60.—	50.—	30.—	20.—	10.—
20	12000—	14000	110.—	66.—	55.—	33.—	22.—	11.—
21	14000—	16000	120.—	72.—	60.—	36.—	24.—	12.—
22	16000—	18000	130.—	78.—	65.—	39.—	26.—	13.—
23	18000—	20000	140.—	84.—	70.—	42.—	28.—	14.—
24	20000—	22000	150.—	90.—	75.—	45.—	30.—	15.—
25	22000—	24000	160.—	96.—	80.—	48.—	32.—	16.—
26	24000—	26000	170.—	102.—	85.—	51.—	34.—	17.—
27	26000—	28000	180.—	108.—	90.—	54.—	36.—	18.—
28	28000—	30000	190.—	114.—	95.—	57.—	38.—	19.—
29	30000—	32000	200.—	120.—	100.—	60.—	40.—	20.—
30	32000—	34000	210.—	126.—	105.—	63.—	42.—	21.—
31	34000—	36000	220.—	132.—	110.—	66.—	44.—	22.—
32	36000—	38000	230.—	138.—	115.—	69.—	46.—	23.—

Wertsklasse.	Bei Gegenständen im Werte von mehr als	bis einschließlich	10/10 oder volle Gebühr (§ 8 R.G.K.G.)	6/10	5/10	3/10	2/10	1/10
	M	M	M ₰	M ₰	M ₰	M ₰	M ₰	M ₰
33	38000—	40000	240.—	144.—	120.—	72.—	48.—	24.—
34	40000—	42000	250.—	150.—	125.—	75.—	50.—	25.—
35	42000—	44000	260.—	156.—	130 —	78.—	52.—	26.—
36	44000—	46000	270.—	162.—	135.—	81.—	54.—	27.—
37	46000—	48000	280.—	168.—	140.—	84.—	56.—	28.—
38	48000—	50000	290.—	174.—	145.—	87.—	58.—	29.—
39	50000—	52000	300.—	180.—	150.—	90.—	60.—	30.—
40	52000—	54000	310.—	186.—	155.—	93.—	62.—	31.—
41	54000—	56000	320.—	192.—	160.—	96.—	64.—	32.—
42	56000—	58000	330.—	198.—	165.—	99.—	66.—	33.—
43	58000—	60000	340.—	204.—	170.—	102.—	68 —	34.—
44	60000—	62000	350.—	210.—	175.—	105.—	70.—	35.—
45	62000—	64000	360.—	216.—	180.—	108.—	72.—	36.—
46	64000—	66000	370.—	222.—	185.—	111.—	74.—	37.—
47	66000—	68000	380.—	228.—	190.—	114.—	76.—	38.—
48	68000—	70000	390.—	234.—	195.—	117.—	78.—	39.—
49	70000—	72000	400.—	240.—	200.—	120.—	80.—	40.—
50	72000—	74000	410.—	246.—	205.—	123.—	82.—	41.—
51	74000—	76000	420.—	252.—	210.—	126.—	84.—	42.—
52	76000—	78000	430.—	258.—	215.—	129.—	86.—	43.—
53	78000—	80000	440.—	264.—	220.—	132.—	88.—	44.—
54	80000—	82000	450.—	270.—	225.—	135.—	90.—	45.—
55	82000—	84000	460.—	276.—	230.—	138.—	92.—	46.—
56	84000—	86000	470.—	282.—	235.—	141.—	94.—	47.—
57	86000—	88000	480.—	288.—	240.—	144.—	96.—	48.—
58	88000—	90000	490.—	294.—	245.—	147.—	98.—	49.—
59	90000—	92000	500.—	300.—	250.—	150.—	100.—	50.—
60	92000—	94000	510.—	306.—	255.—	153.—	102.—	51.—
61	94000—	96000	520.—	312.—	260.—	156.—	104.—	52.—
62	96000—	98000	530.—	318.—	265.—	159.—	106 —	53.—
63	98000—	100000	540.—	324.—	270.—	162.—	108.—	54.—
64	100000—	102000	550.—	330.—	275.—	165.—	110.—	55.—
65	102000—	104000	560.—	336.—	280.—	168.—	112.—	56.—
66	104000—	106000	570.—	342.—	285.—	171.—	114.—	57.—
67	106000—	108000	580.—	348.—	290.—	174.—	116.—	58.—
68	108000—	110000	590.—	354.—	295.—	177.—	118.—	59.—
69	110000—	112000	600.—	360.—	300.—	180.—	120.—	60.—
70	112000—	114000	610.—	366.—	305.—	183.—	122.—	61.—
71	114000—	116000	620.—	372.—	310.—	186.—	124.—	62.—
72	116000—	118000	630.—	378.—	315.—	189.—	126.—	63.—
73	118000—	120000	640.—	384.—	320.—	192.—	128.—	64.—
74	120000—	122000	650.—	390.—	325.—	195.—	130.—	65.—

Wertsklasse	Bei Gegenständen im Werte von mehr als — bis einschließlich	10/10 oder volle Gebühr (§ 8 R.G.K.G.)	6/10	5/10	3/10	2/10	1/10
	ℳ — ℳ	ℳ ₰	ℳ ₰	ℳ ₰	ℳ ₰	ℳ ₰	ℳ ₰
75	122000—124000	660.—	396.—	330.—	198.—	132.—	66.—
76	124000—126000	670.—	402.—	335.—	201.—	134.—	67.—
77	126000—128000	680.—	408.—	340 —	204.—	136.—	68.—
78	128000—130000	690.—	414.—	345.—	207.—	138.—	69.—
79	130000—132000	700.—	420.—	350.—	210.—	140.—	70.—
80	132000—134000	710.—	426.—	355.—	213.—	142.—	71.—
81	134000—136000	720.—	432.—	360.—	216.—	144.—	72.—
82	136000—138000	730.—	438.—	365.—	219.—	146.—	73.—
83	138000—140000	740.—	444.—	370.—	222.—	148.—	74.—
84	140000—142000	750.—	450.—	375.—	225.—	150.—	75.—
85	142000—144000	760.—	456.—	380.—	228.—	152.—	76.—
86	144000—146000	770.—	462.—	385.—	231.—	154.—	77.—
87	146000—148000	780.—	468.—	390.—	234.—	156.—	78.—
88	148000—150000	790.—	474.—	395.—	237.—	158.—	79.—
89	150000—152000	800.—	480.—	400.—	240.—	160.—	80.—
90	152000—154000	810 —	486.—	405.—	243.—	162.—	81.—
91	154000—156000	820.—	492.—	410.—	246.—	164.—	82.—
92	156000—158000	830.—	498.—	415.—	249.—	166.—	83.—
93	158000—160000	840.—	504.—	420.—	252.—	168.—	84.—
94	160000—162000	850.—	510.—	425.—	255.—	170.	85.—
95	162000—164000	860.—	516.—	430.—	258.—	172.—	86.—
96	164000—166000	870.—	522.—	435.—	261.—	174.—	87.—
97	166000—168000	880.—	528.—	440.—	264.—	176.—	88.—
98	168000—170000	890.—	534.—	445.—	267.—	178.—	89.—
99	170000—172000	900.—	540.—	450.—	270.—	180.—	90.—
100	172000—174000	910.—	546.—	455.—	273.—	182.—	91.—
101	174000—176000	920.—	552.—	460.—	276.—	184.—	92.—
102	176000—178000	930.—	558.—	465.—	279.—	186.—	93.—
103	178000—180000	940.—	564.—	470.—	282.—	188.—	94.—
104	180000—182000	950.—	570.—	475.—	285.—	190.—	95.—
105	182000—184000	960.—	576.—	480.—	288.—	192.—	96.—
106	184000—186000	970.—	582.—	485.—	291.—	194.—	97.—
107	186000—188000	980.—	588.—	490.—	294.—	196.—	98.—
108	188000—190000	990.—	594.—	495.—	297.—	198.—	99.—
109	190000—192000	1000.—	600.—	500.—	300.—	200.—	100.—
110	192000—194000	1010.—	606.—	505.—	303.—	202.—	101.—
111	194000—196000	1020.—	612.—	510.—	306.—	204.—	102.—
112	196000—198000	1030.—	618.—	515.—	309.—	206.—	103.—
113	198000—200000	1040.—	624.—	520 —	312.—	208.—	104.—
114	200000—202000	1050.—	630.—	525.—	315.—	210.—	105.—
115	202000—204000	1060.—	636.—	530.—	318.—	212.—	106.—
116	204000—206000	1070.—	642.—	535.—	321.—	214.—	107.—

Wertsklasse	Bei Gegenständen im Werte von mehr als	bis einschließlich	10/10 oder volle Gebühr (§ 8 R.G.K.G.)	6/10	5/10	3/10	2/10	1/10
	M	M	M ₰	M ₰	M ₰	M ₰	M ₰	M ₰
117	206000	208000	1080.—	648.—	540.—	324.—	216.—	108.—
118	208000	210000	1090.—	654.—	545.—	327.—	218.—	109.—
119	210000	212000	1100.—	660.—	550.—	330.—	220.—	110.—
120	212000	214000	1110.—	666.—	555.—	333.—	222.—	111.—
121	214000	216000	1120.—	672.—	560.—	336.—	224.—	112.—
122	216000	218000	1130.—	678.—	565.—	339.—	226.—	113.—
123	218000	220000	1140.—	684.—	570.—	342.—	228.—	114.—
124	220000	222000	1150.—	690.—	575.—	345.—	230.—	115.—
125	222000	224000	1160.—	696.—	580.—	348.—	232.—	116.—
126	224000	226000	1170.—	702.—	585.—	351.—	234.—	117.—
127	226000	228000	1180.—	708.—	590.—	354.—	236.—	118.—
128	228000	230000	1190.—	714.—	595.—	357.—	238.—	119.—
129	230000	232000	1200.—	720.—	600.—	360.—	240.—	120.—
130	232000	234000	1210.—	726.—	605.—	363.—	242.—	121.—
131	234000	236000	1220.—	732.—	610.—	366.—	244.—	122.—
132	236000	238000	1230.—	738.—	615.—	369.—	246.—	123.—
133	238000	240000	1240.—	744.—	620.—	372.—	248.—	124.—
134	240000	242000	1250.—	750.—	625.—	375.—	250.—	125.—
135	242000	244000	1260.—	756.—	630.—	378.—	252.—	126.—
136	244000	246000	1270.—	762.—	635.—	381.—	254.—	127.—
137	246000	248000	1280.—	768.—	640.—	384.—	256.—	128.—
138	248000	250000	1290.—	774.—	645.—	387.—	258.—	129.—
Die ferneren Wertsklassen steigen um je 2000 M mehr z. B. von			(10)	(6)	(5)	(3)	(2)	(1)
143	258000	260000	1340.—	804.—	670.—	402.—	268.—	134.—
148	268000	270000	1390.—	834.—	695.—	417.—	278.—	139.—
153	278000	280000	1440.—	864.—	720.—	432.—	288.—	144.—
158	288000	290000	1490.—	894.—	745.—	447.—	298.—	149.—
163	298000	300000	1540.—	924.—	770.—	462.—	308.—	154.—
168	308000	310000	1590.—	954.—	795.—	477.—	318.—	159.—
173	318000	320000	1640.—	984.—	820.—	492.—	328.—	164.—
178	328000	330000	1690.—	1014.—	845.—	507.—	338.—	169.—
183	338000	340000	1740.—	1044.—	870.—	522.—	348.—	174.—
188	348000	350000	1790.—	1074.—	895.—	537.—	358.—	179.—
193	358000	360000	1840.—	1104.—	920.—	552.—	368.—	184.—
198	368000	370000	1890.—	1134.—	945.—	567.—	378.—	189.—
203	378000	380000	1940.—	1164.—	970.—	582.—	388.—	194.—
208	388000	390000	1990.—	1194.—	995.—	597.—	398.—	199.—
213	398000	400000	2040.—	1224.—	1020.—	612.—	408.—	204.—

Tabelle b.

Die Gebühren der Rechtsanwälte in den Angelegenheiten der Rechtspflege.

Wertsklasse.	Wertsstufe über	Wertsstufe bis einschließlich	Volle Gebühr $^{10}/_{10}$	$^{6}/_{10}$	$^{5}/_{10}$	$^{4}/_{10}$	$^{3}/_{10}$	$^{2}/_{10}$	$^{1}/_{10}$
	ℳ	ℳ	ℳ ₰	ℳ ₰	ℳ ₰	ℳ ₰	ℳ ₰	ℳ ₰	ℳ ₰
1		20	2.—*	1.20*	1.—*	1.—*	1.—*	1.—*	1.—*
2	20—	60	3.—*	1.80*	1.50*	1.20*	1.—*	1.—*	1.—*
3	60—	120	4.—*	2.40*	2.—*	1.60*	1.20*	1.—*	1.—*
4	120—	200	7.—*	4.20*	3.50*	2.80*	2.10*	1.40*	1.—*
5	200—	300	10.—*	6.—*	5.—*	4.—*	3.—*	2.—*	1.—*
6	300—	450	14.—	8.40*	7.—*	5.60*	4.20*	2.80*	1.40*
7	450—	650	19.—	11.40	9.50*	7.60*	5.70*	3.80*	1.90*
8	650—	900	24.—	14.40	12.—	9.60*	7.20*	4.80*	2.40*
9	900—	1200	28.—	16.80	14.—	11.20	8.40*	5.60*	2.80*
10	1200—	1600	32.—	19.20	16.—	12.80	9.60*	6.40*	3.20*
11	1600—	2100	36.—	21.60	18.—	14.40	10.80	7.20*	3.60*
12	2100—	2700	40.—	24.—	20.—	16.—	12.—	8.—*	4.—*
13	2700—	3400	44.—	26.40	22.—	17.60	13.20	8.80*	4.40*
14	3400—	4300	48.—	28.80	24.—	19.20	14.40	9.60*	4.80*
15	4300—	5400	52.—	31.20	26.—	20.80	15.60	10.40	5.20
16	5400—	6700	56.—	33.60	28.—	22.40	16.80	11.20	5.60
17	6700—	8200	60.—	36.—	30.—	24.—	18.—	12.—	6.—
18	8200—	10000	64.—	38.40	32.—	25.60	19.20	12.80	6.40
19	10000—	12500	68.—	40.80	34.—	27.20	20.40	13.60	6.80
20	12500—	15000	72.—	43.20	36.—	28.80	21.60	14.40	7.20
21	15000—	17500	76.—	45.60	38.—	30.40	22.80	15.20	7.60
22	17500—	20000	80.—	48.—	40.—	32.—	24.—	16.—	8.—
23	20000—	25000	85.—	51.—	42.50	34.—	25.50	17.—	8.50
24	25000—	30000	90.—	54.—	45.—	36.—	27.—	18.—	9.—
25	30000—	35000	95.—	57.—	47.50	38.—	28.50	19.—	9.50
26	35000—	40000	100.—	60.—	50.—	40.—	30.—	20.—	10.—
27	40000—	45000	105.—	63.—	52.50	42.—	31.50	21.—	10.50
28	45000—	50000	110.—	66.—	55.—	44.—	33.—	22.—	11.—
29	50000—	55000	115.—	69.—	57.50	46.—	34.50	23.—	11.50
30	55000—	60000	120.—	72.—	60.—	48.—	36.—	24.—	12.—
31	60000—	65000	125.—	75.—	62.50	50.—	37.50	25.—	12.50
32	65000—	70000	130.—	78.—	65.—	52.—	39.—	26.—	13.—
33	70000—	75000	135.—	81.—	67.50	54.—	40.50	27.—	13.50
34	75000—	80000	140.—	84.—	70.—	56.—	42.—	28.—	14.—
35	80000—	85000	145.—	87.—	72.50	58.—	43.50	29.—	14.50
36	85000—	90000	150.—	90.—	75.—	60.—	45.—	30.—	15.—
37	90000—	95000	155.—	93.—	77.50	62.—	46.50	31.—	15.50
38	95000—	100000	160.—	96.—	80.—	64.—	48.—	32.—	16.—

Wertsklasse	Wertsstufe über ℳ	Wertsstufe bis einschließlich ℳ	Volle Gebühr $^{10}/_{10}$ ℳ ₰	$^{6}/_{10}$ ℳ ₰	$^{5}/_{10}$ ℳ ₰	$^{4}/_{10}$ ℳ ₰	$^{3}/_{10}$ ℳ ₰	$^{2}/_{10}$ ℳ ₰	$^{1}/_{10}$ ℳ ₰
39	100000	110000	165.—	99.—	82.50	66.—	49.50	33.—	16.50
40	110000	120000	170.—	102.—	85.—	68.—	51.—	34.—	17.—
41	120000	130000	175.—	105.—	87.50	70.—	52.50	35.—	17.50
42	130000	140000	180.—	108.—	90.—	72.—	54.—	36.—	18.—
43	140000	150000	185.—	111.—	92.50	74.—	55.50	37.—	18.50
44	150000	160000	190.—	114.—	95.—	76.—	57.—	38.—	19.—
45	160000	170000	195.—	117.—	97.50	78.—	58.50	39.—	19.50
46	170000	180000	200.—	120.—	100.—	80.—	60.—	40.—	20.—
47	180000	190000	205.—	123.—	102.50	82.—	61.50	41.—	20.50
48	190000	200000	210.—	126.—	105.—	84.—	63.—	42.—	21.—
49	200000	210000	215.—	129.—	107.50	86.—	64.50	43.—	21.50
50	210000	220000	220.—	132.—	110.—	88.—	66.—	44.—	22.—
51	220000	230000	225.—	135.—	112.50	90.—	67.50	45.—	22.50
52	230000	240000	230.—	138.—	115.—	92.—	69.—	46.—	23.—
53	240000	250000	235.—	141.—	117.50	94.—	70.50	47.—	23.50
54	250000	260000	240.—	144.—	120.—	96.—	72.—	48.—	24.—
55	260000	270000	245.—	147.—	122.50	98.—	73.50	49.—	24.50
56	270000	280000	250.—	150.—	125.—	100.—	75.	50.—	25.—
57	280000	290000	255.—	153.—	127.50	102.—	76.50	51.—	25.50
58	290000	300000	260.—	156.—	130.—	104.—	78.—	52.—	26.—
59	300000	325000	265.—	159.—	132.50	106.—	79.50	53.—	26.50
60	325000	350000	270.—	162.—	135.—	108.—	81.—	54.—	27.—
61	350000	375000	275.—	165.—	137.50	110.—	82.50	55.—	27.50
62	375000	400000	280.—	168.—	140.—	112.—	84.—	56.—	28.—
63	400000	425000	285.—	171.—	142.50	114.—	85.50	57.—	28.50
64	425000	450000	290.—	174.—	145.—	116.—	87.	58.—	29.—
65	450000	475000	295.—	177.—	147.50	118.—	88.50	59.—	29.50
66	475000	500000	300.—	180.—	150.—	120.—	90.—	60.—	30.—
67	500000	525000	305.—	183.—	152.50	122.—	91.50	61.—	30.50
	u. s. w. je mehr 25000 ℳ z. B.		(je 5 ℳ)	(je 3 ℳ)	(je 2 ℳ 50 ₰)	(je 2 ℳ)	(je 1 ℳ 50 ₰)	(je 1 ℳ)	(je 50 ₰)
71	600000	625000	325.—	195.—	162.50	130.—	97.50	65.—	32.50
75	700000	725000	345.—	207.—	172.50	138.—	103.50	69.—	34.50
79	800000	825000	365.—	219.—	182.50	146.—	109.50	73.—	36.50
83	900000	925000	385.—	231.—	192.50	154.—	115.50	77.—	38.50
87	1000000	1050000	405.—	243.—	202.50	162.—	121.50	81.—	40.50
	u. s. w. je mehr 50000 ℳ		je 5 ℳ	je 3 ℳ	je 2 ℳ 50 ₰	je 2 ℳ	je 1 ℳ 50 ₰	je 1 ℳ	je 50 ₰
91	1200000	1250000	425.—	255.—	212.50	170.—	127.50	85.—	42.50

* Die Mindestgebühren betragen:

a) 1 ℳ im Falle der Art. 1 mit § 8 R.G.O., Art. 7, 9, 10 Abs. 2, 12, 13. Weniger als 1 ℳ kann nur im Falle der Art. 13, 26 mit §§ 8, 89 d. R.G.O. u. Art. 10 Abs. 2, 27, Abs. 1 mit § 87 R.G.O. in Frage kommen;

b) 2 ℳ im Falle der Art. 6 Abs. 1, 8 Abs. 1, 10 Abs. 1 Satz 2 u. 11;

c) 2 ℳ 50 ₰ im Falle der Art. 19 Abs. 3 mit 21 Abs. 2, 20 Satz 3 mit 21 Abs. 2;

d) 3 ℳ im Falle der Art. 10 Abs. 1 Satz 1, 14 Abs. 2;

e) 5 ℳ im Falle der Art. 19 Abs. 3, 20 Satz 4 mit 21 Abs. 2;

f) 10 ℳ im Falle der Art. 3 Abs. 2, 19 Abs. 1 u. 2, 20 Satz 4.

Sachregister.

Die Abkürzungen Geb.G. = Gebührengesetz, H.O. = Hinterlegungs-Gebührenordnung, G.V. = Gerichtsvollzieher-Gebührenvorschriften, R.A. = Gebührenordnungen der Rechtsanwälte. Die Zahlen bedeuten die Seiten, die Ziffern oberhalb derselben die einschlägigen Paragraphen der Artikel.

A.

B.

E.

H.

K.

M.

O.

P.

Q.

R.

T.

V.

FSC
www.fsc.org
MIX
Papier | Fördert gute Waldnutzung
FSC® C083411

Kolibri 360 GmbH
Ferdinand-Jühlke-Straße 7
99095 Erfurt, Deutschland
produktsicherheit@kolibri360.de